Sheila Kitzinger
Sexualität im Leben der Frau

Sheila Kitzinger

Sexualität im Leben der Frau

Photos von Nancy Durrell McKenna

Aus dem Englischen von
Eva Bornemann und Brigitte Stein

Biederstein Verlag München

Allen Frauen gewidmet, die ihre Erfahrungen mit so großer Aufrichtigkeit und Offenheit mit mir geteilt haben

Titel der Originalausgabe: Woman's Experience of Sex. A Dorling Kindersley Book
copyright © 1983 Dorling Kindersley Limited, London
Text copyright © 1983 Sheila Kitzinger
Photography © 1983 Nancy Durrell McKenna
Die Kapitel 1 bis 7 übersetzte Eva Bornemann, die Kapitel 8, 9 und 10 Brigitte Stein

Dorling Kindersley dankt für besondere Hilfe Sally Smallwood, Polly Dawes, Flo Henfield, Faith Haddad, den Mitarbeitern von Vantage Photosetting; für Hilfe bei den photographischen Arbeiten Bill Rowlinson und Ken Hone. Die Photographin Nancy Durrell McKenna dankt für Zeit und Engagement denjenigen, die sich für dieses Buch photographieren ließen.

Künstler: David Ashby, Alicia Durdos, Edwina Keene, Kevin Molloy, Howard Pemberton, Jenny Smith, Lucy Su, Kathy Wyatt.

CIP-Kurztitelaufnahme der Deutschen Bibliothek

Kitzinger, Sheila:
Sexualität im Leben der Frau / Sheila Kitzinger. Photos von Nancy Durrell McKenna. Aus d. Engl. von Eva Bornemann und Brigitte Stein. – 2., unver. Aufl. – München: Biederstein Verlag, 1986.
   Einheitssacht.: Woman's experience of sex ‹dt.›
   ISBN 3 7642 0167 3
NE: McKenna, Nancy Durrell:

ISBN 3 7642 0167 3

Zweite, unveränderte Auflage 1986
Für die deutsche Ausgabe:
© Biederstein Verlag, München 1984
Satz und Druck: C. H. Beck'sche Buchdruckerei, Nördlingen
Printed in Germany

Inhalt

Vorwort

Ich hätte das vorliegende Buch nicht ohne die Mitarbeit vieler Frauen, die mir die Augen über die Vielfalt und Tiefe weiblicher Sexualität geöffnet haben und die mich befähigten, unser Leben als Frauen mit größerer Klarheit zu sehen, in Angriff nehmen können.

Jedoch ist jede Form von Schauen auch eine Art von Wegsehen (Ann Oakley: *Soziologie der Hausarbeit*, Frankfurt a. M. 1978). Was wir für unannehmbar halten, was wir nicht wahrhaben wollen oder als nebensächlich betrachten, filtern wir heraus. In Büchern, die sich mit weiblicher Sexualität befassen, werden die sexuellen Erfahrungen der Frau oft auf diese Weise verdrängt.

Im Gegensatz dazu habe ich es mir zur Aufgabe gemacht, alle Annahmen über Sex und über unsere Reaktionen, die sich *nicht* auf das unmittelbare Erleben der Frau beziehen, auszusondern. Das heißt, ich habe männliche Erklärungen, mit Ausnahme derjenigen, die unsere eigene Sicht beeinflussen, die unser Verhalten und unsere Gefühle zu interpretieren suchen, als irrelevant ausgeklammert.

Die meiste Literatur über Sex spricht zwar *über* Frauen, jedoch nicht über das weibliche Erleben. Statt dessen zwingen diese Bücher den Lesern ihre Perspektive auf und verallgemeinern Empfindungen, Verhaltensweisen und Ziele einzig und allein aus dieser Sicht. Sehr oft vertritt dann ein Arzt oder Therapeut dieselbe Meinung. Professioneller Status soll angeblich Objektivität verbürgen. Deshalb wird sowohl die Geschlechtszugehörigkeit als auch der berufliche Status das Gesagte aus der Unmittelbarkeit der spezifisch weiblichen Gedanken entfernen und alles, was wir über sie in Erfahrung bringen können, verzerren.

Danksagungen

Bei einem Buch wie diesem ist es schwierig, den zahlreichen Mitarbeiterinnen einzeln zu danken. Natürlich könnte ich ganz pauschal vielen Organisationen meinen Dank aussprechen, aber ich bin auch recht fest davon überzeugt, daß viele hilfreiche Einzelpersonen lieber nicht namentlich aufgeführt werden wollen. Ich selber habe sehr viel aus den Erfahrungen einzelner Frauen gelernt, und ich möchte ihnen allen dafür danken, daß sie es mir ermöglicht haben, so offen und ehrlich zu sein. Ich habe ihnen völlige Anonymität zugesagt, aber sie werden sich bestimmt wiedererkennen; ich hoffe nur, sie nicht falsch zitiert zu haben.

Nichtsdestoweniger möchte ich nachstehenden Organisationen und Einzelpersonen, die mir geholfen haben, meinen Dank aussprechen: The Boston Women's Health Book Collective, The Oxford Women's Health Club und Sally Haslett, Linda Hurcombe, Ann Oakley, Susan Le Poidevin, Jean

Robinson, Helge Rubinstein, Elizabeth Salter, Mary Stott, Norma Swenson, Marjorie Walker, Val Wilmer. Auch anläßlich meiner Vorträge in Deutschland, in München, Hamburg, West-Berlin und bei Mainz, hatte ich hilfreiche Diskussionen mit einzelnen Frauen und in Frauengruppen.

Die Endfassung dieses Buches hat ein großes Stück aus meinem Leben geschnitten. Die Arbeit daran war faszinierend, zeitraubend und hochinteressant. Emotionelle und praktische Unterstützung habe ich von meinem Mann bekommen, und ich möchte ihm für seinen unerschütterlichen Optimismus und sein Vertrauen in mich als Autorin danken; ihm ist es zu verdanken, wenn ich mich von meinen Zweifeln nicht unterkriegen ließ.

Und dann sind da meine Töchter! Wie kann ich mich bei ihnen einigermaßen überzeugend bedanken? Sie waren es, die mich durch dieses Labyrinth geleiteten. Ihre offene Kritik, ihr klares Denken und ihr Enthusiasmus, den sie dem Material entgegenbrachten, haben mir unendlich geholfen. Das höchste Lob, was ich von einer meiner Töchter im Zusammenhang mit einem der Kapitel bekam, war: „Hm, eigentlich kann man dagegen nichts einwenden.'' Als dieses Urteil gefällt wurde, wußte ich, daß das betreffende Kapitel „stand''. Wir haben nächtelang durchdiskutiert, und drei meiner Töchter, Celia, Polly und Jenny, haben mit mir gearbeitet, um die verschiedenen Kapitel neu zu formulieren. Sie waren gestrenge Lehrmeisterinnen, aber für mich ist es eine erstaunlich lehrreiche Erfahrung gewesen. Besonders möchte ich Polly für ihre Recherchen zum Abschnitt „Sex, einst und jetzt'' danken und für das Gedicht, das auf S. 189 erscheint und das ich als zusammengeknüllten Ball aus einem Papierkorb rettete.

Celia hat nicht nur das Kapitel über lesbische Liebe verfaßt und auch die ursprüngliche Auswertung der Antworten auf den Fragebögen, welche die erste Phase der Arbeit betrafen, angefertigt, sondern hat mich auch in allen anderen Aspekten des Buches beraten. Ich bin mir bewußt, daß es recht anders ausgefallen ist, als sie es erhofft hatte, aber ich glaube doch, sie wird es als der Mühe wert betrachten. Ferner möchte ich Wendy Rose Neil, der Chefredakteurin von *Parents* danken, daß sie mir erlaubte, die Fragebögen in ihrer Zeitschrift abzudrucken, und für die vielen Antworten, die ich von ihren Lesern erhielt. P. Rubinstein hat alles mit großer Sorgfalt editorisch betreut und dafür gesorgt, daß der Kontakt zwischen uns nie abriß. Nancy Durrell McKenna, von der die Photos stammen, ist eine engagierte und einfühlsame Mitarbeiterin mit einem untrüglichen Stilgefühl gewesen.

Als Resultat dieser Arbeit bin ich zu einer begeisterten Bewunderin aller Frauen geworden, denn ich habe sowohl ihr Engagement als auch ihre Zivilcourage achten gelernt; ich habe miterlebt, wie sie die Krisen- und Übergangsphasen in ihrem Leben bewältigten und wie sie sich mit tragischen Ereignissen auseinandergesetzt haben – wie sie Gebende sind und immer bleiben werden. Dies Buch soll Zeugnis dafür ablegen, was ich anderen Frauen zu verdanken habe.

Sheila Kitzinger

1. Einleitung

Was ist eigentlich Sex?

Als ich dieses Buch begann, schwebte mir keine bestimmte Theorie über die weibliche Sexualität vor. Statt dessen wollte ich ganz pragmatisch erkunden, worin unsere spezifischen Erfahrungen bestehen und wie wir ihnen gegenüber empfinden. Meine Vorstellungen erwuchsen aus dem, was mir Frauen berichtet haben. Dabei wurde offenbar, daß es für viele von uns keineswegs *das* tolle, von uns erwartete Erlebnis war und daß deswegen bei vielen Frauen ein Schuldgefühl zurückgeblieben ist, und zwar nicht etwa, weil wir heutzutage noch meinten, wir hätten kein Recht, uns sexuell zu äußern, sondern im Gegenteil, weil wir uns einbilden, es nicht gut genug zu machen oder aber, falls wir überhaupt keine Sexualpartner haben, daß mit uns irgendetwas nicht stimmen könnte, denn die anderen haben ja ein so großes Vergnügen daran.

Dieses Buch erkundet die Gefühle der Frauen in bezug auf ihren eigenen Körper und die Vielfältigkeit ihrer sexuellen Erfahrungen. Bücher, die mit der Absicht verfaßt wurden, uns beizubringen, „wie man es macht", scheinen immer die Frage zu stellen: „Ist unsere Leistung ausreichend?", und sie geben uns Anleitungen, wie man zu einer sexuellen Superfrau wird. An den Problemkomplex Sexualität wird herangegangen, als könnten wir Lust geben und empfangen wie jemand, der Fahrunterricht nimmt oder lernt, wie ein Computer bedient wird. Es wird sehr oft betont, daß wir uns auszeichnen müßten, um zu beweisen, daß wir es so gut, ja noch besser können als irgendwer sonst. Techniken und Methoden werden häufig mit einem nur beiläufig erwähnten Bezug auf das diskutiert, was schließlich der Kernpunkt von allem ist: die von unserer Erfahrung geweckten Empfindungen, das Gefühl unseres Ichseins, unsere Wertmaßstäbe, unser Verhältnis zu anderen und endlich auch der soziale Kontext, in dem unser Verhalten stattfindet und der sich auch in unseren intimsten Augenblicken offenbart.

Für Frauen ist Sex nicht nur eine Sache von Hinterbacken und Brüsten. Wir können darüber und über das, was wir mit unseren Genitalien tun, nicht in einem festumrissenen Sinne sprechen. Was auch immer Sex für den Mann sein mag, für die Frau besteht Sex aus einer ganzen Skala von nicht nur genitalen Phänomenen und Eindrücken. Sie betrachtet Sexualität als Sache des ganzen Körpers, und ihr Körper äußert sich auch auf unterschiedliche Weise in den verschiedenen Lebensphasen – im Verlauf ihres Monatszyklus und in Verbindung mit den unterschiedlichen und komplexen biosozialen Veränderungen während der Schwangerschaft, des Mutterseins, des Klimakteriums und des Alterns. Wir stehen nur am Anfang der Erforschung dieser einzigartigen weiblichen Erlebnisse.

Manche meinen, Sex sei das, was ein Mann mit einer Frau am Samstagabend im Bett tut. Wir sind durch eine Gesellschaft konditioniert worden, für die das A und O der Sexualität der Geschlechtsverkehr ist; dies entwertet jeden anderen Aspekt weiblicher sexueller Erfahrung.

Die Sexualität vermag das ganze Leben zu erfüllen. Sie umfaßt solche Dinge wie Erregung und Wohlbefinden, die uns überkommen, wenn wir zum Beispiel an einem strahlenden Herbsttag einen Spaziergang machen und uns über die klare Luft und die goldfarbene, weinrote und rostbraune Herbstlaubpalette freuen. Oder aber wir heben ein Baby aus seinem Gitterbett und spüren das Gewicht und die Rundlichkeit seines kleinen Körpers in unseren Armen. Oder ein Baby sucht gierig nach einer Brustwarze, findet sie und saugt sich zufrieden fest. Oder man ist einfach mit dem geliebten Menschen in einem Zimmer, hält sich bei der Hand (oder berührt einander überhaupt nicht) und ist froh, daß man, während es draußen stürmt oder schneit, auf einer Insel aus Wärme und Geborgenheit sitzt. Oder man spürt die Gemeinschaft anderer, gleichgesinnter Frauen, die sich miteinander für eine gemeinsame Sache einsetzen: für Frieden und für eine bessere Welt.

Selbst auf rein körperlicher Ebene kann die sexuelle Erfahrung eine ganze Skala unterschiedlicher Erlebnisse bedeuten. Sie kann romantisch sein und aus rosafarbenen Sonnenuntergängen zu sanfter Musik bestehen. Sie kann leidenschaftlich sein und erfüllt von einer Sehnsucht, die aus jeder unserer Poren dringt. Sie kann witzig und geistreich sein, und manchmal ist sie ganz elementar: Tarzan will Jane, Jane will Tarzan. Und manchmal ist sie komisch wie die Balgerei junger Hunde, ein Erlebnis, das in hilflosem Gelächter endet. Und dann wieder ist sie unbeschwert und entspannt oder aber verzweifelt und manchmal sogar wie ein Leistungssport oder Wettstreit. Für jede Frau kann Sex alles während ihrer verschiedenen Lebensabschnitte oder mit verschiedenen Partnern sein. Aber auch dies ist eine grobe Vereinfachung. Sex wechselt, wie unsere Stimmungen und Einstellungen wechseln. Es hängt davon ab, ob die sexuelle Erfahrung geteilt oder allein erlebt wird. Und schließlich ist unsere Sexualität auch zutiefst von allen anderen in unserem Leben wichtigen Dingen abhängig. Geldsorgen, Kummer wegen unseren Eltern oder unseren Kindern, Probleme am Arbeitsplatz – sie alle beeinflussen unsere Freude am Sex und schwächen sie. Wenn sich andere Beziehungen gut anlassen und wir unser Leben unbeschwert genießen können, strahlt unsere sexuelle Erfahrung dieselbe Freude aus.

Sex und Selbstwertgefühl

Sex und Selbstwertgefühl sind eng miteinander verbunden. Obwohl über Sexualität oft diskutiert wird, als existiere sie ganz unabhängig von allen anderen Dingen, die wir in unserem Dasein erleben, haben die Zeugnisse von Frauen bewiesen, daß gerade die sexuelle Bereitschaft von anderen Faktoren, von unserem Ichbewußtsein und unserer Selbstachtung außerordentlich abhängig ist. Mit kleinen Kindern in einer engen Hochhauswohnung zu leben oder mit einem Partner, der trinkt, mit betagten Eltern ein Haus oder eine Wohnung teilen zu müssen bedeutet oft, daß eine Frau derart ausgelaugt ist und sich so geschwächt fühlt, daß ihr nur noch genügend Kraft bleibt, um einigermaßen über die Runden zu kommen. Wir leben in einer Gesellschaft, in der es üblich ist, daß Männer bedient werden und daß Frauen den Dienst leisten. Frauen sind die Hegerinnen und Pflegerinnen. Es wird vorausgesetzt, daß die Männer zur Arbeit gehen und für die Familie die ökonomische Basis schaffen, auf der als Gegenleistung Haushaltsführung, Kindererziehung und sexuelle Verfügbarkeit geliefert werden. Männer gelten als aktiv und dominant, Frauen als relativ passiv und unterwürfig; man hat ihnen beigebracht, von den Männern zu erwarten, daß diese sie am besten zufriedenstellen können. Viele Menschen leben natürlich nicht so, aber alles, woran wir glauben und was wir tun, ist doch von diesem Schablonendenken unserer Kultur, das unsere Wahl formt und beschränkt und das sie häufig ad absurdum führt, geprägt. Es fällt uns als gesellschaftlichen Wesen schwer, uns ganz davon frei zu machen.

Eine Frau allein   Unsere Gesellschaft ist auf Paare programmiert, heterosexuelle Paare. Die alleinstehende Frau, der alleinstehende Mann sind die Ausnahmen, sind fünfte Räder am Wagen. Wohnräume, Hypotheken, ja selbst Bahnfahrtermäßigungen beziehen sich auf ein zusammenlebendes Paar, vielleicht mit ein, zwei Kindern. Falls eine Frau sich nicht mit einem Mann zusammentut, ist sie sozial im Nachteil. Und selbst wenn sie es getan hat und er sich auf Geschäftsreisen befindet oder nicht mehr lebt, merkt sie bald, daß sie sich in einer außergewöhnlichen Situation befindet. Er ist es, der die Verträge unterzeichnet, das Auto ist in seinem Namen versichert und versteuert, Installateure, Bauarbeiter, Anstreicher und Elektriker warten alle auf seine schriftlichen Befehle, ehe sie mit der Arbeit beginnen. Oder sie wer-

den als Paar irgendwo eingeladen, und obwohl, wenn sie zum Beispiel nicht abkömmlich ist, er ohne weiteres als alleinstehender Mann willkommen wäre, läßt sich oft für alleinstehende Frauen kein geeigneter Tischnachbar finden: Die Einladung wird rückgängig gemacht. Andere Frauen könnten in ihr eine sexuelle Bedrohung für ihre Partner erblicken, ja sie mag sich sogar wegen einer Sexualität schuldig fühlen, die, da die betreffende Frau ja unbegleitet ist, sie als vogelfrei abstempelt. Sie weiß, es ist riskant, nachts allein oder nur in Begleitung einer anderen Frau auf die Straße zu gehen; dies wiederum schränkt ihre Freizeit ein. Fährt sie allein auf Urlaub und kann sie es sich leisten, muß sie für ein Einzelzimmer extra bezahlen.

Frauen als Kinder-erzieherinnen

Falls die Frau berufstätig ist, muß sie mit all jenen Hindernissen rechnen, die ihr von einer Gesellschaft in den Weg gestellt werden, deren Vorstellung von Frauen sich auf Hausmütterchen oder Kindererzieherinnen beschränkt. Kinderkrippen gibt es am Arbeitsplatz nicht, Kindergartenplätze sind nicht verfügbar, und es ist schwierig, jemanden aufzutreiben, der sich der Kinder verantwortungsvoll annimmt. Der Mann, der einst sagte: „Tu, was du willst'' sagt nun: „Wenn ich du wäre, würde ich es an den Nagel hängen – du siehst erschöpft aus! Du arbeitest zuviel!'' (Und damit meint er natürlich den Job und nicht die Hausarbeit oder die Kinder oder die Hemdenwäsche.) Hausarbeit gilt nicht als „richtige'' Arbeit, und sie ist deshalb keine „richtige'' Arbeit, *weil* Frauen sie verrichten und sie deshalb unterbewertet wird. Vielen Frauen wird ihr Heim zur Falle, und nach zehn Jahren Ehe *glaubt* sich die Frau auch in der Falle.

Alles, was über Sex zwischen Mann und Frau und unsere Gefühle dazu gesagt wird, sollte dies mit einbeziehen, denn es geht nicht nur darum, was zwei sich im Dunkeln umarmende Körper miteinander machen, sondern auch darum, was in den übrigen 23 Stunden geschieht. Und es geht um all das, was jeder Partner als selbstverständlich beim anderen voraussetzt.

Sexuelle Klischees

Frauen sind auch oft unglücklich und frustriert, weil allgemein angenommen wird, daß sich jede Frau in einen Mann verliebt, ihn heiratet, seine Kinder zur Welt bringt und glücklich und zufrieden – wie es der Mythos haben will – bis ans Ende ihrer Tage ist. Unsere Gesellschaft postuliert eine Kernfamilie aus Mutter, Vater und zwei oder vielleicht auch drei Kindern. Dies ist die Norm, alles andere ist irgendwie abartig. Wir bereiten unsere Töchter darauf vor, und obwohl wir zu akzeptieren gelernt haben, daß es eine Phase des Ausprobierens, des Experimentierens mit verschiedenen Partnern geben muß, hoffen wir insgeheim, daß die Töchter eines Tages heiraten und seßhaft werden, um die tradierte weibliche Rolle als Ehefrau und Mutter zu spielen, obwohl vielleicht unsere eigenen ehelichen Erfahrungen diesem Ideal nicht gerecht wurden. Viele von uns haben diese Lektion so gut gelernt, daß es uns nicht einmal bewußt ist, wie eng eine männliche Sicht unser Leben gestaltet und wie wenig wir über uns selber

Unsere Beziehungen zu unseren Partnern, Kindern und anderen, außerhalb der Familie Stehenden berühren aufs engste unsere individuellen sexuellen Erfahrungen

wissen. Wir wuchsen ja in einer Gesellschaft auf und können nicht umhin, unseren Kindern Klischeevorstellungen von dem, was wir als männlich und was wir als weiblich empfinden, zu vermitteln. Es tut nichts zur Sache, ob wir uns nun noch so aufgeklärt und fortschrittlich geben: diese Klischees sind so tief verwurzelt, daß wir permanent auf der Hut sein müssen, damit sie nicht unser Leben bestimmen.

Ein Mann lernt	Eine Frau lernt
Beherrschung	zu tun, worum man sie bittet/was man ihr befiehlt
„Punkte zu erzielen", Leistungen zu erbringen	einem Mann zu gefallen
Ziele zu verfolgen	niemanden zu kränken
Frauen nach ihren Körperteilen zu beurteilen	gut auszusehen
Lasten auf sich zu nehmen	sich von einem starken Mann versorgen zu lassen
als Teil eines Teams zu arbeiten	mit anderen Frauen um die Aufmerksamkeit des Mannes zu wetteifern
sich anzutreiben, Risiken einzugehen, Herausforderungen anzunehmen	andere zu versorgen, ehe sie an sich selbst denkt
Vorschriften zu machen	keinen Ärger zu machen, koniliant zu sein
männlich zu sein	Vorschriften zu befolgen
„ein Mann" zu sein, erwachsen zu werden	willfährig zu sein, „ja" zu sagen
Entscheidungen zu treffen	gerne ein „Mädchen" zu sein und immer unreif zu bleiben
Frauen auf ein Podest zu stellen	andere für sich die Entscheidungen treffen zu lassen
von einer Frau Dienste zu erwarten	von einem Mann zu erwarten, daß er sie glücklich macht
alles „Mädchenhafte" zu belächeln	freundlich und hilfsbereit zu sein hilflos zu sein
die Verantwortung zu übernehmen	ihren Status zu akzeptieren; von jemand anderem zu erwarten, die Sachen „in Ordnung" zu bringen

(nach Helen Seager: *Not for Fun, not for Profit: Strategies for ending sexual harassment on the job**; s. Sexuelle Belästigung am Arbeitsplatz, 9. Kapitel)

Diese Klischeevorstellungen vom Frau- oder Mannsein sind nicht nur einengend, sie haben auch einen tiefgehenden Einfluß auf unsere ganze Einstellung zum Sex. Denn Sex wird meistens über männliche Erfahrungen definiert. Sex wird als Geschlechtsverkehr gesehen. Und sein Ziel ist der Orgasmus. Er gilt als „Hauptgewinn", als „Treffer", und jede andere Art von sexuellem Vergnügen gilt nur als Vorspiel. Auch wird Sex als eine Aktivität gesehen, die sich zwischen zwei Organen des männlichen und weiblichen Körpers abspielt: dem Penis und der Vagina.

Masturbation gilt als eine Art von Ersatz für Sex mit einem Mann; hauptsächlich als Folge der Untersuchungen von Masters und Johnson und der modernen Sexualtherapeuten gilt sie als Hilfsmittel, um es „besser zu machen". In diesem Buch werde ich solche Annahmen in Frage stellen und die weibliche Sexualität viel weiter und tiefer erforschen.

So werde ich zum Beispiel Sexualität nicht nur als heterosexuelle Aktivitäten betrachten. In diesem Buch wird auch von der lesbischen Liebeserfahrung die Rede sein. Sie ist eine andere Art von Liebe und bringt vielen

---

* *Im Text erwähnte Autoren oder Titel sind im Literaturverzeichnis aufgeführt.*

Frauen Glück und Erfüllung. Einige verstehen sie als bedeutende Aussage über unsere patriarchalische Gesellschaft und über den Platz, der den Frauen in ihr zugewiesen wird.

Die Emotionen

So werde ich den Orgasmus und seine zentrale Rolle für die sexuelle Erfahrung in Frage stellen. Gewiß ist er ein triumphierender Auslöser und Ausstoß von Energie, aber es gibt Zeiten, da eine Frau ihn nicht ersehnt, und es gibt Frauen, die auch ohne ihn glücklich sein können. Und was am wichtigsten ist: Eine Frau kann einen Orgasmus, ja einen multiplen Orgasmus erleben und doch *emotionell* unbefriedigt bleiben, denn Sex ist mehr als Orgasmus.

Alex Comfort *(Freude am Sex)* zieht einen Vergleich von Sex mit Essen und empfiehlt uns Schlemmermahlzeiten; aber dieser Vergleich hinkt. Wir brauchen Sex nicht zum Überleben, aber wir müssen essen. Und selbst wenn Sex wirklich so etwas wie Nahrung ist, wollen wir bestimmt nicht Tag für Tag erlesene Gerichte aus der Feinschmeckerküche. Es gibt Zeiten, da wir auf einen einfachen Imbiß oder ein Picknick Appetit haben. Oft möchten wir eine Mahlzeit überspringen oder gar eine Zeitlang fasten, und oft brauchen wir nur einfache, gesunde Hausmannskost. Wir könnten uns Sex mit derselben Sorgfalt auswählen, die wir bei unserer Nahrung voraussetzen. Wir können uns bemühen, uns von den Fesseln, die andere uns auferlegt haben – wann und wie wir Sex zu genießen haben und wie wir uns dazu stellen sollen – zu befreien, denn auch als Heranwachsende miß-

Jede Frau hat das Recht, denjenigen, den sie lieben will, und die Form ihrer Liebe frei zu wählen . . .

. . . Sexualität ist Beziehung und nicht nur Geschlechtsverkehr

achten wir elterliche Ermahnungen und Vorschriften, wie, wann und was wir essen sollen. Wir sind alt genug um herauszufinden, was uns wirklich schmeckt.

Wenn wir also allmählich die Herrschaft über den eigenen Körper und unsere Lebensgestaltung gewinnen wollen, müssen wir uns auch darüber klar werden, daß uns männliche Ansichten über Sex auferlegt wurden, die uns nur gestatten, unsere Umwelt durch männliche Augen wahrzunehmen. Obwohl ich in diesem Buch darüber schreiben werde, an welchem Punkt unseres intimsten Lebens wir ansetzen können, drückt gerade der sexuelle Aspekt unseres persönlichen Verhaltens soziale Wertvorstellungen aus, die ja alles, was wir tun und was uns selber und andere betrifft, beherrschen. Jahrhundertelang wurden Frauen von Männern pflegende und sorgende Rollen auferlegt. Männer haben dies als recht bequem empfunden. Wir haben die Kinder großgezogen, die Kranken gepflegt, uns um alte Menschen gekümmert und die Männer ihr ganzes Leben lang bei Kräften erhalten.

Die Rolle der Liebe 　Und doch sind es gerade diese traditionell mit der Rolle der Frau assoziierten Tugenden, welche die Welt am dringendsten braucht. Zärtlichkeit, Zuwendung, die Fähigkeit, zu hegen und zu pflegen, mir nichts dir nichts auf den Müll zu werfen, nur weil sie mit der untergeordneten Stellung der

Frau verbunden sind, hieße Verzicht auf alles, was unser Leben bereichert und eine mitmenschliche Gesellschaft ausmacht.

Deshalb schreibe ich auch ganz ungeniert über Liebe. Wir lieben zwar, aber es kann schwer sein, Liebe zu einem anderen Menschen auf eine Art zu *zeigen*, die ihm etwas bedeutet. Im Verlauf dieser Seiten werde ich mich bemühen, auf einige dieser Wege zu verweisen, wie Liebe dem anderen übermittelt werden kann.

Um sexuelle Entscheidungen zu treffen, müssen wir uns erst einmal klar darüber werden, was eine Frau als Frau ist, was sie empfangen und was sie geben kann: Ihre Beziehungen zu ihrer Mutter, ihrem Vater, ihrem Partner, ihren Kindern und anderen, nicht zur Familie gehörenden Personen bestimmen ihre sexuellen Erfahrungen. Um zu erfassen, was Sex für eine Frau bedeutet, sollten wir darüber im Lichte unseres Alltagslebens berichten, müssen wir das Netzwerk von Beziehungen, in dem wir gefangen sind, den Ablauf wechselnder Erfahrungen je nach der Lebensphase, in der wir uns gerade befinden, und die Implikationen untersuchen, welche unsere persönlichen Beziehungen zu der Welt, in der wir leben und zu der Welt, in der unsere Kinder leben werden, erkennen.

Sex, einst und jetzt

Der über die Jahrhunderte reichende Wandel in der sexuellen Ausdrucksweise der Frau ist natürlich ein ungeheuer großes Themenfeld und würde den Rahmen dieses Buches sprengen. Deshalb kann ich nur versuchen, auf den nachfolgenden Seiten einen knappen Abriß historischer und anthropologischer Studien zu geben, die ihrerseits viel tiefer gehende Einsichten in diesen faszinierenden Bereich gestatten.

Im Verlauf der gesamten Geschichte ist weibliche Sexualität entweder als trivial abgetan oder aber als gefährlich, ja sogar lebensbedrohend für Männer hingestellt worden. Die frühchristlichen Autoren lehrten uns, daß es nur zwei Frauentypen gebe: Mütter und Huren. Mütter durften keine sexuellen Wünsche haben, mußten sich aber dankbar dem Sex unterwerfen, um Kinder zu gebären. Huren dagegen waren ganz anders: Sie waren so intensiv sexuell, daß sie, lustbesessen, Körper und Seelen der Männer verwüsteten. Dieser Dualismus beherrschte das Denken des gesamten Mittelalters und war ein unerschütterlicher Glaubenssatz sowohl im katholischen als auch im protestantischen Europa und beherrschte als Dogma auch die viktorianische Moral.

Für die meisten von uns umfaßt jedoch unser historisches Bewußtsein von veränderten Einstellungen zum Sex eine verhältnismäßig kurze Zeitspanne. Wir können unsere Vorstellungen mit denen unserer Mütter vergleichen und notfalls auch noch eine weitere Generation zurückverfolgen. Und wir haben auch eine recht gute Vorstellung von den Vorurteilen, die wir mit viktorianischen Auffassungen verbinden.

Viktorianische Dogmen: „Schließ die Augen und denk an England!"

Im neunzehnten Jahrhundert herrschten mächtige Einflüsse und Ansichten über das, was als weiblich zu gelten hatte, und über den Charakter einer sich auf die eine oder andere Weise manifestierenden und das Leben der Frau beeinflussenden Sexualität.

Allgemein wurde angenommen, daß Frauen überhaupt keine spontanen Gefühle sexueller Natur hätten und allenfalls sehr behutsam von ihren Ehegatten in ein sexuelles Leben eingeführt werden müßten; oder aber, wichen sie davon ab, daß sie in Ungnade und von dem Podest gefallen waren, auf dem reine Frauen zu stehen hatten. Die „reine" oder gute Frau akzeptierte Sex um des Bestehens ihrer Ehe willen. In den seinerzeit außerordentlich populären Pamphleten, *Wives of England, Women of England* und *Daughters of England* („Jeder Gatte sollte ein Exemplar für seine Ehefrau, jeder Bruder für seine Schwester, jeder Vater für seine Tochter erwerben") unterrichtete Sarah Ellis Frauen über ihre Beziehungen zu Männern. Sie schrieb u. a.: „Ohne die Liebe eines Mannes ist eine Frau ein einsames, verlorenes Geschöpf" und betonte, daß ein wesentlicher Bestandteil fraulicher Natur Dankbarkeit sei, daß dieser Bestandteil unerfüllt bleibe, wenn er nicht den Männern gegenüber, die sie durch ihr Leben führten und ein ganzes Leben lang achteten, seinen Ausdruck fände. Ein anderes Buch gab folgenden Ratschlag:

Würdevoll sollte sie selbst Zornesausbrüche und Launenhaftigkeit ertragen; ferner muß sie lernen, sich seinem Geschmack anzupassen, sie muß seine Stimmungen beobachten und, kurz gesagt, allen seinen Wünschen Rechnung tragen und zwar mit jener dankbaren Willfährigkeit, die bei einer Ehefrau das sichere Zeichen vernünftigen Verständnisses ist. (*Woman as She is and Should be,* 1879 zitiert nach Carol Adams: *Ordinary Lives: A Hundred Years Ago.*)

Wissen befleckt die Unschuld der Frau. Sie soll einfach dem Mann, den sie liebt, vertrauen; er wird ihr schon sagen, was sie zu tun hat. Eine Frau allein kann niemals Glück suchen oder finden. Es muß ihr von einem Mann geschenkt werden. Mit dieser Gabe wird ein guter Mann fast zum Gott: „Er nur für Gott allein, sie für den Gott in ihm" (John Milton).

Ein viktorianischer Chirurg schreibt in seinem für die damalige Zeit allgemein anerkannten Buch über sexuelle Fragen, daß es eine „abscheuliche Verleumdung" sei, den Frauen sexuelle Gefühle zu unterstellen. Ein anderes aus jener Zeit stammendes und nur Ärzten zugängliches Werk beschreibt die Frau, die den Annäherungen ihres Gatten mit irgendwelchen Anzeichen körperlichen Vergnügens entgegenkam, als „lasziv".

Andererseits wurden romantische Frauenfreundschaften nicht nur toleriert, sondern auch begrüßt – vielleicht, weil die Möglichkeit einer sexuellen Komponente in ihren Beziehungen abgeleugnet wurde (s. Lillian Faderman: *Surpassing the Love of Men*). Deshalb genossen damals Lesbierinnen Freiheiten, die sie möglicherweise heute nicht mehr haben. Liebesbriefe zwischen Frauen haben unzensiert überlebt und stehen in krassem Gegensatz zu der Feindschaft, die heutzutage der lesbischen Liebe entgegenweht.

Eine Frau lernt von ihrer Mutter, was Liebe ist . . .

Doppelmoral

Im vergangenen Jahrhundert wurde eine Doppelmoral ganz allgemein akzeptiert. Junge Männer durften „sich austoben", Frauen jedoch hatten züchtig zu bleiben. Die Unantastbarkeit der Familie und die Tugenden der Ehegattinnen und Mütter als Wächterinnen über die Ehre ihrer Gatten beruhte auf der Ausbeutung und Erniedrigung einer anderen Frauengruppe: der Prostituierten. Tugendhafte Frauen durften nichts von der Existenz käuflicher Liebe wissen. Männer jedoch akzeptierten sie als eine unerfreuliche „Notwendigkeit", um die Moral der Familie aufrecht zu erhalten. W. E. H. Lecky beschreibt in seinem Werk *History of European Morals from Augustus to Charlemagne* eine Prostituierte folgendermaßen:

... die verabscheuungswürdigste Vertreterin ihres Geschlechtes ... verdammt ... von Krankheit zerfressen und früh in erbärmlichem Elend ... zu sterben ... das immerwährende Symbol der Erniedrigung und Sündhaftigkeit der Männer. Sie ist zwar selber der Archetypus des Lasters, aber letztlich doch die wirksamste Tugendwächterin, denn wäre sie nicht da, würde die unbestrittene Reinheit zahlloser glücklicher Heime korrumpiert und nicht wenige, die im stolzen Bewußtsein ihrer unberührten Keuschheit an sie mit einem Schauder der Empörung denken, Todesqualen von Reue und Verzweiflung erleiden. Auf diese unwürdige Erscheinung konzentrieren sich die Leidenschaften, welche die Welt sonst mit Scham hätten erfüllen können. Zivilisationen mögen kommen und gehen – sie ist und bleibt die ewige, für die Sünden der Völker verdammte Priesterin der Menschheit.

Den Männern wurde geraten – und zwar als Folge davon, daß ihre eigenen sexuellen Laster ganz und gar durch ihre Verführbarkeit seitens „gefallener Töchter Evas" verursacht wurden – mit ihren Ehefrauen nichts zu versuchen, was deren sexuelle Gefühle erwecken könnte:

Es ist eine Wahnvorstellung vieler, einst zügelloser Männer, anzunehmen, daß man von ihnen, den frischgebackenen Ehegatten, erwarten solle, sie müßten ihre jungen Bräute genauso behandeln wie ihre dereinstigen Mätressen. Dies trifft nicht auf die moderne junge Engländerin zu. Er (der Gatte) braucht nicht zu fürchten, daß seine Ehefrau eine Erregung nötig hat oder etwa, daß sie Mittel und Wege einer Kurtisane nachahmen würde. (Lord Acton, zitiert in Steven Marcus: *Doppelmoral*, Frankfurt a. M. 1977)

Wurde eine Frau außerehelich schwanger, dann war dies die Folge ihrer Lasterhaftigkeit. Daß Männer starke sexuelle Bedürfnisse hatten, die sie zügeln mußten, galt als allgemein bekannt, aber es wurde als abnorm angesehen, hatte eine Frau derartige Gelüste. Deshalb mußte sich eine außerehelich schwanger gewordene Frau entweder ihrem Schänder, weil ihr die moralische Kraft, sich zu verweigern, fehlte, hingegeben haben, oder aber sie hatte den Mann zur Sünde verleitet und verführt.

Warnung vor Empfängnisverhütung

Zu Zeiten Königin Viktorias verbrachten viele Frauen einen Großteil ihres Lebens in anderen Umständen, als stillende Mütter oder als Dahinsiechende infolge von Fehlgeburten und allzu häufigen Schwangerschaften. Viele Romanheldinnen jener Zeit – und nicht nur sie – starben im Kindbett. Ihre Anfälligkeit, die man bei wohlerzogenen Frauen als angeboren betrachtete, war in großem Maße eine Folge der Überbeanspruchung ihrer Gesundheit durch wiederholte Schwangerschaften. Um diesen gesundheitsschwächenden Prozeß zu unterbinden, gab es nur ein Mittel – auf Sex ganz zu verzichten.

Im ausgehenden neunzehnten Jahrhundert wuchs die Literatur über empfängnisverhütende Maßnahmen. Nichtsdestoweniger galt Geburtenkontrolle als widerlich und moralisch und gesundheitlich verderblich. Dies war nicht nur die Meinung von Kirchenmännern und anderen Moralaposteln, sondern auch die von Ärzten. Im Jahre 1869 las man in der *Lancet*, der offiziellen Zeitschrift praktizierender englischer Ärzte:

Eine Frau, deren Ehemann das praktiziert, was beschönigend „vorbeugende Empfängnisverhütung" genannt wird ..., wird notgedrungen in den Geisteszustand einer Prostituierten versetzt ... Ihr bleibt nur eine Chance: Sie muß einen Orgasmus vermeiden, um sich nicht eine erkrankte Gebärmutter zuzuziehen.

Der einzig akzeptable Weg, allzu häufige Schwangerschaften zu vermeiden, war also Enthaltsamkeit. Trotzdem wurden die Familien kleiner, und für „geheime Mittel" wurde diskret in der Presse geworben. Ärzte wetterten gegen „sexuellen Betrug und eheliche Onanie", und ein gewisser Dr. Routh warnte vor den schrecklichen Folgen:

Tod oder lebenslanges Siechtum als Folge akuter und chronischer Metritis, Weißfluß, Menorrhoe und Hämatozele, Hysteralgie und Überempfindlichkeit der Zeugungsorgane, Krebs in seiner bösartigsten Form, bei derartigen Fällen schnellstens zum Tode führend ... ovarielle Wassersucht und Eierstockentzündungen ... Schließlich werden eine geistige Umnachtung, die zum Selbstmord führt und die abstoßendste Form von Nymphomanie erzeugt.

Die Publizität, welche der Prozeß von Charles Bradlaugh und Annie Besant erhielt, die eine Schrift über Geburtenkontrolle veröffentlicht hatten, von der 1881 bereits 277 000 Exemplare verkauft worden waren, spielte eine große Rolle in der Bewußtseinsbildung der Frauen, daß eine Empfängnisverhütung überhaupt möglich sei. Nur, wenn sie sich vorstellen konnten, ihre Sexualität von dem dauernden Kinderkriegen, den Fehlgeburten, Bekkenentzündungen und Unterleibsverletzungen zu trennen, konnten sich Frauen an den Gedanken gewöhnen, daß Sex womöglich eine Quelle der Lust sein könne.

Alte Mythen in neuem Gewand

Havelock Ellis, dessen Bücher *Studies in the Psychology of Sex* (1903 als *Das Geschlechtsgefühl* auf deutsch veröffentlicht) zwischen 1897 und 1928 erschienen und bis 1935 nur Ärzten zugänglich waren, betrachtete Männer immer noch als Wächter und Erzieher ihrer Ehefrauen. Ellis legte ihnen nahe, den winzigen Funken von Leidenschaft in ihren Ehefrauen zu entfachen, damit diese die eheliche Umarmung akzeptierten. Das war das Ziel, und getrennt davon durfte, ja konnte überhaupt keine weibliche Sexualität bestehen. Havelock Ellis beklagte sich darüber, daß

... die wohlerzogene Frau, unter den vereinten Einflüssen von Natur, Kunst, Konvention, Moral und Religion stehend, dazu neigte, sich in die Hände ihres Ehemannes als eine verhältnismäßig gereifte Person zu begeben, die jedoch unvorbereitet für die eheliche Umarmung war, welche, falls ihr Gatte weder das nötige Geschick noch die nötige Rücksichtnahme besitzt, ihr sehr wohl Schmerzen oder Abscheu bescheren oder aber jedwedes Gefühl in ihr abtöten kann ... Selbst in biologischer Hinsicht sind weibliche Organe keineswegs darauf eingestellt, auf normale Weise von den ihnen von der Natur zugeschriebenen Funktionen Gebrauch zu machen. (Havelock Ellis: *Das Geschlechtsgefühl*)

Seine Lehren legten Zeugnis ab für den Dornröschenmythos. Die Prinzessin schläft und wird durch den Prinzen wachgeküßt, der, das Schwert in der Hand, sich dem Wald nähert und entdeckt, daß sich wie durch einen Zauber Lichtungen im Dickicht gebildet haben und Blüten die Dornen ersetzen. Der Mythos charakterisiert männliches Verstehen weiblicher Sexualität. Nicht nur wird die Frau erst durch den Mann erweckt, der Triumph wird nur durch seinen schwertähnlichen Penis ermöglicht.

Penisneid?

Die Werke Sigmund Freuds wurden um die Jahrhundertwende veröffentlicht. Seine Spätwerke erschienen in den dreißiger Jahren. Er stellte die menschliche Sexualität in den Vordergrund und behauptete, man müsse sie als Grundlage für die Entwicklung der menschlichen Persönlichkeit und ihrer Beziehungen betrachten.

Er war überzeugt – und die ganze psychoanalytische Theorie stützt sich darauf –, daß das kleine Mädchen, wenn es entdeckt, daß es keinen Penis besitzt, erschrickt und glaubt, es habe ihn durch Kastration eingebüßt. Diese Kastration wird als Bestrafung empfunden. Ein Mädchen ist deshalb ein verstümmelter und biologisch minderwertiger Junge. Es beneidet den Jungen, denn er besitzt etwas, was ihr fehlt, und sie wird sich niemals von dem Gefühl der Minderwertigkeit freimachen können. Und weil in frühester Kindheit gemachte Erfahrungen den individuellen Charakter des erwachsenen Menschen prägen, macht dieses kindliche Trauma das Mädchen zu einer Narzißtin. Das Mädchen versucht, durch die Ausschmückung der eigenen Erscheinung das Defizit wett zu machen. Die symbolische Kastration schafft ein Verhaltensmuster, das das ganze spätere Leben prägt, so auch, daß die erwachsene Frau ein masochistisches Vergnügen am Leiden empfindet. Sie will ein Mann sein und richtet ihr Streben darauf, sich am gesamten männlichen Geschlecht zu rächen, weil dieses etwas habe, was ihr fehle. Das Ergebnis auf Seiten der Männer ist eine lebenslange Furcht vor den Frauen. Eine Frau, meint Freud, habe nur eine von drei Möglichkeiten, mit ihrem Penisneid fertig zu werden: Entweder wünscht sie sich ein Baby als Ersatz für den verlorenen Penis, oder sie wird neurotisch, oder aber sie entwickelt einen „Männlichkeitskomplex" und will nicht wahrhaben, daß ihr irgendetwas fehle.

Freud vertrat eine kulturbedingte Theorie männlicher Überlegenheit. Seine phallozentrischen Ansichten waren eng mit dem seinerzeit vorherrschenden Kulturbegriff verknüpft, und dieser war wiederum von der Kultur Wiens als Hauptstadt der damaligen Donaumonarchie geprägt. Psychoanalytikerinnen haben Freud, obwohl sie ihm für seine tiefgehenden und scharfsinnigen Einsichten dankbar sind, kritisiert, daß sich seine Theorien eben nur auf die Damen der Wiener Oberschicht bezogen. (Karen Horney: *The Flight from Womanhood: The Masculinity Complex in women as viewed by men and women* und *The problem of feminine masochism;* Clara Thompson: *‚Penis envy' in women*). Wenn eine Gesellschaft den Besitz eines Penis über alles stellt, was eine Frau besitzen kann, ist es kein Wunder, daß die Frau auch einen haben will. Das ist nicht unbedingt psychologisch begründet, es ist die Folge der Situation, in die Frauen gedrängt werden. Freuds Theorie des Penisneides sagt wahrscheinlich mehr über Männer und deren Wertmaßstäbe aus als über Frauen.

Obwohl es eine ganze Reihe von Schriften und Romanen männlicher Autoren zur Huldigung des Penis und seiner Aktivitäten gibt (D. H. Lawrences Frauen knien vor dem „purpurnen Penis" und beten ihn an), haben Frauen in ihren Berichten über ihre sexuelle Erregung den Penis nicht in allen seinen Einzelheiten beschrieben. Statt dessen sprechen sie über ihre eigenen Empfindungen und Gefühle und wie diese ihren ganzen Körper durchdringen und überschwemmen. Eine Frau wird erregt, wenn sie den erigierten Penis ihres Liebsten sieht oder fühlt, denn sie versteht es als Beweis seiner Sehnsucht nach ihr und ihrer Macht, ihn zu erregen.

Die zwanziger Jahre

Der Erste Weltkrieg war gekommen und gegangen; die alte Ordnung galt nicht mehr. Vorstellungen und Moralbegriffe der Vorkriegszeit verschwanden, und viele meinten, das Zeitalter einer größeren sexuellen Freiheit sei angebrochen. Es war keine sexuelle Revolution, denn obwohl voreheliche Unberührtheit bei einer Frau nicht mehr, wie einst, eine so große Rolle spielte, wußte jedermann Bescheid, welchen Regeln er zuwiderhandelte. Im Gegensatz dazu wurden in der sexuellen Revolution der sechziger Jahre gerade auch diese Regeln in Frage gestellt.

Die entfesselte Generation

Es war die Zeit der modischen Mädchen, der Backfische der zwanziger Jahre. Sie trugen ihr Haar kurzgeschnitten, zwängten sich nicht mehr in Korsetts, hatten knabenhafte Figuren und eine knabenhafte Körperhaltung. Zu Kriegszeiten waren Frauen in die Munitionsfabriken gegangen, waren Bus- und Straßenbahnschaffnerinnen gewesen und hatten Arbeiten verrichtet, für die sie einstmals als körperlich zu schwach galten. Nun verlangten sie eine neue Autonomie und sexuelle Offenheit. Die Modetänze von damals, besonders der Charleston, waren typisch für das fiebrige Tempo, die Unrast und Unbeständigkeit jener Tage, und nicht anders hatten sich die jungen Frauen dieser ersten Nachkriegsjahre zu verhalten. Über allem lag ein Firnis von ironischem Zynismus und eine frenetische Jagd nach Vergnügen. Die Songs von Noël Coward und die Erzählungen von F. Scott Fitzgerald legen beredtes Zeugnis dafür ab.

Empfängnisverhütung wurde immer populärer. Aber gerade diejenigen, welche dies am nötigsten brauchten, blieben von der neuen Technologie der Geburtenkontrolle unberührt. Sie verließen sich auf Rückzieher, warteten jeden Monat ängstlich auf ihre Periode und hatten nur die Möglichkeit, zu heißen Bädern, Gin und Bleitabletten Zuflucht zu nehmen. 1921 eröffnete Marie Stopes ihre erste Geburtenkontrollklinik in Manchester, und das ganze Thema der Empfängnisverhütung wurde öffentlich diskutiert. Zeitungen klagten diejenigen, die solche Kliniken leiteten, an, „aufgeputzt" und „überfüttert" zu sein. Kurz: es waren schamlose Flittchen, die empfängnisverhütende Mittel der armen Bevölkerung aufzwingen wollten.

Im Jahr 1923 befaßte sich eine ganze Nummer der Ärztezeitschrift *Practitioner* mit dem Thema der Empfängnisverhütung. Geburtenkontrolle, war zu lesen, „ist heute ein allgemeines Gesprächsthema in Frauenklubs und auch in gemischter Gesellschaft". Ferner, daß „Frauen von untadeligem

Ruf sich der Sache annehmen'', obwohl einer der prominenten Mitarbeiter seine Kollegen warnte, daß Männer, sollten sie jemals Kontrazeptiva benutzen, steril und in den Wahnsinn getrieben würden. Einige vertraten die Ansicht, Geburtenkontrolle sei nur bei unheilbarem Irresein gerechtfertigt, aber weil ja die Blüte der Nation im Kriege gefallen war, sei es die Aufgabe der herrschenden Schichten, für genügend Nachwuchs zu sorgen.

In den verschiedenen Ländern der westlichen Welt nahmen sexuelle Ausdrucksformen unterschiedliche Gestalt an. Ein Beispiel: Im Deutschland der frühen zwanziger Jahre fehlte es an Männern. Viele Frauen besaßen nur die Erinnerung an ihren gefallenen Ehemann oder Verlobten. Kriegskrüppel bettelten auf den Straßen, und es mangelte an allem: Arbeit, Geld, Behausungen. Die Bilder von George Grosz, die Songs von Kurt Weill spiegeln Bitterkeit und Haß, rohe Gewalt und Ausbeutung der Armen seitens der Besitzenden, der Hilflosen seitens derjenigen, welche die Macht hatten, wider. Diese Bilder und diese Musik waren ausgesprochen sexuell. Sexualität wurde auf eine bisher noch nicht dagewesene Art zum Kommentar sozialer Ungerechtigkeit.

Sexuelle Befreiung Im Jahre 1948 wurde der erste Band des Kinsey-Reportes, *Sexual Behaviour in the Human Male* (Das sexuelle Verhalten des Mannes, Frankfurt a. M. 1955) veröffentlicht. Ihm folgte 1953 ein zweiter Band: *Sexual Behaviour in the Human Female* (Das sexuelle Verhalten der Frau. Frankfurt a. M. 1955). Zusammengenommen präsentieren beide Studien ausführliche statistische Erhebungen, die auf den Aussagen von etwa 18000 Männern und Frauen über ihr Sexualleben basieren. Aber die volle Wirkung der beiden Reporte kam wahrscheinlich erst in den sechziger Jahren zum Tragen, als die Pille populär wurde und sich als das zuverlässigste aller bisher erprobten Verhütungsmittel erwies. Kinsey bezeugte, daß es im sexuellen Verhalten eine riesige Bandbreite gab und daß viele Praktiken, die bisher als anomal galten, durchaus normal seien, da viele Menschen sie ausübten (Wardell B. Pomeroy: *Dr Kinsey and the Institute of Sex Research*). Masturbation, Homosexualität und oraler Sex wurden allmählich mit einer neuen Offenheit diskutiert, obwohl jedoch noch immer mit einem gewissen Schauder der Erregung angesichts dessen, was vorher als tabuisiertes Gesprächsthema gegolten hatte.

Die sexuelle Revolution der sechziger Jahre hätte ohne die empfängnisverhütende Pille niemals stattfinden können. Diese wurde in den fünfziger Jahren an portorikanischen Landfrauen getestet. Mitte der sechziger Jahre nahmen bereits zehn Millionen Frauen in verschiedenen Ländern die Pille (Clive Wood und Beryl Suitters: *The Fight for Acceptance: A History of Contraception*). Es war die Pille, die, falls sie nicht direkt dafür sorgte, eine Trennung von Sex und Fortpflanzung versprach. Endlich durften Frauen Geschlechtsverkehr haben, ohne daß die Furcht vor einer ungewollten Schwangerschaft wie ein Damoklesschwert über ihnen hing.

Flower Power Die „Blumenkinder''-Bewegung nahm ihren Anfang in Kalifornien, wo
„Die Blumen- sich junge Menschen in einem Klima emotioneller und körperlicher Ge-
kinder'' meinschaft zusammenfanden. Ihr Leitsatz war: *Make love, not war.* Sie waren höchst kritisch gegenüber einer ihnen von ihren Eltern hinterlassenen Welt der Gewalttätigkeit, den verkrusteten bürokratischen Strukturen

und den bürgerlichen Einrichtungen wie der Institution der Ehe. Aber bald sollten gerade diese Blumenkinder, die sich ein Leben in eitel Freude und Sonnenschein erträumt hatten, von einer anderen, eher drogenorientierten Hippiekultur verschlungen werden, die oft gewalttätig war und die in Frauen sexuelle Haustiere oder „chicks" sah, mit denen die Männer nach Belieben verfahren konnten.

Die Drogenkultur der sechziger Jahre verlieh dem Sex eine neue Dimension: Sex, wenn man ein wenig high war, oder aber Sex als Traum (weil man, wenn man ganz weggetreten ist, keinen Sex haben kann). Der Sex der damaligen Zeit hatte seine Apotheose in dem Manson-Mordfall. Charles Manson herrschte über eine „Familie" von Frauen, die ihm sadomasochistisch hörig waren.

Die Esalen-Bewegung widmete sich einer mehr allgemeinen Suche nach physischen Empfindungen und Emotionen und propagierte ein neues Zusammengehörigkeitsgefühl zwischen Paaren und Gruppen. Im gemeinsamen Bad berührten sich glänzende Körper voller Entdeckungsfreude. Männer und Frauen, nackt oder in Tücher gewickelt, erforschten Handflächen, rieben Rücken, ringelten sich wie Schlangen und krabbelten auf ihrer Suche nach Kommunikation und Zwiesprache durch- und übereinander.

Bücher über Sex wurden massenweise veröffentlicht. Sie führten ein ganz neues Repertoire von Bettübungen ein, und alle möglichen Sexspiele sollten Orgasmen garantieren und verbessern. Eine Frau, so war zu lesen, könne ihren Mann erregen, indem sie sich die Brustwarzen mit Schlagsahne einreibe oder seinen Penis mit Ahornsirup bedecke. Kalorienbewußt durfte man damals nicht sein! Gruppensex und Partnertausch waren an der Tagesordnung und sollten ungeahnte sexuelle Wonnen vermitteln. Überall schossen Klubs aus dem Boden, in denen tauschwillige Paare neue Partner für den Abend treffen konnten. Unter stroboskopischer Beleuchtung wanden sich Körper in kommunalem Entzücken. Die Teilnehmer behaupteten, daß es gut für ihre Ehe sei (D. Denfeld und M. Gordon: *The sociology of mate swapping: or the family that swings together clings together*).

Im Jahr 1966 veröffentlichten Masters und Johnson ihr Buch *Human Sexual Response* (*Die sexuelle Reaktion*, Frankfurt a. M. 1967) als Resultat ihrer elf Jahre dauernden Studien. Drei Tage nach der Veröffentlichung waren alle Exemplare verkauft. Aus Untersuchungen der Physiologie des Orgasmus, wobei Masters und Johnson Filme und Meßinstrumente benutzten, entnahmen sie, daß die grundlegenden Tatsachen sexueller Erregung und orgastischen Potentials bei beiden Geschlechtern dieselben waren. Die Klitoris, so zeigten sie, sei sowohl Quelle als auch Übermittlerin sexueller Erregung. Diesem Band folgte *Human Sexual Inadequacy*, eine Studie, in der Masters und Johnson ihren Schnelltherapiekurs in St. Louis beschrieben und die Einsetzung von „Surrogatpartnern" (falls der richtige Partner nicht mitkommen wollte, durfte man einen anderen wählen) empfahlen. Als Resultat dieser Arbeiten behandelte man sexuelle Funktionsstörungen genauso nüchtern wie, sagen wir, Astigmatismus oder Karies. Masters folgerte: „Nach einer konservativen Schätzung sind zur Zeit etwa die Hälfte aller (amerikanischen) Ehen entweder funktionsgestört oder auf dem besten Wege dazu."

Sexualtherapien

Wenn behauptet wird, eine bestimmte Art von Verhalten sei krankhaft oder eine Behinderung, wenn Ärzte und Therapeuten glauben, sie behandeln zu müssen, und wenn Männer und Frauen Heilung suchen, müssen wir zuerst einmal definieren, was wir als „krankhaft" bezeichnen. In der Medizin ist die Definition einem immerwährenden Wechsel unterworfen. Manchmal schrumpft sie: Homosexualität z. B. wird heutzutage nicht mehr als Krankheit betrachtet. Öfters erweitert sie sich: So können z. B. Kinder „hyperaktiv" sein und müssen mittels einer speziellen Diät und Sedativa in ihrem Verhalten gedämpft werden. Prämenstruelle Spannungen gelten heute als eine Art Krankheit. Zigarettenrauchen ist auf dem besten Wege, zur Suchtkrankheit gestempelt zu werden.

*Der Begriff
Krankheit*

Nicht nur ist die Definition von Krankheit historisch bedingt, sondern innerhalb unterschiedlicher Gesellschaften werden sowohl sie als auch ihre Gefährlichkeit unterschiedlich beurteilt. Der Begriff der Krankheit und die Definition, worin sie besteht, sind abhängig von Werten, sie sind nicht nur eine rein medizinische Angelegenheit. Sollen wir zum Beispiel eine statistische Norm ausarbeiten und Krankheit als das definieren, was von ihr abweicht? Wenn das der Fall ist, nehmen wir als selbstverständlich an, daß die Mehrzahl aller Menschen gesund ist. Muß also weniger übliches Verhalten „korrigiert" werden? Die Definition von „normal" hat immer einen großen Einfluß gehabt, wenn es galt, Krankheiten von Frauen festzustellen. Soll ein Verhalten, das nicht dem entspricht, was man bei Frauen einer bestimmten sozialen Herkunft erwartet, als Krankheit bezeichnet werden? Ärzte behandeln eheliche Depressionen bei Frauen meistens mit Beruhigungsmitteln. Wenn sie dies nicht tun würden, könnten sie sich der vielen Frauen, die unter Ängsten und Depressionszuständen leiden und die sie in ihren Praxen aufsuchen, kaum erwehren. Sexualtherapie ist nicht allein Sache von Techniken und deren Funktionen, sondern sie befaßt sich auch und vor allem mit der Frage sozialer *Werte*.

Früher glaubte man, Masturbation führe zum Wahnsinn, und Ärzte schnitten den Frauen die Klitoris ab, wenn sie meinten, dadurch Geisteskrankheiten beseitigen zu können. Wir haben es Wissenschaftlern wie Kinsey, Masters und Johnson sowie den veränderten Einstellungen gegenüber der Frau und den Geisteskrankheiten zu verdanken, daß so etwas heute in unseren Breiten kaum noch vorkommt.

Masters und Johnson behandeln sexuelle Funktionsstörungen. Heute hat sich das Rad um 180 Grad gedreht, und ein Mensch, der nicht masturbiert oder der sich durch Masturbation keinen Orgasmus verschaffen kann, gilt als krank und behandlungsbedürftig. Bekommt eine Frau durch Masturbation keinen Orgasmus, nennen sie es „masturbatorisch orgastische Unzulänglichkeit", und sie behaupten, eine Kur dafür geschaffen zu haben, obwohl die Frau eine „orgastische Auslösung im Koitus" erreicht (Masters und Johnson: *Human Sexual Inadequacy*). Sie unterstellen also, daß man nur dann gesund ist, wenn man masturbiert und dabei zum Orgasmus kommt. Erlebt man nur während des Koitus Orgasmen, dann stimme etwas nicht. Der kompromißlose Psychiater Th. Szasz hat hierzu zu sagen:

Die Entdeckung dieser Krankheit ist eine Umkehrung der alten Doktrin vom masturbatorischen Wahnsinn. Im neunzehnten Jahrhundert galt Masturbation als eine Krankheit, deren Behandlung im Unterlassen dieser Gewohnheit bestand. Heute ist Nichtmasturbieren eine Krankheit und Masturbieren die Behandlung. (Thomas Szasz: *Sex: Facts, Frauds and Follies*)

Obwohl Masters und Johnson behaupten, Homosexualität sei keine Krankheit, sondern einfach nur eine natürliche Form der Sexualität, bieten sie nichtsdestoweniger eine „Behandlung" für Homosexuelle an, die heterosexuell werden wollen. Dies ist, meiner Ansicht nach, nicht konsequent.

Virginia Johnson, William Masters' Mitarbeiterin und spätere Ehefrau, hat während der ganzen gemeinsamen Arbeit immer wieder betont, daß die Qualität der Beziehung eines Paares zueinander ausschlaggebend sei und daß sich jeder Versuch, sexuelle Probleme ohne Bezugnahme darauf lösen zu wollen, als völlig wirkungslos erweisen würde (Belliveau und Richter: *Understanding Human Sexual Response*). Andere Therapeuten haben dies oft nicht beachtet und sich mit der Behandlung von Symptomen zufriedengegeben ohne Rücksicht auf die Person, bei der das Symptom auftaucht oder auf das soziale Umfeld, in dem gerade dieses Verhalten als heilungsbedürftig betrachtet wird.

Sexuelle Chirurgie   Obwohl die Ärzte der westlichen Welt so gut wie niemals mehr einer Frau die Klitoris beschneiden, um ihren Geisteszustand zu beeinflussen, gibt es immer noch Chirurgen, die an der Klitoris herumoperieren. Sie behaupten zum Beispiel, daß eine Entfernung des Häubchens oder eine Rekonstruktion gewisser Bereiche der Scheide die Klitoris dem Penis zugänglicher mache und deshalb bessere und häufigere Orgasmen erzielt würden. Sie behaupten auch, daß dies mit den Erkenntnissen von Masters und Johnson über den weiblichen Orgasmus übereinstimme und unmittelbar aus ihren Forschungsergebnissen hervorgehe.

Im amerikanischen Fernsehen ist ein Arzt aufgetreten, der diese Operation an über 4000 Frauen, die ihr Sexualleben verbessern wollten, vorgenommen haben will. Er stellte seinen Zuschauern seine eigene Ehefrau vor, die er ebenfalls operiert hatte und welche die Effektivität seiner Eingriffe bezeugen konnte. Ihre Orgasmen während des Koitus, sagte sie, seien vorher eher „zufällig" gewesen; nun aber habe sie sie jedesmal.

Ich habe mich mit Frauen unterhalten, die sich operieren ließen, weil sie meinten, ihre Scheiden seien unästhetisch oder häßlich, und die Ärzte haben sie operiert, um die inneren und äußeren Schamlippen zu verkleinern, „in Ordnung zu bringen", und um die Klitoris von ihrem Häubchen zu trennen. Episiotomie (Scheidendammschnitt) – der chirurgische Einschnitt des Dammes, um die Vagina während des Gebärvorganges zu erweitern – wird häufig nur deshalb vorgenommen, um nach der Entbindung beim Zunähen die Scheide der Frau zu verengen; dies soll für ihren männlichen Partner aufregender sein. Ein Arzt wird die Frau öfter ein wenig enger zunähen als sie es zuvor war. In den Vereinigten Staaten erwähnen die Gynäkologen dies mit einem gewissen Stolz ihren Patientinnen gegenüber und sprechen sogar von dem „Ehegattenstich".

Chirurgische Eingriffe sind sichtbar und verstümmeln oder formen um. Da aber die Sexualtherapie die Psyche betrifft und die menschlichen Beziehungen beeinflussen soll, mögen diese eher kosmetisch-chirurgischen Eingriffe als relativ unwichtig gelten. Die Folgen lassen sich nicht so leicht messen außer im Vergleich der Häufigkeit von Orgasmen vor und nach der Operation. Nichtsdestoweniger kann sie, wenn sie unnötigerweise oder unfachmännisch vorgenommen wird, genauso schädlich und unvertretbar sein wie jede unnötige Operation.

Während die Viktorianer die weibliche Sexualität an sich als eine Krankheit betrachteten, legt unsere moderne Gesellschaft großen Wert auf Sex als Form der Therapie. Nicht nur wird Sexualität und sexuelle Aktivität als ein Zeichen von Gesundheit angesehen, sie wird auch als Behandlung empfohlen.

Sex als Allheilmittel

Therapeuten behaupten manchmal, ein wesentliches Hindernis bei der Beseitigung größerer Probleme sei die Tatsache, daß die Betroffenen durch ihren Geschlechtspartner beunruhigt seien. Deshalb empfehlen sie Surrogatpartner. „Für Patienten, die entweder keinen oder einen Partner haben, der nicht bereit oder der ungeeignet ist, sich an einem Behandlungskurs zu beteiligen, ist die Verfügbarkeit eines Surrogatpartners ... von größter Bedeutung", schreibt Martin Cole. Weiter sagt er: „Mit einem neuen Partner lassen sich hohe Erregungsgrade eher erzielen", und er befürwortet Sex mit einem unbekannten Partner, „weil es dann keine oder nur eine ‚Mini'-Beziehung gibt".

Gruppensex, Sadomasochismus, Fetischismus – anscheinend ist alles, außer Enthaltsamkeit, erlaubt. Der Mensch, der sich bei einem enthaltsamen oder zölibatären Leben wohlfühlt, gilt wenigstens potentiell als krank. Als anomal und seltsam gelten nicht etwa jene Menschen, die ungewöhnliche sexuelle Praktiken bevorzugen, sondern diejenigen, denen Sex gleichgültig ist oder die überhaupt keinen Geschlechtsverkehr haben. Unterstellt wird, daß der unglückliche und depressive Mensch nur einen Partner zu finden brauche, um wieder in Ordnung zu kommen. Obwohl viele diese Meinung nicht teilen, glauben manche Frauen und Männer, daß flüchtige Geschlechtskontakte von ihnen erwartet werden. Es gibt einen gesellschaftsbedingten und internalisierten Druck, Sex als Allheilmittel zu gebrauchen, um „erwachsen" zu werden und um seine Persönlichkeit zu entwickeln, und es wird vorausgesetzt, daß man dies nicht innerhalb einer monogamen Beziehung, sondern viel besser innerhalb multipler Beziehungen verwirklichen könne.

Sex, wie er sich heute präsentiert

Die „totale" Frau, sagt man uns, ist ganz und gar sexuelles Wesen. Sie strahlt es aus, gleichgültig, ob sie jung oder alt ist. Sie denkt und atmet Sex. Und das sei es, was sie jung erhalte, „das ewig Weibliche" ziehe uns hinan. „Die Eliminierung der Wechseljahre (durch Hormonersatztherapie) ist möglicherweise der bedeutendste Fortschritt, mittels dessen sich Frauen für eine dauerhafte feminine Rolle im modernen Leben rüsten können", schreibt Robert A. Wilson in seinem Buch *Feminine Forever*. Auf Seite 248 f. werden wir näher darauf eingehen. Eine Frau ohne Orgasmen ist nicht komplett. Obwohl sie sich nicht für frigide halten soll, ist sie jedoch „prä-orgasmisch". Würde sie sich nur größere Mühe geben, dann könnte sie es schaffen, denn der Orgasmus ist ja in greifbarer Nähe, und das wäre dann ihre Heilung.

Damit Kinder später nicht zu Erwachsenen werden, denen Sex keinen ungeheuren Spaß macht, empfiehlt eine Psychiatrin den Müttern, ihren Kindern Sexunterricht zu erteilen. Eine Frau, welcher der Anblick eines Penis keine besondere Freude mache, leide an dem, was die Autorin Alayne Yates in ihrem Buch *Sex without Shame* „eine tiefsitzende Hemmung sexueller Reaktion" nennt. Sie sollte, um einer solchen Entwicklung vorzubeugen, ihrer Tochter beistehen, indem sie zum Beispiel die Penisse griechischer Statuen oder die Illustrationen in Alex Comforts *The Joy of Sex* bewundere, und sie solle ihr auch ein Abonnement für das *Playgirl*-Magazin schenken. Der heranwachsende Mensch, der keine „feste erotische Basis" besitzt, solle gezeigt bekommen, wie man masturbiert. Die Mutter drückt der Tochter ein Buch über die Erreichung des Orgasmus in die Hand „und erklärt sich bereit, darüber zu diskutieren und Gleitmittel sowie mechanische Vorrichtungen zur Verfügung zu stellen". Es hört sich an, als betrachteten wir Sex als Pflichtaufgabe.

Heutzutage wird oft erwähnt, wie befreit unsere Sexualität verglichen mit ihrer Unterdrückung zu Zeiten der Königin Viktoria sei. Foucault schreibt, daß wir im Verlauf der letzten drei Jahrhunderte Sex immer mehr als Gesprächsthema salonfähig gemacht hätten. Wir erzählen uns die Geschichte der Vergangenheit und betrachten die Sexualität früherer Epochen als repressiv und verzerrt, und zwar auf eine uns genehme Weise, die unsere augenblickliche Dringlichkeit, Sex aus seinem Versteck und zur Sprache zu bringen, rechtfertige. Er sagt:

Die Frage, die ich stellen möchte, ist nicht: Weshalb sind wir gehemmt, sondern weshalb betonen wir mit einem solchen Nachdruck und mit einer solchen Bitterkeit gegenüber unserer jüngsten Vergangenheit, gegenüber unserer Gegenwart und gegenüber uns selbst, *daß* wir gehemmt sind? Aufgrund welcher Spirale sind wir wieder dort angelangt, wo wir beteuern müssen, daß der Sexus verleugnet wird und wir ostentativ erklären, wir verbergen ihn und hätten ihn zum Schweigen gebracht...? (Michel Foucault, *Sexualität und Wahrheit. Der Wille zum Wissen*, Frankfurt a. M. 1977)

Wir sollten einmal kritisch die sogenannte und von unserer Gesellschaft so gepriesene sexuelle Befreiung und Aufrichtigkeit betrachten und das, was sie den Frauen an Erfahrung gebracht haben. Für eine Frau bedeutet Sex mehr als nur, eine oder keine aktive sexuelle Beziehung zu haben oder Orgasmen zu erleben oder nicht. Sex hat damit zu tun, wie sie ihren Körper gebraucht, er umfaßt ihre physische Nähe zu ihren Kindern und Bekannten und nicht nur zu ihren Sexpartnern. Sexualität entspringt ihrem Körpergefühl und ist mit dem Körper verknüpft, wie dieser sich im Verlaufe der weiblichen Lebensphasen verändert: in der Pubertät, im Monatsrhythmus, während der Schwangerschaft, im Klimakterium, in Zeiten der Trauer und des Verlustes bis ins hohe Alter. Weibliche Sexualität ist untrennbar verbunden mit der Art und Weise, wie die Frau Liebe gibt und Liebe empfängt.

Genitaler Sex ist nur ein winziger Teil dieses reichen Erfahrungsbildes. Reduzieren wir die Sexualität auf das, was mit einer Klitoris geschieht, nehmen wir ihr sehr viel von dem, was die sexuelle Erfahrung aufregend und lebendig macht, was sie mit Sehnsucht, Zärtlichkeit und Leiden-

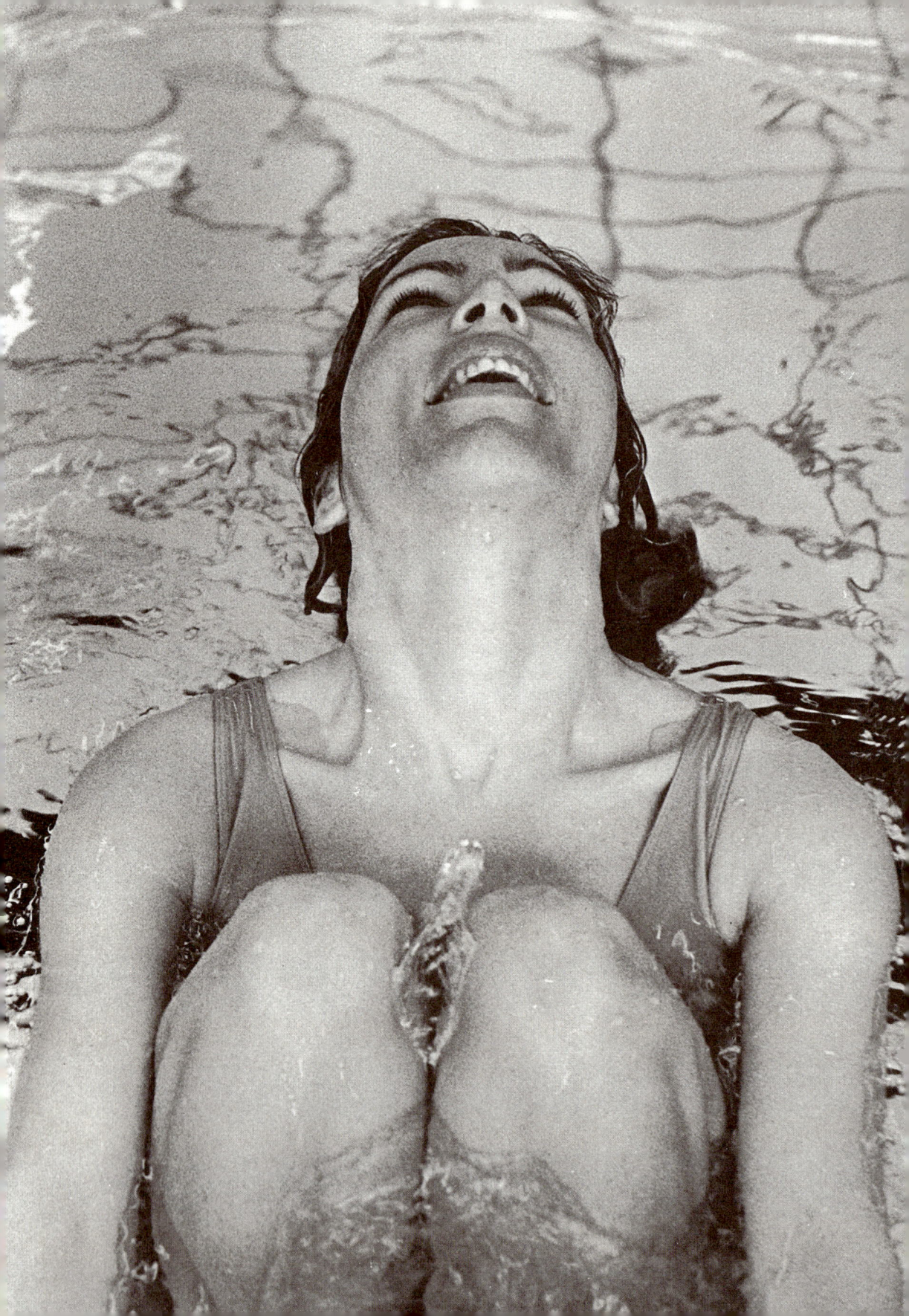

schaft – und mit Kraft – erfüllt. Ich meine, die Zeit ist gekommen, da wir die Vormachtstellung der Bedeutung genitaler Sexualität in unserem Leben neu überdenken müssen.

Sexuelle Ideologien

Er zog ihr den Ring über den Finger und lächelte herunter in ihre Augen. Über der rosaroten Bluse drehte er das ovale Gesicht nach oben. ‚Zuhause ist wieder der Seemann, heimgekommen von der See, wie der Jäger heimkommt aus den Bergen. Er langte nach ihren Lippen, und danach gab es nur noch Stille und Ekstase. (Essie Summers: *A Lamp for Jonathan*)

Hinter der romantischen Kulisse

Dies ist die romantische Sicht des Sex. Sie ist sehr beliebt. Sex, das ist Flitter und Glitzerstaub, verpackt in romantisches Erzählen. Wenn seine bebenden Lippen die ihren berühren, seine Hände ihren gertenschlanken Leib umfassen, wissen wir, oder besser: wird impliziert, daß irgendwo (und nicht deutlich im Bilde) eine gewaltige Erektion lauert, und daß dieser große, sanfte, sehnsuchtsvolle Bär von einem Mann im Begriff ist, den Körper in Besitz zu nehmen. Letzten Endes geht es bei dieser rührselig-kitschigen Romanze doch nur um *Besitz* und darum, daß ein Mann eine Frau genommen hat und sie nun sein eigen nennt – und zwar für immer. Dies, so will uns der romantische Mythos glauben machen, ist der Grund, warum die Menschen heiraten. Das Ziel ist erreicht. Die Frau wird gefangen genommen, beherrscht, festgebunden. Sich verlieben und darauf vertrauen, daß man für alle Zeit und Ewigkeit verliebt bleibt, ist ein wesentlicher Aspekt des romantischen und zu unserer abendländischen Kultur gehörenden Ethos. Bereits in unserer Kindheit wird dieses Ethos uns eingeprägt; dem heranwachsenden Mädchen erscheint es zuerst in Gestalt ihres Pop-Idols und wird dann verschwommener in den populären Unterhaltungsromanen. Das gilt für dieses literarische Genre, ganz gleich, in welcher Sprache es geschrieben ist: Am Ende siegt die Tugend, und die Heldin sinkt dem Helden in die Arme. Auch Cathy und Heathcliff in Emily Brontës Roman *Sturmhöhe* sind so ein romantisches Liebespaar.

Die Macht dieser romantischen Sicht von der Sexualität ist so groß, daß fast jede Frau, die mir von ihren Erfahrungen erzählt hat, erklärte, sie würde ihren Töchtern auch raten, auf den Richtigen zu warten, sich dann Hals über Kopf in ihn zu verlieben, ihn zu heiraten und glücklich und zufrieden bis an ihr Lebensende zu sein. In Wahrheit aber war das, was diese Frauen ihren Töchtern vermitteln wollten, meistens nicht ihre eigene, erlebte Erfahrung, sondern ein kultureller Mythos. Ein weiteres, sehr häufiges Thema ist die Zähmung der Widerspenstigen, des eigensinnigen, dickköpfigen Mädchens. Jo, in *Little Women*, war eine solche Widerspenstige, und die Heldin von *What Katy Did* war es ebenfalls. Sie waren es, die lernten, anmutig, sanft und „fraulich" zu sein und sich am Ende dem weiseren Urteil eines Mannes zu fügen.

Sex ist unsere Körpersprache ... und körperliches Wohlbefinden eine Quelle sexueller Energie

Frauen lesen Liebesromane, Männer lesen Pornographie. Romanzen verschnüren Sex mit Liebe, Treue und Ehe, Pornographie verbindet Sex mit Gewalt, Besitznahme und Promiskuität. Dies ist der Grund, weshalb Frauen und Männer oft ganz verschiedene Vorstellungen von der Sexualität und ihrer Bedeutung haben.

Die Regulierung sexueller Beziehungen

Romantische Liebe und Monogamie gehen Hand in Hand. Auch wenn man sich verliebt, verheiratet und sich dann immer wieder scheiden läßt, kann das den Glauben vieler Menschen an ein romantisches Ideal nicht erschüttern. Im Gegenteil: Tatsache ist, daß serielle Monogamie diesen Mythos nur noch verstärkt. Jedesmal ist es „für immer''; jedesmal ist endlich „der Richtige'' gekommen.

Das Konzept der getreuen Ehefrau entstammt der Organisation der Verwandtschaftsgrade: Wir leben in einer patrilinearen Gesellschaft, und deshalb muß ein Mann sicher sein, daß er der Vater seiner Kinder ist, damit nach seinem Ableben die Söhne seine Ländereien und seinen sonstigen Besitz erben können. Indem der Geschlechtsverkehr nur auf einer sanktioniert vollzogenen Verbindung zwischen einem Mann und einer Frau ausgeübt werden darf oder, wie in manchen Gesellschaften, zwischen einem Mann und einer Gruppe von Frauen, kann verbürgt werden, daß sich der Besitz nicht auf den Sohn eines anderen Mannes vererbt. Frauen sind Eigentum sozialer, von Männern beherrschter Gruppen und werden je nach ihrem Gebärpotential bewertet. Die Vorstellung einer romantischen Liebe verschleiert und legitimiert gleichzeitig ein politisches und wirtschaftliches System, das von Männern geschaffen ist und in dem, wie in der Mehrzahl aller Verwandtschaftssysteme unserer Welt, eine Frau von ihrem Vater einem Ehemann übergeben wird, der von ihr erwartet, daß sie ihre Gebärfähigkeit zur Aufrechterhaltung seiner Familie nutzt. Allen Hochglanzphotos und allem Glitter der Regenbogenpresse zum Trotz liegt in Wahrheit diese Geschichte auch der jener anscheinend vom Schicksal bevorzugten Frauen zugrunde, die für uns gewöhnliche Sterbliche als Vorbild präsentiert werden: Prinzessin Diana, Filmstars oder Ehefrauen von Millionären. Männer werden aufgrund ihrer Arbeit und Leistung definiert. Frauen erhalten ihre Identität ausschließlich aufgrund ihrer sozialen Rolle und ihrer Beziehungen zu Männern, wobei das sexuelle Band eine Schlüsselrolle spielt.

Wie definiert man sich als Frau?

Männer verfügen über die sexuellen und reproduktiven Funktionen einer Frau und diktieren ihr die Rolle in der Gesellschaft zu. Sie ist jemandes Ehefrau oder Mutter. Anderenfalls ist sie ein Flittchen oder eine Prostituierte, die mit vielen Männern geschlechtlich verkehrt. Oder aber sie ist eine Nonne und mit Jesus vermählt. Trotz gewisser Veränderungen in den sexuellen Gebräuchen wird immer noch von Frauen erwartet, daß sie eines Tages „unter die Haube'' gebracht werden und sich sexuell an nur einen Mann binden. Das „Cosmo''-Mädchen oder die befreite Frau mag ein paar Jahre lang eine Reihe von sexuellen Beziehungen haben, aber wenn sie um die dreißig ist, muß auch sie sich tummeln, damit man nicht denkt, ihr sei das Schicksal einer „verbitterten alten Jungfer'' beschieden.

Grenzen der Romantik

Der romantische Traum wird für viele Frauen eine die Ehe und andere sexuelle Partnerschaften unerträglich belastende Bürde – bis das betreffende Paar einander nicht einmal mehr als menschliche Wesen akzeptieren will. Der Reiz des Sex, der gestohlenen romantischen Momente soll uns dafür entschädigen, daß wir uns wie in einer Falle gefangen vorkommen und daß wir, als Frauen, unsere Autonomie, ja unsere eigentliche Identität als Individuen aufgeopfert haben. Eine Kombination von romantischem Traum und Sex mag uns für eine begrenzte Zeit als Balsam und Heftpflaster dienen. Für die meisten Partnerschaften kommt die Zeit, da mehr als nur das vorhanden sein muß, mehr sogar als Loyalität, wenn die beiden Partner zusammen alt werden sollen.

Diese romantische Auffassung bedeutet auch, daß sich einige Frauen, denen es von Natur aus nicht gegeben ist, monogam zu leben, gezwungen fühlen, Entschuldigungen vorzubringen, warum sie nicht mit einem einzigen Mann verbunden sind. Sie sprechen dann von „sich nach dem Richtigen umsehen" oder auch „nach Liebe suchen". Sie glauben oft, sie müßten bei jeder sexuellen Begegnung unbedingt „verliebt" sein und reden sich ein, daß jeder einmalige Kontakt nur aus Leidenschaft stattfand. Jill Johnston hat dies in ihrem Buch *Lesbian Nation: The feminist solution* „Liebe auf den ersten Sex" genannt. Es bedeutet, daß Sex nicht einfach genossen werden kann, weil es Freude macht oder zu einer Freundschaft gehört, sondern er muß jedesmal dazu erhoben werden, eine Liebe zu besiegeln. Der Preis des Sex soll nichts Geringeres sein als lebenslange Verbundenheit.

Sexuelle Befreiung

Die sexuelle Revolution der sechziger und siebziger Jahre war eine Reaktion gegen diese romantische Auffassung. Im Jahr 1948 veröffentlichte Alfred Kinsey seinen Bericht *Sexual Behaviour in the Human Male* (*Das sexuelle Verhalten des Mannes*, Frankfurt 1955), und fünf Jahre darauf folgte *Sexual Behaviour in the Human Female* (auf deutsch zuerst erschienen: *Das sexuelle Verhalten der Frau*, Frankfurt 1955). Die beiden Bücher hatten ein großes öffentliches Echo, in dessen Folge sich veränderte Auffassungen von Sex wie ein Waldbrand verbreiteten.

Die sexuellen Befreier stützen sich auf eine Philosophie, die Sex als Trieb versteht, der sich regelmäßig ausleben soll, wolle man ein gesundes und erfülltes Leben führen. Ferner ist er eine Freizeitbeschäftigung – und zwar eine wichtige. Wir sind es uns selber schuldig, uns einzuschalten, mitzuschwingen, wegzutreten, kurz: uns keinerlei Zwänge aufzuerlegen, wenn wir unsere Sexualität erforschen, unsere wildesten Phantasien verwirklichen und längere und bessere Orgasmen erleben wollen. Der Sexualforscher Albert Ellis schrieb 1969 in einem Artikel im *Journal of Sex Research*: „Ich würde die Bewahrung der Jungfräulichkeit ein untrügliches Symptom für ausgesprochenen Masochismus nennen." Gemäß der Doktrin der sexuellen Befreiung sind moralische, religiöse oder ethische Skrupel und Motive in Verbindung mit Sex nichts als Symptome für sexuelles Verklemmtsein oder sexuelle Unzulänglichkeit. Frauen, denen Sex nicht viel in ihrem Leben bedeutet oder die zölibatär sind, werden gefragt: „Und was verdrängen *Sie*?" Wer das Image vom „swinging chick" ablehnt, gilt als frigide, puritanisch oder prüde.

Alex Comforts *The Joy of Sex* hielt sich monatelang an der Spitze der Bestseller-Liste. Eine Vielfalt von sich auf die Erkenntnisse von Masters und Johnson beziehenden Leitfäden kam in die Buchhandlungen und Kioske. Es erschienen der *Hite Report*, der *Cosmo-Report* und eine Unzahl von ähnlichen Büchern, die den Frauen beweisen wollten, wie sie mehr und bessere Orgasmen erleben konnten. Nur auf dem Wege des Geschlechtsverkehrs, hieß es, könne man jemanden richtig kennenlernen und innere Zufriedenheit erlangen, und das Rezept für gesellschaftlichen Erfolg beruhe darauf, daß man sich mit möglichst vielen „warmen'' attraktiven und sexuell interessierten Menschen umgebe, die mit einem die Fähigkeit teilten, sexuelle Wünsche und deren Erfüllung uneingeschränkt auszuleben. Frauen glaubten, es genüge, auszugehen und sich dann mit jemandem ins Bett zu legen, nur um ihre Unabhängigkeit zu beweisen: Sie glaubten auch, daß sie damit für Freiheit und Gleichberechtigung mit den Männern kämpften. Persönliches Engagement, Gelöbnis, Treue – sie alle galten als Beweis dafür, daß man eben nur „Hausfrau und Mutter'' sei und daß man dies für genauso selbstverständlich hielt wie dereinst ihre Mütter, die sich wiederum von ihren Ehemännern vereinnahmen ließen. Eine Folge von Liebesaffairen unverbindlicher Natur, ohne die daran geknüpften Illusionen – das war die Art, sich als „befreit'' auszudrücken.

Pille und Spirale wurden von vielen Frauen als Patentlösung betrachtet: Der Geschlechtsverkehr, über dem immer noch die Furcht vor einer unerwünschten Schwangerschaft hing, war „gefahrlos'' geworden. Auf einmal waren die alten Tabus gebrochen, und vorausgesetzt, man wurde nicht schwanger, war alles in Ordnung. Ein großer Nachteil zuverlässig empfängnisverhütender Methoden bestand jedoch darin, daß Frauen nun keinen „legitimen'' Grund für eine Verweigerung hatten. Bisher war es verständlich gewesen, daß die Furcht vor unerwünschten Schwangerschaften viele vom Geschlechtsverkehr zurückgehalten hatte. Nun aber mußte eine Frau einem Mann tatsächlich klipp und klar zu verstehen geben, daß er für sie nicht in Frage komme oder sie mußte mit genügend Bestimmtheit behaupten, daß sie keinen Verkehr wünsche, um prompt als „engstirnig'' oder gar „frigide'' verschrien zu werden.

Aber es gibt auch andere Probleme moderner Empfängnisverhütung. Mit der Zeit wurde nämlich festgestellt, daß sowohl Pille als auch Spirale nicht ungefährliche Nebenwirkungen haben können. Auf Seite 197–201 werden sie näher beschrieben. Die Pille mag zwar eine Frau vor einer Schwangerschaft schützen, sie kann aber auch ihr Leben verkürzen. Spiralen (IUDs oder „intra-uterine devices'') mögen zwar verhindern, daß sich in der Gebärmutter Zellenanhäufungen bilden und sich in den Uteruswänden einnisten, aber sie sind auch eine Quelle von Beckenentzündungen und späterer Unfruchtbarkeit.

Obwohl Geburten- und Fruchtbarkeitsbeschränkungen als eines der Hauptmotive für ein „befreites'' heterosexuelles Verhalten betrachtet wurden, erwiesen sie sich durchaus nicht als das einzige Hindernis, das früher uneingeschränkten und spontanen Sexualbeziehungen im Wege gestanden hatte. Nun standen keine Schranken mehr zwischen den beiden Geschlechtern: Der Sexualverkehr nahm zu und brachte neue Gefahren – Infektionen, anfangs latent, die aber später Reizungen, wunde Stellen und manchmal auch offene Gewebeveränderungen mit sich brachten. Neue Krankheiten tauchten auf, und um alttestamentarische Töne für sträfliches und sündhaftes Verhalten zu umgehen, taufte man die Geschlechtskrankheiten um in „sexuell übertragene Krankheiten" (STD = sexually transmitted diseases). Erst jetzt erleben wir ihre volle Auswirkung: Pilzerkrankungen der Vagina (Soor, „Schwämmchen"), Herpes und wie sie alle heißen haben sich als sehr wirksame Gegenaphrodisiaka erwiesen.

Aber die sogenannte sexuelle Befriedigung schuf auch ein Minenfeld anderer Art. Sie rechnete nicht mit den sehr wichtigen und tief verwurzelten Skrupeln moralischer oder religiöser Art, die bei vielen Menschen eine zentrale Rolle spielen (sie machte sie nur lächerlich). Solche Menschen wurden als „krank" abgestempelt wie früher Frauen, die multiple sexuelle Beziehungen hatten, als „Nymphomaninnen" oder als „emotionell unreif" galten. Und weil die sogenannte sexuelle Revolution in der Hauptsache männerorientiert war und ihnen einen leichteren Zugang zu weiblichen Körpern verschaffte, legitimierte sie männliche Promiskuität, männliche Trennung von Körper und Emotionen und die Spaltung zwischen Sex und echter Zuwendung. Für viele Frauen war sie nichts weiter als eine Illusion und ein Beschiß. Eine Frau faßte es in Worte: „Ich kam mir mißbraucht und mir selbst entfremdet vor, wie bei einer Art Wettbewerb."

Eins hat uns diese Zeit hinterlassen, nämlich die Frage, welchen Stellenwert sexuelle Beziehungen im Leben der Frau einzunehmen haben. Frauen machen sich Gedanken darüber, ob sie Beziehungen, die vielleicht früher einmal durchaus befriedigend waren, die aber jetzt sinnentleert geworden sind, fortsetzen sollen. Weshalb tue ich das? Brauche ich es tatsächlich? Oder wird es nur von mir erwartet?

Feminismus

Der Feminismus hat es sich zur Aufgabe gemacht, alle die Grundlagen der Ideologien zu untersuchen und in Frage zu stellen, die die Beziehungen zwischen den beiden Geschlechtern bestimmen. So wird zum Beispiel das, was in unserer Kultur als männliche Sexualität gilt – nämlich das Bestreben, zu dominieren – erforscht. Die Feministinnen behaupten, daß dies genauso wenig „naturgewollt" sei wie die so oft propagierte Sehnsucht der Frau, sich beherrschen zu lassen. Die Feministinnen stellen Sex in seinen geschichtlichen Zusammenhang und sehen ihn als Ausdruck einer tradierten Rollenzuweisung. Sie meinen, daß Frauen erst einmal in sich gehen und sich fragen sollten, was sie wirklich vom Leben erwarten und wer sie sind. Es geht ihnen darum, Schranken niederzureißen, die Frauen voneinander trennen. Ihr Ziel ist, ein Gefühl der Schwesternschaft zu erwecken.

Eine feministische Beurteilung

Weil die Feministinnen allgemein akzeptierte Normen nicht gelten lassen, wirft man sie oft in einen Topf mit den sexuellen Befreiern. Wenn sie gegen eine Bindung an einen einzigen Mann polemisieren, nimmt man an, daß sie promiskuitiv sein müssen. Wenn sie sich gegen die Institution der Ehe wehren, wird daraus gefolgert, daß sie sich für ein sexuelles Freistilringen stark machten. Eine „emanzipierte" Frau ist in den Vorstellungen vieler sowohl eine militante Feministin als auch eine, „die jeden ranläßt".

Die radikalen Feministinnen behaupten aber in Wahrheit etwas ganz anderes. Sexueller Ausdruck ist für viele ein unabdingbarer Teil der Befreiung von den Zwängen einer männerorientierten Gesellschaft. Die Psychiatrin Carmen Kerr schreibt über den weiblichen Orgasmus: „Für manche Frauen bedeutet ihre eigene Enthemmung den ersten und unentbehrlichen Schritt zur Machtübernahme nicht nur in bezug auf Männer, sondern auch auf die ganze Welt." (Zitiert in Eleanor Stephens: *The moon within your reach*)

Indessen ist Sex nicht das *Ziel*. Und dort, wo die Befreier behaupten, daß Sex unendlich wichtig für eine gut funktionierende Gesundheit und eine individuelle Erfüllung sei, vertreten die Feministinnen die Ansicht, daß es möglich sei, Sex auch in eine Freundschaft zu integrieren, anstatt „sich zu verlieben" und sich dann nur auf eine Person zu konzentrieren. Im Sex sehen sie eine von vielen Möglichkeiten, mit anderen Menschen zu kommunizieren. Und so nimmt eine sexuelle Freundschaft den Platz ein, den früher der romantische Traum und die Ausbeutung eingenommen haben (obwohl, und das muß hier gesagt werden, es in der Praxis nicht immer so einfach zu bewältigen ist). Sex ist nur ein Teil einer engagierten und fortdauernden Beziehung. Sex ist nicht etwas, was das Leben der Frau beherrscht, noch ist es der Köder, der sie in die Ehe lockt, sondern ein liebevoller Ausdruck der Freundschaft.

Feministinnen betonen die Bedeutung von Frauenfreundschaften. Viele kritisieren jedoch ausschließliche „Paar"-Freundschaften, die, so meinen

Erst neuerdings haben Frauen begonnen, ihre individuellen Erfahrungen miteinander auszutauschen.

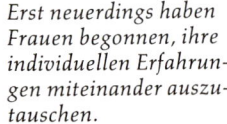

sie, klaustrophobisch werden können, weil der eine Partner vom andern allzu abhängig geworden sei. Solche ausschließlichen Verbindungen können zwischen den Frauen Schranken errichten und sie einander entfremden.

Der Feminismus verknüpft unsere Denkweise mit unserem Verhalten, unser persönliches mit unserem politischen Engagement. Unsere intimsten, geheimsten Gedanken und Handlungen werden zu Aussagen über die Gesellschaft, in der wir leben, und über die Art und Weise, wie wir zu den Beziehungen zwischen den Geschlechtern stehen. Auf Seite 88 ff. werden sexuelle Phantasien von Frauen behandelt, und diese äußern sich oft sehr drastisch in männlicher Dominanz und weiblicher Unterwerfung.

Es gibt Feministinnen, die behaupten, eine Frau könne keine echte Feministin sein, wenn sie weiterhin Beziehungen zu Männern habe. Diese Frauen sind, so Linda Hurcombe, Verfasserin von *Dispossessed Daughters of Eve*, „Neulandverteidigerinnen", und sie sind um ihr Engagement von uns, die wir erfahren durften, daß die Ehe eine liebevolle und pflegende Zweierbeziehung sein kann, nicht zu beneiden. Es kann für eine überzeugte Feministin durchaus einen schweren Kampf bedeuten, ihren Entschluß, zu heiraten und mit einem Mann geschlechtlich zu verkehren, vor sich selber zu rechtfertigen. Innerhalb der Frauenbewegung sind es jetzt diejenigen, die mit Männern leben, die „herauskommen", um die Stichhaltigkeit ihrer eigenen persönlichen Erfahrungen zu verteidigen.

Die meisten von uns haben keine Wahl. Wir sind heterosexuell, weil wir uns der dominierenden Kultur und den vorherrschenden Wertmaßstäben, für welche wir seit frühester Kindheit konditioniert wurden, anpassen. Es ist jedoch wichtig, daß wir die sozialen Strukturen, die uns von unseren Gemeinsamkeiten als Menschen entfernen und uns in Frauen und Männer aufteilen, einmal unter die Lupe nehmen. Wir sollten bestrebt sein, Beziehungen zu schaffen, innerhalb derer Menschen gesund aufwachsen und in denen wiederum Leben gedeihen kann.

Sex und Sprache

Unser Vokabular zur Sexualität – die Worte, die wir gebrauchen, und die Worte, die wir vermeiden – sagt viel über uns aus. Auf keine Weise können wir dem Ausdruck sozialer Wertigkeit innerhalb unserer Sprache ausweichen. Natürlich gibt es einen zeitbedingten Unterschied zwischen einer Wörterbuchdefinition und der Bedeutung, die wir ihr zumessen, wenn wir das betreffende Wort in unsere Alltagssprache integrieren. Die meisten Ausgaben des *Oxford Dictionary* bezeichnen Masturbation immer noch als „self-abuse" (Selbstbefleckung).

Sprache und soziale Kontrolle

Jede Sprache ist ein mächtiges Werkzeug zur sozialen Kontrolle. Sie färbt nicht nur unser Denken, sie formt es auch. Wörter, die wir im Fernsehen hören oder in der Zeitung lesen, beiläufig während einer Unterhaltung fallen gelassene Redewendungen und solche, die wir nicht aussprechen, formen unser Denken, unser Empfinden und unsere Einstellung zu dem, was rund um uns geschieht. Ein „Terrorist" wird anders verstanden als ein

„Freiheitskämpfer", obwohl es ein und derselbe Mann sein kann. Wir fällen ein Werturteil, wenn wir zum Beispiel jemanden eine „Schwuchtel" oder „schwul" nennen, wenn wir einen Menschen als „Nigger" oder als „Schwarzen" beschreiben.

Ist uns ein Gesprächsthema peinlich, dann gibt es meistens viele Ausdrükke, um beleidigende oder sonstwie verletzende Vokabeln zu vermeiden. Wollen wir zum Beispiel nicht über den Tod in einer uns beunruhigenden oder andere möglicherweise verletzenden Weise sprechen, bietet sich eine Auswahl von Wörtern und Phrasen an, um das Ereignis Tod zu umschreiben. Um dies ganz konkret zu erleben, braucht man nur einen Friedhof zu besuchen und die Grabsteininschriften zu studieren. Wir sprechen über Körperausscheidungen auf ähnlich umwundene Weise: wir besorgen „ein kleines Geschäft", wir haben „einen kleinen Wunsch", wir „müssen mal für kleine Mädchen" und so weiter. Viele Flüche und Schimpfwörter befassen sich mit dem Tod oder mit den Exkrementen: „Ich mach dich kalt!" oder „Scheiß!" – um nur zwei Beispiele zu geben.

Wie diese anderen, stark emotional besetzten Themen ist auch Sex ein Tabugebiet, das wie Eisenfeilspäne sich um ein Magnetfeld gruppiert und sowohl Euphemismen als auch Kraftausdrücke an sich zieht. Genauso wie beim Tod und bei den Exkrementen gibt es nur den einen Ausweg aus dem Gebrauch verniedlichender oder grober Ausdrücke: Man weicht aus auf medizinische Fachausdrücke. Für viele von uns sind jedoch alle drei Möglichkeiten unannehmbar. Außerdem können verniedlichende Ausdrücke verwirrend sein. Wenn wir Geschlechtsverkehr meinen und sagen, sie „schlafen miteinander" oder sie „gehen ins Bett miteinander", so klingt das recht harmlos, aber gerade, weil es so harmlos klingt, kann es passieren, daß unser Gesprächspartner nicht genau weiß, was wir eigentlich damit sagen wollen. Eine Frau hat mir erzählt, daß ihr Ehemann, wenn er mit ihr sexuell verkehren wollte, jedesmal sagte: „Heute abend werde ich eine Dusche nehmen". Und das war alles, was er jemals in diesem Zusammenhang verlauten ließ.

Viele Frauen meinen, daß die berühmten „four letter words" (ficken, vögeln, bumsen, Schwanz, Möse usw.) unerquicklich seien. Weil sie (besonders im Englischen) oft als Beleidigung gebraucht werden (Beispiel: „You silly cunt"), erscheinen sie uns nicht geeignet für etwas, das doch warm, liebend und zärtlich sein sollte. Aber es gibt noch einen anderen Aspekt dieser Sprache: Sie stellt Sex als einen aggressiven Akt dar, den ein Mann an einer passiven Frau vollzieht. Weil die betreffenden Wörter auch gewalttätig sind, implizieren sie eine verletzte Frau. Also bleiben uns nur die medizinischen Ausdrücke. Und weil sie im wesentlichen sprachliche Werkzeuge der Anatomie und der Physiologie sind, können sie nicht einmal annähernd dem Reichtum gerecht werden, den die sinnliche und sexuelle Erfahrung in sich birgt. Oft sind es komplizierte, unhandliche Bezeichnungen, die eher in den Seziersaal oder in das Labor gehören und niemals etwas anderes als nur ein schwaches Echo für echte menschliche Gefühle und Beziehungen sein können.

Wir können einen Versuch machen, uns dem zu nähern, was wir über Sex empfinden, indem wir die Wörter, die wir benutzen, einmal betrachten und

*Wort-
Assoziationen*

indem wir uns mit den mit ihnen verbundenen Assoziationen beschäftigen. Um ein paar der Bedeutungen, die mit Sex assoziierte Wörter für uns haben, zu fixieren, nehmen wir einen großen Bogen Papier und teilen ihn in zwei senkrechte Kolumnen. In die linke schreiben wir die folgenden, gut voneinander getrennten Wörter hin: Sex, Liebe, Klitoris, genießen, Ehefrau, Orgasmus, Penis, schuldig, Ehemann, Verlangen, Monatsbinde, oraler Sex, Brustwarze.

Sodann – und zwar schnell und ohne lange zu überlegen – schreiben wir auf die rechte Seite das erste Wort oder die erste Wendung, die uns dazu einfallen.

Und dann lesen wir unsere Liste durch. Sind wir überrascht? Denken wir einmal darüber nach, *weshalb* wir spontan so und nicht anders geantwortet haben. In welchem Verhältnis stehen unsere Antworten zu unseren Körpergefühlen, unserer Sexualität und wie ist ihr Verhältnis zu den uns am nächsten stehenden Menschen?

Manche Frauen reagierten bei diesem Test mit Gegensätzen. „Ehemann" provozierte „Ehefrau", „Liebe" provozierte „Haß" und so weiter. War dies der Fall gewesen, könnte man den Schluß ziehen, daß diese Wörter uns nichts bedeuteten oder aber daß wir über ihre Bedeutung nicht nachdenken wollten. Andere Frauen wiederum reagierten ganz anders und meinten, daß ihre Antworten doch einiges aussagten. Pam schrieb: „masturbieren" als Antwort auf „schuldig" und sprach dann über ihre Gefühle der „Selbstbefriedigung", wenn ihr eigener Körper ihr Freude bereitete.

Obwohl die Bedeutung dessen, was wir niederschrieben, nicht sofort ins Auge sprang, betrachteten wir die Vokabeln, auf die wir positiv reagierten und die, welche negative Ausdrücke hervorriefen.

Wir sollten über die Gründe unserer Reaktion nachdenken. Zum Beispiel schrieben viele Frauen neben das Zielwort Klitoris „Perle", „Rose", „warm", „feucht", „sanft", „lecken", „streicheln". Eine andere Frau dagegen schrieb „nichts". Manche notierten neutrale oder medizinisch verbrämte Ausdrücke, wie „Pubis" oder „Vulva". Natürlich reagieren wir nicht jedesmal auf die gleiche Weise: Dies hängt auch von unserer jeweiligen Stimmung ab.

*Penetration:
das beherrschende
Thema*

Eines jedoch haben diese groben, verniedlichenden und medizinischen Ausdrücke gemeinsam – die Vorstellung der Penetration einer Scheide durch einen Penis. Ehe das nicht passiert ist, heißt es oft, habe man als Frau nicht „geliebt". Sex ohne Penetration wird als „Vorspiel" oder „Petting" abqualifiziert. Sex mag noch so aufregend sein, mag der Frau noch so viele Orgasmen verschaffen – ohne Penetration ist der Vorgang nicht abgeschlossen. Dieser Gebrauch der Sprache reflektiert und verstärkt den Gedanken, daß das Ziel einer jeden „reifen" sexuellen Begegnung Penetration und Orgasmus zu sein hat. So fällt es manchen schwer, sich vorzustellen, wie sich Lesbierinnen ohne Penisersatz im Bett verhalten.

Obwohl es viele Frauen gibt, denen das Gefühl einer ausgefüllten Vagina Lust bereitet und die sich dafür entweder einen Penis oder die Finger oder einen anderen Gegenstand aussuchen, gibt es andere, denen das nicht unbedingt Spaß macht. Wenn Frauen wählen könnten, würden sich zwar viele für einen Geschlechtsverkehr mit vaginaler Stimulierung entschei-

den, aber es könnte ebenso gut sein, daß es Zeiten gibt, wo sie das vielleicht nicht wollen. Aber diese Wahl ist hypothetisch: Sowohl Männer als auch Frauen erwarten eine Penetration.

Eine Frau, die das Eindringen eines Mannes in sie verwehrt, gilt als Scharfmacherin. (Im Englischen, schreibt die Autorin, gebe es kein männliches Äquivalent für *cock teaser*; im Deutschen aber gibt es den „Scharfmacher", der sich keine Ejakulation gönnt und lieber „sein Pulver trocken hält"; *Anm. der Übers.*) Ein Mann, der vor der Penetration ejakuliert, leidet an vorzeitigem Samenerguß. Eine Frau, die jede Art von anderer sexueller Erfahrung hat einschließlich des Orgasmus, gilt immer noch als *virgo intacta,* wenn keine Penetration stattgefunden hat. Die Sprache ist also um die Vorstellung herum strukturiert, daß jedesmal, wenn die beiden Partner eine erfüllte Sexualbeziehung hatten, es auch eine Penetration gegeben haben müsse. Anderenfalls, so wird zumindest angedeutet, stimme etwas bei ihnen nicht.

Wenden wir uns einmal kritisch diesem Postulat zu. Obligate Penetration als Ziel eines jeden sexuellen Aktes kann so langweilig sein wie die Vorgabe, jede sexuelle Handlung müsse unbedingt orale Stimulierung einschließen oder gelte als unvollständig ohne Rückenmassage. Es gibt andere Ausdrücke für spezifisches sexuelles Verhalten wie zum Beispiel „blasen" oder „69" oder „sich einen runterholen lassen", aber diese Handlungen gelten gewöhnlich als Beiwerk – zusätzlich zur Hauptsache, der Penetration.

Deshalb ist die Sprache ein wichtiger Weg zur gesellschaftlichen Kontrolle über unser Denken. Sprache ist Männerwerk, und sie beschreibt die Ansichten des Mannes über den weiblichen Körper und über die Sexualität. Dies wiederum bedeutet, daß weibliche Gefühle unausgesprochen bleiben, weil sie im wahrsten Sinne des Wortes unaussprechlich sind.

Körperetiketten

Es gibt in der Tat in der angelsächsischen Sprache verhältnismäßig wenige Ausdrücke für den weiblichen Geschlechtsteil (können wir zum Beispiel viele Ausdrücke für „Klitoris" aufzählen?). Aber es existieren eine Menge Wörter für den Penis, zum Beispiel „Pimmel", „Schwanz", „Dingerich", „Kolben", „Nille", „Johannes", „Piepel", „Hahn" und so weiter. (*Anm. der Übers.:* Für die Vielfalt der deutschsprachigen Ausdrücke für das weibliche Organ einschließlich der Klitoris s. Ernest Borneman: *Sex im Volksmund – die sexuelle Umgangssprache des deutschen Volkes.* Wörterbuch und Thesaurus, Hamburg 1971.)

Bei dem heranwachsenden Mädchen ist die Klitoris ein so winziges Organ, daß sie es sich nur aufgrund von Textbuchillustrationen vorstellen kann. Nichtsdestoweniger werden einem jungen Mädchen sehr oft Leitfäden mit Abbildungen in die Hand gedrückt, auf denen die Klitoris nicht bezeichnet, ja nicht einmal eingezeichnet ist. Die reproduktiven Organe sind viel prominenter illustriert: Eileiter, Eierstöcke, Gebärmutter. Deshalb empfängt sie eher einen reproduktiven denn einen sexuellen Eindruck von sich selber. Meist erfährt sie das Wort für Klitoris viel später als der Junge die Ausdrücke für seinen Penis. Und wenn sie das, was sie empfindet, in Worte fassen will, gibt ihr die Sprache keinen Ausdruck für die klitorale Erregung. Wenn der Geschlechtsakt beschrieben wird, dann geschieht dies in der überwältigenden Anzahl der Fälle nur im Sinne dessen, was mit dem

Kommunikation ist ein wichtiger Teil der körperlichen Liebe . . .

Penis passiert und was ein Mann im Verlauf seiner sexuellen Erregung und der Ejakulation empfindet. Der männliche Körper und männliche Erfahrungen gelten als die Norm, von der der weibliche Körper und die weibliche Erfahrung abgeleitet sind. Weil die Klitoris erregt werden kann, hat sie, so Freud, ,,einen männlichen Charakter''. Er beschrieb sogar die Vagina als eine ,,Herberge des Penis'' (Sigmund Freud, GW VIII, S. 298).

Ist der Penis versteift, spricht man von einer Erektion. Wenn indessen die Blutkörper der Klitoris sich mit Blut füllen, nennt man sie ,,angestaut'', ein Ausdruck, der nicht nur Passivität, sondern auch Verletzung signalisiert. Die warme Feuchtigkeit einer sexuell erregten Frau wird als vaginaler ,,Ausfluß'', als ,,Absonderung'' oder als ,,Schleim'' bezeichnet. Alle diese Ausdrücke implizieren eine Ausscheidung verunreinigender Körpersubstanzen. Oder man bezeichnet das Sekret als ,,Gleitmittel'', als handle es sich hier um ein Maschinenbaumodell.

Der Ausdruck ,,Vagina'' stammt von dem lateinischen Wort für ,,Scheide'' (für das Schwert) ab. Diese männliche Chiffrierung betrachtet die Vagina als einen passiven Behälter, der auf eine Penetration wartet wie die Scheide auf das Schwert. Wäre es den Frauen gegeben gewesen, die Dinge zu benennen, könnten die mit der Vagina assoziierten Metaphern sehr wohl aktiver, kreativer und stärker ausgefallen sein.

Sprache und weibliche Körperfunktionen

Auch die Sprache, die wir gebrauchen, um eine ausschließlich weibliche Erfahrung, nämlich Menstruation, zu beschreiben, orientiert sich an männlichen Wahrnehmungsmustern bezüglich dessen, was mit uns passiert, oder sie beschreibt unsere weibliche Reaktion auf unsere eigene Wahrnehmung (Penelope Shuttle, Peter Redgrove: *Die weise Wunde Menstruation*, Frankfurt 1980). Die angelsächsische Vokabel ,,der Fluch'' – *the curse* – spiegelt eine mittelalterliche Auffassung von der Menstruation als dem ,,Fluch Evas'' wider, als ihre immerwährende Strafe dafür, daß sie von der verbotenen Frucht gegessen hatte. In vielen Kulturen gilt Menstrualblut als für Männer gefährlich, denn angeblich schwäche es ihre Männlichkeit, bedrohe ihre Potenz, ihre Gesundheit, ihren Erfolg bei der Arbeit und in der Schlacht, ja sogar ihr Leben. Deshalb müssen Männer geschützt und von menstruierenden Frauen ferngehalten werden. Dies mag weit entfernt scheinen von dem, was wir heute über diesen allmonatlichen Vorgang wissen, aber ich kann mich noch genau entsinnen, daß ich (wenn es ging sogar zwei- oder dreimal im Monat) mit einem Brief in die Schule kam, worin stand, daß ich ,,unwohl'' sei und nicht an der Turnstunde teilnehmen könne. Menstruierende junge Mädchen hatten sich von allen normalen Aktivitäten zurückzuhalten; sie waren sowohl anfällig als auch unrein. Als größte Schande galt es, wenn sie zufällig einen Blutfleck zeigten. Menstruation war geheim, schmutzig und schwächend.

Wir haben sehr wenig Vokabeln, welche die physischen und psychischen Emotionen während des Geburtsvorganges beschreiben. Unsere Sprache bezieht sich auf andere Erfahrungen und wird oft ausschließlich medizinisch definiert, denn die Terminologie der Medizin ist die einzige, die wir haben. Die Fallopischen Röhren (Eileiter) wurden – im Englischen – nach ihrem männlichen Entdecker Fallopia benannt, und die Kontraktionen der Gebärmutter im späten Schwangerschaftsstadium werden (im Englischen) als Braxton-Hicks-Kontraktionen bezeichnet und bewahren so das Gedächtnis eines anderen Arztes.

Der Körper als
Sexualobjekt

Frauen haben zwar keine Sprache, um Teile ihrer eigenen Körper oder ihre körperlichen Erfahrungen zu beschreiben, jedoch werden diejenigen Körperzonen, die Männer erfreuen und die sie gerne berühren, fortwährend erwähnt, wenn es darum geht, einen Körper als weiblich zu definieren. Männer schätzen den Körper einer Frau ab und kommentieren ihre physische Erscheinung. So sagen sie zum Beispiel: „Lächle doch mal, Schatz" oder „Schau dir diese Titten an!" Kein Wunder, daß wir befangen sind, wenn es um unser Aussehen geht. In den Frauenzeitschriften wird uns geraten, wie wir uns anzuziehen und zu präsentieren haben, um einen Mann zu ergattern; Anzeigen unterstreichen die Botschaft. Männer und Medien richten ein dauerndes Trommelfeuer auf uns und lassen uns nie vergessen, daß unsere Körper für den männlichen Gebrauch gemacht sind. Uns wird sogar ein kulinarisches Image aufgeprägt: Wir sind „zum Vernaschen", „Feinkost", „Paradefleisch", eine „Tomate mit Pfeffer", „eine Zuckerdattel", „eine Saftpflaume" oder „zum Anbeißen". Ganz selten nur werden Männer als etwas Eßbares beschrieben, und dann ist es niemals so frivol: „Zuckersack", „Vitamin M", „Knäcke" oder „Knacker".

Beleidigungen kleiden sich oft in umgangssprachliche Termini für unsere Geschlechtsteile – ein Beispiel hierfür ist „Votze" *(cunt)* – oder aber sie beziehen sich auf eine in der Regel von Frauen ausgeführte sexuelle Betätigung: „Lutschmamsell" oder „Maulhure". Um einen Mann zu beschimpfen, beleidigt man meistens die Frau, die ihn geboren hat. „Son of a bitch" (Hundesohn) bezieht sich nicht so sehr auf den beleidigten Mann als auf seine Mutter. Und bei „Bastard" wird ähnlich verfahren, denn die Mutter wurde „ins Unglück" gebracht, weil sie ein „uneheliches" Kind empfing. Eine Frau kann man beschimpfen, ohne daß ein Mann ins Spiel kommt. Man braucht nur anzudeuten, daß sie eine Prostituierte sei. Es gibt eine große Skala von Ausdrücken für eine käufliche, sexuell promiskuitive Frau: Hier nur eine Auswahl von ihnen – Hure, Trine, Schnalle, Schnepfe, Gunstgewerblerin, Strichmädchen usw. Für die Kunden der Prostituierten gibt es weit weniger Ausdrücke. Ein paar seien hier genannt: Freier, Kober, Bubi. Weit mehr Ausdrücke gibt es für den Zuhälter: Loddel, Lude, Louis, Stenz, Scheich, Zutreiber, Sautreiber usw. Es gibt keinen Ausdruck für eine Frau, die sexuell gesund und kraftvoll ist. Hat eine Frau mehr Spaß am Sex als es als „passend" gilt, ist sie eine „Nymphomanin"; hat sie weniger oder gar keinen, gilt sie als „frigide". Aber es gibt kein weibliches Gegenstück zum „virilen" oder „potenten" Mann.

Auf vielfältige Weise ist also unsere Sprache bezüglich des Frauenkörpers und dessen Sexualität stumm oder verdammt sie. Nicht nur sind unsere Körper „Leckerbissen" für den Mann und unser Lustorgan bleibt unerwähnt, sondern Sex wird als ein aggressiver, an der Frau vollzogener Akt bewertet. Unsere Sprache besteht darauf, daß die Frau eine Penetration will und braucht. Es ist deshalb fast unmöglich, sich von den Meinungen und Vorurteilen, die uns die Sprache aufgehalst hat, zu befreien. Es ist auch nicht jedesmal leicht zu erkennen, daß diese vorgefaßten Meinungen ein unabdingbarer Teil unserer Kultur und unseres Denkens geworden sind.

2. Unsere Körper

Genitale Geographie

Bei Frauen sind Vagina, Schamlippen und Größe und Form der Klitoris genauso unterschiedlich wie ihre Gesichter. Es gibt für das Aussehen keine Norm.

Wir können unsere Geschlechtsorgane mit dem Finger untersuchen und sie auch im Spiegel betrachten. Wir sollten uns einmal überlegen, wieviel Zeit eine Frau aufwendet, ihr Gesicht täglich im Spiegel zu betrachten und wie wenig Zeit, ihre Genitalien durch Berührung und Betrachten zu erforschen. Wir sollten uns also, wenn wir einmal allein und ungestört sind, bequem mit einem kleinen Spiegel und einer Tisch- oder Taschenlampe hinsetzen und die Gelegenheit benutzen, uns über unsere Genitalgeographie zu informieren. Wir können die genaue Form der Fleischfalten und das Verhältnis der verschiedenen Organe zueinander und ihre relativen Größen feststellen. Dabei sollten wir zwei Ziele im Auge haben: Erstens müssen wir genau hinsehen und zweitens die Empfindungen, die wir bei der Berührung der einzelnen Teile unseres Genitals verspüren, wahrnehmen.

Was wir sehen oder berühren können

Der Hügel vorne, bei manchen Frauen haarig, bei anderen wiederum nur spärlich behaart, wird manchmal – eine schöne klassische Assoziation – „Venusberg" genannt. Das Haar kann unter Umständen fast über den ganzen Unterleib und auch auf der Innenseite der Oberschenkel wachsen. Nach den Wechseljahren wird diese Behaarung spärlicher.

Die großen Schamlippen
Dahinter läßt sich eine die Vorderseite des Beckens bildende harte Kante ertasten – das Schambein. Gleiten wir mit der Hand hinunter und fassen wir zwischen die Beine, finden wir die mit Haaren bedeckten großen (oder äußeren) Schamlippen oder Labien. Sie sind unregelmäßig geformt und ähneln den dicken, fleischigen Blütenblättern einer tropischen Pflanze. Sie sehen nicht ordentlich und adrett aus wie auf den schematischen Darstellungen vieler Anatomieleitfäden.

Die kleinen Schamlippen
Öffnen wir die Lippen, so wird ein zweites Paar weiter innen sichtbar. Diese sind schmaler, glatt, seidig und glänzend. Ihre Feuchtigkeit nimmt zu, wenn wir sexuell erregt sind. Sehen wir sie uns aus der Nähe an, erkennen wir ein durch die äußere Haut schimmerndes Adernetz. Manchmal stülpen sich die kleinen Schamlippen nach außen und über die großen, so daß ein hellerer Streifen innerhalb der äußeren Labien hervorsteht und so etwas wie eine Muschel geformt wird. Diese Lippen bilden, genauso wie die unseres Mundes, keinen genormten Kußmund. Manche Frauen halten sie sogar für häßlich. Hier sollten wir einmal bedenken, daß viele Frauen

jeden Tag eine lange Zeit dazu verwenden, ihren Mund mit einem Konturen- und dann mit einem Lippenstift nachzuziehen, um ihm eine ideale und regelmäßige Form zu geben. Natürlich können wir dies mit unseren Schamlippen nicht tun. Im Spiegel mögen sie uns sehr „primitiv", ja brutal erscheinen, wenn wir sie mit der Sorgfalt betrachten, die wir unserem kosmetisch geschmückten „öffentlichen" Gesicht widmen. Nichtsdestoweniger sollten wir auch andere Formen in der Natur nicht vergessen und uns daran erinnern, daß diese geschwungenen, unregelmäßig gewundenen Blütenblätterformen zum Beispiel bei Orchideen und anderen Blumen vorkommen.

Betrachten wir einmal die Färbung der großen und kleinen Schamlippen: Violette Schattierungen, altrosa, scharlachrot, gelbbraun, goldbraun, blau. Die äußeren Lippen sind dunkler als die inneren. Sie können tiefbraun oder gar schwarz sein, aber die inneren Lippen präsentieren sich in den rosafarbenen und roten Tönen des Spektrums. Eine zusätzliche Blutzufuhr in die Beckengegend während der Schwangerschaft bewirkt eine noch dramatischere Färbung: Die roten Töne werden heller.

Nach einer Geburt verändern sie sich nochmals: Die Blautöne vertiefen sich. Nach dem Klimakterium verblassen die Farben und nehmen eine rosig-graue Färbung an – Farbtöne, die wir oft an den Brustfedern von Tauben beobachten.

Das Hymen

Während der Kindheit verschließt ein Hymen oder Jungfernhäutchen teilweise oder vollständig den Scheideneingang. Manchmal ist es sehr fest und widerstandsfähig und erschwert den Verkehr. In bestimmten Fällen muß es sogar operativ und unter örtlicher Betäubung durchbrochen werden. Aber meistens wird es bei der ersten Einführung eines Tampons zerrissen oder aber, wenn eine Frau den eigenen Finger in die Scheide gleiten läßt. Es kann auch als Folge von sportlicher Betätigung, bei der die ganze Beckengegend in Mitleidenschaft gezogen wird, zerreißen. Dabei gibt es ein paar kleine Blutflecken, aber die meisten Frauen merken nicht einmal, wenn ihr Jungfernhäutchen zerreißt, und es besteht auch kein Grund, weshalb dies schmerzen sollte. Wenn wir uns die Stelle genau besehen, bemerken wir die gekräuselten Ränder des Resthymens. Das Vorhandensein eines intakten Hymens hat nichts mit unserer Unberührtheit zu tun. Obwohl das

Die Labien

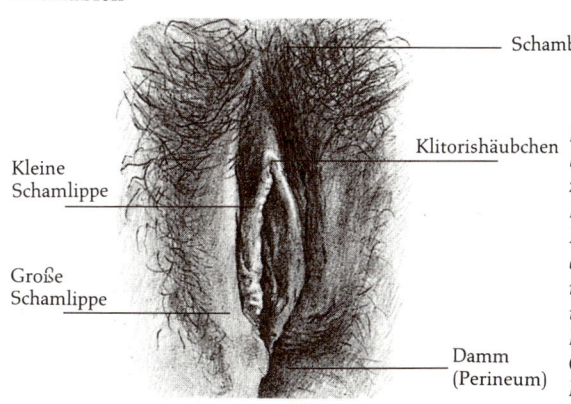

Schambein

Klitorishäubchen

Kleine Schamlippe

Große Schamlippe

Damm (Perineum)

Die Gestalt der Schamlippen variiert von Frau zu Frau – siehe unten die Fotos links und Mitte. Rechts unten die Abbildung eines durch Vernarbungen deformierten und durch viermaligen Dammschnitt nach vier Geburten veränderten Perineums.

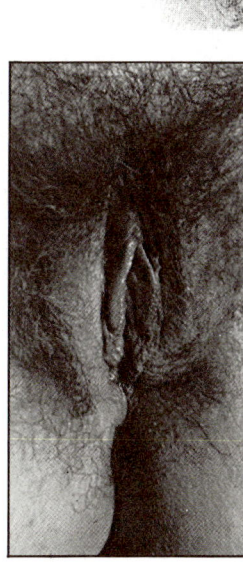
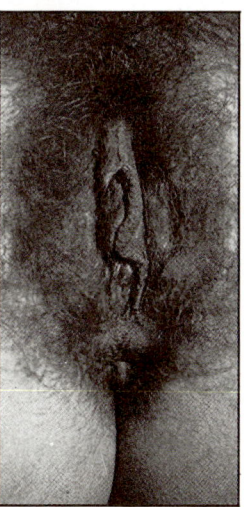
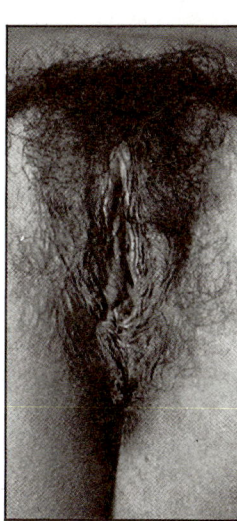

Vorzeigen eines blutbefleckten Lakens nach der Hochzeitsnacht auch heute noch in manchen bäuerlichen Mittelmeergegenden zum Hochzeitsritual gehört, ist dies nur ein symbolischer Akt und bezieht sich nicht auf die physiologische Realität. (Um das Blut zu bekommen, wird oft ein Huhn geschlachtet.)

Sie ist ein außerordentlich empfindliches Organ und liegt am oberen Ende der Vagina, eingebettet in die Falten der Labien. Mit ihrer glatten, gebogenen Spitze und der wie eine Erbse aus ihrer Schale herausragenden Eichel (Glans) ähnelt sie ein wenig dem rosafarbenen Radiergummi am Ende eines Bleistiftes. Oft ist sie mit einem Häubchen aus dicker Haut bedeckt, und wir können sie nur sehen, indem wir unsere kleinen Schamlippen mit den Fingern auseinanderziehen.

Die Klitoris   Viele Frauen, die niemals zuvor ihre eigene Klitoris betrachtet haben, nehmen vielleicht an, daß zumindest die Männer eine gute Vorstellung von ihr hätten. Aber Männer gestehen oft, daß sie in der Tat niemals eine Klitoris gesehen haben. In Shere Hites Report über die männliche Sexualität steht zu lesen, daß die meisten von ihnen über die Klitoris aus Büchern, Illustrationen in Aufklärungsschriften oder Biologieleitfäden erfahren hätten. Wenn sie sie jedoch beschrieben, schilderten einige von ihnen sie mit bildhaften, ja oft zärtlichen Worten: ,,wie eine winzige Brustwarze'', ,,wie ein kleiner, perlmuttfarbener Punkt'', ,,wie ein winziges Gummibonbon'', ,,wie eine kleine, aus der Schale kommende Erbse'', ,,wie eine Babyvenusmuschel – sehr reif und einladend'', ,,wie ein kleines Blatt'', ,,wie ein Mittelding zwischen einer kleinen Krabbe und einem winzigen Anhängsel mit einer erigierbaren Spitze'', ja sogar ,,wie eine Eiscremetüte in einem tobenden Sturm''.

Gleiten wir mit unserem Finger ein wenig tiefer, bis zum Eingang der Vagina, und drücken wir dann einwärts, können wir die Klitoriswurzel

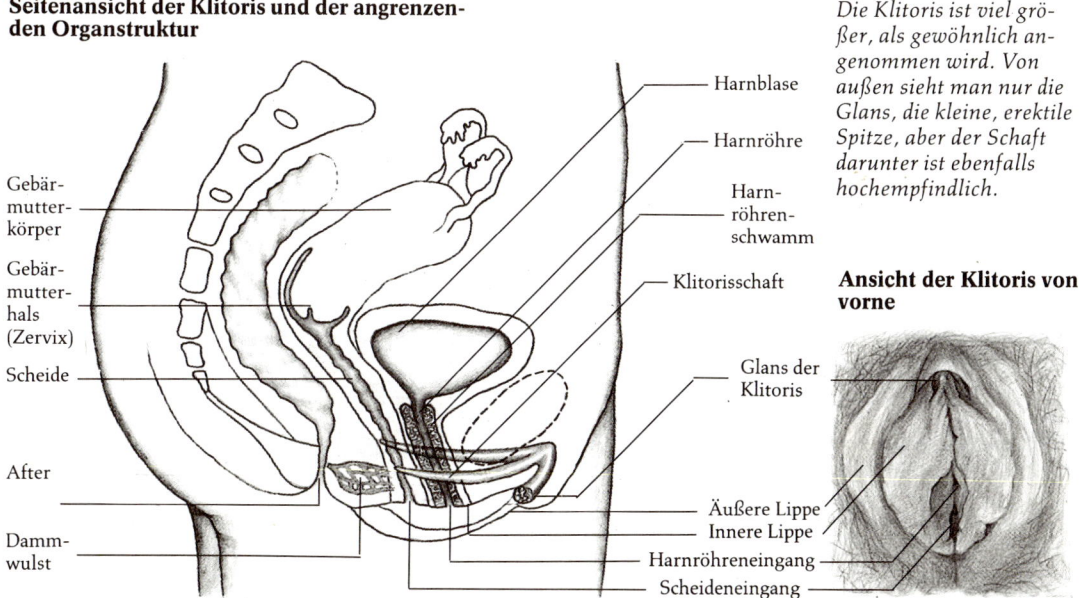

Seitenansicht der Klitoris und der angrenzenden Organstruktur

Harnblase

Harnröhre

Harnröhrenschwamm

Klitorisschaft

Glans der Klitoris

Äußere Lippe
Innere Lippe
Harnröhreneingang
Scheideneingang

Gebärmutterkörper

Gebärmutterhals (Zervix)

Scheide

After

Dammwulst

Die Klitoris ist viel größer, als gewöhnlich angenommen wird. Von außen sieht man nur die Glans, die kleine, erektile Spitze, aber der Schaft darunter ist ebenfalls hochempfindlich.

Ansicht der Klitoris von vorne

*Die Zervix
(der Gebärmutter-
hals)*

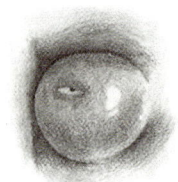

*Die Öffnung im Zentrum
der Zervix, der Mutter-
mund, schließt sich vor
dem Eisprung*

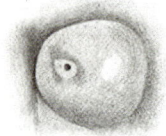

*Der Mund öffnet sich
langsam und Schleim
tritt aus*

*Unmittelbar vor dem Ei-
sprung ist der Schleim-
fluß am stärksten und
der Mund am weitesten
geöffnet*

*Die Gebärmutter
(der Uterus)*

(den Schaft) unterhalb der sichtbar gewordenen Eichel (Glans) ertasten. Wiederholen wir den Druck, werden wir bemerken, daß die Eichel ein wenig anschwillt.

Wenn wir nun unseren Finger noch ein wenig tiefer einführen und nach vorne drücken, spüren wir einen Wulst aus dickem, nachgiebigem Gewebe zwischen Schambein und Harnleiter (den Harnröhrenschwamm). Als nächstes drücken wir herunter und ertasten noch einen Wulst aus dickem, schwammigen Gewebe zwischen Vagina und Anus (den „Damm-schwamm"). Diese Gewebe umgeben die Vagina und schirmen sie ab. Sind wir erregt, staut sich das Blut in ihnen und sie schwellen noch mehr an.

Knien wir uns hin und führen wir unseren Finger tief in die Vagina ein, können wir unter Umständen den vordersten Teil des Uterus, die Zervix, ertasten. Haben wir noch kein Kind geboren, fühlt es sich an wie unsere Nasenspitze – außer, wenn wir unseren Eisprung haben: Dann wird die Zervix weicher. Haben wir jedoch ein Kind geboren, ist die Zervix eher wie ein Kinn mit einem sehr tiefen Grübchen. Wenn der Eisprung stattfindet, kann sich dieses Grübchen wie ein weicher, entspannter Mund anfühlen. Dieses Grübchen ist ein kleines Loch oder ein kleiner Schlitz im Zentrum der Zervix und wird Muttermund genannt. Beim Eisprung öffnet er sich, Zervikalschleim tritt in die Vagina und hält sie sauber und leicht sauer. Meistens ist dieser Schleim weiß, er verändert sich jedoch, wenn das Ei befruchtungsreif ist. Er ist dann farblos und von schlüpfriger Konsistenz. Dies wiederum hilft dem Sperma, in die Eileiter, wo die Befruchtung stattfindet, einzudringen. Die Schleimabsonderung wird bis zum Tage vor dem Eisprung, an dem wir uns richtig feucht fühlen, immer reichlicher. Nach dem Eisprung verringert sich der Schleim wieder. Während der Menstruation findet die geringste Schleimabsonderung statt, und wir sind unmittelbar nach beendeter Menstruation am trockensten.

Manche Frauen gebrauchen zur Selbstuntersuchung ein Spekulum, um sich mit den Veränderungen innerhalb eines Monatszyklus vertraut zu machen. Auch hilft es ihnen, Abweichungen zu beobachten. Beabsichtigen wir dies zu tun, so ist es ratsam, ein Spekulum aus Plastik zu kaufen, denn es ist leichter, bequemer in der Handhabung und überdies billiger als eins aus Metall. Das Spekulum ist eine Art plastischer „Schnabel", den wir in zugeklapptem Zustand in unsere Vagina einführen. Dann öffnen wir ihn: Die beiden Hälften trennen die Scheidenwände, und mittels eines Spiegels können wir in die Scheide hineinsehen. Es ist leichter, wenn wir eine Taschenlampe benutzen, aber wir sollten den Lichtstrahl auf den Spiegel und nicht auf die Zervix richten, um einen genaueren Einblick zu bekommen.

Den eigentlichen Uteruskörper können wir nicht sehen. Er ist etwa wie eine Birne oder Feige geformt, deren Stielende in die Scheide hineinreicht. Manchmal ist dieser Stiel nach vorne abgeknickt, manchmal nach hinten. Häufig wird behauptet, daß ein nach hinten weisender Uterus eine Empfängnis erschwere, aber dem ist nicht so. Der Uterus bleibt ein aktives, von der ersten Menstruation bis in die Wechseljahre elastisches Organ. Auch im Alter zieht er sich noch manchmal zusammen – was viele Frauen bestätigen werden.

Der Uterus ist also keineswegs ein schlaffer Sack, sondern ein lebendiges Netzwerk von Muskelgeweben, das sich, wenn auch nicht bewußt von uns gesteuert, als Reaktion auf bestimmte Reize und zu bestimmten Zeiten innerhalb des Monatszyklus zusammenzieht oder entspannt. Die häufig bei der Menstruation auftretenden Krämpfe sind nichts weiter als Kontraktionen des Uterus. Beim Orgasmus zieht sich unser Uterus wahrscheinlich auch zusammen. Manchmal setzen sich diese Bewegungen nach dem Orgasmus fort und verursachen schmerzhafte Unterleibskrämpfe. Während der Schwangerschaft kontrahiert der Uterus sozusagen als Generalprobe für die Geburt. Er verengt sich auch, wenn die Brüste und speziell die Brustwarzen stimuliert werden, denn es besteht zwischen ihm und den Brustwarzen eine Verbindung. Jede Frau, die einmal ein Baby gestillt hat, wird bestätigen können, daß, wenn das Neugeborene während der ersten Tage nach der Entbindung ruhig an der Brust saugt, es sich so anfühlt, als ob eine unsichtbare Schnur vom Mund des Säuglings unmittelbar zum Uterus führe und „Nachschmerzen" verursache. Diese Kontraktionen kräftigen den Uterus und helfen ihm, zu seiner ursprünglichen Form und Größe zurückzukehren.

Die Beckenboden-
muskulatur

Führen wir unsere Finger in unsere Vagina ein, dann merken wir, daß wir sie mit den die Vagina umgebenden Muskeln etwa halbwegs hinaufdrücken und so unsere Beckenbodenmuskulatur ertasten können. Wenn wir daran zweifeln, ob wir sie tatsächlich ausfindig gemacht haben, können wir sie aktivieren, indem wir zudrücken, als wollten wir den Urinfluß unterbrechen. Die mit dem Finger ertastbaren Muskeln liegen nahe dem Scheidenausgang. Es gibt noch weiter oben liegende Muskeln, die man mit dem Finger nicht fühlen kann.

Beckenboden-
muskulatur

Die Beckenbodenmuskulatur formt sich in Gestalt einer 8 um Vagina, Harnröhre und After. Wenn sich der obere Kreis, etwa halbwegs innerhalb der Vagina, zusammenzieht, verändert sich das Muskelgewebe und wird mandelförmig. Tiefer sitzende Muskelschichten betten Blase und Uterus, und wenn sie sich zusammenziehen, spüren wir einen Druck auf Blase und Zervix. Die Muskeln durchziehen viele lustvolle Empfindungen vermittelnde Nervenenden, so daß ein Zusammenziehen und Entspannen sexuelle Erregung erzeugen kann.

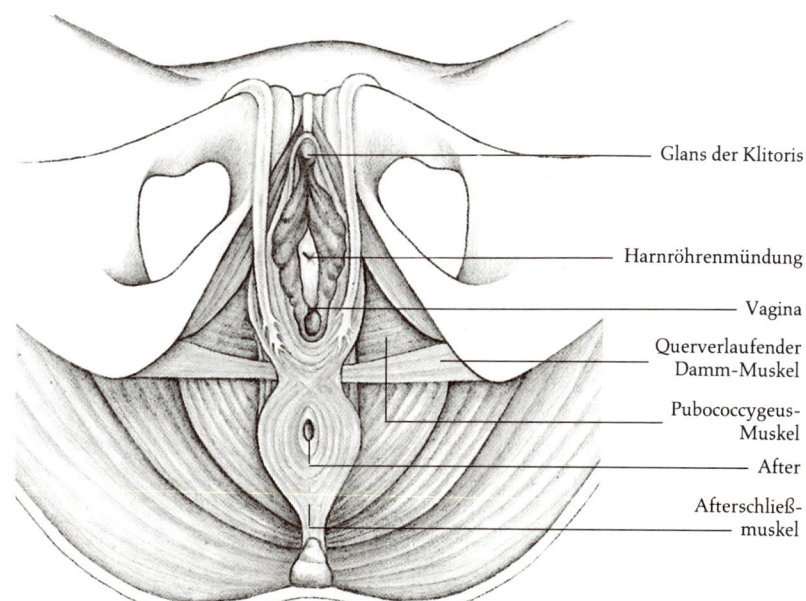

Glans der Klitoris

Harnröhrenmündung

Vagina

Querverlaufender
Damm-Muskel

Pubococcygeus-
Muskel

After

Afterschließ-
muskel

Während des Orgasmus ziehen sich diese Muskeln in Intervallen von 0,8 Sekunden zusammen und drücken auf die Klitoris, das Scheidengewebe und die inneren, Blase und Uterus stützenden Muskeln. Wir können bewußt diese Muskeln in einem steten Rhythmus zusammenziehen, um unsere sexuelle Erregung zu steigern.

Die Beckenbodenmuskeln formen eine 8 um Vagina und After. Sie stützen alles innerhalb des Beckenknochengürtels und indirekt auch alles innerhalb der Bauchhöhle. Wahrscheinlich sind sie die wichtigsten Muskeln im Körper der Frau. Der größte dieser Muskeln, der PC-Muskel (Pubococcygeus) verläuft vom Schambein vorn zum *os coccygis* (Steißbein).

Veränderungen in Form und Größe

Die weiblichen Geschlechtsorgane sind jedoch im steten Wandel begriffen. Es ist sozusagen wie bei einem Theater, auf dessen Bühne ein dramatischer, zyklisch ablaufender Wechsel präsentiert wird, und zwar vom Einsetzen der ersten Menstruation bis zum Einsetzen und Ende des Klimakteriums. Auch danach noch machen sowohl Vagina als auch Uterus Veränderungen durch, wenn die Frau stimuliert und zum Orgasmus gebracht wird.

Dies ist deshalb möglich, weil diese Organe gewissermaßen lose gewebt sind wie ein lockeres, gefälteltes Musselinkleid, und auch, weil sie eine Menge Blutbahnen enthalten, die wie Flüsse mit einem Netzwerk von Nebenflüssen ein breites, alle Geschlechtsorgane umfassendes Band bilden. Als Reaktion auf Gedanken und Gefühle können sich die Falten des gewundenen Gewebes um die Vagina ausbreiten und öffnen, so daß sich die ganze äußere Form der Vagina verändert. Einer der bedeutendsten Aspekte der weiblichen Genitalien ist die Tatsache, daß sie biegsam sind und Größe und Gestalt verändern können. Das ausgedehnte Netzwerk von Blutbahnen um Vagina, Uterus, Eileiter und Eierstöcke bedeutet also, daß eine zu- oder abnehmende Blutzufuhr einen augenblicklichen Wechsel in Form und Größe bewirkt.

Erröten wir, sind wir verlegen, steigt uns das Blut zwar ins Gesicht, aber seine Form bleibt dieselbe. Eine vergleichbare Blutzufuhr in die Vagina führt jedoch zu einem Anschwellen und Öffnen: Man könnte es eher mit einer sich öffnenden Blütenknospe vergleichen.

Eine Untersuchung der anatomischen Struktur allein kann uns nur sehr wenig von den Möglichkeiten und Fähigkeiten der weiblichen Geschlechtsorgane vermitteln.

Im Verlauf eines Frauenlebens findet ein steter Wechsel statt – wie von Ebbe und Flut, von sich Falten und Entfalten, sich Öffnen und sich Schließen. Diese Veränderungen geschehen nicht nur in den unseren Fingern zugänglichen Teilen – Schamlippen, Vagina, Klitoris –, sondern auch tief drinnen, im Uterus, in den Eileitern und den Eierstöcken. Es existiert kein vergleichbarer weiblicher Körperteil, in dem ohne Verletzung so enorme Veränderungen stattfinden können.

Veränderungen des Uterus und der Scheide

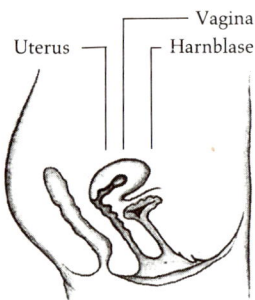

Vagina
Uterus — Harnblase

In unerregtem Zustand

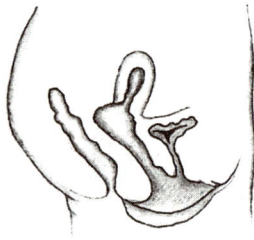

In erregtem Zustand

Die Eierstöcke

Die Ovarien (Eierstöcke) könnte man mit Legebatterien vergleichen. Meist haben sie den Umfang ungeschälter Mandeln. Falls ein Ovarium nicht funktionieren sollte, übernimmt das andere seine Funktion. Im Verlauf des Monatszyklus entsteht ein befruchtungsreifes Ei oder Ovum, und zwar 14 Tage vor dem Beginn der nächsten Periode. Obwohl das Ovum beim Eisprung aus dem Eierstock durch eine Schwellung von etwa anderthalb

Zentimeter Durchschnitt (also der Größe einer Haselnuß) herausbricht, entsteht dadurch keine Wunde, und keine Narbe wird hinterlassen. Dies geschieht immer wieder im reproduktiven Zyklus einer normalen Frau, ohne irgendwelche Verletzungen zu verursachen.

Das Beckenbodenpotential

Tonus und Dynamik der Beckenbodenmuskulatur spielen im Sexualleben der Frau eine große Rolle. Sind die Muskeln schlaff und wissen wir nicht, wie wir sie aktivieren sollen, geht uns ein ganzer Aspekt sexuellen Lustempfindens verloren und zwar die Stimulierung jener tiefliegenden Muskelschicht, die unsere Vagina und unseren After stützt und auf Uterus und Harnblase drückt.

Es läßt sich leicht überprüfen, ob unsere Beckenbodenmuskulatur stark genug ist. Wenn wir einen Urinfluß unterbrechen können, und zwar vollkommen, wieder fließen lassen können, dann wieder unterbrechen und so weiter, sind unsere Beckenbodenmuskeln in gutem Zustand. Wir sollten aber auch einen Schritt weitergehen und lernen, sie aktiv zu gebrauchen. Auf diese Weise wird es uns gelingen, unser Lustempfinden zu steigern und vielleicht auch unserem Partner ein größeres Vergnügen zu verschaffen.

Bewegungen zu einem gesteigerten Lustempfinden

Die erste dieser Bewegungen ist sehr einfach. Es ist der Scheidenkuß. Wir stellen uns einen Ring aus Muskeln vor, der sich in unserer Scheide befindet, und versuchen, ihn zusammenzuziehen. Die „O"-Form wird sich zu einer kleineren Mandelform verringern. Wir halten dies ein paar Sekunden und lassen dann wieder los. Manchmal tun wir das ganz spontan beim Liebesakt. Während des Orgasmus folgen diese Bewegungen innerhalb von Bruchteilen einer Sekunde. Nun stellen wir uns eine kleine weiche Frucht – so groß wie eine Kirsche – innerhalb dieses Muskelringes vor. Wir gebrauchen diese Muskeln so, als wollten wir die Frucht kauen und essen. Wahrscheinlich ahmen wir gleichzeitig diese Bewegungen mit unserem Mund nach. Dann schlucken wir gewissermaßen die Frucht hinunter, als ob wir sie in unseren Uterus hineinziehen wollen. Anschließend ruhen wir uns ein paar Sekunden aus und dann „essen" wir wieder eine Frucht. Machen wir erneut eine Pause. Anfangs mag es ermüdend sein, deshalb sollten wir uns regelmäßig danach ausruhen.

Schließlich stellen wir uns eine viel größere weiche Frucht vor, sagen wir einen Pfirsich oder eine Aprikose – mit glatter, samtiger Schale. Mit unseren Beckenbodenmuskeln „schwenken" wir dann über die gesamte gekurvte Oberfläche dieser imaginären Frucht mit einer einzigen, weit ausholenden Bewegung, die jedoch langsamer und viel größer sein sollte als die der vorangegangenen Übung.

Nun stellen wir uns vor, die Frucht würde zerquetscht und die Säfte träten aus. Langsam saugen wir die Säfte mit unseren Muskeln in uns hinein. Wieder kann es vorkommen, daß unsere Lippen, unser Mund und unsere Kehle dieselben Bewegungen machen. Und nun ruhen wir uns aus.

Während wir dies getan haben, werden sich außer den Vaginalmuskeln auch die um unser Rektum, unseren After und unsere Harnröhre zusammengezogen haben. Dies ist durchaus normal. Die verschiedenen Muskelstränge sind alle miteinander verbunden. Wenn wir irgendeinen Teil unserer Beckenbodenmuskulatur fest zusammenziehen, ziehen sich die anderen Teile ganz automatisch ebenfalls zusammen.

Behutsam vorgehen

Ist ein Muskel nicht kräftig genug, um sich auf längere Zeit zusammenzuziehen, beginnt er zu zittern. Dies kann uns bei den ausgedehnteren, festeren Muskelspannungen passieren. Deshalb ist es ratsam, falls unsere Muskeln nicht in Form sind, erst einmal leichte, kurze Bewegungen zu machen und sie dann nach und nach zu intensivieren. Ist ein Muskel fest zusammengezogen, verringert sich die Blutzufuhr und daher auch die Zufuhr von Sauerstoff. Ist der Muskel entspannt, pulsiert das Blut schneller. Wenn wir also gezielt und wie mit einer tänzerischen Bewegung unsere Beckenbodenmuskulatur abwechselnd zusammenziehen und wieder entspannen, erhöhen wir den Sauerstoffzufluß des Muskels und überanstrengen ihn nicht. Beim Liebesakt kommen auch andere Muskeln ins Spiel und werden in denselben Bewegungsablauf mit hineingezogen. Auch Atemmuskeln sind beteiligt, so daß manchmal beim Spannen und Entspannen unserer Beckenmuskulatur unser Atem in kurzen Stößen geht. Ganz spontan werden wir Schenkel oder Hinterbacken zusammenpressen. Dies hat die Wirkung einer noch fester ergriffenen Hand oder eines noch enger umklammerten Penis.

Sind wir sehr erregt, verbreiten sich die Bewegungen der Beckenbodenmuskulatur über den ganzen Körper. Die typischste ist ein Vorwärts- und Rückwärtsschaukeln. Ist der Beckenboden zusammengezogen, biegt sich unser Kreuz nach unten und unsere Unterleibsmuskeln werden abgeflacht. Sind die Beckenbodenmuskeln gelöst, ist unser Kreuz hohl, und die Unterleibsmuskeln entspannen sich.

Die Beckenboden-schaukel

Dazu legen wir uns auf den Rücken, ziehen die Knie an und setzen die Füße flach auf den Boden. Dann ziehen wir unsere Beckenbodenmuskulatur zusammen, drücken unsere Hinterbacken zusammen und gleichzeitig unser Kreuz gegen den Boden. Dann entspannen wir unseren Beckenboden und alle Muskeln der unteren Rückengegend und des Unterleibs. Wir ziehen zusammen und lösen wieder und lassen die Bewegung durch die ganze Beckengegend fließen. Dies wiederholen wir etwa zehnmal. Andere Muskeln spielen mit, zum Beispiel die der Schultern, der Hände, des Gesichts und der Füße. Jetzt sollten wir all diese Muskeln bewußt mit einbeziehen und die Bewegung *übertreiben*. Wir ziehen die Beckenbodenmuskeln und was wir noch bewegen wollen zusammen. Dann entspannen wir uns und ziehen wieder zusammen, entspannen und ziehen zusammen und so weiter. Aber stets müssen die Bewegungen vom Beckenboden ausgehen, er sollte unser Schrittmacher sein. Nun entspannen wir uns ein paar Augenblicke und stellen uns unsere Vagina weich und warm vor. Dies ist eine von vielen Methoden, den Beckenboden, der uns bisher nicht auf ein volles sexuelles Erlebnis eingestimmt hat, „aufzuwecken".

Der Aufzug

Die beste Übung zur Stärkung der Beckenbodenmuskeln ist der Aufzug. Dabei stellen wir uns unsere Beckenbodenmuskeln tatsächlich wie einen Aufzug in einem fünfstöckigen Gebäude vor. Nach und nach ziehen wir die

Muskeln ein wenig zusammen und steigen vom Erdgeschoß hinauf in den ersten Stock (dabei sollten wir aber das Atmen nicht vergessen!). Dann bewegen wir uns noch einen Stock höher, zur zweiten Etage. Auf der dritten Etage beginnen wir bereits den Druck auf unsere Blase zu spüren. Und jetzt ziehen wir die Muskeln noch ein wenig mehr zusammen. (Wir sollten dafür aber nicht unsere Schultern zuhilfenehmen.) Wir strengen uns noch mehr an und lassen den Aufzug bis zum fünften Stock steigen. Dort halten wir für ein paar Sekunden und fahren dann wieder herunter, Stock für Stock bis zum Parterre. Nun beenden wir die Übung, indem wir uns wieder bis zum ersten Stock hochziehen lassen, damit die Übung mit einer Tonusstufe abschließt. Dies können wir täglich praktizieren, in einem wirklichen Aufzug oder beim Treppensteigen, wenn wir im Supermarkt in der Kassenschlange stehen oder warten, daß die Verkehrsampeln wechseln, oder wenn wir in eines der tatenlosen und langweiligen Löcher, die uns der Tag beschert, zu fallen drohen. Haben wir diese Übung etwa sechs Wochen regelmäßig gemacht, wird sich unsere Beckenbodenmuskulatur gekräftigt haben und ihre natürliche Vitalität gesteigert sein.

Hormone

Als chemische Botschafter im Blutstrom spielen Hormone bei unserer sexuellen Reifung, der sexuellen Erregung und bei den damit verbundenen physischen Veränderungen sowie bei der Fortpflanzung eine wichtige Rolle. Darüber hinaus kommt den Hormonen eine noch fundamentalere Aufgabe zu. Diese besteht – wie die des Zentralnervensystems und in Partnerschaft mit ihm – darin, unser ganzes Leben hindurch den Organismus als eine Einheit zu entwickeln und ihn funktionsfähig zu halten. Zusammen mit dem Nervensystem verbinden Hormone die verschiedenen Teile unseres Körpers, koordinieren sie zu einem Ganzen und machen aus uns ein Individuum und nicht nur ein Bündel getrennt operierender Organe. Sie überspannen den unsichtbaren Raum zwischen Geist und Körper. Ohne sie könnte keine Tätigkeit organisiert werden.

Das Drüsensystem

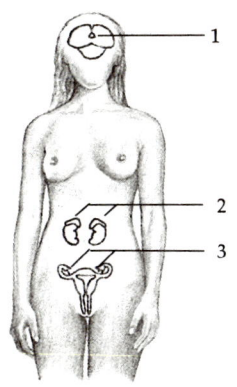

Hormondrüsen
1 Hirnanhangdrüse
2 Nebennieren
3 Eierstöcke

Die endokrinen (nach innen, ins Blut absondernden) Drüsen schütten Hormone aus und sorgen dafür, daß unser Körper auf normaler Ebene und in einem normalen Tempo funktioniert. Manche Drüsen bestehen nur aus ein paar Zellen, andere dagegen, wie die Schild- und Hirnanhangdrüse, lassen sich auch ohne Mikroskop erkennen. Drüsen funktionieren entweder unser ganzes Leben lang oder aber sie haben nur eine vorübergehende Existenz. Das Primärfollikel des Eierstocks zum Beispiel und die Plazenta sind beide zeitlich begrenzte endokrine Drüsen, während im Gegensatz dazu die nahe der Schädelbasis liegende Hirnanhangdrüse permanent arbeitet.

Manche Hormone, wie zum Beispiel die von der Schilddrüse im Hals abgesonderten, beeinflussen jede Körperzelle. Andere wiederum versorgen spezifische Organe. Die Eierstöcke sondern Östrogen ab, was sich wiederum auf das weibliche Genitalsystem und die Brüste auswirkt; gleichzeitig aber auch Haut, Schleimhäute und andere Körpergewebe gesund erhält.

Die Phasen der Ovulation

1 *Follikel erscheinen als kleine Höcker auf dem Eierstock. Einige dieser Höcker werden größer, ihre Zellwände verdicken sich.*

2 *Eins der Follikel wird noch größer und bricht auf, um ein Ovum freizugeben.*

3 *Das ausgefranste Ende des Eileiters windet sich um den Eierstock und fächelt das Ovum in den Eileiter.*

4 *Die Wände des geborstenen Follikels kollabieren, und in den Zellen sammelt sich das sogenannte Lutein, um ein neues, als Hormondrüse aufzufassendes Organ, den Gelbkörper, zu bilden.*

5 *Die muskulären Kontraktionen des Eileiters drücken das Ovum weiter, und feine, Cilien genannte Härchen fächeln es in den Uterus.*

6 *Das Ovum ruht nun ein paar Tage im Eileiter und kann dort einem Samenfädchen begegnen.*

7 *Ob nun eine Befruchtung stattgefunden hat oder nicht, das Ovum wird in den Uterus transportiert. Ist es befruchtet, nistet es sich als Zellklumpen in der Uteruswand ein. Ist es nicht befruchtet, wird die Schleimhaut abgebaut, und eine Blutung (Menstruation) setzt ein. Das unbefruchtete Ei wird mit dem Blut herausgeschwemmt.*

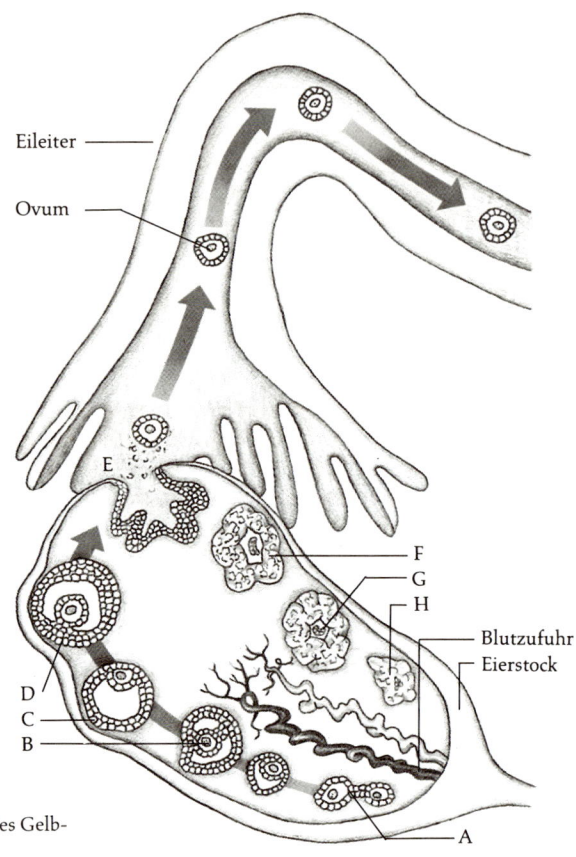

Eileiter

Ovum

Blutzufuhr
Eierstock

Zeichenerklärung

A Primärfollikel
B Sekundärfollikel
C–D Tertiärfollikel
Follikelsprung und
Eiabnahme

E Follikel platzt und
stößt Eizelle aus
F–G Das Gelbkörperchen bildet sich anstelle
des geplatzten Follikels

H Absterbendes Gelbkörperchen

Wie die Eierstöcke funktionieren

Die Eierstöcke produzieren die Hormone Östrogen und Progesteron. Beide sind Steroide, Hormone, die auf der Substanz Cholesterol aufbauen. Alle Steroide lassen sich ineinander durch die Einwirkung von Enzymen (löslicher, von lebenden Zellen produzierter Eiweißkörper, die als Katalysatoren fungieren) verwandeln.

Östrogen spielt im Hormonhaushalt der Frau durch alle körperlichen Veränderungen, von der Pubertät über die Menstruation bis zur vollendeten Schwangerschaft, eine tragende Rolle. Allmonatlich wird es von dem reifenden Eifollikel produziert, und sein Spiegel verändert sich entsprechend den einzelnen Zyklusphasen.

Progesteron wird ebenfalls in einem monatlichen Rhythmus abgesondert. Unter seinem Einfluß tritt die Uterusschleimhaut in die Sekretionsphase (prägravide Phase) ein. Nach der Regeneration, also etwa am 4. Zyklustag, beginnt die Gebärmutterschleimhaut stark zu wuchern (Proliferationsphase), damit sich später dort ein befruchtetes Ei einnisten kann.

Der Menstrualzyklus

Der Menstrualzyklus wird durch Hormone gesteuert, deren Einwirkung wiederum durch die Gonadotropine der Hypophyse (Hirnanhangdrüse) und des Hypothalamus (Teil des Zwischenhirns) angeregt wird. Dieser letztgenannte schickt eine chemische Botschaft an die Hirnanhangdrüse, die ihrerseits Wachstum und Stoffwechsel anregt.

1. bis 4. Tag

Das follikelstimulierende Hormon (FSH) wandert von der

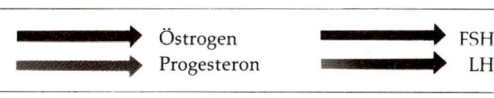

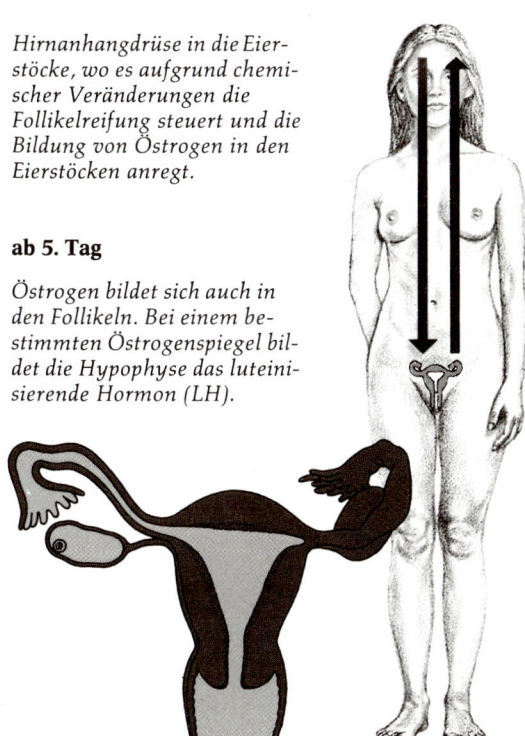

Hirnanhangdrüse in die Eierstöcke, wo es aufgrund chemischer Veränderungen die Follikelreifung steuert und die Bildung von Östrogen in den Eierstöcken anregt.

ab 5. Tag

Östrogen bildet sich auch in den Follikeln. Bei einem bestimmten Östrogenspiegel bildet die Hypophyse das luteinisierende Hormon (LH).

14. Tag

LH fließt in den Blutstrom, wandert zum Eierstock und stimuliert das Wachstum des Follikels. Dieser setzt ein befruchtungsreifes Ei (Ovum) frei, das wie eine Erbse aus der Schale platzt und in den Eileiter gezogen wird. Diesen Vorgang nennt man Eisprung. Der leere Follikel verwandelt sich in den Gelbkörper (Corpus luteum) und beginnt seinerseits mit der Erzeugung von Progesteron und Östrogen.

14. bis 28. Tag

Nach 7 Tagen hat das Ovum den Uterus erreicht. Wenn die Hirnanhangdrüse den höchsten Progesteronspiegel hat, kommt ein Hemm-Mechanismus ins Spiel, und LH wird nicht weiter produziert. Der Gelbkörper stirbt ab und zersetzt sich. Wenn der Progesteronspiegel am niedrigsten ist, kommt es zur Menstruation.

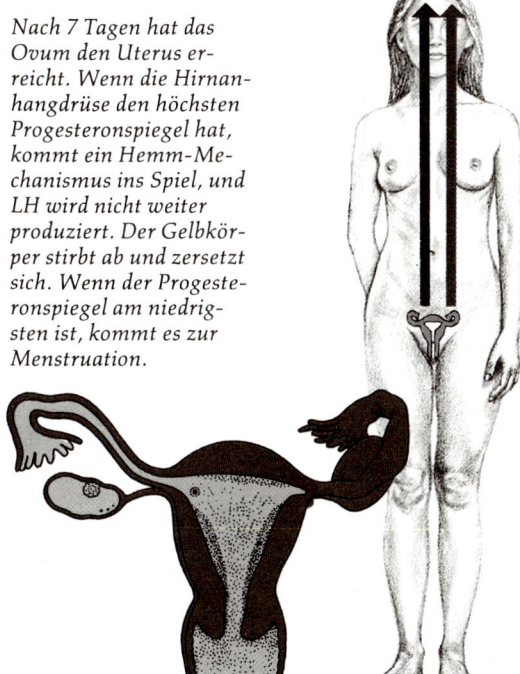

Östrogen

Progesteron

FSH

LH

In der Mitte eines Menstrualzyklus steigt der Östrogenspiegel und erreicht seinen Höhepunkt kurz vor dem Eisprung. Östrogen bewirkt, daß die Zervix (Gebärmutterhals) einen Schleim absondert, der anfangs klebrig, dick und zäh ist, der aber nach und nach dünnflüssiger, glatter, klarer und elastischer wird, ähnlich wie rohes Eiweiß. Befindet sich der Schleim in diesem Zustand, kann ein Samenfädchen leicht durch den Gebärmutterhals und von dort aus in den Uterus und den Eileiter gelangen.

Nach dem Eisprung sinkt der Östrogenspiegel drastisch. Der Schleim verdickt sich wieder unter der Einwirkung des Progesterons und bildet bis zum Einsetzen der Menstruation einen Pfropfen im Gebärmutterhals.

Während dieser Periode sinkt sowohl der Progesteron- als auch der Östrogenspiegel. Ohne hormonale Sekretion baut sich die uterine Schleimhaut schnell ab und wird im Verlauf der Regelblutung (Menstruation) ausgeschieden.

Die empfängnisverhütende Pille hat ein dreifaches Ziel. Sie unterbindet den Eisprung; sie verhindert das Eindringen des Samenfädchens in den Uterus, indem sie den Schleim verdickt, und sie unterbindet das Einnisten des Zellklumpens, indem sie die Gebärmutterschleimhaut, also das Milieu für die Schwangerschaft, verändert. Die kombinierte Pille aus Östrogenen und Progesteronen (näheres S. 197 ff.) hemmt vor allem den Eisprung. Die Minipille verändert die Konsistenz des Schleims, damit die Samenfädchen nicht durchdringen können und verhindert zur selben Zeit eine Einnistung.

Veränderungen im Vaginalschleim

Medizinische Leitfäden gehen von einem regelmäßigen Zyklus von 28 Tagen aus. Wir sind aber durchaus auch dann gesund, wenn wir diesem Rhythmus nicht exakt folgen. Drastische Veränderungen sind außerdem möglich, wenn wir uns zum Beispiel in einer extremen psychologischen Spannungssituation befinden oder unsere Ernährung unzureichend ist. Setzen wir die Pille ab, kann es unter Umständen ein Jahr oder noch länger dauern, ehe wir wieder einen regelmäßigen Zyklus haben.

Natürliche Absonderungen sorgen für eine feuchte und saubere Vagina. An der Konsistenz dieses Schleims können wir ablesen, in welcher Phase unseres Monatszyklus wir uns gerade befinden. In den ersten Tagen nach der Menstruation ist die Absonderung schwach, und wir haben manchmal das Gefühl, „trocken'' zu sein. Dieser Zustand dauert meistens 5 bis 7 Tage. Dann beginnt ein zäher, unelastischer Schleim aus dem Gebärmutterhals zu fließen.

Mit steigendem Östrogenspiegel wird dieser Schleim wässrig und elastisch. Die Vagina fühlt sich glitschig und feucht an. Manchmal bleibt auf unserer Unterwäsche ein glänzender Schleimfaden zurück. Nehmen wir ihn zwischen Daumen und Zeigefinger, kann er unter Umständen bis zu 10 Zentimeter gedehnt werden. Gelegentlich ist er rosafarben, weil er ein wenig Blut enthält. Dieser Schleim ist höchst fruchtbar; der Eisprung findet statt, wenn diese Art von Schleim besonders reichlich abgesondert wird. Ein bis zwei Tage verdickt er sich und wird klebrig; danach kommt eine Reihe „trockener'' Tage, bis die Menstruation beginnt. Manche Frauen bemerken ein Sich-Verdicken dieses Schleims kurz vor dem Einsetzen der Menstruation. Wir können Zyklen durchmachen, in denen keine Eizelle reift, oder aber wir können mehrmals innerhalb eines Zyklus einen Eisprung haben. Dies ist jedoch eine Ausnahme. In der Regel reift ein Ovum innerhalb von drei- bis sechswöchentlichen Intervallen.

Die Reaktion auf Berührung

Die meisten von uns haben eine recht gute Vorstellung von dem, was uns schmeckt und was uns nicht schmeckt, und wir tun uns auch keinen Zwang an, es zuzugeben. Zum Beispiel erklären wir, Birnen und Austern schmeckten uns nicht, Haferbrei dagegen recht gut, aber frische Himbeeren mit Sahne hätten wir am liebsten. Wahrscheinlich geht es uns sexuell nicht viel anders; wir bevorzugen das eine und uns irritiert das andere, aber viele von uns können es nicht gut in Worte fassen. Oder aber wir haben zwar allgemeine Vorstellungen, können diese aber in bezug auf sexuelle Gefühle nicht spezifizieren.

Wissen wir erst einmal, wie wir gebaut sind, können wir auch unsere eigenen Körperreaktionen auf die verschiedenen genitalen Berührungen analysieren. Dazu sollten wir uns einen abgeschiedenen, ungestörten Ort aussuchen und es nicht eilig haben. Wir können auch Spiegel und Taschenlampe benutzen, aber sie sind nicht notwendig.

Der Venushügel Wir beginnen bei dem Venushügel und führen langsam ein oder zwei Finger um die ganze Gegend herum. Wir wiederholen dies, nur gebrauchen wir jetzt Druck. Wir wechseln ab: leichtes Streicheln – Druck. Wir stellen fest, ob es Punkte gibt, wo wir lieber die leichte Berührung oder den Druck haben . . . oder umgekehrt. Streicheln wir uns, macht die Richtung, in der wir es tun, einen Unterschied aus? Wir nehmen uns Zeit hierfür.

Die äußeren Wir berühren die großen Schamlippen und verfahren wie oben. Wir pro-
Schamlippen bieren verschiedene Druckstärken aus und variieren auch die Richtung, in der wir die Finger bewegen. Wir registrieren die unterschiedlichen Reaktionen bei der Manipulation kleinerer oder größerer Flächen. Wir experimentieren mit verschiedenen Geschwindigkeiten und gebrauchen abwechselnd federleichte, flitzende Bewegungen und dann wieder ausgedehnteres Streicheln. Wir stellen fest, wie es sich anfühlt, wenn wir die ganze Hand oder die Handkante statt unserer Finger gebrauchen.

Die Klitoris Nun fahren wir mit dem Finger über die Klitoris und stellen die unterschiedlichen Reaktionen bei der Berührung der einzelnen Teile fest. Wir prüfen, wie die Berührung der Spitze sich von der der Basis unterscheidet. Die Klitoris ist sehr reich an Genitalnervenenden und kann manchmal allzu empfindlich reagieren, so daß eine fortgesetzte Berührung weh tut. Beobachten wir, was geschieht, wenn wir unsere Finger in verschiedenen Richtungen bewegen, testen wir unterschiedliche Formen der Berührung und vergleichen wir die Wirkung von Reibung anstelle von Streicheln. Experimentieren wir mit einer ununterbrochenen Bewegung und mit unterbrochener Berührung. Wie können wir das, was wir erlebt haben, beschreiben?

Männer stellen sich manchmal die Klitoris als den „Zauberknopf" vor: Man braucht ihn nur zu drücken, und sofort ist Erregung da. Die Klitoris

läßt sich aber auch indirekt durch Berührung oder Druck gegen die kleinen Schamlippen stimulieren. Dies bewirkt eine Bewegung desjenigen Teils der kleinen Schamlippen, der mit der Klitorishaube und der Klitorisbasis verbunden ist. Wir berühren die kleinen Schamlippen und ertasten die Stelle und Art der Berührung, welche eine klitorale Reaktion hervorrufen.

Ein anderer, oft bei unserem Partner bestehender Irrtum ist, daß die wirkungsvollste Technik in einer Reibung der Spitze der Klitoris bestehe. Dies kann aber sehr schmerzhaft sein, und manchmal ist es auch langweilig: Unser Partner könnte genausogut Silber putzen.

Gesäß und After

Haben wir festgestellt, daß der Klitorisschaft besonders erregbar ist, sollten wir vielleicht unseren Partner darauf aufmerksam machen. Indirekte Wege zu klitoraler Reizung können wirksamer sein als ein frontaler Angriff.

Als nächstes widmen wir uns unseren Hinterbacken und streicheln sie auf verschiedene Weise. Wir lassen einen Finger in die Gesäßspalte gleiten und ziehen die beiden Hälften auseinander. Wir stellen die Wirkung der Berührung um und auf den After fest, wenn wir dabei Druck ausüben.

Der Damm

Der Damm ist die Verbindung zwischen After und Scheide. Wir erforschen seine Berührungsempfindlichkeit. Haben wir im Verlauf des letzten Jahres ein Kind geboren und mußte ein Dammschnitt gemacht werden, kann eine empfindliche, leicht verletzbare und schmerzhafte Zone zurückgeblieben sein. Es ist wichtig, daß unser Partner davon erfährt. Fahren wir mit dem Finger in unsere Scheide und drücken wir fest zu, können wir feststellen, daß der Winkel, in dem unser Finger drückt, die Reaktionen in diesem empfindlichen Bereich beeinflußt. Schmerzt es, sollten wir den Winkel ändern, bis auf diese Gewebe kein Zug mehr ausgeübt wird. Auch dies ist für den Partner wichtig.

Wir können diese Wirkungen ferner prüfen, indem wir nicht nur unsere Hand benutzen, sondern auch die Muskeln um Vagina, Harnröhre und After abwechselnd zusammenziehen und dann wieder entspannen, um so verschiedene Druckstärken auf diese Teile unseres Körpers auszuüben.

Der Harnröhren-schwellkörper

Der Harnröhrenschwellkörper ist zwischen der Vorderwand der Vagina und der Harnröhre eingebettet und füllt sich während der sexuellen Erregung mit Blut. Zum erstenmal wurde er von Dr. Ernst Gräfenberg beschrieben. Der Ausdruck ,,G-Punkt'' erhielt erst kürzlich Publizität. Zu Gräfenbergs Zeiten war er nur eine dieser namenlosen Stellen im weiblichen Körper, über die wir nichts wußten, weil wir einfach keinen Namen dafür hatten (s. Alice Kahn Ladas/Beverly Whipple/John D. Perry: *Der G-Punkt*, München 1983).

Es gibt Frauen, die diesen Zauberpunkt stundenlang suchen, aber in Wirklichkeit ist er einfach dieses kleine schwammige Polster an der Vorderwand der Vagina, und jede Frau hat es. Gräfenberg beschrieb den Punkt in seinem Aufsatz ,,Die Rolle der Urethra'' als einen besonders empfindlichen Bereich ,,entlang der Urethra und . . . von Schwellkörpern umgeben'' und schrieb weiter: ,,Der erregbarste Teil befindet sich am hinteren Ende der Urethra und zwar dort, wo sie aus dem Blasenhals austritt.''

Indem wir unsere Reaktion auf genitale Berührung erforschen, können wir mehr über unsere eigenen sexuellen Gefühle erfahren . . .

Dieser Schwellkörper vergrößert sich bei und unmittelbar nach dem Orgasmus beträchtlich. Kinsey und sein Forschungsteam entdeckten nur jene weiblichen erogenen Zonen, die in kleinen Bereichen auf leichte Berührung reagierten, und dazu benutzten sie kleine, am Ende mit Watte umwickelte Stäbchen. Aber um diesen Punkt zu berühren, braucht man einen festen Druck. Selbst Kinsey fand jedoch mit seiner Methode einen empfindlichen Bereich, „oben, an der Vorderwand der Vagina gelegen, gleich hinter dem Scheideneingang". Diese Stelle hielt er bei einigen Frauen für lustspendend (Kinsey: *Das sexuelle Verhalten der Frau*, Frankfurt a. M. 1954).

Zu den Fanfarentönen über den G-Punkt, die die Frauen nach ihm suchen ließen wie nach einem Zauberschlüssel zu sexueller Erfüllung, gesellte sich vor allem die These, daß auch Frauen beim Orgasmus ejakulierten, daß es der Druck auf den G-Punkt sei, der dies auslöse, aber daß nur eine elitäre Minderheit dazu fähig sei. Die erzeugte Flüssigkeit – nur ein paar Tropfen – ist kein Urin, sie kann farblos, klar oder milchig sein und wechselt offenbar im Verlauf eines Menstrualzyklus ihre Konsistenz. Jedenfalls gibt es Gynäkologen, die überzeugt sind, daß es Urin sei, und Frauen, die es erleben, denken oft genauso. Andere wieder behaupten, es sei einfach nur normale vaginale Gleitflüssigkeit einer sexuell erregten Frau. Weil sie angeblich während des Orgasmus „heraussprudelt", behaupten die Autoren des „G-Punktes", sie könne nicht nur vaginal sein. Aber sie fügen hinzu, sie hätten beobachtet, daß meist „Frauen mit starken Pubococcygeusmuskeln ejakulieren". Deshalb wäre eine Erklärung für eine weibliche „Ejakulation" nur die, daß bei einer sexuell erregten Frau mit einer reichlich mit Gleitflüssigkeit lubrizierten Vagina ihre eigene Gleitsubstanz als Folge der mächtigen, rhythmischen Kontraktionen ihrer Beckenmuskulatur hervortrete.

Der Damm-
„Schwellkörper"

Ist eine Frau erregt, vergrößert sich das zwischen Vagina und After gelegene Gewebe. Eine Konzentration auf den „G-Punkt" in dem Glauben, seine Aktivierung verspreche ungeahnte Ekstasen, kann bei einigen Frauen die Bedeutung dieses anderen Schwellkörpers verdecken. Viele Frauen haben es gern, wenn während des Koitus der After stimuliert und Druck auf die Hinterwand der Scheide und das Rektum (den Enddarm) ausgeübt wird. Vielleicht wird dieser neue „Zauber"-Punkt in einem weiteren Buch als Schlüssel zur weiblichen Glückseligkeit gefeiert werden.

Wenn beim Verkehr Finger, Zunge oder Penis in die Vagina eingeführt werden, wird meist auch Druck sowohl auf die Blasen- als auch auf die Dammgegend ausgeübt. Dies ist einer der Gründe, weshalb Frauen eine Penetration gernhaben. Die weibliche Sexualität konzentriert sich nicht nur „in" der Klitoris oder „im" G-Punkt, wie sie auch nicht „im" Nacken liegt. Eine querschnittgelähmte Frau kann durchaus starke sexuelle Gefühle haben. Eine Sudanesin, der man die Klitoris herausgeschnitten hatte und die auch noch durch Infibulation (die Schamlippen werden so eng zusammengenäht, daß nur ein kleines Loch für den Urin und das Menstrualblut übrigbleibt) verstümmelt wurde, kann immer noch sexuell erregt werden und auch – dies mag unglaublich erscheinen, zieht man die Bedeutung der Klitoris in Betracht – einen Orgasmus erleben.

Genital verstümmelte Frauen mit vorehelichem Geschlechtsverkehr berichteten mir, daß sie manchmal anal koitierten, bis die rituelle Entjungferung stattgefunden hat. In solchen Fällen ist das Zentrum sexueller Erregung eben jener Damm-„Schwellkörper". Anscheinend sind Frauen, denen man die Klitoris entfernt und die Scheide zugenäht hat, nur erregbar, wenn gerade diese Körperregion stimuliert wird. Dies sollte uns, die wir heute in der westlichen Welt alle Lustgefühle auf die erregbare Klitoris konzentrieren und sie als das einzige Organ zur Erlangung des Orgasmus betrachten, zu denken geben.

In der Tat sind Frauen außerordentlich anpassungsfähig, und so schrecklich es auch ist, wenn die Klitoris eines kleinen Mädchens herausgeschnitten wird, gibt es doch noch andere Teile des geschlechtlichen Apparates, die sich entwickeln lassen, damit die Frau intensive sexuelle Lust und einen Höhepunkt erleben kann.

Einer Frau zu erklären, daß alles davon abhängt, ob sie eine funktionierende Klitoris hat, die ihr wiederum alle sexuelle Lust spendet, kann genauso lähmend sein wie das einstmals propagierte Diktum, ein „richtiger" Orgasmus könne nur vaginal sein. Wir sollten unsere Gefühle erforschen und aus eigener Erfahrung lernen, was für eine jede von uns möglich ist, und wir sollten uns nicht damit abfinden, einfach nur das, was wissenschaftliche Erkenntnisse als möglich darstellen, zu akzeptieren.

3. Gefühle

Sexuelle Rhythmen

Obwohl viele Frauen meinen, sie seien zur Zeit des Eisprungs sexuell besonders ansprechbar – denn das ist es ja, was man ihnen zu verstehen gegeben hat –, haben mir die meisten derjenigen, die sich mit mir darüber unterhielten, anvertraut, daß sie kurz vor und während der Menstruation am erregbarsten seien. Ein zweiter, jedoch weitaus weniger ausgeprägter Höhepunkt falle allerdings mit den Tagen der Ovulation zusammen.

Menstruation

Es gibt viele Frauen, die Schwierigkeiten haben, während der Periode mit ihrer gesteigerten sexuellen Erregbarkeit fertig zu werden. „Ich bin sehr viel schneller erregt", sagt Annie, „und nicht nur durch Berührung. Den ganzen Tag über bin ich scharf, und zwar ohne Zutun meines Freundes." Bereits ein paar Tage vor Beginn der Periode fühlt sie sich „gespannt und sexuell empfänglich", und gegen Ende der Periode „denke ich an nichts anderes".

Frauen sind oft überrascht, daß ihre Libido mitten während der Periode steigt. „Es kommt mir irgendwie widersinnig vor", sagt eine, „daß ich ausgerechnet dann Interesse am Sex habe." Eine andere bemerkt: „Eine ‚biologische' Logik scheint mir nicht dahinter zu liegen." Wir sind aber derart vorprogrammiert, eine reproduktive Rechtfertigung für sexuelle Erregbarkeit liefern zu müssen, daß manche von uns es nicht einmal merken, wenn sie gerade in jenen Tagen besonders erregbar sind. Erst auf Befragen machen sie sich darüber Gedanken und dann geht ihnen auf, daß diese sexuellen Rhythmen überhaupt existieren.

Wenn der Blutfluß besonders stark ist, wird sich eine Frau weniger leicht stimulieren lassen, denn sie ist befangen und irritiert und bemüht, weder Kleidung noch Bettzeug fleckig zu machen. Aber sogar Frauen, die einen recht starken Blutverlust haben, können Geschlechtsverkehr zu Beginn und gegen Ende der Menstruation genießen, möglicherweise, weil eine natürliche Gleitsubstanz bereits vor der lokalisierten Stimulierung vorhanden ist.

Ein Aspekt, weshalb Frauen gerade während ihrer „Tage" Geschlechtsverkehr ersehnen, beruht auf der Tatsache, daß sie glauben ihn nicht haben zu *dürfen.* „Ich will Sex, weil ich weiß, daß ich ihn nicht haben kann." Für viele Frauen besteht ein Tabu: Kein Geschlechtsverkehr während der Periode. Andere wiederum meinen, es sei „zu schmutzig" oder „es gehöre sich nicht". Viele behaupten, ihrem Partner würde die Lust genommen, Menstruation „stoße sie ab", oder der Liebesakt während der Periode „ekle sie an". Eine Frau meint, daß sie während der ganzen Periode „scharf" sei, ihr Ehemann aber „niemals Blut sehen könne". Sie masturbiert dann. Frauen, die ein Zervixpessar benutzen, haben es offenbar leichter, da es als eine Schranke und gleichzeitig als Behälter diene und nach dem Verkehr wieder entfernt werden könne. Viele Paare jedoch halten Sex für synonym mit Penetration und glauben, daß Enthaltsamkeit während der Menstruation alle anderen Arten sexueller Befriedigung ausschließen müsse.

Fühlt sich eine Frau besonders scharf während der Periode, meint aber, sie müsse auf den Geschlechtsverkehr verzichten, baut sich manchmal eine Spannung auf, und sie wird in den Tagen *nach* der Menstruation leichter erregbar sein. „Unmittelbar nach der Periode bin ich richtig scharf. Es sind die vorausgegangenen Tage selbstauferlegter Abstinenz, die dies verursachen." „Ich weiß, ich sollte während meiner Tage keinen Verkehr haben, es würde mich genieren. Der Gedanke an eine viertägige Abstinenz ist qualvoll. Ich warte die ganze Zeit darauf, wieder Verkehr haben zu können."

Prämenstruelle Spannung

Obgleich sexuelle Erregbarkeit gewöhnlich zwei oder drei Tage vor dem Einsetzen der Periode zu spüren ist, verringert eine starke prämenstruelle Spannung die weibliche Libido und vermittelt der Frau das Gefühl, sie könne es nicht ertragen, während dieser Zeit auch nur berührt zu werden. Manche sagen, sie würden dann unausstehlich, seien gereizt, zänkisch, hätten Kopfschmerzen, Völlegefühl und so weiter. Wenn Geschlechtsverkehr tatsächlich stattfinde, sei er unangenehm schmerzhaft. Manche klagen über einen aufgeblähten Unterleib oder vergrößerte, überempfindliche Brüste. Wieder andere können sich nicht entspannen, um während dieser Zeit den Liebesakt wirklich zu genießen. Vitamin-B-6-Tabletten helfen manchmal, dies abzubauen und können unter Umständen nicht nur unser weibliches Wohlbefinden, sondern auch unsere Potenz wieder herstellen.

Schwache prämenstruelle Spannung hat genau die gegenteilige Wirkung: Unsere Sinnlichkeit und unsere Hautempfindlichkeit steigern sich, und besonders die Brüste reagieren auf die leichteste Berührung. Manche Frauen erleben auch in dieser Zeit ein tieferes Gefühl in der Vagina. Dies bedeutet aber, daß der Partner seine Technik der Frau anpassen und differenzierter auf ihre gesteigerte Reizbarkeit reagieren muß. Penisstöße in den Tagen vor der Periode und während ihr können schmerzhaft sein. Der Gebärmutterhals (Zervix) ist dann besonders empfindlich, und viele Frauen sagen, daß, obwohl sie starke Gefühle haben, sie „sich zurückhalten" oder „das Ganze sanfter haben wollen". Wir könnten meinen, daß Frauen einander verstehen und daß das Gesagte sich nicht auf lesbische Paare beziehe. Das ist aber nicht notwendigerweise so. Auch Frauen müssen aufeinander Rücksicht nehmen, ihre Zyklen beachten und erkennen, daß die Partnerin nicht immer dieselbe Art von Stimulierung haben will. Die Grenzen zwischen Gereiztheit und Überreaktion auf Stimuli – wie etwa einen Streit vom Zaun zu brechen oder die Kinder zu ohrfeigen – und zwischen einer intensiven sexuellen Reaktion sind fließend.

Es gibt Frauen, die an diesen Tagen große Lust verspüren, verträumt sind und, wenn sie es sich leisten könnten, am liebsten den ganzen Tag mit einem Partner im Bett verbringen würden. Eine Frau gestand mir, daß sie dann alles stark gesüßt haben müsse, daß sie „völlig lethargisch" aber sehr sinnlich sei und daß sie ihre Arbeit um ihren Zyklus herum plane. Haben wir diese Art psychosexueller Bereitschaft, können die paar Tage vor dem Einsetzen der Menstruation sehr aufregend sein, vorausgesetzt natürlich, daß der Rahmen stimmt und unser Partner rücksichtsvoll und zärtlich ist. Der zweite Höhepunkt, etwa 16 Tage vor dem Einsetzen der nächsten Menstruation, ist die Zeit der Ovulation (Eisprung), wenn unsere Fruchtbarkeit am höchsten ist. Die allgemeine Erfahrung ist, daß sich sexuelle Bereitschaft bis zum Tage des Eisprungs aufbaut und danach allmählich wieder abflaut.

Eisprung

Einige von uns sind nur während des Eisprungs besonders erregbar. Dies findet sich häufig bei orthodoxen jüdischen Frauen, denen es ihre Religion untersagt, während der Menstruation und unmittelbar danach mit einem Mann Kontakt zu haben. Eine dieser Frauen erklärte mir – und bei dem Gedanken daran leuchtete ihr Gesicht förmlich –, daß sie nach dem rituellen Bad für ihren Ehemann eine überwältigende Sehnsucht empfinde und daß sie „jedesmal wie eine junge Braut" zu ihm komme. Dasselbe geschieht, wenn eine Frau sich sehnt, schwanger zu werden. Der Gedanke an ein Baby verleiht dann dem Liebesakt eine besondere Dimension. Bei manchen Frauen bedeutet dies, daß ihre Libido zu den übrigen Zeiten ihres Zyklus sehr verringert ist. „Nur während dieser paar Tage ist Sex für mich wichtig. Ich will es nur während meiner fruchtbaren Tage, dann aber nimmt mich der Gedanke daran völlig in Anspruch." Eine andere Frau meint: „Ein ganzes Jahr lang hatte ich verzweifelt versucht, schwanger zu werden und hatte buchstäblich jedesmal meinen Mann ins Bett zerren müssen. In der Woche vor meiner Periode war ich immer niedergeschlagen, weil ich wußte, es hat wieder einmal nicht geklappt." Es sollte uns also nicht wundern, daß eine Frau, die ein Kind ersehnt, gerade während ihrer Periode nicht besonders ansprechbar ist, denn jede Menstruation bedeutet für sie einen kleinen Tod.

Frauen, die während der Ovulation und unmittelbar danach keinen direkten Sexualverkehr haben, weil sie entweder eine unzuverlässige Verhütungsmethode oder aber die Knaus-Ogino-Methode (Rhythmus-Methode) praktizieren, können es natürlich sowohl als unbequem wie auch als frustrierend empfinden, wenn sie gerade dann keinen Verkehr haben dürfen. Aber dieser Erregbarkeitsrhythmus paßt sich oft den Gegebenheiten der Situation an und ist ein Beweis dafür, daß Sex häufig Sache der Psyche ist. „Ich schreibe alle Gefühlsschwankungen der Tatsache zu", berichtet mir eine Frau, „ob ein Schwangerschaftsrisiko besteht oder nicht. Und wenn es keins gibt, ist alles erlaubt."

Während des Eisprungs haben manche Frauen leichte Schmerzen, welche die Libido verringern. Die Ärzte nennen es Mittelschmerz. Er kann nur ein leichtes Ziehen sein, das als störend empfunden wird, aber diejenigen, die ihn erleben, meinen, er dämpfe sexuelles Vergnügen.

Nicht alle Frauen verspüren solche Schwankungen innerhalb ihres monatlichen Zyklus. Haben sie sich an die Pille gewöhnt, kann es sein, daß sie diese Libidofluktuationen überhaupt nicht wahrnehmen, obwohl auch in solchen Fällen manche behaupten, sie seien besonders erregbar, wenn sie die Pille absetzen und eine Blutung haben. Eine stillende Frau hat oft weder Eisprung noch Menstruation, und auch sie kann unter Umständen keine Veränderungen spüren. Auch wenn die Menstruation wieder einsetzt, mag sie kaum Schwankungen in ihrer sexuellen Bereitschaft empfinden, und

Libido und Menstrual-zyklus

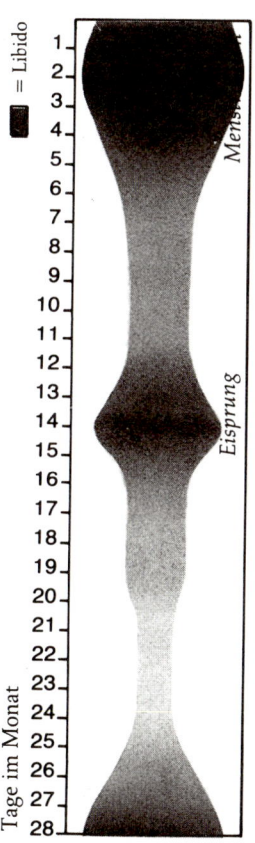

*Die eigenen
Rhythmen
verstehen lernen*

viele Frauen behaupten, daß ihre Libido während der Stillperiode verringert sei (s. Seite 242).

Wenn Frauen ihre sexuellen Rhythmen erfaßt haben und sich darüber im klaren sind, wie sie während eines Monatszyklus fluktuieren, verstehen sie nicht nur ihren Körper besser, sondern sie sind sich auch bewußt, was sie gerne haben und wann sie es gerne haben. Obwohl einige Frauen fast immer in gleichem Maße erregbar sind und andere wiederum kaum je erregt werden, erleben doch die meisten von uns wechselnde Stimmungen und wechselnde Gefühle; ein Weg entlang den Pfaden unserer monatlichen Zyklen ist wie eine Wanderung über Hügel der Erregung oder aber wie ein gemächlicher Spaziergang in ruhige, friedliche Täler hinab. Gewiß gibt es Augenblicke, da wir intensive Stimulierung genießen und wieder andere, da bereits eine einzige Berührung genügt. Haben wir uns diese Variationen bewußt gemacht, können wir unser Wissen auch mit unserem Partner teilen. So vertieft sich unser gegenseitiges Verständnis und bereichert unsere Beziehung zueinander.

Masturbation

Es gibt kaum eine Frau, die nicht irgendwann einmal masturbiert hat; sie hat sich selbst sexuelles Vergnügen verschafft, sie hat sich berührt oder aber hat ihren Körper auf ganz bestimmte Art bewegt. Einige bekommen davon zwar keinen Orgasmus, aber andere können sich leicht einen verschaffen, denn sie wissen, was sie mögen.

Viele Frauen können einen Partner dazu bringen, ihnen einen Orgasmus zu geben. Sie können es, wenn sie begreifen, was sie zur Selbstbefriedigung tun. Indem wir die Bewegungen, die wir machen, erforschen und die Art der Berührung, die uns beim Masturbieren das größte Vergnügen verschafft, anwenden, können wir auch einem Partner während des Liebesaktes zeigen, was uns zum Höhepunkt bringt. Dies betrifft vor allem jene Frauen, die durch Masturbation zum Orgasmus gelangen und die nur selten beim Geschlechtsverkehr einen erleben.

Aber Masturbation braucht keine Rechtfertigung ihrer „Nützlichkeit". Auch wenn die Masturbation in einer geschlechtlichen Beziehung überhaupt kein Gewicht zu haben scheint, hat eine Frau das Recht, sie anzuwenden, weil sie dadurch ihren eigenen Körper besser kennenlernen und sich ihrer sexuellen Identität bewußter werden kann.

*Sex als Bestätigung
für den Partner*

Dr. Joyce Brothers, eine populäre amerikanische Autorin und Sexualpädagogin (*Ich liebe ihn, aber ich versteh' ihn nicht.* 1983), erklärt den Frauen, daß Sex „von Mutter Natur erfunden wurde, um den Mann ans Haus zu binden" und rät ihren Leserinnen – wobei sie ihre Metaphorik ein wenig strapaziert –, daß „ein Quentchen Vorsicht besser ist als den Brunnen zuzudecken, wenn das Kind bereits hineingefallen ist". Sie meint, der Orgasmus der Frau sei das, was die Männer am meisten brauchen – sozusagen als eine Form von „Gütesiegel". Sie „lieben es, wenn die Frau keucht, stöhnt und schreit und wenn sie ihnen versichert, wie fabelhaft sie sind". Das Verhalten einer Frau solle dahin zielen, den Mann glücklich zu machen und habe wenig oder gar nichts mit ihren eigenen Wünschen nach Erfüllung zu tun. Erreicht sie diese, dann nur als Folge des Vergnügens, das sie einem Mann bereiten kann. Die Frau solle sexuelle Phantasie entwickeln und neue Varianten einführen, um sein Interesse wachzuhalten; nichtsdestoweniger aber sollten diese behutsam eingeführt werden – „als bereite man ein Baby auf seine erste feste Nahrung vor".

In diesem Licht betrachtet ist, vom weiblichen Standpunkt gesehen, der Geschlechtsverkehr hauptsächlich eine Methode, das Scheitern einer Ehe abzuwenden. („Je öfter sich ein Paar körperlich liebt", behauptet Dr. Brothers, „desto geringer wird die Möglichkeit, daß die Ehe vor dem Scheidungsrichter landet".) Der Orgasmus: das ist unsere Lebensversicherung, wenn wir es gut verstehen – und Masturbation paßt überhaupt nicht in dieses Bild.

Masturbation und Körperbild

Unter vielen Frauen ist die Ansicht verbreitet, sie hätten keinen Anspruch auf sexuelles Erleben, es sei denn, ein Mann verschaffe es ihnen. Sex, meinen sie, sei ein Geschenk von ihm und nicht etwas, das von uns ausstrahlt und das wir für uns selber tun. Wir erwarten, durch *seine* Sexualität erweckt zu werden. Deshalb ist es oft schwierig für eine Frau, sich an den Gedanken zu gewöhnen, daß ihre Gefühle beim Solosex genauso gültig sind wie die mit einem Partner. Wir neigen dazu, unsere persönlichsten sexuellen Erfahrungen klein zu machen zugunsten einer Vorstellung von uns selber als einem Idealbild, weil wir glauben, nur dann als vollwertige Sexualpartnerinnen zu gelten.

Irgendwie scheint die Frau in ihrem Körper eine Art Behälter zu sehen. Sie nimmt die Beine auseinander, um den Samen zu empfangen. Sie trägt den Embryo, den Fötus, trägt das Kind aus, sie hält die Milch bereit, mit der sie das Baby nährt. Ihre Kinder umschlingt sie mit den Armen. Sie macht Besorgungen, trägt sie nach Hause, kocht, serviert der Familie die Mahlzeiten, trägt hinterher alles wieder weg und fängt dann wieder von vorne an. Es ist, als sei sie niedergebeugt von der Last ihrer Verantwortung, die nur darin besteht, andere zu füttern und zu betreuen, die Bedürfnisse anderer zu befriedigen. Als Hausfrau ist sie wie eine offene Kommode, aus deren Schubläden all das herausquillt, was ihre Familie benötigt, um in die Welt hinauszugehen. Und sind sie erst einmal gegangen, kommt sie sich manchmal leer vor, wie ein ausgedientes Möbelstück.

Viele Frauen fühlen sich ihrem eigenen Körper entfremdet. Es geht nicht nur darum, daß sie häufig nicht wissen, wie sie sich geschlechtliche Erfüllung beschaffen können, sondern daß sie auch ihre Körper ablehnen, ja verachten. Einer der auffallendsten Aspekte in den Diskussionen, die Frauen über ihr Geschlechtsleben mit mir geführt haben, ist die Tatsache, daß sie meinen, sich für ihre Körper entschuldigen zu müssen – für alle diese Teile, die dem oberflächlichen, traditionellen weiblichen Schönheitsideal womöglich nicht entsprechen. Viele führen einen aussichtslosen Kampf gegen Übergewicht, unreine Haut, Körpergeruch, schlaffe Muskeln, wabbelige Oberschenkel und Brüste, Achselbehaarung und Haare auf anderen Stellen (wie auf den Brüsten oder im Gesicht), Scheidenausfluß und so weiter – aber vor allem gegen Übergewicht. Und alles das natürlich um ihrer Männer willen. Sie fühlen sich unter Druck gesetzt, sich zu deodorieren, zu glätten, zu straffen und zu schmücken, ihre „schlechten" Seiten zu kaschieren und ihre „guten" zu betonen – kurz: sich und ihren Körper so zu verpacken, als wären sie Konfektschachteln oder mit Zuckerguß überzogene petit-fours, um von den Männern vernascht zu werden.

Schuldgefühle

Schuldgefühle wegen Masturbation sind oft verbunden mit Schuldgefühlen wegen anderer Aspekte weiblicher Sexualität und gekoppelt mit einem negativen Körperbild. Eine Frau, die zum Beispiel erklärt: „Ohne eingebildet zu sein glaube ich, daß ich hübsch bin und sehr schöne Augen habe. Aber der Körper läßt mich im Stich", sie fühlt sich „schuldig und angewidert" wegen ihrer „Gewohnheit", und zwar besonders dann, wenn sie sich einen Orgasmus gestattet. Auch gibt sie sich Mühe, den Orgasmus „zu kontrollieren", wenn sie mit einem Mann zusammen ist, „weil ich ihn immer ein wenig peinlich fand . . . Ich bin erzogen worden, nicht über Sex zu reden . . . und auch heute noch kann ich mich mit meiner Mutter nicht

„Hinterher ist mir elend zumute. Ich sage mir, es ist normal, natürlich, aber trotzdem komme ich mir nachher richtig ekelhaft vor."

über die Menstruation unterhalten. Es ist etwas, das man eben als Tochter ihr gegenüber nicht erwähnt, auch über Sex darf man nicht sprechen." Vor ihrem Mann verbirgt sie es, wenn sie masturbiert, aber sie tut es jedesmal, wenn sie ihre Periode hat, weil sie sich dann sexuell erregt fühlt. „Ich würde in diesen Tagen niemals Verkehr haben wollen, ich finde es schmutzig. In der Tat ist es mir peinlich, wenn ich meinem Mann sagen muß, daß ich meine Tage habe."

Obwohl dies ein extremes Beispiel ist, weist es doch in die allgemeine Richtung, nämlich auf die Furcht vor weiblichen Körperfunktionen und weiblicher Sexualität, die meist von Frauen artikuliert wird, die wegen ihres Masturbierens ein schlechtes Gewissen haben.

Weibliche Sexualität, verbunden mit unseren Körperausscheidungen – Menstrualblut, Schweiß, Lochien (Scheidenausfluß der Wöchnerin), Vaginalschleim – ist immer als „deplazierte oder unangebrachte Materie" (Mary Douglas: *Purity and Danger*) empfunden worden, weil sie deplaziert und unangebracht in den Beziehungen zwischen Mann und Frau ist. Deshalb soll man sie auch als unrein und gefährlich behandeln. Im Sinne unserer sozialen Struktur und der reproduktiven Rolle, welche die Gesellschaft den Frauen so eindringlich vor Augen hält, zehrt Solosexualität an der Energie für unsere Hauptpflichten: Männer zufriedenzustellen und Kinder großzuziehen.

Ich habe den überwältigenden Eindruck gewonnen, daß Frauen nicht nur schuldbewußte Masturbatorinnen sind, sondern auch schuldbewußt wegen ihres Schuldbewußtseins. Sexualtherapeuten drängen uns zur Befreiung, zum Verständnis unserer Körper und unserer sexuellen Reaktionen. Wahrscheinlich haben die meisten von uns ihr eigenes Urteil über Masturbation und wissen auch, daß sie ein ganz normaler Teil der Sexualität ist. Aber einigen von uns fällt sie nicht leicht, und will man ihnen beibringen, sich zu befreien, verschlimmert man alles nur.

Carol zum Beispiel ist heute 27 und erinnert sich daran, daß man sie ausschimpfte, als sie als Dreijährige masturbierte. Obwohl sie weiß, daß ihr Mann masturbiert und sie es auch akzeptiert, daß er es braucht, behauptet sie, sie komme sich schrecklich vor, wenn sie es selber tue. Sie masturbiert gelegentlich, um ihre Spannungen abzubauen und führt dann alles, was in den nächsten Tagen schief geht, darauf zurück. So bringt sie es fertig, sich regelmäßig dafür zu bestrafen, daß sie eine völlig natürliche Handlung vorgenommen hat.

Wir sprechen zwar heutzutage viel offener über Sex, und jede Frauenzeitschrift bringt gelegentlich Artikel über Cunnilingus und Fellatio und gibt auch Anleitungen dazu, aber der persönliche Aspekt der Masturbation wird nur selten diskutiert und das Thema eigentlich nur als ein Mittel zur Therapie sexueller Störungen erwähnt. So gesehen ist sie, als Folge der Untersuchungen von Masters und Johnson und von Helen Singer Kaplan *(Die neue Sexualtherapie)* gewissermaßen salonfähig gemacht worden. Nicht nur das – es ist der Frau sozusagen als *Pflichtübung* auferlegt, zu masturbieren, um eine zufriedenstellende Sexualpartnerin zu werden. Vielleicht sind unsere Einstellungen gegenüber der Masturbation doch noch nicht so aufgeklärt.

Befürchtungen   Ängste wegen Masturbation können sehr stark sein. „Was wäre, wenn es mir so gut gefällt, daß ich keinen Sex mehr mit einem Partner haben will?" Oder: „Angenommen, ich werde so abhängig davon, daß ich nicht aufhören kann und es immer öfter tun muß?"

Sehen wir uns diese Befürchtungen einmal genauer an. Manche Frauen sagen, sie hätten Angst, „aufgebraucht zu werden". So erklärt Luise: „Ich befürchte, ich würde mir selber gegenüber allzu nachgiebig werden und es könnte meine Fähigkeit, mich während des Liebesaktes ganz hinzugeben, verringern." Die erste und wichtigste Überlegung ist, daß die weibliche Fähigkeit zur sexuellen Erregung nicht quantitativ begrenzt ist, so daß eine Frau, die sich durch Masturbieren befriedigt hat, keine Energie mehr für ein gemeinsames Sexualerlebnis mit einem Partner übrig hat. Ein Mann kann nur eine begrenzte Anzahl von Ejakulationen über einen bestimmten Zeitraum haben und dann ist es aus, aber Frauen sind anders konstituiert. Eine Frau kann erregt sein und eine Reihe von Orgasmen erleben, *wenn sie ausreichend stimuliert ist.* Deshalb vermag auch ein gesteigertes, durch Masturbation erzeugtes Körpergefühl die Bereitschaft der Frau für den Sexualakt zu erhöhen.

Frauen, die nicht wissen, wie die Genitalien anderer Frauen geformt sind und wie ihre Formen voneinander abweichen, glauben manchmal, sie könnten sich durch Masturbation deformieren, und daß dies ein Arzt oder eine Krankenschwester sofort merken müßte. Eine Frau erzählte mir, daß sie nie über die Scham hinweggekommen sei, als bei einer Entbindung die Hebamme ihre Genitalien „angestarrt" und „zweifellos" erkannt habe, daß sie masturbierte. Sie hatte sich mit mir in Verbindung gesetzt, weil sie plastische Chirurgie haben wollte, die ihre kleinen Schamlippen verkleinern würde, damit sie „normal" aussehe. Es ist durchaus verständlich, daß ein verängstigter und schuldbewußter Mensch glaubt, er würde seinem Körper einen dauernden Schaden zufügen. Aber Masturbation vergrößert oder deformiert nicht. Höchstens verursacht sie ein vorübergehendes Anschwellen von Labien und Klitoris, die jedoch, da die weiblichen Genitalien aus sehr dehnbarem Gewebe bestehen, mit abflauender Erregung wieder zum Normalzustand zurückkehren. Es ist traurig, wenn eine Frau so wenig über den Körperbau einer anderen unterrichtet ist, daß sie sich mit diesem

Schuldgefühl belastet. Die sauberen Diagramme in unseren Biologiebüchern stellen weibliche Genitalien insofern falsch dar, als sie sie stilisieren, ,,aufräumen'', und ihnen den Anschein von Gleichheit und Regelmäßigkeit verleihen, die sie in Wirklichkeit keineswegs haben. Es ist kein Problem für den Mann, seine eigenen äußeren Geschlechtsteile zu betrachten und anzufassen und sich mit anderen Männern unter der Dusche oder im Umkleideraum zu vergleichen. Frauen sehen in der Regel die Genitalien anderer Frauen nicht; hier befinden wir uns in einem ausgesprochenen Nachteil.

Weibliches Erleben bei der Masturbation

Die meisten masturbierenden Frauen erleben einen Orgasmus. Es geschieht öfter als beim Verkehr mit einem Partner, und sie sind auch oft viel intensiver als jene, die sie beim Geschlechtsverkehr erleben (William Masters und Virginia Johnson: *Die sexuelle Reaktion*). Frauen mit multiplen Orgasmen bei der Masturbation können dies oft nicht mit einem Partner erreichen. Auch fällt es manchen leichter, bei der Selbstbefriedigung Phantasievorstellungen zu haben als bei Sex mit einem Partner. Die Unmittelbarkeit der Bedürfnisse des anderen verhindert tatsächlich Ausdruck und Befriedigung des Selbst. Manche behaupten auch, daß sie sich jemand anderen dabei vorstellen und nicht den Menschen, der ihnen so vertraut ist.

Die masturbatorische Erfahrung von Frauen ist vielfältig. Manche tun es nur, wenn andere Formen sexuellen Vergnügens ausfallen, wenn ihr Partner verreist ist oder aber, wenn eine Beziehung durchaus nicht klappen will. Andere wiederum tun es zu Zeiten, da der Sexualtrieb sehr mächtig ist oder ehe sie einen ständigen Partner gefunden haben oder aber, wenn die Beziehung gescheitert oder ein geliebter Mensch gestorben ist. Manche masturbieren zu bestimmten Zeiten innerhalb des Menstrualzyklus, wenn sie besonders ,,scharf'' sind und der andere nicht im gleichen Maße erregt ist.

,,Masturbation ist die wirksamste aller Behandlungen für Unterleibskrämpfe während der Menstruation, aber sie ist mehr als das: Ich bin es, die mich liebt.''

Bei vielen Frauen geschieht dies während des menstruellen Blutflusses, weil sie selbst oder ihr männlicher Partner die Vorstellung von Geschlechtsverkehr als abstoßend empfinden, ja manchmal sogar nicht einmal zärtliche Berührungen ertragen können. Sexuelle Erregung während dieser Zeit ist die Folge erhöhter Blutzufuhr in die Beckengegend, wo Stau, Druck und Stimulierung erzeugt werden.

Viele Frauen masturbieren auch während der letzten Wochen oder Monate der Schwangerschaft, wenn der Geschlechtsverkehr in der üblichen Stellung unbequem geworden ist, wenn beide Partner glauben, sie könnten dem Ungeborenen schaden oder Wehen hervorrufen oder wenn sie die körperlichen Veränderungen im späten Schwangerschaftsstadium als abstoßend empfinden.

Manche Frauen masturbieren nur, wenn sie besonders deprimiert, einsam oder gestreßt sind; möglicherweise gebrauchen sie es als ultima ratio und wollen es so schnell als möglich hinter sich bringen. Sehr viele masturbieren, um einzuschlafen (,,Es ist viel schöner als Schlaftabletten'') und als wirksames Mittel, um Unterleibskrämpfe während der Menstruation zu lindern. Manche Frauen masturbieren, weil sie auf ihren Partner wütend sind. Anne zum Beispiel erklärte: ,,Als wir uns bemühten, ein Baby zu bekommen, war er begeistert vom Sex, und das wiederum machte mich fuchsteufelswild.'' Jetzt reagiert sie überhaupt nicht mehr beim Ge-

„Ich entdeckte es nach dem Tode meines Mannes. Anfangs als Trost und Entspannung, um einschlafen zu können und jetzt als reines Vergnügen.''

schlechtsverkehr und masturbiert nur, um die Enttäuschung, die sie empfindet, abzureagieren und um es ihm „heimzuzahlen''.

Aber die meisten von uns masturbieren einfach – obwohl wir dabei in Konfliktsituationen kommen können –, weil es uns Spaß macht. Schreiben Frauen darüber, fügen sie oft Nachsätze an, wie: „Ich empfinde es als Betrug'' oder „Es ist nur ein Sicherheitsventil'' oder „Ich habe kein schlechtes Gewissen, warum auch?'' oder „Ich würde es meinem Mann gegenüber *nie* zugeben.''

Ein durch Masturbation erzeugter Orgasmus setzt in der Regel viel früher ein als ein Orgasmus beim Geschlechtsverkehr. Manchmal dauert es nur 40 Sekunden, bis der Höhepunkt erreicht ist, während es mit einem Partner häufig zwei Stunden dauern kann. Natürlich bedeutet das nicht, daß ein masturbatorischer Orgasmus „besser'' sei, weil ja das „Anreisevergnügen'' genauso wichtig ist wie der Orgasmus selber, und aus diesem Grund, sagen manche, ist es eben nicht so „befriedigend''. „Ein aufregendes Erlebnis, gewiß'', sagt eine Frau, „aber eins, das sehr schnell vorüber ist''. Es gibt auch Frauen, die meinen, daß etwas fehle, wenn sie sich selbst befriedigen, und daß sie lieber eine weniger starke Klimax mit einem Partner in Kauf nehmen, weil es ihnen doch eine tiefere „Erfüllung'' verschaffe. Eine Frau formuliert es so: „Beim Masturbieren ist es ganz und gar physisch, das Gefühl der Befriedigung ist weder so tief, noch so dauerhaft, obwohl körperlich viel intensiver.'' Eine andere meint: „Wenn wir, mein Mann und ich, uns lieben, bewirkt es ein ekstatisches Pulsieren nicht nur in der Klitoris und der Vagina, sondern auch im Geist.'' Und das geschieht nicht, wenn sie masturbiert. Sehr viele Frauen sind unzufrieden, wenn sie allzu lange ohne die Möglichkeit einer partnerschaftlichen Beziehung masturbiert haben, weil der Dialog mit dem anderen menschlichen Wesen fehlt. Manchmal wird dieser Mensch zutiefst geliebt und begehrt, manchmal ist es die Sehnsucht nach einem Phallus. Leonie sagt, daß sie, wenn sie sich reizt, eine „Art'' Orgasmus erlebt, daß sie aber dann große Sehnsucht nach Penetration hat. Deshalb frustriert sie das Masturbieren um so mehr.

Gemeinsame Selbstbefriedigung

Offenbar sind Frauen am glücklichsten, wenn sie ihre masturbatorischen Erfahrungen beim Liebesakt mit einem geliebten Partner eingebracht haben. Durch Selbstreizung können sie zum Beispiel ihrem Partner klar machen, was sie als erregend empfinden. Für einige ist dies ein überraschender Durchbruch. Sie haben zwar seit ihrer Kindheit masturbiert, haben aber niemals diese vergnügenspendende Praxis in den Liebesakt einbezogen. Sind sie mutig genug, dies zu tun, eröffnet sich ihnen eine ganz neue Skala der Liebeserfahrung. Manche erleben ihren ersten Orgasmus auf diese Weise und flechten in den Akt jene Berührungen und Bewegungen ein, die diese Erfahrung ermöglichen. Lucy sagt: „Wir machen es voreinander, und das erhöht den Reiz.'' Sarah: „Ich erzähle ihm davon. Es erregt ihn. Dann tun wir es und beobachten einander. Es macht uns scharf, besonders meinen Mann, wenn er mir zusieht. Ich weiß, es macht ihn rasend. Er kann vom bloßen Zusehen einen Orgasmus bekommen.''

Eine große Schwierigkeit besteht beim Verkehr darin, daß die Klitoris nicht so plaziert ist, um automatisch bei der Penetration berührt zu werden. Ein Mann muß also beim Liebesakt lernen, wie er entweder mit den Händen

oder mit dem Mund den richtigen Reiz erzeugt. Er kann es entweder vor oder nach seinem eigenen Orgasmus oder auch an seiner Stelle tun. Viele Männer begreifen das nie. Deshalb ist es Aufgabe der Frau, ihrem Partner zu demonstrieren, wie er bei ihr eine sexuelle Reaktion erzeugen kann, aber sie wiederum kann es nur, wenn sie inzwischen ihre eigenen Körperreaktionen kennengelernt hat. Deshalb kann eine Frau mittels Masturbation ihrem Partner beibringen, wie er sie sexuell stimulieren kann. Im Anfang einer Beziehung ist es vielleicht nicht so selbstverständlich, etwas über den Körper des anderen und über dessen Gefühle zu erfahren, weil beide Beteiligten sowieso derart aufgeregt sind, daß die Raffinessen des Vorspiels übersehen werden. Aber es kommt eine Zeit, da beide diese Dinge lernen müssen, denn die ersten stürmischen Begegnungen sind nun vorbei. Sie müssen die Kunst des Liebens erforschen, und dies fehlt eben in vielen Beziehungen. Deshalb sehnen sich Frauen oft nach jenen Tagen zurück, da alles noch den Reiz der Neuheit hatte und sie sich von den „Stürmen der Leidenschaft" wegtragen ließen, denn am Ende stand ja die Eroberung und das Entzücken an der Entdeckung des anderen und das Erkennen der Tatsache, daß es diesen anderen gab, jemanden, der uns begehrte und brauchte; damals war eben die Liebe neu und süß und von unvergeßlicher Intensität.

Hilfe bei der Beziehung

Besitzt eine Frau erst einmal genügend Selbstvertrauen, sowohl zu empfangen als auch zu geben, kann alles, was sie über ihre eigene Sexualität aus der Selbstbefriedigung gelernt hat, ihre sexuellen Beziehungen zu anderen Menschen nur stärken und nicht etwa verringern. Mit wachsendem Selbstbewußtsein kann sie nicht nur ihrem Partner mehr geben, sondern auch mehr von ihm empfangen.

Als Rebekka mit Peter zusammenzog, schwor sie sich, nie mehr zu masturbieren, denn sie hatte ja nun „das einzig Wahre". Aber weil die beiden ganz offen zueinander sein wollten, berichtete sie ihm davon und erwähnte auch, daß sie früher, als sie masturbierte, die Beine geschlossen halten mußte. Er war froh, als sie es ihm erklärte, denn es würde ihm helfen, sie besser zu befriedigen. Aber sie fügt hinzu: „Peter hat mir jedoch bewußt gemacht, daß es kein minderwertiger Ersatz ist, sondern eben nur anders." Und jetzt gehört die Masturbation zu ihrem Liebesspiel, sie brauchen es als Mittel zur Erforschung ihrer Körper und ihrer sexuellen Reaktionen.

Rosemarie erklärt, sie habe masturbiert, solange sie denken könne. Als sie vier Jahre alt war, legte sie sich auf den Bauch, nahm das Bettzeug zwischen die Beine und rieb sich daran bis zum Orgasmus. Sie stellte sich vor, nackt in mit „Gelee, Marmelade oder anderem klebrigen Zeug" gefüllten Bottichen zu schwimmen. Diese Vorstellung schien ihr zu abwegig und bizarr, um sie überhaupt jemandem anzuvertrauen, sodaß sie das Thema lieber nicht berührte – „so selbstvernarrt klingt es – und ich liebe mich doch gar nicht!" Als Richard sie über Masturbation befragte, um ihre Probleme zu klären, die kurz nach ihrer Heirat auftraten, erwähnte sie es nicht. Vor ihrer Ehe waren sie durchaus glücklich miteinander. Sie liebten sich im Freien oder auf dem Rücksitz des Autos oder auf der breiten Couch im Wohnzimmer, wenn die Eltern ausgegangen waren: Es bestand also immer die Gefahr, ertappt zu werden. Aber sobald dieser Nervenkitzel

Selbstbefriedigung kann dir dazu verhelfen, deinen Körper besser zu verstehen und dir deine eigene Sexualität bewußter zu machen . . .

beseitigt war, wurde es „langweilig", und sie kam nur noch selten zum Orgasmus. Sie war überzeugt, mit ihm darüber nicht sprechen zu können, denn er könnte ja „gekränkt sein und sich als ein Versager vorkommen". Erst als sie aus Verzweiflung bei einem Psychotherapeuten und bei einer Eheberatungsstelle Hilfe suchte, wurde ihr der Weg geöffnet, sich Richard anzuvertrauen. Zu ihrer Überraschung zeigte er Verständnis, enthielt sich jeden Urteils und war offenbar froh, daß sie mit ihm so frei über ihre sexuellen Gefühle reden konnte. Rosemarie sagt: „Nun kenne ich meinen Körper und weiß genau, was ich berühren muß, und Richard weiß es ebenfalls."

Selbstentdeckung Pam hat zwei Kinder und einen Ehemann, den sie jedoch als einen phantasielosen Klotz beschreibt. Sie hat Übergewicht und behauptet, sich in ihrem Körper, der ihr verhaßt geworden ist, wie in einer Falle vorzukommen. Während des Verkehrs spricht ihr Mann kein einziges Wort, er ist nicht zärtlich und berührt sie weder vor noch nach der Penetration. Die Beziehung ist bedeutungslos geworden, und die beiden halten sie nur „der Kinder wegen" aufrecht. Sie wußte überhaupt nicht, was ein orgastisches Erlebnis ist, bis sie vor kurzem das Masturbieren entdeckte. „Es ist sagenhaft! Wie ein Vulkanausbruch!"

Für sie bedeutet Masturbation einen Teil des Selbstfindungsprozesses, den Anfang ihrer Individuation. Ein weiteres Wachstum wäre durchaus denkbar, um ihre Beziehung zu verbessern oder aber es könnte ihr den Weg zu einem anderen Leben oder einem anderen Partner weisen. Was auch immer geschieht – jetzt kann sie der Verzweiflung, die sie bisher empfand, entfliehen, und sie macht sich nun Gedanken darüber, was sie vom Leben erwartet.

Aus der Masturbation lernen

Wollen wir aus der Masturbation lernen und sie genießen, müssen wir zuerst einmal genügend Zeit und Ruhe haben. Wir sollten uns nicht stören lassen und müssen völlig allein sein. Gleichgültig, wie beschäftigt wir sind, es ist unser gutes Recht, darauf zu bestehen.

Haben wir Kinder, sollten sie verstehen lernen, daß Erwachsene von Zeit zu Zeit von ihnen wegkommen müssen und daß dies nicht etwa bedeutet, wir hätten sie weniger lieb. Etwas Einsamkeit oder Abgeschiedenheit braucht jeder Mensch, egal ob wir erwachsen oder noch Kinder sind. Sind die Kinder unter drei Jahre alt, ist dies nicht immer einfach. Bei Säuglingen weiß die Mutter ungefähr, wann sie schlafen. Nichtsdestoweniger bleibt uns, auch wenn ein Kleinkind ruhig in seinem Bettchen liegt, immer noch die Wahl, ob wir die Wäsche bügeln, einen Eintopf ins Rohr schieben oder uns ein wenig Zeit zur Entspannung gönnen sollen. Es ist die Zeit, die wir, da wir ansonsten ein so geschäftiges Leben haben, für uns reservieren und dazu benutzen sollten, unsere eigene Sexualität kennenzulernen. Anfangs wird uns das möglicherweise ein schlechtes Gewissen verursachen, aber es besteht überhaupt kein Grund dafür, sich so zu verhalten, als seien wir Kinder, die etwas Verbotenes tun. Wir können wählen, was wir tun wollen.

Vielleicht haben wir Bedenken, weil wir Angst haben, wir könnten die Kontrolle verlieren. Diese Bedenken sind oft sehr vage, wir können sie nicht ohne weiteres in Worte fassen. Manche Frauen haben Angst, sie könnten, wenn sie erst einmal „loslegten", ganz außer Rand und Band geraten, sie würden entsetzliche Dinge sagen und tun, ein Nachgeben würde einem Identitätsverlust gleichkommen und sie würden nachher nicht mehr jene Person sein, die sie so sorgfältig und gewissenhaft kultiviert hatten.

Jungen Mädchen wird beigebracht, sich zurückzuhalten und mit Jungen nicht „zu weit" zu gehen. Sie lernen, gütig, rücksichtsvoll, sanft, zärtlich, lieb zu Tieren und kleinen Kindern zu sein, kurz: jene Eigenschaften zu entwickeln, die als typisch „weiblich" gelten. „Mir wurde in der Jugend beigebracht", sagt eine Frau, „daß es Aufgabe des jungen Mädchens sei, die triebhafte Natur eines Jungen zu zügeln, daß Männer immer nur auf ‚das eine' aus seien und daß ein junges Mädchen stets auf der Hut sein soll." Haben wir erst einmal diese Lektion gelernt, ist es auch kein Wunder, daß wir uns später, wenn wir alt genug sind, um am Sex Vergnügen zu haben, zurückhalten.

Gefühle erforschen Viele Frauen, die sich beim Masturbieren erregen, haben das Gefühl, sie könnten sich nicht hingeben. Es fehlt ihnen der Mut, jenen letzten Sprung ins Ungewisse, in den Orgasmus zu machen. Sie erreichen ihn fast, aber doch nicht ganz. Genauso wie wir niemals schwimmen lernen, wenn wir es auf dem Trockenen üben, können wir auch keinen Orgasmus erleben, ehe wir uns nicht von unseren sexuellen Gefühlen überschwemmen lassen – ohne irgendetwas zurückzuhalten. Die erste Aufgabe ist aber, diejenigen Schwimmbewegungen zu meistern, die uns über Wasser halten. Deshalb sollten wir uns dem Ansturm physischer Sensationen und mächtiger, im Orgasmus gipfelnder Emotionen überlassen und uns dabei ganz auf unsere eigenen Gefühle konzentrieren. Dabei sollten wir uns nicht durch andere Besorgnisse, Probleme oder die Bedürfnisse eines Partners ablenken lassen. Glauben wir jedoch, wir müßten eine Vorstellung geben, beweisen, daß wir orgasmusfähig sind, wenn wir uns bemühen, unserem Partner Vergnügen zu bereiten, dann können wir uns auf uns selber nicht konzentrieren.

Haben wir also sowohl Muße als auch Abgeschiedenheit, sollten wir uns einen ungestörten Platz suchen und mit unseren Fingern auf Entdeckungsreise gehen. Wahrscheinlich werden wir es am besten mit eingeölten Fingern tun können. Sind wir bereits erregt, können wir unser Vaginalsekret benutzen und unsere Finger über die Schamlippen und die Klitoris gleiten lassen. Oder wir benutzen ein wenig erwärmtes Speiseöl, Gel oder Lotion. Alles, was wir nehmen, sollte jedoch unparfümiert oder nur ganz leicht parfümiert sein, weil es sonst Gewebereizungen geben kann. Gewiß kann dies manchmal recht erregend wirken, aber wenn wir es wiederholt tun, schwellen die Gewebe an und entzünden sich.

Wir können uns auch mit dem sanften Druck einer Handduschvorrichtung stimulieren oder gelegentlich mit etwas ganz Kaltem, zum Beispiel einem Eiswürfel, stimulierende Bewegungen ausprobieren.

Experimentieren wir mit verschiedenen Stoffarten und legen wir sie auf Brüste oder Schenkel. Es kann etwas Weiches, Glattes sein, zum Beispiel

Samt, Seide oder Satin. Oder aber etwas Hartes, Rauhes, Festes, das sich gut anfühlt. Manche Frauen führen einen auf die Klitoris drückenden Gegenstand in die Vagina ein. Wir sollten jedoch niemals etwas in unsere Scheide einführen, das wir nicht genauso gerne in den Mund nehmen würden. Es ist sehr leicht, die empfindliche Innenhaut zu verletzen.

Wir wollen vielleicht auch die Berührungen durch Muskelbewegungen, wie sie auf den Seiten 53–55 beschrieben werden, unterbrechen. Wenn wir aufhören wollen, sollten wir es tun, ob wir nun zum Orgasmus gekommen sind oder nicht. Es gibt keinen Grund, daraus eine Art Drill zu machen oder aber das Gefühl zu haben, irgendetwas leisten zu müssen. Eines der Probleme bei einigen Frauen, die durchaus einen Orgasmus haben wollen, ist ihre Fixierung auf ihr Ziel. Dabei vergessen sie, wie angenehm der Weg dorthin sein kann.

Sich eine Reihe solcher „Sitzungen" zu gönnen ist bestimmt keine Hemmungslosigkeit, sondern Teil einer Selbstentdeckungsreise in ein Territorium, das bisher vernachlässigt wurde und das sich nun unserem Verständnis und Bewußtsein erschlossen hat.

Extrahilfen   Als nächstes sollten wir ein paar Extrahilfen beanspruchen. Wir wissen nun, was wir als stimulierend empfinden: zum Beispiel die Lektüre eines erotischen Romans oder das Tanzen zu sexuell stimulierender Musik. Oder wir lauschen ihr nur und denken dabei an eine Filmszene, wir erinnern uns an leidenschaftliche Momente aus unserem Leben oder wir stellen uns etwas vor, was uns wohltut – etwas, was kein Schuldgefühl hinterläßt. Auf den Seiten 88–102 werden solche Phantasien beschrieben. Wir sollten uns etwas Zeit für einige dieser Dinge nehmen.

Sexualtherapeuten sprechen oft von „Orgasmusauslösern". Es sind dies bestimmte Arten von Muskelkontraktionen, Bewegungen und Atemzügen, und einige davon mögen wirksam sein. Oder wir nehmen einen Spiegel und betrachten uns beim Masturbieren oder wir stellen ihn uns, wenn uns das angenehmer ist, nur vor, denn auch das kann stimulierend sein. Oder wir stellen uns vor, daß uns jemand zusieht und uns sorgfältig beobachtet und daraus lernt. In dem Kapitel, wo wir sexuelle Phantasien beschreiben, wird erwähnt, daß viele Frauen es erregend finden, wenn sie sich vorstellen, sie befinden sich außerhalb ihrer Körper und beobachten sich, oder daß jemand anders sie beobachtet.

Wenn wir uns meistens dazu hinsetzen oder -legen, sollten wir auch einmal eine andere Stellung wählen. Lagen wir das letztemal auf dem Rücken, versuchen wir es diesmal bäuchlings, vielleicht mit ein paar Kissen unter den Hüften. Oder wir legen uns auf den Rücken mit dem Kopf und den Schultern niedriger und mit den Hüften, auf festen Kissen, nach oben zeigend.

Auch kann es nützlich sein, die Stellung, nachdem wir erregt sind, zu wechseln und uns so zu drehen, daß der Kopf tiefer liegt als das Becken. Versuchen wir es, indem wir uns quer über das Bett legen und den Kopf über die Kante hängen lassen. Legen wir ein Kissen auf den Boden und haben wir eine niedrige Liege, ginge es womöglich, die Hüften auf der Liege und Kopf und Schultern auf dem Boden zu haben. Ein mit Schaumgummiflocken gefüllter kleiner Beutel ist dabei sehr nützlich, denn er läßt sich in jede gewünschte Form bringen. Wir können ihn auch beim Verkehr mit unserem Partner benutzen.

Wir sollten üben, unsere Bein-, Unterleibs- und Armmuskeln zu spannen. Amerikanische Sexualtherapeuten sind der Meinung, daß Körperspannung (wie zum Beispiel gekrümmte Zehen oder geballte Fäuste) zum integralen Teil sexuellen Kontaktes werden sollte; eine Erhöhung dieser Spannung könnte dann einen Orgasmus auslösen (Julia Heiman/Leslie LoPiccolo/Joseph LoPiccolo: *Gelöst im Orgasmus. Entwicklung des sexuellen Selbstbewußtseins für Frauen*). Sie raten uns, den Atem vorübergehend anzuhalten oder mit tiefen oder flachen Atemzügen zu atmen. Es gibt auch die Möglichkeit, uns gewissermaßen zu „necken", d. h. wir widmen uns, nachdem wir unsere Klitoris stimuliert haben, der Innenseite unserer Arme oder unseren Brüsten, kehren dann zur Klitoris zurück und mit steigender Erregung zu einem anderen Körperbereich.

Trotz des Ausdrucks „Orgasmusauslöser", der ein Schnellfeuer suggeriert, ist der Zweck der Übung ein allmähliches Vorgehen und eine langsame Steigerung der Lust. Es wird nicht lange dauern, bis wir unser eigenes Tempo gefunden haben.

Die Entdeckung der vielfältigen zur Selbstbefriedigung führenden Wege und der Technik des Hinauszögerns, ehe wir die höchste Erregungsstufe erreicht haben, bedeutet nicht nur einen Ansturm physischer Reize in den Genitalien. Unser ganzer Körper, unser Geist, wir als Individuum sind in Mitleidenschaft gezogen. Wir können dabei intensive visuelle Vorstellungen, Musik, große Dichtung, all die schönsten Gedanken über menschliche Sehnsüchte und sexuelles Begehren heraufbeschwören. Wir haben uns zu einem Abenteuer der Sinne auf den Weg gemacht. Es ist, als folgten wir einem langen, gewundenen Waldpfad, der uns aufregend neue Szenerien erschließt. Es ist, als kämen wir zu einer sonnengefleckten Lichtung mit weichem Rasen und hohen Farnkräutern, oder an einen Wasserfall, als erlebten wir den Schock eiskalten Wassers im Bach, die wohltuend wärmende Sonne auf unserer Haut, als bevölkerten buntgefiederte Vögel das samtige Dunkel der Nacht, als hingen Sternennetze in den Ästen der Bäume.

Orgasmus

Der Orgasmus ist nicht nur ein unbestimmtes, diffuses Gefühl. Masters und Johnson haben bewiesen, daß es eine eindeutige Sequenz physiologischer Abläufe gibt, die zum Orgasmus führen, und daß sie jedesmal stattfinden müssen, wenn ein Orgasmus erreicht werden soll. Masters und Johnson teilen diese physiologischen Vorgänge in vier Phasen ein: Erregung, Plateau, Orgasmus und Rückbildung.

Erregung

In der Erregungsphase, die ein paar Minuten bis mehrere Stunden dauern kann, steigern sich Herztätigkeit und Blutdruck, die Brustwarzen werden hart und erigieren, die Brüste werden fest, die dunklen Höfe um die Warzen stauen sich. Die Haut am Unterleib ist gerötet und fleckig; diese Rötung kann sich auch auf die Brüste ausdehnen. Der Atem der Frau geht schneller. Innerhalb von 10 Stunden bis zu einer halben Minute nach einer wirksamen Stimulierung feuchtet sich die Vagina mit einem natürlichen, von den Blutgefäßen in ihrem Gewebe abgesonderten Sekret an. Diese Blutgefäße dehnen sich mit der erhöhten Blutzufuhr aus. Der am tiefsten innerhalb der Vagina liegende Teil, dessen Wände gewöhnlich aufeinander liegen, öffnet sich wie ein Zelt („Zeltphänomen"). Die großen Schamlippen klaffen als Folge des erhöhten Blutstaus, die kleinen Labien füllen sich mit Blut. Bei manchen Frauen erigiert die Klitoris. Die gesteigerte Blutzufuhr wirkt sich auch auf den Uterus aus, der sich ausdehnt, aufrichtet und nach vorne neigt.

Die Plateauphase

Diese Phase wird kurz vor dem Orgasmus erreicht. Brüste, Brustwarzen und Warzenhöfe schwellen noch mehr an, der ganze Körper der Frau kann heiß und gerötet sein. Die muskuläre Spannung baut sich weiter auf, die Frau macht manchmal unwillkürliche oder ruckartige Bewegungen. Herzfrequenz und Blutdruck steigen noch höher, sie atmet schneller und manchmal auch unregelmäßiger, keuchender.
Die kleinen Schamlippen schwellen an und färben sich hell- oder weinrot, und der Scheideneingang schwillt weiter an, um das zu bilden, was Masters und Johnson die „orgastische Plattform" genannt haben und was in der deutschen Übersetzung von Volkmar Sigusch „orgastische Manschette" heißt. Diese das ganze äußere Drittel der Vagina umfassende Gefäßstauung schafft zusammen mit den prall gefüllten kleinen Schamlippen die anatomische Grundlage, eine Startposition, wenn man so will. Das äußere Drittel der Vagina verengt sich und verkleinert den Eingang. Gleichzeitig öffnen sich die inneren zwei Drittel, und die Gewebefalten der Scheidenwände dehnen sich aus. Der Uterus hebt sich völlig vom Beckenboden. Die Klitorishaube schwillt mit den sie umgebenden Lippen an und ist in der Regel nicht mehr zu sehen.

Erreichen des Höhepunktes

Es ist schwer, den Höhepunkt in Worte zu fassen, ohne die ihn begleitenden Emotionen zu berücksichtigen. Deshalb ist es auch sehr einseitig, den Orgasmus als etwas zu definieren, das zwar unseren Körper, aber nicht uns als Menschen betrifft. Aber physische Phänomene finden auch statt. Die Haut rötet sich noch mehr, Brüste, Brustwarzen und Warzenhöfe werden fester und größer, und eine Reihe unwillkürlicher Kontraktionen des Beckenbodens ereignen sich. Diese verbreiten sich von den Muskelringen um die Wirbelsäule und um das Rektum herum bis hinauf zu denjenigen, die etwa bis zur Hälfte der Vagina einen Ring bilden und erstrecken sich auf die Muskulatur um den Uterus. Diese Kontraktionen sind regelmäßig und schnell: Jede dauert etwa eine Achtelsekunde. Die Muskeln im Unterbauch

Orgasmus

Glans der
Klitoris ——— ——— Vagina
Damm- ——— Klitoriswurzel
gewebe ——— ┌─ (-basis)

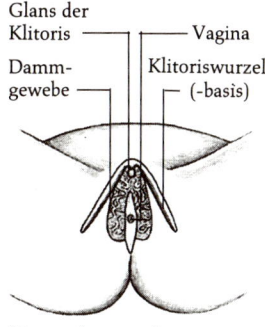

Normalzustand

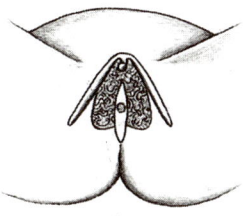

Erregungsphase

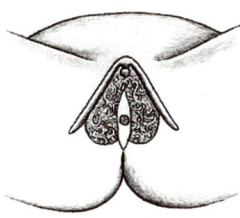

Plateauphase

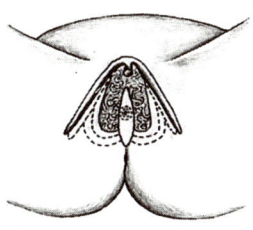

Orgasmus

ziehen sich ebenfalls zusammen, und die ganze Beckengegend „pulsiert" mit einer Reihe blitzschneller „Umarmungen". Der Uterus zieht sich zusammen, jeder dieser Spasmen beginnt am oberen Ende des Uterus und setzt sich in der Vagina fort. Blutdruck, Herzfrequenz und Atemtätigkeit befinden sich auf dem Höhepunkt.

Anders als die männliche Ejakulation braucht der weibliche Orgasmus nicht unbedingt ein einmaliges Ereignis zu sein. Eine Frau ist imstande, falls sie weiter stimuliert wird, mehrfache Orgasmen zu erleben. Obwohl manchmal behauptet wird, der erste Orgasmus sei stets der beste und daß die darauf folgenden weniger „gut" seien, stimmt das keineswegs immer. Manchmal hat die Frau das Gefühl, als kletterten die Orgasmen immer höher oder aber sie erreichten ihren Höhepunkt etwa halbwegs auf der Leiter und flauten dann allmählich ab. Aber das Wichtigste ist, daß viele Frauen multiple Orgasmen erleben und daß, falls die Stimulierung abrupt aufhört, sie das Gefühl haben, irgendwo mittendrin hängenzubleiben. (Auf S. 151 berichten wir noch mehr über unsere damit zusammenhängenden Gefühle.)

Rückbildungsphase

Das letzte Stadium ist die sogenannte Rückbildungsphase. Die Klitoris kehrt zu ihrer Normallage zurück, desgleichen verringert sich der Umfang der „orgastischen Manschette". Die intensive Färbung der kleinen Schamlippen verblaßt. Blutdruck, Herzfrequenz und Atmung normalisieren sich innerhalb weniger Minuten nach dem Orgasmus. Die Zervix – sie hängt gewissermaßen wie der Klöppel einer Glocke in die Vagina – bleibt etwa eine halbe Stunde nach dem Orgasmus offen; erst danach kehrt der Uterus in seine Normallage zurück.

Klitoraler oder vaginaler Orgasmus?

Masters und Johnson behaupten, der weibliche Orgasmus beginne immer in der Klitoris, obwohl die intensivste Erregung manchmal tief in der Vagina erlebt wird. Die Klitoris und die ihr zugrundeliegenden Strukturen sind kreuz und quer mit einem Netzwerk von Nerven und Blutgefäßen durchzogen und haben eine unabdingbare Erregungs- und Auslösefunktion. Sind wir sexuell erregt, reagieren die Nerven auf Berührung und Druck, und die Blutgefäße füllen sich in diesem Bereich, so daß die äußere Klitoris – der sichtbare Teil – und das gesamte Klitoralsystem anschwellen. Dies geschieht häufig ohne unmittelbaren Druck auf die Klitoris. (Masters und Johnson sprechen von einer „Doppelrolle der Klitoris als Rezeptor und Transformator der Sexualstimuli, unabhängig davon, ob diese somatischen oder psychischen Ursprungs sind"; *Anm. der Übers.*) Druck auf Lippen und Schamhügel stimuliert die unmittelbar darunterliegende Klitoris.

In der Erregungsphase schwillt die Klitoris an. Sie vergrößert sich um etwa das Dreißigfache der sichtbaren klitoralen Glans. Es wird oft behauptet, daß die Klitoris Orgasmen „auslöst". Gewiß. Gewiß tut sie es auch auf ihre

Weise, aber es ist merkwürdig, daß wir um einen weiblichen Vorgang zu beschreiben diese männliche Art der Ausdrucksweise (das Auslösen einer Schußwaffe) gebrauchen. Die Vorstellung des „Auslösens" betrifft ja nur einen Teil dessen, was geschieht. Klitorale Stimulierungen der darunterliegenden Strukturen werden in die Vagina und in die gesamte Beckenregion einschließlich After, Rektum, Harnröhre sowie in die Harnblase und die den Uterus umgebende und ihn stützende Muskulatur geleitet. In der Tat sendet die Klitoris, wenn sie berührt wird, Wellen sexueller Lustempfindungen aus, die sich dann wiederum auf alle diese miteinander verbundenen Organe erstrecken. Wollen wir es bildlich ausdrücken, so ist es etwa wie Wasser, das fließt, Dämme überspült, in jeden Winkel eindringt und die Geschlechtsteile erotisiert. Das Bild von der abgeschossenen Revolverkugel paßt eigentlich nicht. Jedes der in Mitleidenschaft gezogenen Organe wird von Empfindungen erfaßt, die durch sie hindurchgehen und die in jedem von ihnen eine physiologische Reaktion hervorrufen.

Sind alle diese verschiedenen Teile der Genitalorgane gleichermaßen betroffen und haben sie sich zu einem harmonischen Ganzen zusammengefügt, ziehen sich die in Gestalt einer 8 After, Harnröhre und Vagina umschließenden Muskeln in rhythmischen Spasmen zusammen. Der daraus resultierende Orgasmus kann von der betreffenden Frau als in der Vagina oder aber als tiefer in ihrem Körper sitzend erlebt werden. Aber ohne eine vorangegangene klitorale Stimulation würden die Lustempfindungen niemals so überwältigend freigesetzt sein.

Die Quelle des Orgasmus ist also klitoral. Eine Frau kann ihren Orgasmus hauptsächlich in der Klitoris, in dem unmittelbar darunter befindlichen Bereich, in der Vagina, in beiden, in der ganzen Beckengegend einschließlich des Uterus oder – in der Tat – in ihrem ganzen Körper stattfindend fühlen. Offensichtlich kann es keinen „klitoralen" Orgasmus bei Frauen geben, denen man in ihrer Kindheit oder Pubertät die Klitoris amputiert hat, und viele dieser Frauen haben trotzdem einen Orgasmus erlebt. Da Masters und Johnson ihre Forschungen auf die Vereinigten Staaten beschränkt haben, ist es durchaus denkbar, daß ihre Postulate eben nicht die komplexeren sexuellen Reaktionen berücksichtigen.

Wenn vom Orgasmus als von einem gänzlich in der Klitoris zentrierten Gefühl gesprochen wird, verwirrt und frustriert das viele Frauen, deren Empfindungen viel umfassender sind. Möglicherweise reden wir uns ein, unser Erleben sei irgendwie unzureichend und lasse sich nicht mit dem scharfen, intensiven, überwältigenden und in der Klitoris konzentrierten Erlebnis, von dem andere Frauen sprechen, vergleichen. Genauso könnte es sein, daß, wenn alle Gefühle in der Klitoriswurzel und den unmittelbar darunterliegenden Strukturen konzentriert sind, wir meinen, irgendeinem Standard nicht zu genügen, weil wir in unserem Uterus nichts empfinden. Deshalb ist die Frage, ob wir nun einen klitoralen oder vaginalen Orgasmus erleben, eigentlich falsch gestellt. Und ganz gewiß gibt es keinen „richtigen" oder „falschen" Orgasmus.

Orgasmen sind nicht nur von Frau zu Frau verschieden, sondern auch bei derselben Frau zu unterschiedlichen Zeiten. Desgleichen erleben wir qualitative Unterschiede je nach der vorangegangenen Stimulierung und auch

Wie wir denken und fühlen

abhängig davon, was gleichzeitig in unseren *Köpfen* vorgeht. Die Erfahrung des Orgasmus ist untrennbar von unserem eigenen Körpergefühl und unserer eigenen Sexualität. Einen ganz bestimmten Vorgang aus unserem übrigen Leben herauslösen wollen heißt ihn verfälschen und bedeutungslos machen.

Wie sich ein Orgasmus anfühlt

Der Orgasmus der Frau ist nicht leicht zu beschreiben, weil sehr viel von den äußeren Umständen, die ihn begleiten, abhängt. Genauso wie zwei Küsse einander niemals völlig gleichen, sind auch Orgasmen nie völlig deckungsgleich.

Orgasmus ist mit einem Niesen verglichen worden. Wir wissen, es kommt, ist unausweichlich, nicht mehr zu bremsen, und wir sind erleichtert, wenn es vorbei ist. Obwohl die Analogie insofern standhält, als der sich immer mehr steigernde Druck kurz vor der Auslösung und die Unausweichlichkeit der Klimax gegeben sind, meinen viele Frauen, die Beschreibung sei doch nicht ganz zutreffend. Zumal die Erregung, die zum Orgasmus führt, gewöhnlich größer ist als die des Niesens!

Aber hier geht es um mehr. Für viele Frauen ist der Orgasmus ein viel weiter ausstrahlendes Erlebnis und hat auch nicht jenes abrupte, scharfe, dramatische Ende, das die Ejakulation des Mannes beschließt. Der weibliche Orgasmus ist eher eine erotisch-fließende, alles überschwemmende Empfindung.

Eine Frau, die vom Orgasmus so etwas wie das Erklimmen eines Hügels und ein Abspringen erwartet, kann enttäuscht sein, wenn sie statt dessen ein Abebben und Fluten, das wellenförmig über sie kommt, verspürt, bis sie glaubt, ganz und gar von einem prickelnden, flüssigen Licht erfüllt zu sein. Es bedeutet nicht etwa, daß sie den Orgasmus versäumt hat, es bedeutet nur, daß das Gegenstück zum männlichen anders ist als die von vielen Frauen beschriebene Art von Orgasmus.

Vorgespielter Orgasmus

Manchmal täuschen Frauen einen Orgasmus vor, weil sie meinen, sie müßten dem Mann ein Gefühl der Sicherheit geben. Dabei können verschiedene Motive ins Spiel kommen: zum Beispiel, wenn ein Mann ungeduldig oder gar wütend wird, wenn er glaubt, der Orgasmus seiner Partnerin ließe auf sich warten. Eine Frau hat mir gestanden, ihr Mann sei verärgert, wenn sie sich Zeit lasse und murmele dann: ,,Nun komm doch schon, verdammt, komm endlich!''

Manche Therapeuten empfehlen, daß eine Frau, die keinen vom Partner deutlich wahrgenommenen Orgasmus erlebt, diesen vortäuschen solle. Hans Giese – er lebt nicht mehr – hat einmal behauptet, daß ein *vorgespielter* Orgasmus am Ende doch noch zu einem echten führen könne, und daß es deshalb für die Frau eine wichtige erzieherische Erfahrung sei. ,,Die simulierende Frau'', schrieb er, ,,hat es leichter als eine, die sich solcher Vortäuschung enthält'', und dann sagte er nicht etwa, ,,einen Orgasmus zu erreichen'', sondern ,,die ,richtige' Stellung, *die von der Vorstellung ihres Partners gefordert wird* (meine Hervorhebung) zu finden und zu erreichen''. (Giese, Gebhard, Raboch: *Die Sexualität der Frau*, Hamburg 1968).

Das sei richtig, glaubte er, denn der Orgasmus komme bei Frauen nicht natürlich, und „man könne annehmen, daß Orgasmen bei Frauen eine Art Erfindung des Mannes seien, das heißt eine Potenz, die bei der Frau besonders entwickelt werde, *damit sie kooperieren kann*" (meine Hervorhebung). Giese erklärte nicht, weshalb von Frauen erwartet werde, daß sie dieses komplizierte Spiel der Täuschung, das dem Mann gestattet, mit der Frau nach Belieben zu verfahren, zu inszenieren hätten.

Diese und ähnliche Mutmaßungen über weibliche Sexualität entstammen einer männlich beherrschten und orientierten Theorie, welche glaubt, die psychosexuellen weiblichen Erfahrungen als im Grund von einem männlich geprägten und verzerrten Sex-Image abstammend erklären zu müssen. Sie sind nichts weiter als Ausdruck einer Gesellschaftsform, in der Frauen den Männern unterworfen und konditioniert sind, deren Bedürfnissen zu entsprechen.

Die weibliche Erfahrung des Orgasmus

Wenn Frauen über ihre Orgasmuserfahrungen berichten, betonen sie, daß sich ihre Orgasmen nicht immer gleich anfühlen und daß sie davon abhängen, mit wem sie zusammen sind, was man tut und in was für einer Stimmung man sich gerade befindet. „Es hängt von den Umständen ab. Wenn ich meinen Höhepunkt schnell erreiche, ist er mit einem raschen physischen Spasmus vergleichbar, bei dem ich die beteiligten Muskeln nicht kontrollieren kann. Wenn ich jedoch lange brauche und wenn sich mein Mann ehrlich bemüht und ich über lange Zeit hinweg kurz davor bin, ist der Orgasmus meistens sehr befriedigend und hinterläßt in meinem ganzen Körper ein wohliges Gefühl."

Ganz unterschiedliche Orgasmen werden erlebt, wenn wir entspannt oder wenn wir übermüdet sind. Manche Frauen erleben „gute" Orgasmen bei der Masturbation und weniger befriedigende mit ihren Partnern. Und gerade diese Schwankungen sind der Grund dafür, weshalb einige Frauen nicht sicher sind, ob sie überhaupt Orgasmen verspüren. „Es mag dumm klingen, aber ich weiß wirklich nicht, ob ich überhaupt jemals einen Orgasmus gehabt habe. Ich sollte es doch genau wissen, denn ist er nicht der wahnsinnige, vollkommen ekstatische Augenblick, über den ich so viel gelesen habe?" „Niemals erscheint er mir so erschütternd, wie ihn meine Bekannten beschrieben haben." Es ist begreiflich, wenn wir enttäuscht, ja ärgerlich sind und uns einreden, wir hätten total versagt, wenn wir nicht dieselbe Erfahrung gemacht haben, über die uns die Bücher berichten und von der wir annehmen, daß fast jede Frau sie gemacht hat. Einige Frauen beginnen sogar, an der bloßen Existenz eines Orgasmus zu zweifeln. Gewiß stimmt es, daß eine Frau ein gutes, warmes Gefühl haben kann, wenn sie körperlich liebt und daß sie dies auch für einen Orgasmus hält, aber unversehens erlebt sie einen richtigen Höhepunkt und weiß nun, daß dies in der Tat ein ganz anderes Erlebnis ist.

Beim weiblichen Orgasmus zieht sich die Beckenbodenmuskulatur immer zusammen. Wenn dies nicht passiert, haben wir auch keinen Orgasmus. Bei den meisten Frauen steigt die Bluttemperatur. Wir spüren, wie warmes Blut unseren ganzen Körper durchpulst. Dies kann ein Glühen oder auch ein Gefühl des Brennens sein. Viele Frauen zittern und durchleben etwas, das von einer von ihnen wie ein „riesiges, prickelndes Erschauern" oder

„Erbeben" bezeichnet wird, aber dies begleitet nicht jedesmal den Orgasmus.

Häufig engen sich die Sinnesempfindungen ein; dies erzeugt dann ein Ohnmachtsgefühl und eine Benommenheit. Manche Frauen verlieren tatsächlich das Bewußtsein, wenn sie einen starken Orgasmus erleben. Oder aber wir glauben uns, wie es eine Frau formulierte, „am Rande einer herrlichen Ohnmacht".

Sowohl das Gefühl des Sinnesverlustes als auch das damit einhergehende Empfinden einer Betäubung der ganzen Körperoberfläche hängen mit unserer Atemtätigkeit zusammen. Mit steigender Erregung atmen wir schwerer und rascher. Dies wiederum führt zur Hyperventilation, einem Zustand, bei dem Kohlendioxyd aus dem Blutstrom herausgeschwemmt wird. Wenn dies geschieht, spürt die Frau eine periphere Anästhesie, wir verlieren das Gefühl in unseren Händen und Füßen und sogar auch manchmal um unseren Mund. Es wird uns schwindelig, und manchmal verlieren wir

auch vorübergehend das Bewußtsein. Oft meinen wir, unser Körper hätte plötzlich an Eigengewicht verloren und treibe weg. „Meine Hüften fühlen sich an, als schwebten sie vom Bett" oder: „Es ist, als sei ich in weichste Wolkenwatte gehüllt und schwebte darauf."

Auch andere Empfindungen werden von Frauen berichtet. Manche haben das Gefühl, als flattere etwas in ihnen. „Wie ein Schwarm Schmetterlinge, der plötzlich in mir losgelassen wird", sagt eine Frau. Wieder andere spüren starke rektale und anale Empfindungen. Es sei, so sagt eine Frau, „wie ein guter, starker Stuhlgang".

Eine andere Frau hat ein etwas komplexeres Gefühl: „Es ist, als müsse man dringend auf die Toilette oder man wolle es und könne es nicht und doch wolle man es nicht zurückhalten."

Der Orgasmus kann auch intensive Empfindungen in anderen Körperteilen auslösen. Oft besteht ein Zusammenhang zwischen dem, was in der Vagina geschieht und den Empfindungen um den Mund herum. Für einige Frauen ist der Orgasmus eher mit einem Gähnen vergleichbar. Man muß es tun und spürt, wie man sich weit öffnet. „Das Gefühl baut sich zu einer wunderbaren, ausgedehnten Klimax auf und dauert dann so lange wie möglich." Eine andere Frau behauptet, ihre Orgasmen seien wie ein „langes, wohliges Gähnen" und meint, daß dieses Gähnen „farbig" sei.

Einen Orgasmus ersehnen, der nicht kommen will, kann sehr frustrierend sein. Vielleicht ist es so, weil manche Frauen den Orgasmus wie eine juckende Stelle betrachten, die man kratzen muß – obwohl dies zugegebenermaßen eine sehr prosaische Art wäre, etwas zu beschreiben, das als ungeheuer befriedigend empfunden wird. Es unterstellt etwas von der Anstrengung, ja dem Schmerz, der darin liegt, etwas herbeizusehnen und warten zu müssen, bis man es bekommt. „Es ist wie ein wunderbares Jucken in all den Körperteilen, die man nicht kratzen kann." „Ein scharfes Kribbeln, das man unterdrücken möchte", sagt eine andere Frau, „wie das Unterdrücken des Kratzens eines juckenden Mückenstiches – bis es nicht mehr geht, bis es unerträglich geworden ist – und dann kratze ich mich richtig."

Frauen, die Kinder geboren haben, vergleichen den Orgasmus manchmal mit dem Erlebnis der Geburt. „Es ist wie eine Entbindung; erst baut sich der Höhepunkt auf, und dann presse ich den Kopf des Babys heraus. Es ist das schönste Gefühl, das es gibt. Es tut nicht weh im üblichen Sinne, aber das Endgefühl ist dasselbe." Eine andere Frau meint, daß die von ihr verspürte Erlösung nur mit dem Gefühl des Fruchtwasserabganges verglichen werden könne, der die Geburt ihres Sohnes einleitete.

Als Frau kann man den Orgasmus als einen bittersüßen *Schmerz* erleben. „Der Orgasmus ist wie ein Schmerz, ein süßer Schmerz, der immer intensiver wird und dich ganz erfüllt. Und dann, wenn er abebbt, bin ich zufrieden und pulsiere." Eine andere Frau meint: „Es ist sinnlich bis an die Grenze des Schmerzhaften", und eine andere wiederum sagt: „Manchmal ist das Lustgefühl derart akut, daß es fast unerträglich, fast schmerzhaft wird." Bei vielen Frauen sind die Übergänge fließend, die Grenze zwischen intensivster Lust und intensivstem Schmerz aber messerscharf.

Lust und Schmerz   Der Orgasmus ist ein Paradoxon: „Ein schmerzloser Schmerz, eine ekstatische Agonie, eine gelähmte Bewegung." Sprechen Frauen über den Orgasmus in anderen als rein physiologischen Begriffen, gebrauchen sie oft die Vorstellung einer Spannung, die sich bis zur „Explosion" ausdehnt. Dies ist ein Ausdruck, den viele anwenden, wenn sie ihren Höhepunkt beschreiben wollen. Dann folgt eine Entspannung, die von einem Gefühl der Erschöpfung oder Schwere begleitet ist. Sie sprechen von zerplatzenden Luftballons, zurückschnellenden Gummiringen oder Vulkanausbrüchen. Und immer wieder erwähnen sie Wellen, die auf den Meeresstrand branden.

Für viele Frauen ist ein Orgasmus im Grund auch Sache des Gebens und Fließens, „als ob ich eine Zitrone auspresse". Andere wiederum sehen es als ein rhythmisches Sich-Entfalten. „Ein Blütenkelch öffnet sich." Andere erleben ihn als Bewegung, Errungenschaft und Seligkeit. „Ich tanze auf eine Spiralfeder; jedesmal fliege ich höher, dann falle ich ein wenig zurück, dann springe ich noch höher und dann wieder herunter und weiter so, bis ich ‚oben' angekommen bin – es findet eine Art explodierende Erlösung statt – wie ein geborstener Honigtopf, dessen Honig sich über den ganzen Körper verbreitet. Wunderbar!"

Ein Gefühl der Gefahr   Es gibt Frauen, die ein Gefühl halb verborgener Gefahr empfinden. „Ein Orgasmus baut sich langsam auf und brodelt, ehe er am Schluß explodiert. Dann flaut er ab und siedet weiter. Ich könnte es mit einem kochendem Kessel vergleichen." Eine andere Frau sagt: „Es ist wie eine Hochfrequenzanlage. Wenn ich einen Orgasmus erlebe, ist es wie unmittelbar vor dem Kurzschluß." Und viele spüren ein Drängen, als müßten sie etwas regulieren. „Es ist wie ein Auto, das kreischt, damit man den Gang wechselt." Manchmal wird der Orgasmus mit einem wachsenden Gefühl der Umklammerung assoziiert, einer immer akuter werdenden Angst, sich verirrt zu haben oder geblendet zu werden, und dann folgt ein plötzliches Gefühl der Erleichterung. Die Angst ist verflogen, man ist nicht mehr verloren, kann alles sehr deutlich erkennen oder aber man schwingt sich hinauf und läßt sich befreit herunterfallen. Eine Frau formuliert ihr Gefühl der Einengung und Befreiung folgendermaßen: „Orgasmus, das ist wie ein durch einen Tunnel rasender Zug, und plötzlich kommt er hinaus ins strahlend helle Tageslicht!"

Wenn wir keinen Orgasmus haben

„Die bei weitem besten Orgasmen sind masturbatorisch – unverfälschte Selbstbefriedigung."

Orgasmen sind natürlich, aber Geschlechtsverkehr ist für viele von uns nicht immer der beste Weg dahin. Hat es ein Mann derart eilig, und ist sein einziges Ziel die Penetration oder aber konzentriert er sich auf das Vorspiel nur als auf eine kurze Einführung zu seiner wichtigen Ejakulation, kann es vorkommen, daß eine Frau niemals genügend erregt wird, um während des Verkehrs einen Orgasmus zu erleben. Oder aber sie wird erregt, findet sich zwar stimuliert, bleibt aber unerfüllt, weil die Haupthandlung in der Vagina stattfindet und die Klitoris wie eine ihrem Schicksal überlassene und vernachlässigte Insel der Erregung zurückgelassen wird. Darum haben manche Frauen mehr von der Masturbation, denn dabei können sie ihr eigenes Tempo bestimmen und über ihre eigene Zeit verfügen. Sie wissen genau, wo und wie sie sich zu stimulieren haben, sie können sich ganz auf ihre eigenen Gefühle konzentrieren und brauchen nicht Anweisungen zu geben, wie sie es haben wollen, oder ihre Stellung zu wechseln, damit sie den Lustgewinn mit dem Partner teilen können.

Lieben sich zwei Frauen, stellen sie manchmal fest, daß jede von ihnen häufiger zum Orgasmus kommt als beim Koitus mit Männern. Angie sagt: „Sex mit Männern war hoffnungslos. Alles was die wollten, war in dich rein zu stoßen und hin und her zu pumpen, und dann ist's vorüber und Schluß und basta. Ich habe fast nie ein Orgasmuserlebnis mit einem Mann gehabt. Mit Sue ist es viel entspannender, wärmer, zärtlicher und unglaublich aufregend. Wir nehmen uns Zeit für die Liebe, und ich habe fast jedesmal einen mit ihr."

Wir entdecken, was wir brauchen

Erleben wir Orgasmen beim Masturbieren, sind wir natürlich auch in der Lage, beim Liebesakt mit einem Partner dasselbe zu erleben. Vielleicht hängt es vom Tempo ab oder davon, ob wir berührt werden, vielleicht sollten wir die Stellung wechseln oder vermeiden, was wir als unbequem empfinden oder was uns den Spaß verdirbt. (Natürlich bedeutet dies manchmal auch den Partner zu wechseln.) Aber wir sind nicht „frigide", ja nicht einmal „prä-orgastisch". Wir sind sexuelle Wesen, die eben noch nicht auf diese spezielle Art erregt wurden.

Nur etwa die Hälfte aller Frauen, mit denen ich mich über ihre sexuellen Erfahrungen unterhalten habe, erklärten, daß sie beim Koitus Orgasmen erleben. Die übrigen haben keine oder nur dann, wenn sie masturbieren.

In unserer Kultur wurde der Orgasmus als etwas für die Frau Erstrebenswertes hingestellt, als ein Geschenk, das Männer ihnen offerieren, als Beweis für den sexuellen Erfolg beider Partner. Sexualforscher – zum Beispiel Kinsey und Masters und Johnson – setzen voraus, daß nur der Orgasmus das Maß sexueller Befriedigung sei. Selbst Shere Hite, die das sexuelle Erleben der Frau aus einem neuen Blickwinkel beschreibt, meint, er sei der einzige Schlüssel zu unserer Sexualität.

Aber für die Mehrzahl der Frauen spielt der Orgasmus eben nicht diese tragende Rolle. Und sollte es doch so sein, dann umfaßt er meist nur einen ganz bestimmten Aspekt ihres Lebens und tritt, verglichen mit den anderen bedeutsamen Erlebnissen und Formen ihrer Sexualität, in den Hintergrund. Ist eine Frau davon überzeugt worden, daß sie Orgasmen ersehnen oder bessere Orgasmen erleben muß oder daß sie sie zu selten hat, gerät sie unter einen Leistungsdruck. Ihrem bereits mit Problemen aller Art belasteten Leben wird noch eines hinzugefügt, denn sie muß ja mit ihren Beziehungen klar kommen, andere zufriedenstellen und trotzdem noch Raum für sich selbst finden. Für einige Frauen ist ein Koitus ohne Orgasmus unbefriedigend; sie meinen, etwas Kostbares versäumt zu haben. Bei anderen ist die Reise dorthin lohnender und kostbarer als das Ziel. Bei wieder anderen ist es die Liebe zum Partner, die sie mehr befriedigt, als es ein Orgasmus zu tun vermag. Jeder Frau steht es zu, ihre eigene sexuelle Identität und den Charakter ihrer eigenen sexuellen Erfüllung zu bestimmen.

Sexuelle Phantasien

> Sex ist fünfzig Prozent Friktion und fünfzig Prozent Imagination.
>
> (Helen Singer Kaplan, *Die Sexualtherapie*, 1979)

Ob wir es nun gutheißen oder nicht: Viele Frauen haben gern Phantasien. Aus dem Kinsey-Report über Frauen geht hervor, daß etwa zwei Drittel angeben, sexuelle Phantasievorstellungen zu haben. Wer über die sexuellen Phantasien von Frauen spricht, meint oft, sie bestünden nur aus expliziten sexuellen Szenen und Geschichten. Nancy Friday hat in ihrem Buch *Die sexuellen Phantasien der Frauen* Phantasien dokumentiert, als seien diese per definitionem genauestens detaillierte Anekdoten über das, was weiblichen Geschlechtsorganen zugefügt wird. So klopft zum Beispiel der sonnengebräunte, gut aussehende Staubsaugervertreter an die Haustür und führt gleichzeitig vor, was er sonst noch zu bieten hat. Oder der dunkeläugige Arzt, die untere Gesichtshälfte hinter einer grünen Operationsmaske, fesselt die Frau in Steigbügel und stimuliert sie bis zur unerträglichen Ekstase. Die blonde Kammerzofe im Rüschenschürzchen läßt sich von einem riesigen Neger in einem im Rokokostil möblierten Hotelzimmer bespringen; der getreue Schäferhund beleckt genüßlich mit seiner rauhen Zunge Gesäßbacken und Genitalien der Frau. Viele haben vergleichbare Phantasievorstellungen. Wir mögen es ablehnen, aber es ist Tatsache, daß für die meisten von uns Sex nicht nur ein Aneinanderreiben von Körpern ist, sondern daß unsere Vorstellungskräfte beteiligt sind, und daß sie uns manchmal die seltsamsten Streiche spielen können, indem sie Szenen und Bilder heraufbeschwören, die wir von uns weisen oder derentwegen wir uns schämen würden. Wir nehmen unsere Phantasie zu jeder sexuellen Begegnung mit. Und diese Begegnungen können mit allem möglichen ablenkenden Gepäck beladen sein: Einkaufslisten, Probleme im Büro, Schwierigkeiten mit Verwandten, Geldsorgen. Oder unsere Konzentration stirbt, weil ein Baby weint, weil nebenan jemand hustet, weil eine halbwüchsige Tochter zu spät nach Hause gekommen ist.

*Raum lassen für
Phantasie*

Obwohl wir Phantasien heraufbeschwören wollen, ist es, wenn wir müde oder besorgt sind, nicht immer leicht. Zu Anfang einer Beziehung, wenn wir noch vollauf beschäftigt sind, den anderen zu entdecken, wenn uns alles Neue fasziniert, mag es überflüssig sein, den Phantasien Raum zu geben. Es gibt Frauen, die von sich behaupten, niemals irgendwelche Phantasievorstellungen zu haben. Vielleicht fragen sie sich, ob sie vielleicht sexuell verklemmt sind oder ob sie sich sonstwie etwas entgehen lassen.

Manchmal phantasieren Frauen bei der Masturbation, aber nicht während des gemeinsamen Liebesaktes. Wahrscheinlich ist es einfacher für eine Frau, sich bei der Selbstbefriedigung etwas vorzustellen, denn beim Koitus haben die unmittelbaren Bedürfnisse des Partners Vorrang vor den eigenen. Und offenbar geschieht dies, weil der Geschlechtsverkehr gehetzt ist und die Frau kein ausreichendes Vorspiel hatte. Aus diesem Grund hat es für sie auch keine Gelegenheit gegeben, ihre Phantasie spielen zu lassen. So sagen manche Frauen, sie würden gern Phantasievorstellungen haben, daß es aber dafür keinen Raum gebe, weil der Mann jedesmal so schnell fertig sei, daß dazu „keine Zeit" übriggeblieben sei. In solchen Augenblicken mag eine Frau denken, sie sei nur ein passives Sexualobjekt für einen Mann und existiere nur zu seinem Vergnügen. Laura sagt, daß sie beim Geschlechtsverkehr Einkaufslisten zusammenstelle und sich das Menu des nächsten Tages überlege. Ihr Ehemann langweilt sie nicht nur, sondern sie lehnt ihn auch ab und behauptet, daß sie es gern hätte, wenn „er mit mir reden, mich öfter streicheln, es hinauszögern würde". Jean meint, sie gebe sich Mühe, sich zu entspannen und ihr Gehirn ganz leer zu machen, um sinnliche Gedanken aufzunehmen, daß aber ihr Partner schnell erregt sei, sie penetriere, bald darauf ejakuliere und hinterher kein Interesse mehr aufbringe.

Es gibt Frauen, die es ablehnen, sich Phantasiewelten zu schaffen. Sie vermeiden es absichtlich, denn sie halten es für reinen Selbstbetrug und für unfair dem Partner gegenüber. Maggie sagt zum Beispiel: „Ich würde mir *nie* etwas vorstellen. Es wäre meinem Mann gegenüber illoyal."

„Wie kann sie sich mit mir ins Bett legen, wenn sie in Wirklichkeit etwas ganz anderes im Kopf hat?"

Oder aber eine Frau behauptet, daß, da sie es nicht haben wolle, wenn ihr Sexualpartner an jemand anderes denke, sie ihrerseits sich auch nie träumen ließe, ihn durch irgendeine Phantasiefigur zu ersetzen. Barbara sagt: „Wenn ich jemand körperlich liebe, dann ist es *dieser* Mensch und keine Phantasiegestalt."

Es gibt Phantasien, die uns wegführen von dem, was gerade im Bett geschieht. Es könnte ein bewußter Versuch sein, die Wirklichkeit unseres Sexualpartners auszuschließen. So mag eine Frau von ihrem Staubsaugervertreter träumen, weil sie ihren augenblicklichen Liebhaber als ungehobelt, grob, ungeschickt oder nur an seiner eigenen sexuellen Befriedigung interessiert empfindet. Oder aber sie gestattet ihren Phantasievorstellungen, den Platz einer langweiligen oder gestörten Realität einzunehmen, als wolle sie ein Loch in ihrem Zahn stopfen, um den Schmerz zu betäuben. Um gefügige Sexpartnerinnen zu sein, um ihre Ehe nicht zu gefährden, flüchten sich viele Frauen in derartige Wunschvorstellungen.

Es gibt aber auch andere Arten von Phantasievorstellungen, mit denen die Frau die Wirklichkeit auslöscht: Sie benutzt sie, um eine Beziehung zu

Phantasie und
Wirklichkeit

vertiefen und als Stütze für die eigene Konzentration. Deshalb kann eine Frau ihre Phantasie gebrauchen, um zum Beispiel Probleme am Arbeitsplatz zu verdrängen: sie liegt ausgestreckt auf einem moosigen Rasen inmitten eines Waldes – oder sie möchte den Lärm der Stereoanlage nebenan ausschließen: sie befindet sich auf einem sonnenüberfluteten Feld, weit weg von allem, und ein Orchester spielt. Wird unsere Phantasie auf diese Weise aktiviert, bedeutet es keineswegs, daß mit unserem Geschlechtsleben etwas nicht stimmt. Niemand hat jedesmal einen hundertprozentig erfüllten und leidenschaftlichen Geschlechtsverkehr, aber die Trennungslinie zwischen Phantasie als Narkotikum (damit keine Notwendigkeit besteht, die Umstände, in denen wir uns befinden, zu ändern) und ihrer Anwendung, um die Wirklichkeit auszuschmücken, ist nicht immer ganz scharf. Was wir für richtig halten, hängt sehr davon ab, wo wir diese Linie gezogen haben.

Viele Frauen haben Vorstellungen, die sie vielleicht zum gegebenen Zeitpunkt aufregend finden, derer sie sich aber hinterher schämen, weil sie den weiblichen Körper herabwürdigen und aus Frauen Opfer männlicher Aggression machen. Wunschvorstellungen von Fesselungen, Grausamkeiten und Vergewaltigungen fallen in diese Kategorie. Häufig glauben Frauen, sie seien vielleicht „nymphoman" oder „pervers", weil sie solche Gedanken hegen. Sie betrachten sich gewissermaßen als Opfer ihrer eigenen Phantasievorstellungen, ja als sei die Phantasie selbst eine Vergewaltigung des Geistes.

„Es ist nur eine Vorstellung – wir alle brauchen Träume."

Zwischen dem, wovon eine Frau träumt und dem, was sie tatsächlich in einer sexuellen Beziehung sucht, klafft ein gewaltiger Widerspruch, den sie manchmal als sehr beunruhigend empfindet. Frauen betonen, daß sie zum Beispiel von Gruppensex träumen oder davon, daß der beste Freund ihres Ehemannes sie verführt, daß sie jedoch so etwas in Wirklichkeit nie dulden würden. Ungebetene Wunschvorstellungen überraschen sie. Sie sind entsetzt, wenn sie Gedanken zugeben müssen, die sie für „unmoralisch", „exhibitionistisch" oder „schmutzig" halten. Isabel: „Ich stelle mir gern vor, daß ich durch einen Wald gehe und daß mich dort eine Motorradgang überfällt. Ich werde gezwungen, jede auch nur erdenkliche widerliche und perverse Handlung zu begehen, ich darf jedoch nicht zum Orgasmus kommen, bis der Anführer dran ist . . . aber so etwas würde ich in Wirklichkeit niemals wollen!" Eine andere Frau stellt sich vor, sie sei ein Aktmodell. Der Photograph befiehlt ihr, verschiedene Stellungen einzunehmen und bedeutet ihr schließlich, sich über einen Hocker zu legen. In dieser Position, in der sie ihn nicht sehen kann, dringt er von hinten in sie ein. Offenbar beunruhigt sie diese Phantasie, sie findet sie ekelhaft, obwohl sie sie doch mit vielen Frauen, die ähnliche Vorstellungen haben, teilt.

Masochistische
Phantasien

Ein bedeutsamer Aspekt bei vielen Phantasien ist die weibliche Passivität. Wir werden zu etwas gezwungen, für das wir nicht verantwortlich sind, wir konnten es nicht sehen oder wir waren gefesselt oder wurden überwältigt, oder aber es geschah „zufällig". Dies ist ein Beweis dafür, daß wir in unserer Traumwelt unser Gewissen oder unser Anstandsgefühl besänftigen wollen. Vielleicht ist es ein Grund, warum Gewalt in den Phantasien der Frauen eine so große Rolle spielt. Sie stellen sich vor, „von meinem

eigenen Mann zum Koitus mit anderen Männern gezwungen zu werden"
oder sie werden mit „verbundenen Augen an den Messingpfosten eines
Himmelbettes gefesselt und vergewaltigt". Es bedeutet nicht etwa, daß sich
eine Frau einen brutalen Partner wünscht. Es ist viel leichter sich vorzustellen, mit Gewalt genommen zu werden, wenn der Partner dabei rücksichtsvoll, sanft und subtil ist und uns genügend Zeit läßt, unsere Phantasie zu entwickeln.

Der Kern einer Vergewaltigungsphantasie ist möglicherweise darin zu suchen, daß sich die betreffende Frau für unwiderstehlich hält und daß ihr
Geliebter derart von Leidenschaft überwältigt wird, daß er alle Hemmungen mißachtet.

Eine Frau, die es beunruhigte und abstieß, als sich Vergewaltigungsphanta-
sien immer dann einstellten, wenn sie und ihr Partner sich liebten, stellte
fest, daß das wichtigste Element dieser Phantasien darin bestand, daß ihr
Geliebter sich jedesmal ganz und gar dem sinnlichen Erlebnis überließ und
von einer Macht getrieben wurde, die er nicht mehr kontrollieren konnte.
Als sie sich jedoch eine neue Phantasie zurechtlegte und sich lebhaft einen
Orgasmus ihres Geliebten vorstellte und bewußt dieses Bild während des
Koitus heraufbeschwor, nahm es die Stelle der früheren Vergewaltigungsphantasie ein, war viel befriedigender für sie und hinterließ auch keinen
bitteren Nachgeschmack.

„Meine Vergewalti-
gungsphantasien waren
widerlich, aber sie mach-
ten mich scharf. Jetzt bin
ich wie ein Theaterpro-
duzent; ich gestalte mein
Phantasieleben wie ich es
haben will und wie es mir
als moralisch akzeptabel
erscheint."

Wir Frauen fühlen uns oft nicht wohl bei Phantasien, die mit Gewalt oder
gewaltsamer Inbesitznahme zu tun haben, denn wir wissen, daß sie unsere
Weltsicht reflektieren und interpretieren. Hätten wir wiederholt Phantasien von Tierquälereien oder von an Kindern verübten Grausamkeiten,
würde es uns zweifellos alarmieren. Unsere Phantasien sind nicht etwa
isolierte, von unserer übrigen Existenz abgetrennte Geschehnisse. Unsere
intimsten Träume spiegeln verzerrt oder karikiert unsere gesellschaftliche
Realität wider. Sie sind beeinflußt von den sexuellen Normen der Gesellschaft, in der wir leben und reflektieren unsere Einstellungen zu dieser
Gesellschaft. Obwohl es zwecklos ist, nur über unsere Phantasien entsetzt
zu sein, sollten wir einmal darüber nachdenken, welche Implikationen sie
bergen.

So scheint es, daß Frauen viel häufiger als Männer davon träumen, mißhandelt zu werden. Dies sagt etwas aus über die Geschlechterbeziehungen
in unserer Gesellschaft. Die auf dem Markt erhältliche pornographische
Literatur für Männer ist denn auch nicht anders: Es werden Männer dargestellt, die Frauen überwältigen, die entweder jungfräulich (Lolitas, Schul-
mädchen, Nonnen) oder Huren (Prostituierte oder „Nymphomaninnen")
sind, und Soft-Porn-Publikationen wie *Playboy* sprechen vom Sex in mili-
tärischen Metaphern – Kapitulation, Dominanz, Eroberung. Pornographische Illustrationen zeigen auf den Kopf gestellte Frauenbeine und Geschlechtsteile, der Kopf der Frau und ihre Taille werden durch den Wolf
gedreht oder sie zeigen einen Straßenarbeiter, der mit einem Preßlufthäm-
mer in die Vagina einer Frau drillt.

Sexshops verkaufen Peitschen, Ketten und Vorhängeschlösser, Zwangsjak-
ken, „Tittenzwicker", Henkersmasken, schwarze Kapuzen mit Augen-
schlitzen und sogar einen „Mürbmacher" – einen mit Nägeln bestückten

Harnisch, den sich der Mann umschnallt und der während des Koitus in das Fleisch der Frau dringt.

Männer haben Vergewaltigungs- und Eroberungsphantasien; Frauen träumen davon, vergewaltigt und erobert zu werden. Weil wir in einer Welt der Gewalt leben müssen, in der Frauen tatsächlich von Männern vergewaltigt und verprügelt werden, ist es nur allzu begreiflich, warum vielen von uns masochistische Wunschvorstellungen unheimlich sind.

Andrea meint: „Vergewaltigungsphantasien sind doch nur eine Obszönität. Wie ist es möglich, daß wir in der Presse alle diese elenden Einzelheiten im Umfeld eines Vergewaltigungsprozesses vorgesetzt bekommen und nachher eine angenehme kleine Vergewaltigungsphantasie auskosten können? Darüber bin ich beunruhigt, und ich frage mich manchmal, ob es mein Verhalten vergewaltigten Frauen gegenüber beeinflussen könnte. Ich darf mir nicht erlauben, diese Art von Phantasien zu genießen. Ich meine, ich schiebe den Gedanken daran sofort weg, aber ich finde es schandbar, daß ich ihn überhaupt jemals erregend fand."

Die Vorstellung, als unschuldiges junges Mädchen von einem älteren Mann oder einer älteren Frau verführt zu werden, ist häufig. Es ist bemerkenswert, wie sehr diese masturbatorische Vorlage auch für Männer gedacht ist. Es ist, als spielten die Frauen ganz allgemein ein Spiel, dessen Regeln einzig und allein von Männern diktiert sind und in dem sie uns ihre Weltsicht aufgeprägt haben. Aber diese Art von masochistischer Phantasie hat auch noch eine weitere Funktion. Wir können die Veranwortung für das, was geschieht, ablehnen, wenn wir uns, wie es diese Frauen tun, vorstellen: „Ich bin ein junges Mädchen, ganz unaufgeklärt, und ich habe einen bösen Onkel, der entschlossen ist, mir zu zeigen, wo's langgeht" oder: „Ich bin sehr jung und unerfahren, und der Mann ist jemand, den ich gerade irgendwo aufgelesen habe." Auf diese Weise wollen manche Frauen die Faszination sexuellen Erlebens in einer vergangenen Phase wiedererwecken. Diese Art von Wunschvorstellung kömmt oft bei Frauen vor, welche die Hausarbeit und die Beschäftigung mit ihren kleinen Kindern so erschöpft haben, daß sie meinen, Sex habe ihnen nichts mehr zu bieten.

Viele Frauen befinden sich in einem unlöslichen Dilemma zwischen ihren Wunschvorstellungen, die sie sexuell erregen und dem Bewußtsein, daß diese Phantasien nichts weiter sind als abartige Parodien der Geschlechterbeziehungen in unserer Gesellschaft. Sie begreifen, daß sie mittels ihrer Wunschvorstellungen, vergewaltigt und beherrscht zu werden, bereitwillig Rollen akzeptieren, deren Texte von Männern geschrieben wurden.

Spülstein-
phantasien

Frauen gestatten sich auch Wunschvorstellungen, die eng mit der traditionellen Hausfrauenrolle verknüpft sind und die sie zu einem festen Bestandteil der von ihnen erwarteten und erfüllten Pflichten machen. Die wildesten Ausschweifungen werden so mit dem Siegel häuslicher Billigung versehen. Margit sagt zum Beispiel: „Ich stelle mir am liebsten vor, meine Beine derart um meinen Mann geschlungen zu haben, daß er ganz tief in mir ist – bis zu den Eiern", und wenn wir nun meinen, daß jetzt andere, aufregende Sachen passieren würden, beschreibt Margit aber nur, wie „er sie so herumträgt" (immer noch in ihr) „und Hausarbeit und Einkäufe erledigt". Vielleicht liegt in dem scheinbar abwegigen Element der Verbindung von sexueller Leidenschaft und Kochen und Putzen eine besondere Würze. Die Zwänge der Pflicht können in der Tat die Phantasie überlagern. Eine Frau, die sich beklagt, niemals genügend Haushaltsgeld zu bekommen, behauptet, sie phantasiere sich Sex mit einem Mann herbei, ,,der an der Tür klingelt und mir etwas verkaufen will oder etwas reparieren möchte. Ich stelle mir vor, ihn körperlich zu lieben anstatt die Rechnung zu bezahlen.'' Koitus mit einem Handwerker ist eine Extrapolation hausfraulicher Pflichten.

In vielen Phantasien spielt der Ehemann eine tragende Rolle, indem er gewissermaßen die stattfindenden Ereignisse billigt. Die Frau wird gewaltsam festgehalten, er gibt die Anweisungen. ,,Andere Männer begaffen mich, berühren mich, mein Mann führt ihnen meine inneren Organe vor und zeigt ihnen, was mir das größte Vergnügen bereitet.'' Selbst wenn er nicht körperlich anwesend ist, könnte er die phantasierte Szene arrangiert haben. Sharon erklärt, in ihrer Lieblingsphantasie komme ihr Mann mit einer Einladung zu einer Partnertausch-Party heim. Sie geht in einem enganliegenden Kleid und Strapsunterwäsche auf die Party, trinkt ein wenig, tanzt. ,,Dann, und weil wir Neulinge sind, findet das Einweihungsritual statt. Die übrigen Frauen entführen meinen Mann in ein Nebenzimmer. Ich tanze mit einem der Männer, er zieht mich aus. Und dann haben sie alle der Reihe nach Verkehr mit mir.''

Manchmal wird der Phantasie gewissermaßen ein therapeutischer und professioneller Anstrich verliehen, wie in der, wo ein Arzt mit einer Frau auf seiner Praxiscouch Verkehr hat, während der Ehemann zustimmend zuschaut.

Das Photomodell   Manche Frauen träumen davon, daß man sie für ihre Arbeit bezahlt. Vielleicht könnte der Auslöser der Gedanke sein, sie brauchten das Geld, und deshalb täten sie etwas, was sie in Wirklichkeit niemals gutheißen würden. Eine Frau bildet sich ein, sie spiele eine Prostituiertenrolle (,,ich meine natürlich die einer Luxushure'', fügte sie hinzu) oder sie stellen sich vor, man bezahle sie, damit sie ihre Körper in verschiedenen Stellungen zeigten oder daß Männer etwas an ihnen vornehmen oder auch andere Frauen und gelegentlich auch Tiere. Der ,,Phototermin'' oder die Mitwirkung an einem Pornofilm sind Phantasien, die viele Frauen haben und die, weil sie so gut zu dem Image des Mannes vom Körper der Frau passen, auch von ihren Partnern geteilt werden. ,,Jemand macht Photos von mir, weil ich so viel Phantasie habe'', sagt Susan, ,,daß sie ein ganzes Buch dieser Bilder veröffentlichen müssen.'' Viele Frauen, die solche Szenen beschreiben, wollen ihrem eigenen Körper entfliehen, indem sie sich in idealisierte Mannequin- oder *Playboy*häschenfiguren verwandeln. Die Vorstellung, daß ein völlig Fremder bei ihrem Anblick so sexuell erregt wird, daß er die Spannung nicht länger ertragen kann, ist sehr stimulierend und oft mit dem ,,Phototermin'' verbunden. ,,Ich würde gern das ,Playmate-des-Monats' im *Playboy* oder *Penthouse* sein und mir vorstellen, daß Männer mich als Masturbationsvorlage benutzten'', sagt eine Frau. Als Frauen sind wir es gewohnt, uns jedesmal in das zu verwandeln, was Männer von uns erwarten, uns ihrer Sicht anzupassen und sie uns einzuverleiben. Es ist, also würden wir zum *Playboy*-Häschen mit seinem Stummelschwanz, zur aufblasbaren plastischen Puppe – passiv und stets verfügbar –, oder zur *Playmate*-Gespielin im nassen T-Shirt, die Hand um die silikongestraffte Brust mit dem Ausdruck erstaunten Entzückens auf dem Gesicht, als hätten wir diesen Körperteil gerade jetzt erst entdeckt. Viele Frauen erregen sich selbst durch diese männlichen Vorbilder, und die von ihnen erlebte Stimulierung besteht darin, sich den Männern in genau derselben Pose zur Verfügung zu stellen, wie sie von Männern diktiert und ihnen durch pornographische Zeitschriften und Filme vermittelt wurde.

Phantasie-Idole   In der Phantasie kann der männliche Partner auch in eine Kunstfigur verwandelt werden. Manche Frauen wünschen sich Schauspieler oder Popstars, deren Image die Medien ihnen verpaßt haben – die Beatles, Steve McQueen, Jeremy Irons, Oliver Reed – sie alle finden ihre Rollen in diesen Phantasievorstellungen. Andere Frauen wiederum (und zwar nicht wenige) stellen sich vor, von Romanhelden geliebt zu werden: Mr. Darcy aus *Stolz und Vorurteil* spielt im Phantasieleben einer Frau eine Rolle, die sich Jane Austen wahrscheinlich nie hatte träumen lassen. Eins der immer wiederkehrenden Charakteristika dieser Traumgeliebten ist, daß sie „gesichtslose Unbekannte" sind, schattenhafte, symbolische männliche Gestalten, die auftauchen und, sowie sie ihre Aufgabe erfüllt haben, wieder im Dunkel

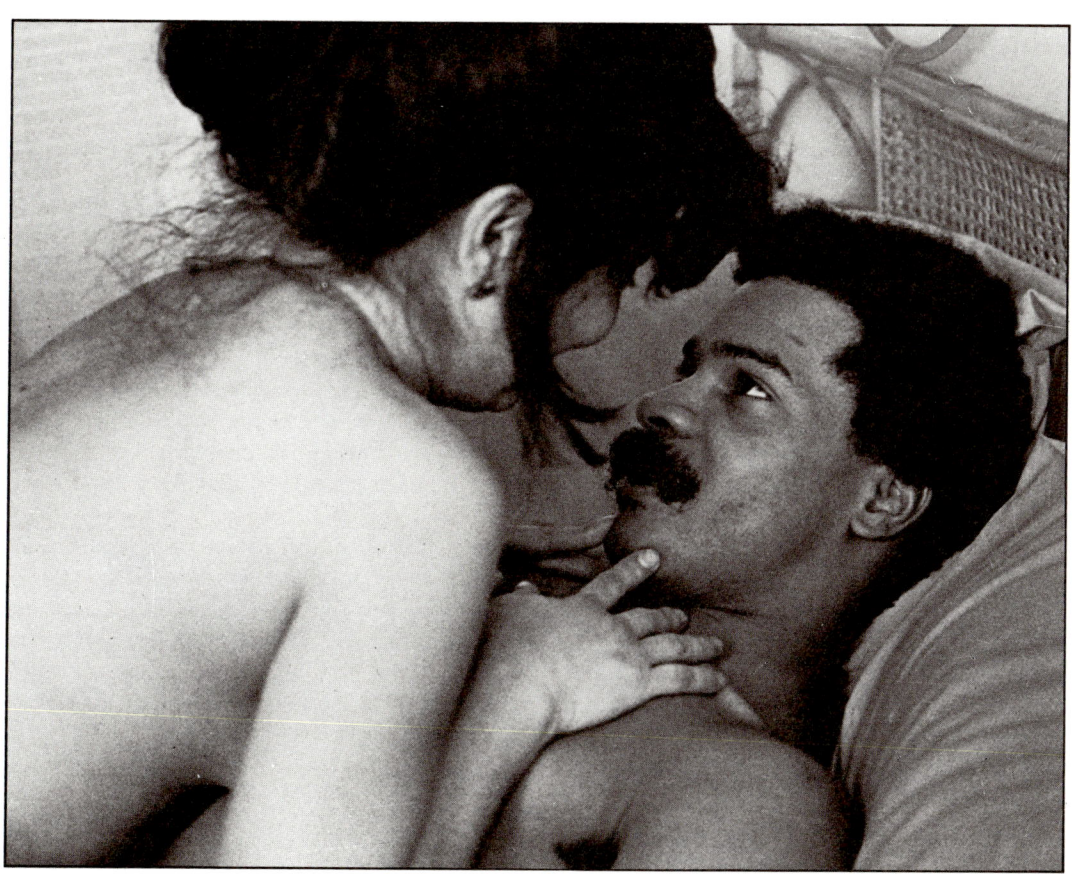

verschwinden. Eine Frau braucht weder ihre Betten zu machen, das Badezimmer zu putzen, für sie zu kochen noch hinter ihnen aufzuräumen.

Multiple Partner-phantasien

Sie kommen entweder paarweise, zu dritt oder in noch größeren Gruppen – nackte Männer in Umkleideräumen, in die wir versehentlich geraten sind, „mit großen, harten Schwänzen, bereit für einen guten Fick", und trotz ihres hohen Erregungsgrades konzentriert sich jeder von ihnen nur auf eine ganz bestimmte Reizzone, damit die Frau eine ausgedehnte, lange und den ganzen Körper umfassende Stimulierung erfährt. Dies unterscheidet sich oft sehr von der Art der Stimulierung, die eine Frau von ihrem wirklichen Partner bekommt, denn eine der Tatsachen, die den Frauen am häufigsten zu schaffen machen, ist die Beschränkung des Mannes auf Brustwarzen oder Vagina der Frau und die Vernachlässigung aller anderen Körperstellen, die auf seine Berührung reagieren würden. Aber in den Phantasien ist es ganz anders. Da wird das Problem dadurch gelöst, daß eben mehr als nur ein Mann beteiligt ist. So kann an beiden Brüsten gleichzeitig gesaugt und Vagina, After, Mund, Schenkel und so weiter alle zur selben Zeit stimuliert werden.

Masturbation in der Phantasie

Viele Frauen erträumen sich Situationen, wo man sie leicht ertappen kann, oder aber sie werden vor den Augen eines zwar schockierten aber doch beeindruckten Publikums geliebt. Der Treffpunkt kann auch ein öffentliches Verkehrsmittel sein – ein Flugzeug oder ein Eisenbahnzug – die Szene kann im Kino oder „im Auto, wo wir ertappt werden könnten" stattfinden. Masturbationsphantasien während des Verkehrs mit einem Partner tragen ein Element der Schuld, die ja dem Akt der Selbstbefriedigung anhaftet, hinein und vertiefen die Lust. Viele Frauen, die beim Verkehr mit ihren Männern nur unter Schwierigkeiten zu einem Orgasmus gelangen können, die aber genau wissen, wie sie sich selbst durch Masturbation einen Höhepunkt verschaffen können, stellen fest, daß ihre Potenz gesteigert wird, wenn sie sich eine Masturbationsszene vorstellen.

„Ein Mann beobachtet mich, während ich masturbiere."

Sie sagen dann so etwas wie: „Ich gebrauche einen Plastikschwanz vor einem Publikum."

Manche Frauen erklären auch, sie phantasierten sich einen masturbierenden Partner, und zwar häufig als nicht mehr zu unterdrückende Reaktion auf eine ihren Körper zur Schau stellende Frau. In diesen Vorstellungen ist der beteiligte Mann oft sehr jung und unerfahren und wird von ihr in die Geheimnisse des Sex eingeweiht. Es ist, als könne die Frau ihre eigene Sexualität nur dann ausleben, wenn ihr Partner weniger geübt und weniger dominierend sei. Die Frau, die sich einen Mann als ein „sechzehnjähriges Keuschheitslamm" vorstellt, hat in der Regel einen Partner, der das genaue Gegenteil verkörpert. Oft handelt es sich um eine Frau, die sich von ihrem Mann beherrscht glaubt, weil er ihr seine sexuellen Rhythmen oktroyiert, und in ihrer Vorstellung vertauscht sie die Rollen und wird zur sexuellen Initiatorin. Ein wesentliches Element in vielen weiblichen Phantasien ist die Entfremdung. Die Frau steht außerhalb der vorgeführten Szene, als ob sie unbeteiligt ist und sich selbst zuschaue. „Ich stelle mir vor, wie ein Penis aussieht, wenn er in mich eindringt", sagt eine Frau, die in ihren Wunschträumen „draußen" steht und zusieht, wie ein Paar geschlechtlich miteinander verkehrt. Die Beteiligten können entweder als die Frau selbst und ihr Geliebter erscheinen, oder aber sie sind so idealisiert, daß sie wie Fremde wirken. In Phantasien mit einer voyeuristischen Komponente kann entweder die Frau selbst zuschauen oder in die Haut einer anderen, imaginierten Gestalt, die ihrerseits wieder zum Zuschauer wird, schlüpfen. Dies scheint bei allen Phantasien der Fall zu sein, wo es ein Publikum, das bei der Handlung eine wichtige Rolle spielt, gibt. Die Frau steht außerhalb, ist zur gleichen Zeit Zuschauerin und Mitwirkende, und in den Reaktionen des Publikums kann sich dann eine ganze Skala von Emotionen ausdrükken. Frauen behaupten manchmal, sie fänden es erregend, ihre Partner von hinten zu beobachten, wie diese eine andere Frau liebten.

,,Ich schaue zu, wie wir beide uns lieben. Ich bin gleichzeitig draußen und drinnen.''

In anderen Phantasien wiederum spielen andere Frauen eine bedeutsame Rolle. ,,Eine Frau wird festgehalten (ich bin es nicht), während ein Mann ihre Vagina mit den Fingern abtastet und ihr dann einen Vibrator hineinschiebt.'' Voyeuristische Phantasien berufen sich oft auf pornographische Darstellungen.

Phantasien über lesbische Liebe oder lesbisches Gefühl oder über das Erforschen eines anderen Frauenkörpers sind keine Seltenheit, und häufig beobachtet es eine männliche Gestalt, erregt sich dabei oder übernimmt dann alles weitere. Frauen beschreiben oft ihre Brüste als Quelle der Lust, wenn sie diese Phantasien in Worte fassen, und wenn ihre eigenen Brüste klein sind, träumen sie von Frauen mit üppigen Brüsten. Manchmal bildet sich die Träumerin ein, sie habe einen Penis. ,,Während ich komme, stelle ich mir vor, ich vollziehe eine Penetration.'' Oder: ,,Ich bin der Mann mit einem großmächtigen Penis und ejakuliere in meine Partnerin.'' Jan meint, sie stelle sich gerne vor, ihr männlicher Partner habe eine Vagina und lasse den Finger in seinen After gleiten während er sie penetriert. ,,Sein Penis wirkt dann als Vibrator, den unsere beiden Scheiden sich teilen.''

Pornographische Vorstellungen

Nur wenige Frauen, die mir von ihren Phantasien erzählt haben, sagen, daß sie, wie es bei Männern der Fall ist, Photos zur Erregungssteigerung brauchen. Eine unglücklich verheiratete Frau, die sich dafür entschuldigt, einen ,,Komplex'' zu haben, plant beim Geschlechtsverkehr die Mahlzeiten für den kommenden Tag. Ihr Partner gebe sich zwar alle erdenkliche Mühe, aber ein Vorspiel gebe es nicht – ,,nur schnell ins Bett und losbumsen!'' Um sich Erleichterung zu verschaffen, masturbiert sie, sieht sich gleichzeitig seine Pornomagazine an und bildet sich ein, sie sei das verführerische Pin-Up-Mädchen.

Ein weiteres Szenarium, das aber so gut wie niemals von diesen Frauen durchgespielt wird, ist der Koitus mit Tieren. Im Gegensatz zu Nancy Fridays Sammlung von Sexphantasien *Traumland der Lust*, wo viele Wünsche auch Hunde und andere Haustiere umfassen, sind solche Vorstellungen bemerkenswert rar. Merkwürdig, wenn man bedenkt, daß die Briten ja das klassische Volk der Hundeliebhaber sind! Nur eine von 340 Frauen, mit denen ich mich über das Thema unterhalten habe, stellte sich einen Koitus mit einem Hund vor, obwohl einige Frauen sich in ihrer Phantasie in Katzen oder Tiger verwandelten.

Während einige Phantasien sozusagen wie in Folie eingeschweißt und mit all ihren Requisiten aus kommerzialisierten pornographischen Klischeevorstellungen kommen, werden andere über Monate oder Jahre hinweg

Kindheits-
erfahrungen

Stück für Stück zusammengetragen. Sie enthalten unbewußte, sich auf Kindheitserfahrungen stützende Elemente. Die vielen Anspielungen auf die glatte Haut eines Geliebten und auf ihre Weichheit könnte in diese Kategorie hineinpassen. Es ist, als gewinne die erwachsene Frau Trost und Beruhigung in den Armen der Mutter und an ihren weichen Brüsten. Spätere, sexuell erregende Kindheitserfahrungen können ebenfalls mit hineingewoben sein. Annie sagt, ihre Masturbationsphantasie vom Gefesselt- und Beherrschtsein entstamme ihrem achten Lebensjahr. Sie fand es sehr aufregend, in ihrer Phantasie gefangen genommen zu werden. Als Kind verschlang sie die Bücher von Enid Blyton, weil die Helden und Heldinnen darin so oft gefesselt und gefangen genommen wurden. Eine andere Frau berichtet, ihre frühesten erotischen Phantasien – sie war damals noch keine sechs Jahre alt – kreisten um Peter Pan und Tinker Bell (Tinker Bell ist eine geflügelte Fee; *Anm. der Übers.*). Tinker Bells Flügel waren in einer Schublade eingeklemmt, wo sie hilflos flatterten. Anfangs war sie zornig und trotzig, am Ende jedoch mußte sie um ihre Befreiung flehen.

Führen wir uns vor Augen, woraus unsere Phantasiewelt besteht und fragen wir uns, welche Erinnerungen, und seien sie noch so schwach, wir ablehnten oder moralisch oder ästhetisch verdammten, dann bekommen wir ein schärferes Bild von unserem Innenleben. Es ist genauso wichtig, festzustellen, welche geistigen „Bilder" wir als erotisch empfinden, wie genau zu wissen, was uns körperlich reizt. Bei dem Vergleich werden wir auch mehr über uns selbst entdecken. Denn Sex ist viel mehr Sache der Imagination als Sache der Genitalien.

Sicherlich sollten wir uns wehren, unkritisch alles und jedes, was uns in den Sinn kommt, zu akzeptieren, auch wenn es so scheint, als ob man uns als Frauen Gewalt antue. Was jedoch an diesen Phantasien so befremdlich anmutet, ist ihr masochistischer Charakter und ihr Durchsetztsein mit männlicher Dominanz. Die meisten mit derartigen Wunschvorstellungen belasteten Frauen empfinden sie zwar als ausgesprochen erregend, aber diese Erregung mündet in Selbstverachtung und Ekel. Mag sein, daß die Feindschaft, die wir unseren Peinigern und Eroberern gegenüber empfinden, in ihr Gegenteil verwandelt und gegen uns selbst gekehrt wird. Anstatt dieses pornographische Image der Frau und ihrer sexuellen Ausbeutung zu verdammen, hassen wir uns und wollen uns noch kleiner, noch verächtlicher machen. Empfinden wir auch noch Lust bei der Vorstellung gerade dieser Dinge, machen wir uns zu Handlangerinnen in diesem erbärmlichen Spiel.

Wir besitzen die Macht, unsere eigenen Phantasien zu schaffen und sie, wenn wir es wollen, so zu gestalten, daß sie nur uns gehören und nicht eine bloße Widerspiegelung männlicher Pornographie sind.

In jeder liebevollen und engen Beziehung zweier Menschen trägt deren Erinnerung eine besondere Würze bei. Ein zufälliges Wort oder eine ganz beiläufig gemachte Anspielung beschwören bei beiden dieselbe Assoziation herauf, und oft ist es überflüssig, den Satz zu Ende zu sprechen. Man lacht über dieselben Dinge, und zwar nicht, weil sie gerade jetzt so komisch sind, sondern weil sie andere Assoziationen mit der Vergangenheit heraufbe-

Unsere Phantasien sind
oft genauso aufschluß-
reich wie unsere körper-
lichen Reaktionen . . .

Erinnerung und
Phantasie

schwören. Es ist, als ob gemeinsam Erlebtes im Bruchteil eines Augenblikkes eine Verbindung, die nicht in Worte gefaßt zu werden braucht, herstellt. Geräusche, Gerüche, Geschmacksassoziationen rufen derartige Erinnerungen wach. Das Orchester spielt eine Melodie, und sofort wird ein anderer Ort, eine andere Zeit eingefangen. Die Sonne braucht nur warm auf Heu zu scheinen, Essen oder Wein kann durch den Geschmack Erinnerungen wachrufen – und sofort kommt alles wieder zum Leben. Besonders, wenn wir schon lange mit unserem Partner zusammen sind, geschieht dies, ja auch noch nach dem Tode des geliebten Menschen, wenn die Erinnerung sowohl traurig als auch erotisierend sein kann.

Phantasien gehören nun einmal zum Leben in einer Welt der Vorstellung. Während die Erinnerung auf etwas basiert, das schon einmal geschehen ist, müssen Phantasien natürlich niemals in Wirklichkeit passiert sein, und wahrscheinlich werden sie auch nie passieren. Nichtsdestoweniger haben sie dieselbe Kraft, unsere Gefühle zu bewegen. Blitzschnell lassen sich sinnliche Bilder durch Farben, Formen, Kadenzen, Geschmacksnuancen heraufbeschwören, und sie überfluten uns mit erotischer Erregung. So können Phantasien zur Poesie des Sex werden. Sie liefern uns die Bildsymbolik, welche dieser Poesie ihre verschiedenen Nuancen verleiht. Diese Poesie kann lyrisch sein, aber manchmal durchpulst sie der Beat von Jazz und Blues, zuweilen auch der treibende Rhythmus des Rock.

Es steht außer Zweifel, daß Phantasien auch episodische Szenen sexueller Begegnungen sein können, jedenfalls werden sie von Nancy Friday als solche definiert. Ich selber bin nicht sehr glücklich mit dieser begrenzenden Sicht, weil es mir vorkommt, als gebe es doch noch ein viel größeres Potential für das Spiel unserer Phantasie, und zwar ist diese grundsätzlich von der männlich orientierten Pornographie verschieden. Bei Nancy Friday gibt es nur Pornostripcartoon-Geschichten. Gewiß, Frauen haben diese Art Phantasien, aber es sind nicht die einzigen, und wenn wir sie so begrenzt definieren, schließen wir alle anderen Arten aus, die, wenngleich nicht ausgesprochen sexuell, so doch höchst erotisierend sind.

Handelt es sich um gemeinsam Erlebtes, kann ein Paar durchaus diese Art der Phantasie entwickeln. Um es zu tun, müssen beide in der Lage sein, über ihre Gefühle zu sprechen. Von Frauen hört man häufig, daß ihre Liebespartner beim Verkehr nicht sprechen, und daß so ein sehr wirksames Potential der Stimulierung verloren gehe. Immer wieder betonen sie: „Wenn er doch nur reden, wenn er mir sagen würde, was er tun will, was er tut, wenn er meinen Körper beschreiben, mir versichern würde, was für eine Lust er empfindet!" Leonie erklärt zum Beispiel, daß sie sich in Gedanken eine Passage aus einem Buch oder Magazin, die sie erregend gefunden hatte, aufsage – als Ersatz für ihren sprachlosen Ehemann. Natürlich brauchen Liebesworte keine große Literatur zu sein; ein paar hingeworfene Bemerkungen, eine Redewendung kann unsere Phantasie anregen.

Sich eine
Phantasiewelt
schaffen

Mittels unserer Vorstellungskraft können wir jederzeit den Ort, an dem wir uns lieben, verändern. Stellen wir uns einmal vor, wir liegen unter einem klaren Himmel im mannshohen Gras am Flußufer; um uns sind Kletterrosensträucher und schirmen uns ab. Oder aber wir denken uns auf einer bezaubernd schönen tropischen Insel mit weißem Strand in einer aquamarinblauen Bucht. Oder wir sehen uns lieber in einem Luxushotel. Zoe stimmt sich ein, indem sie sich „schwarze Seidenlaken, Schafwollteppiche und große, in die Decke eingelassene Spiegel" vorstellt. Franziska und ihr Partner bilden sich ein, sie liegen in einem „großen, fellbezogenen Bett mit Champagner und sanfter Musik", und ein anderes Paar versetzt sich in Gedanken in ein „Schlafzimmer mit Spiegeln und rotem Samt und alles ist mit Gold ausgestattet". Sue stellt sich vor, sie liebe Katja unter Wasser, „in einem jener zauberhaften Korallenriffe mit perlmuttfarbenen Fischen und Muscheln, und wir gleiten gewichtslos und ganz leicht durch eine warme, grüne See, wie in einem Unterwasserfilm von Jacques Cousteau".

„Wir spielen ein ganz bestimmtes Spiel . . . ich stelle mir vor, daß ich Liebhaber ausprobiere."

Phantasien sind oft lustig, und in vielen guten ist ein Element der Komik präsent. Wir erkennen sie als das, was sie sind – eben ein Spiel, eine Vorstellung. Eine Szene aus Tausendundeiner Nacht, in der sich eine Königin einen Geliebten unter ihren Sklaven auswählt oder ein Prinz ein willfähriges Sklavenmädchen zu sich befiehlt, ist ganz offenbar nichts weiter als imaginär und mit all dem Prunk und Farbenreichtum einer exotischen Fabel ausgestattet. Dabei wißt ihr beide ganz genau, daß ihr nichts auf der Welt weniger ersehnt als eine Konfrontation mit einem Liebhaber mit einem riesigen Penis, oder mit Armreifen und unzähligen Sklavenglöckchen geschmückt auf einem Marmorfußboden zu liegen, den die Wasser eines Springbrunnens naß und schlüpfrig gemacht haben.

Wenn wir uns verändern, verändert sich auch unsere Phantasie. Wie bei Anekdoten, die man allzu oft gehört hat, setzt eine gewisse Sättigung ein: Sie sind uns zu vertraut. Außerdem kann sich das Bild, das wir uns von uns selbst gemacht haben, verändern, und wir möchten nun andere Arten von Traumvorstellungen genießen.

Viele Phantasien, wie auch Witze und Anekdoten, orientieren sich an Stereotypen, und diese können unserer Weltsicht und unserem Gefühl für das was recht und was unrecht ist Gewalt antun. Es gibt Witze, die man nicht gern erzählt: über Juden, Schwiegermütter, Ostfriesen und „die Schnalle mit den Riesentitten", um nur einige Beispiele zu nennen. Und Phantasien können bei uns dasselbe Abwehrgefühl auslösen.

In diesem Kapitel haben wir versucht, einige der Frauenphantasien zu beschreiben, und wahrscheinlich war ein paar darunter, die wir zwar sexuell erregend aber doch geschmacklos gefunden haben. Wir könnten feststellen, daß sich zwischen unserer sexuellen Reaktion und unseren Gefühlen eine Kluft aufgetan hat, so als hätten wir *gegen unseren Willen* etwas empfunden. Wir würden es vorziehen, wenn es keine solchen Widersprüche zwischen unseren sexuellen Gefühlen und unseren ethischen Werten gäbe. Deshalb müssen wir diese Kluft überbrücken. Es ist ein Zwiespalt, der in hohem Maße durch entpersönlichte, massenproduzierte, kommerzielle und medien-orientierte Darstellungen von weiblichen Körpern als bloßen Lustobjekten bestimmt wird – Darstellungen, die ihrerseits zwar sexuelle Reaktionen auslösen, die aber zu keinem ganzen Menschen mit emotionellen Bedürfnissen gehören. Ehe wir wirklich wissen können, welche Phantasien uns entsprechen, müssen wir erforschen, wer wir eigentlich sind.

4. Sexuelle Lebensformen

Männer lieben

Es ist schwierig, über Heterosexualität zu schreiben, weil es für viele Frauen die zwar unausgesprochene aber doch implizierte Grundlage ihrer Sexualität ist. Die meisten von uns nehmen an, daß wir uns eines Tages in einen einzigen Mann oder in eine Reihe von Männern verlieben. Wir stellen das nicht in Frage. Wir halten es für „natürlich". Es ist eine auf Fortpflanzung beruhende Sicht menschlicher Sexualität. Und weil ein Neugeborenes umsorgt und aufgezogen werden muß, halten wir es auch für selbstverständlich, daß Mann und Frau zusammenbleiben, um für Nachwuchs zu sorgen und um sich, als Elternpaar, um jedes weitere Kind zu kümmern. Wir sehen im monogamen Engagement eines Paares den Grundstein für die Familie.

Das monogame Ideal Sollte aber die Sache schief gehen, erblicken wir in den Konsequenzen ein gesellschaftliches Fehlverhalten und sind der Überzeugung, daß die Beteiligten entweder bestraft werden oder als krank oder schutzbedürftig gelten sollten, weil sie besonders verletzlich seien. Unverheiratete Mütter, Frauen mit häufig wechselndem Geschlechtsverkehr, Männer, die ihre Frauen mißhandeln oder gegen ihre Kinder tätlich werden, Menschen, die unverheiratet bleiben und solche, die getrennt oder geschieden sind – sie alle gelten oft als Ausnahmen, welche die Regel bestätigen: das partnerschaftliche Ideal eines Mannes und einer Frau, die sich zusammengetan haben, um ihr Leben miteinander zu teilen und eine Familie zu gründen.

Wie wir bereits gesehen haben, gibt es viele Frauen, die diese Auffassung von der Geschlechterbeziehung und der Funktion der Sexualität in Frage stellen: Es sind diejenigen, welche die monogame Ehe nicht mehr als gottgewollt akzeptieren. Wenn wir uns für einen einzigen Mann entscheiden, muß es dafür gute Gründe geben. Für einige von uns ist es ein romantisches Engagement: „Ich bin verliebt", andere wiederum sehen es als Ausdruck sexueller Befreiungsideologie und erklären: „Er ist wunderbar im Bett". Wiederum andere warten mit einer gesellschaftlichen Erklärung auf: „Jede will heiraten, oder etwa nicht?" Aber wem diese Motivierungen als Grundlage einer Verbindung, die ein ganzes Leben lang dauern soll, nicht genügen, der sollte dies noch einmal überdenken.

Die Wirklichkeit Ein Teil der männlichen Anziehung beruht auf verschieden gearteten physischen Merkmalen und Charaktereigenschaften, die anfangs denjenigen einer Frau diametral entgegengesetzt erscheinen. Gewiß gibt es Freundschaften, gemeinsame Interessen, gemeinsame Vorstellungen, aber die besondere Würze besteht im Reiz des Andersseins. Sind ein Mann und eine Frau das erstemal ineinander verliebt, ist es, als ob die Luft um sie vor lauter Erregung knistere. Aber ist erst einmal die Partnerschaft gefestigt, scheint diese Polarität zu verschwinden. Es ist, als hätten sich die beiden

Persönlichkeiten vermischt und wären ineinander verschmolzen. Vieles braucht dann nicht mehr ausgesprochen zu werden, weil sich die beiden so gut kennen. Obwohl dies nicht jedesmal geschieht, gibt es bei dem, was allgemein als „gute Ehe" gilt, nur ein Minimum an Konflikten. Unterschiede, Meinungsverschiedenheiten, Unverträglichkeiten: sie alle werden von der Liebe überflutet.

Aber das kostet einen Preis. Und meist zahlt ihn die Frau. Denn in unserer westlichen Kultur wird von ihr erwartet, daß sie sich dem Leben des Mannes anpaßt. Sie ist es, die in seinen Bereich hineingezogen wird und sehr oft weg von ihren früheren Interessen und ihrem eigenen gesellschaftlichen Umkreis – zum Nachteil ihrer eigenen Ziele. So muß sie zum Beispiel mit ihm zusammen umsiedeln, wenn es seine Arbeit verlangt, muß seine Freunde und Geschäftskollegen bewirten, muß ihren eigenen Freundeskreis aufgeben. Für viele Frauen sind es gewissermaßen Eisenbahnschienen, die nur seinen Zielen und Interessen entgegenführen.

Eine ideale Ehe?   Innerhalb der „idealen Ehe" verschwindet jeglicher Konflikt; Mann und Frau sehen alles sozusagen mit denselben Augen. „Aber", schreibt Simone de Beauvoir in ihrem Buch *Das andere Geschlecht*, „in der ausschließlichen Intimität des Paares ... gibt es dann keine Möglichkeit mehr, sich zu verändern". Es herrscht Harmonie – aber vielleicht auch erdrückende Langeweile. Und was am schlimmsten ist: Die Frau kann dann niemals mehr eine Distanz zu sich selber und zu dem, was sie wirklich vom Leben erwartet, finden.

Deshalb birgt auch eine „gute" Ehe ihre eigenen, verborgenen Gefahren. Weiß ein Paar, daß seine Partnerschaft nicht funktioniert, daß ein Konflikt sie zerbrochen hat, dann bleibt der Frau zumindest die Wahl, die Bedeutung der Beziehung für sie selber zu überprüfen.

Natürlich hat eine gute Ehe viel Befriedigendes und Lohnendes, vorausgesetzt, die Frau ist bereit, sich anzupassen. Sie fühlt sich geborgen, ist finanziell abgesichert, ist der Mittelpunkt einer sie liebenden Familie und besitzt einen durch den Ehemann reflektierten Status. Das Paar bestätigt sich gegenseitig auf emotioneller Ebene mit dem Resultat, daß sie sich beide in ihrer Rolle wohlfühlen. Die Ehefrau hat eigentlich alles, was sie sich wünscht.

Wir haben eine auf der jüdisch-christlichen Tradition fußende Form der Ehe geerbt, bei welcher der Mann als das Oberhaupt der Familie und die Frau als seine Weggenossin und „Gehilfin" gilt, als die Mutter seiner Kinder und Hüterin seines Eigentums. Üblicherweise verfügen die Frauen über eine große Macht innerhalb des Hauses, aber außerhalb haben sie sie nicht. Die Aufsicht der Frau über den häuslichen Bereich ist wichtig, denn das Familienleben läßt sich dann zur Erhöhung des männlichen Prestiges regulieren. Er hat eine mustergültige, „perfekte" Familie, er ist „stolz" auf sie, ihretwegen wird er bewundert.

Am deutlichsten überlebt dieses Konzept in den traditionellen Familien der Mittelmeerländer, wo der Mann auch aufgrund des Charakters und des Rufes seiner Ehefrau beurteilt wird. Sie und die Kinder, die sie ihm gebiert, sind sein Schmuck. Und von ihnen wird er entweder belohnt oder in Mißkredit gebracht. Es ist, als seien sie Erweiterungen seiner selbst.

Eine Frau, die ihre eigene Identität bewahrt, bringt in eine Partnerschaft etwas von ihrer eigenen weiblichen Stärke ein

In vielen modernen Ehen sind die Frauen oft völlig voneinander isoliert. Dies steht in krassem Gegensatz zu dem Netzwerk weiblicher Freundschaften in bäuerlichen und ländlichen Gemeinden und in großstädtischen Slumsiedlungen. Die Vorstadtwohnung und das Hochhaus am Stadtrand bilden eine wirkungsvolle Barriere gegen Frauenfreundschaften. Die Tür bleibt verschlossen, die Rollos bleiben herabgelassen, es gibt keine emotionelle Unterstützung seitens anderer Frauen. Sie sind alleingelassen mit ihren Problemen und glauben, den Grund für ihre eigene Unzufriedenheit bei sich selber suchen zu müssen. Wenn die Frau es nicht länger aushält, geht sie zum Arzt, weil sie depressiv oder verängstigt ist, und läßt sich Antidepressiva oder Beruhigungstabletten verschreiben, um so besser über die Runden zu kommen. Aber im Grunde hat sich nichts geändert. Hat ihr Ehemann inzwischen ein Verhältnis mit einer anderen Frau oder sind die Kinder verhaltensgestört oder gar straffällig geworden, macht sie sich Vorwürfe, weil sie glaubt, sie hätte die Kinder nicht genügend geliebt oder sie vernachlässigt.

Viele Frauen, die ihre Autonomie nicht aufgeben wollen, haben die Institution der Ehe in einer Gesellschaft, in der sich auch das Rollenverhalten von Mann und Frau geändert hat, in Frage gestellt. Ist es möglich, einen Mann zu lieben, mit ihm eine Partnerschaft einzugehen, womöglich Kinder zu

Die Ehe in einer sich verändernden Gesellschaft

haben und sie aufzuziehen ohne das ganze, vorgefertigte Rollenpaket zu akzeptieren?

Natürlich wollen wir alle die guten Dinge in einer Ehe entwickeln und alles von uns weisen, was uns daran hindern könnte, uns als eigenständige Menschen zu sehen. Wir wissen auch, daß wir uns Raum innerhalb der Familie schaffen müssen, der uns nicht von denjenigen, deren Bedürfnisse wir erfüllen, streitig gemacht werden kann. Es ist absolut notwendig, daß wir uns nicht überwältigen lassen, sondern daß wir unser Selbstwertgefühl und das Bewußtsein unserer eigenen Bedürfnisse und Ziele behalten. Manchmal wird es uns in der Tat fast unmöglich erscheinen, es sei denn, wir können es uns leisten, einen Teil unserer Aufgaben zu delegieren, oder aber es besteht tatsächlich eine echte Arbeitsteilung zwischen Mann und Frau.

In vielen Ehen ist die Frau berufstätig und hat außerdem fast die gesamte Hausarbeit und die Erziehung der Kinder zu besorgen. Sie ist doppelt belastet. Ihr Ehemann mag ihr zwar einiges „abnehmen", aber die meisten das häusliche Leben betreffenden Entscheidungen bleiben ihr überlassen. Häufig drückt er sich vor der Arbeit im Hause, indem er behauptet, Bügeln sei niemals seine Stärke gewesen oder aber, daß man es ihm nicht beigebracht habe, gerade diese (oder jene) Aufgabe zu erfüllen. Oder aber er tut es lustlos oder macht einen solchen Wirbel, daß die Frau denkt: „Es geht schneller und einfacher, wenn ich es selbst tue" und ihn in Zukunft unbehelligt läßt.

Heutzutage ist der Prüfstein einer Ehe eine Regelung, bei der beide Partner sich um Hausarbeit und Kinder kümmern und gleichzeitig außerhalb des Hauses und in getrennten Welten arbeiten und Leistungen erbringen können. Dies bedeutet weit mehr als eine bloße Arbeitsteilung. Es hängt zusammen mit weiblicher Identität, dem eigenen Selbstwertgefühl der Frau und ihrem eigenen Selbstverständnis im Gegensatz zur stereotypen Rolle, welche die Gesellschaft ihr zugeteilt hat. Frauen sind, mit wenigen Ausnahmen, auch sich selbst gegenüber unsichtbar geblieben – außer als Ehegattinnen und Mütter. Haben sie versucht, sich zur Geltung zu bringen, ist dies meist ein Einzelkampf gewesen.

Ehe und Mutterschaft brauchen keineswegs die Autonomie einer Frau zu zerstören. Eine Beziehung zu einem Mann kann durchaus auf gegenseitiger Unterstützung und Achtung beruhen und nichtsdestoweniger Raum für charakterliche Entfaltung lassen. Aber so etwas geschieht nur ganz selten rein zufällig: Es muß offen diskutiert und erarbeitet werden. Und es ist mühsam – für beide. Oft muß die Frau die Initiative ergreifen, und nie sollte man die Dinge treiben lassen und hoffen, daß sich nun alles zur Zufriedenheit regeln wird. Die Umstände können sich ändern, es kann sein, daß die Frau ihren Beruf aufgibt oder ein Kind bekommt oder ein zweites wird geboren; die Kinder gehen zur Schule, und während das Elternpaar älter wird, sollte es pausieren und Bilanz ziehen und sich darüber klar werden, welchen Freiraum jeder Partner zur eigenen Erfüllung braucht. Es ist nur allzu bequem, die traditionelle Mann-Frau-Rolle in unsere Beziehungen einsickern und sich in eine Lebensform treiben zu lassen, in der wir die kulturbedingten Normen akzeptieren.

Mit der Vergangen-heit Schluß machen

Wir bringen immer Vorstellungen, die wir bewußt oder unbewußt von unseren Eltern und von deren Zusammenleben übernommen haben, mit in unsere Ehe. Manchmal nehmen wir uns fest vor, es ganz anders zu machen, aber häufig reproduzieren wir doch ein ähnliches Muster und zwar nicht etwa, weil wir dies so wollen – wir sind uns dessen vielleicht gar nicht bewußt –, sondern weil wir nicht den Mut haben, uns etwas zu schaffen, das besser zu uns paßt.

Einen Mann zu lieben ist nicht nur eine private, persönliche Erfahrung. Um über heterosexuelle Beziehungen zu sprechen, sollten wir das gesamte Umfeld, in dem die wechselseitige Beeinflussung stattfindet, in Betracht ziehen. Dabei sollten wir nicht verkennen, daß die Ehe (und sei sie auch noch so tolerant und locker geknüpft) stets im Zentrum steht und den Rahmen absteckt, innerhalb dessen sich die meisten Mann-Frau-Beziehungen abspielen. Es gibt keinen in einem luftleeren Raum existierenden Sex. Mit jeder sexuellen Partnerschaft verbinden wir ein unausgesprochenes Bekenntnis zur Gesellschaft und zu unserer Rolle in ihr als Frauen, und zwar nicht nur in der Gegenwart, sondern auch in der von uns angestrebten Zukunft.

Frauen lieben

In diesem Kapitel erzählt uns Celia Kitzinger – sie ist Psychologin, betreibt Forschungen über lesbische Frauen, hat auch in einer Beratungsstelle für Lesbierinnen gearbeitet und ist selbst homoerotisch –, wie man sich als „Lesbe" fühlt. Sie beschreibt die Bewußtwerdung der lesbischen Frau. Wir beide sind der festen Überzeugung, daß es jeder Frau unbenommen sein sollte, ihre eigene Form der Liebe zu bestimmen. Lesbische Beziehungen reflektieren einen Aspekt der Liebe, bei dem Frauen sich Freude und Erfüllung teilen. Lesbische Beziehungen sind ein unüberhörbarer Kommentar zu einer männerorientierten Gesellschaft, und von leidenschaftlichen Frauenfreundschaften sollten wir alle lernen, das Wesen der Liebe besser zu verstehen.

Eine Lesbierin ist eine Frau, die Frauen liebt. In einer Gesellschaft, die in erster Linie den Frauen emotionelle Energie und praktische Unterstützung der Männer und Kinder abverlangt, ist ein Bekenntnis zum Lesbiertum eine politische Aussage, denn sie weist auf die Wichtigkeit gleichgeschlechtlicher Beziehungen überhaupt hin.

Lesbiertum weg-erklären

Viele Menschen wollen der Problematik gleichgeschlechtlicher Frauenbeziehungen ausweichen und tun uns als „Pseudomänner" ab, mit schiefgelaufener Genstruktur und unausgeglichenen Hormonen. Unser Image ist das einer Parodie eines heterosexuellen Paares – kesser Vater und warme Schwester – oder einer ausagierten Mutter-Tochter-Beziehung. Psychiater haben uns solcherart beschrieben, und viele Menschen, darunter auch Lesbierinnen, glauben ihnen.

In Wirklichkeit jedoch sind Lesbierinnen keineswegs „anders" als andere Frauen (in ihren Genen, Chromosomen, Hormonen, Genitalien oder in

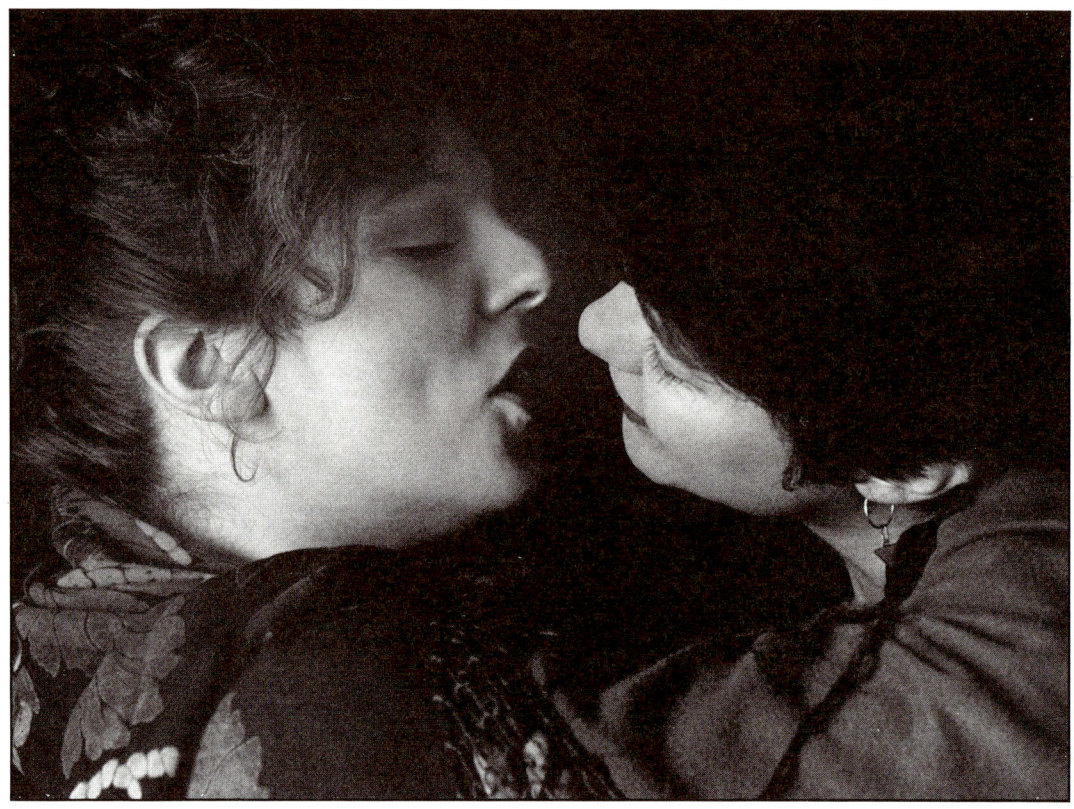

Sich für die Freundschaft und Liebe zu Frauen zu entscheiden, kann eine freudige und befreiende Erfahrung sein.

ihrem Körperbau), und es ist den Wissenschaftlern nie gelungen, den Beweis zu erbringen, daß lesbische Frauen andere Familienhintergründe, Kinderstuben, Elternbeziehungen, Kindheitserfahrungen oder Psychen hätten als heterosexuell veranlagte. Es ist einfach nur bequem, diesen Klischees zu glauben, denn dann können die Menschen die Lesbierin „wegerklären" als ein von den übrigen Menschen abweichendes Wesen, dessen Lebensformen nicht als eine jeder Frau offenstehende Möglichkeit ernst genommen werden müssen.

Einerlei, wie gutgemeint diese „Erklärungen" des Lesbiertums auch immer sein mögen, sie dienen dazu, ihm seine Daseinsberechtigung abzusprechen und festigen die Überzeugung „normaler" Menschen, daß Heterosexualität für die Frauen ein „natürlicher" Zustand sei. Wenn wir das glauben, ignorieren wir aber die Tatsache, daß der Aufbau von Beziehungen und die Erfahrung unserer Sexualität soziale Aktivitäten in einer sozialen Welt sind. Wir leben ja unser Leben nicht als blind von unseren angeborenen biologischen Impulsen (unseren Genen, Hormonen oder gar den dunklen Mächten unseres Unbewußten) in vorbestimmte Bahnen Getriebene: Wir treffen eine Wahl. Wir schaffen uns neue Möglichkeiten, wir definieren und entscheiden uns, wer und wie wir sein wollen.

In jeder Gesellschaft werden uns manche Möglichkeiten leicht, andere wiederum schwer gemacht. Als kleine Mädchen hat man uns Puppen mit

Lesbisch werden

Brautkleidern oder Puppenhäuser zum Vati-und-Mutti-Spielen geschenkt oder aber uns wurden Märchen vorgelesen, wo Prinz und Prinzessin einander fanden und glücklich und zufrieden bis ans Ende ihrer Tage lebten. Aufdringliche Heterosexualität wird uns jedesmal, wenn wir das Fernsehprogramm einschalten oder in einer Zeitung blättern oder einfach nur die Straße entlanggehen, vorgeführt. Es wird vorausgesetzt, daß wir uns eines Tages in einen Mann verlieben, daß wir Freunde und Gatten haben werden. Die Aussicht, jemals andere Frauen als leidenschaftliche Freundinnen oder Geliebte zu haben, wird uns systematisch versperrt. Wegen dieser massiven heterosexuellen Vorprogrammierung erfahren viele Frauen ihre Heterosexualität als „natürlich". Gegenüber den Körpern anderer Frauen empfinden sie einen Widerwillen, oder aber sie lehnen Frauen als „gehässig", „geschwätzig" oder „dumm" ab. Es gibt viele Frauen, die zwar eine heterosexuelle Lebensform akzeptieren, die nebenher aber wichtige und enge Freundschaften mit Frauen haben. Wiederum andere entschließen sich für eine lesbische Identität und Lebensform. Diese Wahl kann äußerst schmerzhaft sein. So erklärte mir zum Beispiel Rachel, die sich bereits als Vierzehnjährige als lesbisch betrachtete: „Es wurde mir langsam klar, daß dies ein schreckliches Problem sein könnte und daß ich mich lieber beeilen und es überwinden sollte, denn sonst würde ich mir mein Leben ruinieren. So sah ich mir beispielsweise einen Film an und fand die Frauen viel anziehender als die Männer, und dann dachte ich: ‚Nein, nein, ich muß das vergessen!' Es war die Hölle auf Erden."

Penny war in den Dreißigern, verheiratet, mit zwei kleinen Kindern, als sie einen Traum hatte, der ihr den Weg wies. „Einmal träumte ich einen Traum, und als ich aufwachte, erinnerte ich mich sofort daran. Im Traum liebte ich Jillian, und es war wundervoll. Es war ein bezaubernder, wunderschöner Traum – einer der schönsten, die ich je hatte. Als ich aufwachte, hatte ich gleichzeitig zwei Gedanken: ‚Spitze! Wie wunderbar!' und ‚Aber nein, so bin ich doch gar nicht.' Damit will ich sagen, daß mir von Anfang an beigebracht worden war, so etwas entweder zu ignorieren oder es als abartig zu betrachten. Darum hat diese Zwiespältigkeit, nämlich, daß es sich immer noch um mich handelte und daß ich gleichzeitig Jillian gegenüber so empfand, mich ganz schön mitgenommen."

Anfangs kommt man sich als Lesbe sehr einsam und verlassen vor, denn man glaubt, die einzige Lesbierin auf der Welt zu sein und vergißt, daß man ja in Wirklichkeit jede Menge Lesbierinnen kennt: unter Bekannten oder Kolleginnen, Nachbarinnen, Lehrerinnen, Verkäuferinnen, Ärztinnen, Sekretärinnen, Schwestern, Töchtern und Müttern. Da gibt es Lesben, die Ansteckknöpfe tragen mit „Lesbierinnen, vereinigt euch!" oder „Wie kannst du es wagen, mich für heterosexuell zu halten!" Sie alle versuchen, diese Kluft zu überbrücken und der sich isoliert Fühlenden sich erkennbar zu machen, welche die Hoffnung aufgegeben hatte, Frauen mit derselben Veranlagung kennenzulernen.

Tina: „Bis ich neunzehn war, wußte ich nicht einmal, daß es so etwas gab, daß es überhaupt denkbar war. Ich hatte davon gehört, daß es vielleicht in Paris das eine oder andere lesbische Paar gab, das sich so etwas erlaubte, aber hier würde es sicher niemand aus unserem Bekanntenkreis tun. Be-

stimmt war es nicht etwas, das in ‚unseren Kreisen' üblich war. Ich kam mir sehr alleingelassen vor, ich wußte nicht, wie ich jemals mit einer anderen Lesbierin zusammenkommen könnte. Mir schien es, als seien sie etwas außerordentlich Seltenes.''

Alison: „Irgendwie waren das *freaks,* verrückte Typen, und ich dachte: ‚Nein, nein, so etwas bin ich doch nicht, das paßt nicht zu mir.' Ich habe fast ein ganzes Jahr damit zugebracht, mir elend und völlig vereinsamt vorzukommen.''

Andere kennen-lernen

Viele Frauen haben ihre erste Begegnung mit anderen Lesbierinnen, wenn sie eine entsprechende Zentrale anrufen oder sich einer lesbischen Gruppe anschließen. Dieser erste Schritt kann oft beängstigend sein, denn er bedeutet ja, sich offen zur Homosexualität zu bekennen. Frauen begeben sich in eine Welt, die angeblich von eifersüchtigen, aggressiven, pfeifenrauchenden, in Herrenkleidung herumlaufenden lesbischen Monstern bevölkert ist, wie sie in den meisten Psychologieleitfäden und den populären Filmen dargestellt werden. Die Lesbe am anderen Ende der Leitung wird genau wissen, wie dir zumute ist, denn sie wird höchstwahrscheinlich dieselbe Erfahrung gemacht haben. Sie wird dich nicht zwingen, etwas zu sagen oder gar zu tun, was dir gegen den Strich geht, sie ist einfach da, um dir zuzuhören und dir zu helfen. Sie ist auch da, dir deine eigenen Empfindungen und Gefühle klar zu machen.

June rief eine Telefonnummer an, die auf einem Aufkleber in einem Zugabteil stand. Sie sagte: „Zuerst dachte ich: ‚Nein, dort rufe ich nicht an. Wie soll ich wissen, daß ich hundertprozentig homo bin, und ich hasse das Wort ‚lesbisch'. Aber ich war wirklich einsam. Jeden Tag habe ich geweint. Etwa sechs Wochen lang trug ich die Telefonnummer auf einem Zettel mit mir herum, nahm sie jeden Tag hervor, sah sie an und dachte: ‚Nein, es geht nicht.' Aber dann rief ich doch zweimal dort an und zitterte derart, daß ich kaum den Hörer halten konnte, und dann antwortete diese Frau: ‚Hallo, hier spricht die *Lesbian Line,* und dann habe ich überhaupt nichts mehr herausbringen können. Es fiel mir einfach nichts ein. Aber als ich das drittemal anrief, ging es. Ich konnte jedoch nur quieksen: ‚Ich glaube, ich bin lesbisch', und dann haben wir uns sehr lange unterhalten. Später habe ich dann noch einigemale angerufen und schließlich genügend Mut aufgebracht, zu einer Versammlung zu gehen. Dort bekam ich einen Schock, denn ich hatte mir eingebildet, man könne es ihnen ansehen – ihr Lesbentum –, und da gab es nichts! Sie sahen genauso aus wie Frauen, denen man täglich auf der Straße begegnet. Und ich dachte: ‚Sieh da, *jede* von uns könnte lesbisch sein.'''

Probleme aber verschwinden nicht wie durch ein Wunder, nur, weil du andere Lesbierinnen kennengelernt hast. Es kann jedoch tatsächlich ungeheuer hilfreich sein, wenn man seine Probleme mit anderen Frauen teilt, die ähnliches erlebt haben und wenn man von ihnen erfährt, wie sie es verkraften konnten. Lesbische Gruppen bemühen sich, ein warmes menschliches Klima und eine entspannende Atmosphäre zu vermitteln.

Gewiß bestehen echte Schwierigkeiten, wenn du dich offen als Lesbe bekennst. Jamila zum Beispiel verheimlicht es, weil sie meint, dies würde innerhalb der indischen Gemeinde, in der sie lebt, einen Skandal heraufbe-

Leidenschaftliche Freundschaften verhelfen uns zu einem besseren Verständnis des Wesens der Liebe . . .

schwören. „Sex ist so gut wie tabu. Wenn eine Frau darüber spricht oder gar eine außereheliche Beziehung will, gilt sie als promiskuitiv, unmoralisch und als schlecht. Wüßte meine Familie über mich Bescheid, würden die Leute darüber reden, das Familienprestige würde leiden und die Zukunftsaussichten würden negativ beeinflußt. Ich könnte damit zum Beispiel die Heirats-Chancen der Kinder verderben. Deshalb behalte ich es für mich und treffe mich mit niemandem.‟

Der Vater einer jüdischen Frau sprach den „Kaddisch‟ (das Totengebet) über sie, als sie sich weigerte, ihrer Liebe zu Frauen zu entsagen. In der Familie gilt sie als gestorben, und man weigert sich sogar, mit ihr zu reden, wenn sie sich mit ihrer Familie telefonisch unterhalten will (zitiert in Sasha Gregory Lewis: *Sunday's Women: A report on lesbian life today*).

Mandys Vater schickte sie zu einem Psychiater, damit sie „geheilt‟ werde; Sally wurde aus ihrer Klosterschule entfernt; Liz war vom Freund ihrer Schwester vergewaltigt worden, der ihr versichert hatte: „Alles, was du brauchst, ist ein ordentlicher Fick.‟ Andere Frauen verloren ihre Stellungen oder wurden nicht befördert. Manche glauben sich von der Gesellschaft stigmatisiert und werden von ehemaligen Freunden und Bekannten lächerlich gemacht, bespöttelt oder ignoriert. Lesbierinnen, die entweder Kinder haben oder sie haben wollen, werden oft große Schwierigkeiten in

Gemeinsame häusliche Pflichten sind Teil des Entgegenkommens bei Frauenfreundschaften.

den Weg gelegt, denn sie müssen mit dem Vorurteil, Lesbierinnen seien keine guten Mütter, kämpfen. Alle an Kindern von Lesbierinnen angestellten Forschungen haben ergeben, daß diese „bedauerlich" normal aufwachsen. Sie wählen die Spielsachen, Sportarten und Kleidungsstücke, die aufgrund ihrer Geschlechtszugehörigkeit erwartet werden und wachsen nur in ganz seltenen Fällen als Homosexuelle auf. Aber, wie Susan Hemmings, selbst lesbische Mutter, hervorgehoben hat:

Wir gehen natürlich von der Voraussetzung aus, daß wir keine anders gearteten Kinder wollen. Aber seien wir doch ehrlich: wir wollen es trotzdem. Die Welt, so wie sie augenblicklich ist, gefällt uns keineswegs, und wir wollen auch nicht, daß unsere Söhne später Bombenflugzeuge führen und unsere Töchter Hausmütterchen werden. Echte „amerikanische" Jungens und Mädels sind nicht unsere Sache. (Susan Hemmings: *Horrific practices: how lesbians were presented in the newspapers of 1978*)

Dawn und Katy haben je zwei Kinder, aber Dawns Mann erhielt das Sorgerecht zugesprochen, weil Dawn lesbisch war, und Katys Mann bezahlt lieber für das teure Internat, als daß er die Kinder bei Dawn und Katy wohnen ließe. „Ich werde das Gefühl nicht los, daß sie für mein Verhalten büßen müssen, aber wenn ich mich dagegen wehre, wird mein Ex-Ehemann die Vormundschaft mit allen Mitteln anfechten, und ich weiß auch, daß ich sie verlieren würde. Also finde ich mich damit ab und treffe die Kinder nur in den Ferien." Wir dürfen also die Risiken nicht verkennen, die mit einem offenen Bekenntnis zu unserem Lesbiertum verbunden sind.

Es geheimhalten Wir lassen uns viel zu leicht abschrecken und in dem Glauben bestärken, daß jedesmal eine solche Reaktion hervorgerufen wird, wenn wir unsere lesbische Veranlagung offen zugeben. Sollten wir überzeugt sein, ein Doppelspiel spielen zu müssen, dürfen wir auch nicht vergessen, daß das Geheimhalten seine eigenen Probleme und Niederlagen mit sich bringt. Es kostet nicht nur Zeit und Energie, sich permanent verstellen zu müssen, es erschöpft uns auch. Es macht uns befangen, und wir müssen dauernd auf der Hut sein, uns keine Blöße zu geben. In der Öffentlichkeit verleugnest du deine Freundin, erwähnst erfundene Männerbekanntschaften, verstaust ihre Sachen im Gästezimmer, wenn deine Mutter zu Besuch kommt, bist vorsichtig bei allem, was du am Telefon sagst, berührst sie niemals in der Öffentlichkeit, auch nicht mit der kleinsten zärtlichen Geste, kannst niemals mit derselben unbefangenen Sicherheit wie es heterosexuelle Frauen tun, sagen: „*Wir* taten dies . . ." oder „*Wir* gingen dorthin . . .". Und dann machst du dir dauernd Gedanken: „Haben die wohl was gemerkt?" Dieses Doppelspiel aufzugeben bedeutet nicht „unverfroren" zu sein oder „deine Sexualität zur Schau zu stellen". Es bedeutet nichts weiter als die Beanspruchung gleicher, für Heterosexuelle geltender Rechte und zur selben Zeit ist es eine Bestätigung, daß du, als Mensch, vollwertig und „in Ordnung" bist.

„Coming out" Es gibt keinen „richtigen" Weg, jemandem, an dem dir viel liegt, zu eröffnen, daß du lesbisch bist. Es gibt keine Garantie dafür, daß andere dafür Verständnis haben. Menschen, die es ablehnen, werden immer Wege finden, dich auch abzulehnen, gleichgültig, was du sagst und wie überzeugend du es vorbringst. Aber wahrscheinlich wird dir eher positiv begegnet, wenn

jeder spüren und erkennen kann, daß du wirklich glücklich bist. Solltest du es jedoch jemandem beibringen im Büßerhemd oder unter Tränenströmen – und sollten deine Sätze beginnen mit: „Es wird dir nicht gefallen, aber . . .'' oder gar: „Ich muß dir etwas Furchtbares gestehen . . .'', dann wundere dich auch nicht, wenn der andere bestürzt reagiert. Damit herauszuplatzen, wenn du gerade einen fürchterlichen Krach mit deinen Eltern gehabt hast: „Es ist mir scheißegal, was ihr sagt, ihr habt mich niemals richtig geliebt, und euretwegen bin ich lesbisch geworden!'' oder im Laufe einer ehelichen Auseinandersetzung: „Du taugst überhaupt nicht für mich, und außerdem habe ich ein Verhältnis mit Jane'' wird praktisch eine Ablehnung und Traumatisierung garantieren. Indirekte Methoden, wie „versehentlich'' Liebesbriefe oder Tagebücher herumliegen zu lassen oder „irrtümlich'' die Schlafzimmertür nicht abzuschließen sind natürlich attraktiv, weil du dann ja nicht mehr nötig hast, anderen offen und ehrlich die Wahrheit zu sagen, aber es ist eine recht brutale Form der Mitteilung und überdies eine, die häufig zu bitteren gegenseitigen Anschuldigungen und Vorwürfen führt.

Empfindest du es als etwas Positives, dann willst du auch denjenigen Menschen, an denen dir etwas liegt, erzählen, daß du in einer Situation, in der Fragen gestellt, Zweifel bekundet und Vorbehalte angebracht werden können, trotzdem glücklich bist. Debbie sagt zum Beispiel, ihr siebzehnjähriger Sohn Michael „hat ernste Schwierigkeiten, es zu verkraften, weil sein Vater großen Druck auf ihn ausübt. Ich sagte: ‚Michael, denke bitte zurück an die vergangenen siebzehn Jahre deines Lebens, überlege einmal, was ich dir bedeutete, wer ich war. Die Tatsache, daß ich jetzt Linda liebe, ändert nichts an meiner Zuneigung zu dir. Lesbisch zu sein hat mich nicht verändert. Ich bin immer noch der gleiche Mensch.''

Sarah ist froh, es ihrer Mutter gestanden zu haben. „Damals war ich um die dreißig, und ich erklärte ihr, daß sie, als sie so alt war, verheiratet gewesen war, mit zwei Kindern, und daß ihr meine Art zu leben ganz anders erscheinen muß. Sie stimmte mir zu und sagte auch, daß ihr damals meine Karrierechancen nie offengestanden hätten. Wir haben uns dann ganz frei unterhalten, eigentlich war es das erste, echte Frau-zu-Frau-Gespräch. Und dann eröffnete ich ihr, daß ich mit Kathy zusammenleben wolle, daß ich sie sehr liebte, daß ich mich dazu entschlossen hätte und froh darüber sei und daß ich hoffte, sie würde es eines Tages verstehen. Offenbar hatte ich recht damit. Damals bekam ich ein ganz anderes Bild von meiner Mutter, als sie mir nämlich davon erzählte, wie sie sich als junge Frau erlebt hat und zwischen welchen Alternativen sie sich entschieden hatte. Das tat uns beiden wohl, wirklich wohl.''

Als Jenny ihrem Vater eröffnete, daß sie lesbisch sei, „war es etwa ein Jahr vor seinem Tod. Er war schon sehr krank. An diesem Nachmittag – ich kümmerte mich um ihn, und meine Mutter war ausgegangen – sprach er zu mir von meiner Schwester und sagte, sie sei doch verheiratet, habe Kinder und so weiter, aber was solle aus mir werden? Ich sagte es ihm. Damals lebte ich mit Helen zusammen und zwar recht glücklich, und ich glaube, ich erzählte es ihm, weil ich es schon immer wollte, aber auch, weil er sich offenbar Gedanken um mich machte. Aber er sagte nur: ‚Das ist in

Ordnung. Hauptsache, du hast jemanden, der dich im Auge behält.' Es gab überhaupt keine Probleme."

Penny berichtete, wie sie es ihrer fünfjährigen Tochter beibrachte. Sie liebte Jill und war sehr unglücklich über das Scheitern dieser Beziehung. „Ich war so verstört, zerbrochen, buchstäblich zerfetzt und ich konnte nicht aufhören zu weinen. Meine Tochter war sehr verblüfft, und ich erklärte ihr, daß ich jemanden sehr lieb gehabt hätte und daß ich diesen Menschen aber nicht so lieben konnte, wie ich es wollte, und daß ich deshalb so traurig sei. Ich erwähnte ihre ‚Sicherheitsdecke', weil sie immer eine kleine Decke mit sich herumträgt, und wenn sie sie verliert, ist sie jedesmal untröstlich, und ich sagte: ‚Für mich ist es genau dasselbe. Ich habe einen Menschen verloren, den ich sehr lieb hatte und nach dem ich mich sehne, und ich bin traurig, und deshalb habe ich geweint.' Das begriff sie. Ich meine, sie sah es als einen Teil des Familienlebens; du weißt schon, wenn die Decke verloren geht, dann ist der Teufel los, dann gibt es eine echte Krise."

Diese Frauen haben sich nicht auf irgendeine Weise für ihr Lesbiertum *entschuldigt*, und sie haben zwischen ihrer eigenen Erfahrung und der anderer Menschen eine Verbindung hergestellt. Sie haben ihre Gefühle verständlich gemacht, indem sie sie mit Begriffen verglichen, welche die andere Person kennt (Mutterschaft, Freiheitsliebe, Sicherheit, eine Kinderdecke) – ein tagtägliches, verständliches, menschliches Bewußtsein, das sich nicht ohne weiteres als pathologischer Paradefall darstellen läßt. Sie haben ihre gelebten Erfahrungen weitergegeben, anstatt das Etikett „lesbisch" entweder als Bestrafung oder als Drohung oder als Entschuldigung, ja sogar als Erklärung zu benutzen.

Zuhören und lernen

Wenn eine Frau dir gesteht, sie sei lesbisch – es könnte die Schwester, die Tochter, die Freundin sein –, dann solltest du ihr zuhören. Nimm nicht von vornherein an, du könntest sie verstehen und biete ihr nicht sofort Rat- und Vorschläge oder Informationen an. Sie weiß mehr als du darüber was es heißt, lesbisch zu sein, denn es ist Teil ihrer gelebten Erfahrung: Sie ist die Expertin. Und versuche auch nicht, ihr über den Mund zu fahren und so etwas zu sagen, wie: „Was du im Bett tust, ist deine Angelegenheit" oder indem du ihr voreilig versicherst, du wüßtest ganz genau, was sie fühle und wärst überhaupt nicht voreingenommen. Und deshalb brauche sie auch nichts weiter darüber zu sagen. Es ist wichtig, das Thema offen zu lassen, weil du eine Menge von ihr lernen kannst. Wenn du verärgert, bestürzt oder angewidert sein solltest, überlege einmal, warum das so ist und versuche, dich mit deinen eigenen Gefühlen auseinanderzusetzen.

Virginia schrieb an ihre Mutter aus dem College und erklärte ihr, sie sei lesbisch. Hier ist ein Auszug des Antwortbriefes ihrer Mutter:

Ich danke Dir für Deinen Brief. Er ist Dir bestimmt nicht leicht gefallen, und ich bin glücklich und stolz, daß Du mir vertraust und daß Dir genügend an einer gegenseitigen Offenheit liegt, um diesen Schritt zu wagen. Ich habe Dich lieb – werde Dich immer lieb haben – und glaube auch, daß ich Dich jederzeit, so wie Du bist, akzeptieren würde.

Es wäre aber unaufrichtig von mir so zu tun, als ob mir die von Dir geschilderte Situation gefiele, wenn ich auch nicht gerade einen Ohnmachtsanfall gekriegt habe.

Ich kann nichts weiter sagen, als daß ich mir Mühe geben werde, es zu verstehen. Ich habe das Gefühl, daß alles, was ich nun sagen kann, wahrscheinlich falsch klingen wird, aber glaube mir, ich muß, wollen wir miteinander ehrlich sein, Dir ein paar meiner Gedanken mitteilen. . . . Jedenfalls, und egal, was geschieht, werde ich mir Mühe geben, wirklich *bei* Dir zu sein und zu verstehen. (Virginia Hoeffding: *Dear Mom*)

Hindernisse

Weil es die Menschen peinlich berührt, wenn von Lesbiertum die Rede ist, haben sie eine sehr starre und enge Definition der Lesbe erfunden, damit so wenig Frauen wie möglich unter diese Kategorie fallen und als „echte" Lesbierinnen gelten. Fast jede Frau, mit der ich gesprochen habe, hat mindestens einmal gesagt bekommen, sie sei eigentlich keine „echte" Lesbe. Vielen, und besonders den jüngeren, wird erklärt, daß dies nur eine vorübergehende Phase sei, die sie überwinden werden. Älteren Frauen wird, wie Jessica mir berichtete, gesagt, daß „es nur deshalb ist, weil meine Ehe nicht geklappt hat und ich leider dem richtigen Mann noch nicht begegnet bin". Noch älteren Frauen kann es wie Debbie ergehen. „Mein Mann behauptete, es seien die Wechseljahre. Er hat sich tatsächlich die einschlägigen Bücher aus der Bibliothek geholt, in denen von Frauen die Rede war, die sich während des Klimateriums zu anderen Frauen hingezogen fühlten und die dann doch nicht lesbisch waren – aber erst, nachdem sie ihr Leben völlig ruiniert hatten."

Sharon wurde erklärt, daß sie keine echte Lesbe sein könne, denn sie habe ja niemals mit einem Mann geschlafen: Woher wolle sie also wissen, daß Sex mit einer Frau besser sei? Lucy hat in der Tat Sex mit Männern gehabt: Deshalb sagt man ihr, sie sei eigentlich bisexuell. Josie hat niemals mit einer Frau geschlafen und sagt: „Würdet ihr eine heterosexuelle Frau fragen: ‚Woher willst du wissen, daß du heterosexuell bist, wenn du niemals mit einem Mann geschlafen hast?' oder aber: ‚Woher willst du wissen, daß du heterosexuell bist, wenn du niemals mit einer Frau geschlafen hast um es zu vergleichen?' Wir müssen uns wirklich große Mühe geben, um zu beweisen, daß wir lesbisch sind."

Natalie hatte keinen Orgasmus mit Frauen, und sie argumentiert folgendermaßen: „Es geht nicht um Sex, um Orgasmen. Es ist eine Lebensform, und ich will in der Gesellschaft von Frauen leben, will sie genau kennenlernen und will all mein sexuelles Vergnügen, meine emotionale Erfüllung, all meinen Trost nur von ihnen empfangen. Ich bin überzeugt davon, daß wahrscheinlich das Wesen der gleichgeschlechtlichen weiblichen Liebe in der gefühlsmäßigen Bindung an Frauen liegt."

Wollen Menschen nicht wahrhaben, daß wir lesbisch sind, sagen sie: „Das geht wieder vorbei" oder wir seien zu hübsch oder zu „feminin", um lesbisch zu sein, wir wären wohl bisexuell oder depressiv oder verwirrt, oder daß wir es nur sagen, um andere zu schockieren und zu verärgern. Wir sollten endlich begreifen, daß alle diese Einwände nur dazu dienen, Alternativen zur Heterosexualität zu verleugnen oder zu verteufeln. Diese Behauptungen sind nichts als Abwehrmechanismen und dienen als subtile (und nicht so subtile) Zwänge, sich anzupassen. Weil wir oft selber Schwierigkeiten haben, unser eigenes Lesbiertum einzugestehen, stellen wir uns gelegentlich die Frage, ob da nicht doch etwas dran sein könne.

Die Frage der Wahl

Wenn wir uns für ein lesbisches Leben entscheiden, treffen wir eine Wahl, die jeder Frau offensteht. Viele Frauen und Männer empfinden das als eine große Bedrohung, und deshalb geben sie sich Mühe, uns so anders geartet als nur möglich zu zeichnen.

Daher erfinden sie all die Theorien über Gene und Hormone und frühe Kindheitserlebnisse. Sie ziehen einen Trennungsstrich zwischen Lesbierinnen („das dritte Geschlecht") und anderen Frauen. Viele Lesbierinnen sind überzeugt davon, daß sie schon immer „anders" waren. Sie erinnern sich zurück, ihnen fällt ein, wie sie bereits im Kindergarten mit anderen kleinen Mädchen „Doktorspiele" gespielt haben. Sie entsinnen sich an eine beste Freundin in der Grundschule oder daran, wie sie als Teenager für eine Lehrerin geschwärmt haben. Jackie erinnert sich, bereits als Dreijährige von Frauen geträumt zu haben. Andrea sagt: „Ich habe mich immer für anders als die anderen Mädchen gehalten. Niemals wollte ich mit Puppen spielen oder Seilspringen. Ich habe mit den Jungens Fußball gespielt." Sarah erinnert sich an ihren ersten Orgasmus, den sie als Elfjährige mit einer gleichaltrigen Freundin im Internat erlebte. Aus solchen Geschichten mag hervorgehen, daß das ganze Leben einer Frau nichts weiter als ein unbewußtes Ausagieren ihrer lesbischen Bestimmung sei, die dann erst spät als solche begriffen wurde. Aber in Wirklichkeit sind liebevolle und erotische Beziehungen zwischen Mädchen und Frauen Teil der Erfahrungen beinahe jeder von uns. Frauen, die sich später als heterosexuell bezeichnen, haben gelernt, solche Gefühle entweder zu vergessen oder zu

Lesbisch sein ist eine Lebensform ... Wir wollen unser Leben und unsere sexuelle Erfüllung mit einer anderen Frau finden.

verdrängen, sie in eine andere Perspektive neben ihren Gefühlen für Männer zu bringen oder aber sie als bloße Vorbereitungen einer Heranwachsenden auf die eigentliche Aufgabe der Heterosexualität anzusehen. Schließlich ist eine Beziehung zu einem Mann ein Beweis dafür, endlich erwachsen, gereift zu sein.

Für viele sich als lesbisch identifizierende Frauen gibt es jedoch gute Gründe für diese Besinnung auf ihre Vergangenheit. Autobiographische Einzelheiten, die auf ein frühkindliches Lesbiertum weisen, sind für manche Frauen wichtig, weil sie anderen „beweisen" – und auch sich selbst –, daß ihr Lesbiertum „natürlich" oder für sie etwas „Normales" sei. Cornelia sagt: „Ich glaube nicht, daß es eine Wahl gibt. Mag sein, daß es tatsächlich für einige Menschen so etwas gibt, aber in meinem Fall bin ich gewählt worden. Zwanzig Jahre lang habe ich es nicht sehen wollen, aber schließlich blieb mir kein anderer Weg. Hätte es für mich eine Wahl gegeben, würde ich mich weiß Gott nicht so gequält haben und hätte mein Leben nicht völlig umgekrempelt und alles aufs Spiel gesetzt. Ich hatte eine gemeinsame Praxis mit meinem Mann, wir bewohnten ein Haus, das uns beiden gehörte. Ich war ein angesehenes Mitglied unserer Gemeinde, arbeitete in meiner Freizeit in der örtlichen Familienberatungsstelle und ging regelmäßig in die Kirche. Ich hatte also alles zu verlieren – das war das Paket, das ich in die Waagschale werfen würde."

Auch Diana meint, sie habe sich ihr Lesbiertum nicht ausgesucht. „Wer, bitte, würde bei klarem Verstand ein Lesbendasein wählen? Es ist doch viel einfacher, ‚normal' und akzeptiert zu sein als sich dauernd verstellen zu müssen. Ich glaube, es hat etwas damit zu tun, daß mein Vater, als ich klein war, so oft abwesend war. Darum habe ich nie gelernt, eine Beziehung zu Männern zu entwickeln. Und jetzt ist es zu spät. Ich kann nichts dafür, daß ich lesbisch bin, es läßt sich nun einmal nicht ändern." Sowohl Cornelia als auch Diana können nicht begreifen, weshalb eine Frau sich entscheidet, die Geborgenheit einer heterosexuellen Lebensweise aufzugeben: Nichtsdestoweniger haben es beide getan. Deshalb sind sie zu der Überzeugung gelangt, daß ihnen keine Wahl blieb, daß ihnen ihr Lesbiertum aufgezwungen wurde. Diese Ansicht hört man öfter, wenn Menschen, denen eine schwierige Entscheidung bevorsteht (und von der sie nicht sicher sind, ob es die richtige ist), sagen: „Es blieb mir nichts anderes übrig." Oder: „Die Wahl wurde für mich getroffen" oder: „Ich wurde dazu gezwungen" oder: „Es gab wirklich keine Alternative." Der Wunsch, nur mit Frauen Beziehungen zu haben, sie zu lieben und mit ihnen zusammenzuleben, kann natürlich angesichts des ungeheuren Gegendrucks völlig überwältigend und zwingend werden. Anstatt Leuten, die wissen wollen, *warum* wir lesbisch sind, lange Erklärungen und Rechtfertigungen zu geben, ist es einfacher, sowohl zu ihnen als auch zu uns selbst zu sagen: „Ach, ich bin schon seit meinem zweiten Lebensjahr so gewesen."

Nicht nur Sex   Ein Großteil der gesellschaftlichen Definition der Lesbe knüpft sich an ihre Sexualität. Nichtsdestoweniger gibt es nur wenige Frauen, die in ihrem Lesbiertum primär eine sexuelle Präferenz sehen. Und doch ist es das, was die meisten Außenstehenden annehmen. Eine Lesbe wird oft als eine Frau verstanden, die zufällig Sex mit Frauen statt mit Männern vorzieht –

genauso, wie es Menschen gibt, die lieber Eis mit Vanille- statt mit Schoko-
ladegeschmack essen. Es gibt viele Mythen über lesbisches Geschlechtsleben. Manchmal wird es als Zuflucht vor männlicher Aggression verstanden: Zwei bedauernswerte Geschöpfe kuscheln sich, um Trost zu finden,
aneinander. Oder aber Lesbierinnen werden in der pornographischen
Phantasie als sexuelle Superfrauen erlebt, die sich ununterbrochen Tag und
Nacht größere und bessere Orgasmen verschaffen. Und weil bei vielen
Menschen Sex nur heterosexuelle Vorstellungen heraufbeschwören kann,
ist die Meinung, eine Frau müsse immer ,,der Mann'' und ihre Partnerin
immer ,,die Frau'' spielen, weit verbreitet – sogar bei einigen Lesbierinnen.
Diese Mythen verzerren und karikieren unsere Lebensform. Gewiß kann
Sex zwischen Frauen intensiv, leidenschaftlich oder zerstörerisch sein.
Aber für die meisten von uns steht er nicht im Mittelpunkt. Lesbierin zu
sein bedeutet nur eine Variante der Wirklichkeitserfahrung, eine Da-
seinsform in dieser Welt.
Wir alle haben es in uns, sowohl Männer als auch Frauen zu lieben und sie
sexuell attraktiv zu finden. Aber in der Regel entscheidet es die Gesellschaft für uns und weist dem jungen Mädchen den Weg in Richtung des
anderen Geschlechts. Passende Liebesobjekte sind männlich, die Liebe zum
gleichen Geschlecht ist nur eine ,,Phase''. Ist die Frau bisexuell, wird sie es
ablehnen, sich derart abstempeln zu lassen, denn sie empfindet womöglich
ihre Bisexualität als eine Geste der Befreiung.
Frauen, die sich als bisexuell betrachten, wird oft nachgesagt, sie seien in
Wahrheit frustrierte Lesbierinnen, die es nicht wahrhaben wollen, lesbisch
zu sein, oder aber, daß sie eigentlich Heterosexuelle seien, die sich eine
sexuelle Extratour verschaffen wollten. Die homo- und heterosexuellen
Freunde üben Druck auf die Frau aus und legen ihr nahe, ,,mit ihrer
eigenen Sexualität ins reine zu kommen'', sie ermutigen sie, ,,sich endlich
zu entscheiden''. Aber Bisexualität hat weniger mit Entscheidungskraft zu
tun als mit dem Bild, das sich ein Mensch von sich selbst macht.

Bisexualität

Bisexuelle Frauen sagen zum Beispiel: ,,Mich interessiert der Mensch und
nicht seine Geschlechtszugehörigkeit. Ich kann mich in einen Mann, aber
ebenso gut in eine Frau verlieben.'' In diesem Licht betrachtet kann das
Konzept der Bisexualität zu einem Menschen passen, der subtilerer und
vielfältigerer Erfahrungen fähig ist als jemand, der sich für die eine oder
andere Seite entschieden hat.
Bisexuelle Frauen sind ein Beweis dafür, daß die erstarrten Kategorien
,,heterosexuell'' oder ,,lesbisch'' durchaus fließend sein können, denn die
Menschen lassen sich nicht so ohne weiteres einordnen. Wie Lesbierinnen
lehnen auch bisexuelle Frauen eine ausschließliche Heterosexualität ab und
betonen statt dessen manchmal ihr Lesbiertum. Alice: ,,Ich kann mich als
bisexuell bezeichnen, weil ich genauso gerne mit einem Mann wie mit
einer Frau schlafe. Aber gewöhnlich bezeichne ich mich als Lesbe, denn
Lesbierinnen werden unterdrückt und angegriffen, und wenn ich Partei
ergreifen muß, dann will ich auf der Seite der Unterdrückten sein.''

Bisexualität bringt viele Probleme mit sich. Manche Frauen sehen darin eine Gefahr: Männer werden als Ernährer, Ehemänner und Väter ihrer Kinder ausgebeutet. Die bisexuelle Frau genießt alle Vorteile einer Heterosexuellen in einer heterosexuellen Gesellschaft und gebraucht Frauen, wenn sie Wärme, Trost und erotische Befriedigung haben will – das heißt, sie genießt die Vorzüge einer Lesbe und entgeht gleichzeitig der gesellschaftlichen Stigmatisierung. Wieder andere Frauen meinen, daß sie manchmal das Wort „bisexuell" als Rechtfertigung für einen Seitensprung haben müssen. „Ich liebe dich sehr, Sarah, aber ich mußte einfach mit Michael ins Bett gehen, weil ich immer beides brauche: Einen Mann und eine Frau. So bin ich nun einmal gemacht." In einer solchen Situation könnte es ehrlicher sein, von der Rolle der Monogamie und der ausschließlichen Zweierbeziehung zu sprechen anstatt den Begriff „sexuelle Orientierung" zu gebrauchen, um für alles eine Erklärung zu finden.

Bisexualität ist keineswegs die problemlose, befreite und allesheilende Antwort auf alle Übel, für die man sie manchmal verkauft. Natürlich sind wir alle potentiell bisexuell, aber wir sollten uns genau überlegen, weshalb wir uns bisexuell nennen, wie wir das Wort gebrauchen und was es in einem gesellschaftlichen Kontext bedeuten kann. Es ist beinahe so, als wollten wir, wenn wir uns als „bisexuell" bezeichnen, eine Rechtfertigung für jedes auf uns zukommende romantische Abenteuer haben, nur weil es uns reizt. Auf diese Weise wird es zwar zum Ausdruck einer Philosophie sexueller Befreiung, aber wir sollten es uns genau überlegen, ob es dies ist, woran wir ehrlich glauben und ob es das ist, was wir wirklich wollen.

Lob der Enthaltsamkeit

„Wir können zwar sagen ‚Ich bin nicht sehr musikalisch' oder ‚Ballett interessiert mich nicht besonders'. Aber vom Sex kann man das nicht sagen."
„Surfer tun es im Stehen"
„Segelflieger tun es gleitend"
„Bauernburschen tun es in ihren Stiefeln"

Wir leben in einer sex-orientierten Gesellschaft. Vor noch gar nicht so langer Zeit sprach man den Frauen alle sexuellen Regungen ab und betrachtete sie als anomal, wenn sie sexuell glücklich sein wollten. Heutzutage gelten diejenigen, die ohne Sex auskommen, als anomal. Auf uns wird sehr viel Druck ausgeübt, nicht nur einfach Geschlechtsverkehr zu haben, sondern auch den bestmöglichen und zu beweisen, daß wir sexuell erfolgreich sind. Für viele von uns ist es fast so, als wäre Sex eine Art Gesundheitszeugnis, als hätten wir den Beweis unserer Existenz zu erbringen: Hauptsache, wir reagieren sexuell und sind geschlechtlich aktiv.

Über Alterssex werden Bücher geschrieben, in denen uns Ratschläge gegeben werden, wie wir durch Sex sogar den Tod in Schach halten können. Uns wird geraten, die Genitalien zu benutzen. Es ist wie Jogging – damit unsere Organe nicht verkümmern. Den Frauen wird gesagt, daß sie, wenn sie keinen Verkehr haben und auch nicht masturbieren, zusammenschrumpfen würden.

Obligater Sex

Eine Unmenge von Anzeigen wirbt für alle möglichen Medikamente, Nahrungsmittel und Vitaminpräparate. Sie reichen von Wodka bis Ginseng, und wir alle können, wenn wir sie einnehmen, unsere Libido stärken. Neue Erfahrungen, ja sogar neue Sexualorgane werden entdeckt. Nach dem Klitoralorgasmus und dem Vibrator kommt nun der „G-Punkt", eine angebliche Stelle an der Vorderwand der Vagina: Eine Frau, die nicht ejakulieren kann, soll sich inadäquat vorkommen. Shere Hite meint, es sei wie die Suche nach dem Gral. Aber das Schwierigste in diesem Meer sexueller Aktivitäten ist das Wörtchen „nein". „Nein danke, ich will das nicht." Und statt dessen tun wir etwas anderes. Die Menschen dürfen alle nur erdenklichen Abartigkeiten gestehen, und sicherlich finden sie immer einen verständnisvollen Zuhörer, jemanden, der sie und ihre Sexualität versteht, ob es nun kleine Jungen oder deutsche Doggen sind. Aber zuzugeben, daß man keinen Sex haben will, daß man nicht mit jemandem zusammenleben, ja daß man nicht einmal Selbstbefriedigung braucht – das bedeutet, wahrhaft absonderlich zu sein. Ich kenne zum Beispiel eine Frau, die erst im Alter von vierundzwanzig Jahren entjungfert wurde und mir erklärte, sie war hinterher „so erleichtert", denn nun kam sie sich nicht länger anomal vor. Unsere Gesellschaft hat den jungen Menschen eine neue und schwerwiegende Bürde auferlegt, nämlich stets sexuell erfolgreich zu sein und mehr und besseren Geschlechtsverkehr zu haben.

Die nun älter gewordene Generation der Jugendrevolte der sechziger Jahre, denen ihre einstigen Partner inzwischen davongelaufen sind oder die sich nach den aufregenden Zeiten jener Jahre zurücksehnen und alles in Staub und Asche verwandelt vorfinden, haben am meisten unter dem Druck gelitten, bei jeder Gelegenheit sexuelle Erfahrungen zu sammeln und das beängstigende Gefühl zu haben, daß sie, falls sie keinen Sex hätten, „austrocknen" würden. Freiwillige Enthaltsamkeit ist natürlich etwas ganz anderes als ein erzwungenes Zölibat, wo es entweder keine Ausweichmöglichkeiten gibt oder diese der Frau zuwider sind.

Die unfreiwillig Enthaltsame

Rowena ist 44. Als sie in den Zwanzigern und Dreißigern war, gehörte Sex einfach als Ausdruck der Freundschaft und Begleiterscheinung von Zufallsbegegnungen dazu. Sie begegnete einem Mann, sie gingen ins Bett, er verabschiedete sich. „Es war nur eine Pflichtübung, es bedeutete ihm absolut nichts." Aber nun ist sie allein, und das, was sie in ihrem jetzigen Leben am meisten beunruhigt, was ihr den größten Kummer bereitet, ist ihre Art, sich gehen zu lassen. Sie leidet unter schweren Depressionen und intensivem Einsamkeitsgefühl. „Ich lebe nicht wie ein normaler Mensch. Ich schlafe in meinen Kleidern. Ich arbeite sporadisch und dann sehr nachlässig. Ist die Arbeit getan, versinke ich in einer Art Nebel. Ich stelle keinerlei Anforderungen an mich. Meine Freundin Sophia sagt: ‚Such dir doch einen Freund, und dann fahren wir zu viert übers Wochenende nach Frankreich!' Das tut weh, denn es gibt niemanden, den ich einladen kann. Ich gehe in die Oper und kann mich nachher mit niemanden darüber unterhalten. Ich habe niemandem, mit dem ich über die *Kontinuität* des Lebens sprechen kann, denn das würde mir das Älterwerden erträglich machen. Und das beunruhigt mich besonders."

Für Rowena ist Enthaltsamkeit eine Falle, der sie nicht entkommen kann.

Aber es *ist* möglich, Enthaltsamkeit als ein Mittel zu wählen, um für sich selbst Freiraum zu schaffen, um das eigene Leben in Ordnung zu bringen, um endlich das zu tun, was man immer tun wollte.

Positive Enthalt-samkeit

Wollen wir wirklich sexuell frei sein und lehnen wir es ab, Dinge tun zu müssen, die wir nicht tun wollen, muß uns auch das Recht zugestanden werden, enthaltsam zu leben, ohne daß wir uns als Versagerinnen vorkommen oder uns dafür rechtfertigen müssen. Karen: ,,Jawohl, ich lebe enthaltsam, aber das macht mich noch nicht zu einem zölibatären Menschen. Ich weiß, das ist jetzt die offizielle feministische Bezeichnung, aber irgendwie paßt es nicht zu mir. Es klingt so nach verschrobenen Säulenheiligen in härenen Gewändern, so nach Anstrengung, aber für mich ist es augenblicklich ein natürlicher Zustand. Ich habe ja noch alle meine Freunde und auch Becky [ihre Tochter], ich brauche nur hin und wieder einmal ein wenig Zärtlichkeit, aber nach Sex ist mir nicht zumute.''

Die sexuelle Revolution der sechziger Jahre hat nicht nur viele enthemmt, die vorher nicht ausgesprochen haben, was sie fühlten und wollten, sie hat auch Sex obligatorisch gemacht. Aber für viele Frauen bedeutete es alles andere als eine sexuelle Befreiung – im Gegenteil. Ihre Körper standen jedem zur Verfügung. Für viele war dieses sexuelle Gerangel der Grund für eine Art Betäubung, eine Unempfindlichkeit. Als ob man eine ganze Bonbonniere auf einmal gegessen hätte und nachher nichts mehr schmecken konnte als den Zucker. Frauen fühlten sich verpflichtet, Sex zu haben und zwar oft, weil sie es sich selber aufgrund sozialer und von ihnen internalisierter Wertmaßstäbe zur Pflichtübung gemacht hatten.

Uns durch unsere Sexualität defi-nieren

Für viele von uns ist es wichtig zu wissen, daß wir sexuell attraktiv sind und daß jemand unseren Körper begehrt und uns aus diesem Grunde schätzt. Die Gesellschaft gibt einer Frau aber nur wenige Möglichkeiten zur Gewinnung ihrer Selbstachtung. Wo ein Mann sich Macht und ein Gefühl der Bedeutung seiner Position in der Geschäftswelt, der Industrie oder der Politik verschafft, erwächst das Selbstwertgefühl vieler Frauen aus dem Bewußtsein, daß Männer ihre Körper begehren. Auch wenn uns Sex eigentlich keinen Spaß macht, ist er doch wichtig für uns und außerordentlich beruhigend, wenn wir ihn einsetzen. Wir überlassen unsere Körper den Männern und ringen ihnen und unseren Kindern dafür Unterhalt, ein Heim, Sicherheit ab. Gewiß klappt es nicht immer. Aber die Gesellschaft konditioniert unsere Töchter, ihre Körper auf diese Weise einzusetzen. Eine Frau, die dies nicht tut, wird bemitleidet, verspottet oder verachtet.

Bis sie etwa dreißig ist, wird man sie ,,Junggesellin'' nennen, aber danach fragen sich die Leute, ob womöglich mit ihr etwas nicht ,,stimmt''. Ist sie eine Männerfeindin, frigide, dominierend oder einfach nur ,,sitzen geblieben''? Früher beschrieb das Wort ,,alte Jungfer'' genau das, was sie war – ein ,,spätes Mädchen'', ,,altjüngferlich'', ,,moralinsauer''. Hingegen kann ein Mann, der ledig geblieben ist, durchaus lobend ein ,,Junggeselle'' genannt werden. Aber die Bezeichnung ,,alte Jungfer'' wird uns niemals an eine vergleichbar sorglose und vergnügliche Existenz denken lassen.

Im Mittelalter waren ledige Frauen und Witwen Zielscheibe der Hexenverfolgungen. Eine Studie über die Hexenverfolgungen in Deutschland interpretiert ihre Funktion als eine klare Abzeichnung der ,,Exzentrizitätsschwellen, die eine Gesellschaft noch toleriert" (H. C. Erik Midelfort: *Hexenverfolgung in Südwestdeutschland*) und ihren psychologischen Einfluß als den einer Furcht vor „sozial unintegrierbaren Gruppen: unverheiratete Frauen". Ledige Frauen, steht da, galten als ein „sozial zerstörerisches Element", und die Hexenverfolgung war eben der Versuch, die Gesellschaft von ihrem Einfluß fernzuhalten.

Vorurteil und Unglaube

Auch heute noch müssen Frauen zwei Zwecken genügen: als Sexualobjekt oder zur Fortpflanzung. Wer als Frau in keine dieser Kategorien paßt, ist anomal. Es gibt tatsächlich Männer, die nicht begreifen können, daß eine Frau sie nicht *braucht*. Nicky trennte sich von ihrem Mann, weil sie sehr unglücklich mit ihm war. „Als ich auszog, nahm ich mir vor, nie wieder mit einem Mann zu schlafen. Solange ich allein lebte, weigerte er sich, es als endgültig zu betrachten. Immer wieder kam er vorbei, um sich zu überzeugen, daß alles mit mir ‚in Ordnung' sei und wollte mich zur Rückkehr bewegen. Er war sehr väterlich und besorgt und nett und brachte mir meine Post, aber er konnte es einfach nicht fassen, daß Schluß war. Für ihn war alles ein vorübergehender, bedauerlicher Fehltritt. Als ich es satt hatte, fing ich ein Verhältnis mit einem anderen an, nur, um meinen Mann fernzuhalten. Aber *ihn* dann loszuwerden, war genauso schwierig. Was mir aber den Rest gab, war, daß er zu meinem Mann ging und ihm erklärte, wir hätten uns getrennt, weil ich wahrscheinlich nur darauf brenne, zu ihm zurückzugehen! Die beiden hatten bestimmt ein langes Gespräch – über mich! Igittigitt! Am Ende standen sie beide vor meiner Tür und forderten mich auf, zwischen ihnen zu wählen ... Ich schickte sie beide zum Teufel. Ich zog um und hinterließ keine Adresse."

Es ist offenbar sehr schwierig, zölibatär zu leben und gleichzeitig ernst genommen zu werden. Nur eine religiöse Motivierung scheint den meisten als ein triftiger Grund für ein Leben als Nonne, und selbst dies ist verdächtig. Wir sollten endlich die Möglichkeit akzeptieren, daß eine Frau ein erfülltes, befriedigendes und kreatives Leben führen kann, in dem es zwar *Liebe*, aber keinen *Sex* gibt. Daß die meisten von uns das nicht anstreben, hängt wohl eher mit unserer gesellschaftlichen Konditionierung zusammen und ist nicht die Folge rationaler Überlegungen einerseits und intensiver Sexualität andererseits. Vielleicht nagt an uns die Furcht, ohne Sex die Liebe zu verpassen und daß niemand uns haben will.

Vorteile

Trotzdem liegen für viele Frauen deutliche Vorteile in einem zölibatären Leben. Es betrifft ihren Freiraum. Zum Beispiel brauchen sie sich nicht vor ungewollten Schwangerschaften zu fürchten, brauchen sich nicht der Mühe der Empfängnisverhütung zu unterziehen. Sie haben mehr Zeit und können selber darüber verfügen. Sie können sich allen möglichen Aktivitäten widmen, wenn sie erst einmal die starken, mit dem Entschluß, ein enthaltsames Leben zu führen verknüpften Emotionen verinnerlicht haben. Vielleicht bedeutete es, jemanden zu verlassen oder von jemandem verlassen zu werden, vielleicht war es ein Sterbefall – oft werden neue Energien freigesetzt. Teilweise ist es der Grund dafür, daß sie nun endlich Dinge tun können, die *sie* selber wollen, anstatt hauptsächlich damit beschäftigt zu sein, für andere zu sorgen oder einerlei, ob nun der Partner ein Mann oder eine Frau war, mit ihrem Ichbewußtsein einen Kompromiß zu schließen, nur um die Partnerschaft weiterbestehen zu lassen. Wir sind wie Philemon und Baucis geworden: mit anderen Worten die Hälfte eines Paares, statt eine eigenständige Frau. Daraus herauszubrechen kann sehr schmerzhaft sein, aber es bedeutet, sich als Individuum zu verstehen und nicht in eine andere Identität hineingeschmolzen zu sein.

Eine weitere Konsequenz dieser neuen Autonomie besteht in Freundschaften, die nicht mehr der sexuellen Partnerschaft untergeordnet werden. Sonst verzichteten Frauen lieber auf alte Freundschaften, wenn diese ihre sexuellen Beziehungen gefährdeten. In der Gesellschaft wird vorausgesetzt, daß man seine Freizeit mit dem Sexualpartner verbringt.

Mit der Freiheit zurechtkommen

Neue und vielfältige Beziehungen vermitteln uns Gelegenheiten, auch neue Aspekte unseres Selbst kennenzulernen. Wir empfinden – wenn auch anfangs vielleicht beängstigend – ein Gefühl persönlichen Freiraumes. Dieses neue oder wiedergefundene Freiheitsgefühl kann oft schwer zu verkraften sein. Eine kürzlich verwitwete Frau: ,,Freiheit ist nicht immer einfach: Entscheidungen, was man oder wann man essen soll, ob man einfach wieder nach Indien abhauen oder eine Einladung in ein Ferienhaus auf dem Lande annehmen soll, sind alles andere als leicht zu treffen. Mit Beziehungen jonglieren zu müssen um zu erkennen, was jede für einen bringt, und alle Einzelteile zu einem ganzen Ich zusammenzufügen, ist ein Dauervorgang.''

Janet ist eine alleinstehende Mutter mit drei Kindern und hat fast ein ganzes Jahr ohne Partner leben müssen. Sie gab eine sexuelle Beziehung auf, weil sie sich völlig von dem Mann beherrscht vorkam – ,,um seiner eigenen Sicherheit willen muß er beherrschen können''. Sie wollte nicht, sagte sie, ,,als Alleinerziehende'' gerettet werden, obwohl er es so verstand. ,,Es dauerte vier Jahre, ehe ich erkannte, daß das Leben als Einzelmensch lohnend sein kann. Aber es war ein Kampf. Entweder geht man unter oder man bewältigt ihn. Man findet und gebraucht seine eigenen Reserven. Aber ich habe außerdem mich selbst gefunden.'' Als sie sich ein für allemal von ihrem Lebensgefährten getrennt hatte, sagte sie: ,,Ich war wieder ganz auf mich gestellt. Ich erkannte, daß ich *nicht* durch jemand anderen leben muß. In mir ist eine Kraft, die mir Vertrauen gibt, ein Gefühl, wieder ein Teil der Welt zu sein, wieder dazuzugehören, wieder das Leben ,geschehen' zu lassen, und ich weiß jetzt auch, daß ich es an andere Menschen weitergeben kann, diese Stärke. Anscheinend strahle ich eine Energie aus, die wiederum eine Kettenreaktion auslöst: Seit ich allein auf mich gestellt bin, ist mir das viel deutlicher bewußt geworden.'' Obwohl es eine Frau anfangs sehr schwer haben kann, mit sexueller Enthaltsamkeit fertig zu werden – sie mag sogar Angst vor dem Alleinsein haben –, wird der Entschluß, auf einen Sexualpartner zu verzichten, einen Kräftezuwachs für sie bedeuten können. Die bloße Erkenntnis, daß sie niemanden braucht, auf den sie sich verlassen muß, gibt ihr oft ein überraschendes Machtgefühl. Unabhängigkeit, das Wissen, auf eigenen Füßen stehen zu können, dem Leben ganz allein die Stirne zu bieten und nicht mehr die eine Hälfte eines Zweiergespanns zu sein: das alles kann neue Freiheiten und neue schöpferische Energien bringen.

5. Beziehungen

Mit einem Mann über Sex reden

Viele Frauen haben Hemmungen, mit ihren Männern über Sex zu reden. Mehr als ein Viertel aller Frauen, mit denen ich mich über das Thema unterhielt, sagten, daß sie niemals mit ihren Partnern darüber redeten, wie sie zum Beispiel ihre sexuellen Beziehungen verbessern könnten. Oft meinen sie, es würde ja doch nichts nützen und manchmal suchen sie alle Schuld bei sich. Oft ist es die Umgebung – man wohnt zusammen mit den Schwiegereltern oder hat sonstwie mit Familienproblemen fertig zu werden. Unter derartigen Umständen mag es allerdings aussichtslos erscheinen, sexuelle Schwierigkeiten zu beseitigen. So erzählt mir eine Frau, daß sie es aufgegeben habe, gegen ihrer sexuelle Unzufriedenheit etwas zu unternehmen, seit sie ein Baby haben. „Im Augenblick, wo es interessant wird, wacht die Kleine auf. Haben Sie jemals versucht, sich zu entspannen, wenn ein Baby dazu die Begleitmusik heult?" Manchmal machen es die eigenen Hemmungen der Frau unmöglich, das Thema anzuschneiden, weil sie meinten, es gehöre sich nicht. Eine Frau, deren Ehemann ihr wiederholt beim Geschlechtsverkehr Schmerzen zufügte, sagte: „Ich finde mich damit ab, weil ich es nicht für richtig halte, ihm etwas vorzuschreiben. Das steht einer Frau nicht zu, das wäre unweiblich."

Frustration

Wenn Frauen ihre sexuelle Frustration oder ihre Teilnahmslosigkeit beschreiben, sagen sie oft, daß sie komplexe und gemischte Gefühle dabei haben – über Traurigkeit und Bedauern bis zu einem ausgesprochenen Widerwillen, als bloßes Befriedigungsmittel zu dienen, und manchmal auch bis zu intensiver Angst und Verzweiflung. Aber jedesmal sind sie überzeugt, daß nur bei ihnen die Schuld liege, daß *sie* versagt hätten. Eine Frau, die niemals während des Verkehrs zum Orgasmus gekommen ist, sagt: „Wenn ich mich doch nur entspannen, es genießen und gelegentlich einmal einen befriedigenden Orgasmus haben könnte! Meist empfinde ich gar nichts und schlafe schließlich frustriert ein, weil es so lange Zeit gedauert hat, ehe ich überhaupt etwas fühlte." Sie sieht sich als Alleinschuldige.

Die Furcht, den anderen zu kränken

Die meisten Frauen, für die das Thema bei ihren Ehemännern tabu ist, erklären als Grund, daß es ihnen peinlich ist, daß sie Hemmungen haben, daß sie aus einer Mücke keinen Elefanten machen und ihre Partnerschaft nicht gefährden wollen, indem sie sich über das, was der Mann tut, beschwerten oder sie fürchteten, er könne es „persönlich nehmen".

Die Furcht, ihn zu kränken oder zu verärgern, ist weit verbreitet. „Ich habe Angst, sein Männlichkeitsstolz könnte verletzt werden." Oder: „Ich sage so etwas nicht gerne, weil ich Angst habe, ihn zu kränken oder ihm womöglich den Eindruck zu vermitteln, er sei irgendwie sexuell unzulänglich." Oder: „Ich kann keine taktvolle, nicht verletzende Art und Weise

„Ich möchte nicht den Eindruck erwecken, als wolle ich meinen Mann kritisieren."

finden, um es im geeigneten Moment zu sagen, und nachher, in einem nichtsexuellen Zusammenhang, ist die Gelegenheit auch nicht passend." Oder: „Ich will ihn nicht verletzen, er hält sich für einen sehr kompetenten Liebhaber."

Bei heterosexuellen Beziehungen ist die traditionelle Vorstellung vom Mann als Angreifer und Eroberer und von der Frau als passivem Objekt seiner Leidenschaft immer noch lebendig. Demnach ist vielen Männern nicht bewußt, daß irgendetwas mit ihrer sexuellen Technik nicht stimmen könnte. Sie machen weiter wie gehabt und sind überzeugt, daß das, was zu Beginn ihrer Beziehungen funktionierte, auch jetzt noch funktioniert oder daß die Techniken, die bei anderen Frauen wirksam waren, auch bei der jetzigen Partnerin wirksam sind. Wenn die Männer wirklich genau Bescheid gesagt bekommen sollen, müssen wir Frauen den Mut aufbringen, die traditionelle Dornröschenrolle aufzugeben, wo die schlafende Prinzessin nur auf den Kuß des Prinzen wartet, der sie in Ekstase versetzt.

„Mit meinem Mann kann man überhaupt nicht über Sex reden. Er meint, ich wolle ihm ins Handwerk pfuschen."

Andererseits kann es passieren, daß Frauen, die über ihre sexuelle Beziehung reden wollen, erleben müssen, daß ihre Männer in die Defensive gehen und entweder zornig werden oder sich weigern, darüber zu sprechen. „Er tut sich schwer, über unsere Probleme konstruktiv zu sprechen und dreht meistens den Spieß um, indem er mir meine Haushaltsführung, meine Lebensform, meine vorehelichen Affären unter die Nase reibt."

Einige Frauen behaupten auch, daß sie, wenn sie schüchterne Versuche unternehmen, um die sexuelle Technik zu verbessern, bei ihrem Mann auf Unverständnis stoßen. „Er gibt sich ehrlich Mühe, und jetzt versteht er mich tatsächlich *ein kleines bißchen* besser." Oder: „Wenn wir darüber gesprochen haben, versucht er es. Aber es gelingt ihm doch nicht ganz, und ich beharre dann auch nicht auf Erklärungen." Viele behaupten, diese schüchternen Andeutungen und Vorschläge hätten die Lage nicht wesentlich verbessern können; die meisten Frauen scheinen sich damit abzufinden. Genauso wie manche Frauen glauben, daß das Ausbleiben eines Orgasmus an ihnen liegen müsse, rechtfertigen sie oft ein Scheitern der Verständigung mit dem Partner, indem sie sich selber die Schuld geben: „Wahrscheinlich habe ich ihn vor den Kopf gestoßen."

Frauen wollen oft mit ihren Männern eine Verlängerung des Vorspiels diskutieren. Sie brauchen eine ganzkörperliche Stimulierung, ehe es zur Penetration kommt. Wahrscheinlich ist es darauf zurückzuführen, daß Geschlechtsverkehr meist im Sinne von Penetration und Ejakulation verstanden wird. Wenn wir also unseren Partner bitten, unseren ganzen Körper und nicht nur einen bestimmten Teil zu lieben, dann empfinden manche Männer es als eine Art Luxus oder Gefallen, den sie der Frau tun, vorausgesetzt, sie haben Lust und können sich lange genug zurückhalten. Wenn Frauen Männern erklären, sie wollten „es" lieber anders, betrachten sie ein solches Gespräch oft als Risiko, denn er könnte sich ja in seiner „Maskulinität" angegriffen fühlen. Und weil so viele Frauen fürchten, ihre Partner könnten entweder verärgert sein, wenn sie über Sex sprechen wollen oder sehr schnell verunsichert werden, verlegen sie sich auf das, was eine Frau einmal als die „Ermunterungsmethode" beschrieben hat. „Manchmal ist er ungeschickt und tut mir weh. Ich habe niemals daraus

Die „Ermunterungsmethode"

ein Problem gemacht, denn er gibt sich wirklich Mühe, und ich nehme an, daß die Schamlippen der Frau kompliziert strukturiert sind. Als er behutsam war, habe ich gesagt, wie wunderbar, wie erregend, und anscheinend hat diese Methode gewirkt. Aber manchmal, wenn er meine Klitoris streichelt, zieht er mich an den Schamhaaren. Dies ist eine neue Entwicklung. Ich warte, bis er aufhört und lobe was er als nächstes tut. Mein Mann *haßt* es, Vorschriften zu bekommen. Einmal hatten wir eine wüste Auseinandersetzung, weil er glaubte, ich wollte ihn kritisieren, und dabei kann ich noch so behutsam sein. Deshalb habe ich diese ‚Ermunterungsmethode' entwickelt: Sie funktioniert – aber wie langsam!" Eine andere Frau meint: „Ich versuche es mit Geräuschen und Gesten. Ich führe seine Hände zu den Stellen, die ich berührt haben will, ich gebe zufriedene Töne von mir und sage ‚Hmmm, das ist schön!', wenn er es gut macht."

Frauen, die bei ihren Männern Veränderungen erreichen konnten, sagen es sei verfehlt, Vorschläge über einen Wechsel im Liebesspiel zu machen, wenn der betreffende Mann stark erregt ist. Wenn er leidenschaftlich bei der Sache ist, kann eine Diskussion über Liebestechniken sehr ernüchternd wirken, als wolle man sozusagen inmitten eines Feinschmeckermahls plötzlich über Diät reden. Deshalb ist es wichtig, den geeigneten Zeitpunkt zu wählen – wenn man miteinander in Einklang ist, sich umarmt hält, sich einander nahe fühlt.

Aber gerade diese Art nichtsexueller Berührung und Zärtlichkeit ist, was die meisten sexuell unbefriedigten Frauen vermissen. Zum Beispiel könnte eine Frau sagen: „Ich möchte mich ein wenig über meine sexuellen Reaktionen unterhalten" oder: „Können wir uns nicht einmal über Sex verständigen?" Oder aber sie kann die Gelegenheit benutzen, wenn eine Hand oder ein Bein oder ein Arm oder irgendein zärtliches Streicheln sie einlädt und sagen: „Du, das hab' ich sehr gern, wenn wir uns lieben und besonders, wenn du . . ." und dann weiterspricht, die Berührung erklärt und sagt, daß sie sie sehr gerne hat. Oder aber sie selber wendet eine Berührung an, von der sie weiß, daß ihr Partner sie liebt, um ihm dann zu sagen, was *sie* gern hat.

Ermunterung als Form der Überredung wird oft denjenigen empfohlen, die sich um Beistand an die Ratgeberkolumnen der populären Frauenmagazine wenden. Dr. Philip Cauthery, der im *Parents* („Eltern")-Magazin Leserinnen berät, empfiehlt einer Frau, die sich darüber beklagt, daß ihr Mann nur in ihrer Gegenwart masturbieren will, sie solle sich „mit einbringen", erforschen, was für erotische Phantasien er dabei habe und versuchen, sie zu erfüllen. „Reagieren Sie ekstatisch, dann wird er sich noch mehr anstrengen. Seien Sie geduldig, liebevoll, zeigen Sie Verständnis, seien Sie raffiniert, schmeicheln Sie ihm, seien Sie verführerisch." Wenn es ihr gelungen ist, seinen Penis in sich einzuführen – ihr wird geraten, dies zu bewerkstelligen, indem sie auf ihn klettere, wenn er es gerade nicht erwarte –, wird ihr geraten, ihn „zu ermutigen" und ihm zu erklären, wie wichtig es für sie sei, einen Orgasmus zu haben, wenn sich sein Penis in ihrer Vagina befinde. Ihr wird gesagt, „es weiterhin zu versuchen, und zwar ohne Groll". Dr. Cauthery schweigt sich jedoch darüber aus, wie sie sich nach der Penetration den ersehnten Orgasmus verschafft und sagt ihr nur,

sie solle „ihn zum Orgasmus und zur Ejakulation bringen, ehe seine Besorgnis konkrete Gestalt annimmt". Vielleicht meint er, sie solle einen
Orgasmus vortäuschen, wenn sie keinen echten bekommen könne. Man
wird den Verdacht nicht los, daß sie, obwohl ihr Ehemann das alles vielleicht sehr vergnüglich findet, wahrscheinlich *ihr* Problem doch nicht loswerden wird.

Konfrontation ver-
sus Manipulation

Andererseits wieder meinen manche Frauen, es sei für den Mann erniedri-
gend, behandelt zu werden „als sei er ein Hund, den man dressiert, indem
man ihm jedesmal ein Stück Schokolade gibt, wenn er es richtig gemacht
hat". Sie empfinden diese traditionell abgesegnete „feminine" Verfahrens-
weise als allzu manipulativ. Männer, meinen sie, sollten als Gleichberech-
tigte gelten, und das wiederum verlange Ehrlichkeit und Aufrichtigkeit in
Sachen Sex. Und keine Manipulation. Viele Frauen, die diese Methode
ablehnen, glauben, daß der einzig noch offene Ausweg direkte Konfrontation und Kritik sei. Nichtsdestoweniger ist es bei einem offenen Gespräch
über Sex sehr wichtig, die positiven Aspekte zu betonen, wollen wir vermeiden, daß unser Partner am Ende doch nur verwirrt und gekränkt bleibt.
Männer *sind* auf sexuellem Gebiet verletzlich. Schon in der Jugend wird
ihnen eingebleut, sexuelle „Leistung" sei ein Beweis ihrer Maskulinität.
Ihre sexuelle Leistung zu kritisieren bedeutet, ihr Ichbewußtsein in Frage
zu stellen. Andererseits aber nützt es wenig, wenn eine Frau sich nur in
Andeutungen ergeht, wenn sie taktvoll bis zur Unergründlichkeit ist und
nicht genau sagt, was sie eigentlich will. Ein Mann kann dann auch nicht
lernen, sie zufriedenzustellen.

Die eigenen
Gefühle betonen

Die Antwort ist: Stelle deine *Gefühle* heraus und nicht seine Leistung. Und
dann, wenn du sicher bist, daß deine Botschaft angekommen ist, kannst du
sie während des Aktes noch deutlicher machen und noch bestimmter sein.
Natürlich läßt sich das nicht verallgemeinern. Manchen Paaren fällt es
leicht, miteinander zu reden, ihre Gedanken auszutauschen und zu erforschen, was dem anderen Spaß macht. Frauen, deren Beziehung so ist,
äußern sich oft über deren Gesamtqualität und nicht über die sexuelle
Komponente. Sie behaupten, sie könnten mit ihrem Partner „über alles"
reden, und ein Gespräch über die Art und Weise, wie Sex verbessert werden kann, ist eigentlich nichts als ein weiterer Aspekt ihres frei miteinander geteilten Lebens.

Vielleicht kann dies als Hinweis betrachtet werden, was man tun sollte,
damit Sex mehr ist als nur ein weiteres Gefecht auf dem Schlachtfeld
menschlicher Beziehungen. Auch über anderes sollte man sprechen, man
sollte sich als Menschen wiederentdecken oder sich zum erstenmal genau
kennenlernen – und nicht als sexuelle Freistilringer oder potentielle Orgas-
musvermittler. Dies ist wesentlich, wenn ein Paar bereit ist, sich offen und
frei über Sex zu unterhalten. Gibt es in einer bestimmten Beziehung Probleme, kann ein oder können beide Partner ein Kernproblem darin sehen,
aber es ist auch fast jedesmal Teil eines größeren Schemas. Neue Techniken zu meistern, die einen Orgasmus auslösen, wird keine hundertprozen-
tige Lösung dieser oder anderer Schwierigkeiten bringen, obwohl es zweifellos manchmal von Nutzen sein kann, den Weg dahin zu ebnen.

Unser Selbstvertrauen
wächst mit dem Be-
wußtwerden unserer
Bedürfnisse ... und
wenn wir mutig genug
sind, sie zu äußern.

Ist erst einmal der überwältigende Rausch einer neuen Partnerschaft verklungen, müssen die meisten Paare ein auf sie passendes Sexualrepertoire ausarbeiten, und dieses sollte sich nicht nur auf das beschränken, was „funktioniert" und dann für das übrige Leben beibehalten werden. Die Menschen verändern sich oder ein neuer Reiz wird gebraucht, und sie bauen auf dem auf, was sie bereits über den anderen erfahren haben und entwickeln neue Fertigkeiten. Gemeinsam erlebte Gefühle, eine Diskussion, das Ausprobieren von Neuem, – das alles kann ein Teil der Steigerung sexueller Erregung sein. Miteinander über Sex sprechen ist oft ein unverzichtbarer Aspekt einer Erotisierung und es darf nicht wie ein entmutigendes Schulzeugnis gehandhabt werden, das dem Mann am Ende eines Schulsemesters bescheinigt: „Er könnte sich größere Mühe geben" oder „Er könnte besseres leisten". Im Leben eines jeden Mannes hat es machtbesitzende Frauen gegeben: Mütter, Lehrerinnen und vielleicht auch andere, und in einer derartigen Situation, wenn ein Mann sich getadelt, gelenkt, wie auch immer bevormundet fühlt, reagiert er oft genauso, als ob er noch in diesen frühen Beziehungen stecke. Er reagiert eben wie ein kleiner Junge. Es ist, als sei die Sexualpartnerin die Mutter geworden, die seine Darm- und Blasenfunktionen genau kontrolliert oder die Lehrerin, die seine Rechenaufgaben oder seine Rechtschreibung tadelt. Ihr ganzes Leben hindurch regredieren sowohl Männer als auch Frauen, wenn sie sich in Streßsituationen befinden, auf infantile Verhaltensmuster.

Die prägende Wirkung frühkindlicher Erfahrungen

Sehr häufig bringen Frauen in ihre sexuellen Beziehungen früh erworbene Verhaltensmuster mit. Wenn sie dann das, was sie wollen, fordern und beim Sex die Führung übernehmen, fürchten sie, sich nicht wahrhaft feminin zu verhalten. Es kann also wichtig für beide Partner sein, die weitreichenden Auswirkungen von Kindheitserlebnissen zu erkennen, sich gemeinsam über ihre Kindheit zu unterhalten und sich kennenzulernen, und zwar nicht nur als Erwachsene, sondern auch als Kinder. Bei Menschen, die in dörflichen Gemeinden aufgewachsen sind, war diese Kenntnis so gut wie selbstverständlich, weil nicht nur die Vergangenheit nahtlos in die Gegenwart hineingewoben wurde, sondern weil einfach jeder jeden kannte. In unserer heutigen westlichen Kultur begegnen wir einander mehr oder weniger isoliert von all den prägenden Einflüssen in unserem jeweiligen Leben und müssen erst sehr mühsam über den anderen Wichtiges erfahren und ihn verstehen lernen.

Marie

Nehmen wir zum Beispiel Marie. Sie stammt aus einer katholischen Familie. Als Heranwachsende, berichtet Marie, litt sie unter einem ständigen Konflikt zwischen intensiver Neugier auf Sex und der Angst, was passieren könne, wenn sie „nachgeben" würde. Ihr wurde eingetrichtert, junge Männer hätten „unersättliche Begierden" und daß es die Pflicht des jungen Mädchens sei, „einen klaren Kopf" zu behalten. „Man berichtete uns von jenem ‚Wendepunkt, von dem aus es kein Zurück mehr gibt' und den ich mir wie einen hochlichtempfindlichen Film vorstellte." Sie fürchtete, für Männer attraktiv zu sein und die Beherrschung zu verlieren. Vor ihrer Heirat hatte sie keinen Verkehr, und danach entdeckte sie, daß sich nicht etwa der Himmel öffnete, begleitet von Engelschören, sondern die ganze Angelegenheit recht langweilig und eintönig war. Sie empfand gelegentlich vage sexuelle Regungen und masturbierte auch manchmal, aber selbst dann konnte sie sich nicht gehenlassen und unterbrach sich kurz vor dem Orgasmus. „Hinterher komme ich mir jedesmal schuldig und beschmutzt vor." Während ihrer ersten Schwangerschaft hatte sie gelegentlich beim Geschlechtsverkehr einen Orgasmus und sagt, es sei so gewesen, weil sie keine Schwangerschaft mehr zu befürchten hatte und sie sich gehenlassen und das Ganze genießen konnte. Während sie sich entspannte, bildeten sich in ihrem Kopf Phantasien von Vergewaltigungsszenen mit einer Gang Jugendlicher auf Motorrädern, oder sie phantasierte einen Liebesakt auf einer Busplattform oder an anderen „öffentlichen" Orten, wo man sie hätte ertappen können. Ihrem Mann erzählte sie nie davon und bemühte sich jedesmal, ihn ihre Erregung nicht merken zu lassen. „Ich schämte mich und wollte es ihm nicht eingestehen, daß es bei mir gefunkt hatte." Es herrschte also ein völliger Mangel an gemeinsamem Erleben. Keiner wußte, was der andere dachte, und als Resultat wurde aus Sex mechanische Routine. Ihr Mann wechselte seine Technik nie und gebrauchte nur die „Missionarsstellung". Schließlich fand Sex nur am Samstag abend statt, regelmäßig, wie am Schnürchen, und jetzt hat Marie drei kleine Kinder und ist enttäuscht und unglücklich. Sie sagt, sie könne unmöglich mit ihm darüber reden, weil dies ja „unweiblich" sei. Obwohl er ihre Klitoris ein paar Minuten vor der Penetration gewissenhaft reibt, meint sie, sie könne ihm unmöglich sagen, wie er bei ihr einen Orgasmus erzeuge, denn dann würde er ja merken, daß sie masturbiert habe. Im Laufe der letzten Jahre hatten sie immer seltener Geschlechtsverkehr, und nun macht sie sich Gedanken, ob er womöglich eine andere Frau habe. „Wenn ja", sagt sie, „würde ich es ihm nicht verargen". Dies ist nur eines von vielen Beispielen, wo es sinnlos ist, die wechselseitigen Probleme anzugehen, es sei denn, beide erkennen sie als Spätfolgen einer nicht aufgearbeiteten Vergangenheit. Aber angenommen, sie hätten ihre Probleme miteinander diskutiert und verstünden einander nun besser, dann bliebe ihnen noch immer jener Schritt zur Einsicht, daß das, was wir von unseren Eltern mitbekommen haben, seine Wurzeln in einem viel umfassenderen sozialen Gefüge hat. Durch die Eltern werden uns soziale Ideologien übermittelt. Müttern werden oft die Probleme ihrer Kinder angekreidet. Aber die Sache liegt viel komplizierter.

Ist eine Frau sexuell unbefriedigt, hat ihre Mutter ebenso wenig „Schuld" wie die Schwiegermutter dafür kann, daß es dem Sohn nicht gelingen will, seiner Frau einen Orgasmus zu verschaffen. Auch unsere Mütter wurden von ihrem kulturellen Umkreis in eine Falle gelockt und geprägt: Sie gaben dann ihre Vorstellungen an uns weiter, und wir weichen nur den Herausforderungen aus, die an uns gestellt werden, wenn wir jedesmal unsere Mütter für unser eigenes Elend verantwortlich machen. Es ist unsere Aufgabe, selber mit unserer Vergangenheit ins reine zu kommen und unsere Probleme anzupacken.

Ein Paar muß seine Beziehung als Ganzes sehen und sollte seine Rollenverteilung überdenken. Behaupten Frauen, sich sexuell mit ihren Partnern nicht zu verstehen, ist die Tendenz, daß es auch auf anderen Gebieten so sein könne, unverkennbar. Und wenn sie sich nicht über Sex aussprechen können, dann wird die Frau auch sehr viel seltener zum Orgasmus gelangen. Selbst bei einem Höhepunkt weiß sie, daß es eine rein mechanische Klimax ist und daß sie dabei *emotional* draußen bleibt.

Selbstvertrauen entwickeln

Die beste Grundlage für eine entwicklungsfähige und sich entfaltende Beziehung ist Selbstvertrauen. Vielen Frauen fehlt gerade diese Zuversicht bei sexuellen Beziehungen. Den allerwenigsten von uns ist Selbstvertrauen angeboren, aber es ist etwas, das wir mit der Zeit und aus positiver Erfahrung lernen können. Sehr oft stehen Frauen auf der sich unterwerfenden, passiven Seite des Sex und sind darauf bedacht, die Bedürfnisse des Mannes zu berücksichtigen. Lieben wir jemanden, sehnen wir uns danach, uns rückhaltlos zu geben. Sie ist sehr schön, diese Selbstaufgabe: Wir verlieren uns, um uns zu finden. Denn so möchten wir es gerne haben.

Entdecken, was wir wollen

Aber es ist leider nicht immer so. Eine Frau wird sich oft geben, vermag aber nicht, auf Distanz zu sich selbst zu gehen und aus Erfahrung zu lernen, wer *sie* ist und was *ihre* Bedürfnisse sind. Vielleicht sieht sie sich in der Rolle der sorgenden Ehefrau und Mutter, der zuverlässigen Haushaltsgehilfin, raffinierten Köchin, erfahrenen Kurtisane, Politikerin, Gärtnerin, charmanten Gastgeberin oder als „Sex-Häschen", Autofahrerin, phantasievolle Innendekorateurin, Psychologin, vor- und umsichtige Einkäuferin – und noch ein paar Dinge mehr – aber unterwegs zu diesen Idealen hat sie sich *selbst* verloren. Befindet sich eine Frau in dieser Lage, ist sie zwar enttäuscht und verärgert, aber trotzdem drückt sie eine Schuld. Hat sie denn nicht alles? Ein schönes Heim, einen liebevollen Ehemann, reizende Kinder? Sie sollte glücklich sein. Aber sie ist auf eine bestimmte Rolle fixiert, eine Standardrolle, die langweilig und eintönig werden kann. Natürlich ist bei jeder Frau das Szenarium ein wenig verschieden, aber es zieht sich wie ein roter Faden durch das Leben vieler Frauen: wir umsorgen zwar die anderen, erkennen aber nicht, was wir für uns selber wollen (Anne Dickson: *A Woman in Your Own Right*).

Als Folge davon geht unsere Identität verloren, und wir definieren uns nur durch diejenigen, die wir lieben und umsorgen. Dieses Gefühl ist viel bedrohlicher und durchdringender als jede Unzufriedenheit infolge sexueller Unstimmigkeiten. Ein Wechsel der sexuellen Technik bietet keine Lösung, wenn die grundlegende Ursache für unser Elend das Gefühl ist, völlig von den Bedürfnissen anderer aufgebraucht zu werden.

Bestimmt sind viele Frauen sehr unglücklich deswegen. Aber wegen ihrer eigenen Sehnsucht, von denen, die sie bedienen, geschätzt zu werden, laufen sie Gefahr, daß sie sich für unentbehrlich halten. Sie glauben manchmal ganz ernstlich, daß ihre Familien ohne sie einfach nicht auskommen könnten (natürlich können sie es, nur eben auf andere Weise), aber zuinnerst gewinnen diese Frauen Befriedigung bei der Vorstellung der Abhängigkeit anderer. Und allzu oft ist dieses Gefühl begleitet von der Furcht, daß sie, wenn diese Abhängigkeit nicht mehr besteht, einfach zerbröckeln und zu Unpersonen werden könnten.

Geschieht dies, ist es nicht nur die Frau, die in der Falle sitzt: Alle diejenigen, deren Bedürfnisse sie erfüllt, sitzen mit ihr im selben Boot. Nach und nach lehnen sie sie ab, und zwar je eifriger die Frau versucht, sie glücklich zu machen, desto beklemmender können die Beziehungen werden.

Deshalb ist das, was Erica Jong den *zipless fuck* genannt hat (in der Übersetzung ihres Buches *Angst vorm Fliegen* erfand der deutsche Übersetzer Kai Molvig ein Äquivalent: den Spontanfick) manchmal eine aufregende Alternative zu den beengenden und würgenden Bindungen an Ehemann und Familie. Nichtsdestoweniger sind Selbstachtung und die Trümmer einer eigenen Identität weiterhin abhängig von dem, was diejenigen, die mit uns in derselben Falle sitzen, von uns erwarten. Deshalb können sich viele Frauen sexuelle Seitensprünge nicht erlauben. Auch bilden sich viele ein, unattraktiv zu sein, und es mangelt ihnen an sexueller Zuversicht oder an dem notwendigen Elan, sich in derartige Abenteuer zu stürzen.

Darum ist die Antwort, daß es Sache der Frau ist, den Charakter der sozialen Gruppe, in der sie täglich wirkt, umzuformen. Obwohl sie möglicherweise die wirklichen *Menschen* in ihrer Gruppe nicht anders haben will, bedeutet dies, daß sie ihre Beziehungen und die Rolle, welche die anderen ihr zugeteilt haben, ändern sollte. Aber sie kann das nur tun, wenn sie erst einmal ihre *eigenen* Bedürfnisse kennt und genügend Zuversicht und Selbstvertrauen entwickelt, daß sie ihr eigenes Leben ändern kann. Hat sie dies erreicht, sollte sie sich entscheiden, auf welche Weise sie sich selbst behaupten und ihre Bedürfnisse artikulieren kann.

Sich auf die Verän-
derung vorbereiten

Wenn die Kinder noch klein sind, wird es schwierig sein. Aber wenn sie erst einmal so weit sind, daß sie sich ihre Schuhe selber zubinden und sich selber aus dem Kühlschrank versorgen können, wird es für die Mutter lebenswichtig sein, sich eigene Freiräume zu schaffen und sich zu weigern, immer nur für andere da zu sein. Die ,,Supermutti" muß von ihrem Podest heruntergeholt werden, und dieses Klischee ist nicht leicht zu zerstören. Die Idealisierung der Mütter hat es viele Jahrhunderte hindurch auf raffinierte Weise verstanden, sie daran zu hindern, ihre eigene Identität zu finden. Deshalb nützt es auch nichts, ein Bild aufzubauen, wenn sich eine wirkliche Frau finden will.

Oft ist es schwer für eine Frau, die Tatsache zu akzeptieren, daß sie am Ende für ihr eigenes Leben geradestehen muß. Eine primär für die Bequemlichkeit der Männer gedachte Gesellschaft hält die Frauen unter einem solchen Druck, daß ihr einziges Ventil ein nach innen gerichteter, ohnmächtiger Zorn ist, der in Selbstmitleid gipfelt. In der Falle zu sitzen kann auch bedeuten, daß wir gelähmt und nicht nur nicht fähig sind, große Dinge in unserem Leben zu verändern, sondern daß wir auch mit den kleinen alltäglichen Ärgernissen nicht fertig werden. Es kann ja sein, daß wir doch nicht unsere Familie einfach abhängen, unsere Stellung wechseln, keine Mahlzeiten mehr zubereiten, alleine Urlaub machen wollen. Es kann ja sein, daß wir uns doch nicht weigern, jemals wieder unter dem Bett nach den getragenen Socken unseres Ehemanns zu fischen. Wesentlich ist aber, zu erkennen, daß wir *die Wahl haben.* Deshalb ist es wichtig, an diesen Kreuzweg zu gelangen, denn anderenfalls könnten wir in einem Sumpf von Selbstmitleid steckenbleiben.

Strategien für eine Veränderung

Wähle nur eines von den Dingen aus, die du verändern möchtest und überlege dir eine Strategie dafür. Entscheide dich für die wirksamste Taktik, allen in deiner Umgebung klar zu machen, daß diese Veränderung bevorsteht und erinnere sie daran, wenn sie stattgefunden hat und wenn sie es vergessen haben sollten – und vergiß es selber nicht.

Wie, glaubst du, würdest *du* reagieren, wenn du nicht die Zustimmung derjenigen erhältst, die dir etwas bedeuten – der „wichtigen anderen" in deinem Leben? Sich über sie aufzuregen oder den Zorn nach innen zu kehren oder vor lauter Mitleid mit ihnen zusammenzubrechen wird es erschweren, das Problem rational anzugehen. Eine einfach zu planende Strategie, in der festgelegt wird, was zu sagen und zu tun sei, um ihren Einwänden zu begegnen, wird dir helfen, diesen Fallstricken auszuweichen. Du mußt auch innerlich darauf vorbereitet sein, daß du sie nicht überzeugen kannst. Für manche von uns ist es das erstemal in unserem Leben, daß wir von den Wünschen und der Hochachtung anderer Menschen nicht mehr abhängig sein wollen.

Natürlich werden die Entscheidungen über das, was zu tun ist, jedesmal verschieden ausfallen. Das hängt von der Persönlichkeit der einzelnen Frau ab. Sie muß entscheiden, welches Vorgehen am besten geeignet ist, ihr ein kleines Stückchen Unabhängigkeit und folglich auch etwas mehr Selbstvertrauen zu verschaffen. So hat sich zum Beispiel eine Frau entschlossen, einmal in der Woche als freiwillige Helferin zu arbeiten. Eine andere nahm eine Halbtagsstellung an. Für beide Familien bedeutete dies eine Reorganisation des Tagesablaufs und die Übernahme neuer Verantwortungen und Aufgaben seitens der übrigen Familienmitglieder. Eine andere Frau wiederum entschloß sich, vierzehn Tage im Jahr alleine Urlaub zu machen.

Josies Mann mißbilligt öffentliche Demonstrationen. Solche Proteste, sagt er, seien „stets ein Aufruf zu Gewalttätigkeiten, und es ist kein Wunder, daß die Polizei, die für Ruhe und Ordnung zu sorgen hat, hart durchgreift und daß dabei Menschen zu Schaden kommen". Deshalb bedeutete Josies Entschluß, trotzdem an einem Friedenslager vor den Toren einer Raketenbasis teilzunehmen, einen ernsten Akt der Zuwiderhandlung.

Was immer du tun willst, denke daran, daß du etwas für *dich* selber tust, etwas, das *du* willst. Und daß du weder dir noch irgendjemand anderem gegenüber Rechenschaft abzulegen brauchst.

Hindernisse

Sich selbst zu behaupten ist niemals leicht. Während du dir die verschiedenen Alternativen überlegst, achte auf deine Reaktionen. Wie du darüber denkst, kann dich zur Identifizierung und Erkennung jener mächtigen Barrieren führen, die eine Veränderung verhindern – und das sind die, die du dir selbst errichtet hast. Nur allzu oft blockieren wir selbst den Zugang zu sexueller Selbstbehauptung, und deshalb ist es auch begreiflich, wenn wir in anderer Beziehung nicht bestimmt genug sind. Welches Hindernis, wenn überhaupt eins, betrifft dich und steht deiner eigenen sexuellen Selbstverwirklichung im Wege?

Die Unfähigkeit vieler Frauen, sich selbst zu behaupten, ist die Folge ihres bereits geschwächten Selbstwertgefühls. So hat zum Beispiel Felizitas einen Minderwertigkeitskomplex bezüglich ihres Körpers und ist so dankbar dafür, wenn irgend ein Mann an ihr Interesse zeigt, daß sie sich ihm auf dem Präsentierteller anbietet. Meist landet sie im Bett mit älteren Machotypen, deren Gesprächsmasche ihr vorgaukelt, begehrenswert zu sein.

Wenn wir nicht erkennen, daß das Recht auf eine eigene sexuelle Persönlichkeit unabdingbar ist, haben wir oft ein schwaches Selbstwertgefühl. Es gibt Frauen, welche die vorgefaßten Meinungen ihres Partners, wer sie sind und wie man sie behandeln muß, kritiklos akzeptieren und sich nie die Frage stellen, was passieren könnte, wenn sie, wie es viele Frauen heute tun, die alten Strukturen männlicher Macht in Frage stellen würden: nämlich, daß sie ja die Fähigkeit besitzen, zu ändern, was ihnen nicht paßt. Zum Beispiel sagt eine Frau: „Man kann doch die Männer nicht umkrempeln, oder?" Sie findet sich nicht nur damit ab, daß Männer nicht veränderbar sind, sondern sie gibt auch zu, es gar nicht erst versuchen zu wollen.

Passiv zu sein entwertet auch den Partner, denn es bedeutet, sich von einem wirklichen Engagement auf gleicher Stufe mit ihm zurückzuziehen. Die Frau, die meint: „Eigentlich macht es mir keinen Spaß. Ich warte nur, bis er fertig ist. Er ist wirklich sehr verständnisvoll und fragt mich, ob mir gefällt, was er tut, und meistens sage ich dann ‚ja' und ‚natürlich', nur um ihm eine Freude zu machen", ist passiv. Gleichzeitig aber betrügt sie sich selbst, denn wäre sie etwas entschiedener, könnte sich ihre Beziehung verbessern und zufriedenstellender gestalten.

Viele Frauen lassen sich von dem Gedanken leiten, nur „keinen Wirbel" zu machen und hoffen, daß sich durch Warten alle Probleme von selbst lösen oder Beziehungen automatisch wieder ins Lot kommen würden. Es gibt Frauen, die einen Orgasmus vortäuschen, weil sie es schon seit Jahren getan haben. Es wäre zu entsetzlich für ihre Männer, wenn sie ihnen eröffnen würden, daß sie kaum jemals einen erlebt haben, sondern nur so getan hätten. Glaubt ein Mann, daß er auf bestimmte Weise einer Frau einen Orgasmus verschafft, wird er es weiter so tun in der Überzeugung, dies sei *die* wirksame sexuelle Methode. Und er wird es auch nicht ändern, es sei denn, die Frau bringt genügend Mut auf, sich offen und ehrlich mit ihm auseinanderzusetzen. Auf eine Veränderung hoffen und nichts dazu zu tun bedeutet nur, ihn in einer längst zur Routine geworden Sexualtechnik zu bestärken.

Angst davor, sich zu behaupten

Hinter der Angst vor sexueller Selbstbehauptung lauert oft die Furcht, „bestraft" zu werden – entweder unmittelbar durch Übellaunigkeit oder mittelbar durch andere Dinge, die bei ihrem Zusammenleben schief laufen. Es stimmt, daß unsere Gesellschaft die Menschen oft bestraft, wenn sie den Mut haben, aus der Reihe zu tanzen, aber wenn sich die Frauen wie Kinder verhalten, die auf ihre Strafe warten, untermauern sie in der Tat jene Situation, in der die Männer die Regeln und deren Verletzungen festlegen und Frauen einfach zu Opfern werden.

Selbstverständlich gibt es Umstände, wo die Befürchtungen auf schlimmen Erfahrungen beruhen. Eine regelmäßig verprügelte und mißhandelte Frau hat sicherlich gute Gründe, warum sexuelles Aufbegehren die Lage für sie nur verschlimmern kann. Aber ein Zögern ist oft eher verbunden mit der Sorge, wie wohl die andere Seite reagieren wird, wenn man etwas tut oder sagt, das von dem angestammten Beziehungsmuster abweicht.

Auch andere Erwägungen verhindern ein Aufbegehren. Der Frau ist es peinlich, oder sie schämt sich. „Ich könnte ihn niemals darum bitten . . . ich mag nicht über so etwas reden." Eine Frau wird lange zögern, ehe sie ihren Partner bittet, eine neue Variante einzuführen, während des Aktes das Licht brennen zu lassen oder sie vor dem Spiegel zu lieben. Ihr würde es vielleicht sehr gefallen, aber sie hat das Gefühl, daß sich so etwas eben nicht gehöre.

Die eigene Reaktion beurteilen

Es gibt mehrere Möglichkeiten, mit unserer Unfähigkeit, uns zu behaupten, fertig zu werden und sie zu überwinden. Wenn wir unsere Reaktionen kennen, kann dies manchmal auch der Schlüssel zum Verstehen von Situationen sein, in denen wir einfach nicht bestimmt genug waren. Wenn du zum Beispiel deinen Partner kritisierst, wenn du zornig bist, deine Hochstimmung verflogen ist, solltest du dich einmal in die Zeit zurückversetzen, da du es bei einer bestimmten Gelegenheit versäumt hast, deine Vorlieben zu artikulieren und erkennen, daß sich deswegen innerhalb eurer Beziehung Spannungen ergeben haben.

Sexuelle Selbstbehauptung

Weißt du erst einmal, daß du ein paar wenn auch noch so geringe Veränderungen im Tagesablauf durchgesetzt hast, solltest du einen Schritt weitergehen und Bilanz ziehen. Meistens halten es die Männer für selbstverständlich, nicht nur das Recht, sondern auch die Verantwortung zu besitzen, sich sexuell zu behaupten. Frauen müssen es erst lernen. Und ein Aspekt ist die Erkenntnis, daß du ein Mitspracherecht hast. Zum Beispiel gefällt dir nicht, was deinem Partner Spaß macht oder aber du hast manchmal ein Gefühl des Unbehagens. Es ist wichtig, daß dir deine Gefühle bewußt sind und daß du ihnen gegenüber ehrlich bist. Schließlich kennt dich niemand besser als du selbst, und niemand weiß genauer was du willst. Denke also darüber nach, was du in eurer sexuellen Beziehung geändert haben willst und achte darauf, nur Aspekte zu wählen, die durch dich und deine Handlungen beeinflußt werden können. Weiß dein Partner zum Beispiel, daß etwas, was er als erregend empfindet, bei dir das gegenteilige Gefühl erzeugt? Überlege dir, wie du es ihm sagen willst. Gibt es etwas, was du willst und was dein Partner selten oder niemals tut? Es ist wichtig, beim Angehen eines sexuellen Problems konstruktiv zu sein und nicht nur zu kritisieren, was er tut, sondern alternative Vorschläge zu machen. Sich sexuell zu behaupten ist etwas ganz anderes, als aggressiv zu sein. Eine Frau, die schreit: „Du bist ein erbärmlicher Liebhaber! Ich habe nie einen Orgasmus gehabt! Ich habe jedesmal nur so getan, bloß um deine dumme Eitelkeit nicht zu verletzen!" ist aggressiv und nicht selbstbehauptend. Gewiß kann so etwas für den Partner ein heilsamer Schock sein, aber sie sagt ihm ja nicht, wie er sich ändern kann, und er wird sich wahrscheinlich gedemütigt vorkommen und wütend reagieren. Und es ist kaum möglich, daß aus einer solchen Konfrontation etwas Positives resultiert.

Du fängst damit an, daß du sagst, was du willst.

Du brauchst keine „kastrierende" Frau zu werden, jemand, der immer nur Anweisungen gibt oder der Sex weder auskosten noch genießen kann. Selbstbehauptung bedeutet sich zu weigern, passiv zu sein, und es bedeutet auch zu lernen, wie man konstruktiv sein kánn. Aggression bewirkt nur Feindseligkeit oder eine defensive oder verstockte Reaktion seitens deines Partners. Selbstbehauptung beim Sex bedeutet eine Partnerschaft einzugehen und beiden die Chance zu geben, entweder daraus ein „gutgehendes Unternehmen" zu machen oder aber sich dafür zu entscheiden, daß es zwecklos ist. Offen und ehrlich zu sagen, wie du reagierst, ist eine gute Grundlage für Selbstbehauptung. Die Berechtigung deiner Gefühle darf nicht in Frage gestellt werden. Die Frau, die sagt: „Ich brauche ein längeres Vorspiel, dann fühle ich langsam eine rosige Glut in mir aufsteigen, besonders, wenn du *dies* tust . . ." oder welche die Hand ihres Geliebten nimmt und sie dorthin führt, wo sie sie haben will, behauptet sich.

Stufenleiter der Selbstbehauptung

Sich selbst behaupten zu können ist manchmal leicht, manchmal aber auch schwierig. Wenn du mit der Tür ins Haus fällst und willst dich in einer kritischen Situation selbst behaupten, kann dies so schief gehen, daß du es kein zweitesmal versuchst. Deshalb ist es ratsam, die einfacheren Dinge zuerst anzugehen. Selbstvertrauen im Bett zu entwickeln bedeutet, wachsende Kontrolle über das, was du tust und wer du bist, zu gewinnen. Es ist unwahrscheinlich, daß du dich auf einen Schlag durchsetzen kannst. Beginne also mit kleinen Dingen, die dir wichtig sind und baue dann stufenweise darauf auf, als wolltest du eine Leiter der Selbstbehauptung erklimmen. Du wirst mehr Selbstvertrauen gewinnen, wenn du erfolgreich mit

Stufenleiter der Selbstbehauptung

17 Ich schlage vor, wir benutzen ein Hilfsmittel

16 Ich schlage vor, meinem Partner mittels Masturbation zu demonstrieren, wie ich leichter erregt werden kann

15 Ich erkläre, ich will ohne Penetration geliebt werden

14 Ich gestehe meinem Partner, daß ich oft einen Orgasmus vorgetäuscht habe

13 Ich bitte meinen Partner, die Penetration hinauszuzögern

12 Ich erkläre meinem Partner, daß ich keinen Orgasmus hatte und daß ich auch jetzt keinen haben will

11 Ich bitte meinen Partner, zu reden, wenn wir uns lieben

10 Ich erkläre meinem Partner, daß etwas, was er tut, wirklich unbequem ist

9 Ich sage, daß mir gerade nicht danach ist

8 Ich schlage eine Variation vor

7 Ich sage, ich mag etwas nicht, was mein Partner tut

6 Ich mache meinem Partner klar, wie abgeschaltet ich bin, wenn eins der Kinder aufwacht und weint

5 Ich beschreibe die Wirkung von etwas, was wir gemeinsam tun

4 Ich sage, was mein Partner tun soll

3 Ich beschreibe meine sexuellen Gefühle

2 Ich erkläre meinem Partner meine unterschiedliche Bereitschaft während eines Monatszyklus

1 Ich sage, mir macht Spaß, was mein Partner tut

den kleinen, relativ einfachen und nicht bedrohlichen Situationen fertig wirst. Du wirst dann deine Fähigkeit entwickeln können.

Als nächstes nimm dir vor, auf eine Art selbstbehauptend zu sein, die ein wenig schwieriger ist, und verfahre ebenso. Dies ist die zweite Sprosse auf der Selbstbehauptungsleiter. Und sieh dir die Leiter an, die eine Phantasiefrau, nennen wir sie Deborah, für sich konstruiert hat.

Hast du dir deine eigene Selbstbehauptungsleiter konstruiert, sieh dir wieder die unterste Sprosse an und überlege dir, wie du es am besten in Worte fassen und was du tun könntest. Beginne mit den einfachen Situationen und klettere dann höher.

Deborah wollte zum Beispiel ihrem Partner erklären: „Mir gefällt es, wenn du mir das Kreuz ganz sachte streichelst.'' Es wäre ihr bestimmt nicht sehr schwer gefallen, aber oft hielt sie sich zurück, ihren Partner um etwas zu bitten, was ihr Lust bereitete, weil sie nicht gerne *sein* Vergnügen stören wollte. In der Tat aber fand er es erregend, wenn sie ihm sagte, was ihr Lust machte. Als sich Deborah zum erstenmal darüber Gedanken machte, wie sie ihre sexuellen Gefühle beschreiben könne, fand sie es recht schwierig, ihre Gedanken auszusprechen. Dann aber faßte sie den Entschluß, ihrem Partner zu erklären: „Wenn du mich dort berührst, fühlt es sich an wie Hunderte züngelnder kleiner Flammen, die durch meine Klitoris und dann in meinen Körper hineinschießen und sich dort in eine pulsierende Sonne verwandeln.'' Sie fürchtete sich, ihren Partner zu verletzen, indem sie ihm erklärte, dieses oder jenes gefiele ihr nicht, aber einige Dinge, die er regelmäßig tat, wirkten tatsächlich ernüchternd, und was sie sagen sollte, war: ,,Ich mag es nicht, wenn du mir schmatzende Küsse aufs Ohr gibst und mir die Haare verwuschelst.''

Als Deborah sich überlegte, wie sie ihm beibringen solle, daß sie keinen Verkehr haben wolle, entschloß sie sich zu folgendem: ,,Heute nacht möchte ich dich nicht in mir haben, aber du sollst zärtlich sein, mich streicheln und in den Armen halten.'' Und einmal, als ihr ganz und gar nicht danach war, mit ihm zu schlafen, rang sie sich durch und sagte: ,,Liebster, heute möchte ich das nicht, ich brauche meinen Freiraum, ich will nicht einmal umarmt werden.'' Wenn du erklären mußt, daß etwas, was dein Partner tut, schmerzhaft ist, kann es kritisch werden, besonders wenn du es lange Zeit aufgeschoben hast. Deborah nahm all ihren Mut zusammen, als ihr Geliebter wieder einmal etwas tat, was sie nicht mochte. Sie sagte: ,,Es tut weh, wenn du beißt. Bitte laß es.''

Nehmen wir einmal an, Deborahs Freund war, wie so viele andere Männer, ein großer Schweiger im Bett. Um dies mit Bestimmtheit anzugehen, raffte sich Deborah auf und erklärte: ,,Eines der Dinge, die ich gern hätte, wäre, wenn du über deine *Gefühle* beim Lieben redetest, wenn du mir Liebesworte zuflüstern und mir erklären würdest, was wir als nächstes tun werden.''

Es mag für einen Mann vielleicht nicht ohne weiteres verständlich sein, wenn eine Frau sich keinen Orgasmus wünscht, wenn sie auch ohne das befriedigt werden kann. ,,Ich möchte nicht jedesmal einen erleben. Manchmal finde ich es schön, auch ohne Höhepunkt zu lieben. Ich spüre ein warmes Glühen, ein Hineinströmen von Energie. Und das ist dann gerade das Richtige für mich.'' Vielleicht hielt ihr Partner es für selbstverständlich, daß sie, sobald sie feucht wurde, auch penetriert sein wollte. Deborah wollte sagen: ,,Nein, komm noch nicht in mich. Mach lieber so weiter. Es ist wunderbar. Wenn du in mich kommst, würde es kaputt gemacht werden. Zögern wir es hinaus, verlängern wir es.'' Ihren Partner um etwas zu bitten, was nicht zu ihrer Bettroutine gehörte, erwies sich als noch kritischer. Was sie eigentlich sagen wollte, war: ,,Ich möchte, daß du mit deiner Zunge sanft meine Klitoris berührst.'' Deborah hatte den Orgasmus vorgetäuscht und fand es schwierig, dieses Thema anzuschneiden. Sie wollte ihrem Freund erklären, weshalb sie es nur vorgetäuscht hatte. Weil sie ihm Freude machen wollte. ,,Ich will, daß du glücklich bist und ich weiß, du bist glücklich, wenn du glaubst, du hättest mir einen Orgasmus verschafft. Deshalb habe ich es die ganze Zeit über vorgetäuscht. Es fällt mir nicht leicht, es dir zu gestehen, aber ich habe niemals beim Geschlechtsverkehr einen Orgasmus gehabt – nur manchmal beim Masturbieren. Darum gibt es ein paar Dinge, die ich bei unserem Liebesspiel ändern möchte. Und ich möchte, daß du mir dabei hilfst.'' Und der nächste Schritt war der, es ihrem Freund zu zeigen, indem sie seine Hand führte und ihm demonstrierte, wie er sie berühren solle. ,,Ich reagiere auf eine leichte, behutsame und zärtliche Berührung. So, wie ich sie dir jetzt zeige. Ich brauche eine ununterbrochene Stimulierung deiner Finger.''

Am schwierigsten fand sie den Vorschlag, daß sie ein Hilfsmittel brauchen wolle. ,,Ich könnte mir vorstellen, daß es aufregend sein würde, wenn du es mit einem Vibrator versuchst und ihn mir zwischen die Beine hältst und und mich dabei küßt."

Deine eigene Selbstbehauptungsleiter mag ganz anders konstruiert sein, und auch die Art, wie du deine Vorlieben und Abneigungen ausdrückst, kann ganz verschieden sein. Deshalb soll dies gewiß nicht als Vorbild dienen, sondern es ist nur ein Modell. Und selbst wenn du eine Strategie ausgearbeitet hast und genau weißt, was du sagen willst, ist es keineswegs immer einfach, Pläne auch zu verwirklichen. Du mußt sehr hartnäckig und beharrlich sein, damit du dich sexuell behaupten kannst. Wenn du das erstemal deine Wünsche artikulierst, kann es dir passieren, daß du ignoriert wirst. Dann ist es notwendig, allen Mut zusammenzunehmen und zu wiederholen, was du willst. Und manchmal bleibt es nicht nur bei dieser einen Wiederholung, ehe sie der Partner tatsächlich hört: Es ist wie die Nadel in der Rille einer gesprungenen Schallplatte (Pamela Butler: *Self-Assertion for Women*). Diese „Zerkratzte-Schallplatten-Methode" besteht darin, dein Gefühl und das, was du willst, ruhig aber bestimmt immer wieder zu erklären, bis die Botschaft „angekommen" ist.

Schwierigkeiten voraussehen

Versteht ihr euch beide gut, wirst du auch eine recht genaue Vorstellung von dem haben, wie dein Partner reagiert. Wahrscheinlich ändert sich das je nach der Situation und der Stimmung, in der er sich gerade befindet. Rechne mit den wahrscheinlichsten Reaktionen und überlege dir vorher, was du tun und sagen wirst. Wie könntest du mit einer ablehnenden Reaktion fertig werden? Stellen wir uns einmal vor, daß Deborah, die ihrem Partner vorgeschlagen hat, einen Vibrator zu benutzen, eine Antwort bekommt wie diese: „Du machst wohl Witze."

Der Dialog könnte dann wie folgt weitergehen: „Ich weiß, es überrascht dich, aber ich würde wirklich einmal gerne einen Vibrator benutzen."

„Genüge ich dir denn nicht?"

„Du bist *sehr gut* im Bett. Und gerade deshalb möchte ich mit dir etwas Neues ausprobieren – nämlich einen Vibrator."

Oder aber das Gespräch läuft wie folgt: „Ich möchte, daß du mich sehr langsam liebst und mich sehr sanft streichelst – so zum Beispiel." Nehmen wir an, er sagt dann: „Schschsch . . . sei still, das ist *meine* Aufgabe."

„Es ist aber nicht nur deine Aufgabe, ich mag es, wenn ich dich um etwas bitten darf. Ich spreche gern aus, was mir Vergnügen macht."

„Ich werde noch meine Erektion verlieren!"

„Ich bin sicher, sie wird sehr schnell wiederkommen. Aber das ist mir gerade recht, denn so dauert alles länger und braucht mehr Zeit. Es ist wundervoll, wenn du mich sehr langsam liebst."

„Weshalb legst du dich nicht einfach zurück und genießt es?"

„Weil ich aktiv und lebendig sein will, nicht passiv und nicht immer nur diejenige, die etwas empfängt. Am meisten freue ich mich, wenn ich vorschlagen darf, wo und wie du mich berühren sollst, und es ist sehr erregend, wenn du mich dann so berührst."

Indem du vorausdenkst, kannst du auch mit den negativen, als Angriff oder Ausflucht getarnten Reaktionen fertig werden. Oft ist es kein Problem, einen ersten Wunsch bestimmt zu äußern, aber man wird schnell aus dem Konzept gebracht, wenn der Partner scharf reagiert und du merkst, daß das, was du dir als ruhige und vernünftige Aussprache in einer warmen und liebevollen Atmosphäre vorgestellt hast, zu einem Schlachtfeld wird. Die Gefahr ist groß, so weiterzumachen wie bisher.

Benutzt du deine Phantasie und denkst im voraus, dann ist es ratsam, sich den geeigneten Rahmen dafür zu schaffen. Es während des Frühstücks zur Sprache zu bringen oder wenn dein Partner sehr erregt oder nach einem vollen Arbeitstag gerade im Begriff ist einzuschlafen, wird eine andere Reaktion hervorbringen als wenn du mit ihm entspannt vor einem Kaminfeuer sitzt, wenn ihr euch im Garten sonnt oder wenn ihr am Sonntag vormittag noch ein wenig länger im Bett liegt. Es ist leichter für beide, wenn dein Partner entspannt aber doch aufmerksam ist.

Sich selbst behaupten zu können beginnt mit einem Blick auf die eigenen Bedürfnisse, mit dem Erforschen der eigenen Sexualität und der Entwicklung des eigenen Körpergefühls. Von dort aus ist der nächste Schritt ein In-Worte-Fassen dessen, was du fühlst und was du willst und wie sich euer künftiges Zusammenleben gestalten soll. Das Resultat kann durchaus ein neues Gemeinsamkeitsgefühl, ein tieferes Verständnis zwischen zwei Liebenden sein.

Berührung und Zusammenspiel

Nach ein paar Sekunden war er fertig . . . er drehte sich weg, langte nach seinem Bier und zündete sich eine Zigarette an . . .
,,Vielleicht wirst du irgendwann einmal, wenn wir so weitermachen, tatsächlich lernen, wie man bumst'', murmelte sie.
,,Dir gefällt es nicht, wie ich es mache?''
,,Was soll mir denn gefallen? Oder mißfallen?''
,,Was willst du damit sagen?'' In der Mittelschule, wenn die Jungens im Kreise standen und um die Wette wichsten, war er immer der erste gewesen, der spritzte. Außerdem hatte er den größten Pimmel in der ganzen Schule. Was wollte sie denn noch? Etwa einen Telefonmast?
,,Du kommst zu schnell. Wir Mädchen wollen es sachte, sachte, mit viel Schmusen und Küssen.''
(aus Lisa Alther: *Original Sin*)

Das folgende Kapitel befaßt sich mit dem, was eine Frau ihrem Partner über die körperliche Liebe beibringen kann. Viele von uns zögern, ihre Wünsche auszusprechen, und ein Geliebter empfindet es oft als demütigend, wenn man ihm überhaupt etwas vorschreiben will. Wir haben bereits gezeigt, daß Männer häufig außerordentlich defensiv gegenüber allem reagieren, was wie Kritik an ihrer Virilität aussieht. Aber es ist ein Problem, das nicht nur männliche Sexpartner betrifft. Eine Frau mag sich einbilden, die Reaktionen anderer Frauen instinktiv zu verstehen; aber auch lesbische Frauen müssen diese Dinge erst einmal lernen. Alle Liebesbeziehungen müssen, sowohl aus physischer als auch aus psychischer Sicht, erlernt werden, und Berührung und Zusammenspiel sind dabei unerläßlich.

Ein Mann sagte einmal zu mir, die körperliche Liebe zu einer Frau ließe sich mit dem Spielen auf einem Musikinstrument vergleichen. Man brauche nur die Technik zu beherrschen, dann könne diese mit derselben Wirk-

samkeit bei allen anderen Frauen angewandt werden. Aber alle Aussagen, die von den Frauen selber kommen, weisen darauf hin, daß das nicht stimmt. Jede neue Beziehung erfordert ihre eigene Kunstfertigkeit. Die beiden Partner müssen erforschen, wie sie ihre eigenen Liebesmuster zu entwerfen haben und wie sie miteinander harmonisieren können. Dies ist ein kreativer Vorgang und unterscheidet sich prinzipiell von der Vorstellung, für den Orgasmus programmiert zu sein. Mehr noch: Die Menschen verändern sich, werden reifer, und eine Liebestechnik, die für eine junge Frau richtig war, muß einer gereifteren angepaßt werden. Die beiden Aspekte „Berührung" und „Zusammenspiel" müssen zusammen angegangen werden, denn eine Berührung, die völlig richtig in einem bestimmten Stadium des Vorspiels ist, kann in einem anderen wiederum völlig fehl am Platze sein. Eine Frau hat es einmal so formuliert: „Es gefällt mir, wenn ich überall auf verschiedene Arten berührt werde. Es kommt auf die Reihenfolge an, nicht wie und wo: Flirten und Schmusen kommt vor Streicheln, Liebkosen, Ausziehen."

Stimulierung des ganzen Körpers

Der von Frauen am häufigsten an ihre männlichen Partner gerichtete Vorwurf besteht darin, daß diese sich fast ausschließlich auf den Genitalbereich konzentrieren und nicht auf eine Stimulierung des ganzen Körpers. „Er bleibt bei den sogenannten Erogenzonen – Hintern, Brüste usw., wenn ich andere Teile meines Körpers gestreichelt haben will." Oder: „Er attackiert sofort meine Genitalregion, und zwar ehe ich richtig in Stimmung gekommen bin." Oder: „Ich möchte Trost spenden und empfangen und nicht nur bloße Lust." Oder: „Er will immer der vorwärtsdrängende, sondierende, dominierende männliche Mann sein und vergißt dabei meine Bedürfnisse und glaubt, ich wolle nichts weiter als einen Penis, der in mich stößt. Ich mag es nicht, wenn mein übriger Körper ignoriert wird."

Viel von dem was sich Männer, wenn sie unter sich sind, über ihre sexuellen Techniken erzählen, gehört offenbar in diese „Zaubertrick-Abteilung". Und viele Männer machen einfach auf dieser Ebene weiter, obwohl alle Hinweise, die sie von ihren Frauen erhalten, deren Unwirksamkeit bestätigen. Jean sagt, sie wünsche sich, daß ihr Mann sich mehr für sie als *Person* interessiere: „Den ganzen Tag über und nicht nur im Bett . . . Für ihn gibt es nur eins, was ihm im Leben wichtig ist, der Fernsehapparat. Bis er ins Bett will." Und dann überstürzen sich ihre Worte. „Und ich wünschte, er würde sich öfter waschen und nicht so picklige Haut haben und schuppiges Haar und stinkende Socken!" Godfrey hat keinen Schimmer, wie er auf Jean wirkt und wird sehr verwundert sein, wenn sie ihn verläßt.

Sich wegen des Partners Mühe geben

Frauen fühlen oft die Verpflichtung, sie müßten sich für die Männer so attraktiv wie möglich machen. Ihnen wurde bereits als jungen Mädchen beigebracht, daß Kleidung, Kosmetika und Schlankheitskuren ihnen zu einem Mann verhelfen würden. Sie zupfen sich die Augenbrauen aus, lackieren sich die Nägel, legen Make-up auf, grübeln, ob er sie lieber in dem blauen als in dem grünen Kleid, den Silberohrringen oder der goldenen Halskette sehen will, und ob sie sich lieber mit dem moschusduftenden Parfüm oder mit dem zarten Blumengeruch einsprühen sollen. Sind sie erst ein paar Jährchen mit einem Mann zusammen, wird ihnen klar, daß Männer weit weniger Mühe darauf verwenden, sich für *sie* attraktiv zu

Der ganze weibliche Körper ist eine einzige erogene Zone und wird bei richtiger Berührung lebendig . . .

machen. Der nicht-deodorierte, unrasierte Mann mit seinem schmutzigen Hemdkragen, den kratzigen Zehennägeln und schwieligen Händen kann ziemlich abstoßend sein. Frauen erzählen mir, daß ihre Partner unangenehme Gewohnheiten hätten. Manche beeinträchtigen das Liebesspiel, wie zum Beispiel ,,aufstoßen'', ,,einen Wind streichen lassen'', ,,sich kratzen'', ,,hochziehen'', rauchen (,,Wenn er doch nur das Rauchen sein lassen würde! Ich kann immer den abgestandenen Tabakgeruch riechen, auch wenn er sich wiederholt vorher die Zähne putzt und mit Mundwasser gurgelt'') und trinken (,,Wenn mein Mann getrunken hat, küsse ich ihn nicht gerne, denn er hat eine Fahne''). Ein wenig mehr Selbstkritik in solchen Dingen kann mehr bewirken als verfeinerte Sexualtechniken.

Umarmen, behutsames Streicheln, Küssen und den Rücken reiben – all das sind Methoden, die eine Frau erregen. Der restliche Körper zieht dann automatisch mit und ist nicht nur Zielscheibe für eine ausschließlich männliche Betätigung. Frauen lassen sich auch erotisieren, indem man sie liebkost, ohne ihnen jedesmal das Gefühl zu vermitteln, daß dies nur ein Vorspiel zum Koitus sei. Manche von ihnen sind derart sensitiv gegenüber den Pirschversuchen eines nur auf Eroberung bedachten Partners, daß sie sich im Augenblick, da er sie berührt, verkrampfen. Es ist, als biete ihr der Mann irgendwelche unbedeutende Firlefanzerei an als Anzahlung für die eigentliche Sache, um die es ihm geht. ,,Ich kann auf Küsse nicht reagieren, wenn ich merke, daß nur das eine Ziel dahintersteckt'', sagt eine Frau.

Es gibt immer noch Männer, welche die Rolle der Klitoris bei der weiblichen Erregungssteigerung nicht erkannt haben und sich deshalb auch keine Mühe geben, sie zu stimulieren. Sie penetrieren die Frau, ehe sie überhaupt erregt ist. Es gibt viele Frauen, die auch ohne irgendwelche Penetration ein befriedigendes sexuelles Erlebnis haben können.

Aber auch wenn der Mann weiß, daß er die Penetration hinauszögern soll oder daß es die Frau überhaupt nicht will, geht er manchmal schnurstracks auf die Erogenzonen oder auf die Klitoris los – mit der Hand oder mit dem Mund – und ignoriert alle übrigen Teile des Körpers. Für jede Frau gibt es so etwas wie die richtige Reihenfolge, und diese muß wiederum zu ihrer Stimmung, der Tageszeit und der Situation, in der alles begonnen hatte, passen. Frauen brauchen viel Zeit, um sich zu entspannen und sich begehrt und begehrenswert zu fühlen.

Liebevolle Berührung

Das Anfangsstadium der Berührung sollte so verlaufen, daß die Frau sich entspannt und löst, und ihr Schritt für Schritt helfen, muskuläre Verspannungen abzubauen und ihren Körper zu genießen. Manchmal genügt das bereits, und sie will dann auch nichts weiter, keine Umarmungen oder gar Geschlechtsverkehr. Diese Art Berührung ist an sich schon wohltuend und sollte niemals als ,,Vorspiel'' gelten.

Auch wenn Zärtlichkeiten leidenschaftlicher werden und sie darauf mit gesteigerter Erregung reagiert, sollte der Mann sich zurückhalten und ihren ganzen Körper und nicht nur die üblichen Erogenzonen streicheln. Konzentriert er sich jedoch nur auf diese, kann es sein, daß seine Partnerin sich so aufgeteilt wie jene Kochbuchzeichnungen vorkommt, die die Hausfrau über Bratenstücke informieren, über ,,Hinterbacken'', ,,Keulen'', ,,Filet'', ,,Bauch'', ,,Rippenstück'' oder was auch immer. Vielleicht mag sie es, wenn ihr Hals ganz sanft liebkost wird, wenn eine Hand ihr zärtlich und liebevoll übers Haar streicht, wenn ein Finger die Kurven ihres Gesichts nachzieht, wenn ihr Kopf langsam und beruhigend massiert wird oder wenn die Innenhaut der Arme oder Beine sanft und mit behutsamen Streichelbewegungen liebkost wird. Eine Frau, deren Mann sich nie genügend Zeit für den Liebesakt läßt, sagt: „Das Problem ist wohl, daß beim Mann die sexuelle Erregung ganz im Penis konzentriert ist und er sich vorstellt, eine Frau müsse ähnlich empfinden. Er glaubt, daß ein schnelles Reiben der Klitoris ihr die notwendige starke Erregung verschafft und sie für den Verkehr bereit macht." Manche Frauen wollen schon zu Beginn des Spiels ihre Brüste stimuliert haben. Andere wiederum, deren Brüste sehr empfindlich sind, möchten es sich für später aufheben. „Ich bin nicht sehr scharf darauf, wenn meine Brüste mit einbezogen werden, es sei denn, ich fühle den Orgasmus kommen. Es irritiert mich besonders, wenn an den Warzen gefummelt wird." Die Reaktionsbereitschaft der Brüste variiert mit dem Monatszyklus, und es gibt Frauen, deren Brustwarzen kurz vor dem Einsetzen der Menstruation überempfindlich werden. Wiederum andere sagen, daß gerade dann eine große Erregungsbereitschaft da sei.

Stimulation der Klitoris

Es kommt ein Stadium, da eine Frau sich sehnt, ihre Klitoris sanft aber subtil und mit aufreizend geschickten Streichelbewegungen berührt zu bekommen. Diese Art der Zärtlichkeit ist wichtig, denn wenn die Klitoris nur als „Begeisterungsknöpfchen" betrachtet wird, das man bloß zu drükken brauche, und ab geht die Post, glaubt sie, und das mit Recht, daß ihr Partner mechanische Techniken anwendet, die in krassem Gegensatz zu Zärtlichkeit und echter Erotik stehen. Jean: „Er überstimuliert meine Klitoris, weil er viel zu fest mit dem Finger darauf drückt." Häufig sind Männer ungeschickt und behandeln die Klitoris wie einen kleinen Penis und nicht wie ein außerordentlich empfindliches und einzigartiges weibliches Organ. Manche sind grob, ohne es zu merken. Sie drücken darauf, kneifen sie und biegen sie in einem Winkel ab, was den Schmerz nur noch vergrößert. Sie reiben sie auch schnell und hören damit nicht auf, weil sie glauben, die Frau sexuell zu erregen, aber die Folge davon ist, daß sie am Ende nur physisch irritiert und entzündet ist. Im Penis befinden sich viele der intensive sexuelle Stimulierung bewirkenden Nervenenden oberhalb des Eichelrandes und um die pilzförmige Spitze des erigierten Organs. Bei der Klitoris wird die beste und wirksamste Berührung durch Streicheln oder Zungenberührung der *Wurzel* erzeugt und nicht der Klitoris selber. Am aufregendsten ist die Berührung der *kleinen Schamlippen*, die mit dem Häubchen, das über die Klitoris gleitet, verbunden sind. Wenn der Penis sexuell stimuliert wird, steht er hervor. Wenn die Klitoris reagiert, erigiert sie ebenfalls, schlüpft aber *unter* das sie umgebende Gewebe. Die Klitoris läßt sich entweder in Liegestellung stimulieren oder während das Paar sich gegenüber sitzt, und es könnte dem Mann helfen, wenn er mit den Fingern die äußeren Schamlippen behutsam teilt, um die genaue Lage dieser Organe zu erforschen. Sanftes Streicheln der äußeren und inneren Lippen stimuliert das Klitorishäubchen, und dies wiederum versteift die Klitoris. Da bei vielen Frauen die Klitoris leicht überstimuliert werden kann, sollte die Bewegung immer nur sehr vorsichtig und sozusagen „neckend" sein –

weggleitend und zurückkommend. Manchmal ist es am besten, nur den Bereich *oberhalb* der Klitoris zu streicheln und nicht das eigentliche Organ. Du kannst deinem Partner auch vorschlagen, sich hinter dich zu legen oder zu setzen, wobei er eine Hand über deinen Schamhügel oder zwischen deine Beine legt. Falls die Hand zwischen deine Beine geführt wird, sollte das Handgelenk etwa auf gleicher Höhe wie die Vagina sein, sonst erreichen die am meisten Lust vermittelnden fleischigen Teile der Finger die Klitoris nicht. Besonders, wenn du bei einer Entbindung einen Dammriß gehabt hast, der genäht werden mußte, sollte es dein Partner vermeiden, am Gewebe der Scheidenbasis und an dem kleinen, *fourchette* genannten Dreieck zwischen Vagina und After zu zerren.

Eine weitere, von Frauen oft bevorzugte Stellung ist die Bauchlage. Der Partner führt die Hand zwischen die Beine ein. Dabei empfiehlt es sich, das Becken mit einem Kissen abzustützen. Du kannst die Wirkung der Berührung verstärken, indem du das Becken leicht anhebst oder die Hinterbacken rhythmisch zusammendrückst und wieder entspannst.

Für die meisten Frauen bedeutet klitorale Stimulierung den Höhepunkt des Erlebens, und es ist nur, wenn die Klitoris stimuliert wird, daß die Frau auch einen Orgasmus bekommt. Viele können voll erregt sein, eine tiefe Befriedigung und einen Höhepunkt erreichen ohne penetriert zu werden.

Wenn es weiterhin wirksam sein und intensive erotische Erregung verursachen und nicht nur einen angenehm kitzelnden Reiz vermitteln soll, dann müssen geschickte Berührung und harmonisches Zusammenspiel ihren Platz in einer sexuellen Partnerschaft erhalten. Sexuelles Jucken ist leicht hervorgerufen; es erfordert viel mehr, in der oder dem Geliebten dem ganzen Menschen zu begegnen und ihn willkommen zu heißen.

Orale Stimulierung   Orale Stimulierung von Klitoris und Vagina (Cunnilingus) wird häufig von Frauen erwähnt, wenn sie gefragt werden, was ihnen am besten gefällt. „Mein Partner tut es zwar selten, aber wenn er es tut, ist es unheimlich schön!" Oder: „Er hat es nur einmal getan und mich fast verrückt gemacht. Ich bin sofort gekommen." Manche dagegen sagen, daß ihre Männer zwar erwarteten, den Penis in den Mund genommen zu bekommen (Fellatio), sich jedoch ihrerseits weigerten, mit den Lippen, der Zunge oder dem Mund Klitoris, Labien oder Vagina zu liebkosen. Eine Frau sagt, ihr Mann hätte ihr erklärt, „es würde ihn als Mann erniedrigen". Er hielt die Vagina für etwas Unappetitliches, und sie mit den Lippen zu berühren sei eine Form der Verunreinigung. Es gibt aber auch Frauen, welche den Gedanken einer oralen Berührung ihrer Genitalien ablehnen. Sie befürchten, diese seien irgendwie übelriechend oder „schmutzig". Ihre Ängste sind Ausdruck einer weitverbreiteten Haltung gegenüber den weiblichen Geschlechtsteilen. Während der Penis als kraftvoll und mutig, als hochragende, glatte Form, als edler Turm, als Säule, die üppigen, lebenspendenden Samen ausstoße, gesehen wird, sind die Genitalien der Frau verborgen, unregelmäßig geformt wie eine Art Tiefseekreatur. Menstrualfluß, Blutgerinnsel, Ausscheidungen aus der Gebärmutter und dem Gebärmutterhals sickern durch sie hindurch. Primär gilt der Penis als Machtinstrument und die Vagina als Behälter (nicht umsonst heißt sie auf deutsch „Scheide"; *Anm. der Übers.*) und Öffnung für die Ausscheidung von Abfallstoffen.

Deshalb sind manche Frauen nur bereit, ihrem Partner oralen Kontakt zu gestatten, wenn sie vorher ausgiebig gebadet haben und sicher sind, daß sie „dort unten" nicht unangenehm riechen. Viele von ihnen sind in dem Glauben aufgewachsen, daß alle genitalen Gerüche und jegliche Form von natürlicher Lubrikation unsauber seien. Sobald eine Frau in dieser Beziehung befangen ist und merkt, daß sie feucht wird, kann sie „abschalten", weil der Geruch sich verstärkt und sie „anders" riecht. Dabei geht es nicht nur um ihre persönliche Einstellung gegenüber oral-genitalem Sex, sondern es geht um ihren ganzen Körper und dessen Rolle bei der körperlichen Liebe. Sie ist so geprägt, daß sie ihrem eigenen Körper mißtraut und ihn ablehnt. Für bestimmte Frauen ist dies ein großes Hindernis zur sexuellen Hingabe. Was einer Frau außerdem mißfallen, ja unter Umständen auch schaden kann, ist, wenn der Partner in die Vagina bläst. Obwohl es durchaus angenehm sein kann, wenn auf die Klitoris sanft gehaucht wird, kann es in der Tat gefährlich werden, die Vagina mit Luft zu füllen. Luftembolie ist zwar selten, kann jedoch zu einem plötzlichen Tod führen.

Penetration   Bei der Penetration sollte der Kontakt mit der Klitoris entweder mittels Drucks der Hand oder der Berührung mit der Fingerspitze aufrecht erhalten bleiben. Oder aber du berührst und streichelst die Klitoris, während dein Partner in dir ist. Wenn der Mann auf dir liegt, sollte er es vermeiden, sein ganzes Gewicht auf dich fallen zu lassen. Manche Frauen sagen, ihre Männer legten sich so schwer auf sie, daß sie kaum noch Luft bekämen. Jede Stellung, die der Frau ihre Bewegungsfreiheit nimmt, bedeutet gleichzeitig auch, daß sie die Beckenbewegungen, die ihr zum Orgasmus verhelfen, nicht ausführen kann.

Einer Frau gefällt es manchmal, wenn ihre Gesäßbacken ergriffen werden. „Ich mag es gerne, wenn mir anfangs Hüften und Hintern gestreichelt und sie dann, später, leidenschaftlich angepackt werden." Die Hinterbacken können während der Penetration in vielen Stellungen festgehalten werden, und bei vielen Frauen steigert sich die Erregung, wenn sie sanft geteilt werden und eine leichte analstimulierende Liebkosung stattfindet.

Die meisten Frauen, mit denen ich mich unterhalten habe und die mir ihre Vorlieben und Abneigungen erklärten, behaupten, daß sie den Analverkehr nicht übermäßig schätzen. Soll der Penis nach und nach in den Anus eingeführt werden, muß es behutsam geschehen. Mit einem eingeölten Finger sollte der Anus erweitert werden und auch der Penis sollte vorher gründlich eingeölt sein. Die Frau sollte den Mann führen und jedesmal pausieren, wenn es ihr weh tut. Nachdem er im Anus gewesen ist, sollte der Penis nicht mehr in die Vagina eingeführt werden, weil Bakterien aus dem Mastdarm Scheiden- und Harnweginfektionen verursachen können.

Alpenglühen   Frauen mögen es, wenn sie *nach* dem Geschlechtsverkehr liebkost und gehätschelt werden. Viele erzählten mir, daß ihre Partner sofort einschlafen. „Sobald mein Mann ejakuliert hat, kommt er auf die Erde zurück, während ich noch im siebten Himmel schwebe. Es würde mir guttun, wenn er mich in die Arme nehmen und mir zärtliche Worte zuflüstern würde." Dies ist besonders wichtig für Frauen, die während des Verkehrs keinen Orgasmus bekommen können. Aber auch andere sind häufig bekümmert, wenn ihr Mann sich, sowie er ejakuliert hat, wegdreht und einschläft.

Trotz der heute modernen Betonung des weiblichen Orgasmus – und für viele Frauen ist er auch ein integraler Teil sexueller Erfüllung –, *ist er nicht das A und O weiblicher Befriedigung.* Ob eine Frau den Akt genießt oder nicht, hängt viel mehr davon ab, ob ihr Geliebter sich ihrem ganzen Körper widmet, wie gern er sie küßt, streichelt, in den Armen hält und auf *ihre* Bedürfnisse als ganzer Mensch eingeht. Keine Orgasmen, und seien sie auch noch so raffiniert hervorgerufen, entschädigen eine Frau für das Fehlen leidenschaftlicher, liebevoller Zuwendung.

Massage und sinnlich wahrgenommenes Zentrum

Lege eine Massagestunde im voraus fest und wähle eine Zeit, wo du weder übermüdet bist noch unterbrochen werden kannst. Und sorge dafür, daß der Raum warm ist. Sanfte Musik und gedämpftes Licht können zur Einstimmung beitragen. Dein Partner sollte Massage-Öl benutzen, damit seine Hände leichter über deine Haut gleiten und dich auch tief massieren können, ohne daß sich deine Haut dabei entzündet. Manche bevorzugen es, wenn beide nackt sind. Andere wollen, daß der aktive Partner etwas anhat. Der Zweck der Übung ist Muskellockerung und ein beiderseitiges körperliches Wohlgefühl und nicht etwa eine Stimulierung. Deshalb muß bei einer solchen Massagesitzung darauf geachtet werden, daß Genitalien oder Brüste unberührt bleiben. Die Berührung, die du gibst oder empfängst, kann wechseln – von einem federleichten Fingerspitzenflattern bis zu einer festen Massage. Das Wichtigste ist jedoch, Schritt für Schritt vorzugehen.

Beginn der Massage
Ist die Unterlage nicht sehr hart, lege eine dünne Steppdecke oder ein Wolltuch auf den Boden oder ein paar Bodenkissen. Ziehe dich aus und lege dich auf den Bauch. Mache ein paar Lockerungsübungen, um dich zu wärmen und zu entspannen und laß deine Gefühle durch deinen ganzen Körper strömen.

1 Lege ihr die Hände auf die Schultern und lasse deine Daumen über die kleinen Vertiefungen zu beiden Seiten ihres Rückgrats langsam aber fest rotieren. Arbeite dich dann ihren Rücken herunter. Erkundige dich, ob sie eine festere oder leichtere Massage will, wo sie sie haben möchte, und lasse dich von ihr führen. Beende die Runde mit einer Massage beider Seiten des Beckens unmittelbar über der Stelle, wo die Gesäßspalte beginnt.

2 Falls du zusätzliches Öl brauchst, sorge dafür, daß eine Hand immer mit dem zu massierenden Körper in

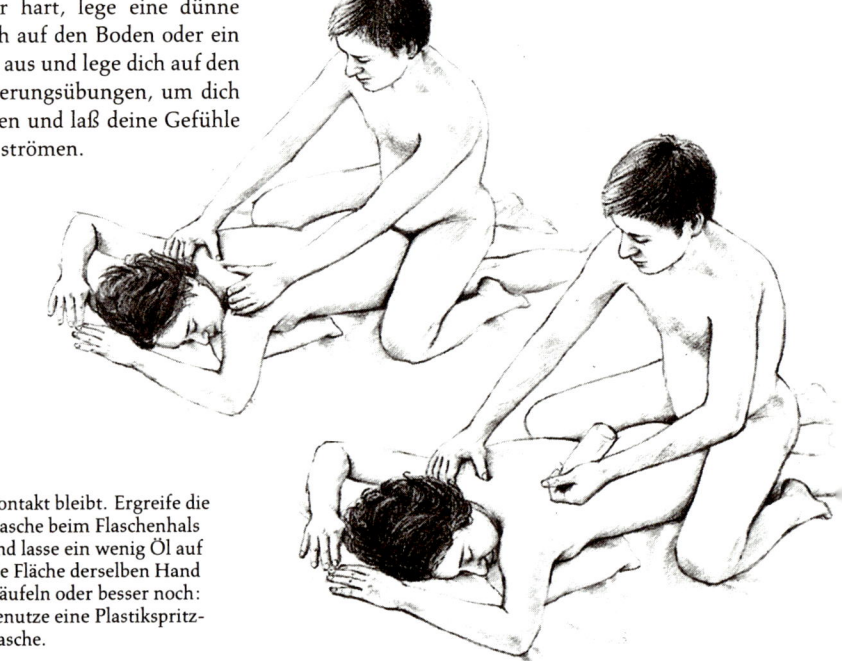

Kontakt bleibt. Ergreife die Flasche beim Flaschenhals und lasse ein wenig Öl auf die Fläche derselben Hand träufeln oder besser noch: benutze eine Plastikspritzflasche.

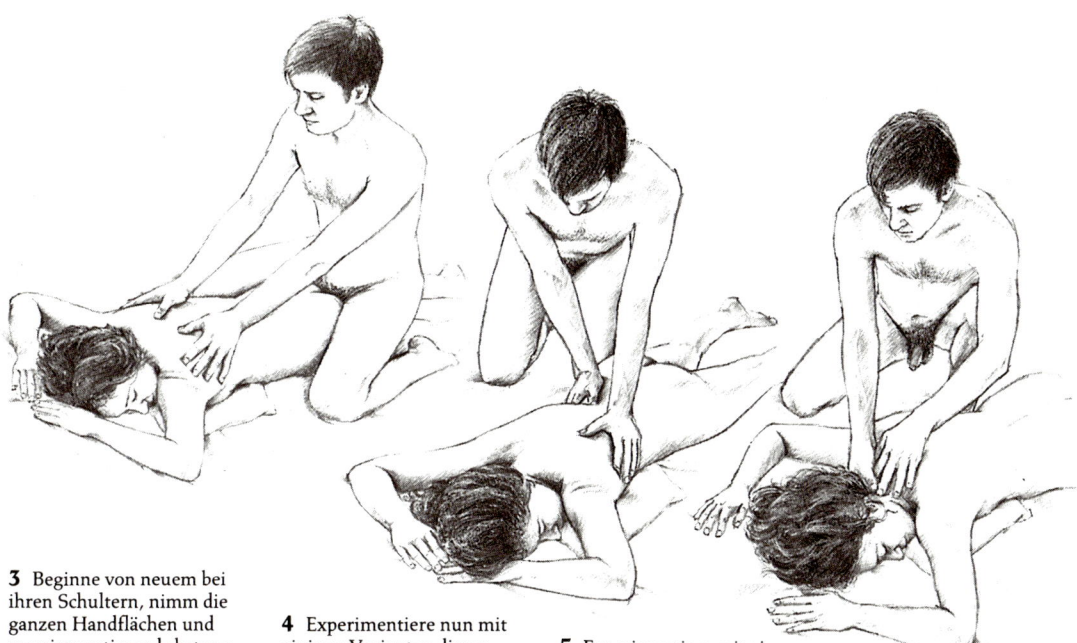

3 Beginne von neuem bei ihren Schultern, nimm die ganzen Handflächen und massiere rotierend; betone die vom Rückgrat wegführende Bewegung. Zum Schluß lasse deine Hände langsam ihren Rücken hinuntergleiten bis zum Gesäß, das du auf die gleiche Weise massierst. Wiederhole dies etwa vier- oder fünfmal.

4 Experimentiere nun mit einigen Varianten dieser Massage und erkunde die Wirkung der Handtellerwurzeln, wobei du mit ihnen tief in das Muskelgewebe drückst und dich vorwärts lehnst, so daß dein ganzes Gewicht durch Arme und Hände strömt.

5 Experimentiere mit einem Streicheln unterhalb ihrer Gesäßbacken und gleite über ihre Oberschenkel; bewege deine Hände aufwärts zu ihren Schultern und über den Nacken bis zum Schädelansatz und über ihren Hinterkopf, wobei du

mit den „Fingerbeeren" und Daumen drückst. Vielleicht wäre ein kleines Kissen nützlich, das ihre Schultern stützt und ihren Kopf ein wenig hebt, um es leichter zu machen, Kopf und Nakken zu massieren.

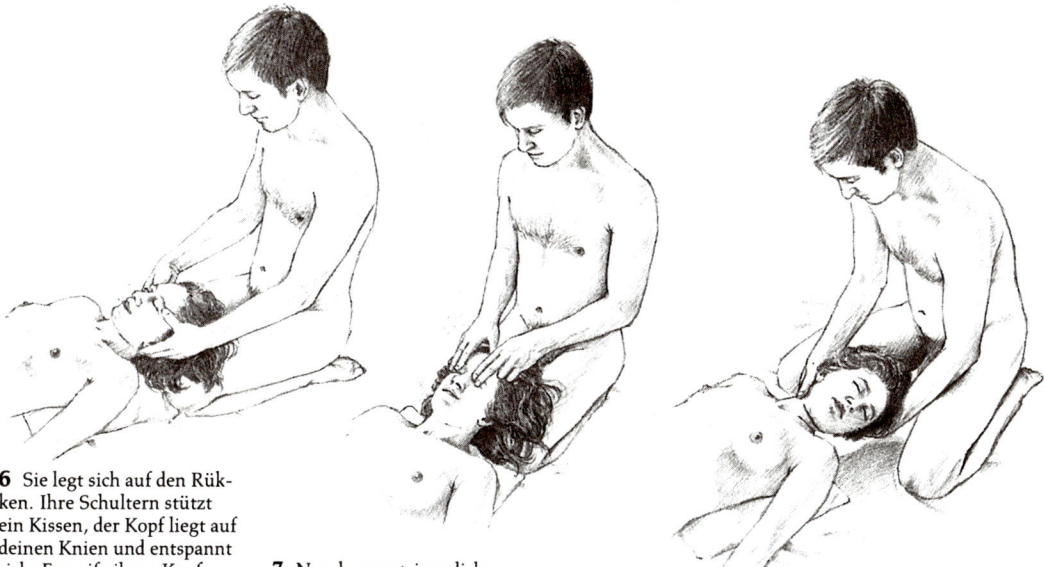

6 Sie legt sich auf den Rükken. Ihre Schultern stützt ein Kissen, der Kopf liegt auf deinen Knien und entspannt sich. Ergreife ihren Kopf und massiere ihr den ganzen Schädel, und zwar langsam und mit den Fingerspitzen, indem du das Fleisch über den Knochen bewegst. Lehne dich vorwärts und massiere ihr den Nasensattel, die Brauen und Schläfen.

7 Nun konzentriere dich auf ihre Schläfen und beschreibe auf ihnen große Kreise mit deinem Daumen. Zum Abschluß lege deine Fingerspitzen *leicht* auf ihre geschlossenen Augenlider und lasse sie dort etwa eine Minute lang ruhen.

8 Setze dich zurück, nimm die Knie auseinander, lasse ihren Kopf auf deinen Händen ruhen und stütze sein ganzes Gewicht. Als nächstes rolle ihn langsam in deinen Händen hin und her. Lasse die Bewegungen grö-

ßer werden. Spürst du irgendwo noch Spannung oder Widerstand, bitte sie, ihre Kinnladen zu lockern. Beende die Massage, indem du ihren Kopf in deinen Handtellern hältst.

Schultern

Wie oft scheint es uns, als trügen wir die ganze Last des Lebens auf unseren Schultern! Gilt es, Krisen zu bewältigen, straffen wir sie. Beugt uns jedoch die Bürde der Verantwortung oder belasten uns die Bedürfnisse anderer sehr, haben wir das Gefühl, daß unsere Schultern jeden Augenblick zerbrechen könnten. Für viele heißt das, daß sie ihre Schultern nicht lockern können. Dies ist also eine Übung, um unsere Schultern zu entspannen:

1 Du sitzt immer noch deinem Partner gegenüber, ziehst die Schultern ganz zurück, als wolltest du sie im Rücken zusammenbringen. Etwa 15 Sekunden hältst du diese Haltung und registrierst, wie es sich anfühlt und welche anderen Körperteile oder Muskeln in Mitleidenschaft gezogen werden.

2 Sodann legt dir dein Partner die Hände fest auf die Schulterkugeln und läßt sie dort ruhen. Du entspannst dich, indem du dich in die Wärme und den Druck sozusagen hineintreiben läßt. Registriere den Effekt auf deinen Körper und beachte, wie deine Schultern sich nun ganz anders anfühlen.

Arme und Hände

Beim indischen Tanz scheinen die Arme zu schweben und zu fließen; sie muten uns fremdartig an, als seien es andere Glieder als die, welche wir jeden Tag benutzen. Wir stoßen uns die Arme, lassen Dinge fallen, aber wenn wir einen Töpfer beobachten, der seine Tonscheibe dreht und den Ton formt, merken wir, wie er Hände und Arme mit sicheren und fließenden Be-

wegungen gebraucht. Sollen Arme und Hände erotische Botschaften aussenden, muß sexuelle Energie durch unsere Arme und Hände in Handteller und Fingerspitzen strömen. Die Voraussetzung dafür ist aber, daß wir Spannungen lockern können. Darum ist die nächste Übung wichtig für beide Partner.

1 Spanne einen Arm an, ohne ihn anzuheben. Beobachte die dabei entstehenden Gefühle und registriere, welche anderen Muskeln durch diese Bewegungen angespannt werden.

2 Jetzt legt dein Partner die eine Hand auf deine Schultern, die andere umfaßt von der Innenseite her deinen Oberarm. Sobald du den Druck spürst, hörst du mit der Anspannung auf. Hast du jetzt ein anderes Gefühl?

3 Der Partner nimmt die freie Hand – die andere ruht immer noch auf deiner Schulter – und streicht damit deinen Oberarm entlang, wobei er fest die Form deines Armes umfaßt. Dann läßt er sie langsam auf den Unterarm und über dessen Innenseite gleiten, um noch verbliebene Spannungen herausströmen zu lassen. Ist das Handgelenk erreicht, umkreist er es, und für weitere 10 Sekunden verharrt ihr in dieser Stellung.

Gesicht und Hals

Gesicht und Hals sind Körperteile, die sich oft verspannt haben, weil wir mit alltäglichen Schwierigkeiten kämpfen müssen. Wir strecken unser Kinn vor, versteifen unser Genick und spannen die Muskeln um unsere Augen; gleichzeitig beißen wir automatisch unsere Kinnladen zusammen. Diese Art Spannung verursacht die vielen gerunzelten Stirnen und andere Signale von Gesichtsstreß.

Setzt euch einander gegenüber. Dein Partner muß sich bewegen können. Du solltest dich bequem anlehnen, mit auseinandergenommenen Knien und aneinandergelegten Fußsohlen. Sorge dafür, daß auch Kopf und Hals gut abgestützt sind. Eine chinesische Nackenrolle oder ein zusätzliches Kissen eignen sich dafür. Dein Kopf sollte sich wie eine große, schwere Kristallkugel anfühlen, die du sanft hin und her rollen läßt.

1 Beginne, indem du die Augen zukneifst und die Stirn runzelst, als ob du Kopfschmerzen hättest und das Licht zu grell sei. Registriere, wie es sich anfühlt, wenn du deine Muskeln auf diese Weise entspannst. An welchen Stellen sitzen noch ungelöste Spannungen?

2 Nun legt dein Partner zwei Finger jeder Hand fest auf deine Schläfenknochen. Sobald du Wärme und Druck der Finger spürst, entspanne dich und lasse die Spannung zu beiden Seiten deines Kopfes in die massierenden Hände fließen.

Beine und Füße

Selbst wenn dein übriger Körper entspannt ist, kann es sein, daß du dir der Spannung in Beinen und Füßen nicht bewußt bist. Wenn wir bereit sind, Schwierigkeiten anzupacken, sind Beine und Füße auf dem Sprung sich zu bewegen, und wenn wir uns unsicher und bedroht fühlen, pressen wir die Knie zusammen, um uns zu schützen.

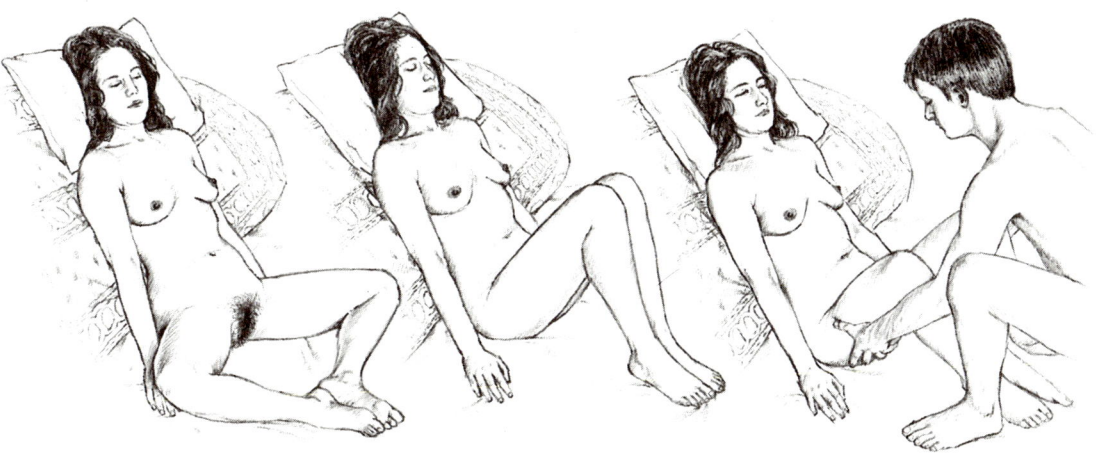

1 Beginne mit auseinandergenommenen und gelockerten Knien, ziehe sie an und bewege sie gegeneinander, bis sie so eng zusammen sind, daß sie einen Bogen Papier festhalten können. Registriere dein Gefühl dabei. Haben sich andere Muskeln gespannt?

2 Nun legt dein Partner seine Hände fest auf die Außenseite deiner Schenkel und drückt seine Handteller gegen deine Beine. Im Augenblick, da du Wärme und Druck spürst, lockere dich und lasse die Beine auseinanderfallen. Registriere die veränderten Körpergefühle.

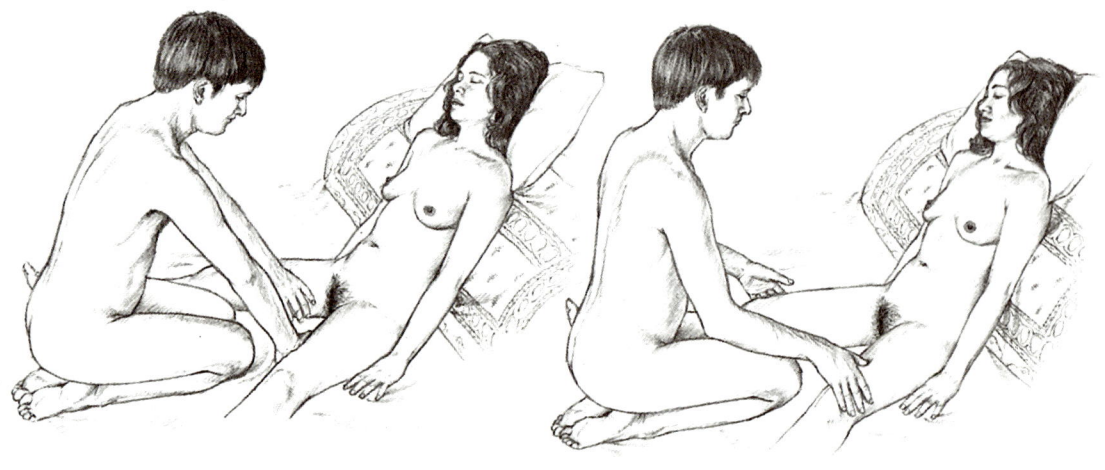

3 Dann kniet dein Partner vorwärts (es ist wahrscheinlich am bequemsten, wenn seine Beine sich zwischen deinen befinden) und hält mit nach unten gerichteten Fingern die Innenseite deiner Oberschenkel fest. Die Wärme aus seinen Händen strömt in deine Beine.

4 Dann führt dein Partner sehr langsam seine Hände auf deine Knie zu, kommt an der Oberseite deiner Beine wieder hoch und berührt sie nur leicht mit den Fingerspitzen. Jedesmal, wenn die Hände die Innenseite deiner Schenkel festhalten und sich abwärts bewegen, sollst du dich auf das Gefühl in deiner Vagina konzentrieren und die Gewebe in ihr und um sie sich lockern lassen. Sie sollen weicher werden und sich wie ein weicher, entspannter Mund öffnen. Redet miteinander, was ihr für Gefühle dabei habt und welche Art von Berührung am wirksamsten ist.

5 Nun beugst du ein Knie und läßt es schlaff auswärts fallen. Das andere Bein wird gestreckt, die Ferse fest auf den Boden gestemmt, das ganze Bein angespannt. Halte diese Stellung ein paar Sekunden lang.

6 Dein Partner legt nun die eine Hand an die Außen-, die andere an die Innenseite des angespannten Beins und umschließt mit den Händen dein Bein. Der Kontakt soll fest und bestimmt sein. Im Augenblick, da du Wärme und Druck von der Berührung spürst, entspanne dein Bein völlig und lasse die Spannung nach außen und der Berührung entgegen-

strömen. Dein Partner läßt die Hand an der Außenseite deines Beines still dort liegen, gleitet jedoch langsam mit der Fläche der anderen Hand dein Bein entlang und lockert, was noch an Spannung geblieben sein könnte. Hat die Hand den Fuß erreicht, sollte sie ihn fest umfassen, weil es sonst kitzeln und irritieren kann.

7 Die Hand gleitet zu deiner Fußsohle, ein Daumen drückt genau ins Zentrum unmittelbar unterhalb des Fußballens. Preßt der Finger auf die richtige Stelle, löst es eine befriedigende, kribbelnde Empfindung aus, und du wirst gleichzeitig sicher festgehalten. Lockere alle noch verbliebene Spannung.

Rücken

Die nächsten Übungen sollten in einer Stellung stattfinden, in der dein Partner die ganze Länge deines Rückens leicht erreichen kann. Dafür solltest du mit verschiedenen Stellungen experimentieren, zum Beispiel auf den Knien vor einem großen Bodenkissen oder aber du läßt dich mit weit gespreizten Knien und auf allen vieren oder drei Viertel ausgestreckt, mit einem Kissen unter dem Kopf und einem zweiten in der Kniekehle nieder. Vermeide es, dich auf einen Arm zu legen, weil es deinem Partner erschweren würde, Zugang zu deiner Schulter und deinem oberen Rücken zu finden. In dieser Stellung ist es ratsam, die Beine zu spreizen und den Rücken rund, nicht gerade zu machen. Beginne, indem du tief Luft holst und dich völlig lockerst.

1 Dein Partner stimuliert dich, indem er leicht und mit entspannt und lose von den Handgelenken baumelnden Händen auf deinen Rücken klatscht, wobei er aber nur die Stellen parallel des Rückgrats bearbeitet, ohne das Rückgrat selbst zu berühren. Wird diese Tätigkeit mit nicht entspannten Händen ausgeführt, kann sie recht schmerzhaft sein. Deshalb ist es ratsam, wenn es dein Partner zuerst einmal übt. Sage ihm, wo er fester, wo er leichter klatschen soll. Kribbelt dein ganzer Rücken und ist er warm geworden, bereite dich auf die nächste Übung vor.

2 Mit zwei Fingern jeder Hand drückt dein Partner auf die Stellen parallel zu deinem Rückgrat und beginnt ganz unten. Inzwischen wiegst du dich weg von dem Druck und wieder entgegen und zwar mit einer rhythmischen, weichen Bewegung. Dabei sollten sich seine Finger nicht bewegen, weil du einen festen Gegendruck brauchst. Forciere deine Atmung nicht, atme langsam oder schnell, tief oder flach, wie du es gerade willst. Bei dieser Gelegenheit wirst du entdecken, daß deine Atmung je nach der Entspannung des Teils des Rückgrats variiert. Ist der Rücken richtig entspannt, wirst du dich wie eine Katze in der Sonne rekeln. Zum Abschluß solltest du kurz still liegen und das Gefühl der Entspannung durch dich strömen lassen. Die Hände deines Partners kommen irgendwo auf deinem Rücken zu liegen und zwar dort, wo du es am liebsten hast.

3 Beim Aufrechtsitzen hast du die Wirkung versteifter Schultern und deren Entspannung erleben können. Nun befindest du dich in einer anderen Stellung und kannst eine andere Art der Schulterlockerung ausprobieren. Ziehe die Schultern bis zu den Ohren hoch. Dies ist eine Reflexbewegung, die wir machen, wenn wir uns schützen wollen. Halte sie etwa 15 Sekunden oben und registriere dein Gefühl. Dann legt dein Partner seine beiden Handteller fest auf die seitlichen Partien parallel deines Rückgrats und unmittelbar über den Schulterblättern und verlagert sein ganzes Körpergewicht mittels seiner Arme und Hände auf dich. Sowie du Wärme und Druck spürst, entspanne dich und lasse die Spannung der Berührung entgegenströmen.

4 Diesmal spanne die Rükkenmuskeln an, als wäre es eiskalt geworden. Registriere, was sich in deinem Körper abspielt. Dann legt dein Partner beide Hände fest auf den oberen Teil deines Rükkens wie bei der vorangegangenen Übung, und du lockerst dich. Ist erst einmal alle Verspannung gelöst, soll dein Partner langsam und fest, mit einer tiefen Massagebewegung beiderseitig deines Rückgrats abwärts streichen, bis seine Hände unter deinem Becken zur Ruhe kommen. Dies soll Restverspannungen lösen.

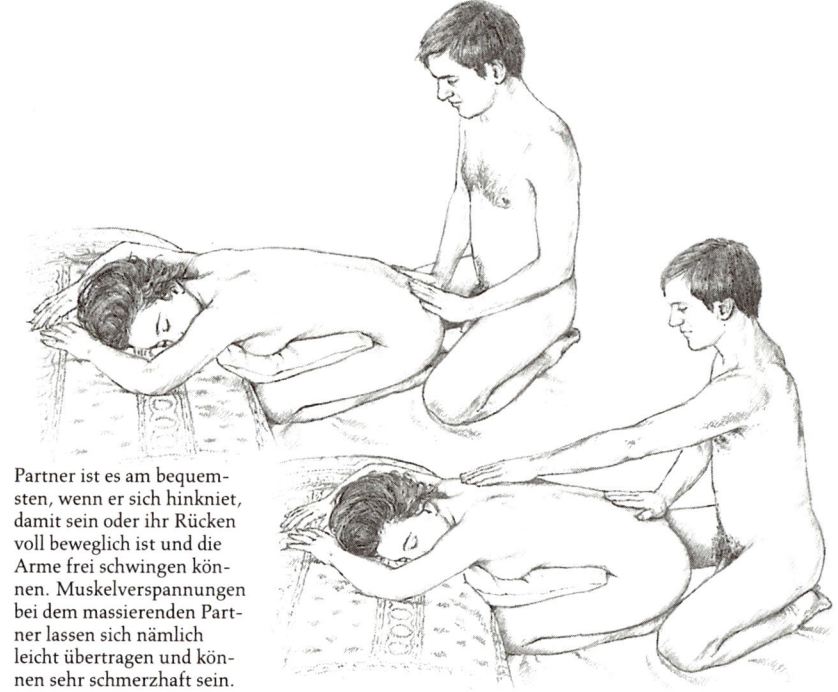

5 Mit einer Hand beginnt dein Partner, die eine Seite deines Rückens zu massieren, und wenn sie die Gesäßbacken erreicht hat, übernimmt die andere Hand die Bewegung von oben und auf der anderen Seite, so daß immer eine Hand die langen, ausladenden Streichelbewegungen ausführt. Für deinen

Partner ist es am bequemsten, wenn er sich hinkniet, damit sein oder ihr Rücken voll beweglich ist und die Arme frei schwingen können. Muskelverspannungen bei dem massierenden Partner lassen sich nämlich leicht übertragen und können sehr schmerzhaft sein.

Becken und Gesäß

Die in Becken und Gesäß liegenden Verspannungen können sich als Folge von Angst oder Furcht gebildet haben. Es ist, als wollten wir uns durch Anspannung der Muskulatur im unteren Abdomen, im Beckenboden und im Gesäß abschirmen oder aber die Gefühle in der gesamten Beckenbodengegend neutralisieren. Manche von uns versteifen diesen Teil ihres Körpers

die ganze Zeit über und machen ihn so zur „Sperrzone" aller Gefühle. Vielleicht denken wir, wenn wir unsere Muskeln weich und locker werden lassen, könne irgendetwas Schmutziges entweichen. In der Regel bedeutet es auch, daß wir mühsamer und flacher atmen.

1 Mache ein hohles Kreuz und registriere, was mit Hals, Kehle, Kopf, Schultern und oberem Rückenteil geschieht. Halte die Stellung für ein paar Sekunden. Dein Partner legt seine Handflächen auf dein Becken zu beiden Seiten des Kreuzbeines, und du entspannst dich.

2 Indem dein Partner mit dem Handballen, aber nicht mit dem Finger drückt, massiert er, was noch an Spannung übriggeblieben sein sollte, weg und gebraucht dabei einen Druck, der tief in deine Muskulatur einsinkt. Diese Art der Massage ist am wirksamsten, wenn die

Hände auf derselben Stelle verweilen und nicht nur über die Haut gleiten. Es ist nützlich, wenn das Körpergewicht durch Arme und Hände fließen kann.

3 Verspannungen der Gesäßbacken hängen oft mit Verspannungen der tief in der Vagina befindlichen Muskulatur zusammen. Hat sich diese gelockert, werden sich wahrscheinlich auch deine Kinnbacken entspannt haben und wird dein Mund weicher geworden sein. Nun stelle dir vor, du sitzt auf einer eiskalten Bank in einem dünnen Kleid; du kneifst deine Gesäßbacken fest zusammen. Registriere deine Gefühle und beobachte genau, welche Muskeln sich gleichzeitig in deinem Körper spannen. Hat sich dein Atem geändert? Nun legt dein Partner seine Hand fest auf die untere Kurve jeder Gesäßbacke. Sofort empfindest du Wärme und Druck. Du lockerst dich und läßt dich auswärts und der Berührung entgegenströmen.

4 Dein Partner hilft dir jetzt, alle noch in den Gesäßbacken verbliebenen Spannungen zu glätten und wegzustreichen. Dazu nimmt er eine feste, tiefe, langsame Massage, als wolle er Brotteig kneten, benutzt aber dazu nicht nur Handflächen, sondern auch Finger und Daumen. Wahrscheinlich atmest du nun langsamer und tiefer. Registriere, wie sich dein Körpergefühl gewandelt hat und nimm dir Zeit, dies neue Gefühl zu genießen. Diese Art der Massage kann sinnliche, ja sogar erotische Empfindungen hervorrufen, aber nur dann, wenn sie bedächtig und gezielt angewandt wird.

Unterleib

Unterleibsverspannungen sind eine spontane Reaktion der Angst. Ist Angst zu einem Dauerzustand geworden, laufen wir die ganze Zeit mit angespannten Unterleibsmuskeln herum. Wenn diese Muskeln derart verkrampft sind, haben wir Mühe zu atmen. Die entspannteste Art des Atmens strömt hinab in den Unterleib und hinein in das Becken. Es ist wie eine durch den Körper rollende Welle, bis in die Vagina hinein. Dann ebbt sie ab, um in stetem Rhythmus von einer neuen Welle gefolgt zu werden.

1 Um dir muskuläre Unterleibsverspannungen bewußt zu machen, mußt du als erstes deine Unterleibsmuskeln zusammenziehen. Registriere, wie du dich fühlst. Ist eine Wirkung auf deine Atmung eingetreten?

2 Nun legt dein Partner dir beide Hände auf den Bauch. Du entspannst dich, sowie du Wärme und Druck der Hände spürst. Die Hände bleiben dort liegen, du lauschst deinen Atemzügen und läßt sie im Wellenrhythmus durch deinen Unterleib strömen. Du glaubst, mit deiner Vagina zu atmen. Beobachte auch, wie es deinen Mund und andere Gesichtsmuskeln, ja deinen ganzen Körper beeinflußt.

Durch die Massage bekommst du ein wohliges Körpergefühl, denn dein Partner hat dir durch seine Berührung geholfen. Du reagierst auf Berührung durch Entspannen verkrampfter Muskeln. Ist die Spannung behoben, können die Gefühle hineinströmen. Oft wehren wir uns gegen Gefühle, indem wir unsere Muskeln anspannen. Wir haben einen Körperpanzer als Reaktion auf Streßsituationen gebildet: er bestimmt unsere körperliche Haltung, unsere Gestik und unseren Gesichtsausdruck, unsere Art zu stehen oder zu sitzen, ja sogar unsere Lage im Schlaf. Diese von uns selbst gebildete harte Schale kann uns auch von zärtlichen Berührungen und von einem ungehinderten Hineinströmen der Gefühle abschirmen. Deshalb solltest du jetzt ganz bewußt Muskeln in den verschiedenen Körperpartien anspannen und das dabei entstehende Gefühl registrieren. Dein Partner legt die Hand auf die angespannten Muskeln. Im Moment der Berührung solltest du die Spannung lockern und sie in die Hände deines Partners fließen lassen. Wenn du Druck und Wärme durch die Berührung spürst, stelle dir vor, es wäre eine Botschaft, die sagt: „Entspanne dich – hier – jetzt!" Nimm dir ein wenig Zeit, die veränderte Empfindung zu registrieren, wenn es keine Spannung mehr gibt. Ein langsames Ausatmen wird dir helfen, während du dich entspannst und deinen eigenen tiefen Atemzügen lauschst.

Wie wir unser Sexualleben neu gestalten können

All diese Diskussionen über Entspannung und Lockerung mögen absurd klingen, wenn du bei der körperlichen Liebe nicht unbedingt ein großer, willenloser Schwamm sein möchtest, der nur Gefühle aufsaugt, oder wie ein Klacks Schlagsahne aus lauter Süße und Schmadder. Du willst aktiv sein, deine eigenen Energien aussenden und nicht nur die eines anderen empfangen. Der Zweck einer ganzkörperlichen Massage und einer gezielt mit den Sinnen wahrgenommenen Zentrierung und die Art psycho-physischer Lockerung, wie ich sie beschrieben habe, sollen nur dazu dienen, jenen Muskelpanzer zu lockern, der uns von jeglichem Gefühl trennt, hinter den wir uns verkriechen und mit dem wir uns schützen wollen. Wir sollten ihn, ehe wir unseren Gefühlen freien Lauf lassen, aufbrechen. Tun wir das nicht, geben wir uns von vornherein keine Chance. Wenn wir jedoch diese abschirmende Struktur abbauen, setzen wir sexuelle Verve und Energie ganz natürlich frei. Aber zuerst müssen wir den Mut aufbringen, sowohl geistige wie auch körperliche Barrieren abzubauen. Hinterher entdecken wir, daß wir innen, obwohl weich, verletzlich und exponiert, trotzdem voll von sexueller Vitalität und reich an farbigem sinnlichen Erlebnispotential sind. Kraft strömt aus Entspannung. Haben wir uns erst einmal gelockert, stoßen wir die Tür auf zu neuer, psychosomatischer Harmonie. Nur 10 Minuten entspannt verbracht, und wir haben neue Energien, nicht nur körperliche, sondern auch jene, welche unsere sexuelle Phantasie beflügeln und Erfahrungen formen und prägen. Ohne jenen kostbaren Freiraum in unserem Leben würden wir tagaus tagein dasselbe auf dieselbe Art und Weise tun. Nun aber genügt bereits die leiseste Berührung einer Hand, um Ströme von Licht durch unsere Körper fließen zu lassen. Diese kreative Energie ist es, auf die wir zurückgreifen können, wenn wir gelernt haben, uns zu entspannen.

Die körperlich Herausgeforderten

Ein behinderter Mensch, der mit einem Handicap leben muß, lebt mit einer Herausforderung. Dies kann vieles sein, von einer Behinderung, die andere Menschen sehen und erkennen können, wie zum Beispiel Blindheit oder Lähmung bis hin zu einem Zustand, den Außenstehende nicht so ohne weiteres wahrnehmen, wie zum Beispiel das Tragen eines Kolostomiebeutels (durch Taillengurt fixierbares oder selbsthaftendes Gummi- oder Plastikbeutelbehältnis bei künstlichen Darm- oder Blasenableitungen; *Anm. der Übers.*) oder von einer Operation hinterlassene Narben. Wir alle müssen Herausforderungen begegnen, ob wir nun als Behinderte gelten oder nicht. Eine Herausforderung sollte uns dazu bringen, Dinge in einem neuen Licht zu sehen und neuen Mut zu schöpfen.

Überwindung der Hemmungen anderer

Eine Frau, die herausgefordert ist, weil sie bestimmte Teile ihres Körpers oder ihrer Sinne nicht gebrauchen kann und die deshalb nicht wie andere Frauen aussieht, hat genauso das Recht auf sexuelle Erfüllung wie andere Menschen auch. Sowohl sie als auch ihr Partner (wenn sie einen hat) müssen besondere Geschicklichkeiten entwickeln. Frauen sagen häufig, sie könnten mit ihrem praktischen Arzt nicht darüber sprechen. Ärzte haben oft dieselben Hemmungen bezüglich Sex wie ihre Patienten, und viele besitzen keine Spezialausbildung, die sie auf eine derartige Problematik vorbereitet. Hat zum Beispiel eine Frau einen schweren Unfall oder einen Schlaganfall erlitten, glaubt mancher Arzt, sie habe auch keine sexuellen Bedürfnisse mehr. Ist sie von Geburt an oder seit ihrer Kindheit behindert, ist oft niemand vorhanden (einschließlich des Arztes), der ihr bei ihrer pubertären Erfahrung ratend zur Seite steht oder auch nur deren Problematik anerkennt.

Eine Frau, seit ihrer Kindheit zerebral gelähmt, sagt: ,,Im großen und ganzen sollte man Ärzte und Krankenschwestern vergessen, denn ihre Ausbildung hat sie ganz schrecklich behindert. Sie können gerade noch mit ,normalem' Sex, den ,normale' Personen ausüben, zu Rande kommen.'' Obwohl viele Studien über die sexuelle Rehabilitation von Männern mit Rückgratverletzungen erschienen, wird allgemein nicht vorausgesetzt, daß Frauen einen ähnlichen Sexualtrieb haben könnten. Eine querschnittgelähmte Frau gilt dann einfach als passives, aufnehmendes Sexualobjekt – wenn ihr Partner sie als solches benutzen will.

Eltern und Pflegepersonen wollen oft eine behinderte Heranwachsende vor emotionellen Erfahrungen ,,bewahren'' und von der Gelegenheit fernhalten, sich mit Gleichaltrigen, die auf andere Weise mit ihrer Sexualität experimentieren, zu treffen. Ein junges Mädchen im Rollstuhl mag in einer Diskothek fehl am Platze erscheinen und wird wohl auch als unerwünschter Eindringling betrachtet, wenn sich ihre Schulkameradinnen hinter dem Fahrradschuppen auf dem Schulgelände unterhalten. Das von Geburt an behinderte Mädchen mag so tun, als gehe sie all das nichts an und entwickelt dann eine Taktik, jegliches emotionelle Engagement zu vermeiden. Und doch ist es für unsere menschliche Entwicklung wichtig, Risiken einzugehen, zu fühlen, Erfahrungen zu sammeln; einer Frau dies

zu versagen (ganz abgesehen, von dem seelischen Leid, das dies mit sich bringen kann) heißt, ihr das Leben zu versagen.

Sexuelle Erregung

Wir sind es derart gewohnt, Sex als etwas aufzufassen, was auf ganz bestimmte Organe und Regionen konzentriert ist – die Vagina, die Klitoris und die Erogenzonen –, daß wir nicht immer daran denken, wie jeder Teil unseres Körpers stimuliert und erotisiert werden kann. Funktionieren Berührungsrezeptoren in einem Teil unseres Körpers nicht, dann müssen eben andere dafür ausgeforscht werden. Und dies herauszufinden, indem du dich selber streichelst oder ein Partner dich an all diesen anderen Stellen berührt, kann ein wunderbar aufregender Weg sein, Gefühle zu wecken. Das meiste, was Sex für uns so faszinierend und wunderbar macht, spielt sich ja in unserer Phantasie ab, denn sie ist es, die alles umfaßt, von Erinnerungen an einstige Zärtlichkeiten über Lyrik, Romane und erotische Literatur, Filme, Bilder und anderes bis hin zu liebevollen, sexuell stimulierenden Worten. Manche Menschen fürchten die Erregung, weil sie Angst haben, keine Befriedigung zu erhalten. Aber auch eine schwer behinderte Frau kann immer eine Möglichkeit finden, zu masturbieren oder Teile ihres Körpers, die außerordentlich sensitiviert sind wie zum Beispiel die Brüste, die Innenseite der Arme, den Hals oder den Mund zu streicheln oder zu liebkosen. Denn auch ein Kuß kann eine warme Flut sexueller Erfüllung bei ihr auslösen. Eine Frau ist ein sexuell unendlich komplexes Wesen und nicht nur ein weiblicher Körper mit Vagina und Klitoris.

Hast du einen Partner, könnt ihr gemeinsam auf Entdeckungsreise gehen und erforschen, wo du auf Berührung reagierst und wo es kein Gefühl gibt.

Sich vorbereiten

Kannst du deinen Körper nicht bewegen, können die Vorbereitungen für eine körperliche Begegnung mit einem Partner problematisch sein, denn sie sind zeitraubend. Ein Nichtbehinderter sollte sich deinem Rhythmus und Tempo anpassen. Es gibt Frauen, die meinen, solche Vorbereitungen sollten in die körperliche Liebe miteinbezogen werden, damit Ausziehen, Baden oder Duschen, Sich-Hinlegen, ja selbst die Anwendung eines Verhütungsmittels Teil des Liebesaktes werden, genauso, wie sie schließlich auch für Nichtbehinderte aufregend sein können. Kann sein, daß du bei Kerzenlicht ein Bad nehmen oder dich duschen möchtest, daß du sanfte Musik spielen lassen willst. Oder du möchtest Parfüm nehmen oder eine Duftkerze neben das Bett stellen. Hast du jedoch eine Kolostomie gehabt und mußt einen Plastikbeutel tragen, der deinen Urin auffängt und der ausgewechselt werden muß, kann es natürlich unmöglich sein, Vorbereitungen als Teil des Liebesaktes miteinzubeziehen. Es ist nicht jedermanns Sache, das Auswechseln eines derartigen Behälters als erotisierend zu empfinden. Nichtsdestoweniger ist es notwendig, auf peinliche Sauberkeit zu achten, wenn du einen solchen Beutel tragen mußt oder einen Dauerkatheter hast. Deshalb mußt du abwägen, ob ihr nach den Vorbereitungen eine Pause einlegen solltet oder nicht. Manchmal wird dir vorher ein anderer behilflich sein wollen, damit du deinem Partner frisch und sauber begegnen kannst und ihr beide in die richtige Stimmung kommen könnt.

Vertrautheit, Nähe und gemeinsam erlebtes Vergnügen – all das sind unentbehrliche Bestandteile unserer sexuellen Beziehungen ...

Manche schwerbehinderte, aber doch mehr oder weniger unabhängig lebende Menschen behaupten, daß sie, vorausgesetzt, die richtigen Hilfsmittel und das geeignete Milieu sind vorhanden, mit weitaus weniger Betreu-

*Sexuelle
Verbündete*

ung auskommen können, als allgemein angenommen wird. Jeder, der Verständnis für die Lage Behinderter hat und sachlich darüber denkt, kann zu einem „sexuellen Verbündeten" werden. Nehmen wir zum Beispiel eine blinde Frau: Sie mag es problematisch finden, Bücher über Sex zu bekommen, und es gibt womöglich keinen, den sie bitten kann, ihr aus ihnen vorzulesen, und in Blindenschrift sind sie auch nicht erhältlich. Stehst du in keiner gesellschaftlich akzeptierten Beziehung mit einem Sexualpartner, brauchst du einen „sexuellen Verbündeten" besonders dringend. Bücher und Zeitschriften über sexuelle Themen findet man oft nur auf den obersten Regalen der Buchläden. Wohnst du in einem Heim oder bei den Eltern, liegt es nahe, daß du kein Privatleben hast, und es ist peinlich, Erklärungen abgeben zu müssen, wenn an dich adressierte Pakete ankommen. Es ist gewiß nicht einfach, sich um Hilfe zu bemühen, aber es ist Sache der Behinderten, diese Hemmschwellen zu überwinden.

*Sexuelle
Hilfsmittel*

Kissen verschiedener Größe und Formen können nützlich sein, wenn du deine Stellungen variieren möchtest. Ein mit Bohnen gefülltes Säckchen oder ein großes Bodenkissen können dich in einer halb aufrechten Position stützen, sollte es dir schwer fallen, flach zu liegen. Kannst du noch ein paar eigene Bewegungen machen, ist ein geheiztes Wasserbett das Richtige, denn wenn das Wasser sich bewegt, bewegt es auch dich ein wenig (aber Wasserbetten sind schwer und brauchen deshalb eine sehr stabile Unterlage). Mechanische Hilfsmittel werden heute von vielen Menschen verwendet, weil sie sie als stimulierend betrachten. Erkundigungen einzuziehen, was heute auf dem Markt ist und dir bei deiner speziellen Behinderung helfen könnte, kann durchaus Spaß machen, besonders, wenn du einen sexuellen „Verbündeten" hast, der dir das Hilfsmittel besorgt. Vielleicht ist es ein Vibrator, den du im Versandhaushandel oder über die Anzeigenspalten einschlägiger Zeitschriften bestellen kannst. Eines dieser Modelle läßt sich zum Beispiel an die Hand oder sogar an einen Fußknöchel schnallen und ist nützlich, wenn du deine Hand nur begrenzt oder gar nicht bewegen kannst.

Manchmal reduziert eine Behinderung die Absonderung vaginaler Gleitsubstanz. Die Angst davor, ob du die Sache überhaupt durchstehen kannst, hat eine ähnliche Wirkung. Ein in Wasser lösliches lubrizierendes Gel ist auf dem Markt, und wenn ein Dauerkatheter eingesetzt wurde, ist dies wichtig.

Orale Stimulierung

Geküßt und von dem Mund des Geliebten liebkost zu werden, der deinen Körper erforscht und deine Klitoris und deine Vagina mit der Zunge stimuliert, ist für schwer bewegliche Frauen eine gut geeignete Liebesart. Wenn du auch deinen Körper nicht bewegen kannst, darfst du doch Zunge und Lippen gebrauchen, deinen Partner zu erregen. Eine Frau, die weder in ihrer Klitoris noch in ihrer Vagina etwas empfindet, kann zum Beispiel eine anale Stimulierung genießen. In einem solchen Fall sollte der Finger des Partners gut eingeölt sein. Falls Analverkehr stattfinden soll, muß der Anus zuvor sanft und behutsam mit einem gut eingeschmierten Finger gedehnt werden.

Im Anfangsstadium einer Beziehung, die offensichtlich eine sexuelle zu werden verspricht, solltest du dem Partner erklären, wo deine Begrenzun-

Vorausplanung

gen liegen. Querschnittgelähmte Frauen, mit denen ich gesprochen habe, sagen, daß ihre Behinderung nicht nur für sie selbst beängstigend ist, wenn sie sich auf der Schwelle eines sexuellen Erlebnisses befinden, sondern ihre Partner haben oft auch Angst. Manchmal kann der andere tatsächlich nicht damit fertig werden, wenn unvorhergesehene Muskelspasmen oder Inkontinenz auftreten, aber wenn du nicht in Panik gerätst und es sachlich präsentierst, wird der andere wahrscheinlich ganz leicht darüber hinwegkommen. „Immer nur ganz kleine Schritte machen", raten die Frauen, mit denen ich gesprochen habe. „Sachte vorgehen und den Partner nicht mit einer langen Liste von Dingen, die passieren könnten, belasten. Sie sind schlimmer in deiner Phantasie, wenn du sie dir vorstellst. Passiert es tatsächlich, kannst du es auch bewältigen." Christine: „Das größte Problem ist Inkontinenz. Als ich das erstemal mit einem Typ ins Bett ging, habe ich überhaupt nichts erwähnt. Wir ließen es so natürlich wie möglich passieren und haben auch alle Fehler gemacht. Aber hinterher unterhielten wir uns darüber, als wir uns wirklich einander sehr nahe fühlten." Sollte dies zu einem Problem werden, kannst du immer ein Handtuch in Reichweite haben.

Frauen mit Unfallnarben oder denen eine Brust amputiert wurde oder die an einer Behinderung leiden, die nicht ohne weiteres sichtbar ist, fürchten oft, ihr Geliebter könnte angeekelt oder entsetzt sein, wenn er es entdeckt. Diejenigen, die diese Erfahrung gemacht haben, sagen fast immer, sie hätten sich umsonst Gedanken gemacht. Nur bei den oberflächlichsten aller Beziehungen kann es zu einem Hindernis werden, und falls sie wirklich so oberflächlich sein sollte, ist dies ja auch ein Prüfstein, ehe du dich tiefer engagierst.

*Empfängnis-
verhütung*

Bist du in einer heterosexuellen Beziehung, wirst du auch über Empfängnisverhütung nachdenken müssen. Vielleicht kommt die Pille für dich nicht in Frage, denn wenn du mehr oder weniger unbeweglich bist, erhöht sich das Risiko einer Thrombose. Hast du kein Gefühl mehr in den Beinen, könnten dir Kreislaufstörungen entgehen. Deshalb ist es wichtig, deine Beine regelmäßig auf Anzeichen von Rötungen oder Schwellung zu untersuchen.

Ein IUP (Intra-Uterin-Pessar) oder eine Spirale wird oft Frauen mit Rückenverletzungen empfohlen. Wenn aber die Beckenregion deformiert ist, können beim Einsetzen der Spirale Schmerzen auftreten. Möchtest du ein Scheidenpessar benutzen, mußt du imstande sein, es mit den Fingern fest zu ergreifen. Ist der Beckenboden-Muskeltonus beeinträchtigt, kann ein Scheidenpessar verrutschen, und wenn du in deiner Vagina kein Gefühl hast, könntest du nicht merken, daß es nicht richtig sitzt. Eine Frau, die ihre Blase entleeren muß, indem sie auf ihren Unterleib drückt, könnte dabei in der Tat das Pessar um Millimeter verschieben, und dann ist es kein zuverlässiges Verhütungsmittel mehr. Deshalb ist ein Präservativ (Gummi) kombiniert mit einem spermatötenden Schaumzäpfchen sicherer. Aber du mußt vorsichtig sein, wenn du einen eingesetzten Katheter hast, weil durch die Reibung der hauchdünne Kondomgummi zerreißen kann.

Natürliche Familienplanungsmethoden (s. Seiten 203 ff.) aufgrund der Zeitwahl (Knaus-Ogino) erfordern gewissenhafte Kalenderführung.

Sich körperlich lieben

„Selbstbeobachtung" aufgrund des Schleimabgangs, die „Temperaturmethode" und so weiter sind keineswegs problemlos und besonders dann nicht, wenn du deine Hände nicht mühelos bewegen kannst.

Mit welchem körperlichen Handicap du auch immer zu kämpfen hast, wichtig ist es, deine erotische Phantasie zu entwickeln und dir Variationen über ein sexuelles Thema einfallen zu lassen. Wenn sich zwei Menschen körperlich lieben, einerlei, wie geschickt und gelenkig sie auch sein mögen, kommen sie doch nicht ohne Tapsigkeiten und Herumtasten aus: In den Augen von Marsbewohnern mag all das in der Tat grotesk anmuten. Beobachten wir Liebeszenen im Kino, zeigt man uns in der Regel nur Elegantes und Anmutiges. In der Realität aber kann sich Kleidung verheddern, Knöpfe wollen nicht aufgehen, du bekommst einen Wadenkrampf oder eine Hand schläft dir ein, du liegst unbequem und eine Haarspange bohrt sich dir in den Nacken, der Schraubverschluß der Massageölflasche oder Kekskrümel liegen im Bett und stören – und zum Schluß wird auch noch die Weinflasche umgestoßen. Deshalb ist es wichtig, daß man gemeinsam lachen kann und denselben Sinn für Humor hat. Romantik, Farce, Witz, große Leidenschaft – sie alle haben ihren Platz in einer sexuellen Beziehung. Viele Menschen, die sich keineswegs als behindert betrachten würden, haben mit Schwierigkeiten zu kämpfen, welche die schwerer Behinderten nur allzu gut kennen. Bist du übergewichtig, wirst du flach auf dem Rücken liegend nur wenig Bewegungsfreiheit haben: Jede Frau in den letzten Monaten der Schwangerschaft kann davon ein Liedchen singen. Ich denke an einen Mann, der von seiner Frau, die beneidenswert schlank war, behauptete, es wäre „als ob man mit einer Bohnenstange ins Bett geht". Und dabei hatte ich niemals vermutet, Magerkeit könne als Behinderung gelten, aber was er sagte leuchtete mir ein. Ist jemand auf einem Ohr taub, kann er nur das hören, was an Zärtlichkeiten in das andere Ohr geflüstert wird. Eiskalte Füße, schwielige Hände, Frostbeulen oder Magenverstimmungen können einem jede Lust nehmen.

Auch gibt es viele mit zunehmendem Alter auftretende Zustände: Krankheiten, mit denen wir leben müssen ohne uns notwendigerweise als behindert zu betrachten. Wir müssen sie jedoch in unsere sexuellen Beziehungen einbringen. So setzt zum Beispiel Arthritis, die oft bei älteren Frauen auftritt, deutliche Grenzen. Beine, Arme, Hände und Beckengelenke können sich versteift haben, und es mag dann problematisch werden, die Zärtlichkeit, die du empfindest, in dein Streicheln zu legen. Neue Wege der Berührung durch Lippen, Zunge, Wangen, kleinen Finger oder durch irgendeinen nicht versteiften Körperteil sollten ausprobiert werden, um Botschaften sexuellen Begehrens und körperlicher Liebe zu vermitteln. Variationen der Stellungen beim Verkehr, bei denen das Gewicht des Partners nicht gerade auf schmerzende Glieder drückt und dich noch unbeweglicher macht, können manchmal ganz neue Wege zeigen.

Leidest du an Asthma, ist das Bett oft der ungeeignetste Ort, denn die Anfälle finden meist dort statt, und es ist nicht leicht, sexy zu sein, wenn du keuchen oder Schleim aushusten mußt.

Die Raumtemperatur sollte konstant sein, die Luft so staubfrei wie möglich, damit derartige Anfälle nicht ausgelöst werden. Ein elektrisch betriebener Luftfilter neben dem Bett ist ratsam, aber er darf keinesfalls innen ein parfümiertes Kissen haben, denn diese „Hyazinthen"-Duftnoten und andere Zimmerluftverbesserer riechen nicht nur wie starke Toilettendesinfektionsmittel, sondern können auch einen ganz bösen Asthma-Anfall provozieren. Viele bunte, dich stützende Kissen sehen nicht nur einladend aus, sie sind auch bequem. Ein großes „Bumerang"-Kissen kann Oberkörper und Schultern abstützen. Eine von Asthma oder Arthritis geplagte Frau wird vielleicht den Verkehr in der „Löffelposition" am bequemsten finden, denn da wird kein Druck auf den Brustkorb oder auf die Rippen ausgeübt, oder aber sie zieht es vor, in der auf S. 217 gezeigten Position, wo sie ihre Beine über die ihres Partners legt, zu bleiben. Eine Frau mit multipler Sklerose oder einer Gehirnlähmung vermag oft nicht, ihre Beine in der Rückenlage zu öffnen und wird es deshalb vorziehen, zu sitzen, so daß ein bequemer Sessel ihr die beste Unterlage bietet.

Seit ihrer Kindheit ist Monica gelähmt. Ihr Rückgrat ist verkrümmt, sie ist zwergwüchsig. Sie sagt, sie habe schreckliche Angst davor gehabt, sexuelle Gefühle aufkommen zu lassen, weil die Gesellschaft sie gewissermaßen in eine emotionelle Zwangsjacke steckte, angeblich aber nur, um sie abzuschirmen und zu beschützen. Sie war nicht auf dieselbe Weise behindert wie eine Frau, deren Arme und Beine unbeweglich sind. Sie erklärt: „Alle meine Glieder und Körperöffnungen waren durchaus in Ordnung, nichtsdestoweniger galt ich als Außenseiterin ... weshalb hatte ich solche Angst? Ich vermute, weil wir unbewußt und primär unter Sex etwas verstehen, was nur junge und attraktive Menschen betrifft. Behinderte und Entstellte gehören zu den Alten, nur sind die Tabus noch strikter. Uns wird beigebracht, daß Schönheit gut sei: Häßlichkeit dagegen kann nur beschämend, nur peinlich sein. Und wir, die wir entstellt, versehrt, ungewöhnlich sind, werden oft gezwungen, uns für unsere bloße Gegenwart gewissermaßen zu entschuldigen, indem wir möglichst diskret und unauffällig im Hintergrund bleiben. Dies in Frage zu stellen und ‚Indifferenz' zu zeigen – dazu gehört ein seltenes Talent, ein Seelenpanzer. Und darum schützen wir auch unsere besten und engsten Freunde vor unserem wahren Selbst. Wie sollen sie reagieren, wenn wir sagen: ‚Was ich brauche ist Sex', ‚Was ich will, ist ein Geliebter'? Dies wäre bestimmt ein gewaltiger gesellschaftlicher Ausrutscher. Und deshalb sprechen wir über *ihre* Freunde, nicht unsere, *ihre* Ehe, nicht unsere, *ihr* Sexualleben, nicht unseres. *Sie* werden abgeschirmt – von uns. Bis zu meinem fünfunddreißigsten Lebensjahr waren fast alle meine Freunde so abgeschirmt worden. Einigen von ihnen gestand ich beiläufig meinen augenblicklichen ‚Schwarm': Das brachte zugleich Erleichterung und Gefahr mit sich. Sahen sie mehr darin, hätten sie womöglich weitere Fragen gestellt, und das wiederum bestätigte die Berechtigung meines Schweigens. Aber wenn wir uns nicht dagegen auflehnen, kann dieser Bann des Schweigens ein Leben lang dauern."

6. Kinder und Sex

Sexualität

Auch Säuglinge haben sexuelle Erlebnisse. Jungen haben Erektionen während oder kurz nach der Geburt, und die Scheiden weiblicher Neugeborener lubrizieren. Bei männlichen Föten sind lange vor der Geburt Erektionen verzeichnet worden. Natürlich wissen wir nicht, was Babys *fühlen*, wenn so etwas geschieht, aber sie haben es zweifellos gerne, wenn ihre Genitalien angefaßt werden, und sie glucksen oder plappern zufrieden, wenn ihre Windeln gewechselt werden oder wir sie sanft und liebevoll zwischen den Beinen streicheln.

Rita hat zwei Söhne im Alter von zweieinhalb Jahren und sieben Monaten. Sie erzählt mir, daß Julian, der ältere der beiden, als sechs Monate altes Baby zu masturbieren begann. ,,Als er etwa anderthalb oder etwas älter war, zeigte er mit seinem Penis auf mich, als ich ihn badete, und sagte: ,Nicht wahr, Mutti, er wird wirklich hart!' Unser Jüngster hat gerade den Spaß daran entdeckt. Er litt an Windelausschlag und trug oft keine Windel. Reiben linderte das Jucken, und er fand heraus, daß es sehr schön war, wenn er seinen Penis rieb.''

In manchen bäuerlichen Gemeinden liebkosen und stimulieren Mütter regelmäßig den Penis eines männlichen Babys und erzählen ihm, was er später für ein stattlicher Mann sein wird. Jede Art von Liebkosung kann ein Baby erregen und entspannen. Dies ist zweifellos ein sexueller Vorgang.

Rhythmisches Reiben, Hätscheln, Streicheln, Küssen und Umarmen enthalten samt und sonders sexuelle Komponenten, die dem Baby gefallen. Indische Mütter massieren ihre Babys regelmäßig bis zu zwei Stunden am Tag, was anfangs das Baby stimuliert und nachher ein köstliches Friedensgefühl, ja fast eine Ekstase erzeugen kann. In Frederick Leboyers Film *Loving Hands* (*Liebende Hände*) läßt sich dies genau beobachten. Auf S. 173–176 wird eine modifizierte Version dieser Babymassage beschrieben.

Der Stillvorgang kann ebenfalls eine sehr sinnliche Erfahrung sein, und zwar nicht nur für die stillende Mutter sondern auch für den Säugling, dessen ganzer Körper, vom Kopf bis zu den Füßen, daran beteiligt ist. Das Baby freut sich darauf, und wenn es begriffen hat, worum es geht, wird es sich eifrig ans Werk machen. Füßchen und Händchen kringeln und strecken sich vor lauter Entzücken, und der gleichmäßige Rhythmus befriedigten Nuckelns wird nur von kurzen Pausen unterbrochen, wenn das Baby erneut die Warze ergreift und in warmen Wellen schläfriger Sättigung und Glückseligkeit versinkt.

Wie wir unsere Babys anfassen und wie wir gefühlsmäßig auf ihr sexuelles Spiel reagieren, kann zu einem wesentlichen Faktor ihrer späteren Entwicklung werden. Wer als Elternteil fürchtet, das Baby zu stimulieren, wird ihm unweigerlich die Botschaft vermitteln, daß diese wunderbaren

Gefühle entweder vermieden oder nur insgeheim genossen werden dürfen. Die Mutter, die ihr Baby wie ein Stück Fleisch behandelt, vermittelt ihm die Botschaft, daß ihr der Körper des Kindes keine Freude macht und daß er etwas sei, was das Kind ebenfalls ablehnen soll. Es nützt dann auch nichts, dem Kind später Sex als etwas Positives vermitteln zu wollen und es gründlich „aufzuklären''. Es wird wahrscheinlich den frühkindlichen Mangel an Wärme und Zuwendung nicht wettmachen können, und der heranwachsende junge Mensch muß dann diese Wärme und diese zärtliche Berührung anderweitig suchen.

Zärtliche
Berührung

Zu Zeiten wird es einer jungen Mutter schwerfallen, ihr Baby liebevoll zu berühren, weil sie sich nie in das betreffende Kind „verliebt'' hat, obwohl es ihr keinerlei Schwierigkeiten bereitet, ihre anderen Kinder zu lieben. Dies kann geschehen, wenn die Geburtserfahrung und die erste Begegnung von Mutter und Kind in einer lieblosen Atmosphäre stattgefunden haben oder – und das kommt auf dasselbe heraus – wenn ein strikt hierarchisches, bürokratisch organisiertes System der Säuglingsbetreuung das Baby übernimmt, als gehöre es der Säuglingsstation und nicht der Mutter.

Es gibt auch Zeiten, da es uns schwer fällt, ein Kind zu lieben, weil wir in ihm bestimmte Aspekte, die wir bei uns selber ablehnen, zu entdecken glauben oder aber Eigenschaften erblicken, die Menschen haben, denen wir feindlich gesinnt sind. „Ganz wie sein Vater'' sagen wir oder: „Das hat sie bestimmt von meiner Schwester.''

Anzunehmen, daß alle Mütter gleich mit allen ihren Kindern umgehen, würde eine statische Sicht bedeuten. Eine Mutter umsorgt und bemuttert nicht jedes ihrer Kinder auf gleiche Weise. Sie mag sich schützend bei einem verhalten und das andere Kind ermuntern, Mut und Unabhängigkeit zu beweisen (manchmal ist dies ein Teil der Geschlechterrolle, die wir unseren Kindern auferlegen, wobei wir zum Beispiel kleine Mädchen zur Sanftheit ermutigen und Jungen zur Härte). Auch bemuttert sie dasselbe Kind je nach dessen Altersstufe auf verschiedene Art, und dies sollte auch so sein. Die alles umhüllende Liebe für ein neugeborenes Kind unterscheidet sich wesentlich von der, die wir einem Sechsjährigen, der gerade mit der Schule beginnt oder einer Heranwachsenden, die sich von der Mutter lösen will, um ihre eigenen Wege zu gehen, entgegenbringen.

Kinderaufziehen wird manchmal so behandelt, als sei es eine Disziplin, die in Verbindung mit Hauswirtschaftslehre und Diätkunde jungen Mädchen mit weniger brillanten Berufsaussichten als Studium anempfohlen wird. Dabei wird vorausgesetzt, daß es immer nur einen richtigen Weg gebe und daß du mit der nötigen Gewissenhaftigkeit alles lernen kannst.

Aber ein Kind zu lieben und mit ihm eine Beziehung einzugehen ist wie die Liebe zu einem Mann oder einer Frau und ebenso erfüllt von Emotionen, ebenso belastet mit Bedeutungen und ebenso abhängig von anderen, schon bestehenden Beziehungen, daß es viel komplizierter ist als einfach nur das „Richtige'' zu tun. Technische Kompetenz ist weit weniger wichtig als der Charakter der Mutter-Kind-Beziehung.

Die Mutter empfängt und reagiert auf die Botschaft des Kindes, und da jedes Kind ein einmaliges Individuum und eine unverwechselbare Persönlichkeit ist, gehören diese Botschaften zu diesem speziellen Kind. Einige

Was dein Kind braucht

mögen es, in den Armen gehalten zu werden, sie drücken sich an uns, genießen den Hautkontakt. Andere wiederum wahren lieber Distanz, und man hat den Eindruck, daß sie einen kritisch beobachten. Diese Kinder vermitteln uns nicht die unmittelbare, von „knuddeligen", anschmiegsamen Babys ausgehende Wärme. Hört ein Baby auf zu weinen, läßt es sich streicheln, nuckelt zufrieden an der Brust, entspannt sich in unseren Armen und schläft ein, dann ist es für uns ein Beweis erfolgreichen Bemutterns. Es ist wie ein Akt körperlicher Liebe, wo alles harmonisch verläuft, Gefühle freigesetzt werden, beide Partner einen Höhepunkt erleben und in dem Gedanken einschlafen, daß sie einander lieben. Wenn ein Baby weint und nicht zu beruhigen ist oder sich weigert, auf den Schoß genommen oder gehätschelt zu werden, dann ist es nicht nur Ablehnung, es ist wie ein völlig danebengegangener Liebesakt. Kinder können es ihren Eltern sehr leicht, aber auch sehr schwer machen. Irgendeine allgemeine Anweisung, wie wichtig Berühren und Hätscheln des Babys ist, sollte immer hinter der Achtung vor der Persönlichkeit des Kindes zurückstehen, denn er oder sie sind einmalige Individuen. Etwas anderes zu tun, Kindern Regeln über Freiheit und Selbstdarstellung, Nacktheit und körperlichen Kontakt mit Gewalt eintrichtern zu wollen ist oft gleichbedeutend mit der Verletzung ihrer Intimsphäre und eine Art psychologischer Vergewaltigung.

Wenn Kinder heranwachsen, kommt eine Zeit, da sie allein sein wollen. Sie ziehen gewissermaßen die Zugbrücke hoch und igeln sich ein. Wenn dies geschieht, sollte man sehr taktvoll sein, und *alle* Eltern machen in dieser Beziehung Fehler. So etwas kann passieren, ehe wir es gewahr werden. Caroline hat mir erzählt, wie sie ihren zweieinhalbjährigen Sohn badete und wie er auf einmal die Hand über seinen Penis legte und rief: „Mutti, laß meinen Penis in Ruhe! der gehört mir! Du sollst ihn nicht anfassen!" Deshalb nehmen manchmal diese edlen Absichten körperlicher Nähe und Zärtlichkeit, in die wir sie einhüllen, die Art, ihnen zu gestatten, in dem breiten Familienbett zu schlafen, ja sogar unser Wunsch nach einer verlängerten Stillzeit die Formen eines Dogmas an, wenn wir solche Botschaften nicht wahrnehmen wollen. Einige davon werden ausgesprochen, andere jedoch sind nonverbal. Mit einem anderen Menschen in „Berührung" zu sein bedeutet, zu wissen wann diese Berührung fehl am Platz ist und auf eine Liebkosung zu verzichten, zu merken, daß wir gerade jetzt nicht Fragen stellen oder gar ein Thema anschneiden sollen, das nur uns wichtig erscheinen mag. Stattdessen sollten wir Raum geben und Schweigen erlauben, wenn genau das es ist, was das Kind braucht. Körperliche Zuneigung ist ein wesentlicher Teil der Bemutterung, aber sie soll mit leichter Hand geschehen, und wir sollten wissen, wann man eine Sache ruhen läßt.

Ist es einer Mutter möglich, nachmittags eine Ruhepause zu haben und ist sie nicht dauernd auf Trab, bedeutet das eine gute Gelegenheit, mit dem Kind ein gemeinsames Nickerchen zu machen. Physische Nähe ist hergestellt, wenn das Baby schlafen und ungestört sein will. Falls es geht, schalte

Spontane Zuwendung und körperliche Nähe sollte ein natürlicher Teil unseres Alltagslebens sein.

das Telefon ab. Manche Frauen genießen diese Ruhepause mit nur einem Kind, andere wiederum wollen alle ihre Kinder im Bett bei sich haben. Praktisch gesehen ist aber die Vorstellung, die Mutter könnte sich mit mehr als zwei Kindern neben sich im Bett ausruhen, unrealistisch. Sie zappeln, balgen sich, singen laut und unschön, beschweren sich, erschrekken, zanken sich, wetteifern, um neben der Mutter zu liegen oder wollen plötzlich eine Geschichte erzählt bekommen – und wecken das Kleine auf. Es ist also bei mehr als zwei Kindern am besten, wenn du ihnen der Reihe nach erlaubst, das Nachmittagsschläfchen mit dir zu teilen.

Ein solcher unbefangener physischer Kontakt gleicht dem, was kleine Kinder in bäuerlichen Gesellschaften immer schon hatten, wo sie das Bett mit der Mutter und manchmal auch mit den Geschwistern teilen mußten.

Babymassage

Ein Nachmittagsschläfchen läßt sich gut mit einer Babymassage kombinieren. Ein älteres Kind kann dir dabei zusehen und es später nachmachen. Und ein älteres Kind kann auch massiert werden. Aber es gehört Gespür dazu, wenn zum Beispiel ein Kind, das drei Jahre oder älter ist, negativ reagiert, und es ist zwecklos, es doch zu versuchen, wenn das Kind es nicht will. Denke einmal darüber nach, wie es wäre, wenn du einen kleinen Jungen massierst. Bis er zwei oder zweieinhalb Jahre alt ist, geht alles gut, aber dann können dir Zweifel kommen. Überstimuliere ich ihn vielleicht oder wird er später zu einem Muttersöhnchen? Da in der westlichen Welt Kindermassage nur selten ausgeübt wird, könnten andere Familienmitglieder auch etwas dagegen haben. Und doch lernen gerade Jungen oft so wenig über das Zärtlichsein! Ist es überraschend, wenn viele erwachsene Männer grob und unsensibel sind, wenn sie als kleine Buben nur wenig Erfahrungen mit zärtlicher Berührung hatten?

Dabei sollten wir nicht vergessen, daß ein abrupter Zärtlichkeitsentzug, gleichgültig, ob es Stillen oder der liebevolle Kontakt einer Massage ist, für das Kind schmerzlich, ja traumatisch sein kann. Deshalb ist es wichtig, dir über deine Gefühle im klaren zu sein und dir die Reaktionen deines Kindes vorzustellen. Zum Beispiel könntest du deinem kleinen Sohn warmen Körperkontakt mit seinem Vater verschaffen und dafür plädieren, er solle, wenn immer möglich, an Wochenenden oder in den Ferien mitmachen, auch wenn er wochentags nicht zur geeigneten Zeit nach Hause kommt.

Von der Geburt an kannst du dem Baby eine sanfte Massage geben. Sollte das Neugeborene auf der Intensivstation oder von dir getrennt gewesen sein, ist Berührung besonders wichtig. So lernt ihr euch besser kennen, und außerdem hilft es dir, größere Zuversicht bei der Handhabung eines Säuglings zu bekommen. Überdies macht es alle die unangenehmen Erfahrungen, die ein Baby zu Beginn seines Lebens gehabt hat, wieder wett.

Massage kann auch sehr nützlich sein, wenn dein Baby abends weint, weil es offenbar Bauchschmerzen hat. Mache dir eine Abendmassage zur Regel. Eine gute Zeit ist nach dem Bad, und falls du es etwa um sechs Uhr nachmittags vornimmst, könnt ihr euch abwechseln – der eine bereitet das

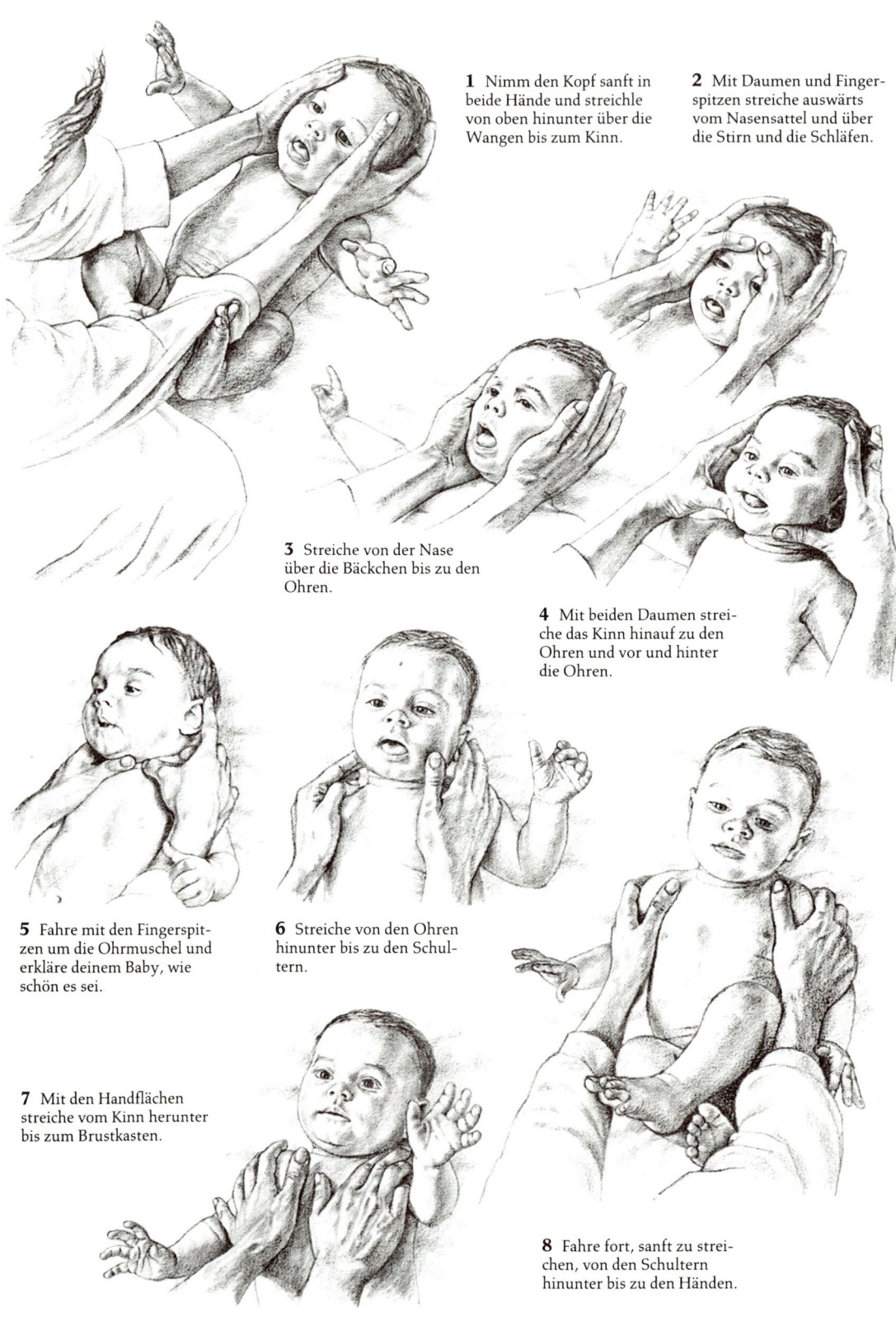

1 Nimm den Kopf sanft in beide Hände und streichle von oben hinunter über die Wangen bis zum Kinn.

2 Mit Daumen und Fingerspitzen streiche auswärts vom Nasensattel und über die Stirn und die Schläfen.

3 Streiche von der Nase über die Bäckchen bis zu den Ohren.

4 Mit beiden Daumen streiche das Kinn hinauf zu den Ohren und vor und hinter die Ohren.

5 Fahre mit den Fingerspitzen um die Ohrmuschel und erkläre deinem Baby, wie schön es sei.

6 Streiche von den Ohren hinunter bis zu den Schultern.

7 Mit den Handflächen streiche vom Kinn herunter bis zum Brustkasten.

8 Fahre fort, sanft zu streichen, von den Schultern hinunter bis zu den Händen.

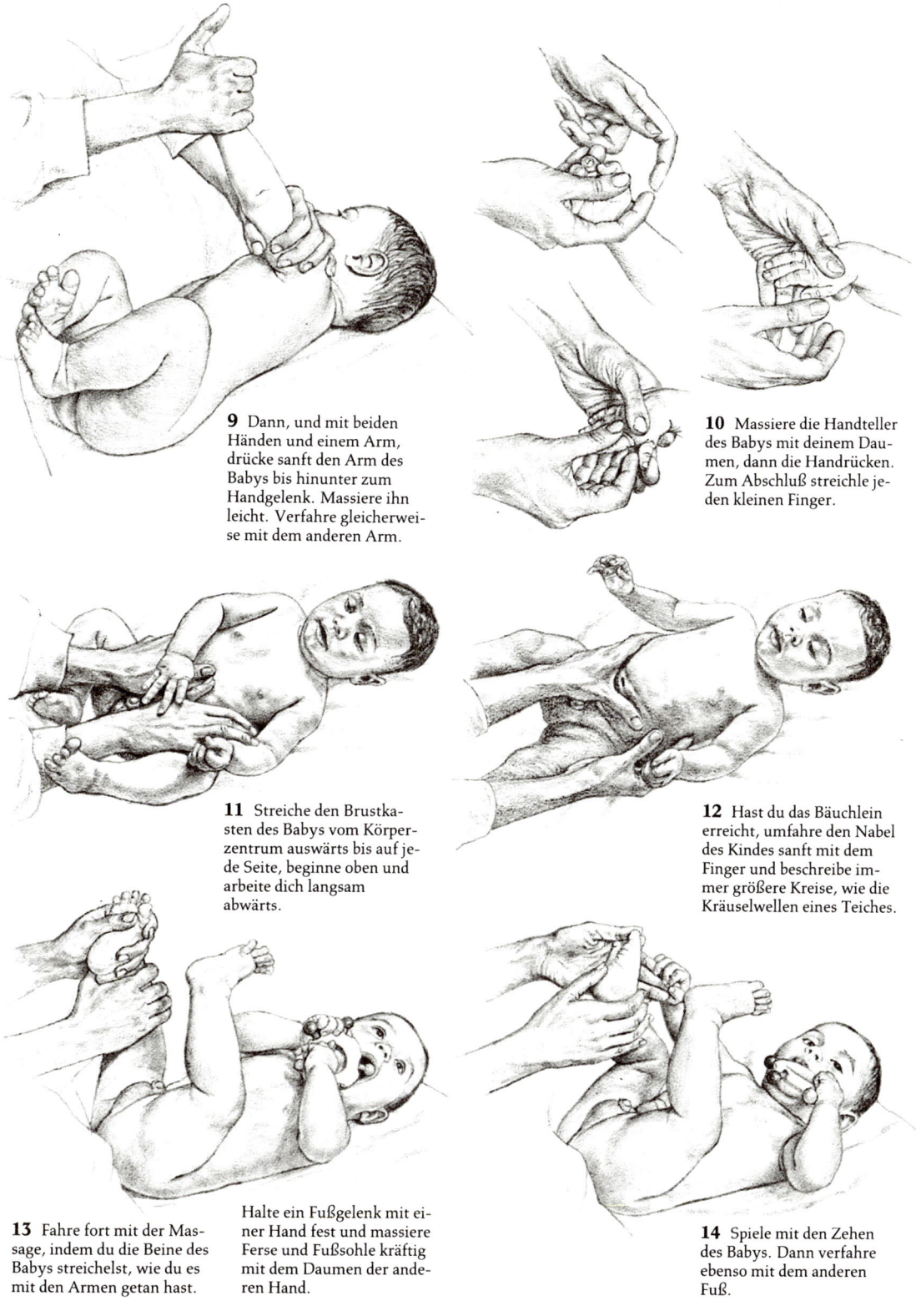

9 Dann, und mit beiden Händen und einem Arm, drücke sanft den Arm des Babys bis hinunter zum Handgelenk. Massiere ihn leicht. Verfahre gleicherweise mit dem anderen Arm.

10 Massiere die Handteller des Babys mit deinem Daumen, dann die Handrücken. Zum Abschluß streichle jeden kleinen Finger.

11 Streiche den Brustkasten des Babys vom Körperzentrum auswärts bis auf jede Seite, beginne oben und arbeite dich langsam abwärts.

12 Hast du das Bäuchlein erreicht, umfahre den Nabel des Kindes sanft mit dem Finger und beschreibe immer größere Kreise, wie die Kräuselwellen eines Teiches.

13 Fahre fort mit der Massage, indem du die Beine des Babys streichelst, wie du es mit den Armen getan hast.

Halte ein Fußgelenk mit einer Hand fest und massiere Ferse und Fußsohle kräftig mit dem Daumen der anderen Hand.

14 Spiele mit den Zehen des Babys. Dann verfahre ebenso mit dem anderen Fuß.

15 Als nächstes führe lange Streichelbewegungen aus, wobei du unterhalb des Kinns anfängst und den ganzen Körper entlangfährst einschließlich der Genitalien, Arme und Beine.

16 Lege das Baby auf den Bauch; dabei kann es entweder über deinem Schoß oder auf dem Handtuch auf dem Boden liegen. Massiere den Rücken.

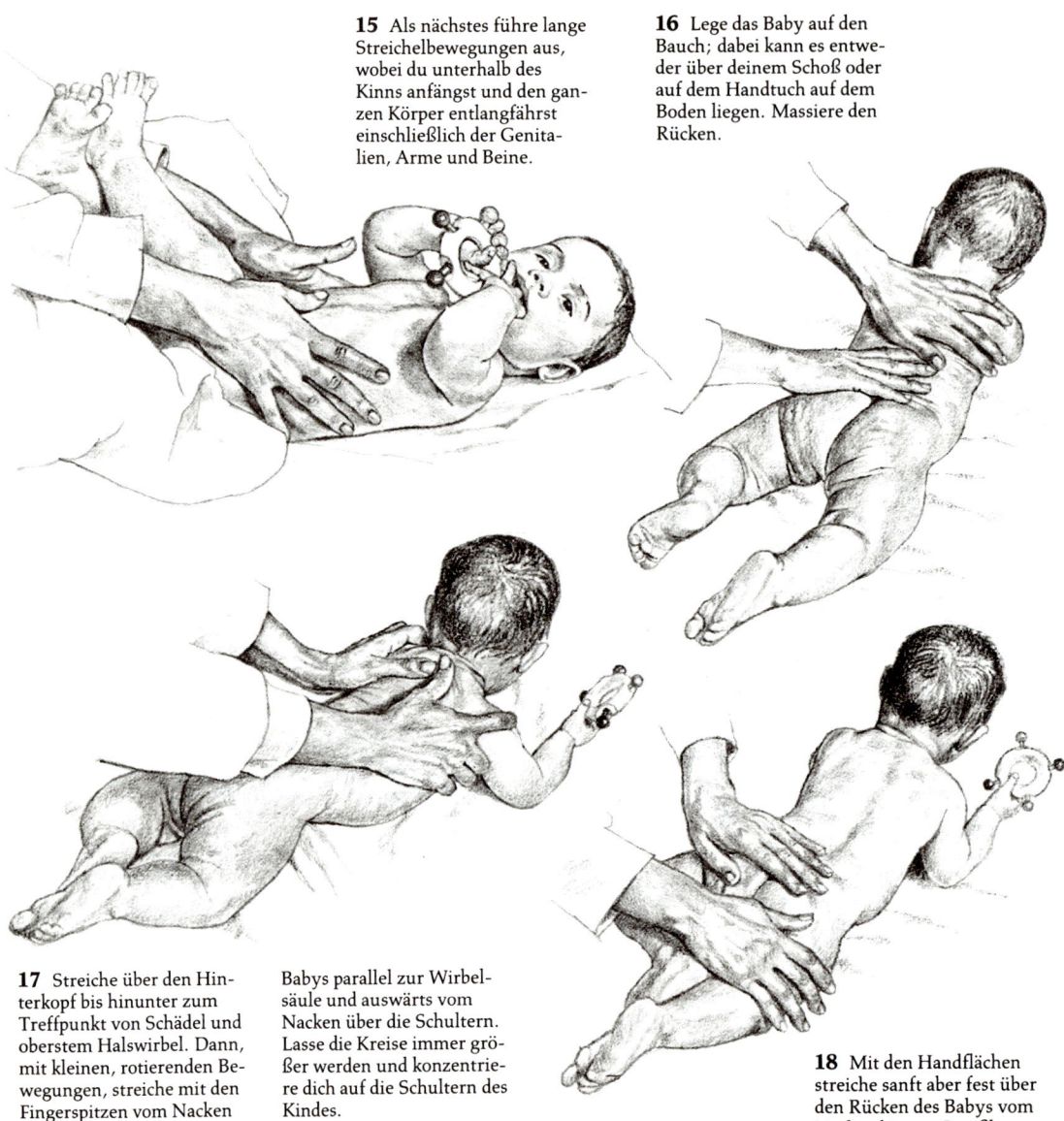

17 Streiche über den Hinterkopf bis hinunter zum Treffpunkt von Schädel und oberstem Halswirbel. Dann, mit kleinen, rotierenden Bewegungen, streiche mit den Fingerspitzen vom Nacken abwärts über den Rücken des Babys parallel zur Wirbelsäule und auswärts vom Nacken über die Schultern. Lasse die Kreise immer größer werden und konzentriere dich auf die Schultern des Kindes.

18 Mit den Handflächen streiche sanft aber fest über den Rücken des Babys vom Nacken bis zur Gesäßkurve.

Abendessen vor, der andere bleibt bei dem Baby. Dabei brauchst du nicht immer diejenige zu sein, welche die Mahlzeit macht und er nicht immer derjenige, der mit dem Baby spielt! Das Zimmer sollte warm sein, aber falls ein Garten da ist, läßt es sich auch bei sonnigem Wetter im Freien und in der frischen Luft machen. Sorge dafür, daß du bei Beginn warme Hände hast. Nimm alle Ringe und störenden Schmuck ab. Vielleicht willst du auch die Schuhe ausziehen. Entkleide das Kind und setze dich mit dem Rücken gegen ein großes Kissen oder ein Bohnensäckchen und lege das Baby auf deine Beine mit dem Gesicht zu dir oder aber lege es auf ein

Handtuch auf den Boden. Auf jeden Fall aber solltest du ihm eine Windel unterlegen oder im Falle eines Jungen ein Handtuch bereithalten.

Beginne, indem du zu dem Baby sprichst und höre nicht auf, während du es massierst. Du kannst deine Worte in ein Singen übergehen lassen oder in ein Summen oder einen Singsangton, einen Kinderreim oder ein Gedicht, das dir gerade in den Sinn kommt. Bald wirst du merken, daß der Klang deiner Stimme und die Bewegungen deiner Hände sich zu einem synchronen Ganzen verbinden, in das das Baby mit wohligen Gurgellauten und Wonneglucksen einstimmt.

Wann du damit aufhören sollst

Wird das Kind älter, wirst du merken, daß du die Massage abkürzen und schließlich ganz damit aufhören solltest, weil das Kind langsam dieser Erfahrung entwächst und andere Interessen hat. Genauso wie du zu fester Nahrung übergegangen bist und das Kind sein Kinderbettchen gegen ein richtiges Bett ausgetauscht hat, kommt eine Übergangzeit zu einer neuen Lebensphase mit neuen Anforderungen. Die Mutter sollte wissen, wann sie sich umzustellen hat und sich auf einen neuen Lebensabschnitt vorbereiten muß. Wenn sie Hyazinthen pflanzen will, die zur Weihnachtszeit blühen sollen, muß sie ja auch wissen, wann man die Knollen aus der Dunkelheit ans Licht bringen soll, damit die Blätter sprießen und glänzend werden und sich die Blütendolden hindurchschieben können.

Mit Kindern über Sex reden

Mit Kindern über Sex reden ist nur ein sehr kleiner Teil der sexuellen Erziehung. Unsere nichtverbalisierten Haltungen, denen wir häufig Ausdruck verleihen, ohne uns dessen bewußt zu sein, bedeuten dem Kind sehr viel und erzählen ihm mehr darüber, was erwachsene Sexualität ist und wie wir auf die Manifestationen kindlicher Sexualität reagieren.

Natürlich spielt das Wort auch eine Rolle bei der Sexualerziehung, zum Beispiel in unseren Antworten auf kindliches Fragen. Viele von uns werden es einfacher finden, mit Kindern über Sex im Zusammenhang mit der Fortpflanzung zu sprechen als über Lustempfinden oder gar Liebesgefühle. Sexuelle Leidenschaft ist manchmal sehr schwer zu erklären. Es macht uns weniger aus, ihnen zu sagen, woher die Babys kommen, und es fällt uns viel schwerer, mit anderen Aspekten unserer Sexualität fertig zu werden. Eine rein biologische Erklärung kann gefährlich eingrenzend sein.

Fragen über Sex

Ist die Mutter schwanger, kommen die ersten Fragen. Das Kind will wissen, wie das Baby aus dem Bauch der Mutter herauskommt. Die nächste Frage aber ist: „Wie kam es hinein?" Vielleicht antwortest du folgendermaßen: „Papa hat seinen Penis in dieses besondere Loch, das Mama zwischen den Beinen hat, gesteckt." Vielen Kindern genügt diese Erklärung – vorläufig, denn sie denken praktisch, was physische Funktionen anlangt: „Wohin tut man es? Wie funktioniert es?" Sie neigen dazu, Dinge mechanistisch erklären zu wollen, mit Schrauben und Schraubenmuttern. Aber wenn wir zu Kindern über Sex ausschließlich in Begriffen sprechen, als sei Kinderproduktion eine Art Arbeit, geben wir ihnen zwar eine Erklärung, die sie auch ohne weiteres akzeptieren, aber wir vermitteln ihnen nur einen

Teil. Die wirkliche Frage sollte lauten: „Warum sollte Papa sich denn so merkwürdig verhalten wollen? Und weshalb erlaubt es die Mama?"

Das vier- oder fünfjährige Kind mag sich mit den Antworten zufrieden geben, aber wenn wir uns davor drücken, das Thema sexueller Erregung anzuschneiden, bekommt das Kind sehr bald mit, daß es der Mutter oder dem Vater peinlich ist, darüber zu reden und daß das Thema als solches unerwünscht sei. Das Kind aber tut nichts weiter, als den Eltern eine maßgeschneiderte Gelegenheit mit seinen Fragen zu geben, um einige der psychologischen und physiologischen Zustände zu erklären, die es bereits am eigenen Leibe verspürt hat und mit denen es fertig werden muß.

Die sexuellen Erfahrungen von Kindern

Kinder dieses Alters wissen meist sehr genau, was sexuelle Erregung ist. Sie finden Spaß an der Manipulation ihrer Genitalien, sie pressen ihre Beine zusammen und machen Schaukel- und andere Bewegungen, die ihnen körperliches Vergnügen bereiten. Anstatt eine nur auf Fortpflanzung beruhende Erklärung der Sexualität zu geben, sollten wir den Kindern auch erklären, daß sexuelle Gefühle, die wir alle haben, den Menschen wohltun und ihr Lebensgefühl erhöhen können.

Auf diese Weise helfen wir den Kindern, die Verbindung zwischen Sex und den bereits vertrauten Gefühlen herzustellen. „Sex, das ist sich knuddelig und warm am ganzen Körper zu fühlen, in Schmuselaune zu sein. Es bedeutet sich behaglich zu fühlen wie schmelzender Honig, es bedeutet Spaß an unserem Körper zu haben, zu streicheln, zu reiben, kitzlig zu werden, und es bedeutet glücklich zu sein, weil es sich so schön anfühlt."

Selbstverständlich sollte die Sprache, die du gebrauchst, zu dem passen, was ihr beide täglich erlebt. Aber der Kern dessen, was du sagst, sollte betonen, daß Sex nicht irgendwann einmal von einem Menschen auf den anderen *übertragen* wird, sondern ein integraler Teil der eigenen, persönlichen Erfahrung ist. Dies muß besonders beachtet werden, wenn wir uns mit kleinen Mädchen unterhalten. Sex braucht nicht latent und gewissermaßen schlummernd dazuliegen, bis der Prinz kommt und ihn weckt. Die logische Folge davon ist – das Mädchen begreift es später, in der Pubertät –, daß eine Frau für ihre eigene Sexualität *verantwortlich* ist.

Sprechen wir mit einem dreijährigen Kind, können wir meinen, uns nicht klar auszudrücken. Das ist auch nicht notwendig. Es genügt bereits dem Kind zu erklären, daß Sex etwas mit den Gefühlen, die es ja schon verspürt, zu tun habe, daß dies Gefühle sind, die wir *alle* haben und daß es gute Gefühle sind. Eine Umarmung, ein Kuß, ein Lächeln genügen dann, um dem Kind anzudeuten: „Das, was du empfindest, ist in Ordnung" und das Recht des Kindes auf seine Sexualität anzuerkennen. Aber wir müssen auch ein Gespür dafür haben, wenn ein Kind etwas *nicht* erklärt haben möchte. Es hat das Recht, nein zu sagen und sich ein Plätzchen zu reservieren, wo es mit seinen Gedanken und Gefühlen allein sein kann.

Stereotype Ansichten über Sexualität

Oft ist es nur allzu einfach, sexuelle Aktivität nur unter dem Aspekt genitaler Handlungen – damit, was ein Mann mit seinem Penis und eine Frau mit ihrer Vagina macht – zu definieren, denn es konditioniert Kinder, im Sex nur eine Genitalfunktion und nicht ein Gefühl des ganzen Körpers zu sehen. Wir haben ja bereits bei der Diskussion erwachsener Sexualität erwähnt, wie diese einseitige Ansicht dazu führen kann, daß viele Frauen

Eine gesicherte, liebevolle Atmosphäre ist kostbar und unabdingbar für das Kennenlernen unserer eigenen Körper.

beim Sexualverkehr Frustrationen und Enttäuschungen erleben. Sie sehnen sich nach ganzkörperlicher Stimulierung, sie wollen ihr ganzes Selbst in die sexuelle Aktivität einbringen, sie wollen dem Selbst ihres Partners begegnen und nicht nur seinem Penis oder irgendeinem anderen stimulierenden Werkzeug.

Genauso benehmen sich Eltern, wenn sie einfach Floskeln gebrauchen wie: ,,Wenn du groß bist, kannst du ein Baby bekommen'' oder ,,Warte, bis du verheiratet bist''. Damit definieren sie Sex nicht nur als bloßes Kindermachen, sondern sie zwingen den kleinen Mädchen auch eine sehr begrenzte Definition ihres zukünftigen Lebens und ihrer Bestimmung als Frauen auf. Gewiß können ein absolutes Engagement für eine Beziehung wie die Ehe und der Wunsch, Kinder zu haben, wundervolle Stationen im Leben vieler Frauen sein, aber sie sind auch für Männer Erfahrungen von größter Bedeutung. Stereotype Ansichten von Geschlechterrollen beeinflussen Kinder sehr früh. Wir sind es unseren Töchtern schuldig, unsere Söhne so zu erziehen, daß diese die Liebe und das Hegen und Pflegen der Nachkommenschaft nicht nur den Frauen überlassen, und wir schulden es unseren Söhnen, ihre Entwicklung als liebende Partner, die aktiv bei der Kindererziehung mitwirken sollen, nicht zu behindern.

Manchmal halten wir es für selbstverständlich, daß ein kleines Mädchen über ihren Körper Bescheid weiß, aber das stimmt nicht. Wir glauben es nur, weil wir als Erwachsene jahrelang Zeit hatten, uns kennenzulernen. Es ist einfach, von der Vermutung auszugehen, daß ein Mädchen begreifen würde, was es mit anderen Frauen gemeinsam hat – zum Beispiel, daß *alle* Frauen gekräuselte Ränder ihrer kleinen Schamlippen haben, und daß die

Wie wir unsere Körper erfahren

eine Seite anders geformt ist als die andere, daß Menstruation eine normale weibliche Erfahrung ist, daß eine Brust größer als die andere sein kann, und so weiter.

In der heutigen Kleinfamilie mit einem oder höchstens zwei Kindern hat ein kleines Mädchen nicht viel Gelegenheit, Vergleiche anzustellen. Und doch ist gerade das ein wesentlicher Teil, wenn sie sich mit ihrem eigenen Körper vertraut machen und ihn verstehen will. Dazu muß sie erst einmal andere nackte Körper von Kindern und Erwachsenen gesehen haben.

Umkleideräume in der Schule oder Schultoiletten sind nicht sehr geeignet, solche Kenntnisse zu vermitteln. Kleine Jungen haben es leichter, denn ihre Genitalien sind zugänglicher und lassen sich auch leichter vergleichen. Aber auch sie haben Schwierigkeiten mit ihrer Sexualität und mit verzerrten Vorstellungen. Es kann beispielsweise zur Gewohnheit werden, die Penisgröße zu vergleichen oder Pißwettbewerbe zu veranstalten. Vergleichen sie sich mit ihren Vätern, brauchen sie vielleicht die Versicherung, daß „klein" schön sein kann („small can be beautiful"), daß es für das Wachstum des Penis eines jeden Jungen eine Zeit gibt, daß, selbst wenn sie erwachsen sind, die bloße Penisgröße keineswegs auch größere Virilität oder sexuelle Potenz bedeutet, und daß die Stärke des Urinstrahls überhaupt keine Beziehung zur ejakulatorischen Kraft hat.

Selbst-untersuchung

Wir mögen uns noch so ausführlich über weiblichen Körperbau unterhalten und dem Mädchen hübsche Bilderbücher zu lesen geben: das alles ist kein Ersatz für eine persönliche Demonstration und einen Vergleich am lebenden Objekt, vorausgesetzt natürlich, sie finden in einer geeigneten Umgebung statt und werden für normal gehalten.

Ist das Mädchen das einzige Kind der Familie, wird die Beziehung zur Mutter sehr wichtig, denn nur von ihr kann sie erfahren, wie normal ihr Körper ist. Vielleicht sieht sie in ihrer Vagina nur ein „Loch". Viele Mädchen bilden sich ein, ihre Schamlippen oder Klitoris seien zu groß oder zu schlaff oder aber abnorm klein. Eine Mutter sollte die Gelegenheit ergreifen, um ihre Tochter aufzuklären und zwar nicht nur durch unbefangene Nacktheit – im Schlafzimmer, nach einem Bad –, sondern indem sie auf Fragen praktisch eingeht. Natürlich fallen uns sogleich Aufklärungsschriften ein, die dem Mädchen diese Dinge erklären, aber sie sind kein Ersatz für eine praktische Demonstration, für die man einfach einen Spiegel nimmt. In ihm kann sich das Mädchen selbst betrachten. Dann solltest du ihr mittels deines eigenen Körpers demonstrieren, welche Veränderungen später, wenn das Mädchen eine erwachsene Frau und Mutter wird, stattfinden. Aber um das bewerkstelligen zu können, solltest du deinen eigenen Körper kennen und mit ihm vertraut sein. Wird dies jedoch im Sinne einer ersten und bewußt erzieherischen „Übung" verstanden, die nur um der Tochter willen veranstaltet wird und hast du insgeheim ein wenig Angst vor deiner eigenen Courage, liegt bestimmt etwas in deiner Haltung, irgendeine Befangenheit oder ein Mangel an Zuversicht, das sich auf die Tochter überträgt, das sie spürt und auf das sie dann zurückhaltend oder befangen reagiert. Deshalb sollte eine Frau erst einmal ihren eigenen Körper kennenlernen und gut mit ihm auskommen.

Gelingt es der Mutter, kann sie ihrer Tochter etwas sehr Kostbares mit auf

Eine Tochter kann Körpervertrauen gewinnen, wenn ihre Mutter es hat.

den Weg geben: Achtung vor der wunderbaren Struktur ihres eigenen Körpers. Statt des Barbiepuppen-Images der Weiblichkeit, der speziell hergestellten Kosmetika für vorpubertäre Mädchen, statt der Büstenhalter, die für die unentwickelten Busen kleiner Mädchen angeboten werden, statt eines Schönheitsbegriffes, der sich mittels Kleidung und Aufputz an den Rauschgoldengeln auf der Christbaumspitze orientiert hat, statt der vielen Verkleidungen, hinter denen sich Frauen verstecken, weiß sie, daß ihr Körper schön ist, entwickelt sie weibliches Selbstvertrauen. In der Hauptsache ist es die Einstellung der Mutter dem weiblichen Körper gegenüber, die später zum Vorbild für das Mädchen wird und die ihr Selbstbild und ihr Selbstwertgefühl bestimmt. Dies wird aber nicht auf einmal wichtig, wenn das Mädchen der Pubertät entgegenwächst, sondern sollte von der Mutter bereits im Säuglingsalter gefördert werden.

Weibliche Sexualität aus der Sicht der Jungen

Überläßt die Frau die Sexualerziehung ihrer Söhne ganz und gar dem Vater, bedeutet es eine verpaßte Gelegenheit, dem Sohn bei dessen Einstellung echter weiblicher Sexualität gegenüber behilflich zu sein, denn eine rein männliche Sicht genügt oft nicht. Trotzdem legen Mütter häufig die Aufklärung des Jungen in die Hände des Vaters, weil sie meinen, sie seien überfordert oder nicht geeignet, alle die Fragen des kleinen Jungen richtig zu beantworten. Manchmal geschieht es einfach nur aufgrund eines Versäumnisses. Zum Beispiel sagt Liz, eine alleinerziehende Mutter: „Unter uns wohnte ein Typ – eine Zeitlang hatten wir ein Verhältnis –, mit dem sich Jason, unser Sohn, als er zwölf war, anfreundete. Unter seinem Bett fand ich einen Stapel *Playboys,* die dieser Mann ihm gegeben hatte. Die beiden waren oft zusammen. Und von ihm hat er wohl die meiste Aufklärung bekommen.'' Aber es kommt noch etwas anderes hinzu: Jason besucht auch seinen Vater. ,,Er schleppt immer Mädchen an und will, daß Jason seinen Senf dazu gibt. Er macht Serviererinnen an und sagt dann: ,Hast du *die* gesehen?' Jason ist dann immer unglaublich beschämt.''

Anfangs klang es so, als ob Liz die Verantwortung abgelehnt habe, aber ein sehr wesentlicher Aspekt von Jasons Sexualerziehung beruhte darin, daß Liz mit ihm seine Erfahrungen diskutierte. ,,Wir sprechen darüber, *weshalb* er sich so verhält und bemühen uns, es zu verstehen. Ich versuche, ihm nicht den Eindruck zu vermitteln, daß sein Vater unzulänglich sei. Ich erkläre ihm, daß man diese Einstellung Frauen gegenüber in seiner Jugend modern fand, und daß er eben nicht mit der Zeit gegangen sei.''

Wertmaßstäbe zu überprüfen und Verhaltensweisen im Sinne dessen, was sie motiviert hat, zu begreifen ist ein unabdingbarer Bestandteil sexueller Erziehung von Kindern beiderlei Geschlechts. Im schulischen Sexualunterricht kann das nicht behandelt werden: Es ist ein integraler Aspekt unserer Neugier und Fragelust und muß in unser Alltagsleben mit einbezogen werden.

Frühe Sexualerlebnisse

Über Sex etwas zu erfahren ist also nicht nur eine Sache der Worte. Es bedeutet, sich seiner eigenen Erregungsgefühle und der anderer bewußt zu werden.

Es betrifft auch die Art und Weise, wie unsere Gesellschaft Sexualität definiert und interpretiert und uns Haltungen aufzwingt, die wir zumindest in Frage stellen und mit unseren eigenen Erlebnissen und Wertmaßstäben vergleichen sollten. Dabei geht es nicht so sehr um anatomisches und physiologisches Wissen; Information ist nur relevant, wenn sie unser Bewußtsein schärft.

Unsere eigenen Vorstellungen weitergeben

Alles was wir unseren Kindern erklären ist zweitrangig gegenüber den Einstellungen und Emotionen, die wir selbst vermitteln. Erzählen Frauen mir von ihren ersten sexuellen Eindrücken, dann beschreiben sie stets *Gefühle.* Was Eltern und Lehrer ihnen damals erklärten, blieb zwar im Gedächtnis haften, aber nur in Verbindung mit den Emotionen, mit denen diese Informationen weitergegeben wurden. Auch diejenigen, welche wenig oder gar keine Auskünfte erhielten, haben trotzdem eine recht genaue Vorstellung von dem mitbekommen, was aufgrund von Emotionen, die ihnen dabei Erwachsene bewußt oder unbewußt vermittelten, über Sex zu denken sei.

Was gesagt wird – die den Kindern verabreichte, sorgfältig zensierte Information – wird häufig ignoriert. Was bleibt und verarbeitet wird, sind emotionelle Botschaften, Verlegenheit, Belustigung, Ekel. Deshalb sollten wir unbedingt bei der Sexualaufklärung ausgesprochen ehrlich sein.

Als ich anfing, dieses Buch zu schreiben, glaubte ich, daß die meisten

Erste Erfahrungen Mädchen ihre ersten Erfahrungen wahrscheinlich in einer romantisch besetzten Schulmädchenfreundschaft, im „Schwärmen" für eine Lehrerin
oder einen Lehrer oder in einer leidenschaftlichen Verstrickung zwischen
zwei Gleichaltrigen machen. Dabei rechnete ich aber nicht mit den vielen,
oft stark negativ besetzten sexuellen Einflüssen, die in das Leben des Kindes – und vor allem der Mädchen – von außerhalb und auch seitens der
Familie eindringen und später einmal ihre sexuelle Entwicklung beeinflussen. Viele über ihre Kindheitserlebnisse berichtende Frauen beichteten
mir, wie sehr ihre späteren Einstellungen von dem beeinflußt wurden, was
ein männlicher Erwachsener mit ihnen tat oder was sie mit ansehen oder
hören mußten und wie diese Szenen in ihrer Erinnerung als „sexuell",
„schmutzig" oder „schlecht" haften blieben. Müttern wird nur selten von
diesen Vorfällen berichtet, aber die Erinnerung an sie – und die damit
verbundene Beschämung – bleibt bis ins Erwachsenenalter lebendig.

Eins der deprimierendsten Dinge, die einer derartigen Erfahrung anhaften,
ist die Tatsache, daß viele von uns meinen, wir müßten ganz alleine damit
fertig werden, daß dieses entsetzliche Ding nur *uns* passierte, daß niemand
uns verstehen würde. Rennen wir aber vor einer offenen Diskussion weg,
versäumen wir auch die Gelegenheit herauszufinden, wie die Gesellschaft
uns unter Druck zu setzen, unsere eigene Sexualität und unser Selbstwertgefühl zu prägen vermag.

Die Erfahrungen unserer jungen Töchter sollten uns helfen, die Lernpro-
zesse, denen sie unterworfen sind, besser zu begreifen. Naturgemäß sind
die meisten dieser frühkindlichen Erlebnisse einfach die Folgen von Neu-

*Das Leben ist ein Konti-
nuum; die Sexualerzie-
hung unserer Kinder be-
ginnt mit deren Geburt.*

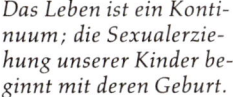

gier und Experimentierlust. So berichtete mir zum Beispiel eine Frau, wie sie und ihre kleinen Schwestern „Onkel Doktor" spielten und sich gegenseitig, weil diese Körperöffnungen und Eingänge sie faszinierten, Haarnadeln in ihre Scheiden oder After steckten. Eine Frau sagte: „Ich war sechs, als ich mit einem gleichaltrigen Nachbarsjungen ein Baby machen wollte." Eine andere wiederum entsinnt sich, wie sie als Achtjährige mit dem Spielkameraden ihres Bruders herumprobierte. „Ich setzte mich auf seinen Schoß, und er fummelte an mir herum."

Negative Einstellungen von Erwachsenen

Die Haltung Erwachsener gegenüber kindlicher Masturbation kann bleibende Wirkung haben. So entsann sich Elisabeth, daß sie als Siebenjährige auf einen Pfahl im Garten hinter dem Haus geklettert war und dabei ein „komisches" Gefühl bekam, das sie „kitzeln" nannte. Ihre Freundin versuchte es auch, wurde jedoch eines Tages ertappt und mußte versprechen, es nie wieder zu tun „weil sie sich dabei verletzen könne". Seitdem, erzählt Elisabeth, hätte sie deshalb große Angst und überdies noch ein schlechtes Gewissen gehabt. Anne sagt, ihre Mutter hätte sie ertappt, als sie im Alter von fünf Jahren masturbierte. Sie war entsetzt und drohte ihr, sie das nächstemal zum Arzt zu bringen. „Ich habe weiter masturbiert, aber mit einem schlechten Gewissen." Eine andere Frau erzählt, daß sie als Neunjährige sich zwar deswegen schämte, es jedoch so schön fand, daß sie jedesmal, wenn sie masturbiert hatte, eine Reihe Bestrafungen für sich ersann. Elsa meint, daß sie sich zwar nicht erinnern kann, als Kind dafür einen Klaps bekommen zu haben, aber ein Schuldgefühl sei doch geblieben, denn jedesmal, wenn sie masturbierte, habe sie Phantasien körperlicher Züchtigung und nachher sei sie noch schuldbewußter, weil sie dabei diese masochistischen Vorstellungen habe. Ein Teil der Erregung, die eine Frau beim Masturbieren verspürt, hat sicherlich etwas damit zu tun, daß es „unartig" sei, und es kommt vor, daß sie dann auch in ihre Kindersprache zurückverfällt. Manchmal geht es so weit, daß Frauen beim Masturbieren ein derart schlechtes Gewissen haben, daß sie keinen Orgasmus erreichen können.

Diese frühen Erfahrungen können sich auch auf spätere Beziehungen auswirken. Eine Frau, der man eingebleut hatte, masturbieren sei „eine schmutzige Angewohnheit", sagt, daß sie niemals in Gegenwart ihres Mannes ihre eigenen Genitalien berühren oder irgendwelche sexuell erregenden Bewegungen machen kann, weil dies ja wie Masturbation aussehen könne, und „Sex Angelegenheit meines Mannes ist". Ihr Ehemann ist sehr gehemmt und zaghaft, und ihre sexuelle Beziehung dementsprechend unbefriedigend. Sie meint, ihm niemals demonstrieren zu können, wie er sie berühren oder stimulieren kann, denn selbst seine Hand zu führen würde wie Masturbation sein.

Frauen erzählen mir oft, daß sie, wenn ihre Mütter sie ertappten, sich an die angeekelten oder schockierten Gesichter erinnern. Jedesmal, wenn wir so reagieren, erteilen wir unseren Kindern ungewollt gründlichen Sexualunterricht. Wir lehren sie, daß es unrecht sei, sich selber Vergnügen zu bereiten.

In der Kindheit erworbene sexuelle Schuldgefühle dienen dazu, junge Mädchen viel empfänglicher für ausbeuterischen Sex zu machen. Mit uns,

Die Auswirkungen
der Schuldgefühle

als Eltern, wollen sie kein offenes Gespräch führen, und weil sie sich beschmutzt vorkommen, ist es auch schwer für sie, mit anderen Frauen über ihre Probleme und Erlebnisse zu reden. Es kommt vor, daß eine Frau sich mit einem Mann einläßt, nur weil er ihr angeblich Schutz vor künftigen weiteren Schrecknissen verspricht. Jane sagt, sie wurde in dem Glauben erzogen, ,,Sex ist etwas, was anständige Mädchen nicht haben. Sie finden sich wohl oder übel damit ab, um Kinder zu bekommen, wenn ihre brutalen Ehemänner es ihnen aufzwingen. Männer sind eigentlich bemitleidenswerte Kreaturen, denn sie sind animalischen Trieben unterworfen. Frauen dagegen sind höhere Geschöpfe und brauchen so etwas nicht.'' Bis sie als Neunzehnjährige ihr Elternhaus verließ, führte sie ein behütetes Leben. Dann zog sie in ein Haus voller junger Leute. Als sie eines Morgens aufwachte, lag ein Mann, der am Vorabend jemand anderen im Haus besucht hatte, neben ihr im Bett. Sie rief weder um Hilfe noch protestierte sie, ,,weil ich Angst hatte, die anderen könnten es hören''. Ein paar Monate später heiratete sie ihn, denn es war ihr beigebracht worden, daß sie den Mann, dem sie ihre Unschuld preisgegeben hatte, auch heiraten müsse. Sie war schrecklich unglücklich mit ihm und ist jetzt geschieden.

Vielen Frauen muß dies wie eine den Müttern auferlegte Verantwortung vorkommen – niemals in ihrem Kind sexuelle Schuldgefühle aufkommen zu lassen. Offensichtlich ist dies eine Unmöglichkeit. Unsere Kinder werden auch durch die Gesellschaft konditioniert und nicht nur durch elterliches Milieu. Wenn zum Beispiel in einem Kindergarten die Kleinen es aufregend finden, ,,Popo!'' zu rufen, wird unser Mißfallen es nur noch schlimmer machen. Die Beurteilung von ,,richtigem'' oder ,,falschem'' Sexualverhalten ist Teil eines weitaus umfassenderen sozialen Ganzen, und es gibt einen Punkt, wo wir unsere Kinder nicht mehr von den Einflüssen, die wir selbst beklagen, abzuschirmen vermögen.

Bei allem, was ich sage oder tue, kann ich entweder versuchen, Sex attraktiv und gesellschaftlich akzeptabel zu verpacken oder aber ich will klar erkennen und verstehen, weshalb die Menschen sich so und nicht anders verhalten. Ich kann sexuelle Erfahrung entweder in einem aus vorgefaßten Urteilen geformten Rahmen betrachten oder aber ich habe den Mut, gängige Klischees und all das, was wir als selbstverständlich begreifen, über Bord zu werfen. Ich kann vortäuschen, verzerren, romantisieren, Regeln und Dogmen vorschreiben – oder aber ich kann meinen Kindern eine offene Einstellung nahelegen und ihnen die Notwendigkeit der Entwicklung ihrer eigenen, individuellen Sexualität vermitteln.

7. Übergänge

Ein Mädchen wird erwachsen

Irgendwann einmal um das neunte Lebensjahr herum steigt der Östrogen-spiegel im Blutstrom des heranwachsenden Mädchens und bewirkt die Veränderung der Körperfettverteilung, so daß die Hüften breiter und das Gesäß runder werden: kurz, der Körper wird weiblicher. Der gestiegene Östrogenspiegel fördert auch die Brustentwicklung, die meist schon vor der ersten Periode einsetzt. Andere Hormone fördern das Wachstum von Schamhaaren und Achselbehaarung. Das Mädchen tritt ins Pubertätsalter ein, ein physiologisches Reifungsstadium, das in unserer Gesellschaft so-wohl in emotioneller als auch kultureller Bedeutung als Vorstufe für das Erwachsenenalter gilt. In dieser Übergangsphase erwarten die Eltern in der Regel Probleme: Das heranwachsende Mädchen wird „schwierig", scheu, befangen, launisch, verwundbar, verwirrt, autoritätsfeindlich, ist sehr mit ihrem eigenen Äußeren befaßt und verliebt sich auch manchmal. Der viel-leicht bedeutsamste Aspekt bei Heranwachsenden ist, daß sie von unserer Gesellschaft nicht ernst genommen werden. Ein Mädchen mag tun, mag glauben, was es will, immer wird man sagen: „Das wächst sich aus, das ist nur eine vorübergehende Phase." Sie befindet sich in einem Niemands-land, in dem es nicht nur für sie schwierig ist, ihre eigene Identität als Frau zu finden, sondern es wird auch ihre bisherige Identität von den Erwach-senen als vorübergehend und bedeutungslos abgetan.

Wenn die Tochter heranreift, verursacht dies sehr häufig auch bei den Eltern akute Konflikte, und diese finden ihren Ausdruck in ihrer Einstel-lung zu der ersten Menstruation des Mädchens. Paula Weideger (*Female Cycles*) behauptet, die Erwachsenen betrachteten eine solche Reifungszeit mit einer Mischung aus Wohlwollen und Furcht. Weibliche Sexualität, mit dem Symbol der Menstrualblutung, repräsentiert nicht nur ein Potential zukünftiger Mutterschaft, sondern auch eine bedrohliche Verunreinigung. In vielen älteren und auch heutigen primitiven Gesellschaften (und in der vorherrschenden Einstellung zur Frau in der jüdisch-christlichen Tradi-tion) wurde (und wird noch) angenommen, daß die entfesselte Zauberkraft des weiblichen Wesens in Gestalt ihres Menstrualflusses Ernten verderben, Milch sauer werden und sogar unter Umständen jeden Mann, der einer menstruierenden Frau über den Weg läuft, kränkeln und sterben lassen kann. Im zwanzigsten Jahrhundert sind wir zwar aufgeklärter, behandeln aber immer noch Menstrualblut als etwas Schmutziges, Schädliches, das verborgen werden muß, damit kein Mann etwas davon ahnt. Die Zwiespäl-tigkeit unserer Gefühle findet ihren Ausdruck in dem widersprüchlichen Rat, den wir dem Mädchen geben: Einerseits sollte sie stolz sein, nun als Erwachsene zu gelten, andererseits aber sollte sie Tampons und Binden schnellstens verbergen, beschmutzte Unterwäsche entweder wegwerfen oder auswaschen und vor allem stets dafür sorgen, daß die Männer in der Familie nichts merken. Die Beschämung und Demütigung, die wir damit, wenn auch oft unbeabsichtigt, den jungen Mädchen auferlegen, indem wir sagen, sie müßten die Zeichen ihrer Menstruation verbergen, bereitet sie auf ein biologisches Stigma und eine geschlechtliche Behinderung vor.

Der ovarielle Zyklus, Menstruation und Empfängnis sind nicht bloß Vorgänge am Rande oder gar uns zustoßende physische Zufälle, sondern sie sind für viele Frauen ein integraler Teil ihres Selbstgefühls und Selbstbildes. Im Körper einer Frau spielt sich weit mehr ab als im Körper eines Mannes. Wenn große Umwälzungen in ihrem Körper stattfinden, wird ihr Selbstbild ebenfalls zutiefst beeinflußt. Gleichermaßen verändert sich auch ihr Körper, und wenn ihr Selbst eine Umbildung erfährt, findet diese Veränderung ihren körperlichen Ausdruck. So wird zum Beispiel der Menstrualfluß davon betroffen, sein Einsetzen, die Stärke, ob er überhaupt stattfindet oder ob er normal verläuft. Ist eine Frau sehr verängstigt oder zutiefst geschockt, können ihre Perioden völlig aussetzen.

Wenn sie trauert, kann dies passieren, auch, daß das Bluten nicht aufhören will. Alle diese Dinge lernt das junge Mädchen, und die Entdeckung kann ihr ein bedrückend abhängiges Körpergefühl vermitteln: Ihr Körper macht ihr zu schaffen, ja sie fühlt sich sogar in ihm gefangen. Eines der schwierigsten Dinge ist dann für sie, ihren eigenen Körper zu genießen.

Oft wird behauptet, die Frau sei ihren Hormonen auf Gedeih und Verderb ausgeliefert, sie sei Opfer ihrer zyklischen, sie schwächenden Rhythmen, das mache sie unberechenbar, nehme ihr den Gleichmut und manchmal sogar den Verstand, und obendrein habe sie noch dazu jeden Monat eine „schmutzige Absonderung". „Frausein, das begann mit sehr viel Unerquicklichem", schrieb Clara Thompson.

Es bedeutete Schamgefühle, Freiheitseinbuße, Verlust der Gleichberechtigung mit Jungen und Verzicht auf den Anspruch auf Aggression. Die Frau mußte lernen, sich zu verstellen, besonders, was ihre Sexualität und ihre sexuellen Interessen betraf, und dies hat zweifellos dazu beigetragen, daß die Frau ein Gefühl der Minderwertigkeit bekam. Wird etwas, was so sehr Teil ihrer selbst ist, verleugnet, dann ist es nur ein kleiner Schritt zur Verleugnung des ganzen Selbst.

Die Mädchen selber wissen genau, mit welchen Widersprüchen das Phänomen der Menstruation besetzt ist. Sie sind sich über den Zwiespalt im klaren. Wenn ich zurückdenke, dann haben meine Töchter ihre Erfahrungen folgendermaßen beschrieben: „Ich kam mir körperlich reif vor. Ich habe immer den Geruch von Menstrualblut mit Frauen assoziiert, ich fand es gut. Du hast gerufen: ,Ich gratuliere', und ich habe gemerkt, daß du positiv und auf nette, liberal-feministische Weise reagieren wolltest. Aber ich wollte gerade ausreiten und konnte den Tampon nicht reinkriegen. War das vielleicht grauslich! Und natürlich auch ganz furchtbar unbequem als ich auf dem Pony mit einem falsch sitzenden Tampon ritt."

Die Situation als solche ist konfliktbesetzt, und nichts, was die Mutter tun oder sagen kann, ist absolut richtig. Eine andere Tochter erklärte mir: „Du hattest mir vorher alle die richtigen Bücher über Menstruation, Empfängnis und Schwangerschaft zu lesen gegeben, aber damals hatte mich das alles nicht so brennend interessiert. Außerdem wußte ich Bescheid – aus der

„Du hast einen großen Wirbel darum gemacht. Sind Mädchen gut vorbereitet, ist es kein so gewaltiger Schritt."

Biologie – und hatte auch das ganze Vokabular parat. Aber als ich, und das war sehr viel später, tatsächlich die Periode bekam, war ich entsetzt. Irgendwie hatte ich alle diese Theorien eben nicht auf mich bezogen. Ich hatte nicht gewußt, daß ich dort ein Loch hatte!'' Eine andere Tochter: ,,Ich erinnerte mich, daß du mir Bilder aus einem Buch zeigtest und mir erklärtest, meine Vagina verlaufe fast rechtwinklig zu meiner Zervix und so weiter. Ich ging ins Badezimmer, machte die ganze Badewanne blutig und versuchte verzweifelt, einen Tampon einzusetzen, aber es ging nicht. Dann hast du gesagt: ,Soll ich reinkommen und ihn dir einsetzen?' Es war entsetzlich! Ich hatte echt Angst, du würdest hereinkommen.'' Wiederum eine andere Tochter: ,,Ich befürchtete, du würdest einen Wirbel machen, daß ich nun ,eine Frau' geworden sei, so daß ich drei Monate lang meine Periode vor dir geheim hielt. Ich wollte es nicht an die große Glocke hängen, denn damals interessierte mich Sex wie mich die Bewohner der Äußeren Mongolei interessierten. In den Pausen redeten Mitschülerinnen unentwegt darüber. Ich wollte nicht mitreden, und dann nannten sie mich eine Streberin. Es war wirklich ärgerlich, ich hatte Angst davor, ich wollte nicht Perioden haben und immer nur über Jungenbekanntschaften reden.'' Die Mädchen zogen Bilanz: ,,Was auch immer du getan hast, es mußte falsch sein.''

Eine separate Identität finden

So betrachtet muß jede Reaktion einer Mutter auf die erste Menstruation ihrer Tochter falsch sein, denn es ist Aufgabe eines jeden heranwachsenden jungen Mädchens, sich von der Mutter zu differenzieren. Das Szenarium, innerhalb dessen die erste Monatsblutung stattfindet, ist Teil jenes Differenzierungsvorganges und wahrscheinlich auch ein sehr bedeutsamer. Und um sich zu differenzieren, muß sich das junge Mädchen Grenzen setzen, sich von der Mutter zurückziehen, sich selbst als separat von ihr, mit separaten Vorstellungen und Gefühlen definieren. Sie muß das Recht auf ihre eigene Sexualität geltend machen und wird vielleicht ihr Unterschiedlichsein manchmal übertreiben, ja karikieren, nur, um sich als eigenständig abzugrenzen. Je liberaler und verständnisvoller die Mutter ist, desto schwerer ist diese Aufgabe für die Tochter.

Mutter, Mutter, Muttergöttin
die du dein Kind zu Schönheit formst,
Du nimmst es bei der Hand
und führst es sanft ins Leben,
Deine schöne Tochter
In dein schönes Leben.
Nichts was sie tun kann
Was du nicht akzeptierst, verstehst, verzeihst,
Nichts was sie tun kann.
Nichts was sie sein kann
das du nicht in Schönheit neu interpretierst.
Nichts was ich sein kann,
Mutter, Mutter, Mutter,
Ich schreie es hinaus:
Laß mich in Ruhe.
Komm nicht in mein Zimmer, Mutter
Komm nicht und mach es schön und frisch

mit deinen Blumen, deiner Liebe,
Atme es nicht voll mit deiner Lebenslust,
Deiner Freude, deinem freudigen Lebensbild.
Hier in meinem dunklen muffigen Zimmer sitze ich allein
zwischen den Krümeln, den Kaffeetassen, den verschwitzten Socken.
Ich bohre in der Nase, lecke meinen Teller ab,
Drücke meine trübselige Individualität an mich
Wie Stacheldraht
Damit du draußen bleibst.
Ich bin ich, nicht sie – deine Tochter,
Ich bin ich.   [Polly Kitzinger]

Dieser Wunsch, eine separate Identität geltend zu machen, ist vielleicht charakteristisch für unsere Gesellschaft, weil es in ihr nichts mehr gibt, was, wie in früheren Zeiten, ein junges Mädchen offiziell auf ihren veränderten Status als angehende junge Frau vorbereitet. Damals trug sie keine kurzen Röcke mehr, steckte sich das Haar auf, der Papa begutachtete und billigte ihren Verehrer, sie versprach ihm die Ehe, wurde seine Braut, beaufsichtigte seinen Haushalt, wurde die Mutter seiner Kinder und danach das weibliche Oberhaupt einer großen Familie. Obwohl ein goldgestanzter „Haustürschlüssel" noch immer auf den Glückwunschkarten zum 21. Geburtstag prangen mag, hat das keine Beziehung mehr zur Realität. Die junge Frau lebt wahrscheinlich schon seit mehreren Jahren in einer Wohngemeinschaft und nimmt ohne Wissen der Mutter längst die Pille.

Kulturelle Variationen

Unsere Ansicht, die Pubertät sei eine „schwierige Phase", ist geschichtlich gesehen verhältnismäßig neu. In früheren Jahren wurden aus Mädchen junge Ehefrauen und Mütter, oder sie ließen sich als Haushalts- oder Schullehrerinnen, als Krankenschwestern und so weiter ausbilden. Meine eigene Mutter mußte mit dreizehn Jahren die Schule verlassen, weil kein Geld mehr da war; ein paar Jahre später war sie bereits Krankenschwester. Heutzutage haben wir eine abrupte Unterbrechung zwischen der Kindheit und dem Eintritt in eine Phase des Konflikts zwischen Heranwachsenden und Eltern. Die junge Frau wird einige Jahre lang so behandelt, als sei sie eigentlich nicht – oder noch nicht – „sie selbst". Dies ist jedoch nicht typisch für die Gesellschaften der Dritten Welt oder die westeuropäische Vergangenheit. Margaret Mead hat in ihren Büchern über Jugendliche in Samoa bewiesen, daß das Stadium der Adoleszenz kulturell geschaffen wurde (Margaret Mead: *Jugend und Sexualität in primitiven Gesellschaften*). In vielen Teilen der Dritten Welt wird das „Frau werden", das mit der ersten Menstruation zusammenfällt, rituell zelebriert. Dieses Ereignis markiert den Anfang einer Loslösungszeit von der Mutter, das junge Mädchen geht durch Heirat neue gesellschaftliche Bindungen ein und wird durch Verschwägerung mit ihrer Stammesfamilie bei ihren Verwandten zum Bindeglied, das die Familie ihres Ehemannes mit der ihren verknüpft. In Sierra Leone wird ein Mädchen zwischen ihrem achten und siebzehnten Lebensjahr in die wichtige Schwesterschaft der Sande eingeführt, und von dieser Zeit an gilt sie als gebärfähig. In manchen Kulturen sind gefährliche und schmerzhafte Rituale wie zum Beispiel Klitorisbeschneidung Teil der Vorbereitung des Mädchens auf ihr späteres Erwachsensein. Viele dieser

Mit dem Kommen der Pubertät knüpft das junge Mädchen als Teil ihrer eigenen Sexualitäts- und Identitätssuche neue und zaghafte Beziehungen an.

Riten ähneln Hochzeitsfeiern. Wenn ein Mädchen der Tamilen in Sri Lanka zum erstenmal menstruiert, wird dieses Ereignis wie eine Hochzeit gefeiert und hat sogar den gleichen Namen.

Sie muß rituelle Bäder nehmen, sich eine Zeit lang ganz absondern, darf nur bestimmte Dinge essen und wird dann bei einem Fest, an dem das Haus als „Hochzeitshaus" geschmückt ist, gefeiert. Für das letzte zeremonielle Bad wird das junge Mädchen wie eine Braut in einen roten oder rosafarbenen Sari gehüllt. Danach trägt sie zum erstenmal den Sari einer erwachsenen Frau, darf Goldschmuck anlegen und sitzt auf einem mit Blumen dekorierten Thron, um Geschenke von Familienmitgliedern und Bekannten entgegenzunehmen. Ein integraler Teil solcher Riten ist die Anerkennung und Verherrlichung der Frau als zukünftige Mutter, Ehrfurcht vor ihrer reproduktiven Bestimmung und vor ihrer Geschlechtlichkeit, mit der sie diese erfüllt. In der westlichen Welt gibt es keine auf solche Weise Status vermittelnden Riten. In unserer Kultur wird die Zeit der Adoleszenz als eine Zeit des Bilanzziehens betrachtet, des Abwägens, was das Individuum bisher geleistet hat. Obwohl es eine Zeit der Schulabgangsprüfungen ist, verleiht deren Bestehen dem jungen Mädchen nur einen begrenzten Status. Sie beweist nur, daß sie eine gute Schülerin war, ein gut abgeschlossenes Examen sichert ihr vielleicht auch einen Studienplatz oder, falls Arbeitsmöglichkeiten vorhanden sind, eine Anstellung. Aber Prüfungsresultate verraten uns nichts über andere Aspekte ihrer Persönlichkeit. Die erste Stellung, das erste selbstverdiente Geld, ja sogar die erste Sozialversicherungsauszahlung mögen zwar gewichtige Marksteine auf dem Weg ins Erwachsenenleben sein, aber sie verblassen und werden unwichtig, verglichen mit der Frage „ob man bis zum Äußersten gehen soll", und mit der Heraufsetzung des Schulabgangsalters findet der erste Geschlechtsverkehr eher *vor* als nach der Schulentlassung statt.

Sex bei Jugendlichen

Obwohl es wichtig ist, daß Eltern nicht immer von der Voraussetzung ausgehen, jeder Teenager interessiere sich nur für Sex, habe gerade die *erste* Sexualerfahrung oder wolle unbedingt für Jungen attraktiv sein, wird nichtsdestoweniger von Gleichaltrigen großer Druck auf sie ausgeübt, sexuell aktiv zu werden. Außerdem erhält ein Mädchen von anderen, die „es" getan haben, viele Hinweise darüber, wie einmalig Sex sein kann. Es ist deshalb von allergrößter Wichtigkeit, daß sie sich über Verhütungsmittel informiert *ehe* sie sich auf eine Affäre mit einem Jungen einläßt.

Das in unserer Gesellschaft heranwachsende Mädchen mag sich, ehe sie nicht Geschlechtsverkehr gehabt hat, unvollkommen, nicht richtig erwachsen vorkommen. Der Akt der Entjungferung tritt an die Stelle der hochritualisierten Schwelle zum Erwachsensein in den Kulturen der Dritten Welt. Es ist die Penetration, die an sich und einzig und allein unter allen anderen Akten zum Symbol der Sexualerfahrung geworden ist. Nur durch dieses Ereignis wird das junge Mädchen erwachsen. Sie hat dabei etwas *verloren* – ihre Jungfräulichkeit –, wogegen der Junge etwas bekommen hat, und wenn es auch nur „eine Nummer" war.

Lange vor der Pubertät sollten sich Mädchen und Jungen über Empfängnisverhütung informieren. Bereits die Drei- und Vierjährigen wollen wissen, warum Wasser aus dem Hahn kommt, wenn wir ihn aufdrehen, wohin die Elektrizität geht, wenn man sie ausknipst, weshalb die Menschen atmen und schlafen, wie Babys geboren werden und wie sie in die Mutter hineinkommen. Alles das ist Teil einer tagtäglichen Wissenserfahrung: Das Kind will wissen, wie die Dinge funktionieren. Information über Empfängnisverhütung, die man so jungen Kindern gibt, genügt natürlich nicht, aber wenn das Mädchen älter wird, braucht sie nichtsdestoweniger eine *schrittweise* Aufklärung und nicht diesen unverdaulichen Brocken, den man ihr erst dann vorsetzt, wenn sie sich auf der Schwelle zur Pubertät befindet.

Eine Mutter darf es nie für selbstverständlich halten, daß das Mädchen, dem sie offene und graphische Informationen über Sex und Empfängnisverhütung gegeben hat, diese verschiedenen Wissensbestandteile auch zusammenfügen kann. Wir dürfen nicht annehmen, daß sie irgendwelches Wissen auf sich selbst beziehen wird oder imstande ist, kognitiv erworbene Erkenntnisse auf emotionale Vorgänge anzuwenden.

Alles, was wir ihr anbieten können, ist eine gute und offene Beziehung und unsere Bereitwilligkeit, ihr zuzuhören und ihr, falls sie es will, auch unseren aufrichtigen Rat zu geben. Viele junge Frauen, die Verkehr haben, bilden sich ein, daß ihnen so etwas wie schwanger werden nie passieren könne. Während ihrer Adoleszenz und auch lange danach glauben sie, sie seien nicht imstande, ein Kind zu empfangen. Susan Griffin beschreibt die Unterhaltung mit einer Frau, die drei Abtreibungen hinter sich hatte, die erste im Alter von 22 Jahren. Sie hatte keine Verhütungsmittel benutzt.

,,Ich wollte es einfach nicht wahrhaben, daß ich eine Frau war, die schwanger werden konnte. Im Grunde, glaube ich, zweifelte ich meine eigene Existenz an.'' Sie spricht dann von ihrer Familie mit ihrer liberalen Einstellung. ,,Ich erhielt viele Ratschläge, wie ich mich schützen solle, wenn ich es brauchte. Aber meine Sorglosigkeit war eher die Folge von persönlicher Unreife ... als Frau.''

Frauen behaupten häufig, sie hätten als Heranwachsende Sex als Mittel gegen eigene Unsicherheit und als Bestätigung, daß jemand sie begehrte, benutzt. ,,Ich schlief mit einem Mann, weil es von mir erwartet wurde'', sagt eine Frau (jede aus ihrer Altersgruppe hatte bereits Geschlechtsverkehr mit einem Freund gehabt), ,,und weil ich erwachsen sein wollte. Ich kam mir unzulänglich vor, wenn ich meine Attraktivität unter Beweis stellen und jemanden in mich verliebt machen wollte.'' Eine andere sagt: ,,Sexuelle Reaktion wurde zur Zwangsvorstellung; ich glaubte, etwas zu versäumen.'' Eine andere Frau, die als Sechzehnjährige ihren ersten Verkehr hatte, sagt, es hätte zwar weh getan, aber sie habe es doch sehr schön gefunden, ,,weil ich mir nun erwachsen vorkam''.

Viele Frauen, mit denen ich über ihre Gefühle sprach, hatten eine Reihe von Zufallsbegegnungen während ihrer Adoleszenz, ,,nur ein Fummeln, eine hastige Umarmung, so zum Spaß''. Die meisten wollten ihre Unschuld verlieren. Aber als es dann tatsächlich geschah, waren sie enttäuscht. ,,Ich spürte nichts, ich dachte nur: ,Wenn das alles ist, kannst du es dir an den Hut stecken!''' ,,Es war unheimlich'', beschrieb eine andere ihr erstes Erlebnis, ,,es war so schnell vorbei''. Als diese jungen Mädchen hinterher ihren Eltern gegenüberstanden, bildeten sie sich ein, die Kainszeichen ihrer Erfahrung wie eine Art Stigma zu tragen. ,,Ich glaubte, sie könnten mir meine Schuld am Gesicht ablesen'', erzählte mir eine Frau, die als Fünfzehnjährige ihre erste Erfahrung hatte, ,,und daß sie merken würden, was ich getan hatte''. Gewiß war es jedesmal eine ,,Angstpartie'', aber gerade das war ja der Reiz gewesen, und heute sehnen sich manche Frauen, die längst verheiratet sind und Kinder haben, nach jenen verbotenen Augenblicken oder sie versetzen sich in ihren Phantasieträumen in jene Zeit der Adoleszenz zurück, wenn sie als brave Ehefrauen jeden Samstag abend, wenn die Kinder schlafen, den gesetzlich abgesegneten Geschlechtsverkehr vollziehen. ,,Sex war aufregender, wenn wir heimlich danach grapschten, wenn wir Angst hatten, jeden Moment ertappt zu werden, und das hat mich denn auch sehr erregt.'' ,,Sex war damals viel abenteuerlicher als heute'', sagt eine andere, ,,es war eine Zeit, da wir auf emotionelle und körperliche Entdeckungsreisen gingen, experimentierten und neue Stellungen und Techniken ausprobierten.'' ,,Der Nachteil'', erklärt eine Frau, ,,besteht darin, daß der anfängliche Reiz weg ist, wenn man jemand wirklich durch und durch kennt. Sex in der Adoleszenz war wunderbar.''

In dieser Zeit werden viele spätere Verhaltensmuster geprägt. Für die meisten jungen Mädchen besteht eine deutliche Trennung zwischen ,,Petting'' und ,,bis zum Äußersten gehen''. Mütter bestärken ihre Töchter dabei. Eine Frau erinnert sich an die Mahnung ihrer Mutter, sie dürfe keinem Jungen erlauben, sie oberhalb des Rocksaumes oder unterhalb des Rockbundes anzufassen, aber alle anderen Stellen wären erlaubt. Geschlechtsverkehr wird zum Höhepunkt, zu dem alles hinstrebt, zum Zweck und zur Erfüllung all dieser Erregung. Und Geschlechtsverkehr gilt primär als etwas, was ein Mann einer Frau zufügt: Penetration und Ejakulation. Obwohl sich junge Mädchen sicherlich gern streicheln und berühren lassen und dabei mitspielen, bleibt Sex am Ende doch eine männliche Leistung. Und das ändert sich nicht. Das Endziel bleibt die Penetration, alles andere ist nur „Vorspiel". Deshalb sind viele Frauen frustriert und unzufrieden, denn ihre Männer reduzieren alle einleitenden Stimulierungen auf ein Minimum: Sie wollen eindringen, und wenn sie erst einmal drin sind, ejakulieren, herausziehen, sich umdrehen und einschlafen. Die Frau dagegen liegt wach in der Dunkelheit und träumt vom Reiz jugendlichen Vortastens oder von den ersten Tagen einer Beziehung, als es noch darum ging, sie zu erregen. Sie findet, daß die Reise aufregender war als die Ankunft am Ziel.

Populäre Frauenbilder

In unserer Kultur wird dem heranwachsenden Mädchen oft erklärt, sie sei zu dick oder zu mager, ihr Busen zu klein oder zu groß, ihr Wuchs birnenförmig oder sie hätte einen zu schweren Vorbau, ihr Knochenbau sei falsch und so weiter. Den Jungen legt man ans Herz, stets saubere Fingernägel zu haben und Schuppen oder Pickel zu bekämpfen, aber es wird ihnen nicht fortwährend vorgehalten, daß sie sich immerzu formen, stutzen, schmükken und verkleiden sollen, um ihre Körper akzeptabel zu präsentieren. Mädchen müssen sich zu Beginn der Pubertät ausdrücklich damit befassen, und für viele Frauen geht es weiter, bis ins hohe Alter. Uns wird beigebracht, daß wir unser wahres Selbst nicht enthüllen sollen. Deshalb werden wir zu Verpackungskünstlerinnen. „Als Kind mochte ich meinen Körper", sagt eine Frau. „Er war kompakt, er freute sich, er war aktiv. Als die Menstruation einsetzte, war ich froh. Aber bald ging mir auf, daß ich nicht so werden würde, wie Frauen sein wollen – sanft, hübsch, schlank." Und von da an liebte sie ihren Körper nur, wenn sie allein war.

Ein in unserer Gesellschaft heranwachsendes junges Mädchen sieht Sexdarstellungen und Bilder von Frauen, die als begehrenswerte Objekte für die männliche Begierde verpackt sind. Sex ist eine Belohnung für Haarspray, für den Genuß einer Praline, für das Tragen besonders verführerischer Büstenhalter. Die Werbewirtschaft hat nicht lange gefackelt, um von der Verwundbarkeit der Frauen zu profitieren. Da wir unseren eigenen Wert oft nicht kennen, suchen wir Orientierungshilfe, um uns für männlichen Gebrauch präparieren zu können. Man führt uns Bilder von verzweifelten Frauen vor, die sich über ihre durch Hausarbeit aufgerauhten Hände beklagen, die für ihre heimkommenden Männer keine leckeren Mahlzeiten zubereiten können oder deren Wäsche nicht weißer als weiß ist. „Du täuschst dich", lautet die Botschaft, „wenn du dir einbildest, daß das, was du bist, gut genug sei. Du bist unzulänglicher als du denkst." Und nur wenn sie in sich gehen und mit gepflegten Händen erscheinen, das richtige Sofortgericht wählen, die bessere Waschmaschine kaufen und Reinigungsmittel benutzen, die das Klosett nicht nur von schädlichen Bakterien säubern, sondern auch tief innen und unten alles gründlich desinfizieren, werden sie als Belohnung die Liebe und Bewunderung ihrer Ehemänner erhalten. Die Frau wird als verwirrtes, ängstliches Kind dargestellt, sie braucht den Rat einer älteren, in Lebensdingen erfahrenen Freundin, die den richtigen Bodenreiniger benutzt, so daß der von der Arbeit heimkommende Gatte lobend schmunzelt und offenbar auch sexuell beim Anblick einer blitzblanken Küche erregt wird. Sie braucht Rat von dem Wissenschaftler mit der sonoren Stimme, der ihr erklärt, wie auch sie die Flecke aus Kleinhänschens Fußballshorts herausbekommen kann und von da an geliebt wird, oder sie nimmt die Empfehlungen des in Berufskleidung verpackten Experten an, sei es nun eine Krankenschwester, ein Arzt oder ein Ingenieur, der sie sanft aber bestimmt bei der Hand nimmt und sie führt, damit sie die richtige Auswahl von Konsumprodukten trifft. Hat sie dies erst einmal getan, wird aus dem erschöpften Arbeitstier eine schöne, selbstsichere, zuversichtliche Frau. Natürlich ist das alles ein Witz, den sich jedoch die Werbeagenturen nicht leisten könnten, wäre nicht in derartigem Material ein Image der wirklichen Frauen verborgen, denen man ein solches Selbstbild und eine Vorstellung von dem, was Männer in ihnen sehen wollen, vorgegaukelt hat. Für ein junges Mädchen besteht keine Möglichkeit, diesen Frauenbildern in Zeitschriften, im Fernsehen und auf Plakaten zu entrinnen, es sei denn, sie ist blind und taub. Manchmal werden diese Appelle mit einem gewissen Humor versetzt, und manchmal dürfen wir auch diese Plastikpuppen als das sehen, was sie eigentlich sind. Aber kein Gelächter kann die Macht verleugnen, die sie auf die Vorstellung von dem, was die Gesellschaft von dem jungen Mädchen erwartet, ausübt.

Der Stellenwert der eigenen mütterlichen Erfahrung

Mütter wissen genau, daß ihre heranwachsenden Töchter in einer Welt leben, in der sie der Ausbeutung ausgesetzt sind. Der Rat, den sie ihnen geben, besteht häufig aus einer merkwürdigen Mischung von Warnungen vor möglichen Schwangerschaften und Geschlechtskrankheiten einerseits und romantischen Vorstellungen über Liebe, über die Begegnung mit dem „Richtigen", dem *coup de foudre* andererseits. Mütter, die mit mir über die Art der Ratschläge, die sie ihren heranwachsenden Töchtern zu geben beabsichtigen, sprachen, haben fast ausnahmslos die romantische Seite dieses Themas unterstrichen und dabei sicherheitshalber ein paar Bemerkungen über die Notwendigkeit, sich über Empfängnisverhütung zu informieren, einfließen lassen. Die romantische Botschaft steht oft in einem überraschenden Gegensatz zu ihren eigenen sexuellen Erfahrungen und Beziehungen zu Männern. Eine Frau, die behauptete, sie sei „frigide, verloren und verzweifelt einsam, obwohl ich verheiratet bin", hat nichtsdestoweniger die beste Absicht, wenn sie ihrer Tochter erklärt: „Warte, bis der Richtige kommt. Du wirst es merken, wenn er da ist." Eine andere, für die Sex wie „warten, bis der Teekessel kocht" ist (dann kocht er nämlich nie), sagt: „Respektiere deinen Körper. Er ist etwas Wunderbares, heb ihn dir auf für deinen Zukünftigen." Eine andere, deren Ehemann „mir dauernd vorhält, ich sei zu dick und voller Schwangerschaftsstreifen", und die behauptet, seit der Geburt ihrer Kinder sei alles „bergab gegangen", erzählt ihrer Tochter, daß wir „mit dem Sex neue Seelen zur Erde bringen". Eine Frau, die von ihrem Mann wie eine „aufblasbare Gummipuppe zu seinem Vergnügen" gebraucht wurde, kann ihrer Tochter trotzdem den Rat erteilen, daß „Sex ein Ausdruck der tiefsten Zuneigung für einen anderen Menschen ist und weder vergeudet noch entwürdigt werden sollte". Der

Traum ist intakt geblieben, vielleicht um der Frau selbst willen, obwohl sie die Realität oft das genaue Gegenteil gelehrt hat. Die meisten Frauen sind entweder nicht bereit oder nicht in der Lage, auf ihre eigenen Erfahrungen zurückzugreifen, um sie mit einer Tochter zusammen durchzuarbeiten. Es ist, als bestünde zwischen vielen Müttern und ihren Töchtern so etwas wie ein zartes Netz der Täuschung, über Jahrhunderte gesponnen und bewahrt; es ist, als wolle die erwachsene Frau, der es nicht gelungen war, ihren eigenen Märchenprinzen zu finden oder die entdeckt hat, wie schnell sich dieser in einen Frosch zurückverwandeln kann, ihrer Tochter eine Romanze wünschen, die sich in ihrem eigenen Leben als illusorisch entpuppte. Wir bestrafen unsere Töchter mit unseren eigenen, unverwirklichten Träumen und Sehnsüchten, wir belasten sie mit unserem ungelebten Leben. Vielleicht müssen wir erst einmal lernen, der unausgewogenen Mutter-Tochter-Beziehung Lebewohl zu sagen, um uns als gleichberechtigt, als Schwestern wiederzuentdecken.

Wir sollten einander emotional unterstützen und nicht mit Vorwürfen, gegenseitigen Anschuldigungen oder Schuldbekenntnissen überhäufen. Dabei hat die Frauenbewegung Unschätzbares geleistet: sie hat die Frau mit der Existenz von Selbsterfahrungsgruppen bekannt gemacht und den Gedanken verbreitet, daß wir einander beistehen und lieben können. In solchen Gruppen können sich Frauen unterschiedlichen Alters zusammenfinden und ihr Selbstbewußtsein und Verständnis für einander stärken.

Die Wahl eines Verhütungsmittels

Du bist nicht die einzige auf der Welt, die vier oder fünf verschiedene Arten der Empfängnisverhütung durchprobiert hat und mit keiner zufrieden war. Du hast verschiedene Pillensorten genommen, alle haben Nebenwirkungen gehabt, du hast dich sogar ein paarmal darauf verlassen „aufzupassen". Viele Frauen, mit denen ich mich über empfängnisverhütende Methoden unterhalten habe, beschreiben eine Art Hindernisrennen zur Vermeidung ungewollter Schwangerschaften. Die meisten der Bücher und Broschüren zur Aufklärung junger Mädchen sind anscheinend so konzipiert, daß das junge Mädchen sich auf *ein* Verhütungsmittel verläßt und dann glaubt, sie könne ihre Fruchtbarkeit kontrollieren.

In diesem Abschnitt möchte ich etwas anderes versuchen: Ich möchte darstellen, was Frauen wirklich erleben und wie die psychologischen und physiologischen Komponenten des Sex dabei in Mitleidenschaft gezogen werden.

Etwa 300 Frauen, meist mit kleinen Kindern, haben mir von ihren Erfahrungen mit Verhütungsmitteln berichtet. Es mögen Ausnahmen gewesen sein, aber das scheint mir nicht plausibel. Vielmehr klingt es so, als hätten die betreffenden Frauen nicht den Mut gehabt, ihren Ärzten all die vielen Unbequemlichkeiten und Beschwerden, die mit der Geburtenkontrolle zusammenhängen, offen darzulegen, noch wollten sie mit ihnen über ihre Bedenken sprechen. Glauben wir zum Beispiel, eine bestimmte Art der Empfängnisverhütung sei unverläßlich oder machen wir uns Gedanken darüber, ob ein Absetzen dieser Methode unsere Fruchtbarkeit beeinflußt hat, dann sind wir genauso, ja noch mehr verunsichert in unseren Gefühlen über Sex wie wenn wir uns an eine Methode gewöhnt haben, die beschwerlich oder mühselig ist und die deshalb die Spontaneität des Liebesaktes beeinträchtigt oder die, weil sie Energie anzapft oder Libido reduziert, aus Sex eine Schwerarbeit macht. Alle Zweifel über eine empfängnisverhütende Methode, gleichgültig, ob sie für den Außenstehenden gerechtfertigt oder ungerechtfertigt erscheinen, können unsere sexuelle Erlebnisfähigkeit beeinträchtigen.

Die Pille   Die meisten Frauen, die dieses Buch lesen, werden irgendwann einmal die Pille genommen haben. Diejenigen, die sie vertragen, meinen, es sei eine der zuverlässigsten Methoden zur Verhütung. Sie finden es wohltuend, wenn man nicht jedesmal vor dem Verkehr die Kontrazeption zu organisieren hat, sondern sich ganz spontan benehmen kann. Sie wissen auch, daß es die sicherste Methode ist. (In der Bundesrepublik Deutschland ist sie rezeptpflichtig und muß gekauft werden. Ärztliche Beratung kann auf Krankenschein erteilt werden. Die Kasse zahlt für die Beratung und die Untersuchung, aber nicht für das Verhütungsmittel selbst. Auch kann man zu einer Beratungsstelle gehen. Dafür braucht man keinen Krankenschein. Hier muß man seinen Namen auch nicht angeben. Jeder Arzt und alle Mitarbeiter einer solchen Beratungsstelle stehen unter Schweigepflicht. Das heißt, sie dürfen niemandem, auch nicht den Eltern, etwas von dem Besuch erzählen; *Anm. der Übers.*) Die sogenannten Minipillen (sie enthalten nur einen einzigen Wirkstoff – Gestagen [Gelbkörperhormon]) müssen ganz pünktlich genommen werden und zwar jeden Tag zur gleichen Stunde. Sie sind weniger sicher als andere Pillen. Ein paar Frauen sind trotzdem schwanger geworden, und mehrere betonten, wie wichtig es sei, eine andere empfängnisverhütende Methode parat zu haben, falls Nebenwirkungen wie zum Beispiel Durchfall oder Erbrechen auftreten.

Allgemein ist aber das Gefühl verbreitet, daß die Frau „in ihren eigenen Körper eingreift". Viele fürchten daher einen Langzeiteffekt. „Ich habe mich nie mit dem Gedanken anfreunden können, daß mein Körper sich permanent im Zustand der Pseudoschwangerschaft befindet." Manche fühlen sich auch nicht wohl, wenn sie regelmäßig Medikamente irgendwelcher Art einnehmen müssen, sei es Aspirin, die Pille oder sonst etwas. Und Frauen, die ihr Kind selber stillen, fürchten mit Recht, ihren Säuglingen mit der Muttermilch Hormone zu füttern, die sie ihnen lieber nicht einflößen möchten, obwohl bisher noch keine schädlichen Nebenwirkungen festgestellt werden konnten. Viele Frauen befürchten außerdem, daß ihre zukünftige Gebärfähigkeit beeinflußt werden könne, und diejenigen, die bisher noch kein Kind empfangen konnten, fragen sich, ob sie, wenn sie schwanger werden *wollen*, es auch können.

Das Hauptproblem liegt jedoch in den Nebenwirkungen. Das reicht vom Vergessen einer regelmäßigen Einnahme („Ich hatte da ein echtes Problem, aber der Wecker an meiner Armbanduhr war nützlich") bis zu ernsten Beschwerden wie Migräne, Depressionen, unverhältnismäßig starken Blutungen (sie dauern manchmal bis zu zwei Wochen), prämenstrueller Spannung, hoher Blutdruck, Phlebitis (Venenentzündung) und der Geburt eines mißgebildeten Kindes. Elisabeth bekam ein Baby, das mit 14 Tagen an einem angeborenen Herzfehler starb, und sie lastet dies der sechsjährigen Einnahme eines hochdosierten Pillenpräparats an. Innerhalb von zwei Wochen nach dem Absetzen dieser Pille wurde das Baby empfangen.

Nimmst du die Pille regelmäßig, ist es nach dem Absetzen wichtig, zwei bis drei Monate verstreichen zu lassen, ehe du ungeschützten Geschlechtsverkehr hast, und inzwischen auf ein anderes Verhütungsmittel umzusteigen, um sicher zu sein, daß sich keine zusätzlichen Hormone mehr in deinem Körper befinden. Außerdem bist du besser in der Lage, den Zeitpunkt für ein Kind zu bestimmen, weil inzwischen dein natürlicher Regelrhythmus wieder eingetreten ist.

Frauen berichten über Nebenwirkungen wie chronische Kopfschmerzen, die aufhörten, als sie die Pille absetzten. Manche behaupten, durch die Pille Streßgefühle zu bekommen oder sie sind übernervös. Andere wiederum beklagen morgendlichen Brechreiz oder abendliches Erbrechen. Andere meinen, die Pille verursache sexuelle Lustlosigkeit. Dies liegt vielleicht daran, daß sie einfach das Interesse am Sex verloren haben oder „zu müde sind, um sexy zu sein". „Ich habe niemals Sex gewollt", sagt eine Frau, „außer, wenn ich meine Periode hatte". Eine andere: „Weder für meinen Mann noch für Sex habe ich mich mehr interessiert." Eine Frau, welche die Minipille nimmt, sagt: „Sie hat mein Interesse total gedämpft und meine Fähigkeit, *irgendetwas* dabei zu empfinden, völlig zunichte gemacht. Außerdem bekam ich wahnsinnige Kopfschmerzen." Das machte ihr sehr große Sorgen, denn ihr Vater war an einem Herzleiden gestorben, und sie litt unter hohem Blutdruck. Manche Frauen beklagen sich über Gewichtszunahme oder Spannungsgefühle, besonders in der Brust, die sich aber geben, wenn sie die Pille absetzen. Positive Begleiterscheinungen waren: Verringerung von Krämpfen während der Periode und regelmäßigere Menstruationen. Aber diese Vorteile werden durch eine ebenso große Anzahl von Nachteilen wieder aufgehoben, denn eine gleichgroße Anzahl Frauen behaupten, die Pille hätte ihnen stärkere, längere und schmerzhaftere Blutungen verursacht. Babs meinte, sie habe die Pille körperlich recht gut vertragen und habe auch nicht unter Nebenwirkungen zu leiden gehabt, „außer, daß ich, nachdem ich sie zwei Jahre genommen hatte, viel anfälliger für leichte Infektionskrankheiten wurde wie Grippe oder Mandelentzündungen. Dann las ich irgendwo, daß die Pille womöglich indirekt dafür verantwortlich sei, denn sie bewirke einen schnelleren Vitaminverbrauch. Ich weiß natürlich nicht, ob das stimmt, aber nachdem ich dann noch zusätzlich ein kombiniertes Vitaminpräparat nahm, war meine Anfälligkeit beseitigt." Gill hat Diabetes und hatte zehn Jahre lang die Pille genommen. „Ich mußte sie aber absetzen, weil ich einen grünen Star bekam und auf einem Auge erblindete. Nun habe ich nur noch eine sechzigprozentige Sehkraft in dem anderen Auge." Roses Schwägerin starb an einem Blutgerinnsel während sie die Pille nahm, und obwohl Rose während der ersten fünf Jahre ihrer Ehe die Pille vom Arzt verordnet bekommen hatte, hat sie jetzt, mit achtundzwanzig Jahren, große Bedenken und will nach der Geburt ihres Babys auf eine andere Verhütungsmethode umsteigen.

Bei der unkombinierten, nur aus einem Wirkstoff (Gestagen) bestehenden Pille gibt es zwar weniger Nebenwirkungen, aber es kommt oft zu Zwischenblutungen, und außerdem ist sie kein so zuverlässiges Mittel wie die mit Östrogen kombinierte Pille. Manche Frauen trauen der Minipille nicht ganz; deshalb haben sie keinen Verkehr, wenn sie glauben, ihr Eisprung finde statt. Vielen Frauen wurde von ihrem Arzt abgeraten, die Pille weiter zu nehmen. Eine hatte zum Beispiel eine Zyste am Eierstock entwickelt, eine andere bekam Krampfadern. Andere wiederum probierten verschiedene Sorten aus, weil sie dicker wurden oder vor lauter Angst schwanger zu werden überhaupt nicht mehr menstruierten. Viele praktische Ärzte empfehlen Patientinnen, die über dreißig und Raucherinnen sind, die Pille völlig aufzugeben.

Obwohl viele Ärzte recht vorsichtig sind, gibt es noch immer andere, die die von den Frauen erwähnten Nebenwirkungen kaum beachten. Selbst wenn eine Frau ihrem Arzt erklärt, sie sei unglücklich mit der Pille, ihre Brüste schmerzten, sie nehme zu oder ihr Interesse am Sex sei erloschen, kann es vorkommen, daß er sie zum Weitermachen ermuntert. Lydia berichtete ihrem Arzt, ihr ganzer Körper tue ihr weh, die Brüste schmerzten, und sie habe einen „ziehenden Schmerz" in einem Bein. Ob das mit der Pille zusammenhängen könne? Seine Antwort war: „Sie (die Pille) gewöhnt sich eben nur an Ihren Körper." Stellas Interesse am Sex war verschwunden, sie hatte unregelmäßige, schmerzhafte Blutungen, sagt aber: „Mein Arzt nahm es auf die leichte Schulter und riet mir, nach Hause zu gehen und die Pille ruhig weiterzunehmen. Am Ende dachte ich: Dies ist *mein* Körper, ich will damit aufhören."

Gewiß ist es einfach, die Pille zu nehmen, aber für viele Frauen bedeutet es nicht das Ende ihrer kontrazeptiven Sorgen. Familienplanungsfragen werden zwar durch die Pille einigermaßen zufriedenstellend gelöst, aber sie wirft neue Probleme und Bedenken anderer Art auf.

Neuentwickelte hormonale Methoden

Die neuesten Forschungsergebnisse im Zusammenhang mit Formen der Hormongabe schließen Implantate ein, die entfernt werden, wenn die Frau schwanger werden will. Es gibt auch durch die Vagina eingeführte Mittel, die dort bis zu drei Monaten verbleiben. Eine Version davon ist ein Gestagen (Gelbkörperhormon) freisetzender Ring, den sich die Frau selber anpassen kann. Der Vorteil gegenüber der Gestagenpille ist, daß es zum Beispiel zu keinen Zwischenblutungen kommt, denn die Hormonzufuhr wird nicht unterbrochen, noch können Durchfall oder Erbrechen die Wirkung schwächen. Gegenwärtig wird ein Nasenspray getestet, der luteinisierende Hormone (LH) freisetzt, die ihrerseits wiederum jene Hormone unterdrücken, die den Eisprung (Ovulation) bewirken. Dies wirkt auch bei Männern und mag deshalb die Grundlage für das erste, auf hormonaler Basis beruhende männliche Kontrazeptivum bilden.

In Nordafrika ist die Spirale seit vielen hundert Jahren üblich – allerdings bei Kamelen, nicht bei Frauen. Kameltreiber, die ihre Lastentiere durch die Sahara führten, pflegten ihnen kleine Kieselsteine in die Gebärmutter einzusetzen, damit sie auf der langen Wanderung durch das dürre Land nicht schwanger wurden. Aber vielleicht ist diese Praxis noch älter. Als ich mich mit Zulu-Medizinmännern über diese Methode unterhielt, erfuhr ich, daß sie auch vom Zulustamm benutzt wurde, wenn dieses Volk sich auf lange Wanderungen in das Innere des Kontinents begeben mußte. Da diese Wanderungen sehr beschwerlich waren, suchten sich die Stammesältesten kleine Flußbettkiesel zusammen, segneten sie in einer besonderen, die Fruchtbarkeit kontrollierenden Zeremonie und setzten sie dann jeder Frau im gebärfähigen Alter in den Uterus ein. Das stark reduzierte Bevölkerungswachstum während dieser langen Wüstenwanderungen wurde oft als Folge des Hungertodes gesehen, aber es ist wahrscheinlicher, daß es auf diese Praxis zurückzuführen ist.

Die Spirale (IUP = Intra-Uterin-Pessar)

Der Vorteil einer Spirale ist, daß sie nach dem Einsetzen nur gelegentlich vom Arzt überprüft zu werden braucht. Viele Frauen meinen, daß sie außerordentlich erleichtert sind, wenn sie sich nicht mehr mit Hormonen vollpumpen oder mit Gummipessaren herumfummeln müssen. Sie behaupten auch, daß diese IUPs so gut wie überhaupt nicht zu spüren sind und daß sie deshalb spontanen Geschlechtsverkehr haben können.

Aber die Nachteile der Spirale sind nur allzu offenbar. Unterleibsentzündungen sind keine Seltenheit, und viele Frauen haben schmerzhafte, lang andauernde Perioden oder Blutungen. Karen: „Sieben Monate habe ich unter der Spirale gelitten ... es tat ununterbrochen weh, und ich blutete die ganze Zeit!" Ein IUP sitzt auch nicht immer richtig. Anne sagt, sie habe sich die Spirale einsetzen lassen, 12 Monate lang war auch alles in Ordnung, aber dann mußte sie eine Ausschabung vornehmen lassen. Sie ließ sich ein anderes Modell einsetzen. Dieses jedoch verursachte ihr starke Schmerzen, und es mußte schließlich entfernt werden, weil es sich in der Gebärmutterwand „eingenistet" hatte. Die Mißerfolgsquote ist ebenfalls hoch: Frauen werden trotz der Spirale schwanger, und es kommt zu spontanen Fehlgeburten. Die Spirale kann auch unbemerkt herausfallen. Jane: „Es war verheerend, weil der Arzt sie nicht richtig eingesetzt hatte." Sie hatte große Schmerzen und starke Blutungen. „Aber als sie es kontrollierten, versicherten sie mir, es wäre durchaus normal." Sechs Monate später entschied sich das Paar, ein zweites Baby zu haben. Die Spirale sollte also entfernt werden. Aber der Arzt weigerte sich, weil Jane – sie nährte gerade ihr Baby – ihre Periode noch nicht wieder gehabt hatte. Sie entwöhnte das Kind also, aber sie menstruierte trotzdem nicht. Der Schwangerschaftstest, den sie machen ließ, war positiv. Sie hatte eine Fehlgeburt, aber noch immer war die Spirale nicht wieder zum Vorschein gekommen. Schließlich zeigte ein Röntgenbild, daß sie den Uterus durchbohrt hatte. Sie saß nun zwischen ihm und der Bauchhöhle, und Jane mußte sich einer Laparoskopie (endoskopische Betrachtung des Bauchraums unter Lokalanästhesie; *Anm. der Übers.*) unterziehen, um sie entfernt zu bekommen. Viele Zufallsschwangerschaften, die mit einer richtig sitzenden Spirale beginnen, enden mit einer Fehlgeburt. Deshalb sind viele Frauen besorgt über die große Mißerfolgsquote, aber auch über zunehmende ektopische Schwangerschaften, besonders im Eileiter. Einige Frauen empfinden ein IUP als unbequem oder schmerzhaft, und gelegentlich werden auch heftige Schmerzen beim Geschlechtsverkehr erwähnt. Eine Frau sagt: „Es hatte schlimme Folgen für unser Sexualleben." Männer stört der Faden manchmal. Falls dies so ist, sollte man ihn verkürzen.

Obwohl viele Frauen den Gebrauch bequem finden und die Anwesenheit einer Spirale überhaupt nicht spüren, ist das Risiko einer Unterleibsentzündung, einer Gebärmutterperforierung oder einer Schwangerschaft ausschlaggebend für den Entschluß, auf eine Spirale zu verzichten. Ein großer Prozentsatz der Frauen, die früher IUPs benutzten, sind davon abgekommen und haben sich für andere Verhütungsmethoden entschieden.

Das Präservativ (Kondom)

In einer Höhle bei Combarelles befindet sich eine aus vorgeschichtlicher Zeit stammende Zeichnung eines Mannes und einer Frau beim Geschlechtsverkehr. Es ist deutlich erkennbar, daß der Mann eine Art Präservativ trägt. Minos, der König von Kreta, soll ein Kondom aus der Blase eines Ziegenbocks getragen haben. Im antiken Rom benutzte man offenbar verschiedene Tierblasen, um sich vor Geschlechtskrankheiten zu schützen. Es wird jedoch behauptet, daß der Gebrauch eines Kondoms zur Empfängnisverhütung unbekannt war (Hania W. Ris: *The essential emancipation: the control of reproduction*).

Heute ist das Kondom, für manche Frauen das einzige Verhütungsmittel, wieder zu Ehren gekommen, denn es ist eine gute Methode, auf die man zurückgreifen kann, wenn etwas anderes nicht klappen will oder wenn andere Verhütungsmittel nicht ratsam sind. Paare brauchen es, nachdem ein Baby geboren wurde und sie noch nicht ihre gewohnte Form der Empfängnisverhütung praktizieren, während die Mutter das Baby nährt, nach einer Vasektomie ehe das Paar grünes Licht erhält, manchmal, wenn Samenflüssigkeit die Ursache eines leicht blutigen Ausflusses während der Schwangerschaft aus dem Gebärmutterhals ist und gelegentlich auch als Behandlung vorzeitigen Samenergusses (weil es die Stimulierung verringert). Frauen, die es gut finden, wenn ihr Partner ihnen damit die Verhütungsfrage abnimmt und Verantwortung mitträgt, weisen darauf hin, daß sie hinterher „nicht aufzuwischen brauchen" oder sich damit herumplagen müssen, daß ihnen Sperma „stundenlang nachher aus der Vagina und die Beine herunterrinnt". In der Tat besteht der Hauptvorzug darin, daß es einem „den Matsch" erspart. „Es ist sauber, und ich brauche nicht aufzustehen und mich zu waschen." Gelegentlich ist eine im katholischen Glauben erzogene Frau froh, wenn ihr nichtkatholischer Ehemann Kondome benutzt, denn sie hat ja nicht von sich aus gehandelt: „Ich würde mich im Grunde immer schuldig fühlen, wenn ich irgendetwas Empfängnisverhütendes benutzen wollte." Das Kondom ist einfach und leicht anzuwenden. Wenn man nicht regelmäßig Geschlechtsverkehr hat, sind Kondome sehr praktisch. Außerdem wird der Hormonhaushalt der Frau nicht durcheinandergebracht, und sie trägt auch keinen dauernd in ihr präsenten Fremdkörper. Trotzdem ist das Kondom bei Frauen unbeliebt, und ihren Partnern gefällt es auch nicht, und zwar hauptsächlich, weil es bei beiden das Lustgefühl beeinträchtigt und weil sie fürchten, es könne platzen oder abrutschen. Manche Frauen sind allergisch gegen ein chemisches, samentötendes Verhütungsmittel, das zusätzlich zu einem Kondom genommen werden soll. Und wenn sie nicht genügend Gel benutzen, finden sie den Gummi sehr unbequem. „Ich trockne aus, sowie mein Mann ihn benutzt", sagte eine Frau. Andere wiederum finden es „übelriechend und umständlich", „schmutzig und eklig" und meinen, daß es das Liebesspiel unterbreche. „Wenn ich gerade in Fahrt bin, hört mein Mann auf und zieht den Gummi über. Aber dann ist mir die Lust vergangen . . .". „Uns beiden dämpft es das Gefühl . . . unser Sexualleben reduziert sich dann auf null.'' Wendy sagt, ihr Mann möchte immer, daß sie ihm als Teil ihres Liebesspiels das Kondom überstreift, daß sie es jedoch nicht gerne tut, weil es das Vergnügen, das sie empfindet, unterbricht und ihr „die Lust nimmt'', und daß es wahrscheinlich für ihre Schmerzen bei der Penetration verantwortlich ist. „Es gibt'', sagt sie, „einen Empfindungsverlust für uns beide, aber es ist besser als gar nichts.'' Gabi stimmt zu, daß es unbequem ist und sagt auch, ihr Mann sei nicht gerade angetan davon, weil es die Stimulierung verringere, und sie mag es auch nicht, weil es sie hinterher juckt, behauptet aber, es sei die beste Methode für sie, „weil es nicht in meinen Körper eingreift und sich auch sonst nicht irgendwie auf ihn auswirkt''.

Ein Drittel der Weltbevölkerung verläßt sich auf männliche Verhütungsmethoden. Dieser Prozentsatz verringert sich aber im Verhältnis zur Verbreitung der Pille, des IUP und der weiblichen Sterilisation. Ein Hauptproblem dieser Entwicklung ist die Zunahme von Geschlechtskrankheiten, vor denen nur das Kondom schützt. Verschiedene amerikanische Untersuchungsausschüsse haben sich deshalb mit der Popularisierung des Kondoms befaßt. 1978 zum Beispiel, als der Untersuchungsausschuß für Bevölkerungsfragen ein Hearing veranstaltete, wurde vorgeschlagen, daß Kondome in drei Größen zum Verkauf angeboten würden:

Bei Männern, die zierlich gebaut sind, fallen sie herunter, bei solchen, die gut ausgestattet sind, platzen sie. Frauen kaufen sich Büstenhalter mit A-, B- und C-Körbchen, sie haben für ihre Strumpfhosen mindestens drei Größen und verschiedene Längen, und ich meine, wir sollten die Effizienz der Präservative erhöhen, indem wir sie in verschiedenen Größen zum Verkauf anbieten und sie, sagen wir, wie Oliven etikettieren: . . . Jumbo, kolossal und super-kolossal, damit Männer nicht in die Drogerien gehen und kleine Kondome verlangen müssen . . . (B. Seaman vor dem Untersuchungsausschuß für Bevölkerungsfragen im Kongreß der Vereinigten Staaten)

Wahrscheinlich brauchen wir mehr als das, um den Kondomen größere Popularität als der Pille zu verschaffen.

Das Scheidenpessar (Diaphragma)

Das Scheidenpessar („die Kappe'') stammt aus dem Anfang des vorigen Jahrhunderts und wurde zuerst bei den Niederländern populär („Dutch Cap''). Der Hauptvorteil dieser Verhütungsmethode besteht in der Abwesenheit ernstlicher Nebenwirkungen; dies macht auch gewisse Unannehmlichkeiten und Unbequemlichkeiten wieder wett. „Ich benutze die Kappe, aber glücklich bin ich nicht damit. Sie einzusetzen und herauszunehmen ist lästig. Die spermatötende Creme ist unangenehm im Gebrauch und tröpfelt stundenlang danach noch heraus. Deshalb lasse ich oft die Creme weg und mache mir dann hinterher Sorgen.''

Das Einsetzen des Diaphragmas muß geübt werden. Es hat die Angewohnheit einem aus der Hand zu schlüpfen, als führe es ein Eigenleben. Eine Frau sagt, sie setzte sich total außer Gefecht als sie versuchte, es sich auf dem Boden des Badezimmers einzusetzen. Bei einer anderen hatte sich das Diaphragma derart vor ihrem Muttermund festgesaugt, daß sie es nicht mehr abbekam, um es herauszunehmen. „Ich hatte ein fürchterliches Gerangel damit, rollte auf dem Boden herum, fluchte und kam außer Atem.'' Die Ärzte raten den Frauen, das Scheidenpessar jede Nacht und ganz routinemäßig einzuführen („als ob man sich die Zähne putzt"). Dadurch wird ein lustdämpfendes Unterbrechen des Vorspiels vermieden, und die Spontaneität des sexuellen Erlebnisses bleibt gewahrt. Es gibt aber Frauen, die sich ärgern, wenn ihre Vorsorge umsonst war. „Habe ich es eingesetzt und dann nicht gebraucht, komme ich mir irgendwie genasführt vor, und wenn ich es nicht einsetzte, möchte ich auch nicht aufstehen und es einsetzen." Viktoria faßt in Worte, was viele Frauen empfinden: „Man muß sich daran gewöhnen. In Ordnung, wenn man einen festen Partner hat, aber ein Liebestöter mit einem neuen. Die Leute in der Klinik mögen sagen, was sie wollen: Es ist *nicht* wie Zähneputzen." Zuviel Gel, und der Federring rutscht weg, zu wenig, und man hat Angst, ein Risiko einzugehen.

Frauen finden spermaabtötende Präparate außerordentlich unangenehm, und einige fürchten, daß, wenn sie tatsächlich schwanger würden, die chemischen Bestandteile sich auf den Fötus auswirken könnten. Eine Frau mag sich für die Kappe als für das am wenigsten mit Nachteilen behaftete Verhütungsmittel entscheiden, aber es gibt offenbar nur sehr wenige, die restlos davon begeistert sind. Eine sagt: „Es ist wundervoll. Zuverlässig, einfach in der Anwendung, keine Nebenwirkungen, sexy, natürlich."

Ein großer Vorteil aller „Sperr"-Methoden ist, daß sie einen Schutz gegen Geschlechtskrankheiten gewähren, und es sieht auch so aus, als schützten sie Frauen vor Gebärmutterhalskrebs. Neue Sperrmethoden werden gerade entwickelt einschließlich eines Kollagenschwämmchens, das nicht angepaßt werden muß (wie das Scheidenpessar) und das es überall zu kaufen geben wird. Es ist die erste weibliche Sperrmethode, welche die Frau anwenden kann, ohne vorher einen Arzt aufzusuchen.

Rückzieher Die Nachteile des Rückziehers („Aufpassen") sind allgemein bekannt. Der Mann muß kurz vor dem Höhepunkt, also vor dem Samenerguß, seinen Penis aus der Scheide ziehen. Aber bereits vorher können Samenzellen austreten und eine Schwangerschaft hervorrufen. Und wenn die beiden sehr erregt sind, wissen sie oft nicht, was passiert. Was ist zum Beispiel, wenn sie ihn zwischen ihre Knie geklemmt hat und in ihren Armen hält, so daß die paar kostbaren Sekunden verloren gehen? Was geschieht, wenn gerade das Zurückziehen eine Ejakulation auslöst? „Aufpassen" ist völlig unsicher, und obwohl es die meisten Frauen ein paarmal während ihrer Adoleszenz erlebt haben, ist es schädlich für beide, denn die ständige Angst vor einer ungewollten Schwangerschaft belastet die Beziehung. Und weil auch „der Matsch" für Frauen wichtig zu sein scheint, steht der „Rückzieher" ganz unten auf der Liste. Tip: Nicht zu empfehlen.

Natürliche Es gibt jedoch auch andere, „natürliche" Methoden, welche Frauen, die
Methoden von der Pille und den mechanischen Verhütungsmethoden enttäuscht sind, immer mehr ins Gespräch bringen. Diese Methoden reichen von der Rhythmus- oder Zeitwahlmethode bis zur Temperatur- und „Billings"-Methode (s. Evelyn Billings und Ann Westmore: *Schluß mit der Pille. Empfängnisverhütung mit der Billings-Methode*). Manche Frauen wehren sich dagegen, daß Sex jedesmal in einer Penetration gipfelt und behaupten, daß sie gerade in den fruchtbarsten Tagen keinen Geschlechtsverkehr im üblichen Sinne haben wollen. Sie betonen, daß es viele Alternativen gebe, einander Vergnügen zu bereiten.

Manche kombinieren die Rhythmusmethode mit dem Kondom, wenn eine Empfängnisgefahr vorhanden ist, geben aber zu, daß es nicht zufriedenstellend ist, weil kein hundertprozentiger Schutz gewährleistet wird. Nancy hat trotz unfruchtbarer Tage bereits zwei Babys innerhalb von zwei Jahren bekommen. Jetzt gebraucht sie die „Billings"-Methode und findet sie „wunderbar". „Weil mein Monatszyklus unregelmäßig ist, sind die sogenannten unfruchtbaren Tage eben nicht unfruchtbar gewesen. Die Billingsmethode dagegen ist verläßlich und außerdem verhilft sie mir zu einer besseren Ehe."

Will eine Frau wirklich Erfolg mit diesen natürlichen Methoden haben, muß sie ihren eigenen Körper und seine Monatsrhythmen sehr genau kennen. Ein Regelkalender allein genügt nicht. Aber Frauen, die ein ausgeprägtes Körperbewußtsein haben und genau wissen, was sie vor und während des Eisprungs fühlen, die die wechselnden physischen Empfindungen während des Zyklus verstehen und interpretieren können, sind begeistert davon. Und sie verteidigen diese Methode mit missionarischem Eifer. Sie kombinieren die einzelnen Zeitwahlmethoden: Kalender-, Morgentemperatur- und Schleimstruktur- (oder „Billings")-Methode mit großer Disziplin und imaginativem Flair. „Ich bin der Typ Frau, die gerne Kontrolle über ihren eigenen Körper hat und wissen will, was in ihm vorgeht. Die Schleim- und Temperaturmethode ist da gerade richtig", sagt eine Frau. Eine andere: „Es hat uns beide Selbstdisziplin gelehrt, und wir respektieren uns mehr." Viele heben hervor, daß es auch ihren Partnern zugute komme, denn sie erfahren dadurch mehr über den Körper der Frau. „Ich gebrauche die Billings-Ovulationsmethode und bin sehr zufrieden damit. Es ist in der Tat etwas, was wir beide, mein Mann und ich, gemeinsam tun können, denn er macht sich auch Notizen. Zusammen untersuchen wir den Schleim aus dem Gebärmutterhals. Inzwischen kennt er ihn ganz genau."

„Es hat mir schon immer Freude gemacht, über meine Regelblutungen Buch zu führen. Jetzt glaube ich mich auf dem besten Wege zu befinden, mein eigenes Fertilitätssystem kennen zu lernen. Es war aufregend zu registrieren, wann der Eisprung stattfand, Veränderungen in meiner Schleimstruktur festzustellen und meine Körpertemperatur je nach der Zeitspanne im Monat fallen oder steigen zu sehen. Enthaltsamkeit war kein Problem, weil sowohl Guy als auch ich es anregend fanden. Als wir uns dann entschlossen, ein Baby zu haben, war es wunderbar, daß ich fast auf den Tag festlegen konnte, wann ich schwanger werden würde."

Aber Rat und Beaufsichtigung seitens eines Experten sind notwendig, wenn alle Fallstricke vermieden werden sollen. Und ein solcher Rat ist nicht immer zur Hand. Daisy sagt, sie hätte sich nach der Geburt ihres ersten Babys für die Schleim- und Temperaturmethode entschieden, „aber ich war nie hundert Prozent sicher, und darunter hat mein Sexualleben gelitten ... Die Methode ist sehr gut, wenn jemand in der Nähe ist und einen berät und genau aufpaßt, daß man die Tabelle richtig ausfüllt und so weiter. Dann zogen wir aber um in eine Gegend, wo es keine Beratungsstelle gab. Damals wandte ich die Methode nicht ganz korrekt an und wurde prompt schwanger. Deshalb bin ich jetzt auch nicht mehr so überzeugt davon und ich weiß, daß ich nach meinem zweiten Kind die Pille nehmen werde, daß die Methode aber trotzdem bei vielen Frauen funktionieren kann."

Sie funktioniert aber auch nur dann, wenn beide Partner bereit sind, regelmäßige Zeiten in ihr Leben einzubauen, zu denen kein Verkehr stattfindet und wenn man sich genau daran hält. Manche Paare lieben sich auf andere Weise und benutzen die Gelegenheit, anderes auszuprobieren. Andere wiederum finden eine Zeit der Abstinenz durchaus anregend. Aber sie ist offensichtlich ungeeignet für Menschen, die sich spontan dem Augenblick überlassen und nicht vorausdenken, noch ist sie zu empfehlen, wenn die Frau sich zwischen verschiedenen Partnern bewegt, die ihre Begeisterung für die Methode nicht teilen.

Neue Entwicklungen bei natürlichen Methoden

Weil es nicht ohne Probleme ist, ein Thermometer absolut genau abzulesen und auch den Zustand zervikalen Schleims exakt zu beurteilen, hat man Forschungen angestellt, wobei elektronische Apparate einen menschlichen Irrtum ausschließen sollen.

Die sogenannte „Computerempfängnisverhütung" wurde in Gestalt eines Fertilitätsanzeigers entwickelt, der die Temperatur aufzeichnet und sie in einem winzigen Computer analysiert. Weil dieses Gerät die fruchtbaren Tage einer Frau registriert, kann es natürlich genauso gut für empfängnisverhütende Zwecke eingesetzt werden. Ein Modell hat zum Beispiel drei Lichtsignale: Wenn das gelbe Licht aufleuchtet, bestimmt es die richtige Zeit für eine Temperaturmessung. Dies ist früh morgens. Die Frau mißt dann ihre Temperatur, indem sie das Thermometer in den Mund steckt. Dann leuchten zwei andere Lichter auf. Oder aber ein ununterbrochenes Rotlicht zeigt an, daß sie sich in der Eisprungphase befindet, und daß die Möglichkeit einer Empfängnis besteht. Oder aber ein rotes Licht geht an und aus und signalisiert, daß sie sich gerade in ihrer fruchtbarsten Phase befindet. Grünes Licht bedeutet „alles klar". Indem die Frau am ersten Tag der Menstruation auf einen Knopf drückt, programmiert sie den Computer, der ihren Zyklus als eine Temperaturkurve aufzeichnet. Diese wird dann vom Arzt in einen speziellen Drucker gefüttert, der dann ein Diagramm ausdruckt, das den Zyklus verzeichnet. Die Weltgesundheitsorganisation (WHO) und die Internationale Gesundheitsföderation (IHF) haben einen solchen Computer zwei Jahre lang getestet. Die Fehlerquote war nur zwei Prozent, wenn grünes Licht gegeben war.

Die Verhütung der Einnistung

Ein anderes System baut sich auf dem zunehmenden Chloridgehalt im Zervikalschleim während der Follikelphase des Zyklus auf. Dazu schiebt sich die Frau einen speziell präparierten Tampon in die Scheide bis zum Muttermund, wo der austretende Schleim auf bestimmte, im Tampon enthaltene Substanzen reagiert. Dann vergleicht die Frau die Färbung mit einer Farbskala und liest ab, ob sie in ihre fruchtbare Phase eintritt. Dieses System ist in den Vereinigten Staaten und Japan verbreitet.

Die Verhütung der Einnistung eines möglicherweise befruchteten Eis in die Gebärmutterschleimhaut ist eigentlich nur für den Notfall gedacht. Manche Ärzte meinen, man sollte den Frauen eine Art „Erste-Hilfe"-Packung der „Pille danach" geben, wenn sie sich entweder nur auf Präservativ-Verhütung verlassen oder wenn sie unregelmäßigen Verkehr und keinerlei Verhütungsmaßnahmen getroffen hätten. Um zu wirken, sollte sie innerhalb von 72 Stunden nach dem Verkehr genommen werden: die Mißerfolgsquote steht bei etwa ein Prozent. Die „Pille danach" ist kein Verhütungsmittel im eigentlichen Sinn und enthält eine hohe Hormondosis, die sehr schnell wirkt und eine Einnistung des Eis in die Gebärmutter verhindert. Zwei davon sollten so bald als möglich und eine weitere 12 Stunden später eingenommen werden. Nebenwirkungen sind Brechreiz (60 Prozent) und Erbrechen (30 Prozent), aber das gibt sich bald. Manche Frauen bekommen Kopfschmerzen, Schwindelgefühl und überempfindliche Brüste. Eine andere Methode, eine Einnistung zu verhindern, ist das Anpassen eines Gebärmutterpessars (IUP). Dies müßte geschehen, wenn sich die Frau erst nach 72 Stunden entschließt, etwas zu unternehmen. Zu diesem Zweck angewandt hat das IUP eine sehr geringe Mißerfolgsquote, und bei fast 700 postkoitalen Einführungen wurden keine Schwangerschaften verzeichnet. Aber es ist sehr schmerzhaft und kann auch Blutungen verursachen, und beinahe 20 Prozent der Frauen, die sich IUPs einsetzen ließen, leiden an Unterleibsentzündungen. Wichtig bei dieser Prozedur ist, daß du nicht abwarten mußt, ob deine Periode einsetzt oder nicht. Der Streß fällt also weg, und beide Methoden, obwohl sie Nachteile haben, geben der Frau eine größere Kontrolle über ihren Körper als je zuvor.

Keine ideale Lösung

Nachdem alles gesagt ist, kommen wir jedoch zu dem Schluß, daß es bis heute noch keine ideale Methode der Geburtenkontrolle gibt – und bestimmt auch keine, die für *alle* Frauen akzeptabel ist. Es geht eher darum, was vorhanden ist, auszuprobieren und sich dann für die passendste Art zu entscheiden. Was immer die augenblicklich praktizierte Methode sei, fest steht, daß nur wenige Frauen wirklich zufrieden damit sind. Unter den Hunderten von Frauen, die mit mir gesprochen oder an mich geschrieben haben, gibt es nur eine winzige Minderheit, die nichts an ihrer augenblicklich praktizierten Empfängnisverhütung auszusetzen hätte, und dies läßt sich ziemlich gleichmäßig über alle erwähnten Methoden verteilen.

Viele Frauen verbringen offenbar sehr viel Zeit ihres reproduktiven Lebens auf der Suche nach einem, *dem* perfekten Verhütungsmittel, sie experimentieren mit einem, verwerfen es, gehen zu einem anderen über.

Fortschritte in männlichen Verhütungsmethoden

Zur Zeit werden Forschungen betrieben, ein wirksames Mittel für den Mann zu finden. Bei den Beratungsstellen in aller Welt melden sich weniger als ein Prozent Männer. Eins der Probleme im Zusammenhang mit der Entwicklung eines wirksamen männlichen Kontrazeptivums liegt in der Tatsache, daß im Gegensatz zur Frau, die gewöhnlich nur ein befruchtungsreifes Ei im Laufe ihres Zyklus absondert, Millionen Spermien in jedem Ejakulat enthalten sind. Die meisten chemischen Methoden haben zwar die Zahl der Spermien verringern, das Sperma aber nicht völlig abtöten können. Das hormonale, auf beide Geschlechter anwendbare Nasenspray wird wahrscheinlich nicht sehr populär werden, denn es reduziert den männlichen Geschlechtstrieb. Obwohl Frauen, welche die Pille nehmen, häufig eine verminderte Libido verspüren, nehmen sie dies in Kauf. Fertilitätsexperten glauben jedoch, daß Männer mit einer solchen Einschränkung nicht einverstanden wären.

Frauen meinen, sich mit den oft unangenehmen, ja manchmal auch gefährlichen Begleiterscheinungen der Empfängnisverhütung abfinden zu *müs-*

sen, weil es sonst keine Alternativen zu einer Schwangerschaft gibt. Da Männer keine Kinder austragen müssen, sind sie auch weniger bereit, Kopfschmerzen, Libidoverlust, Gewichtszunahme, Reduzierung der Spermienmenge, verzögerte Ejakulation und andere Nebenwirkungen einer hormonalen Behandlung in Kauf zu nehmen. Gossypol, die in China entwickelte und auf Baumwollsamen beruhende Verhütungsmethode, wurde zwar anfangs begrüßt. Aber ein Drittel der Probanden klagte über Nebenwirkungen wie Erschöpfung, Magersucht, verminderte Libido, Muskelschwäche und Kaliumverlust. 20 Prozent blieben auch nach längerer Absetzung des Präparats steril.

Wir wissen recht wenig über die kulturellen Variationen männlicher Reaktionen auf Nebenwirkungen empfängnisverhütender Methoden, aber es wird allgemein angenommen, daß Männer weitaus weniger bereit sind, sich mit Begleiterscheinungen abzufinden als Frauen. Es könnte aber sein, daß eine verzögerte Ejakulation für manche Männer gewisse Vorteile bringt, und selbst ein verringertes Ejakulat vermag manche Männer nicht von einem auf Hormonbasis beruhenden Antikonzeptionsmittel abzuschrecken.

Indessen sind wir wohl noch recht weit davon entfernt, eine „Pille für den Mann'' zu haben, die nicht nur zuverlässig ist, sondern die die Männer auch nehmen würden.

In einem eigentlich als Ulk gedachten Bericht „Neueste Ergebnisse männlicher Kontrazeption'' beschreibt Dawn Bracey ein neues Mittel in Gestalt einer „intra-penilen Vorrichtung'' (IPD), die angeblich von einer Frau Dr. Sophie Merkin entwickelt wurde und unter dem Markennamen „Umbrelly'' (eigentlich: Regenschirmchen) vertrieben wird. Es ist wie ein winziger Schirm, der auf der Unterseite mit einem spermatötenden Gel beschichtet ist und durch die Spitze des Penis bis hinein in den Hodensack geführt wird. Versuche an etwa 1000 Pottwalen erwiesen „Umbrelly'' als 100 Prozent wirksam; auch weibliche Tiere waren sehr damit zufrieden, weil es ihr Brunftvergnügen in keiner Weise beeinträchtigte. Das Verhütungsmittel ist ungefährlich: Nur zwei der 763 mit dieser Vorrichtung getesteten Studenten sind an Hodeninfektion gestorben. Auch haben sich sehr wenige Nebenwirkungen gezeigt: Nur 20 bekamen Gewebeödeme. Beschwerden betrafen Verkrampfungen, Blutungen und akute Unterleibsschmerzen, aber Dr. Sophie Merkin ist der Ansicht, diese Symptome sollten nach einem Jahr verschwunden sein. Eine Komplikation, mit der allerdings gerechnet werden müsse, wären Hodeninfektionen durch das IPD, und diese erforderten manchmal die operative Entfernung eines Testikels, „aber'', so Dr. Merkin, „das ist nur ganz ausnahmsweise der Fall – so ausnahmsweise, um in unseren Statistiken nicht aufzuscheinen''. Und weiter: „Sie und andere prominente Vertreterinnen des Berufsverbandes der Chirurginnen kamen überein, daß die Vorteile mögliche Risiken bei weitem überwogen.''

Dieser satirische Bericht ist nicht so absurd wie es auf den ersten Blick scheint und parodiert nur die Art, wie sich männliche Gynäkologen über die angeblich so geringe Bedeutung kontrazeptiver Nebenwirkungen bei Frauen hinwegsetzen. Und es ist schwer sich vorzustellen, Männer seien ohne weiteres bereit, Pillen zu schlucken, die, obwohl sie sehr wirksam eine

Empfängnis verhüteten, gleichzeitig auch mehrfache Nebenwirkungen hätten wie zum Beispiel Gewichtszunahme, Libidoverlust, migräneartige Kopfschmerzen, Hypertonie, Depression und dauernden Brechreiz. Und sie wären noch weniger dazu bereit, wenn man ihnen gleichzeitig erklären würde, sie müßten die Pille mindestens 10 Jahre lang nehmen, sie müßten das Rauchen einstellen, um das Risiko von Nebenwirkungen nicht noch zu vergrößern oder sie müßten mit der Möglichkeit eines plötzlichen Todes oder als Folge eines Blutgerinnsels im Gehirn mit einem permanenten Hirnschaden rechnen. Falls nun der betreffende Mann zu seinem Arzt geht, um seine Bedenken zu äußern, bekommt er die Antwort: ,,Sie dürfen nicht alles glauben, was gedruckt wird.'' Er bekommt eine andere Pillensorte verschrieben mit der Versicherung, daß sich, falls er sie regelmäßig schlucke, sein Körper allmählich darauf einstelle und daß man ihm, falls er diese Ängste nicht überwinden könne, Beruhigungstabletten verschreiben müsse, weil er offenbar neurotisch geworden sei.

Gemeinsam getragene Verantwortung

Nur wenn die Frauen etwas unternehmen, kann eine gemeinsame Verantwortung zur wirksamen Geburtenkontrolle entwickelt werden. Dies wird aber dadurch erschwert, daß Frauen oft vorgeworfen wird, ihren eigenen Körper und dessen Funktionen nicht zu kennen, nicht zuzuhören, was der Arzt ihnen empfiehlt, und obendrein noch abergläubisch seien. ,,Wie kann eine andere Frau dich schwängern?'' fragt eine Anzeige des *Health Education Council*. Die Antwort liegt nur zu klar auf der Hand: ,,Wenn du an Ammenmärchen glaubst anstatt auf deinen Arzt zu hören.''

Den Frauen wird oft weisgemacht, Zusammenhänge nicht zu kapieren, die nur Mediziner nach langjähriger Spezialistenausbildung erkennen können. Und die Ankläger sind leider auch häufig Frauen selbst. Eine Physiotherapeutin – ihr Beruf ist es, Frauen über ihren Körper aufzuklären – behauptet mir gegenüber, es sei ,,unklug'', einer Frau vorzuschlagen, ihre Finger in ihre eigene Vagina zu stecken, um den Gebärmutterhals zu fühlen. Warum, frage ich. ,,Weil sie nicht steril sind.'' (Aber ein Penis ist es auch nicht.) ,,Und weil eine Frau nicht begreift, was sie fühlt. Ein Arzt dagegen hat *jahrelang* Vaginaluntersuchungen gemacht, und nur er sollte es tun.''

Gottseidank hat die weltweite Frauenbewegung diese überholten Dogmen in Frage gestellt und betätigt sich als Katalysator. Frauengruppen beschäftigen sich jetzt mit ihrem eigenen Körper, nehmen die Verantwortung für ihre eigene Gesundheit auf sich, zweifeln den Rat der Ärzte an, fordern medizinische Autorität heraus, entlarven den Mythos des Professionalismus und lernen durch gegenseitige Erfahrung. Frauen beginnen, ihre Sexualität und ihr Leben selbst in die Hand zu nehmen.

Wenn ein Baby nicht kommen will

Sexuelle Spontaneität hört schlagartig auf, wenn eine Frau sich Sorgen macht, weshalb ein Baby, das sie sich wünscht, nicht kommen will. Wenn sie empfangen will, muß sie deshalb an ganz bestimmten Tagen im Monat Verkehr haben oder ihre Techniken verändern. Die Folge davon ist: Sex wird zum Endzweck.

Verkehr als Pflicht-übung

Es ist unvermeidlich, daß solche Erwägungen ein Liebesleben beeinflussen können und auch eine ganze Reihe anderer Empfindungen auslösen: Hoffnung, Enttäuschung, Ärger, Selbstvorwürfe, Verzweiflung – bei *beiden* Beteiligten. Wenn die Frau nicht sicher ist, wann ihr Eisprung stattfindet, aber auch wenn sie regelmäßig ovuliert, sollte sie als erstes jeden Morgen ihre Temperatur messen und sie auf einem Diagramm oder einer Tabelle eintragen und vielleicht auch den Schleimabgang untersuchen. Dann kommt schließlich der sorgsam kalkulierte Moment, aber der Ehemann befindet sich gerade auf Geschäftsreisen oder ist nach einem hektischen Arbeitstag zu müde oder er hat die Grippe. Oder aber ihr habt Krach gehabt und dir ist alles andere als nach Liebe zumute. Unter diesen Umständen wird Sex zur Pflichtübung, zum Beweis für deinen Wunsch nach einem Kind und zum Zeichen dafür, daß du willens bist, zur Bewältigung eines störrischen Schicksals alles andere aufs Spiel zu setzen. Es kann aber auch komplizierter sein. Wenn du einem Kind den besten Start ins Leben geben willst, bist du wahrscheinlich sehr umweltbewußt geworden. Du hast gelernt, daß Zigaretten und übermäßiger Alkoholgenuß die inaktive Spermienzahl erhöhen können, daß zu heiße Bäder und zu enge Unterhosen oder Jeans ebenfalls die Mobilität der Spermien negativ beeinflussen können, daß Potenz und Fertilität unmittelbar mit gesunder Ernährung zusammenhängen. Aber dein Partner weigert sich, das Rauchen aufzugeben, er muß oft sein Mittagessen versäumen und kehrt dann auf dem Heimweg in einer Kneipe ein. Der Mann kommt sich vor wie ein Zuchtbulle, der nur zu einer ganz bestimmten Zeit Verkehr haben darf und womöglich auch keinen in der zweiten Zyklushälfte, denn du könntest ja schwanger sein und er könnte den winzigen befruchteten Zellklumpen aus seiner Einnistung herauslösen. Zweifellos wird so etwas eure Beziehung belasten.

Medizinische Einmischung

Beteiligen sich Ärzte, wird es zu einem klinischen Test. Es ist fast, als würden Frau und Arzt zum sich fortpflanzenden Paar. Die Ehegatten werden zum Beispiel angehalten, innerhalb einer speziell vereinbarten Zeit miteinander zu schlafen; danach begibt sich die Frau, mit dem Samen noch in der Vagina, in die Klinik. Oder der Mann wird in die Klinik bestellt, um dort zu masturbieren und eine Spermaprobe zu produzieren, die dann unter dem Mikroskop untersucht wird, um damit ein Spermatogramm zu erstellen. Gesunder Samen soll ein Minimum von 20 Millionen Spermien pro Kubikzentimeter Flüssigkeit enthalten. Dieser Test wird oft erst dann gemacht, wenn die Frau gründlich untersucht worden ist, obwohl es doch naheliegen würde, dies schon recht früh zu unternehmen, denn etwa 20 Prozent der Fälle von Unfruchtbarkeit sind dem Mann anzulasten. Ein Mann mag manchmal den Eindruck gewinnen, daß nicht nur seine Zeugungsfähigkeit in Frage gestellt würde sondern seine Virilität überhaupt. Ihm wird bedeutet, er sei unzulänglich. Dies wiederum könnte seine Libido beeinflussen, ja selbst seine Erektionsfähigkeit verringern.

Das Paar befindet sich in einer Zwangssituation. Oft gibt es kein anderes Ventil dafür, als sich gegenseitig Vorwürfe zu machen – daß es ihm vielleicht doch gleichgültig ist und er gerade dieses Baby nicht will, oder einfach, daß sie einander nicht verstehen.

Besorgnis darüber, daß genau zum richtigen Zeitpunkt Verkehr stattfindet

Besorgnis und Eisprung

und Enthaltsamkeit, *bis* dieser Eisprung stattfindet, kann ihn gelegentlich völlig unterbinden. Ein Spezialist für Fertilitätsbehandlung (Sherman J. Silber: *How to get Pregnant)* berichtet, wie eine Frau, der man geraten hatte, fleißig ihre Morgentemperatur zu messen, fünf Tage vor ihrem Ansteigen keinen Verkehr zu haben und dann mit ihrem Mann zu schlafen, einen völlig unregelmäßigen Monatszyklus bekam: manchmal alle 20 Tage, dann wiederum nach 45 Tagen. Der Eisprung blieb aus. Danach schlug der Arzt den Ehegatten vor, sich nicht mehr um Temperaturkurven zu kümmern, sondern miteinander zu schlafen, wann immer sie Lust hätten. Zwei Monate später war die Frau schwanger. Offenbar ist dies ein durchaus häufiges Phänomen. Aber die Suche nach Hilfe kann auch zum Abbau der Besorgnis beitragen. Zwanzig Prozent aller Frauen, die einen Arzt konsultieren wollen, weil sie befürchten, unfruchtbar zu sein, werden noch vor der ersten Visite beim Fertilitätsspezialisten schwanger. Vielleicht ist es eine Folge davon, daß das Paar sich endlich entspannen und gehen lassen kann, weil beide bereit sind, etwas zu unternehmen.

Miteinander offen sein

Wenn ihr beide erkannt habt, daß ihr unter emotionalem Streß sein werdet, wenn das Baby nicht kommen will, solltet ihr euch gegenseitig beistehen, indem ihr offen miteinander über eure Gefühle sprecht, ehe sie sich zu einer Barriere aufbauen können. Es mag dann leichter sein, dieses eigensinnige Baby zu empfangen, ihr beide werdet euch näherkommen und besser verstehen lernen. Liebevolle Nähe *nach* dem Verkehr ist ebenfalls lebensnotwendig. Ejakulation und der Empfang des Samens ist nicht nur eine bloße Prozedur, aus der später ein Baby entsteht. Beide Partner sollten wissen, daß sie um *ihrer selbst willen* geliebt und begehrt werden. Einer Frau kann man raten, in einer Stellung zu verharren – auf dem Rücken und mit einem Kissen unter dem Gesäß und zwar 20 Minuten bis eine halbe Stunde nach dem Verkehr, damit dem Sperma Gelegenheit gegeben wird, durch den Gebärmutterhals zu schwimmen. Aber sie sollte es nicht allein tun und hoffen, während ihr Partner sich umdreht und einschläft. Dies kann eine Zeit der Liebe und der großen Zärtlichkeit sein, die Frau sehnt sich vielleicht nach Stimulierung und nach einem neuen Orgasmus.

Sex während der Schwangerschaft

Schwangerschaftsübelkeit am Morgen kann einer Frau während der ersten drei Monate jeden Appetit auf Sex verleiden. Viele Frauen haben diese Übelkeit nicht, aber die, welche es erdulden müssen, leiden oft nicht nur morgens unter Übelkeit, sondern auch am frühen Abend. Anderen ist den ganzen Tag übel. Selbst wenn du dich ein wenig besser fühlst, wenn es Zeit ist zu Bett zu gehen, ist ein anhaltender Brechreiz nicht dazu angetan, deine Libido zu steigern. Eine Frau, die sich entschlossen hatte, eine romantische zweite Hochzeitsreise zu unternehmen und sich in der sechsten und siebenten Schwangerschaftswoche befand, erinnert sich viel genauer an die Details der Klosettmuschel und die Kacheln und Heißwasserröhren darumherum in dem Badezimmer des Hotels als an irgendwelche andere Einzelheit dieser zweiten Flitterwochen, in denen ihr Mann auf dem Bett lag und Krimis las, während sie im Badezimmer würgte und sich erbrach. Frauen haben nicht bei allen Schwangerschaften Übelkeitserscheinungen. Müdigkeit und Überbelastung können mitspielen. Regelmäßig essen ist wichtig, damit der Magen nicht leer bleibt. Kleine häufige Zwischenmahlzeiten sind bekömmlicher als große, in längeren Abständen genossene.

Viele Frauen haben nur Brechreiz. Wenn sie sich aber tatsächlich übergeben müssen, könnte Besorgnis deswegen das Baby tatsächlich beeinflussen und das Übelbefinden noch vertiefen. Diese kombinierten Gefühle bedeuten auch, daß der Frau während dieser Zeit nicht nach Sex zumute ist. „Ich habe mich damals wirklich elend gefühlt", sagt eine Frau, „ausgelaugt, ohne Energie, übelriechend und mit einer Art blechernem Geschmack im Mund. Ich fragte mich, wo wohl dieses berühmte Strahlen der schwangeren Frau geblieben sei. Ich habe mich entsetzlich gefühlt, und Sex kam nicht in Frage." Im Rückblick auf ihre Schwangerschaften geben die meisten Frauen, die zu Beginn unter Morgenbrechreiz gelitten hatten, zu, daß sie viel zu sehr mit der Kontrolle ihres Körpers und mit der Vermeidung von bedrohlichen Situationen beschäftigt waren. Ehe diese Phase ausgestanden war, kam für sie Sex nicht in Frage, denn sie glaubten, es hätte ihren Zustand nur noch verschlimmert.

Selten dauert der Brechreiz länger als die ersten drei Monate. Gewöhnlich wacht eine Frau eines Morgens auf und ist überrascht, daß sie frei von Übelkeit ist und auch während des Tages zum erstenmal keinen Brechreiz verspürt. Es ist, als ginge ein Vorhang über einer ganz neuen Schwangerschaftsphase hoch.

Brüste   Aber es gibt auch anderes, was in dieser frühen Phase stört. Eins davon ist Brustüberempfindlichkeit. Veränderungen in den Brüsten, die sich bereits jetzt schon auf ihre spätere Aufgabe umstellen, sind einige der ersten Anzeichen, mit denen der Körper einer Frau fertig werden muß. Die kleinen Hügel um die Brustwarzen („Montgomerysche Knötchen") werden größer, und auch die Brüste selbst nehmen zu. Der BH wird zu eng, und bei manchen Frauen sind die Brüste so empfindlich geworden, daß sie sich wie verletzt anfühlen. Was manchmal ein guter „Stütz-BH" genannt wird, ist notwendig geworden, und obwohl dies Vorstellungen eines monströsen Gallionsfigurapparates, der deine Körperarchitektur völlig umbaut, heraufbeschwören kann, ist dies doch nichts weiter als eine Stützung *unterhalb* der Brüste (also um die Taille herum) mit Trägern, die breit genug sind, das zusätzliche Gewicht zu tragen. Es gibt Frauen, denen ihre vergrößerten Brüste nachts im Bett so zu schaffen machen, daß sie auch einen „Schlaf"-BH tragen müssen. Wenn das geschieht, mag die Frau ihre Brüste nicht so ohne weiteres als erotische Objekte oder als Spielzeug für ihren Mann betrachten, obwohl sich eine Frau mit sehr kleinen Brüsten manchmal freut, wenn sie größer werden und ihr eine neue Figur geben. Die gerade schwanger gewordene Frau kann sehr leicht von ihrem Partner verletzt werden, wenn dieser, wie es manche Männer tun, gewohnt ist, die Brüste der Frau zu kneten, in sie hineinzubeißen oder an ihnen zu saugen. Jegliche Art der Brustwarzenstimulierung sollte deshalb nur ganz sanft vorgenommen werden, und ein Streicheln der Brüste federleicht beginnen und erst dann bestimmter werden, wenn es der Frau gefällt. In der Tat sollte dies

Sich entspannen lernen hilft bei der Schwangerschaft

während der Schwangerschaft oberstes Gebot sein. Beim Sex sollte der Partner immer behutsam vorgehen. Auch wenn du vorher Liebesbisse und ein gewisses sexuelles Freistilringen gern gehabt hast, ist es nun, da du schwanger bist, nicht angebracht.

Ist eine Frau erregt, können ihre Brüste bis zu 25 Prozent anschwellen. Deshalb mußt du damit rechnen, daß deine bereits vergrößerten Brüste mit der verstärkten Blutzufuhr in Venen und Geweben noch mehr anschwellen. Deshalb könntest du auch, wenn du sehr erregt sein solltest, zurückzucken, wenn er dich berührt und in die Defensive gehen.

Ängste wegen einer Fehlgeburt

Ängste vor Fehlgeburten haben ebenfalls nachteilige Wirkungen und können sogar die Liebesbereitschaft der Frau zunichte machen. Hast du bereits eine Fehlgeburt in den ersten Monaten der Schwangerschaft hinter dir oder eine Schmierblutung zu Beginn der augenblicklichen, kannst du ängstlich geworden sein und gewissermaßen sowohl physisch als auch emotional diese Schwangerschaft „festhalten" wollen. Die Folge ist, daß du Sexualverkehr als eine direkte Bedrohung für das werdende Leben empfinden kannst und daß du zu angespannt bist, um den Liebesakt wirklich zu genießen. Eine Frau, die besorgt ist, spannt ihre Muskeln an, und zwar nicht nur im Gesicht, sondern auch in ihrem ganzen Körper. Die Nervosität kann sich auf den Mann übertragen, der dann glaubt, er gefährde die Schwangerschaft. Ein so denkendes Paar beeinflußt sich gegenseitig, und jeder löst beim anderen neue Ängste aus. Es kann sogar so weit gehen, daß die beiden sich nicht einmal in die Arme nehmen und streicheln, weil sie fürchten, sie könnten sich dabei sexuell erregen.

Das ist schade, denn beide sollten sich entspannen. Die ewige Furcht vor einer Fehlgeburt kann diese sogar herbeiführen. Wir wissen noch sehr wenig über die Auswirkungen von Streß zu Beginn einer Schwangerschaft, aber es liegt durchaus im Bereich des Möglichen, daß physiologische Veränderungen, von denen wir wissen, daß akuter Streß sie provoziert – zum Beispiel Veränderungen in der chemischen Zusammensetzung des Blutes und der Art, wie es durch die Blutgefäße in die Gebärmutter strömt – auch den sich entwickelnden Embryo beeinflussen können.

Zwar existieren keine Studien über den Zusammenhang zwischen Enthaltsamkeit und der Vermeidung von Fehlgeburten während der ersten Schwangerschaftswochen, aber viele Menschen glauben daran. Falls eine Frau während der ersten 12 Schwangerschaftswochen Schmierblutungen hat oder bei einer vorangegangenen Schwangerschaft einen Abortus hatte, raten Ärzte allgemein vom Geschlechtsverkehr ab. Die meisten Frauen fühlen sich sicherer, wenn sie im Falle von Blutungserscheinungen keinen Verkehr haben, obwohl bis zu einem Drittel aller Frauen aus einem vorgeburtlichen Trainingskursus erzählen, sie hätten zwar einen leicht blutigen Ausfluß etwa um die Zeit ihrer ersten oder zweiten (nun ausgefallenen) Periode gehabt, hätten dann aber einen ganz normalen Schwangerschaftsablauf erlebt und ein gesundes Baby zur Welt gebracht. Sie halten es nicht für wichtig genug, es ihrem Arzt gegenüber zu erwähnen; deshalb wissen die Ärzte vielleicht auch nicht, wie häufig es vorkommt.

Ein Arzt, der dem Paar Enthaltsamkeit geraten hat, vergißt manchmal, ihnen später grünes Licht zu geben und zu erklären: „Jetzt ist es wieder erlaubt, die Gefahr einer Fehlgeburt ist vorüber." Das Paar aber fährt fort, nicht nur den Verkehr, sondern auch jede andere Art sexueller Betätigung zu vermeiden, oder aber sie haben ein schlechtes Gewissen, wenn sie *tatsächlich* Verkehr miteinander hatten. Dies ist ein weiterer Weg, die Schwangerschaft zu „verärztlichen" und sie zu einer Zeit des Stresses für alle Beteiligten zu machen.

Da wir aber, wie gesagt, nichts über die Wirkung des Geschlechtsverkehrs auf den Embryo während der ersten drei Monate der Schwangerschaft wissen, scheint es vernünftiger zu sein, einen derartigen Rat gar nicht erst zu erteilen.

Müdigkeit   Viele Frauen spüren während des Beginns einer Schwangerschaft große Müdigkeit und machen sich Gedanken darüber, ob dieser Zustand die ganzen neun Monate anhalten wird. Diese physische Erschöpfung hängt eng mit den durchgreifenden Umstellungen zusammen, die der Körper der Frau machen muß. Es sind dies Veränderungen, die nicht ohne weiteres zu sehen sind, die aber nichtsdestoweniger weitreichende Auswirkungen haben. Schon nach drei Monaten ist das Baby (allerdings im Kleinformat) voll ausgebildet, und jede Zelle im Körper der Frau ist unmittelbar oder mittelbar in Mitleidenschaft gezogen, um der Herausforderung der Schwangerschaft zu begegnen. Ist es verwunderlich, daß die werdende Mutter erschöpft ist?

Außerdem geschieht es zu einer Zeit, da sie vielleicht nur wenige Menschen eingeweiht hat. Deshalb wird man auch keine Konzessionen an ihrem Arbeitsplatz machen oder aber sie glaubt, sie müsse noch etwas zu Ende bringen, ehe das Baby geboren wird. Eine Frau, die nicht auswärts arbeitet aber ältere Kinder hat, könnte sich beweisen wollen, daß sie sowohl mit den Kleinkindern als auch mit einem Neugeborenen fertig werden kann. Die Folge davon ist, daß sie abends todmüde ins Bett fällt und sofort einschläft. Sex ist dann das letzte, was sie will.

Eine Frau, die Vertrauen zu ihrer Sexualität hat und die sie auch zu genießen versteht, wird damit ohne weiteres fertig werden. Studien haben gezeigt, daß Frauen, die ihr erstes Kind erwarten, in der Regel zu Beginn der Schwangerschaft eine Libidoverringerung haben, wogegen andere, die ein zweites Kind bekommen oder schon mehrere Kinder haben, wenig Veränderung bei ihrer Libido verspüren. Es gibt auch Frauen, denen Sex größeren Spaß macht, wenn sie wissen, daß sie schwanger sind. Dies mag paradox klingen, aber es könnte ja sein, daß sie erleichtert sind, eben *weil* das Risiko einer Schwangerschaft nicht besteht.

Für solche Frauen ist der ganze Kram der Empfängnisverhütung verknüpft mit „zurückhalten", „aufpassen", „sich erinnern" – zum Beispiel daß die Pille genommen werden muß, daß ein Scheidenpessar richtig sitzt, ein Kondom nicht abrutschen darf, wenn der Mann den Penis zurückzieht – nun nicht mehr Sache eines Regelkalenders mit den unfruchtbaren Tagen, oder gar des risikoreichen *coitus interruptus* (des „Rückziehers") kurz vor der Ejakulation. Eine Frau, die sich permanent gefürchtet hat, schwanger zu werden, ist nun befreit und erleichtert, denn sie kann alle diese Ängste vergessen und sich wirklich gehenlassen. Aber selbst in diesem Fall wird es erst nach 10 oder 12 Wochen so sein. Manchmal braucht es sogar länger, ehe eine Frau ihre Schwangerschaft genießen kann. Aber ist erst die Zeit morgendlichen Brechreizes und Übergebens vorbei, wird eine Fehlgeburt nicht mehr befürchtet, hat der Erschöpfungszustand aufgehört, dann sei, sagen viele Frauen, Sex etwas Wunderbares für sie, wunderbarer als je zuvor. In den mittleren Schwangerschaftsmonaten sind sie besonders glücklich; ihr Körper hat sich an den Zustand gewöhnt, die Frauen strahlen in der Tat vor Schwangerschaftsglück. Dies wird aber nicht geschehen, wenn die Frau unter großem Arbeitsdruck steht oder wenn Familienzuwachs gleichbedeutend mit noch größeren Geldsorgen ist. In einem solchen Fall wird sich meistens die Müdigkeit der ersten Wochen nicht gegeben haben, und in der Mitte der Schwangerschaft ist die Frau auch nicht „angeschaltet". Es wird auch nicht so sein, wenn das Kind nicht erwünscht ist oder die Frau sich wegen allerlei Pflichten in ihrer Stellung oder in der Familie gefangen vorkommt. Es gibt zwar Frauen, die „zornigen" Sex gerne haben und glauben, unterschwellige Feindseligkeit verleihe dem Sex einen besonderen Reiz, aber wenn diese Frau schwanger wird, wird sie diese Art von streitlustigem Sex nicht mehr als attraktiv, sondern nur noch als schmerzhaft empfinden. Ihr Partner muß umlernen, oder aber sie wird es ganz vermeiden wollen.

Zu Beginn des vierten Monats sind die Gewebe um die und in der Vagina „gereift" und bleiben es bis zur Geburt des Kindes. Masters und Johnson

Vierter bis sechster Monat

beschreiben sie als geschwollen, und zwar in derselben Weise wie bei sexueller Erregung. Sie sind voller geworden und lassen sich mit einer langsam reifenden Frucht vergleichen. Selbst die Farbe hat sich geändert. Zuerst waren sie hellrosa, dann wurden sie, als Folge der verstärkten Blutzufuhr, rot und lila, dann dunkelviolett und blau. Dies bedeutet, daß sich die Frau in einem Dauerzustand sanfter sexueller Erregung befindet. Auch fühlt sie sich viel feuchter an. Zusätzliche vaginale Gleitsubstanz, die durch die eingerollten Scheidenwände dringt, machen ihr ihre Vagina viel mehr bewußt. Manche Frauen sagen, sie fühlten sich „saftig und süß".

Der Druck auf die Genitalien etwa vom vierten Monat an ist so stark, daß manche Frauen sagen, sie seien die ganze Zeit über „scharf", wie Jane, die zugibt: „Ich kann das Heimkommen meines Mannes kaum erwarten – der Ärmste!" oder Rosie, die meint: „Ohne zu masturbieren konnte ich den Tag nicht bewältigen – so scharf war ich. Ich dachte, das kann doch nicht normal sein und erwähnte es meiner Schwägerin gegenüber, die im vergangenen Jahr ein Baby bekommen hatte, und sie erklärte mir, daß es bei ihr genauso war."

Eine Frau, die derart aufgeladen ist, wird natürlich entgeistert sein, wenn ihr Partner nicht in der Stimmung ist, keine Erektion bekommt oder sie nicht aufrecht erhalten kann. Viele Männer fürchten, dem Baby zu schaden. Das mag einen sehr guten Einfluß haben, denn dadurch werden sie nachdenklicher und rücksichtsvoller. Aber ein Mann, der wirklich Angst hat, könnte sich weigern, eine Frau auch nur zu berühren. Einige Männer haben mir erzählt, sie hätten befürchtet, die Fruchtblase zu durchbrechen, andere wiederum glaubten, sie könnten das Kind verletzen. Wieder andere meinten, daß sie, falls sie sich gehen ließen, Wehen auslösen könnten. Es ist fast so, als bildeten sie sich ein, durch ihre Zurückhaltung den Schwangerschaftsablauf zu fördern, als wäre ihre Selbstbeherrschung eine Art „Schutz". Diese Überzeugungen ähneln auf erstaunliche Weise den rituellen Gewohnheiten einiger Gesellschaften der Dritten Welt, wo ein werdender Vater gewisse Tabus nicht verletzen darf, um dem noch im Mutterleib befindlichen Kind nicht zu schaden.

Die Mehrzahl der Paare wird jedoch ihre Liebestechniken der fortschreitenden Schwangerschaft anpassen. Jedes Gewicht auf der Brust ist unbequem, und die sogenannte „Missionarsstellung" ist ungeeignet, es sei denn, der Partner verlagert sein ganzes Gewicht auf die Unterarme. Eine seitliche Stellung, in der die Frau dem Mann den Rücken zukehrt und sich in seinen Schoß schmiegt, ist vorzuziehen. Manche Frauen sind gern auf allen vieren, während der Mann hinter ihnen kniet.

Hat sich der Fötus erst einmal in das Becken verlagert und paßt sein Kopf wie ein Ei in einen Eierbecher in die knochige „Wiege", kann es sich anfühlen, als ob das Baby jeden Moment herausfallen will und kein Platz mehr übrig ist. Auch wenn die Frau es vorher nicht haben will, wird sie es nun vorziehen, wenn der Mann von hinten in sie eindringt. Sie mag dabei liegen wollen oder in Hockstellung gehen oder mit dem Rücken zu ihm knien, damit auf die fast im rechten Winkel zur Vagina liegende Gebärmutter kein Druck ausgeübt wird und sie ihre Gesäßbackenmuskeln gebrauchen kann, um den Penis zu ergreifen und seine Stöße aufzufangen.

Die letzten drei Monate

Etwa im siebenten Monat können, wenn die Frau flach liegt, Magenbeschwerden und Sodbrennen auftreten. Es ist daher ratsam, Kopf und Schultern gut mit Kissen abzustützen. Das bedeutet aber auch, daß sie lieber im Sitzen, auf einem großen Bodenkissen, in einem Sessel oder gegen die Bettkante gelehnt Geschlechtsverkehr hat.

Die Phantasievorstellungen, die eine Frau von ihrem Körper hat – also ihr Körperimage – haben einen subtilen Einfluß auf ihre Sexualität. Im Verlauf einer Schwangerschaft verändert sich aber ihr Körper derart gründlich, daß manche ein Zerrbild sehen. Sie kommen sich dicker vor als sie sind, bilden sich ein, ihr Partner empfinde sie als häßlich, wenn in Wahrheit Männer oft große Freude an ihren schwangeren Frauen haben und die körperlichen Veränderungen erregend und schön finden. Eine Frau beschrieb sich selbst als „Nilpferd, das sich im Schlamm wälzt'' und berichtete, sich während der Schwangerschaft völlig geschlechtslos vorgekommen zu sein. Eine andere wiederum behauptete, sie kam sich „wie eine Göttin vor, eine Herrscherin über alles Geheimnisvolle, tief in der Erde Keimende und Sprießende'', war die ganze Zeit über erotisch erregt bis zu dem Augenblick, da die Wehen einsetzten, und sie behielt das Gefühl auch während der eigentlichen Geburt.

Unsere moderne Schwangerenbetreuung kann es allerdings einer Frau recht schwer machen, ihren Körper zu genießen. Es geschieht, weil man überzeugt von der Wichtigkeit ist, sich umstellen zu müssen. Was wir bisher als angemessen empfanden, ist jetzt nicht mehr gültig. Wir kannten zwar unsere Körper und vertrauten ihnen, aber nun sollen wir uns den ärztlichen Vorschriften beugen und das, was in uns vorgeht, vom medizinischen Standpunkt aus betrachten. Frauen gehen oft recht zuversichtlich zu Schwangerschaftsberatung und pränatalen Trainingskursen und kommen verunsichert, deprimiert oder gar krank wieder heraus.

Das uns von der medizinischen Fürsorge vermittelte Körperimage wirkt sich auf unsere Sexualität aus und kann für manche Frauen zur unsichtbaren Bremse während der Schwangerschaft werden.

Besonders ist dies der Fall bei einer sogenannten Risikoschwangerschaft, wo eine Reihe von Untersuchungen angestellt werden wie zum Beispiel Amniozentese (abdominale Punktierung der Fruchtblase zur Entnahme von Fruchtwasser und neuerdings auch zur pränatalen Geschlechtsbestimmung; *Anm. der Übers.*), Ultraschalltests, Östrogenuntersuchungen und anderes. Hat die Frau bereits Fehlgeburten gehabt, kann es gut sein, daß ihre ganze Schwangerschaft „verärztlicht'' wird. Ihre Partnerbeziehung tritt zurück gegenüber ihrer Beziehung zu ihrem Geburtshelfer. Es ist, als bildeten Arzt und Patientin (wie auch bei Fertilitätsproblemen) eine neue, sich fortpflanzende Einheit und als hinge das Wohlergehen des ungeborenen Kindes von dieser wichtigen Beziehung ab. Der leibliche Vater kommt sich überflüssig, ja als eine Gefahr für den Fötus vor. Deshalb ist es von großer Bedeutung, wenn sich ein Paar darüber ausspricht, damit die Geburtsspezialisten mit ihrer Kunst und ihren Ratschlägen in die ganz spezielle Beziehung eines zukünftigen Elternpaares nicht allzu sehr eingreifen oder sie gar ganz für sich in Anspruch nehmen.

Denn die Verantwortung der Eltern für das Kind besteht nach Schwanger-

Stellungen während der Schwangerschaft

In dieser Stellung wird kein Druck auf den Rükken der Frau oder auf ihren Unterleib ausgeübt. Sie kann sich frei bewegen, während der Partner ihre Brüste streichelt.

In dieser Stellung hängt das Gewicht des Babys im Unterleib. Das kann bequem sein, wenn die Frau Rückenschmerzen bekommt. Der Partner stimuliert die Klitoris mit der Hand.

Diese Stellung hat etwas für sich, vorausgesetzt, die Rückenlage verursacht kein Schwindelgefühl. Mit ein paar zusätzlichen Kissen unter Kopf und Schultern läßt sie sich variieren.

Eine Stellung, die bei fortgeschrittener Schwangerschaft wegen des dicken Bauches schwierig sein kann, aber sie hat den Vorzug, aufrecht zu sein und Spielraum zu lassen.

Stolz und Freude deines Partners an deinem schwangeren Körper kann dein Selbstvertrauen stärken.

schaft und Geburt fort, und alles, was die Frau negativ beeinflussen könnte, kann auch eine Langzeitwirkung auf das Kind haben. Zukünftige Eltern müssen einander hegen und pflegen, damit sie später zu Mutter und Vater werden, die ihrerseits ein Baby hegen und pflegen können.

Eine liebevolle sexuelle Beziehung kann in der Tat zu einem guten Schwangerschaftsablauf beitragen, und nicht nur, weil dann die Frau weiß, daß sie geliebt wird und weil dadurch der tägliche Streß für Augenblicke verschwindet, sondern auch weil, wenn sie sexuell erregt ist, Oxytozin in ihr Blut ausgeschüttet wird. Dr. Michael Odent hat dieses Hormon das „Glückseligkeitshormon" genannt. Oxytozin ist ein wichtiger Faktor bei der uterinen Kontraktion. Sensitivität in der Gebärmutter für dieses Hormon baut sich in den letzten Wochen der Schwangerschaft auf und bewirkt spontan einsetzende Wehen während des Geburtsvorganges.

Wird jedoch die Geburt künstlich eingeleitet, benutzen die Ärzte oft ein synthetisch hergestelltes und Syntocinon genanntes Präparat oder sie wenden Prostaglandine in Form eines nahe dem Gebärmutterhals eingesetzten Pessars an. Die höchste Konzentration von natürlichen Prostaglandinen im menschlichen Körper befindet sich in der Samenflüssigkeit.

Wenn ein Baby zur Welt kommen soll, die Wehen jedoch noch nicht eingesetzt haben, kann leidenschaftliche körperliche Liebe den Gebärmutterhals dehnbarer machen und Muskelkontraktionen hervorrufen, die ihrerseits Geburtswehen einleiten. Trotzdem könnten viele Paare, denen man eine künstlich eingeleitete Geburt vorausgesagt hat, zu verschüchtert reagieren, um mit einer natürlich eingeleiteten Geburt zu experimentieren.

Angst vor induzierten Geburtswehen kann bei einer Frau auch bewirken, daß sie nicht in Stimmung ist. Inzwischen ist sie vielleicht nur das Objekt medizinischer Betreuung geworden, ein Uterus, ein Becken, ein Geburtskanal, mit denen obstetrisch verfahren wird und zwar genau zu einem Zeitpunkt, wenn körperliche Liebe – und das Gefühl, ein ganzer Mensch zu sein – am meisten zu einem natürlichen Geburtsablauf beitragen kann. Sie mag sich vielleicht auch gegen Geschlechtsverkehr wehren, weil er, wenn das Baby bereits tief im Becken liegt, unbequem sein kann. Sie glaubt dann, der Penis sei zu nahe am Kopf des Babys. „Ich dachte, daß heftige Stoßbewegungen sowohl mir als auch dem Kind schaden könnten", sagt eine Frau. „Ich wollte vor allem mein Baby schützen, setzte sein Wohlergehen über alles, und es war mir gleich, ob mein Partner nachher befriedigt war oder nicht." Tatsache ist jedoch, daß das Baby sehr gut in einer membranwandigen Fruchtblase geschützt ist und daß die weichen Gewebe des Gebärmutterhalses ein gutes Kissen für seinen Kopf bilden.

Die Wehen einleiten
Es gibt eine spezielle Art, durch Geschlechtsverkehr Wehen einzuleiten. Sie ist noch nicht gründlich untersucht worden, aber die Erfahrung hat gezeigt, daß viele Frauen – entweder zufällig oder bewußt – in der Nacht danach ihre Wehen bekommen. Es funktioniert nicht jedesmal, aber es kann tatsächlich einen natürlichen Start bewirken.

Lege dich auf den Rücken und stütze Kopf und Schultern mit Kissen ab. Dein Partner kniet mit dem Gesicht zu dir zwischen deinen gespreizten Beinen. Hebe ein Bein und lege es über seine Schulter. Verfahre genauso mit dem anderen. Obwohl diese Stellung nicht sehr bequem ist, gestattet sie die tiefste Penetration. Die Penisspitze kann den Gebärmutterhals berühren. Die Japaner haben einen speziellen Vibrator erfunden, der die Zervix stimuliert, um die Wehen einzuleiten, aber es scheint mir überflüssig, eine Vorrichtung herzustellen, wenn ein liebendes Paar dasselbe tun kann. Es ist allerdings nicht notwendig, einen Orgasmus zu haben (und der krampfhafte Entschluß, einen zu haben, kann es erschweren). Wenn dein Partner weiß, wie er dich berühren muß, um dich zu erregen und einen Orgasmus zu bekommen, kann dies Muskelkontraktionen hervorrufen, die dann später in das rhythmische Schema beginnender Wehen einfließen. Wenn der Mann ejakuliert hat, sollte er etwa fünf Minuten in dir bleiben. Du mußt dann in derselben Stellung verharren, mit angehobenen Beinen. Halte diese Position noch weitere zehn bis fünfzehn Minuten, damit die Zervix in der Samenflüssigkeit gebadet ist.

Eine weitere wichtige Methode ist Brustwarzenstimulierung mit Händen und Mund. Dies sollte nach dem Verkehr stattfinden, aber auch ohne kann es wirksam sein. Ferner ist es hilfreich, wenn die Wehen vereinzelt kommen oder wenn die Kontraktionen ganz aufgehört haben. Stimulierung der Brustwarzen kann Gebärmutterkontraktionen auslösen. Eine etwa zwanzig Minuten lange Brustwarzenliebkosung verbunden mit allen anderen Arten liebevoller Berührung scheint für viele Frauen das Richtige zu sein.

Halte dich nicht gewaltsam wach und warte nicht darauf, daß die Wehen einsetzen. Entspanne dich und lasse dich in den Schlaf sinken. Auch wenn du keine Kontraktionen hast, hast du wahrscheinlich der Zervix geholfen, weiter zu reifen.

Ein Mann hat das, was geschah, beschrieben: „Schwache, unregelmäßige Kontraktionen fingen gleich nach unserem Verkehr an. Ich saugte an ihren Brustwarzen, die Kontraktionen wurden stärker. Ich fand heraus, daß ich die Kontraktionen aufrecht erhalten konnte, indem ich etwa alle zehn Minuten mit ihren Brustwarzen spielte oder an ihnen saugte. Dann stand sie auf und ging ein wenig herum, und ich glaube, das half ebenfalls. Dann wurde sie müde und wollte ein wenig schlafen, ehe das Ganze losging. Ich machte weiter und stimulierte die Brustwarzen und sorgte für Kontraktionen, und zwischendurch nickte sie ein. Es war nicht leicht, aber es hat mir Freude bereitet. Ich kam mir richtig nützlich vor, weil es so offensichtlich dem Wehenvorgang guttat.''

Sind wir erst einmal überzeugt davon, daß weder Schwangerschaft noch Geburt primär medizinische Zustände sind, sondern Teil der psycho-sexuellen Erfahrung der Frau, entdecken wir auch nach und nach die Zusammenhänge zwischen verschiedenen Aspekten unserer Sexualität und gewinnen ein neues Verständnis, weil wir uns unserer Körper und Gefühle bewußter geworden sind.

Die Sexualität der Geburt

Hattest du schmerzhafte Wehen oder waren sie betrüblich, weil du meintest, dich in einer Falle zu befinden (auch wenn es nicht besonders weh getan hat), wirst du annehmen, sexuelle Erregung und Empfindungen während des Geburtsvorganges hätten überhaupt nichts miteinander zu tun. Die Schmerzen während der Wehen seien offensichtlich nicht erotisierend, wirst du meinen. Und doch können auf seltsame Weise die Energie, die während der Geburt den Körper erfüllt, der Druck auf die sich zusammenziehende und wieder entspannende Unterleibsmuskulatur, das sich abwärts bewegende Kind und das Auffächern der gedehnten Gewebe eine große erotische Kraft haben.

*Der Wehen-
rhythmus*

Der Ort fast aller während der Wehen verspürten Gefühle ist ein Bereich von etwa der Größe deiner Hand und liegt tief im Becken. Legst du eine Hand über das Schambein, wirst du genau die richtige Stelle finden. Unterhalb dieses Bereiches dehnt sich die Zervix, und der akuteste Schmerz geht, wenn sie sich öffnet, hoch und über den Kopf des Babys gezogen wird, von ihr aus. Dies kann sich wie glühendes Feuer anfühlen, das wie von einem Blasebalg entfacht in Flammen ausbricht während die Kontraktionen sich verstärken. Der Schmerz strahlt von der Zervix aus und verbreitet sich rund um dein Kreuz, bis es sich so anfühlt, als seiest du in einem festen Griff gehalten. Dies dauert etwa eine halbe Minute und klingt dann ab. Dieses Zusammenziehen ist nicht willkürlich, sondern automatisch, regelmäßig, rhythmisch. Es verläuft nach einem ausgesprochenen Schema, das als solches bereits befriedigend ist. Eine Frau, die ihre Wehen genießt, kann in den Rhythmus der Kontraktionen, die den Geburtsvorgang begleiten, einschwingen wie in einen kraftvollen Tanz, zu dem ihr Uterus den Takt angibt. Sie wartet ab, konzentriert sich, reagiert wie ein Orchester, das seinem Dirigenten folgt.

*Sich gegenseitig hegen
und pflegen trägt dazu
bei, daß ihr später auch
neues Leben hegen und
pflegen könnt ...*

All diese Gefühle sind natürlich am stärksten in den Sexualorganen. Gefühle ergießen sich durch die Genitalien. In vorgeburtlichen Trainingskursen wird so etwas wahrscheinlich niemals erwähnt oder es wird, weil die Sprache der Medizin sehr oft das unklar läßt, was Frauen wirklich empfinden, niemals in Worte gefaßt, die der Frau helfen könnten, sich auf ein derart intensiv sexuelles Erlebnis vorzubereiten. Uterus, Vagina, die Muskulatur um Vagina und Rektum, das Kreuz, der After, das Gesäß, die Gewebe um Vagina und After und um die Klitoris sind alle mit Hitze erfüllt wie mit flüssigem Feuer oder aber randvoll und überlaufend von ineinander verschmelzenden glühenden Farben. Es kann das tiefstgreifende sexuelle Gefühl sein, das eine Frau jemals erlebt hat, so stark wie ein guter Orgasmus, ja zwingender. Manche Frauen beunruhigt es, ihre Selbstbeherrschung zu verlieren, wenn Energie durch sie hindurchströmt, die sie nicht mehr bremsen können.

Der Ort der Geburt Die intensiv sexuelle Natur einer solchen Geburt steht in krassem Gegensatz zu dem institutionellen Rahmen, in dem diese gewöhnlich stattfindet. Es ist, als wollten wir uns lieben, unseren Körper und Geist ganz und gar in unser Gefühl legen und müßten dies in der belebten Eingangshalle eines Flughafens, auf einem großen Bahnhof, in einer Sporthalle oder in einer gekachelten öffentlichen Bedürfnisanstalt tun. Heute versteht man unter dem Geburtsvorgang eine medizinisch-chirurgische Krise. Die Frauen werden in das Krankenhaussystem an einem Ende eingeschleust, durch die Mangel gedreht und am anderen Ende, komplett mit Baby, wieder herausgeschleust. Es ist keine persönliche, private oder gar intime Erfahrung mehr, es ist, als befinde sich die Mutter auf einem effizienten Fließband. Selbst wie sie sitzt oder liegt, wird von den Elektroden und Kathetern, an die sie angeschlossen ist und von den langen Schläuchen, die sie an die Meßgeräte fesseln, bestimmt. Obwohl das professionelle Personal, das sich um sie kümmert, durchaus wohlwollend sein mag, wird das Gebären zur Qual. Und zwar nicht so sehr der erlittenen Schmerzen wegen, sondern weil sich die Frau so hilflos dabei vorkommt.

Frauen, die inzwischen entdeckt haben, wie sinnlich und leidenschaftlich der Gebärvorgang sein kann, ziehen eine Hausgeburt oder solche Entbindungskliniken vor, wo man ihnen die Möglichkeit gibt, sich spontan und ohne Hemmungen zu bewegen. Mehr und mehr Hospitäler haben die Vorteile solcher Geburten erkannt und Einrichtungen geschaffen, in denen eine Frau ohne unnötiges Eingreifen, in einer friedvollen Atmosphäre und in der Nähe von Helfern, die inzwischen ihre Freunde geworden sind, ihr Baby zur Welt bringt. Die Sexualität der Geburt wird zum erstenmal von Frauen erlebt, die sich weniger um richtiges Atmen und korrekt ausgeführte Entspannungsübungen, wie man es ihnen in pränatalen Trainingskursen beigebracht hat, sorgen, sondern denen es darum geht, mit ihren Körpern in Einklang zu sein und den Energien des Geburtsvorgangs freien Lauf zu lassen. Selbst noch vor zehn Jahren bildete sich eine Frau, die während der Wehen schrie oder ächzte oder stöhnte, ein, „versagt" zu haben. Sie fürchtete „die Kontrolle zu verlieren". Dies war die Folge der sogenannten Psychoprophylaxe, bei der das Training in einer Art Kasernenhofdisziplin der Geburtsvorbereitung bestand und die Schmerzschwelle erhöht wurde, indem man Ablenkungsmanöver unter der Aufsicht eines Wehen-„Trainers" benutzte, welche die Gebärende „einsatzbereit" halten sollten. Deshalb ist es auch nicht überraschend, daß Frauen, denen man so etwas beigebracht hatte, zwar ihre Wehen gut überstanden und auch nach der Geburt ein Triumphgefühl empfanden, die Geburt als solche jedoch kaum als einen psychosexuellen Vorgang erleben konnten.

Auch wenn eine schwangere Frau inzwischen mitbekommen hatte, daß es sich dabei um einen sexuellen Vorgang handeln könne und sie sich sogar bemühte, während der Wehen ihren Körper wie bei einem glücklichen Liebesakt sprechen zu lassen, gab es doch während der letzten zwanzig Jahre so viele Hindernisse in den Krankenhäusern, daß es einfacher für sie war, klein beizugeben und alles den Experten zu überlassen. Es gibt sehr wenige Institutionen, in denen eine Frau sich frei fühlen, sie selbst sein, Emotionen durch sich hindurchbrausen lassen, ja in denen sie tun und lassen kann, was sie will. Eine in den Wehen befindliche Frau wird tatsächlich zu einem Objekt, an dem Ärzte hantieren. Viele der Prozeduren, die als akzeptierte Bestandteile des Geburtsvorganges gelten und die es der Frau erschweren, eine sexuelle Komponente darin zu erblicken oder zu entdecken, sind eingeführt worden, um die Beziehungen zwischen dem geschulten Personal und den Patientinnen zu formalisieren und jegliche Manifestation von Emotionen zu unterdrücken oder gar nicht erst aufkommen zu lassen. Die Frauen werden zum Teil des Krankenhauses, ein Vorgang, der in der Form nicht in Frage gestellter, sanktionierter Routinemaßnahmen und Praktiken mit dem Argument gerechtfertigt wird, daß er zur Sicherheit des Babys da sei, obwohl keine Forschungen betrieben wurden, um diesen Anspruch zu rechtfertigen oder zu widerlegen.

Ein Prozeß der Entpersönlichung

Im ausgehenden neunzehnten Jahrhundert wurde unter Ärzten viel spekuliert, wie man Sexualität bei gynäkologischen Untersuchungen und dem Verhältnis Frauenarzt-Patientin ausklammern könne. Sollte der Arzt nun den Blick von der Frau, die er gynäkologisch untersuchte, wegwenden oder aber gebannt in ihr Gesicht starren, damit sie auch versichert war, daß er ihre Genitalien nicht betrachtete? Sollte jedesmal eine weibliche Begleiterin anwesend sein? Der Frauenarzt mußte sich auf den „Tastsinn" verlassen und durfte die Genitalien der Frau niemals entblößen.

Die Riten, durch die das Schamgefühl der Frau und ihre angeborene Sittsamkeit nicht verletzt werden durften, spielten bei der Ausbildung der Ärzte eine große Rolle. Das Verhältnis Arzt – Patientin war damals eher das von Vormund und Mündel, Vater und Kind, Lehrer und Schülerin, Beichtvater und um Vergebung flehendem Beichtkind. Der Geburtshelfer-als-Wissenschaftler erscheint erst zu Beginn unseres Jahrhunderts auf der Bildfläche, als es Sitte wurde, Frauen in Krankenhäusern zu entbinden.

In der Geburtenklinik hat der Arzt das Sagen. Er ist unumschränkter Herrscher über Ausrüstung und Maschinerie und über das ausgebildete Krankenhauspersonal, um aus jeder Geburt eine klinisch-chirurgische Prozedur zu machen. Dies wiederum gestattet ihm, den weiblichen Körper zu behandeln, als gehöre er nicht der betreffenden Frau. Krankenhausgeburten wurden zur Norm, mehr und mehr Frauen brachten ihre Kinder auf harten, schmalen Gebärstühlen unter grellem Licht und mit angehobenen, weit gespreizten und in Lithotomie-Steigbügeln fixierten Beinen auf die Welt. In den Vereinigten Staaten wurden die oberen und unteren Enden des Torsos auch noch durch sterile Bandagen abgetrennt und der isolierte untere Teil zum „sterilen Gebiet" erklärt, das nur der Obstetriker berühren durfte. Natürlich war das von jeher eine Fiktion, denn die unmittelbare Nähe von Vagina und After konnte niemals eine völlige Sterilität garantieren. Ärzte und Schwestern trugen sterilisierte Kleidung, Kittel, Kappen, Überschuhe, Masken und Handschuhe.

Nach dem Zweiten Weltkrieg wurde der Gebärvorgang immer weiter mechanisiert. In den fünfziger und sechziger Jahren waren Frauen oft stundenlang und ohne den Beistand ihrer Männer oder anderer Angehöriger in den Kreißsaal verbannt und dort sich selbst überlassen. Was früher ein persönlicher, intimer und leidenschaftlich besetzter, Leben gebender Akt war, wurde zu einem Vorgang, bei dem die Frau mit kühler Effizienz behandelt wurde oder wo sie einfach „weitermachen" sollte, bis der Obstetriker auf der Bildfläche erschien, sie anästhetisierte, seine Zangen ansetzte und das Baby wie ein Kaninchen aus einem Zylinder hervorzauberte.

In Nordamerika wurde die obstetrische Geburt zur Karikatur. Nicht nur schnallte man die Beine der Frau in Steigbügeln fest, sondern man fesselte sie oft auch noch an den Handgelenken. Ihr Körper wurde das passive Objekt, an dem der Arzt die Entbindung vornahm. Sie lag flach auf den Rücken, während er sich am unteren Teil ihres Körpers zu schaffen machte. Ihr Perineum (Damm) wurde kahl wie ein Ei rasiert, und der Arzt sah nun nichts weiter als ein dicht verhülltes, klumpiges Objekt wie ein unter Schonbezügen verborgenes Sofa mit einem zentralen Fensterausschnitt und einer Öffnung, durch die der kugelige Kopf des Fötus auf seinem Wege durch den glatten, glänzenden und prall gefüllten Ballon des Perineums verfolgt werden konnte. Man bekam den Eindruck, als hantiere der Arzt nicht mehr an dem Körper einer Frau herum, sondern bediene nur noch eine Fortpflanzungsmaschine.

Ein weiterer Aspekt der Beziehung Geburtshelfer-Patientin, der parallel zur Rolle des Arztes-als-Wissenschaftler sich entwickelte, ist die Rolle des Retters mit den schmerztötenden Drogen, der verspricht: „Vertrauen Sie mir, tun Sie, was ich sage, dann werden Sie nicht zu leiden haben."

Ein Pauschalangebot

Für eine derartige Fürsorge muß ein Preis entrichtet werden. Wirksame Anästhesie ermöglicht größeres Eingreifen. Und weil sie grundlegend in die normalen physiologischen Funktionen eingreift und in der Regel auch den Fötus beeinflußt, begünstigt sie auch eine derartige Prozedur. Als Resultat wird der Frau oft ein Pauschalangebot gemacht: Schmerzlinderung plus Zangengeburt und was noch sonst nötig sein mag wie zum Beispiel intravenöse Uterusinfusionen, ein Katheter zum Ableiten des Urins, ein chirurgischer Schnitt zur Erweiterung der Vagina und das später erforderliche Vernähen, schmerzlindernde Medikamente und Schlaftabletten während der Woche nach der Entbindung und so weiter.

Dies alles begann in den zwanziger Jahren in den Vereinigten Staaten und zwar nach dem von Dr. Joseph De Lee propagierten System der „prophylaktischen Zange". Dies umfaßt Beruhigungsmittel, eine Episiotomie (Scheidendammschnitt) und die Einführung einer Zange, die den Kopf des

Babys über das Perineum hinaus zieht. Weil diese Form der Entbindung große Schmerzen verursachte, griff man im zweiten Wehenstadium zur Vollnarkose. Und um mit den Schmerzen, die dem vorangingen, fertig zu werden, gebrauchte man eine Kombination aus stimmungsverändernden, schmerzlindernden und schlaffördernden Medikamenten. Scopolamin, eine dieser gefährlichen Drogen, wurde massenweise in die Vereinigten Staaten eingeführt und wird auch heute noch in einigen amerikanischen Hospitälern benutzt. Die Wirkung ist verheerend. Manche Frauen werden unruhig, verwirrt und psychotisch. Man muß sie in ein Netzbett stecken und in einer Art Zwangsjacke immobilisieren oder ihnen einen Baseballhelm aufsetzen, damit sie sich nicht verletzen. Aus dem Entbindungsraum geht es direkt in das „Erholungszimmer", wo eine neue Gerätebatterie auf die Frau wartet, um sie, falls notwendig, wiederzubeleben.

Um der gesteigerten Effizienz willen ist der Geburtsvorgang zu einer Fließbandoperation geworden. Die Aufgaben werden unterteilt. Eine schwangere Frau, die auf diese Weise „verarbeitet" werden soll, wird zunächst von einem Personalmitglied eingewiesen, im Anfangsstadium von anderen Personen beaufsichtigt, von einem weiteren Team entbunden und nach der Geburt wiederum von einer anderen Gruppe übernommen. Oft ist sie diesen Personen nie begegnet. Es ist dies eine aufgabenspezifische und nicht personenspezifische Betreuung und findet besonders bei den Ärmsten und am wenigsten Gebildeten in einer ihnen fremden Atmosphäre und unter ihnen völlig fremden Menschen statt – ohne jede Erklärung, ohne Rücksicht auf die Wünsche und Gefühle der Frau und ohne eine Begleitperson, die Verständnis dafür hat, was die Frau durchmachen muß.

Erst in den siebziger Jahren ließ man den Vater oder ein anderes nahes Familienmitglied als Beistand zugegen sein. Und selbst eine Dekade nach dieser Neuerung ist der Kampf um diese höchst natürlichen Rechte in einigen amerikanischen Krankenhäusern immer noch nicht überstanden.

Aktive Hilfe bei Wehen

Die von obstetrischen Experten ersonnenen innovatorischen Strategien gipfelten in dem, was sie die „aktive Hilfe bei Wehen" tauften. Es gibt verschiedene Interpretationen dieses Begriffes, aber in den meisten Hospitälern versteht man darunter die künstliche Einleitung der Wehen, falls sich die Geburt über Gebühr verzögert hat. Der Herzschlag des Fötus wird durch eine durch die Vagina und in die Schädeldecke des Babys eingeführte elektronische Sonde überwacht und die Kontrolle uteriner Aktivität mittels eines Hormontropfs geregelt, damit die Wehen nicht länger als 12 Stunden – oder 10 oder 8, je nachdem, was die Spezialisten in der betreffenden Abteilung für angemessen halten – dauern, um Erweiterung und Ausstoßen zu bewirken. Falls das Baby jedoch nicht innerhalb der festgelegten Zeit geboren ist, wird eine Entbindung mittels einer Zangengeburt oder eines Kaiserschnitts vollzogen.

Anfang der siebziger Jahre erreichte die Welle für künstlich eingeleitete Geburten mit künstlichem Durchbruch der Membranen und mit einem intravenösen Oxytozintropf ihren Höhepunkt. Fast die Hälfte aller Krankenhausgeburten wurde auf diese Weise eingeleitet. Heute wird dies durch die Anwendung von Prostaglandinpessaren, die gegen die Zervix gedrückt werden, ersetzt. Es bleibt abzuwarten, ob diese Prozedur der Einleitung von Wehen durch Prostaglandine in den achtziger Jahren mit dem gleichen Eifer verteidigt wird.

Eine andere Entwicklung zu einer buchstäblich schmerzlosen Geburt ist die Einführung einer sogenannten Epiduralanästhesie (eine Art Lokalanästhesie; *Anm. der Übers.*). Wenn sich die Frau dafür entscheidet und ihr Narkosearzt es richtig synchronisiert, können die Empfindungen der „Preßwehen", also wenn das Kind herausgepreßt werden soll, wiederbelebt werden. Aber auch dann besteht eine größere Notwendigkeit, zur Zange zu greifen, und eine Studie hat gezeigt, daß bei Frauen mit dieser Form der Anästhesie die Wahrscheinlichkeit, ihr Kind nur durch operativen Eingriff zu entbinden, fünfmal höher ist (I. J. Holt und A. H. MacLennan: *Lumbar epidural analgesia in labour*). Während sich die Anwendungstechniken weiterentwickelten, geht man jetzt mit dieser Form der Betäubung etwas behutsamer um. Zum Beispiel kann es der Frau ermöglicht werden, das Gefühl in ihren Beinen zu behalten, und inzwischen haben sich auch Zangengeburten bei Epiduralbetäubungen merklich verringert. Eine derartige Methode ist für die meisten Frauen am schmerzstillendsten und gleichzeitig auch am sichersten für den Fötus. Die Mutter kann während der Kontraktionen eine Zeitschrift lesen oder ein Kreuzworträtsel lösen und die Geburt wie auf dem Fernsehschirm verfolgen. Sie ist gelassen, kühl und ruhig – in der Tat die ideale „kooperative Patientin". Und so wird diese Form der Anästhesie den Geburtshelfern angepriesen: „Sie hält die Stimmung und die Mitarbeit der Mutter aufrecht", obwohl das Krankenhauspersonal angewiesen wird, „auf wichtige und lebensnotwendige Funktionen wie das Offenhalten der Luftwege, Oxygenierung mit oder ohne Sauerstoffzufuhr, gleichmäßigen Blutdruck usw. zu achten" und daß „Nebenwirkungen wie plötzlicher Blutdruckabfall, Tremor, Tachykardie (Herzjagen), Bradykardie (langsame Schlagfolge des Herzens), Übelbefinden, Brechreiz und – allerdings selten – Konvulsionen und Koma die Folge sein können" (Beipackzettel der pharmazeutischen Firma Duncan Flockhart & Co.). Aber auch dann noch ist ein Preis zu entrichten. Wenn physisches Empfinden auf diese Weise ausgeschaltet wird, ist die Geburt auch ohne jedes sexuelle Gefühl verlaufen.

Elektronische Kontrolle trägt auch dazu bei, dem Geburtsvorgang seine Sexualität zu rauben. Die Drähte können zum Beispiel am Körper der Frau befestigt sein, Katheter und elektrische Kabel fesseln sie an die das Bett umstehenden Meßapparaturen. Sie kann sich nicht frei bewegen noch ihre Lage verändern ohne zu befürchten, den Monitorausdruck durcheinanderzubringen oder eine Elektrode oder einen Katheter herauszuziehen. Es ist, als würde der Monitor das Baby gebären, denn die Augen aller ruhen auf ihm.

Die Erfahrung der Geburt

Heutzutage wollen die Frauen weg von der entpersonalisierenden, von Maschinen beherrschten Geburt und hin zu einer ihr Lebensgefühl erhöhenden, persönlichen und einzigartigen Erfahrung, bei der ihnen die Gelegenheit geboten wird, mit ihren eigenen Gefühlen in Berührung zu kommen und der durch ihren ganzen Körper strömenden Energie freudigen Ausdruck zu geben. Es geht ihnen dabei weniger um das „Sich-in-der-Gewalt-Haben" oder um den Beweis, daß sie ihre pränatalen Übungen gut gelernt haben. Sie wollen die Sexualität der Geburt erfahren.

Für Ärzte, deren Hauptanliegen eine „lebende Mutter und ein lebendes Baby" ist und welche die Geburtswehen lindern wollen, ist das ein verunsicherndes Ziel. Frauen, die herumgehen, sich schaukeln, kriechen oder tanzen, die von ihren Männern umarmt und geküßt, gestreichelt und massiert werden wollen, die schreien oder ächzen oder singen oder stöhnen oder keuchen, wenn ihnen gerade so zumute ist, verwirren sie. Sie könnten sich überflüssig vorkommen, es könnte ja sein, daß die intensive Beschäftigung der Frau mit dem, was geschieht, Feindseligkeit beinhalten würde und zwar gerade dann, wenn sie der Patientin am dringendsten helfen und ihr ihre Sachkenntnis anbieten wollen.

Heute hat man auf diesem Gebiet weit mehr Flexibilität als noch vor fünf Jahren. Eine Frau darf im Anfangsstadium der Wehen, wenn sich die Zervix dehnt, den Rat der Hebamme befolgen und herumgehen und Stellungen einnehmen, die sie bequem findet. Natürlich läßt sich das nicht bewerkstelligen, wenn Monitore den Fötus überwachen, aber man gelangt immer mehr zur Einsicht, daß es physiologische Vorteile gibt: Der Uterus zieht sich besser zusammen, die Frau empfindet weniger Schmerzen und die Sauerstoffzufuhr zum Fötus wird, wenn sich die Gebärende frei bewegen kann, gefördert.

Das zweite Stadium der Wehen

Das zweite Wehenstadium, wenn das Baby sich anschickt, den Geburtskanal zu durchwandern, wird immer noch als eine Phase betrachtet, in der die Frau mit ihrem Körper kämpfen muß, um ein Baby zur Welt zu bringen; es wird immer noch angenommen, daß sie gut täte, sich an die Anweisungen ihrer Helfer zu halten. Betrachten wir dieses zweite Wehenstadium, erkennen wir zur selben Zeit, wie sehr die Frauen in unserer westlichen Zivilisation in Objekte verwandelt wurden, an denen männliche Ärzte hantieren, denn gerade dann wird der wesentliche Mangel an Selbstvertrauen, der die Haltung vieler Professioneller geprägt hat, am deutlichsten sichtbar. Dieses zweite Stadium wird oft in eine Art athletischen Wettbewerb verwandelt, wobei sich die Frau abmüht, das Baby durch die Barrieren von Fleisch zu pressen und wobei alle, die es beobachten, sie anspornen. Wie Schlachtenbummler bei einem Fußballspiel ermuntern sie sie, sich noch mehr anzustrengen, den Atem noch länger anzuhalten, sich noch mehr anzuspannen. Dies vermittelt ihr nicht nur ein Gefühl der Unzulänglichkeit, einen festgelegten Standard nicht erreichen zu können, es belastet sie auch unnötigerweise, und dies kann manchmal auch das Baby nachteilig beeinflussen. Wenn eine Frau erschöpft von ihrer Anstrengung ist, wenn Adern in ihrem Gesicht und in ihren Augen platzen und wenn sie versucht, so lange als möglich den Atem anzuhalten, besteht ein deutliches Risiko, daß die kardiovaskuläre (das Herzkreislaufsystem betreffende) Störung, die in ihrem eigenen Körper geschaffen wurde, die Herzfrequenz, die Sauerstoffzufuhr und den Säurebasenausgleich des Fötus negativ beeinflußt (Roberto Caldeyro-Barcia u. a.). Hält eine Frau die Luft an und spannt sie sich längere Zeit, fällt ihr Blutdruck. Dies wiederum verringert die Sauerstoffzufuhr zum Baby. Dann aber, wenn sie nicht mehr pressen kann, schnappt sie nach Luft, und ihr Blutdruck schießt plötzlich hoch über das Normale. Lange ehe dieses Stadium jedoch erreicht wurde, kann die Zufuhr von durch Sauerstoff angereichertem Blut für den Fötus bereits reduziert wor-

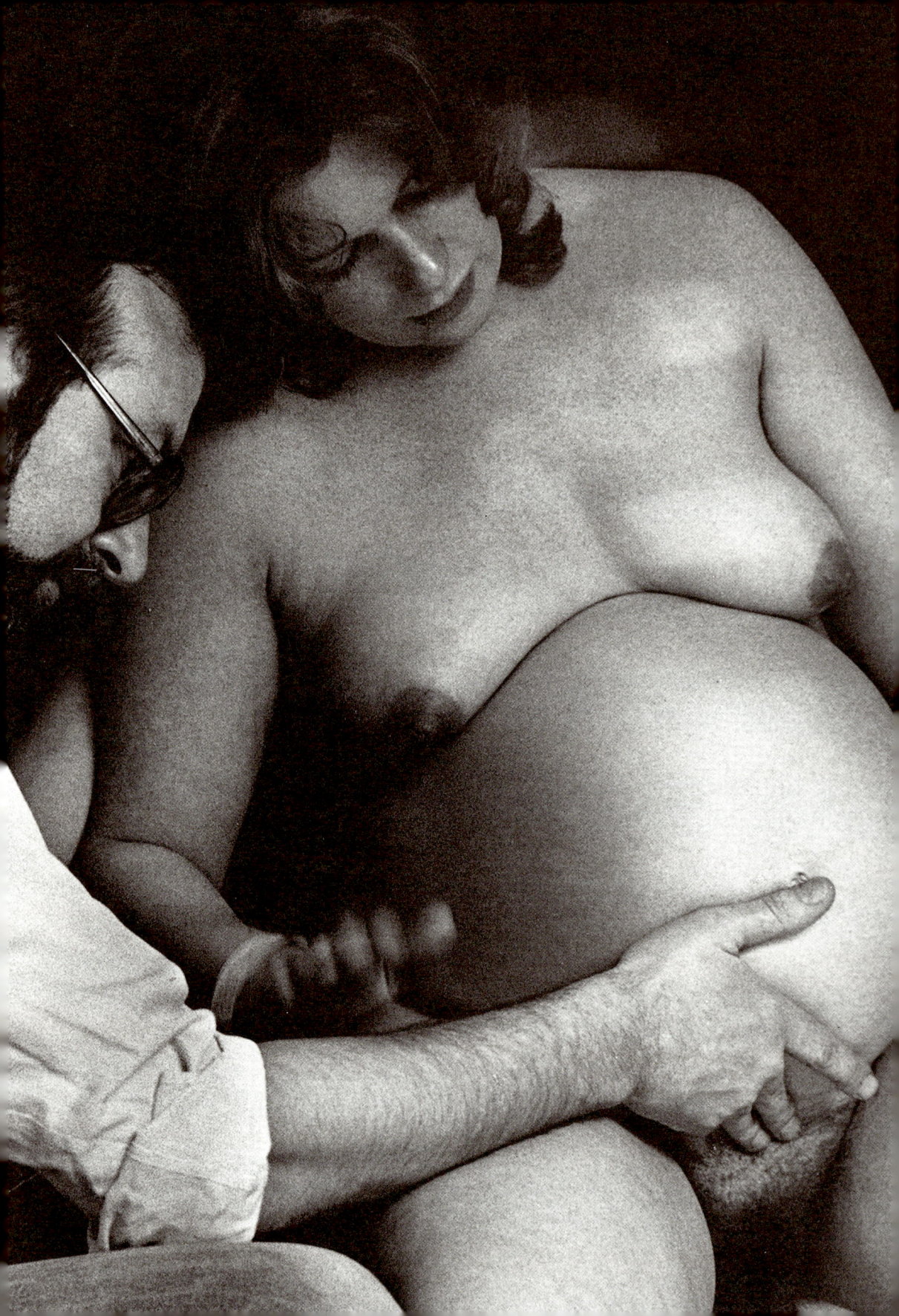

den sein. Was häufig geschieht ist, daß der plötzliche und auch nach den Kontraktionen anhaltende Abfall der fötalen Herzfrequenz ein Signal für das Personal ist, die Frau zu noch größeren Anstrengungen und noch längerem Atemanhalten anzuspornen. Dies wiederum reduziert die Sauerstoffzufuhr für das Kind noch weiter.

Vorgeburtliches Training hat sicherlich dazu beigetragen, daß Frauen in den Wehen so verzweifelt pressen und so lange die Luft anhalten. Man hat ihnen tatsächlich etwas ganz Unnatürliches beigebracht. Es wurde ihnen auch häufig erklärt, wie sie ihre Unterleibsmuskeln stärken und einziehen sollten. Aber eine Frau, die ihre Unterleibsmuskeln einzieht, zieht auch häufig ihre Beckenbodenmuskeln gleichzeitig ein. Sie behindert so das Hinuntergleiten des Kopfes des Kindes und fügt sich selbst unnötige Schmerzen zu. Denn die Beckenbodenmuskeln sind nur dann gelockert, wenn sich der untere Teil des Abdomens nach vorne wölben kann, also genau das Gegenteil von dem tut, was ein muskuläres Einziehen bewirkt, das aber immer noch an einigen vorgeburtlichen Trainingszentren gelehrt wird.

Andere Säuger verhalten sich nicht so. Auch nehmen sie keine dieser unnatürlichen Positionen ein, die wir so oft von den Frauen verlangen: Sie sollten sich zum Beispiel flach auf den Rücken und die Beine hoch legen. Säugetiere halten offenbar nichts von diesem Schnauben und Keuchen und Luftanhalten, das man den Frauen eingeredet hat. Katzen oder Hunde werfen ihre Jungen mit kurzen, raschen Atemzügen und mit offener Schnauze. Zur Ausstoßung wählen sie oft eine halb aufrechte Position mit schräg gestelltem Becken. Sie bewegen sich dabei und wechseln die Stellung. Und das tun sie ganz spontan. Masters und Johnson haben herausgefunden, daß die Atemfrequenz während des Orgasmus mindestens dreimal so hoch ist wie gewöhnlich. Während eine Frau ihren Orgasmus erreicht, hält sie manchmal unwillkürlich die Luft an: Sie keucht, stöhnt, seufzt oder schreit. Ebbt der Orgasmus ab, verlangsamt sich ihr Atem. Hat sie einen multiplen Orgasmus (Wellen von Begehren und Erfüllung, mit kurzen Intervallen), wird ihr Atmen bei jeder herankommenden Welle schneller, und dann, wenn der Höhepunkt erreicht ist, hält sie den Atem ein paar Sekunden an – und sie kann dies manchmal bis zu fünfmal während des Höhepunktes tun. Sie atmet wieder schnell; das Atmen verlangsamt sich aber erst dann, wenn die Orgasmuswelle abklingt.

Es ist eine Art zu atmen, wie sie auch eine Frau in der Austreibungsphase der Wehen anwendet. Mag sie auch niemals pränatale Trainingskurse besucht haben oder hat man ihr damals auch nicht gesagt, wie sie atmen und was sie tun soll, so atmet sie trotzdem schnell, hält die Luft dann ein paar Sekunden lang an, atmet aus, atmet dann wieder schnell und so weiter, bis die Kontraktionen schwächer werden. Und genauso wie eine Frau, die einen multiplen Orgasmus erlebt, hält sie ganz spontan ihren Atem bis zu fünfmal im Verlauf des Höhepunktes der Kontraktionen an.

Dein Partner kann in der Tat deine Erfahrung mit dir teilen und das Kommen jeder Kontraktion spüren ...

All dies vollzieht sich ganz und gar abweichend von der Technik, die den Frauen in pränatalen Kursen empfohlen wird. Bei der Geburt sagt man ihnen dann: „Pressen! Pressen! Kontraktionen ausnützen! . . . Tief atmen, die Luft anhalten. Weiter so . . . Das geht doch sicher noch besser! Lassen Sie den Atem nicht raus! Noch einen tiefen Atemzug! Halten Sie die Luft so lange wie möglich an! . . . Einatmen, festhalten, Rippen und Zwerchfell festhalten und drücken: 1-2-3-4-5-6-7-8-9-10-11-12-13-14-15.'' Sie soll während einer Kontraktion ununterbrochen pressen, jede Sekunde ausnützen und mit aller Kraft drücken. Es ist genau das Gegenteil dessen, was eine Frau während des Orgasmus erlebt. Ein *männliches* Vorbild physiologischer Aktivität wurde den Frauen für den Geburtsvorgang oktroyiert.

Es ist, als habe der männliche Orgasmusverlauf Pate gestanden: – steifmachen, festhalten, durchdrücken, schießen! – und als würde unsere eigene Vorstellung eines psychosexuellen Vorganges verzerrt werden. An Stelle der wellenförmigen Rhythmen des weiblichen Orgasmus werden Preßwehen wie eine einzige, verlängerte Ejakulation angesehen. Man erwartet von der Frau, daß sie solange wie möglich weitermacht und danach erschöpft zurücksinkt. Preßt eine Frau, weil darauf bestanden wird oder auch, weil sie selber glaubt, es sei die einzige Art, das Baby herauszubekommen, werden die Dammgewebe stark strapaziert. Der kugelige Kopf wird gewaltsam durch die Gewebe gezwängt, die sich noch nicht fächerförmig geöffnet haben. Und die Gebärende selbst befindet sich unter einem großen psychischen Druck, weil sie sich abmüht, das Baby – als ob es ein großes, hartes Stück Stuhl sei! – auszuscheiden.

Die spontane zweite Phase

Wird hingegen einer Frau gestattet, das zu tun, was ihr in diesem letzten Stadium natürlich erscheint, erlaubt man ihr, bequeme Stellungen einzunehmen, sich frei zu bewegen und zu atmen wie sie will, dann kann diese letzte Phase zu einem intensiven sexuellen Erlebnis werden. Rhythmen kommen natürlich und ungezwungen, sie bemüht sich nicht verzweifelt, ein scheinbar unmögliches Ziel anzustreben, man verlangt von ihr auch nicht irgendeine Leistung. Sie horcht auf ihren Körper, verläßt sich auf ihn. Sie preßt nur, wenn das Gefühl dringend und überwältigend wird. Sie spürt außerordentliche und intensiv sexuelle Gefühle, wenn der Kopf des Babys zuerst auf den After drückt und dann durch die Ziehharmonikafalten ihrer Vagina hinuntergleitet, bis er sich anfühlt wie eine harte Knospe inmitten einer großen, sich entfaltenden Pfingstrose. Vielleicht fühlt sie mit den Fingern, will den harten Schädel ertasten, während er sich durch das elastisch gewordene Gewebe drückt. Sie hat Kontakt mit dem Vorgang. Es ist nicht nötig, Druck gegen den Kopf des Babys auszuüben, der Frau zu sagen, sie müsse keuchen; es ist nicht nötig, den Kopf umzudrehen oder andere Manipulationen vorzunehmen, die leider inzwischen zu festen Bestandteilen der Entbindungsroutine geworden sind. Ihr Gesicht leuchtet auf, denn sie weiß, daß ihr Baby jetzt zur Welt kommt, ein lebendiges Wesen, das ihr Körper gebiert. Sie kann den Kopf des Kindes sehen, hinuntergreifen, ihn anfassen und spüren, wie er ins Leben gleitet. Plötzlich ist sie voll, aufs Äußerste gedehnt, als sei sie eine berstende Samenkapsel. Ein Augenblick des Abwartens, des Staunens, der Spannung, ganz wie er kurz vor dem Orgasmus erlebt wird, und unversehens gleitet der ganze Körper des Babys heraus in einem Strom warmen Fleisches, einem Springbrunnen, einem Höhepunkt überwältigender Überraschung, und dann hat sie auch schon den kleinen Körper auf ihrer Haut liegen, die Beinchen stoßen gegen ihre Schenkel oder schwimmen über ihren Bauch. Sie streckt die Arme aus, um ihr Baby hochzunehmen, fest, kompakt, mit glänzenden offenen Augen. Ein sexueller Höhepunkt: Die Leidenschaft der Geburt wird zum Willkommensgruß für ein neues menschliches Wesen. All die intensiven sexuellen Gefühle während der Wehen und der Geburt erreichen ihren Höhepunkt in der Leidenschaft, dem Hunger und der Erfüllung einer jungen Mutter.

Und weil man ihr gestattete, bei der Geburt spontan zu sein, kann sie auch jetzt sich spontan verhalten. Gefühle durchpulsen sie, sie öffnet die Arme, um ihr Kind an sich zu drücken, warmes Blut schießt in ihre Brüste, festigt die Brustwarzen und bereitet sie auf den Moment vor, wenn das Baby die Brust sucht und dort das nahrhafte Kolostrum saugt.

Sex, Geburt und Mutterschaft sind keine separaten, sich widersprechenden Erfahrungen. Sie sind Teil eines Kontinuums, und unsere Sicht von anderen Aspekten unseres Lebens wird durch jede dieser Erfahrungen vertieft.

Nach der Geburt

Mit der Geburt des Babys findet eine dramatische Veränderung statt. Vorher war die Frau voll; nun ist sie leer. In ihr befand sich ein zweites Lebewesen. Jetzt, da es sich draußen bewegt, ist es zu einer Person geworden, die sie kennenlernen und umsorgen muß. Beim Wehenvorgang war ihr Körper wie eine Bühne, auf der sich ein Drama abspielte oder aber, wie bei manchen Frauen, eher ein Schlachtfeld, wo man sich einen Wettkampf lieferte. Der jungen Mutter mag ihr ganzer Körper weh tun – sie ist empfindlich, weich, offen, verletzbar. Frauen behaupten, sie fühlten sich „dick", „undicht", „erschöpft", „verloren", „zerbrechlich", „als hätte man mich meiner Weiblichkeit beraubt", „wie eine alte Frau", „unmöglich aussehend", „übergewichtig". Ja selbst Frauen, die gerne schwanger waren und sich auf das Baby freuten, kamen sich „betrogen vor, denn es fehlte mir das Schwangersein". Eine Frau kann so empfinden auch wenn die Geburt unkompliziert war. War sie aber schwierig, dann kann es geschehen, daß sie vor ihrem Körper wirklich Angst bekommen hat und wegen der Veränderungen, die ihm aufgezwungen wurden, beunruhigt ist. „Ich hatte das Gefühl, ich könnte jeden Augenblick aufreißen"; „Nach all dem Herumstochern und Anspornen und Anstacheln wollte ich Zeit haben, mich zu erholen und mich wieder an meinen Körper zu gewöhnen." Sie bezweifelt vielleicht, daß sie durch ihn jemals wieder sexuelles Entzücken erfahren wird. Er kann weh tun, kann steif, verletzt, entzündet sein, und wenn sie ihr Gewicht von der einen Gesäßhälfte auf die andere verlagert, schmerzen sie die Nähte in ihrem Perineum so sehr, daß sie meint, sie sitze auf Dornen oder Glasscherben.

Wie man das Wehenstadium bewältigte

Es sollte uns daher nicht überraschen, wenn eine Geburtserfahrung die Haltung der Frau dem Sex gegenüber zutiefst beeinflussen kann. Es ist nicht wichtig, ob es eine schwere oder leichte Geburt war, ob die Wehen lang oder kurz waren. Die Hauptverantwortung für ihr Körpergefühl nach der Geburt wird von denjenigen getragen, die sich um sie kümmerten. Ist sie wie ein Mensch betrachtet worden, wurde ihr Körper mit Rücksicht behandelt, wurde sie laufend informiert und war sie auch an den Vorkehrungen für ihre Pflege beteiligt, dann hat sie ihre Autonomie behalten. Ihr Körper gehört ihr immer noch, und wahrscheinlich ist sie überzeugt, ihn auf erregende und einmalige Art und Weise gebraucht zu haben. Ist sie jedoch wie auf einem Fließband durch das Wehenstadium geschleust worden und hatte sie nur wenig oder gar nichts zu bestimmen, wurde sie rücksichtslos durchforscht und untersucht und ist sie als ein Objekt medizinischer Übungen und nicht als eine eigenständige Person behandelt worden, die gerade eine Erfahrung von tiefgreifender seelischer Konsequenz durchmachte, kann sie sehr wohl das Gefühl bekommen haben, daß ihr Körper nicht mehr ihr, sondern dem Hospital gehöre und daß es ihr später schwer fallen wird, sich mittels ihres Körpers ohne Befangenheit auszudrücken. Sie ist verkrampft, sie will ihn vor Schmerzen bewahren, vor Invasion und Verwundung. Nach einer derartigen Erfahrung ist der Weg zu einem guten Verhältnis zum eigenen Körper allerdings lang und auch schmerzlich. Es wird nicht einfach sein, ihn wieder zu lieben und sexuelle Leidenschaft durch jede Pore strömen zu lassen.

Das Körpergefühl

In den ersten Wochen nach der Entbindung treten manchmal Blutungen wie bei einer starken Menstruation auf. Die Binden kleben ihr an der Haut, die womöglich eingeschnitten wurde oder die überempfindlich ist, weil das Schamhaar abrasiert wurde.

Viele Frauen beginnen ihre Mutterschaft mit dem Gefühl, ihren Körpern fremd geworden zu sein. Jana hatte eine Zangengeburt und sagt: ,,Die Entbindung hat mich völlig umgehauen. Mein Körper kam sich regelrecht mißbraucht vor. Meine Vagina, die vernäht wurde, war schwarz von Blutergüssen, ich konnte mich nicht hinsetzen. Es war, als wäre es nicht mehr mein Körper, ich erkannte ihn nicht wieder. An Sex war nicht im Traum zu denken. Ich zog mich ganz in mich zurück. Wann immer mein Mann meine Vagina berührte, fiel mir sofort das Geburtserlebnis ein, die Ärzte, die Untersuchungen – ich war entsetzt.'' Aber nicht nur der Geburtsvorgang als solcher ist ein durchgreifendes Erlebnis: In den ersten sechs Wochen danach finden ebenfalls große Veränderungen statt. Der Uterus zieht sich wieder zusammen und nimmt seine normale Lage und Größe an. Die Frau verliert die Körpersäfte, die sich in den letzten Schwangerschaftswochen in ihrem Körper angestaut hatten: Teilweise werden sie im Urin ausgeschieden, teilweise aber auch durch die Haut, als Schweiß. Ihr ist heiß, sie glaubt, unangenehm zu riechen, sie fühlt sich klebrig an. Ihre Brüste sondern Milch ab, werden schwer und schwellen an: Überall sind sie von Venen und Nebenflüssen durchzogen. Sie tun ihr weh, sie sind empfindlich, Milch tritt aus oder spritzt aus den Warzen.

,,Ich hatte Angst, daß hinterher irgendetwas bei mir nicht mehr normal sein würde.''

Allmählich hört der Blutfluß auf und ist nicht mehr bräunlich sondern nur noch hellrosa. Schließlich wird er ganz farblos. Es gibt Frauen, die sich während dieser ganzen Zeit schmutzig vorkommen, als seien alle ihre Körperöffnungen undicht geworden, als sei dieser Ausfluß eine Form von Kindbettinkontinenz. Es ist kein Wunder, daß sie ihre Körper hassen und sich häßlich und beschmutzt empfinden.

Klara behauptet, daß sie lange nachdem ihre Entzündungen und Blutergüsse verschwunden waren noch immer so gefühlt hat. Für sie war es so, weil ihr Selbstbild offenbar unentwirrbar mit Erinnerungen an ihre eigene

Mutter verknüpft war, die sie als neunjähriges Kind verloren hat. „Sie war unförmig, übergewichtig und wirkte bei ihrem Tod viel älter als siebenunddreißig. Wahrscheinlich ist das ein verzerrtes Bild, aber es hinterließ mir ein ganz und gar unerotisches Bild der Mutterschaft." Es kann durchaus sein, daß wir uns bei der Geburt mit unserer Mutter identifizieren. Wir bewerten ihren Körper negativ, weil er für uns ein Zeichen des Alterns und der Geschlechtslosigkeit ist, die in unserer westlichen Zivilisation mit Mutterschaft assoziiert werden.

Andere Frauen wiederum fühlen sich weich und gelöst. Selbst der Geruch des im Kindbett ausgeschiedenen Blutes erregt sie, und ihre Fähigkeit so viel und so unerwartet Milch abzusondern erscheint ihnen wie ein Wunder. „Mein Körper fühlte sich köstlich an", sagt eine Frau, „tröstend, sinnlich, sexy, aber nicht orgastisch", fügt sie hinzu. Es kann auch Freude darüber sein, daß man wieder den Körper hat, an den man gewöhnt war. „Nach der Geburt hat mir mein Körper sehr viel Freude gemacht", sagte Fiona, „denn der Bauch war weg und ich war wieder schlank."

Bei Marion war es mehr als das. „Ich dachte, ich sei mit den Naturkräften in Berührung gekommen – ich wurde viel sinnlicher und sexuell bewußter." Ihr erschien es wie eine mystische, ekstatisch-religiöse Erfahrung.

Es gibt Frauen, die sogar in den ersten Tagen nach der Geburt von einer Flut von Vitalität erfüllt werden, die sie sexuell ausdrücken wollen. So war es bei Ute. In den zwei Tagen nach der Entbindung hatte man sie von ihrem Mann getrennt, was sie als schlimm empfand, weil sie sich so scharf fühlte. „Die Geburt hatte mich total verblüfft. Ich war so stolz, daß mein Körper dieses bezaubernde Baby hervorbringen konnte. Was die Natur alles kann! Nachher wollte ich um ein ganzes Fußballstadion rennen. Und ich war völlig überrascht, wie schnell sich mein Körper wieder erholte. Ich konnte es nicht erwarten, wieder nach Hause und zu meinem Mann zu gehen – ins Bett! Ich war *sehr* scharf." Deshalb kann auch der Zeitraum von sechs bis acht Wochen nach der Geburt eine Phase eines gänzlich neuen Gefühls von Harmonie zwischen Geist und Körper, von physiopsychischer Effizienz und Koordinierung, eines Bewußtseins großer biologischer Kräftereserven und für manche Frauen auch einer Bewunderung der Energie und der präzisen Wechselwirkung von natürlichen Kräften im weiblichen Körper sein.

Ein freudiger Schock, ein Triumphgefühl, etwas, was eigentlich nur als physisches Strahlen bezeichnet werden kann – die Geburt hat lebensintensivierend gewirkt. Es gibt Frauen, die nach der Geburt in einen Dauerzustand wohliger Befriedigung verfallen ähnlich dem, den sie nach einem Orgasmus empfinden. Ihr Körper scheint während der Wehen von einer Woge der Leidenschaft erfaßt und wie ein kleines Boot nach dem Sturm an ein friedliches Ufer gespült worden zu sein.

Auch Männer können ähnlich empfinden. Waren sie nicht nur bei der Geburt dabei, sondern beteiligten sich auch an den Vorbereitungen und halfen während der Wehen und der Entbindung mit, können sie sehr wohl eine neue Erkenntnis der Feinheiten des weiblichen Körpers erlangt und ein neues Verständnis weiblicher Sexualität gewonnen haben. John meint, es sei so bei ihm gewesen. Ellen durchlebte einige Wochen nach der Ge-

"Ich war beglückt über das, was mein Körper geschafft hatte."

burt, wo sie sich „unsauber" und „sehr klinisch" vorkam. „Ich hatte das Empfinden, mein Körper gehöre eigentlich nicht zu dem Ich, das ich vorher zu kennen glaubte." Es war Johns Liebe und Freude, die sie eines Besseren belehrte. Er war bei der Geburt zugegen gewesen und sagt darüber, er habe eine mächtige Welle ehrfürchtiger Scheu vor alledem, was ihr Körper fertig brachte, gespürt und war erfüllt von Liebe und Zärtlichkeit für sie. Vor der Geburt war er ein recht aggressiver, schnellfertiger Liebhaber gewesen. Danach jedoch wurde er sanft und rücksichtsvoll, und Ellen erlebte zum erstenmal während des Geschlechtsverkehrs einen Orgasmus.

Es gibt Frauen, die meinen, die Geburtserfahrung bringe sie an einen Punkt, wo sie ganz bewußt die Herrschaft über ihren Körper aufgeben können, so daß sie auch den Orgasmus genießen. Bei manchen Frauen geschieht dies zum erstenmal. Andere schreiben es der veränderten Haltung und einer neuen Zärtlichkeit zu. Was auch immer die Gründe dafür sein mögen, es ist nicht ungewöhnlich, daß Frauen in ihrer sexuellen Erfahrung eine neue Dimension entdecken, obwohl vielleicht manchmal erst ein paar Monate verstreichen müssen, ehe es ihnen bewußt wird.

Dammschnitt und Sex

Jede Frau, die bei der Entbindung einen Dammschnitt hatte, wird sich wohl erst nach dem Heilen der Wunde ganz entspannen können. Nach dem Vernähen des Perineums schwillt das Fleisch zwischen den Nähten an. Viele beflissene Ärzte – und besonders übereifrige Studenten – ziehen die Nähte so fest, daß sie für das unvermeidliche Anschwellen der Gewebe nach einer Verletzung keinen Platz lassen. Die junge Mutter kann auch einen Knoten aus vernarbtem Fleisch spüren.

Wenn die Vernähungen sich nicht auflösen wollen, besteht die Gefahr, daß sie sich fest verankert haben und zu einer Quelle dauernder Reizung und Schmerzhaftigkeit werden. Manche Frauen müssen sich später einer Operation unterziehen, um die Fäden entfernt zu bekommen. Fanny behauptet, sie fürchtete in den ersten Wochen nach der Entbindung, niemals wieder geschlechtlich verkehren zu können. Neun Monate nach der Geburt des Kindes mußte man sie neu vernähen und jetzt wünscht sie, sie hätte viel früher etwas unternommen und einen Arzt konsultiert. Ihr Problem war jedoch gewesen, daß sie niemals genügend Mut aufbrachte, sich die Narbe genau anzusehen. „Ich fürchtete mich einfach vor dem Anblick." Hätte sie sich untersucht, würde sie die schwarzen Nähte in der Haut bemerkt und erkannt haben, daß die Fäden nicht, wie vorgesehen, eine Woche nach der Entbindung herausgefallen waren. Man hätte sie damals ohne weiteres und fast schmerzlos entfernen können. Es ist also klüger, den Mut aufzubringen und nachzusehen.

Ist das vernarbte Fleisch infiziert, können die Nähte und die Wunde völlig aufbrechen. Die Frau muß Antibiotika nehmen und dann neu vernäht werden. Auch in diesem Falle ist es klüger, sich zu vergewissern, was passiert ist und nachzuschauen.

Dammschnitte werden gewöhnlich seitlich ausgeführt, entweder als ein gerader Schnitt von der Basis der Vagina zur Seite des Perineums oder aber in Form eines „J". Das heißt, sie verlaufen quer zu den Geweben und Muskeln, die sich normalerweise nicht an diesem Punkt teilen. Risse treten an anderen Stellen auf: entweder als Abschürfungen oder als kleine Rißwunden in den Schamlippen, falls sich die Frau während der Entbindung in einer aufrechten Stellung befand, oder aber sie gehen auf der Mittellinie von der Vagina hinunter zum After. Obwohl Oberflächenrisse anfangs schmerzen, heilen sie in den Schamlippen sehr schnell, und viele müssen auch nicht genäht werden. Ein Riß in der Mittellinie findet dort statt, wo sich die Gewebe von Natur aus teilen. Deshalb verheilen sie auch schneller und der Schmerz ist geringer als bei einem Dammschnitt an einer physiologisch weniger geeigneten Stelle.

In vielen Hospitälern werden Dammschnitte bei Erstgebärenden mehr oder weniger routinemäßig vorgenommen und auch bei Frauen angewendet, die nach einer vorangegangenen Episiotomie weitere Babys gebären. Dies bedeutet, daß in manchen Krankenhäusern etwa 80 Prozent oder mehr Frauen einen Dammschnitt verpaßt bekommen, ob sie es wollen oder nicht. Viele Frauen protestieren gegen diese Art weiblicher Genitalverstümmelung und bezweifeln den Sinn routinemäßiger Anwendung.

Falls du einen Dammriß gehabt hast und vernäht worden bist, und vorausgesetzt dein Partner ist sanft und rücksichtsvoll, wirst du, sind die Gewebe erst einmal verheilt, außer einer gewissen Enge bei der Penetration nichts mehr davon merken. In der Regel heilen diese Risse, obwohl zuerst sehr schmerzhaft, sehr rasch. Allerdings können manchmal drei Monate vergehen, ehe du dich wieder ganz in Ordnung fühlst. Natürlich hängt sehr viel davon ab, wie man dich vernäht hat. Hat der Arzt ein zu kompliziertes Stickmuster produziert, kann es sein, daß man dich zu fest vernäht hat. Dies kann sehr beunruhigen und dir das Gefühl vermitteln, du könntest nie wieder normal geschlechtlich verkehren. Aber dieses Gefühl dauert nicht an, und du kannst dir helfen, indem du einige der von mir später in Verbindung mit Dammschnittwunden erwähnten Maßnahmen triffst. Manchmal macht ein kleiner Riß der Frau sehr zu schaffen. Vielleicht ist es nur eine Schürfwunde und befindet sich an einer Stelle, wo sie jedesmal, wenn die Frau die Toilette aufsucht, in Urin getränkt wird. Das brennt dann schrecklich, und manche Frauen trauen sich nicht aufs Klo, weil sie glauben, das Brennen nicht ertragen zu können. Aber dies dauert nur etwa zwei Wochen an. Befanden sich Riß und Vernähung auf der Mittellinie (also von der Scheidenbasis hinunter bis zum After – ein sehr häufiger Riß und eine routinemäßige Vernähung), kann dies eine mit Hamamelis benetzte und bei der Blasenentleerung gegen die Wunde gedrückte Binde lindern. Falls du kleine Wegwerfeinlagen benutzt (und Abflußrohre es verkraften können), brauchst du sie nur, wenn du fertig bist, hinunterzuspülen. Manche Frauen nehmen ein paar Tropfen Arnika-Öl und verteilen das homöopathische Heilmittel auf die verletzten oder empfindlichen Stellen: Sie sind überzeugt, es habe ihnen sehr geholfen. Auch ein warmer Luftstrom aus einem elektrischen Haartrockner (Fön) auf die empfindlichen Stellen gerichtet lindert den Schmerz und beschleunigt den Heilungsprozeß.

Sich danach lieben Wollt ihr das erstemal nach der Entbindung Verkehr haben, ist es empfehlenswert, ein wenig Öl oder in der Drogerie erhältliches Gel bereit zu haben. Auch sollte dein Partner erst einmal die Genitalgewebe vorsichtig streicheln, damit sie, ehe er eine Penetration versucht, elastisch werden. Er sollte aber erst dann in dich eindringen, wenn du dich ganz feucht und wunderbar schlüpfrig fühlst. Ganz gleich, ob du nun einen Dammschnitt oder Dammriß gehabt hast oder ob dir einfach nur alles weh tut – wichtig ist es, daß während der ersten Male *keine* Penetration stattfindet. Bist du ungeduldig geworden und möchtest, daß alles wieder „normal" ist, willst du es „richtig" machen oder möchtest du einfach nur mit deinem Partner schlafen, weil du ihm deine Liebe beweisen willst, wird dir wahrscheinlich das Vergnügen verdorben werden. Sanfte Berührung, Zärtlichkeit und sinnliches Einfühlungsvermögen für den anderen sind nach der Geburt eines Babys von größter Bedeutung (und sind es auch zu jeder anderen Zeit).

Hast du eine Episiotomie gehabt, mußt du Geduld haben, und es kann gut vier Monate dauern, ehe du den Verkehr wieder wirklich genießen kannst. Und selbst dann wird es leichter für dich sein, wenn ihr eine Penetration vermeidet. Manche Frauen brauchen sogar noch länger. Ein Problem zeigt sich manchmal in einer Knotenbildung seitlich an der Vaginawurzel. Sie besteht aus vernarbtem Fleisch, fühlt sich groß, höckrig und empfindlich an, und es kann vorkommen, daß du weder Druck noch irgendein Ziehen an dieser Stelle ertragen kannst. Wenn du den Knoten mit den Fingerspitzen berührst, kommt er dir viel härter und dicker vor als er in Wirklichkeit ist. Du glaubst, er hätte die Größe einer Walnuß, während er nur so groß wie eine Rosine ist.

Wenn du Verkehr hast, wirst du dich bemühen, deine vernarbte Stelle zu schonen. Es gibt dafür mehrere Möglichkeiten. Willst du penetriert werden, solltest du ein Kissen benutzen, um dir und deinem Partner eine Schräglage zu geben, in der er diese Stelle nicht berühren kann. Ein anderer Weg ist, deine Gesäßmuskeln anzuspannen, um diesen Bereich beim Eindringen deines Partners abzuschirmen. Du mußt dies aber bewerkstelligen können, ohne deine Beckenbodenmuskulatur zusammenzuziehen. Dies ist kein Problem, wenn du es vorher geübt hast. Drücke deine Gesäßhälften aneinander als seien sie enggebackene Plunderstücke. Bewege dann deine Beckenbodenmuskeln aufwärts, probiere es aus, während dein Gesäß fixiert ist und lasse sie auf und ab spielen. Ist erst einmal dein Mann in dir, brauchst du die Gesäßbacken nicht mehr zusammenzukneifen, vorausgesetzt, er befindet sich im richtigen Winkel und das Gewicht des Penis ist auf die Klitoriswurzel gerichtet und zieht nicht herunter auf den unteren Teil der Vagina. Ein hartes, unter das Gesäß gelegtes Kissen genügt meist hierfür. Andererseits aber mag eine Stellung, bei der du über deinem Partner liegst, dir mehr Kontrolle und Spielraum geben.

Manche Frauen mögen die Lubrikation des männlichen Samens, wenn er sich außerhalb und über die entzündeten, empfindlichen Gewebe ergießt. Andere wiederum lehnen es ab, weil sie es für schmutzig halten. Wie auch immer du es siehst, Samenflüssigkeit ist wahrscheinlich besser als alles, was es in der Drogerie zu kaufen gibt.

Furcht vor Schmerz hemmt; die dann entstehende Verspannung verursacht weiteren Schmerz. Deshalb ist es wichtig, deine Beckenbodenmuskulatur zu lockern und sie weich, lose und samtig zu machen, während dein Partner in dich eindringt. Manche Männer glauben, der einzige Weg sei der Stoß. Das stimmt nicht. Hat ein Mann eine starke Erektion, dann sollte er auch imstande sein, am Scheideneingang nur mit der Penisspitze zwischen den äußeren Falten deiner Lippen zu warten, und du läßt dich herunter, um ihm zu begegnen. Du wirst entdecken, daß du, wenn du die Muskeln nach außen wölbst, kleine Bewegungen mit ihnen ausführen und sie abwechselnd zusammenziehen und entspannen kannst, um ihn leicht zu streicheln. *Er vermeidet jedes Stoßen* und überläßt dir die Führung.

Gelegentlich spürt die Frau einen tiefen Schmerz im Scheidengewölbe. Meistens bedeutet dies, daß die transzervikalen Bänder gerissen sind oder daß es einen noch nicht verheilten Riß hoch oben in der Scheide gibt. Aber die Fähigkeit des Körpers, sich spontan zu regenerieren, ist bekannt, und manchmal braucht man nur die Stellung zu verändern. Wenn eine Frau jedoch noch ein halbes Jahr nach der Geburt Schmerzen hat und sich keine Besserung einstellen will, sollte sie einen Gynäkologen aufsuchen.

Stillen

Es gibt Frauen, die es ablehnen ihr Kind zu stillen, weil sie wahrscheinlich unbewußt die Idee eines so engen und ununterbrochenen Körperkontakts mit dem Baby nicht verkraften können. Oft wird eine Frau dies unumwunden zugeben oder einfach denken, daß ihr Stillen nicht liege, aber es nicht artikulieren können. Manchmal will sie es nicht zugeben, nicht einmal sich selbst gegenüber.

Viele Frauen, die anfangs sehr zaghaft an die Sache herangingen, weil sie zweifelten, ob sie sich so eng an die Bedürfnisse des Kindes fesseln können oder nicht recht wußten, ob sie in der Lage seien, ihre Körper rückhaltlos und liebevoll zu geben, finden am Stillen Geschmack. Oft brauchen sie sechs Wochen oder länger, um dieses Stadium zu erreichen. Aber dann hat es sich gelohnt.

Unterschiedliche Reaktionen

Stillen ist ein sinnliches Vergnügen. Es geht nicht nur darum, daß die Brustdrüsen Organe sexueller Erregung sind, auch andere Vorgänge haben eine intensiv erotische Komponente – der Rhythmus des Stillens, der Aufbau der Brustfülle, nachdem das Baby getrunken hat, das Tempo, mit dem die Brüste mit Wärme antworten, wenn das Baby weint oder die Erektion der Warzen, wenn das Baby sie mit seinem gierig suchenden Mund ertasten will. Es gibt Frauen, die dies peinlich berührt und verlegen macht. Brustwarzenstimulierung sowohl während wie nach der Geburt bewirkt Uteruskontraktionen. In den postnatalen Tagen zieht sich der Uterus zusammen, wenn ein Baby an die Brust gelegt wird. Das kann schmerzen, es hilft aber, die muskulösen Gebärmutterwände zu verengen, so daß Blutungen verringert werden, der Uterus schnell zu seiner vorgeburtlichen Form, zu seinem ursprünglichen Tonus und fast auch zu seiner Größe vor der Schwangerschaft zurückkehrt.

Aus demselben Grunde ist die Warzenstimulierung seitens des Babys, die Berührung der Händchen, die pralle, sich gegen den Warzenhof pressende Wange nicht nur ganz allgemein eine angenehme Empfindung, sondern sie stimulieren die Mutter auch genital. Bei den meisten Frauen ist es ein sanftes Gefühl von Wärme und Offensein und nicht etwas, was sie gemeinhin mit sexueller Erregung assoziieren würden. Es gibt aber einige, die es so erregt, daß sie einen Orgasmus haben. Auch hier gibt es unterschiedliche Reaktionen. Die eine Frau findet im Bruststillen ein neues Sexualgefühl. Die andere scheut davor zurück, weil diese neue Art von Sexualität sie verwirrt und sie glaubt, daß die beiden Zwecke, zu denen sie ihren Körper gebraucht und die sie strikt auseinanderhalten möchte, nun durcheinandergebracht würden. Das kann so weit gehen, daß sie sich moralisch entrüstet und sich vor dem physischen Kontakt mit dem Kind ekelt, als hätte es das Baby darauf abgesehen, sie zu verführen.

Die erste Phase

Während der ersten Wochen können die Warzen sehr empfindlich sein. Selbst Frauen, die unbeirrt weitermachen, bekommen Warzenentzündungen und Hautrisse. Deshalb ist es auch kein Wunder, daß sich eine Frau zu einer solchen Zeit nicht besonders erotisch fühlt. Manche haben während der ganzen Stillzeit überempfindliche Warzen, weil sie offenbar den Trick nicht heraushaben, das Baby richtig „anzuschließen" und „abzukoppeln". Ein Haarriß ist die Folge, und zwar dort, wo Warze und dunkler Warzenhof ineinander übergehen. Manche Frauen infizieren sich mit Soor aus der Mundhöhle des Babys, und dieser verursacht wiederum Hautjucken. Sollte das der Fall sein, dann ist das Stillen sowohl für die Mutter als auch für das Kind eine Strapaze. Die Brustwarze kann sich nur erholen, wenn die Mundhöhle des Babys gegen diesen Hefepilz behandelt wird.

Die junge Mutter kommuniziert nicht nur mit ihrem Neugeborenen, sie bekommt auch ein ganz neues Gefühl der Nähe zu ihrem eigenen Körper.

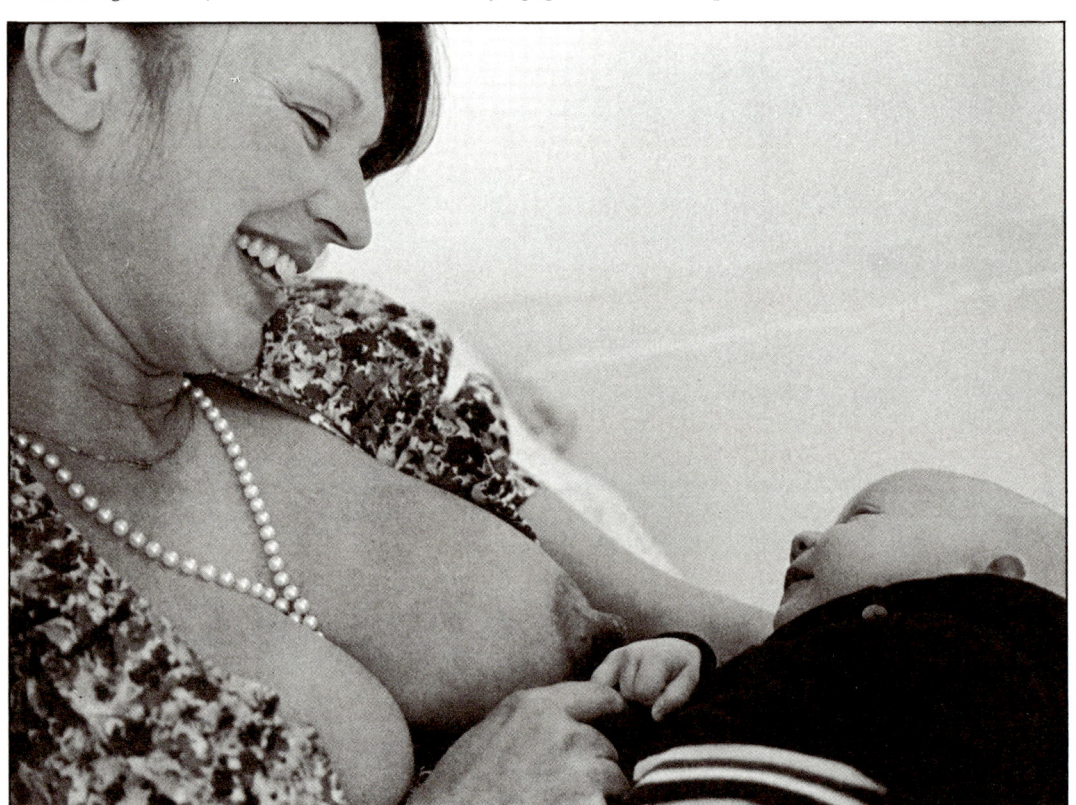

Empfindlichkeit

Es gibt auch andere Gründe, weshalb während der Stillzeit eine Berührung seitens des Partners eine gesteigerte Empfindlichkeit erzeugen kann. Für einige Frauen bedeutet die erhöhte Widerstandsfähigkeit der Warzen gleichzeitig eine gesteigerte Reaktionsfähigkeit auf Berührung durch den Partner. Maggie sagt, ihr Mann „nimmt auch an meiner Milch teil" und daß sie oft einen Orgasmus habe, wenn er an ihrer Warze sauge. Julia behauptet, sie habe „ein besseres Verhältnis" zu ihren Brüsten während der Stillzeit, und zwar zum Teil, weil diese praller, fester und „insgesamt verführerischer" seien. Aber das ist noch nicht alles. Das Jahr nach der Geburt war gleichzeitig auch ein Jahr der Entwicklung ihrer sexuellen Partnerbeziehung, denn nun läßt er sich Zeit, ihren ganzen Körper zu erregen. Vorher steuerte er immer ganz schnell ein Ziel an: die Genitalien. Allerdings sei dies zum Teil auch die Folge ihrer veränderten Verhütungsmethode. Früher nahm sie die Pille, nun gebraucht er ein Kondom.

Trotzdem haben Frauen aus psychologischen Gründen eine gewisse Scheu davor, ihre Brüste stimulieren zu lassen. Obwohl manche behaupten, es mache ihnen Freude, wenn Milch bei der Stimulierung herausspritze („es hat wirklich großen Spaß gemacht, weil jedes Vorspiel, das die Brüste mit einbezog, einen Milchspringbrunnen auslöste!"), ist es für andere, und auch für Männer, wenig appetitanregend. Frauen, die es als „Schweinerei" bezeichnen, tendieren auch dazu, dasselbe Vokabular zu gebrauchen, wenn Samen aus der Vagina rinnt.

Die Vergrößerung der Brust während der Stillzeit empfinden manche Paare als durchaus stimulierend. Die Frau hat das Gefühl, attraktivere Brüste zu haben und sie sexuell auch mehr einzusetzen. Aber ein Mann muß nicht ebenso reagieren. Stephanie, deren Brüste vor der Schwangerschaft sehr klein waren und die nun einen Brustumfang von einem Meter hat, kommt sich von ihrem Partner vernachlässigt vor: sie möchte gerne, daß er an ihren Brüsten saugt. Er tut es aber nicht. „Die Vorstellung, meinen Mann zu stillen, ist sehr erotisch, aber er ist nicht dazu zu bewegen."

Wie das Stillen eine Beziehung beeinflussen kann

Obwohl Forschungen ergeben haben, daß stillende Frauen den Geschlechtsverkehr früher wieder aufnehmen und ihn nach der Entbindung auch mehr genießen als diejenigen, die ihr Kind mit der Flasche aufziehen, gibt es auch andere Frauen, denen eine neue Dimension der Sexualität bewußt geworden ist: Genitaler Sex ist nicht mehr so dringend. Die Frauen fühlen sich komplett, sie tun das, wofür ihre Körper geschaffen wurden, aber mit Geschlechtsverkehr hat es nichts zu tun. Eine erfolgreiche und nicht übereilte Stillerfahrung kann einer Frau dazu verhelfen, mit ihrem Körper einen neuen Dialog zu führen.

Will jedoch das Stillen nicht klappen, ist die Beziehung zum Partner immer mittelbar oder unmittelbar in Mitleidenschaft gezogen, und ähnlich beeinflußt die Partnerbeziehung die Stillerfahrung. Zum Beispiel kann es passieren, daß es einem Mann peinlich ist, wenn seine Frau ganz ungeniert und in der Anwesenheit anderer ihr Kind stillt. Anfangs war Peggys Mann begeistert von der Idee, daß das Baby gestillt würde. Es ging auch alles glatt, bis Peggy sich dafür entschied, das Kind auf Wunsch zu stillen. Das bedeutete aber, daß sie manchmal das Baby in der Gegenwart von anderen Männern an die Brust legte, obwohl, sagt sie, dies immer sehr diskret

geschah. Sie wußte aber, daß es Mike peinlich war und dies wiederum hinderte sie daran, die Milch „freizugeben". Sowohl für die Mutter als auch für das Baby wurde das Stillen immer unbefriedigender. Die Milch versiegte. Nach drei Monaten gab sie es auf.

Manchmal ist ein Mann eifersüchtig auf ein Baby, das jederzeit zu den Brüsten der Frau Zugang hat. Es ist fast, als habe das Baby den Körper der Frau gestohlen. Leo sagt, es hätte ihn verärgert, wenn er jedesmal seinen kleinen Sohn, wie ein zäher Mollusk an einem Felsen klebend, an der Mutterbrust vorfand. Leo ist heute Arzt und bereitete sich damals intensiv auf seine Prüfungen vor. Er war der Ansicht, *seine* Bedürfnisse hätten Vorrang und wollte eigentlich, daß Joan, während er sich durch diese schwierige Berufsphase hindurchkämpfen mußte, *ihn* bemutterte. Sie merkte, daß Leo sich ausgeschlossen fühlte und eifersüchtig auf ihr Baby war. Zwischen den beiden fühlte sie sich hin- und hergerissen. Sie konnte sich mit Leo nicht darüber aussprechen und hoffte, daß das Problem eines Tages von selbst verschwinden würde. Oft war sie allein in der Wohnung, und da Leo so hart arbeitete, fand sie Trost in ihrer Nähe zu dem Baby. Leo bestand seine Prüfungen und ist nun Arzt. Joan läßt sich für eine Mütterberatungsstelle ausbilden. Die beiden haben sich getrennt.

Müdigkeit und Besorgnis

Völlige Erschöpfung spielt in dem sexuellen Leben junger Eltern auch eine Rolle. Die Sorge, ob das Baby genügend Muttermilch bekommt, drängt sich zwischen Vorstellungen von sexuellen Intimitäten. „Dabei hatte ich so viel Milch und war so müde und so nervös, wenn sie nachts weinte", sagt Judith, „und dann hat sie mich gebissen, und es hat wirklich weh getan. Ich weinte und hatte ein schlechtes Gewissen und fühlte mich gleichzeitig unter Druck. Ich war völlig durcheinander, hoffte aber, wir würden es überstehen." Selbst wenn alles gut geht, haben Babys die Angewohnheit, zu unmöglichen Zeiten aufzuwachen. Fast ist es, als hätten sie dafür einen sechsten Sinn. „Wir sind meist mittendrin, wenn Daisy aufwacht!"

Um den Bedürfnissen eines kleinen Kindes nachzukommen, müssen sich die Lebensgewohnheiten der jungen Eltern verändern. Es kann der Eindruck entstehen, daß die Partner im Zeitpunkt und dem Gefühl sexueller Erregung niemals zusammentreffen wollen. Daphne: „Ich war sehr nervös während der Stillzeit, ich war erschöpft von den Anforderungen eines ganz und gar von mir abhängigen Babys, das alle drei Stunden gestillt werden mußte." Sie war müde und deprimiert. Sie und Norbert hatten es sich zur Gewohnheit gemacht, zu verschiedenen Zeiten zu Bett zu gehen. Sie war so erschöpft, daß sie gleich nach dem Abendessen hinauf ins Schlafzimmer ging und es niemals mehr dazu kam, daß sie miteinander schliefen. Sie wollte zwar keine Penetration, sehnte sich aber nach körperlicher Zärtlichkeit und Zuwendung. Aber da Norbert Sex mit Geschlechtsverkehr gleichsetzte, hütete er sich davor sie zu berühren. Er fand es unfair, sie zu beanspruchen, weil sie sich ja so sehr um das Baby bemühte und eine so gute Mutter war. Die Folge: Sie liebten sich überhaupt nicht mehr. Rückblickend meint Daphne, ihr Elend sei zum größten Teil darauf zurückzuführen gewesen, daß sie keine emotionellen Reserven einer alten Liebe und einer körperlichen Nähe mehr hatte. Sie glaubte, er hielte sie auf Distanz. „Es stimmt, daß ich das Interesse am Sex irgendwie verloren hatte", sagt

Stillen kann eine sehr erotische Erfahrung sein, und zwar nicht nur für die Mutter, sondern auch für den Vater und das Baby . . .

sie, „weil ich jedes Fünkchen Energie aufbringen mußte, um mit dem Baby fertig zu werden. Ich wollte Zuwendung und Unterstützung, aber keinen Sex." Und dabei ist dann beides zu kurz gekommen.

Zwiespältige Gefühle

Wenn Frauen ein Kind nähren, fällt es ihnen manchmal schwer, sexuell erregt zu werden. „Psychologisch reservierte ich meine Brüste für mein Baby: Sie waren eine Nahrungsquelle für meinen Sohn und sonst gar nichts." Manche erleben erst einige Monate nach der Entwöhnung des Babys eine Rückkehr ihrer erotischen Bereitschaft. Bei anderen Frauen wiederum erhöht es die Sensitivität, und sie genießen ihre Brüste auf eine ganz neue Weise. Wenn ihr Partner sie zu dieser Zeit dort berührt und er an ihnen saugen möchte, kann die Frau es als störend empfinden. Möglicherweise wagt sie es aber nicht, es ihm zu sagen, weil sie fürchtet, er könne sich zurückgesetzt vorkommen. Frauen sagen oft: „Wenn ich ein Kind stille, bin ich immer sehr empfindlich und will nicht dort angefaßt werden." Manche Frauen bestehen darauf, daß der Mann sich vorher die Hände wäscht, oder aber sie waschen sich demonstrativ hinterher die Brüste. Eine Frau, die der Ansicht ist, das biologische Band zu ihrem Baby hätte Vorrang und die sich schwertut während der Stillzeit auf ihren Partner einzugehen, wird deshalb ein schlechtes Gewissen haben. „Ich kann mich nicht völlig entspannen, ich habe immer noch das Gefühl, mein Körper gehöre dem Kind. Ich könnte es nicht ertragen, wenn mein Mann meine ‚arbeitenden' Brüste berührt."

Die Erfahrung des Stillens teilen

Ein Paar macht sich oft Gedanken darüber, daß die Tatsache des Stillens dem Vater nicht die gleiche Chance gibt sein Baby kennenzulernen wie der intime Körperkontakt zwischen Mutter und Kind. Wir haben jedoch bereits im 6. Kapitel davon gesprochen, daß ein Vater viele andere Gelegenheiten finden kann, sein Baby kennenzulernen – Baden, Massieren, Umarmen können wichtige Komponenten einer Vater-Kind-Beziehung sein. Es gibt Frauen, die sich schließlich doch für die Flasche entscheiden, weil sie das Stillen dem Vater gegenüber als unfair empfinden. Eine Frau sagt: „Ich würde es einfach für egoistisch halten, das Kind zu stillen, wenn John sich so sehr danach sehnt, ihm die Flasche zu geben."

Es gibt Möglichkeiten, den Partner in den Kreis einer Zweierbeziehung einzubinden. Gewiß ist das schwierig, wenn die Mutter am Anfang ist und erst lernen muß, wie man das Baby „anlegt" und „absetzt" und wenn sie überhaupt unsicher ist, ob sie es richtig macht. Die ersten sechs bis acht Wochen sind da keineswegs unproblematisch. Die Mutter muß neue Fertigkeiten erlernen, und ihre Aufmerksamkeit konzentriert sich auf das Baby. Aber für die meisten von uns kommt eine Zeit, da wir einfach unsere Arme ausbreiten und die sinnliche Freude des Stillens uns durchströmen lassen und wissen, daß es funktioniert, denn das Baby gedeiht und unser Körper fühlt sich wohl. Einige Frauen meinen, sie spürten eine „Verbindung mit den Kräften der Natur" und seien „sexuell bewußter". Auch ein Vater kann in der Stillbeziehung von Mutter und Kind ein Aufwallen von Wärme und Freude erleben.

Dein Partner wird, wenn er neben dir liegt, teilnehmen an dieser Erfahrung der Zärtlichkeit und sexuellen Erfüllung: Während du das Baby stillst, legt er seinen Arm um euch beide. Kleine Hände erforschen die Schwellung deiner Brust, der Vater lutscht ganz spontan an einem Finger, während das Baby nuckelt. Oder aufgeregte Füßchen strampeln, während die Wonne des Saugens und Schluckens den ganzen Körper des Babys durchströmt. Während du dich in den Schlaf sinken läßt, nimmt er dir das Baby ab und legt es auf seinen Körper oder aber liegt da und umschlingt euch beide mit seinen Armen. Stillen *kann* eine von beiden erlebte Erfahrung sein.

Das Klimakterium

Selbst diejenigen unter uns, die genau wissen, was mit ihrem Körper geschieht, die über den Zyklus und die Geburt Bescheid wissen, und sich im Einklang mit diesen rhythmischen Vorgängen wähnen, wissen manchmal sehr wenig über das Klimakterium und nähern sich ihm viel negativer.

Beim Biologieunterricht in der Schule und auch später, wenn wir Bücher über Sex lesen, wird das Klimakterium entweder überhaupt nicht erwähnt oder aber wir nehmen es gewissermaßen nicht mit an Bord, weil wir es für irrelevant halten und in ferner Zukunft glauben. Es ist etwas, das mit unseren Müttern geschieht, aber nicht mit uns.

Und dann, plötzlich, merkt die Frau, daß ihre Perioden unregelmäßig geworden sind, daß sie Hitzewallungen hat – und da ist sie nun mittendrin und bestürzt über das, was mit ihr passiert und vielleicht auch erschreckt, weil sie glaubt, nun alt zu werden.

Das Klimakterium hat eine schlechte Presse gehabt. Es wird beschrieben als eines dieser weiblichen Mysterien, bei denen die Frauen Gefangene ihrer Hormone sind. Körper und Seele werden von einer Flut chemischer Substanzen überrollt, die den Frauen die Kontrolle über ihre körperlichen und geistigen Prozesse nimmt, sie geschlechtslos und zu runzligen „Seniorinnen'' macht.

Propheten des Untergangs

Der in den Staaten so populäre Autor Robert A. Wilson, Erfinder der Hormonersatztherapie (HRT) schreibt, das Klimakterium sei „ein ernstzunehmender klinischer Zustand, der Gesundheit und Glück jeder Frau bedrohen kann'', der aber durch HRT geheilt werden könne. Wilson bedauert die armen Ärzte, die Frauen in den Wechseljahren behandeln:

Was kann denn der arme Arzt der Frau noch raten, die sich bei ihm über Nervosität, Gereiztheit, Angst, Beklemmungen, Hitzewallungen, nächtliche Schweißausbrüche, Gelenkschmerzen, Depression, Herzklopfen, Weinkrämpfe, Schwächeanwandlungen, Schwindelgefühl, migräneartige Kopfschmerzen, Konzentrationsschwäche, Gedächtnisverlust, chronische Verdauungsstörungen, Schlaflosigkeit, häufiges Urinieren, Trockenheit von Augen, Nase und Mund sowie Rückenschmerzen beklagt?

Chemische Unausgewogenheit bewirkt „klimakterische Kastration'' und „eine Verstümmelung des ganzen Körpers . . . Keine Frau ist davor sicher, dieser Verwesung bei lebendigem Leibe zu entrinnen. Jede Frau muß mit großem Leiden und extremer Behinderung rechnen.'' David Reuben hat in seinem Bestseller *Alles, was Sie schon immer über Sex wissen wollten . . . Aber bisher nicht zu fragen wagten* sich als ein weiterer Prophet des Unterganges erwiesen:

Östrogen wird nicht mehr gebildet, die Frau gleicht sich immer mehr dem Mann an. Der Haarwuchs im Gesicht nimmt zu, die Stimme wird tiefer, sie wird dicker, ihre Brüste schrumpfen und auch die weiblichen Genitalien vermännlichen sich. Vergrößerte Gesichtszüge, Vergrößerung der Klitoris und allmählicher Haarausfall vervollständigen das Bild. Sie ist zwar noch kein Mann, aber auch keine Frau mehr: deshalb leben diese Zwitter in einer Zwischenwelt . . . Für viele Frauen bedeutet das Klimakterium das Ende ihres nützlichen Lebens . . . Sie haben ihre Ovarien überdauert, deshalb haben sie auch als menschliche Wesen keine sinnvolle Funktion mehr. Die ihnen noch verbliebenen Jahre sind nur ein Auf-der-Stelle-Treten, bis sie ihren Drüsen in die Vergessenheit folgen.

Ist es ein Wunder, daß viele Frauen sich gegen ein derartiges Bild wehren? In der Tat bringt das Klimakterium eine Umwälzung mit sich. Wir können diese subtilen Vorgänge entweder ableugnen und so tun, als gebe es sie nicht, oder aber wir machen uns mit dem Körper vertraut und passen uns ihm an wie eine Schwimmerin ihre Bewegungen der Kraft der Strömung anpaßt. Das Leben trägt uns weiter: Entweder schlagen wir wild um uns, weil wir uns gegen das Unausweichliche wehren, oder aber wir lernen die biologischen Veränderungen hinzunehmen.

Was wirklich geschieht

Menopause bedeutet wörtlich nichts weiter als das Aufhören der monatlichen Regelblutung. Sie markiert das Ende unserer Reproduktivität und ist die Folge eines Rückbildungsprozesses in den Ovarien. Dieser Abbau der Ovarialfunktionen findet gewöhnlich nicht von einem Tag auf den anderen statt; es kann einige Jahre dauern — manchmal bis zu fünf — und diese Zeit wird „das Klimakterium'' genannt. Eine hormonale Belastungsprobe begleitet die tiefgreifenden Veränderungen, bis ein neues Gleichgewicht gefunden ist, eines, das für die ältere Frau natürlich und richtig sein sollte.

Unregelmäßige Perioden

Für viele Frauen ist das Klimakterium eine Zeit unvollkommener und unregelmäßiger Zyklen, die von einem Anstieg des follikelstimulierenden Hormons (FSH) begleitet werden. Wenn die Menstruationen unregelmäßig werden, führt dies zu einer gesteigerten, oft dreifachen Ausschüttung von FSH und LH (luteinisierenden Hormonen). Ein Jahr nach dem Aufhören der Ovarialfunktion — das heißt also, wenn die Menopause vorbei ist — sind die FSH-Spiegel um ein Zehn- oder Fünfzehnfaches höher als zur Zeit, da die Frau noch menstruierte. Zwei bis drei Jahre später steigt dann der LH-Spiegel noch mehr an, um danach allmählich wieder zu sinken (s. Abschnitt über Hormone auf S. 55 f.

Die Ovulation hört auf

Der Eierstock ist die Hauptquelle der Östrogenabsonderung im Körper der Frau. Wenn die ovariellen Funktionen fehlen, sinkt der Östrogenspiegel. Es gibt aber noch ein weiteres Hormon, Testosteron, von dem man annimmt, daß es vor allem die sexuelle Erregungsbereitschaft der Frau beeinflußt (obwohl dies noch unbewiesen ist). Dies wird im Körper immer noch ausgeschieden und ist selbst eine Östrogenquelle. Also produzieren Frauen auch noch nach der Menopause Östrogen, aber diese Restproduktion stammt aus anderer Quelle. Die Östrogenbildung sinkt ständig; bereits in den Mittzwanzigern nimmt sie ab, und deshalb ist der Eintritt in die Menopause für die meisten Frauen auch kein abrupter Östrogenentzug. Dies geschieht nur, wenn die Eierstöcke operativ entfernt werden. Wir haben dann eine chirurgische Menopause, es sei denn, Östrogen wird auf chemischem Wege ersetzt.

Für jede Frau haben die Wechseljahre eine eigene Bedeutung . . . und wenn es auch nur eine Zeit der Selbstbesinnung ist, kann sie als ein Neubeginn gewertet werden . . .

Anpassung an die veränderte Hormonverteilung

Während der Menopause vollzieht sich eine Reorganisation des endokrinen (also Drüsen-)Systems und eine allmähliche Anpassung des Körpers an die gesunkenen und nur noch vom Testosteron gebildeten Östrogenmengen. Ist erst einmal diese Anpassung vollzogen, verschwinden auch die Begleiterscheinungen, das „Menopausensyndrom": Hitzewallungen, nächtliche Schweißausbrüche, Herzklopfen, übermäßig starke oder allzu spärliche Blutungen oder beides und Libidoverlust: Die Frau und ihr Körper haben wieder Frieden geschlossen.

Hitzewallungen

Die meisten Frauen, aber nicht alle, leiden unter Hitzewallungen. Plötzliche Hitze steigt auf, verbreitet sich über Gesicht und Hals und manchmal auch über den ganzen Körper. Es kann überall und jederzeit passieren und ist unabhängig von der Außentemperatur. Manchmal sind die Wallungen nur leichte Wärmegefühle. Andere hingegen erzeugen Schweißausbrüche, und hinterher fühlt sich die Frau durchnäßt und kalt.

Vielen Frauen sind diese Wallungen im höchsten Maße peinlich; sie sind ein offensichtliches Zeichen der Wechseljahre. Es ist beinahe wie eine öffentliche Abschiedserklärung an Jugend und Weiblichkeit.

Aber eine Wallung kann durchaus attraktiv sein. Ich ahnte es nicht, bis ich eines Tages eine verspürte und vor den Spiegel trat, um mich ganz objektiv zu betrachten. Obwohl ich mich seltsam fühlte, gefiel mir der rosige Schimmer. Und in diesem Augenblick beschloß ich, Hitzewallungen als lebensbejahend zu betrachten. Wenn du erst einmal dieses Erröten als positiv empfindest, wird es auch seine Natur verändern. Jede Wallung ist dann wie eine Wehenkontraktion oder eine Welle erotischen, den Körper durchströmenden Gefühls. Es ist durchaus möglich, sich davon treiben zu lassen und nicht dagegen anzukämpfen oder gar vorzugeben, es finde nicht statt. Du kannst sie mit deinem eigenen Atem auffangen und weiteratmen, du kannst sie fließen lassen während sie hochsteigt, ihren Gipfel erreicht und allmählich abebbt. Es ist gut, wenn du den Atem bis hinunter ins Becken fließen läßt, so daß nicht nur der Unterleib, sondern das Schambein sich leicht bewegt, aufsteigt, wenn du einatmest und wieder fällt, wenn du die Luft langsam wieder herausläßt. Du kannst es üben, indem du die Hand über den Schambügel legst und mit vollen, langsamen Atemzügen atmest und zwar mit Betonung auf dem Ausatmen. Das Einatmen folgt dann ganz automatisch. Die subtile Bewegung des Schambeins läßt sich unter der Handfläche spüren.

So kann eine Hitzewallung nicht nur sehr erotisch sein: Sie öffnet gleichzeitig auch die Vagina, bis es sich anfühlt, als ob du auch mit ihr „atmen" kannst. Anstatt dich zu verkrampfen, als wolltest du irgendwie durch Muskelanspannung die Hitzewallung blockieren oder verhindern und deinen Körper dem, was geschieht, verschließen, entspannst und öffnest du dich und läßt alle Gefühle, die kommen wollen, durch dich hindurchströmen.

Aber auch dann noch können den Frauen Hitzewallungen zu schaffen machen. Es gibt da ein paar lindernde Möglichkeiten. Eine Frau aus meiner Bekanntschaft hat einen japanischen Fächer, mit dem sie sich bedächtig das Gesicht fächelt, wenn sie eine Wallung erwartet. Die langsame Bewegung trägt wahrscheinlich dazu bei, daß sich ihr Atmen verlangsamt. Auch kann die Frau eine kleine Wasserspritzflasche zur Hand haben, entweder die im

Handel erhältliche Art oder die, mit der man Zimmerpflanzen besprüht. Frauen betonen oft, daß es praktisch sei, etwas überzuziehen, so daß sie eine Strickjacke oder einen Schal oder was auch immer ablegen können, wenn die Hitze über sie kommt. Einige Frauen leiden unter nächtlichen Schweißausbrüchen. Diese sind manchmal so heftig, daß sie bis zu fünfmal in der Nacht das Bettzeug durchschwitzen. Aber bei den meisten Frauen ist es nicht so drastisch. Trotzdem ist es eine gute Idee, Bettzeug zum Wechseln, Eiswasser oder Eau-de-Cologne und Talkumpuder sowie einen kleinen Ventilator, der sofort eingeschaltet werden kann, parat zu haben. Auch ist es einfacher, eine Steppdecke wegzustoßen als sich mit Wolldecken abzustrampeln.

Veränderungen im Vaginalgewebe

Ein weiterer Aspekt der Menopause und des Postklimateriums sind verminderte Scheidendurchblutung und -schrumpfung. Die Vaginalwände werden dünner und anfälliger. Natürlich ändert sich auch die Einstellung zum Geschlechtsverkehr, obwohl es die Libido als solche nicht tangiert. Im Normalzustand ist die Vagina leicht sauer. Besondere Bakterien verwandeln das von den abgestorbenen Oberflächen freigesetzte Kohlenhydrat in Milchsäure. Mit der Menopause wird die Vagina oft neutral oder alkalisch. Außerdem nimmt die Vaginalsekretion ab und das Elektropotential wird schwächer. Diese vier Faktoren zusammen trocknen die Vagina aus und verursachen Probleme. Die verminderte Östrogeneinwirkung verursacht eine Schrumpfung und ein Dünnerwerden der Vaginalwände: Sie können Risse entwickeln und infizieren sich leichter. Die Gewebe um den Blasenhals können ebenfalls so reagieren. Als Resultat ist die postklimaterische Frau anfälliger für vaginale Infektionen (Vaginitis) oder Blasenentzündungen. Einige amerikanische Gynäkologen behaupten: „Die meisten von klimaterischen Frauen erlebten sexuellen Probleme sind einfach auf den physischen Zustand der Vaginalschleimhäute zurückzuführen."

Vaginitis- behandlung

Alle diese Veränderungen kann man mit Östrogen behandeln. Der Vagina wird wieder Feuchtigkeit zugeführt, Geschlechtsverkehr ist nicht mehr schmerzhaft. Zu Beginn der Behandlung solltest du eine vaginale Gleitcreme benutzen. Hilft diese nicht, kannst du dir eine Östrogencreme verschreiben lassen, die mit einem kleinen Plastikkolben in die Vagina eingeführt wird. Allerdings absorbieren Vaginalgewebe Östrogen sehr leicht; wenn du also dieses Mittel lange Zeit anwendest, besteht die Gefahr eines Gebärmutterhalskrebses. Von 1000 Frauen entwickelt nach der Statistik nur eine diesen Krebs. Wenn aber Östrogen benutzt wird (dabei kommt es natürlich auf die Länge der Therapie und die Dosis an), vergrößert sich das Risiko um ein Zehnfaches.

Es ist durchaus möglich, daß eine einzige Tube Östrogencreme die Vaginalgewebe erweicht und verdickt, so daß Geschlechtsverkehr nicht mehr so schmerzhaft ist. Die beste Behandlung ist aber immer noch regelmäßiger Verkehr, da die Samenflüssigkeit als solche der Vagina Nährstoffe zuführt und sie elastisch und prall erhält.

Auch lesbische Frauen haben dieses Problem und empfinden sogar liebevolle Finger als schmerzhaft. Sollte ein einfaches lubrizierendes Gel oder Vitamin E-Öl nicht wirken, bleibt natürlich nur Östrogencreme. Wird Östrogen oral genommen, ist es gewöhnlich mit Progestagensubstanzen kombiniert, um der Wirkung des Östrogens entgegenzusteuern. Dadurch wird das Krebsrisiko vermindert. Progestagen schützt die Uterusschleimhaut. Es wird jeweils während der letzten 10 bis 13 Tage des Monats eingenommen. Aber hohe Progestagenspiegel werden mit Veränderungen im Cholesterinblutspiegel, mit hohem Blutdruck und Thrombose in Verbindung gebracht. Will eine Frau HRT (siehe oben) ausprobieren, ist es geboten, daß ihr Gesundheitszustand die ganze Zeit überwacht wird. Dabei sollte die Dosis supplementärer Hormone möglichst klein gehalten werden und auch nur so lange wie absolut nötig dauern. Hat die betreffende Frau bereits eine Thrombose gehabt oder leidet sie an zu hohem Blutdruck oder einer Herzkrankheit, ist sie zuckerkrank oder hat sie ein Leberleiden oder Migräneanfälle, sollte sie besondere Vorsicht walten lassen und sich ausführlich mit ihrem Arzt besprechen.

Kalziummangel

Osteoporose (klinische Minderung der mechanischen Belastbarkeit, Neigung zu Frakturen) in der Form klimakterischer oder postmenopausaler Knochenatrophie kann Frauen im Postklimakterium zu schaffen machen. Drei Arten von Knochenbrüchen sind die Folge: Kompressionsfraktur des Rückgrats, Oberschenkelhalsbruch und Fraktur des Handgelenks. Der Grund dafür ist, daß Kalzium im Postklimakterium anders metabolisiert wird. Kalzium in den Knochen läßt sich nicht ersetzen, obwohl HRT (Hormonersatztherapie) einen weiteren Kalziumabbau verhindert. Die Mehrzahl der Frauen leidet jedoch nicht an Osteoporose, und diese mag auch auf einer in früheren Jahren erlittenen Unterernährung beruhen. Deshalb ist eine Präventivmethode mittels Hormonersatzgaben (dazu sollten orale Östrogene während der Menopause drei Wochen pro Monat genommen werden) wahrscheinlich unklug. Forschungen (Jean Hailes) haben ergeben, daß Östrogene ununterbrochen genommen werden müssen und daß, findet eine Unterbrechung statt, Knochen wieder porös werden können.

Wir wissen auch, daß die Ernährung zur Verhütung allzu fragiler Knochenstrukturen während und nach der Menopause eine Rolle spielen kann. Vitamin C und D sind wesentlich, Kalzium und Fluoride ebenfalls. Eine vitamin- und mineralienreiche Diät ist wirksamer als jegliche Medikation. Ein Fluorzusatz sollte individuellen Bedürfnissen angepaßt werden.

Das Für und Wider zusätzlicher Hormone

In den sechziger Jahren wurden fortgesetzte Hormonbehandlungen als Allheilmittel für das Menopausensyndrom angepriesen. Litt eine Frau über fünfzig an Schlaflosigkeit, war sie reizbar, hatte sie trockenes Haar oder trockene Haut, bekam sie Kopfschmerzen oder Erschöpfungszustände, ließ ihre Konzentrationsfähigkeit nach, traten depressive Verstimmungen auf oder war sie nicht mehr sexuell ansprechbar, dann gab es nur HRT. Östrogene, das war der Jungbrunnen! Falten glätten sich wieder, die Vitalität kommt zurück, das Altern, ja der Tod selbst kann hinausgeschoben werden. Wer immer den Frauen diese „Wunderkur" verkaufte, flößte ihnen gleichzeitig auch Furcht ein. Es wurde behauptet, die Menopause sei „eine verhütbare und heilbare Mangelkrankheit" (Robert A. Wilson in seinem Buch *Feminine Forever*). Vertreter dieser Theorie unkten, daß Frauen ohne HRT wie Eunuchen und von dem, was ihnen geschah, gelähmt sein würden. Obwohl die Verfechter nicht behaupteten, HRT würde die Libido zurückbringen, enthielt ihr Werbematerial Aussagen wie diese: „Nun kann fast jede Frau, gleichgültig, welchen Alters, ohne weiteres bis zu ihrem Tode ein erfülltes Sexualleben genießen.'' Die Medien stürzten sich darauf, und HRT wurde in den Mode- und Frauenmagazinen propagiert:

Die Therapie bringt der Frau ein Gefühl der Zuversicht und des Wohlbefindens wieder, macht die Haut glatt und elastisch, belebt ihr Haar, festigt die Brüste, entfacht ihr Interesse am Sex – ein echtes Pauschalangebot, das Vagina, Uterus und Klitoris wieder auf Vordermann bringt. Im Handumdrehen ist alles, wie es sein soll. Der ganze Körper ist schußbereit – für Sex. (Zitiert in Rosetta Reitz: *Wechseljahre. Ermutigung zu einem neuen Verständnis.*)

HRT kann die verlorene Jugend nicht wiederbringen, und es ist auch kein Aphrodisiakum. Fängt man die Behandlung zu Beginn der Menopause an, kann es Wallungen verhüten und Knochenschwund verzögern; es kann auch die Elastizität der Vagina in hohem Maße wiederherstellen. Dies ist, was eine Frau über ihre HRT-Kur zu sagen hat:

Seit ich Cyclo-Progynova nehme, hat sich mein ganzes Leben verändert. Bei den ,,Älteren Feministinnen'' besteht offenbar ein gewaltiges Vorurteil dagegen und große Angst davor. Dies ist jedoch *meine* Erfahrung: Ich nehme es jetzt schon über zwei Jahre und habe es keine Sekunde lang bereut. Ihr Frauen, die ihr euch eure zwanzigste Zigarette am Tag ansteckt, wollt mir weismachen, ich würde Krebs bekommen! Gebt das Qualmen auf und steigt um auf HRT!

Im Gegensatz dazu hatte eine andere Frau große Schwierigkeiten, die Einwirkungen der Menopause, den Tod ihrer Mutter sowie die Adoleszenz und das Erwachsenwerden ihrer Kinder zu entwirren. Sie war zutiefst verstört und litt überdies unter akuten schmerzlichen physischen Symptomen wie Gliederschmerzen, Kopfweh, Flüssigkeitsretention und starken Blutungen. Ihr Partner war eine Frau, und sie ist überzeugt, daß deren unermüdliche Geduld und Pflege ihr über diese Phase hinweggeholfen haben und daß man ihr glücklicherweise keinen Geschlechtsverkehr zumutete. Sie sagt:

Ein Glück, daß ich lesbisch bin. Meine Freundin konnte sich also mit mir und meinem Zustand identifizieren . . . Die Gewißheit, für sie ein ganzer Mensch, eine Freundin und Geliebte zu sein, war mein Rettungsanker. Die meisten Frauen meines Alters haben sich leider die schwesterliche Sympathie der Frauenbewegung entgehen lassen . . . Ich jedenfalls habe keinen ärztlichen Beistand oder Rat gefunden. Die von den Ärzten so oft gemachte Versicherung – und auch von Frauen und sogar in Büchern, die über die Menopause berichten –, daß körperliche Pflege, Fitness, Schlankheit und Aktivität ausreichend seien, um diese Zeit zu überbrücken, stimmt einfach nicht. In meinem Falle hat solcher Rat nur noch größere Schuldgefühle und Selbstzweifel ausgelöst . . . Mir wurde eine Bilanz sozusagen aufgezwungen, und zwar in jeder Beziehung. Konfrontiert mit meinen Gefühlen mußte ich mich ganz neu einschätzen . . . Ich hatte nun nicht mehr meinen jugendlichen Körper, ich mußte mit meinem alternden Körper leben und ihn lieben, einen Körper, in dem ich mich nach und nach immer mehr zuhause fühlte. Rückblickend ist mir klar geworden, daß diese Zeit trotz aller Widrigkeiten höchst produktiv für mich gewesen ist.

Jede Frau erlebt die Menopause anders. Für viele ist sie ein Symbol des Altwerdens. Sie kann zu körperlichen Störungen führen, die Frauen ihrem eigenen Körper entfremden und deshalb jegliches erotische Gefühl und

Die Bedeutung der Menopause

jegliche sexuelle Erfahrung verhindern. „Ich bin ausgetrocknet. Meine Klitoris ist weg. Ich bin auf mich selber böse. Ich hasse meinen Körper. Ich schäme mich für ihn und möchte mich am liebsten verkriechen. Und alles, was mit Sex zu tun hat, möchte ich wegschieben."

Andere wiederum erleben die Menopause als einen schmerzlichen Verlust. „Als ich das erste Mal menstruierte dachte ich: ‚Nun bin ich eine Frau.' Jetzt gibt es keine Menstruationen mehr, und ich bin zur Un-Frau geworden." Vor allem haben männliche Ärzte über menopausale Syndrome geschrieben. Sie sprechen von „vaginaler Atrophie", von „degenerativen Veränderungen", „Östrogenhunger" und „seniler Beckeninvolutionsatrophie", alles Zustände, in denen die Frauen die Menopause als eine Art Stigma erblicken sollen, das sie als alternd und „jenseits von Gut und Böse" abstempelt. Rosetta Reitz sagt in ihrem Buch zu diesen abwertenden Urteilen, daß ihr, hätte sie sie ernstgenommen, nur noch der Selbstmord übriggeblieben wäre.

Nichtsdestoweniger sind diese absurden Beschreibungen durchaus gang und gäbe in der Literatur über die Menopause. Indem wir die darin benutzte Sprache untersuchen, erfahren wir, wie wir als Frauen im Klimakterium gesehen werden. Denn die Sprache reflektiert unsere Einstellungen und Gewohnheiten. Indem sie Sinn vermittelt, ergibt sich die Frage *Sinn für wen?* von selbst.

Sie fährt fort, indem sie darauf hinweist, daß die physiologischen Veränderungen alternder Männer nicht mit einem vergleichbaren Vokabular beschrieben werden:

Da ist zum Beispiel keine Rede von „testikulärer Insuffizienz", die mit „ovarieller Insuffizienz" parallel gehen würde, man spricht auch nicht von einem „senilen Skrotum", das etwa den „senilen Eierstöcken" entsprechen würde. Im *Merck Manual of Diagnosis and Therapy* (etwa dem deutschen *Pschyrembel* vergleichbar; *Anm. der Übers.*), dem Handbuch für Ärzte, wird ein verfrühtes Klimakterium beschrieben und werden spezifische Anweisungen erteilt, „eine strapazierfähige Vagina zu bewahren". Glauben Sie, dort finde man eine Eintragung über die Bewahrung eines „strapazierbaren Penis"? . . . Natürlich nicht! Wenn ein Arzt einem Mann Testosteron injiziert, dann tut er dies nicht zum Zweck der Bewahrung eines „strapazierfähigen Penis" . . . Männer werden nicht strapaziert, nur Frauen. Der Zweck der Übung ist, seine Libido zu verstärken, seinen Hormonspiegel zu erhöhen.

Gesellschaftliche Einstellungen

Dies ist jedoch nicht nur etwas, was die Ärzte den Frauen angetan haben. Gesellschaftliche Einstellungen zum Problem des Alterns und der Wert, der darauf gelegt wird, daß eine Frau attraktiv und jung sein muß, mag an sich schon dafür verantwortlich sein, daß ein Gefühl des Verlustes bei der Menopause noch weiter vertieft wird. Dieses Bewußtsein, etwas für immer verloren zu haben, ist die Basis, weshalb sich Frauen auf so selbstzerstörerische Weise erleben. Wir sehen uns wie in einem Zerrspiegel, den uns die Gesellschaft vorhält.

Ein distinguiert aussehender Herr mit angegrauten Schläfen und einem beginnenden Bauch eskortiert eine schlanke, junge und bezaubernde Frau. Der Oberkellner geleitet sie zu ihrem Tisch in einem smarten Restaurant. Der Mann hat ein faltiges Gesicht und Hängebacken, aber er verströmt den Duft der großen weiten Welt, ein subtiles Amalgam aus Kognak, Limonen und Zigarrengeruch. Sie, etwa zwanzig, trägt ein hautenges, tief ausgeschnittenes Kleid und schaut bewundernd zu ihm auf. Aller Augen ruhen auf dem Paar. „Das ist der Reedereibesitzer." Er trägt das Mädchen wie ein Medaille. Sie ist eine seiner Anschaffungen, ein Statussymbol. Andere Männer beneiden ihn um seinen Reichtum, sein Charisma, den Besitz solcher Frauen. Die von ihm signalisierte Virilität ist ein wichtiger Bestandteil des Geldes und der Macht, die er zur Schau stellt.

Eine Frau betritt zusammen mit einem sehr viel jüngeren Mann das Lokal. Sie ist offensichtlich über fünfzig, ihre Haare sind gefärbt und ein wenig zu dunkel im Kontrast zu ihrer faltigen Haut. Ihr Pancake-Make-up stoppt abrupt an den Haarwurzeln. Um ihre Augen bilden sorgfältig abgestimmte blaue und silberne Lidschatten eine Aquatintalandschaft wie über einem Delta von Flußarmen. Der junge Mann ist vielleicht achtundzwanzig. Sie hat seine Hand über dem Tisch ergriffen. Mutter und Sohn? Doch wohl nicht, dazu sind die Blicke, die sie wechseln, zu erotisch geladen. Eine alternde Frau, die offenbar einen viel jüngeren Mann an Land gezogen hat. Widerlich! Oder vielleicht auch lächerlich. Es ist irgendwie etwas Obszönes um die Vorstellung dieses schlaffen, wabbeligen Frauenkörpers nackt ausgestreckt neben dem des jungen Mannes. Zeichen des Alterns, bei einem Mann Marksteine des Erfolges, bedeuten bei der Frau den Verlust an Feminität und jener Macht, die sie einstmals besessen haben könnte. Ihre Aufgabe ist nun, sich zurückzuziehen und „mit Würde zu altern".

In bäuerlichen Gesellschaften bestimmen alte Frauen das Leben der jüngeren und beherrschen in der Tat alles, was innerhalb der häuslichen Gemeinschaft und der erweiterten Familieneinheit geschieht. Matronen in den Fünfzigern sind in einer dörflichen Gemeinde dominant und mächtig. Das Klimakterium entbindet sie von den gesellschaftlichen Pflichten der Reproduktion, und sie werden zu politischen Drahtziehern. Sie mauscheln, sie intrigieren, sie organisieren ihre Familien, sie besitzen ökonomische Macht – sie haben die Verteilung der Nahrungsmittel unter sich und bestimmen oft die Schicksale der Männer. Älter werden bedeutet Machterwerb für *beide* Geschlechter, wobei der Übergang von einer relativen Machtlosigkeit zur Aneignung von Macht bei den Frauen viel ausgesprochener ist. Jenseits der Menopause zu sein ist gleichbedeutend mit dem Eintritt in eine neue und freie Lebensphase. Die traditionelle Macht älterer Frauen hat auch im neuen China ihre Spuren hinterlassen. In der Politik und in den Arbeitskadern haben Frauen großen Einfluß, und dies wiederum erweckt ein politisches Bewußtsein bei jüngeren Frauen, die ihrerseits mit dominierenden Großmutterfiguren fertig werden müssen. Auch in der japanischen Tradition ist es ähnlich. Die Frau durchläuft verschiedene Lebensphasen, vom Kindesalter bis zur Reife, bis sie, mit 61, die älteste und verehrteste Altersstufe erreicht hat (John F. Embree). Man veranstaltet ein Fest für sie, und sie kann nun auch den purpurfarbenen Unterrock tragen. Älter zu werden wird nicht als Behinderung betrachtet, die man entweder ignoriert oder entschuldigt, sondern als ein Triumph.

Der Übergang von der Menopause zum Alter wird uns in unserer westlichen Industriekultur nicht leicht gemacht. Selbst wenn die Menopause nicht jedesmal als ein Verlust der Jugend gesehen wird, kann sie aus ande-

Veränderungen
vornehmen

ren Gründen bedrohlich sein. Für manche Frauen bedeutet es, wie ihre Mütter zu werden, sich in den Bildern ihrer eigenen Mütter wiederzuerkennen, und sie können dann nicht mit der Feindseligkeit und den erweckten Befürchtungen zurechtkommen. „Ach du lieber Gott! Mein Klimakterium beginnt! Meine Mutter war damals so schwierig, ich erinnere mich noch, wie mein Vater gelitten hat. Sie war irrational, neurotisch. Als alles anfing, war ich vierzehn. Und damals ging ich gerade durch eine schreckliche Pubertätsphase. Ich denke: ‚Um Himmelswillen! Nur nicht wie meine Mutter werden!' Sie schwebt über mir wie ein Schreckgespenst."

Die Menopause kann einer Frau wie das Kommen des Jüngsten Tages erscheinen, an dem sie auf ihr gelebtes Leben zurückblickt, es abwiegt und es als zu leicht befindet. „Ich spüre so etwas wie Versagen, weil ich keine besondere Beziehung gehabt habe." Aber obwohl dies eine Zeit der Bestandsaufnahme sein kann, sollte der Akzent auf dem Sinn und Zweck des restlichen Lebens liegen. Es gibt Frauen, die es als einen Neubeginn empfinden, wo die Tür zu einer neuen Lebensphase aufgestoßen wird. Viele meinen auch, daß sie nun gezwungen werden, sich auf ihre eigene Identität zu besinnen, zu erfragen, wer sie sind und was sie nun tun wollen und daß, obwohl dieser Prozeß manchmal schmerzlich sein kann, am Ende doch ein faszinierender Wechsel und vielfältige Entwicklungsmöglichkeiten auf sie warten. Entweder fangen sie eine andere Arbeit an oder sie lassen sich für Berufe ausbilden, die ganz anders sind als diejenigen, die sie in ihren Zwanzigern innehatten. Sie sind überzeugt davon, daß sie dadurch die physiologischen Probleme der Menopause leichter bewältigen können. Mir

Anziehung ist nicht altersbedingt ... Gesellschaftliche Tabus sind es, die uns Zwänge auferlegen

gegenüber behauptete eine Frau, daß nur außerhäusliche Beschäftigung sie geistig stabil gehalten habe. Oft sind es Nebenprodukte der bisherigen Tätigkeit, und dabei kommt es nicht darauf an, ob es eine bezahlte Stellung oder eine Umschulung ist. Hauptsache, wir begegnen anderen Menschen und lassen uns von ihren Persönlichkeiten und Gedanken anregen.

Dies ist besonders wichtig für eine Frau, die ihr ganzes bisheriges Leben zuhause und im Dienst ihrer Familie verbracht hat. Sie mag denken, sie habe jegliches Talent, sich anderen anzuschließen, verloren und es kommt ihr nicht in den Sinn, daß sie stimulierend wirken und gleichzeitig auch stimuliert sein könne. Sich neue und befriedigende Beziehungen zu verschaffen bringt auch ein neues Selbstwertgefühl mit sich.

Manchmal wird auch eine sexuelle Beziehung wieder zum Leben erweckt oder abwechslungsreicher gestaltet. Barbara sagt, sie habe sich an einem toten Punkt befunden. ,,Was um Himmelswillen hatte die Zukunft mir noch zu bieten?'' Sie schrieb sich für einen Kursus an der Volkshochschule ein und ihr Leben veränderte sich drastisch. ,,Es war ein Wendepunkt. Ich freundete mich mit einer Gruppe jüngerer Menschen an, und das hat mir einen neuen Lebensinhalt gegeben.'' Während eines Sommerseminars verliebte sie sich in einen dreißigjährigen Mann. ,,Es war absolut sagenhaft! Es hat mich verjüngt.''

Sie erzählte ihrem Mann nichts davon, weil sie, sagt sie, ihn nicht kränken wollte. ,,Und er war so glücklich darüber, was die Volkshochschule zustande gebracht hatte, daß er sich auch verjüngte. Er wurde sehr sexy.''

Ein älterer Liebhaber ist besser

Wieder andere Frauen entdecken, daß eine seit langem bestehende Beziehung auch ohne äußeren Stimulus gedeihen kann. Manchmal ist dies die Folge sexueller Veränderungen im männlichen Partner. Ein älterer Mann braucht länger, um einen Höhepunkt zu erreichen, und es gibt auch Zeiten, da er ohne Ejakulation befriedigt sein kann. Dies macht ihn zu einem besseren Liebhaber. Wo eine Beziehung klappt, bemerken Frauen oft, wie bereichernd und phantasieanregend die Tatsache sein kann, daß die fruchtbaren Jahre vorbei sind und sie nicht mehr über empfängnisverhütende Methoden nachzudenken brauchen. ,,Unser gegenseitiges Verständnis und unsere Zuneigung haben sich im Laufe der Jahre vertieft. Sexuell wissen wir nun, was uns das größte Vergnügen bereitet.''

Aber es ist nicht immer so. Selbst bei einer guten Beziehung steht Sex nun nicht mehr, wie in früheren Jahren, im Mittelpunkt. Gesellschaftliche Zwänge zur sexuellen Aktivität bereiten Paaren, die nicht mehr miteinander sexuell verkehren, Kopfschmerzen. Eine Frau meint: ,,Wir brauchen uns nicht immer wieder zu beweisen, wie gut wir im Bett sind. Wir haben eine neue Art Liebe entdeckt, ohne Geschlechtsverkehr.''

Das Klimakterium ist also nicht der Anfang vom Ende. Um das Jahr 2000 wird die Lebenserwartung der Frau um durchschnittlich 30 Jahre nach der Menopause verlängert und ihre allgemeine Lebenserwartung 75 bis 80 Jahre sein. Was wir mit diesen Jahren anfangen, wie wir für unser leibliches und seelisches Wohlbefinden sorgen und wie wir uns als alternde Frauen (mit oder ohne Sexualpartner) fühlen, ist von größter Bedeutung. Diese 30 Jahre können entweder eine Wüste sein oder aber sie können eine besonders fruchtbare Zeit werden.

Älter werden

Wird Sex als Therapie betrachtet, als eine wesentliche Form präventiver Medizin wie Jogging oder das Einbauen mehrfach gesättigter Fettsäuren in eine faserreiche Diät, kann dies gefährlich werden, falls sich der eine Partner mit zunehmendem Alter nichts mehr aus Sex macht oder beide eine verringerte Libido verspüren. Gesund bleiben – ja sogar am Leben bleiben – scheint heutzutage bei den Experten nicht nur regelmäßigen Geschlechtsverkehr zu erfordern, sondern auch Sex mit Orgasmus zu verlangen. Falls du deine sexuellen Fähigkeiten verkümmern läßt – so scheint es – müßtest du dich auf alle möglichen Krankheiten und Verfallserscheinungen und schließlich auf Senilität gefaßt machen. Die ältere Frau, für die Sex nun nicht mehr so interessant ist und die das leidenschaftliche Stadium, wo jeder Konflikt mit dem Partner im Bett endete (bis der Vorhang über dem nächsten Krach wieder hochging) und sie so gut wie alles über ihren eigenen, über den Körper des Partners und über die verschiedenen Liebestechniken zu wissen glaubte, längst hinter sich gelassen hat, könnte glauben, sie müsse sexuelle Leistungen als eine Art Krankenversicherung erbringen.

Der Druck der Gesellschaft

Jedes dogmatische Denken, das uns vorschreiben will, wie wir uns mittels unserer Körper auszudrücken haben und wie wir uns in ihnen fühlen sollen, kann Sex erniedrigen. Heute kann die Lehre über die Notwendigkeit genitaler Aktivität ebenso zur Falle für die Frau werden wie damals, als die herrschende Kultur im weiblichen Orgasmus ein Zeichen von Geisteskrankheit sehen wollte. In unserer Gesellschaft wird aktive sexuelle Betätigung immer mit Geschlechtsverkehr identifiziert. Angeblich soll er unsere Augen klar, unsere Haut glatt, unser Haar glänzend und unsere Gewebe elastisch erhalten – vielleicht, weil wir sexuelles Begehren mit Jugend und Vitalität assoziieren. Es ist eine Art Sympathiezauber.

Es wird unterstellt, daß du, wenn du „keinen Sex" hast, dich „gehen läßt". In der westlichen Kultur wird den Männern und Frauen durch den Kult der Jugendlichkeit gewissermaßen der Beweis sexueller Einsatzbereitschaft aufgezwungen. Besonders die Frauen werden dazu getrieben, den Altersprozeß zu verschleiern und eine hektische Pantomime zu veranstalten, in der sie sich selber als junge Mädchen nachäffen: stark geschminkte Augen, Schlankheitsdiäten, die manchmal Magersucht zur Folge haben, Aerobic-Kurse, kosmetische Operationen und Aufenthalte auf Gesundheitsfarmen, um angeblich inneren Frieden, äußere Schönheit und Sex-Appeal wiederzugewinnen. „Wir klammern uns an die Vorstellung von uns als ‚Mädchen'", sagt die Journalistin Katharine Whitehorn, „weil die einzige Alternative dazu ‚altes Weib' ist". Es gibt noch andere Ausdrücke für Frauen dieses Alters, und keiner davon ist schmeichelhaft: Matrone, alte Schachtel, alte Vettel, alte Schraube, alte Scharteke, alte Schrippe, Altmaterial, Hutzelweib, alte Hexe, Mausoleum, Schrumpel, Morchel und Drachen (obwohl einige dieser Ausdrücke mit umgekehrtem Vorzeichen von der Frauenbewegung wieder aufgenommen werden).

Es ist, als ob sich der Schatten der allmählichen Auflösung, ja des Todes selbst drohend abzeichne, und die Waffen, die eine Frau ergreift, um dagegen anzugehen, sind jene Flaschen und Dosen auf ihrem Frisiertisch, die Termine beim Friseur, die hektische Jagd nach einem Hauch von Jugend. Sexuelle Betätigung und manchmal auch die Suche nach dem Orgasmus werden dazu gebraucht, ihre Zellen zu beleben, ihr Selbstvertrauen zu stärken, ihre Muskeln geübt zu halten und sie mit den Hormonen ewiger Jugend zu überschwemmen. Es ist ein Mittel zum Zweck, eine weitere Waffe im Arsenal. In einer Gesellschaft, wo die Frauen danach beurteilt werden, wieviel Unterstützung sie ihren Männern geben – ihre Kinder zur Welt bringen, sie aufziehen, ihnen die Mahlzeiten kochen, sie bei guter Laune halten, ihnen demonstrieren, wie reich, gescheit und männlich sie sind –, kann die Ehefrau eines erfolgreichen Mannes mittels der Kleider und Juwelen, die sie trägt, zu seinem Statussymbol werden. Ihr Nerz, ihre Brillanten, die sonnengebräunte Haut als Beweis für ihren Urlaub in Mustique, ja ihr ganzer Lebensstil sind Zeugnisse für aufwendigen Konsum und deshalb auch für den Erfolg ihres Mannes. Einige ältere und in Ehen mit erfolgreichen Männern wie Fliegen in Bernstein gefangene Frauen werden auf ausgewählten Geschäfts- oder Berufsreisen zu Tagungen mitgenommen, wo sie dann das speziell für sie arrangierte „Damenprogramm" absolvieren und das Image ihrer Ehemänner noch weiter verschönen. Die Präsentation der Frau als begehrenswertes Sexualobjekt ist Teil des Gerangels der Männer im Kampf um Anerkennung, Prestige und Status. Ist die Frau allzu abhängig von Beruhigungstabletten oder Alkohol oder ist sie auf irgendeine andere Weise ungeeignet für diese Rolle, kann sie natürlich jederzeit durch eine jüngere Puppe ersetzt werden.

Sich selbst ändern Natürlich leben die meisten von uns nicht so und müssen sich mit einer ganzen Reihe anderer Probleme auseinandersetzen. Viele Frauen gehen in Pension und müssen von einer winzigen Rente leben, wo sie jeden Pfennig zweimal umdrehen, ehe sie ihn nicht ausgeben. Vielleicht sind sie einsam, vielleicht sind sie es zum ersten Mal nach dem Tode ihres Ehepartners oder sie haben einen kranken Lebensgefährten zu versorgen. Der Altersprozeß bremst natürlich einige Aktivitäten, aber er kann auch denjenigen Möglichkeiten eröffnen, die bereit sind, sie zu ergreifen. Eine Frau, die ihre Rolle ganz im Sinne häuslicher Verantwortung verstanden hat, mag nicht in der Lage sein, kreativen Gebrauch von dieser neuen Chance zu machen, weil sie – sind die Kinder aus dem Haus und ihr Mann in Pension – dieser einzigen Rolle, die sie jemals gespielt hat, beraubt ist. Sie ist einsam, glaubt sich gesellschaftlich isoliert und, weil sie offenbar niemand mehr braucht, auf einem seelischen Abstellgleis.

Oberflächlich betrachtet scheint dies wenig mit Sexualität zu tun zu haben, aber die Gefühle, die eine Frau in bezug auf ihren Körper und auf sich als sexuelles Wesen hat, leiten sich davon ab, wie sie sich selbst in den Augen anderer reflektiert sieht. Ihr Selbstverständnis ist mit dieser Widerspiegelung verknüpft. Während ihres ganzen Lebens hat man ihr beigebracht, dieses Spiegelbild zu analysieren und sich danach zu bewerten. Und wenn es ihr sagt, sie sei alt und unerwünscht, glaubt sie sich zum alten Eisen geworfen, verbraucht, ausgeschieden, ihres Lebensinhalts beraubt.

Es braucht aber nicht so zu sein. Eine Frau, die ihr Leben lang für andere da war, kann plötzlich einen Spielraum entdecken. Nun endlich kann sie das

tun, was sie immer tun wollte. Fallschirmspringen oder Wellenreiten wird dann wohl kaum zu ihren Hobbys gehören, aber sie könnte sich zum Beispiel entschließen, Yoga zu lernen oder regelmäßig ins öffentliche Schwimmbad zu gehen. Eine ganze Reihe neuer Möglichkeiten tut sich auf. Sie kann ausprobieren, was ihr am besten paßt, kann neue Fähigkeiten entwickeln oder alte ausbauen, kann anderen Menschen begegnen und neue Freundschaften schließen, kann sich zu denen gesellen, die anderen, die in Not sind, beistehen, um eine bessere Welt herbeizubringen – kurz: sie kann *sie selbst sein.* Für manche Frauen ist das Altern eine Gelegenheit, neue Aspekte ihrer Sexualität zu erkunden, sich vielleicht einen lange Zeit gehegten Wunsch zu erfüllen.

Eine Frau in den Fünfzigern oder Sechzigern, die sich schon immer eine Liebesbeziehung zu einer andren Frau gewünscht hat, wird es nicht leicht finden, sich in diesem fortgeschrittenen Alter als Lesbierin zu erklären, und wenn sie es doch tut, wird sie entdecken müssen, daß die lesbische Szene hauptsächlich von jungen Frauen bevölkert wird. Sie fühlt sich ganz schrecklich deplaziert. Aber einige jüngere Lesbierinnen legen Wert darauf, ältere Frauen dabei zu haben. ,,Ich freue mich, wenn ich einen Raum betrete und alle Altersstufen vertreten sind: Es ist der Beweis, daß es immer schon lesbische Frauen gegeben hat und immer geben wird.''

Einerlei, ob hetero- oder homosexuell: Eines Tages wird eine Frau finden, daß ein Aspekt dieses Prozesses eine neue sexuelle Erfahrung sein kann, denn sie erlebt sie nun als etwas, was ihr Freude macht und wo sie keinen Standard und kein Ziel erreichen muß. Mit ihren Forschungen haben Masters und Johnson bewiesen, daß in der Regel sexuelle Aktivität nicht mit zunehmendem Alter zum Stillstand kommt, obwohl es nun weniger Geschlechtsverkehr gibt: Sieben von zehn Paaren über 60 waren noch sexuell aktiv.

Wenn von Sexualität die Rede ist, sagen die Frauen, Sex im Alter sei nicht mehr so notwendig, sondern eher ein Ausdruck dessen, was das Paar füreinander bedeutet. Sinnliche, liebevolle Berührung, Zärtlichkeit für den anderen, die Freude gemeinsamer Erinnerungen, dieselbe Art etwas komisch zu finden – alles das spielt eine beherrschende Rolle, wenn ein Paar auf eine lange Verbindung zurückblicken kann und die Beziehung eine gute ist. Erinnerte Leidenschaft, Frühlingsstrahlen junger Liebe und ihr süß-scharfes Erstaunen, ihre Ekstase – sie sind nun gereift und abgeklärt vor einem lebhafteren Hintergrund aus Raum und Zeit. Eine ältere Frau berichtete mir von ihrer Hochzeitsreise in Österreich. Damals war sie zutiefst und leidenschaftlich verliebt. ,,An die besagte Nacht erinnere ich mich überhaupt nicht mehr'', gestand sie, ,,aber an Salzburg werde ich mich mein Leben lang erinnern!''

Es gibt jedoch Frauen, die erst im Alter Sex entdecken. Ein Arzt, der eine sexualmedizinische Klinik in Australien leitet, berichtet von einer Frau, die während zweier Ehen anorgastisch war (Anorgasmie = Orgasmusausfall. Nicht identisch mit Frigidität, obwohl beide Phänomene oft zusammenfallen; *Anm. der Übers.*). Im Alter von 72 hatte sie eine außereheliche Beziehung, und mit 74 erlebte sie ihren ersten Orgasmus.

Blodwen ist 69, zweimal verwitwet und hat nun einen ,,Teilzeit-Partner''. Sie sagt, der Geschlechtsverkehr habe sich mit den Jahren gebessert. Als

Alter braucht weder Untätigkeit noch Unbeweglichkeit mit sich zu bringen – es kann eine Zeit sein, da wir neue Aspekte unseres Selbst entdecken.

junge Frau konnte sie den Penis des Mannes, nachdem sie einen Orgasmus gehabt hatte, nicht schnell genug wieder loswerden. Jetzt dagegen genießt sie den Penis ihres Partners in ihrer Vagina und hat dann nach einer Weile noch einen zweiten Orgasmus. Das orgastische Gefühl ist weniger intensiv, dauert aber länger. „Früher hätte ich beinahe mein Leben für diesen Augenblick der Ekstase aufs Spiel gesetzt", sagt sie. „Aber jetzt weiß ich, daß er vorübergeht." Sie hat recht, und doch kann sie ihre neugefundene sexuelle Beziehung auf eine Art genießen, wie es in der Vergangenheit nie der Fall gewesen ist. Masters und Johnson sagen, daß bei Frauen über 70 gute Gesundheit und „ein interessierter und interessanter Partner" die Hauptsache seien. Natürlich kann die Suche nach einem Partner für eine alternde Frau zum Problem werden. Wir leben durchschnittlich acht Jahre länger als Männer. Wenn wir heiraten, sind unsere Männer meist ein paar Jahre älter als wir. Deshalb kann selbst bei einer Frau, die gesund ist, die zweite Vorbedingung – der interessierte und interessante Partner – fehlen. Die meisten Frauen überleben ihre Ehemänner um etwa 11 Jahre, und unter denen über 60 kommen vier Frauen auf drei Männer. Deshalb ist es zynisch, Frauen zu raten, sie müßten Sex haben um gesund zu bleiben, weil so viele von ihnen freiwillig oder unfreiwillig ohne Mann auskommen müssen. Diese Konzentration auf Geschlechtsverkehr als *sine qua non* des Sex unterstellt auch, daß Masturbation als ein zweitrangiges Ventil betrachtet wird. Trotzdem masturbieren ältere Frauen gerne, und einige entdecken es erst, nachdem sie verwitwet sind. Einerseits predigt man ihnen, sie *brauchten* Sex, andererseits streitet man ihnen das Recht ab, sexuell zu sein. Geriatrischer (Alters-)Sex wird als seltsam betrachtet, als lachhaft, widerlich und obszön. Eine Sextherapeutin:

Die Verleugnung der Alterssexualität übt einen zerstörerischen Einfluß auf den alternden Menschen, seine Sexualität und sein Selbstwertgefühl aus. Sie kompliziert und verzerrt interpersonelle Beziehungen. Es erzeugt ernste Konflikte zwischen den Generationen, wenn verwitwete oder geschiedene Eltern sich wiederverheiraten wollen ... Unsere Gesellschaft hat sexuelles Interesse und sexuelle Handlungen bei älteren Menschen als abartige Verhaltensweisen definiert. Deshalb werden auch Menschen, bei denen das sexuelle Interesse nicht erloschen ist, leiden müssen, so daß nicht nur Sex, sondern auch eine Ehebeziehung in den späteren Lebensjahrzehnten beeinträchtigt werden können (Dr. Elsie Koadlow).

Offene Alterssexualität wird Frauen weit öfter versagt als Männern. Ein silberhaariger Mann im hohen Alter wie Lloyd George wurde wegen seines unmäßigen Appetits auf Sex bewundert. Besitzt ein Mann genügend Macht oder Geld (das ihm dann Macht verleiht), kann er sich so etwas erlauben. (Von Onassis wird erzählt, er habe behauptet, daß Macht das wirksamste aller Aphrodisiaka sei.) Aber eine gleichaltrige Frau, die in der Sexualität ihren Ausdruck finden will, gilt allgemein als komisch oder unanständig oder irgendwie für junge Leute bedrohlich.

Unsere Kultur versetzt ältere Frauen in eine Zwangslage. Einerseits erklärt man ihnen, um jung zu bleiben müßten sie sexuell aktiv sein und Orgasmen haben. Andererseits erklärt man ihnen, in ihrem Alter seien sexuelle Beziehungen und das Streben nach sexueller Erfüllung lächerlich. Sich auf jung herrichten darf man nicht. Die einzige Alternative sei, sich ein Spitzenhäubchen aufzusetzen und sich „Whistlers Mutter" zum Vorbild zu nehmen. Aber jene innere Abgeklärtheit läßt sich, wenn man sie uns von außen her aufzwingen will, nicht erreichen.

Auch wenn die ältere Frau nicht unbedingt in einem Schaukelstuhl sitzen muß, wird ihr häufig bedeutet, sie solle doch Abstand nehmen und sich nicht mit Gefühlen belasten. „Vernünftig" sein ist gleichbedeutend mit enthaltsam leben, die Dinge nüchtern, leidenschaftslos und von einem sachlichen Blickpunkt aus zu sehen (obwohl dieser Blickpunkt ja davon abhängt, wo man gerade steht). Älter werden heißt:

> Die Sinne bewußt
> Dem Frühling verschließen
> Weil seine Tücken
> Den Winter näherrücken;
> Ja selbst der Liebe sanften Hügeln
> Auszuweichen,
> Zu fürchten, je den Gipfel
> Zu erreichen
> Der Lust und jenseits
> Keine Wahl zu haben
> Als diese Hügel des Zweitbesten
> Hinabzusteigen, die dem
> Schmerz
> Nur allzu nah verwandt sind.
> (Jan Struther: *To Grow Old;* Nachdichtung E. B.)

Aber es muß nicht so sein. Dieser neugewonnene Lebensraum der Frau kann auch anderes bieten, nämlich die Gelegenheit, sich selbst zu überprüfen und die nichtgenitalen Aspekte des Sex auf andere Art zu begreifen. Liegt der Akzent nicht mehr ausschließlich auf dem Geschlechtsverkehr als dem A und O aller sexuellen Erfahrung, kann die Frau erkennen, welche Fülle anderer kreativer Ausdrucksformen aus sexueller Energie, die sehr oft als überhaupt nicht im Zusammenhang mit Sexualität gesehen werden, ihr zur Verfügung stehen. Zum Beispiel die Wärme einer Beziehung zu einem Menschen (irgendeinem Menschen), den wir zutiefst lieben, die Zuneigung guter Freunde, das uns geschenkte Vertrauen, wenn uns ein anderer Mensch sein Herz öffnet, wenn die uns trennenden Schranken verschwinden und wir uns von Angesicht zu Angesicht gegenüberstehen, die Energie, gespeist durch harte, schöpferische Arbeit, in die wir uns ganz versenken, die tiefe Empfindung und innere Kraft, die aus der Lebensbejahung und nicht aus ihrem Gegenteil erwachsen.

Eine Frau, deren Mann vor einigen Jahren starb, berichtete mir, daß sie, als sie ihr neugeborenes Enkelkind in die Arme schloß, ein Gefühl durchströmte, das die Intensität einer sexuellen Erfahrung hatte. „Auf einmal dachte ich: ,Dazu sind diese Arme da!'." Frauen lernen malen, sie widmen sich einer sozialen Aufgabe, sie erlernen neue Fertigkeiten, mittels derer sie die Erfahrungen ihres gelebten Lebens ausdrücken können. Aber es gibt nicht viele, und die, die uns einfallen, betrachten wir als Ausnahmen, weil unsere westliche Kultur in der Regel ältere Frauen ausrangiert.

Haben ältere Frauen sich mit mir über ihre Sexualität unterhalten, haben sie jedesmal den Gedanken einer „Leistung" als für sie irrelevant bezeichnet und betont, sexuelle Beziehungen müßten neu bewertet werden. Rückblickend auf ihr Leben sagen diese Frauen dann, sie wüßten sehr gut Bescheid, was gemeinhin als Ziel des Sex gesehen werde – einen Mann haben müssen und sich mit ihm paaren –, daß es sie sehr abhängig machte und daß diese Abhängigkeit ihr ganzes Dasein bis zu diesem Augenblick bestimmt habe. Erst mit dem kommenden Alter konnten sie diese Abhängigkeit ablegen, und es gelang ihnen, sich selber klar und nüchtern zu betrachten und ihren Lebensinhalt zu überprüfen.

Das geht meistens nicht ohne Schmerz ab, aber es revitalisiert eine Partnerschaft. Dort, wo die Frau allein ist oder das Alleinsein von sich aus gewählt hat, kann sie ihre Lebenskraft in neuen, ungehinderten und zutiefst befriedigenden Formen ausdrücken.

Ernährung und Alter

Eine ältere, alleinstehende Frau wird sich oft vernachlässigen, weil es einfacher ist, sich einen Kaffee zu kochen und ein Butterbrot dazu zu essen, als einen Salat zu bereiten. Es erscheint ihr sinnlos, eine aufwendige Mahlzeit zu kochen, wenn man sie mit niemandem teilen kann. Nichtsdestoweniger ist gesunde Ernährung von außerordentlicher Bedeutung für alte Menschen. Eine Alternative zu diesem einsam verzehrten Imbiß wäre, einen Freund oder eine Freundin einzuladen, mit denen man dann auf einer regelmäßigen Basis eine Mahlzeit teilt. Hast du keinen eigenen Gemüsegarten und kennst du auch niemanden, von dem du gartenfrische Produkte beziehen kannst oder ist es beschwerlich für dich, frisches Obst und Gemüse einzukaufen, sind zusätzliche Vitamine ratsam.

Sex und Ernährung **Vitamin B** kommt in Vollkorn, in Erdnüssen, Leber, Eigelb, Milch, grünem Gemüse, Karotten und Obst vor und ist ein Vitamin, das ältere Menschen oft nicht bekommen, weil sie sich entweder an eine Schonkost oder an Dosennahrung gewöhnt haben. Du kannst also zwei Löffel Bierhefe oder Weizenkeime zum Beispiel über Dörrpflaumen, Haferbrei oder Müsli streuen oder du kannst Vitamin B-Tabletten einnehmen. Fehlt dieses Vitamin, wirst du depressiv, leidest an Schlafstörungen, bist erschöpft und fühlst dich gestreßt. Die frühesten Vitaminmangel-Anzeichen sind Müdigkeit und fehlende Energie. Du glaubst, sie einfach nicht aufbringen zu können, und für Sex erst recht nicht. Vitamin B wird nicht im Körper gespeichert und muß täglich eingenommen werden. Hast du irgendwelche Anzeichen von Schlaflosigkeit, wird es sich lohnen, täglich Vitamin B-Tabletten einzunehmen.

Vitamin C findet sich in frischem Obst und Gemüse und besonders in Zitrusfrüchten; große Mengen von Kaffee, Tee oder Alkohol können es jedoch aufbrauchen. Nimmst du Antibiotika, braucht dein Körper zusätzliches Vitamin C. Mangelt es daran, wirst du erschöpft und gestreßt sein und für Infektionskrankheiten wie Erkältungen und Virusinfekte anfällig sein. Eine Überdosierung kann es nicht geben, da es nicht im Körper gespeichert wird und du es täglich brauchst.

Vitamin A und D arbeiten zusammen, um Knochen, Haar und Haut in guter Verfassung zu erhalten und um Infektionen vorzubeugen. Fehlen sie in deiner Diät, sind Haut und Haar in schlechtem Zustand, werden Nägel und Knochen spröde und du wirst anfällig für Schnupfen und andere Infektionskrankheiten. Vitamin D wird durch die Einwirkung von Sonnenstrahlen auf die Haut im Körper aufgebaut, aber auch Lebertran ist eine vorzügliche Quelle. Kleine Mengen finden sich auch in frischer Milch. Vitamin A ist in Grüngemüse, Leber, Milch und fettem Fisch wie Lachs, Hering und Makrelen, in Eigelb, Obst und in einigen Wurzelgemüsen enthalten. Es ist aber möglich, sich eine Überdosis zuzuführen, deshalb solltest du dich erst mit deinem Arzt oder mit einer Frauengesundheitsstelle besprechen, wenn du glaubst, zusätzliche Vitamin A und D-Kapseln einnehmen zu müssen.

Vitamin E sorgt für elastische Haut, und gemeinsam mit Vitamin C hilft es beim Heilen von Wunden. Angeblich soll dieses Vitamin auch bei der Behandlung von Arthritis nützen. Wir finden es in der Sojabohne, in Sonnenblumen- und Sesamkernen und in Grüngemüse.

Weil moderne Verarbeitungs- und Lagermethoden den Nahrungsmitteln oft ihren Vitamingehalt entziehen, ist es für ältere Frauen empfehlenswert, jeden Tag eine Multivitamintablette einzunehmen.

Blaseninkontinenz

Älterwerden bringt häufig körperliche Beschwerden mit sich, die die Sexualität und deren Ausdruck beeinträchtigen. Steife Gelenke, Rückenschmerzen, Hör- und Sehschwäche, verminderter Geschmacks- und Geruchssinn können dazu beitragen, daß du, wie ich auf S. 166 f. vorgeschlagen habe, deine Liebestechniken und -gewohnheiten adaptieren und mit ihnen experimentieren mußt. Am störendsten ist die Unfähigkeit, den Harn zurückzuhalten. Zu Beginn ist es eine sogenannte Streß-Inkontinenz. Die Frau verliert dabei ein paar Tropfen Urin, wenn sie zum Beispiel husten, niesen oder lachen muß. Es ist ein Zeichen, daß die Beckenbodenmuskeln in keinem guten Zustand sind. Für eine Frau über 60 ist es sehr wichtig, ihre Beckenbodenmuskulatur zu kräftigen und zu üben. Auf S. 53 ff. werden Übungen beschrieben.

Sind die Muskeln bereits erschlafft, sollte sich die Frau bei ihrem Arzt nach einem Physiotherapeuten erkundigen, der die Übungen beaufsichtigen und dir eventuell auch Faradisation verordnen kann (faradische Ströme sind leichte elektrische Stimuli, die Muskeln und Nerven reizen). Ist die Muskulatur erst einmal stimuliert, läßt sich ihre Kondition und ihr Tonus innerhalb eines einzigen Behandlungskursus durch faradische Ströme drastisch verbessern. Aber zu versuchen, sich an das, was in der Übungsstunde vermittelt worden ist, zu erinnern, wird nicht sehr erfolgreich sein. Wichtig allein ist, diese erschlafften Muskeln wieder zum Leben zu erwecken, damit sie so ausdrucksvoll werden wie die Muskeln des Mundes, und sie mehr oder weniger auf dieselbe Art zu gebrauchen.

8. Schwierigkeiten bewältigen

Unterschiede im sexuellen Verlangen

Es ist nicht verwunderlich, daß zwei Menschen in einer sexuellen Beziehung Unterschiede in ihren sexuellen Bedürfnissen erleben. Erstaunlich wäre es, wenn sie immer genau dasselbe fühlten und wenn ihre Libido jedesmal genau zur selben Zeit zu- oder abnähme.

In früheren Zeiten mögen die Unterschiede der sexuellen Erregung in heterosexuellen Beziehungen weniger stark zutage getreten sein, weil der Mann als der Initiator betrachtet wurde und die Frau als die Reagierende. Wenn meine Aufgabe nur darin besteht, verfügbar zu sein und zu zeigen, daß mir das gefällt, was geschieht, dann brauche ich nicht vorzugeben, sexuell erregt zu sein, wenn ich es nicht bin. Und da ich keine Erektion zu haben brauche, muß ich lediglich meine Bereitschaft demonstrieren. Wenn ich mich jedoch als eine sinnliche, erfüllte Frau begreife, aber gerade nicht in Stimmung bin, dann wird die Sache etwas schwieriger.

Wenn ein Mann als der sexuelle Aggressor angesehen wird, dann mag jedes Anzeichen einer verminderten Libido von einer Frau begrüßt werden, die froh ist, nicht ,,belästigt'' zu werden. Jamaikanische Bäuerinnen, die mit mir über ihre Beziehungen zu ihren Männern sprachen, sagten oft zu mir: ,,Er plagt mich nicht'', was sie gewöhnlich begrüßten, weil sie sich dann keine Sorgen zu machen brauchten, daß sie schwanger werden könnten.

Unterschiede im Verlangen können besonders belastend für Frauen in gleichgeschlechtlichen Partnerschaften sein, denn von der lesbischen Sexualität wird manchmal die vollkommene Erfüllung und Ekstase erwartet, da ,,zwei Frauen einander wirklich verstehen können''. Das mag manchmal zutreffen, aber wenn sich die eine Frau Sex häufiger wünscht als die andere, kann das Problem noch akuter erscheinen, als wenn man die verschiedenen Wünsche der unterschiedlichen Triebstärke von Frau und Mann zuschreiben kann.

Überfrachtung der Rolle der Sexualität

Ein Paar, das einem Ideal vollkommener ,,Zusammengehörigkeit'' und Harmonie huldigt, stellt Ansprüche an sich selbst und den Partner. Sexuelle Erregung wird dann leicht zu einem Beweis der Liebe und Zuwendung, und das Fehlen von Erregung erscheint wie kalte Ablehnung.

In unserer sexorientierten Kultur haben wir die Sexualität auf eine solche Bedeutungsebene gehoben, daß sie zum Prüfstein der Tragfähigkeit einer Beziehung wurde, als ob ohne sie das Band zwischen zwei Menschen nicht genau so stark sein könnte. Viele Paare haben jedoch Unterschiede in der sexuellen Anziehung akzeptieren und mit diesen leben gelernt und lehnen es ab, sich die Beziehung davon ruinieren zu lassen. In unserer Kultur kann das recht schwierig sein, weil man allgemein glaubt, daß zwischen einem Paar etwas grundlegend falsch laufen müsse, wenn Schwierigkeiten dieser Art unbehoben bleiben. Wir werden in Zeitschriften und Büchern mit

Ratschlägen bombardiert, die Wurzeln solcher Probleme zu suchen und zu beseitigen – oft unter der Annahme, daß ein Mann seiner ganzen Natur nach Sex „braucht" und eine Partnerschaft zerbrechen muß, wenn eine Frau seinen Appetit nicht befriedigen kann.

Manche Paare gelangen vielleicht zu einem anderen *Modus vivendi*. Wenn beide froh darüber sind, kann ein Partner Beziehungen zu Dritten haben, oder sie können eine Dreiecksbeziehung bilden, wobei ein anderer Mensch in ihre eigene Beziehung aufgenommen wird und diese erweitert. Bei vielen Paaren funktioniert das nicht. Sie können sich einigen, dem anderen sexuelles Vergnügen zu bereiten, ohne eine Erregung vortäuschen zu müssen, die er oder sie nicht empfinden, einfach, weil Liebe und Teilnahme in der Beziehung vorhanden sind. Ein Partner kann masturbieren, um sexuelle Spannung abzubauen, und sie können häufigen körperlichen Kontakt und Kuscheln dem genitalen Sex vorziehen.

Wir müssen uns über unsere sexuellen Schwierigkeiten hinaus über die Gefühle klar werden, die wir in bezug auf uns selbst und unsere Beziehungen haben.

Das Entscheidende ist, daß wir uns darüber klar werden, was wir eigentlich von dem anderen wollen. Sex repräsentiert für uns oft Dinge, die wir uns wünschen und die nur indirekt etwas mit dem zu tun haben, was mit den Genitalien passiert. Viele Schwierigkeiten in einer Partnerschaft werden als sexuelle Probleme bezeichnet, die eigentlich etwas ganz anderes sind.

Wenn ich mehr Sex möchte, dann kann es sein, daß mir der körperliche Kontakt mit einem anderen Menschen fehlt, daß mein Partner nie genug Zeit für mich hat oder daß er, wenn wir zusammen sind, in Gedanken woanders ist; er oder sie ist einfach „zu wenig da".

Es gibt Zeiten, Phasen in einer Beziehung, in denen wir akzeptieren müssen, daß sich die Emotion auf anderes richtet, daß wir uns zurücknehmen müssen, damit sie in die Arbeit eingehen oder sich jemand anderem, beispielsweise einem Kind oder einem Elternteil, zuwenden kann, die unsere Fürsorge brauchen. All diese Dinge sind selbstverständlicher Bestandteil jeder Beziehung, die nicht bloß eine oberflächliche Begegnung von Körpern oder ein Ventil für den Sexualtrieb ist.

Es kann Zeiten geben, in denen die Unfähigkeit zu sexueller Erregung ein Anzeichen ist, daß etwas anderes nicht in Ordnung ist. Viele körperliche Krankheiten dämpfen die Libido, weil wir uns abgespannt und müde fühlen. Wenn wir Schmerzen haben, können wir uns nicht auf den Liebesakt konzentrieren, obwohl Sex manchmal absichtlich zu dem Versuch benutzt wird, Schmerzen auszublenden. So wie beispielsweise Zahnschmerzen oder ein entzündeter Hals das Verlangen dämpfen, so beeinträchtigen Sorgen über Geld oder die Kinder, berufliche und andere Probleme in ähnlicher Weise die sexuelle Aktivierung und ihre Ausdrucksformen.

Die Libido wird ebenso wie der Appetit durch Streß, Angst und Depression beeinflußt. Wenn emotionale Energie für die Bewältigung von Streß aufgewandt werden muß, dann kann Sex einfach als Ablenkung benutzt werden bzw. dem Versuch dienen, sich zu entspannen und einzuschlafen, oder wir fühlen uns zu erschöpft, um Sex überhaupt genießen zu können.

Sexuelle Gefühle sind Spiegel und Ausdruck anderer Dinge, die sich in unserem Bewußtsein und in unserem Leben als Ganzes abspielen. Wenn Sex die einzige oder hauptsächliche Form der Begegnung zwischen einem Paar ist, kann es leicht geschehen, daß die Synchronisierung zwischen den beiden verlorengeht und sie verletzt sind oder Angst bekommen, weil sie nicht verstehen können, warum der andere sie abzulehnen scheint. Selbst bei zwei Menschen, die ihr ganzes Leben in intimer Weise miteinander teilen, kann es Zeiten geben, in denen sich der eine nicht klar darüber ist, daß irgend etwas, was den anderen beschäftigt, dessen sexuelles Verlangen oder die Fähigkeit zu seiner Äußerung beeinträchtigt.

Aus dem, was mir Frauen über ihr Sexualleben erzählt haben, geht klar hervor, daß es weitaus weniger sexuelle Probleme zu geben scheint, wenn die Kommunikation zwischen einem Paar hinsichtlich all der anderen Dinge, die ihnen in ihrem Leben zustoßen, gut ist. Wenn Sex aus dem Zusammenhang gerissen, als ein isoliertes Geschehen betrachtet wird, das von allem übrigen, was uns betrifft, getrennt ist, wird die Wahrscheinlichkeit von Mißverständnissen und offenkundigen Unterschieden in den Wünschen zwischen den Partnern am größten sein. Dadurch entstehen Differenzen, die ihnen unerklärlich sind und als Anzeichen eines Schwindens der Liebe oder offener Zurückweisung interpretiert werden.

„Streß" ist ein überstrapazierter Begriff. Manchmal klingt es so, als sei er die Ursache von fast jeder Krankheit. Doch Streß ist ein normaler Bestandteil des Lebens, und ohne ihn gäbe es nichts Aufregendes und keine Moti-

Die Folgen von Streß

vation, morgens aufzustehen, aktiv zu werden und die Welt zu verändern. Menschen suchen nach Streß, um ihrem Leben, das sonst monoton und langweilig wäre, Würze zu verleihen. Krimilektüre, Gruselfilme, Glücksspiele, Bergsteigen, Toto und Lotto, die Identifizierung mit einem Fußballclub, die Fahrt auf der Achterbahn, die Faszination durch einen Fernsehquiz, bei dem die schließliche Belohnung für richtige Antworten ein Auto, ein Kühlschrank, eine Dreizimmer-Wohnung oder ein Urlaub zu zweit in Hawaii ist, das Spiel an der Börse, für manche sogar die Art und Weise, wie sie Auto fahren – auf all diese genannten Weisen reichern wir unser Leben absichtlich mit zusätzlichem Streß an, indem wir mit dem Unbekannten und manchmal mit dem Tod spielen.

Jeder von uns hat wahrscheinlich sein eigenes Streßniveau, die für ihn richtige Grenze, und wenn wir die überschreiten, wird es uns zu viel und wir haben das Gefühl, unter der Belastung zusammenzubrechen. Und die für uns richtige Streßschwelle im Alter von zwanzig kann uns in unseren Fünfzigern zu viel sein. Es kann aber auch sein, daß wir in jedem Alter eine völlig andere Art von Streß bevorzugen und genießen.

Harte Arbeit, obwohl sie belastend ist, wirkt sich nicht notwendigerweise störend auf Sex aus. Sie kann ein Gefühl der Leistung mit sich bringen, das das Selbstwertgefühl erhöht und die Freude am Sex steigert. Aber manchmal wird Arbeit dazu benutzt, Intimität zu vermeiden und einer tiefen Gefühlsbindung auszuweichen. Arbeit kann als ein solcher Fluchtweg benutzt werden, weil Sexualität den Schmerz möglicher Zurückweisung und des Versagens zur Folge haben kann und der Betreffende zu verletzbar ist, um sich dem auszusetzen. Wenn man sich in harte Arbeit stürzt, so bedeutet das, daß man diese Verletzbarkeit nicht zu enthüllen braucht.

Ablehnung bewältigen

Wenn wir uns sexuell abgelehnt fühlen, kann es nützlich sein, der Frage nachzugehen, was dein Partner in der Beziehung als bedrohlich empfinden könnte. Ist es bei ihm vielleicht eine unausgesprochene Furcht, abgewiesen zu werden oder hohen Ansprüchen nicht zu genügen? (Diese Ansprüche mögen ausschließlich von ihm selbst stammen.) Denke auch an die Zeiten, da du selbst dich aus der Intimität – nicht unbedingt sexueller Natur – mit einem anderen Menschen zurückgezogen und es vermieden hast, dich ganz preiszugeben, um nicht verletzt zu werden. Frage dich dann, ob es irgendeinen Weg gibt, dem Partner emotionale Unterstützung zu geben, so daß es leichter für ihn wird, Vertrauen zu entwickeln. Einiges Nachdenken darüber kann eine gute Basis für ein Paar ergeben, miteinander über die Gefühle der Ablehnung und des Versagens zu sprechen, die die Ursache der Schwierigkeiten sein können. Es mag wichtig für einen Partner sein, zum anderen sagen zu können: ,,Ich fühle mich unter Druck gesetzt, sexuell aktiv zu sein, und das macht es mir noch schwerer, spontan zu reagieren'', oder sogar zu sagen: ,,Ich habe das Gefühl, ich darf nicht anfangen, zärtlich zu sein, weil du so froh und so dankbar darauf reagierst und ich mich dann verpflichtet fühle, weiterzugehen und mit dir zu schlafen, aber das ist es nicht, was ich mir im Augenblick wünsche.'' Es kann auch für den anderen Partner wichtig sein zu sagen: ,,Du brauchst mir nicht zu zeigen, daß du mich liebst, indem du einen Orgasmus hast, aber ich brauche körperlichen Kontakt, deshalb streichle mich und nimm mich in die Arme.''

Manchmal dringt dieses Gefühl des Scheiterns von draußen in eine Beziehung ein, beispielsweise weil einer oder beide Partner am Arbeitsplatz einen aussichtslosen Kampf führen, sich von ihren Kollegen „benutzt" fühlen oder in endlose Arbeit eingespannt sind, die kein Erfolgserlebnis und keine persönlichen Belohnungen einbringt, wie z. B. die Hausarbeit. Das Gefühl, daß man, was immer man auch tut, nichts erreicht und daß niemand das würdigt, was man tut, kann das Selbstwertgefühl eines Menschen angreifen, und das hat tiefreichende Auswirkungen auf die Sexualität.

Aber es ist offensichtlich nicht bloß eine Frage von Sorgen bei der Arbeit, sondern von jeder Erfahrung, die bei einem Menschen das Gefühl einer totalen Demütigung hinterläßt – Verlust des Arbeitsplatzes, Überflüssigwerden oder Pensionierung und das Empfinden, von niemandem gebraucht zu werden, kann diese Wirkung haben.

Zuwendung und Kommunikation

Erotische Gefühle sind ein integraler Teil unserer Gesamtpersönlichkeit. Sie fließen am leichtesten, wenn wir uns selbstbewußt, sicher und entspannt fühlen, und sind schnell gehemmt, wenn wir anfangen, an uns selbst zu zweifeln, wenn wir unsicher und angespannt sind . Masters und Johnson haben dargestellt, wie die Libido durch kritische Beobachtung der eigenen sexuellen Erregung und des Verhaltens, durch die Haltung eines Richters gegenüber dem sexuellen Erleben also, zerstört wird. Sie sprechen von „Zuschauerpose". In der Sexualität führt Selbstzweifel – Angst vor Versagen, Analyse der eigenen „Leistung" – häufig zu einem Scheitern, was eine weitere Erosion des Selbstvertrauens bewirkt. Deshalb sollten die Partner miteinander darüber sprechen, was sie wirklich empfinden und was jeder von beiden beim anderen sucht.

Kommunikation mag zwar nicht automatisch die Schleusentore der sexuellen Leidenschaft öffnen, aber sie bahnt den Weg für Zärtlichkeit, Anteilnahme und liebevolle Anerkennung der Realität und Einzigartigkeit des anderen. Wenn die Spannungen abgebaut werden und die Partner sich aussprechen und miteinander die Dinge zu klären versuchen, tritt Verständnis an die Stelle von Groll und Vorwürfen.

Vaginalbeschwerden

Die Vagina vieler Frauen ist gelegentlich wund und schmerzhaft. Das kann die Folge von allzu heftigem Verkehr sein, durch den empfindliche Schleimhäute verletzt werden. In den Frühstadien einer sexuellen Beziehung kann es durch die mangelhafte sexuelle Technik eines Partners oder durch rücksichtsloses Zustoßen ohne Beachtung der Reaktionen der Partnerin geschehen. Was du dagegen tun kannst, ist natürlich, die Beziehung auseinanderzuklauben und den Partner nicht im Zweifel zu lassen, was du willst und was du nicht willst.

Scheidenentzündung oder Vaginitis ist auch oft die Folge einer leichten Infektion. Im Laufe der Jahrhunderte haben Frauen in allen Teilen der Welt ihre eigenen Heilmethoden für die Vagina entwickelt. Vielleicht möchte die Leserin das eine oder andere dieser alten Kräuterheilmittel ausprobieren, bevor sie sich an einen Arzt wendet. In schweren Fällen reichen diese nicht aus, und wenn die Ursache der Vaginitis eine sexuell übertragene Krankheit sein könnte, solltest du so schnell wie möglich einen Arzt zu Rate ziehen, denn dann wirst du sicher ein Antibiotikum brauchen. Eine Behandlung mit pflanzlichen Heilmitteln sollte innerhalb von sieben Tagen nach Beginn der regelmäßigen Anwendung zum Erfolg führen.

Pflanzliche Heilmittel

Gegen Pilzbefall (*Candida*-Mykose) im Anfangsstadium kann sich naturbelassener Joghurt als wirksam erweisen. Zur Einführung kann man einen Tampon benutzen, der von zylinderförmiger Pappe umgeben ist. Zieh den Tampon etwas von der Spitze des Zylinders zurück und fülle den Zwischenraum mit Joghurt. Führe den Tampon in die Vagina ein und ziehe ihn dann heraus, so daß der Joghurt zurückbleibt. Man kann den Tampon auch eine Weile drinnen lassen, aber nicht länger als etwa vier Stunden, damit kein toxischer Schock durch Infektion riskiert wird. Wenn ein Tampon zu lange drinnenbleibt, entstehen durch bakterielle Reaktion Toxine, die durch die Scheidenwände in den Blutkreislauf absorbiert werden. Ein anderes Hausmittel ist eine geschälte Knoblauchzehe in dünne, sterile Gaze gewickelt (um sie leicht herausholen zu können). Sie sollte ebenfalls nach etwa vier Stunden wieder entfernt und durch eine frische ersetzt werden.

Du kannst deine Vagina auch mit einem Kräuterextrakt spülen und eine Binde mit derselben Lösung tränken, so daß diese äußerlich angewandt werden kann. Ein Absud aus Ringelblumenblüten ist ein altes Heilmittel. Man übergieße eine große Tasse voll Ringelblumenblüten mit einer Tasse kochendem Wasser und lasse sie 15 Minuten ziehen. Dann seiht man das ab und verdünnt es mit gekochtem Wasser, so daß sich zwei Tassen Flüssigkeit ergeben. Diesen Extrakt bewahrt man in einem zugedeckten Behälter im Kühlschrank auf. Wenn diese Hausmittel nach einwöchiger Anwendung keine Wirkung zeitigen, wende dich an den Arzt. Er wird vielleicht ein Antibiotikum verschreiben.

Postklimakterische Vaginitis

Vaginale Empfindlichkeit nach den Wechseljahren ist die Folge des natürlichen Rückgangs der Östrogenproduktion nach Beendigung der Empfängnisfähigkeit. Die Vagina wird trocken und der sexuelle Verkehr schmerzhaft. Die Anwendung einer Östrogensalbe kann sich in diesem Fall als nützlich erweisen. Eine solche Salbe hat weniger Nebenwirkungen als eine künstliche Hormonzufuhr in Pillenform, aber man muß einen Arzt aufsuchen, um eine solche Salbe verschrieben zu bekommen. Da der postklimakterische Körper immer noch Testosteron, das selbst Östrogen absondert, produziert, wird vermutlich eine längere Anwendung nicht nötig sein.

Feststellung der Ursache

Manchmal haben Frauen Schmerzen in der Vagina, wenn kein physischer Grund klar ersichtlich ist. Das erste ist dann, einen Arzt zu konsultieren, damit ein Abstrich klären hilft, ob du eine Infektion hast. Wenn das der Fall ist, kann man diese mit Salben, Zäpfchen und möglicherweise einem oral einzunehmendem Antibiotikum bekämpfen.

Wenn du gesagt bekommst, daß alles in Ordnung ist, aber spüren kannst, daß das nicht stimmt, dann ist vielleicht etwas Detektivarbeit nötig, um die Ursache der Beschwerden herauszufinden. Beginne damit, die Zeiten zu notieren, wann du die Schmerzen bemerkst. Festzustellen, wann sie auftreten, kann helfen zu begreifen, *warum* du sie bekommst. Denn Vaginitis kann ein Leiden sein, mit dem du Konfliktgefühle austrägst.

Eine Frau litt beispielsweise nur am Wochenende an starker Vaginitis, wenn sie allein in ihrer Wohnung war. Eine andere bemerkte, daß die Beschwerden am Nachmittag einsetzten, bevor sie von der Arbeit zu ihrem Partner nach Hause ging, einem Partner, mit dem zu schlafen sie haßte. Eine andere wußte, daß ihre Mutter ihren Freund strikt ablehnte. Ihre Vaginitis war so schlimm, daß sie außerstande war, sexuellen Verkehr zu haben. In ihrem Fall ging die Vagnitis weg, als sie sich stark genug fühlte, ihrer Mutter nichts vorzulügen, wenn sie mit ihrem Liebhaber in Urlaub fuhr.

Manche Psychotherapeuten glauben, der häufigste Grund für Vaginitis sei, daß eine Frau über ihren männlichen Partner wütend sei, aber sich weigere, dieser Wut ins Auge zu sehen (Joan Woodward: *The diagnosis and treatment of psychosomatic vulvovaginitis*). Diese Wut bleibt oft unerkannt. Eine Frau, die mit ihrem Vater im Inzest gelebt hatte, war furchtbar besorgt, daß sie eine Tochter bekommen könnte, die ihrerseits mit ihrem Vater Inzest beginge. Erst als sie imstande war, über diese Befürchtungen zu sprechen, begann sich ihre Vaginitis zu bessern. Eine jungverheiratete Frau, die starken Groll gegenüber ihrem Mann empfand, sagte, sie wolle zu ihrem Vater nach Hause, wo sie sich sicher fühle. Nach einer psychotherapeutischen Beratung beschloß sie, mit ihrem Mann über all die Dinge zu sprechen, die sie störten, und sie einigten sich, ohne Penetration miteinander zu schlafen. Ihre Vaginitis heilte nach einigen Monaten aus, und sie begannen, ihr Sexualleben zu genießen.

Es ist nicht verwunderlich, daß sich der seelische Zustand auf den Körper auswirkt. Wenn ich Vaginalschmerzen habe und es keinen organischen Grund dafür gibt, dann sollte ich mich fragen, was mir mein Körper sagen will. Ich kann mich entweder dafür entscheiden, das Symptom beizubehalten, oder ich kann herausfinden, *warum* ich mich so fühle. Wenn es mir gelingt, den Grund für meine Reaktion ausfindig zu machen, dann kann das bedeuten, daß ich einen Konflikt in einer Beziehung riskieren muß, die einer Veränderung bedarf. Das zu tun kann natürlich sehr schwierig sein, aber es kann sich als wirksamer erweisen als die Benutzung von Salben und Medikamenten in dem Bemühen, die Symptome zu beseitigen, ohne die Ursache zu verstehen.

Vaginismus

Bei manchen der Zustände, die als sexuelle Funktionsstörung oder Abnormität bezeichnet werden, handelt es sich einfach darum, daß eine Frau oder ein Mann bestimmte sexuelle Praktiken nicht mögen. Wir würden nicht behaupten, daß jemand an einer Funktionsstörung der Nahrungsaufnahme leide, wenn er Austern nicht mag oder sich zwingen müßte, sie zu essen. Bis zu einem gewissen Grad gilt dies auch für die Sexualität.

Diagnose einer „Funktionsstörung"

Vaginismus ist ein Krampf der Muskeln um die Vagina, der den Sexualakt schmerzhaft oder unmöglich macht. Wenn ich oralen Sex nicht mag, wird mich niemand beschuldigen, eine sexuelle Funktionsstörung zu haben. Wenn ich kein Vergnügen an der Penetration finde oder wenn ich sie nur gelegentlich mag und in der Regel andere Formen des Liebesspiels bevorzuge, dann kann eine Ärztin, ein Eheberater oder eine Psychotherapeutin behaupten, ich litte an dem klinischen „Störungsbild" Vaginismus. Vielleicht bin ich auch selbst davon überzeugt, daß etwas mit mir nicht stimmt. Helen Singer Kaplan, eine führende amerikanische Sexualtherapeutin, sagt über Vaginismus:

Furcht vor
Penetration

> Anatomisch gesehen sind die Genitalien einer an Vaginismus leidenden Frau normal. Sooft Penetration versucht wird, schnappt der Scheideneingang buchstäblich so fest zu, daß ein Eindringen unmöglich ist . . . Abgesehen von dem primären Krampf des Scheideneingangs leiden Patientinnen mit Vaginismus gewöhnlich an panischer Angst vor dem Koitus und der vaginalen Penetration.

Helen Singer Kaplan sagt, daß eine sogenannte „vaginismische" Frau keinen Penis in ihrer Vagina haben will und daß sie, wenn jemand gewaltsam in sie eindringen will, ihre Scheidenmuskeln zusammenzieht, um ihre Vagina zu „verschließen". Dr. Kaplan bemerkt weiter:

> Viele Frauen, die sich wegen ihres Vaginismus in Behandlung begeben, sind sexuell ansprechbar. Sie können durch Stimulierung der Klitoris zum Orgasmus kommen, sexuelle Spiele genießen und sexuellen Kontakt suchen – so lange dieser nicht zum Koitus führt.

Wir haben es also mit einer sexuell reaktionsbereiten und aktiven Frau zu tun, die Orgasmen hat, aber nicht penetriert werden will. Diese Situation wird nur dann als ein „Problem" angesehen, wenn die Frau oder ihr Partner glaubt, daß sie Penetration zulassen *sollte* und daß diese das einzige Ziel jedes Liebesaktes sei. Weil die Sexualität in dieser Weise definiert wird, bezeichnet man eine Frau, die das nicht genießen kann, als vaginismisch.

Viele Frauen werden sich bewußt sein, daß sie bei Unterleibsuntersuchungen manche der Symptome hatten, die von Ärzten als Vaginismus bezeichnet werden. Es ist nicht angenehm, sich von einem fremden Arzt kalte Metallgegenstände in die Scheide stoßen zu lassen. Frauen, die ihre Vaginalmuskeln in dieser Situation reflexartig zusammenziehen, können es dennoch sehr schön finden, beim Liebesakt Finger oder den Penis in ihrer Scheide zu spüren. Andere Frauen verkrampfen sich dagegen auch beim Zusammensein mit ihrem Partner und machen es dem Mann unmöglich, in sie einzudringen. Manchmal erinnert sich eine Frau an eine unangenehme körperliche Untersuchung und fürchtet, daß ihr Liebhaber ähnlich mit ihr verfahren könnte. Oder der Verkehr kann zu bald nach einer Entbindung versucht werden, wenn sie noch wund von einer Naht ist, oder nach einer traumatischen Geburt, die ihr noch frisch in Erinnerung ist.

Viele Frauen lassen tatsächlich einen Mann „machen", statt zu protestieren, und wenn ihr Körper in einer Weise reagiert, aus der offenkundig wird, daß ihnen die Penetration kein Vergnügen macht, fühlen sie sich schuldig und schämen sich. Manche Frauen überlassen ihren Körper den Männern in dieser Weise, weil sie konditioniert sind zu glauben, daß eine Frau den Mann nie frustrieren darf, weil er sich sonst sein Vergnügen woanders sucht. Vielleicht glauben sie auch aufrichtig, daß sie penetriert werden wollen, müssen aber feststellen, daß ihr Körper sie quasi im Stich läßt. Es ist, als ob eine liebevolle menschliche Beziehung zwischen einem Mann und einer Frau ausschließlich davon abhinge, einander zu zeigen, daß man gern Austern ißt, aber sooft man eine zu schlucken versucht, bleibt sie einem im Halse stecken. Wieviele andere Dinge man auch schätzt und obwohl man in bezug auf andere Speisen ein wahrer Gourmet ist, muß

Verschiedene theo-retische Deutungen des Vaginismus

an der Beziehung etwas faul sein, weil man keine Austern schlucken kann. Frauen, die meinen, an einer sexuellen Funktionsstörung zu leiden, begeben sich oft in die Hände von Eheberatern, Ärzten, Psychologen und anderen Sexualtherapeuten in der Hoffnung, „geheilt" zu werden. Eine solche Heilung tritt manchmal ein – aber sie fordert ihren Preis. Gelegentlich wird Vaginismus sogar operativ behandelt. Helen Singer Kaplan berichtet, daß eine Patientin zu ihr kam, die eine Perineotomie (operative Öffnung und Vergrößerung der Vagina) hinter sich hatte, die, wie man ihr sagte, eine aus 75 Stichen bestehende Naht erfordert hatte. Vor der Operation war sie nicht imstande gewesen, den Koitus zu vollziehen, aber hatte Spaß am Sex und erreichte durch klitorale Stimulierung mehrfache Orgasmen. Nach dem Eingriff war der Koitus möglich. Aber sie war nicht mehr imstande, zum Orgasmus zu kommen, und verlor mit der Zeit jegliches Interesse an sexueller Betätigung jeder Art einschließlich des klitoralen Liebesspiels, das sie vorher genossen hatte.

Die psychoanalytische Therapie geht von der Theorie aus, daß die Frau unbewußt versuche, aufgrund von Penisneid den Mann mit ihren Vaginalmuskeln zu kastrieren. Es gibt keinerlei Beweise für diese Annahme. Obwohl eine Frau ihren Partner vielleicht nicht mag oder wütend auf ihn ist, weil er wiederholt versucht hat, mit ihr zu schlafen, wenn sie es nicht wollte, so ist das doch noch weit von dem Nachweis entfernt, daß sie einen tiefen, unbewußten Haß auf alle Männer hege und versuche, sich an ihnen zu rächen, weil sie sich kastriert fühle.

Desensibilisierung und Reizüberflutung

Verhaltenstherapeuten gründen ihre Behandlung auf systematische Desensibilisierung. Sie üben mit der Frau Entspannungstechniken und fordern sie dann auf, sich die angstbesetzte Situation vorzustellen, indem sie zunächst damit beginnt, an ihren Partner zu denken, wie er sich auszieht, dann, wie er auf sie zugeht, dann, wie er zu ihr ins Bett kommt, dann, daß er eine Erektion hat usw., wobei sie die ganze Zeit entspannt bleibt. Sobald sie es vermeiden kann, sich in diesen vorgestellten Situationen zu verkrampfen, wird sie angewiesen, Sonden (Dilatatoren) verschiedener Größe in ihre Vagina einzuführen, wobei mit dünnen begonnen und nach und nach zu immer dickeren übergegangen wird.

Manche Therapeuten glauben an „Reizüberflutung". Sie fordern die Frau auf, sich das Schrecklichste vorzustellen, was je geschehen könnte, und sobald sie entspannt bleiben kann, während sie sich vorstellt, aggressiv vom Penis ihres Partners penetriert zu werden, nimmt man an, daß sie sich auf dem Weg zur Heilung befinde. Masters & Johnson und andere Sexualtherapeuten, die nach ähnlichen Prinzipien arbeiten, beziehen den Partner von Anfang an in die Therapie mit ein. Sie lassen ihn Gummihandschuhe anziehen und zeigen ihm, wie man eine Unterleibsuntersuchung macht, und später, wie er Dilatatoren in die Vagina der Frau einführen kann. Helen Singer Kaplan warnt:

Die Tatsache, daß die Frau physisch fähig geworden ist, den Sexualakt zu vollziehen, ist nicht mit der Garantie verbunden, daß sie automatisch adäquat auf sexuelle Stimulierung reagieren wird; umgekehrt kann der Mann, sobald die langersehnte Möglichkeit, den Koitus auszuüben, zur Realität wird, Potenz- oder Ejakulationsprobleme haben.

Selbsthilfe

Wenn du feststellst, daß sich deine Muskeln unwillkürlich zusammenziehen, wenn dein Partner im Begriff ist einzudringen, oder selbst wenn du bloß daran denkst, dann solltet ihr als erstes miteinander darüber reden und einander mitteilen, was ihr beim Liebesspiel am meisten genießt. Weil ein Mann aller Wahrscheinlichkeit nach die Penetration als lustbetont erlebt, bedeutet das nicht automatisch, daß auch eine Frau Vergnügen daran findet. Wie bereits erwähnt, ist die Penetration gewöhnlich eine ineffektive Form des Liebesspiels, um die Klitoris zu stimulieren. Dafür gibt es viele andere, bessere Methoden. Dazu zählt, daß die Frau ihre Klitoris durch Reibung am Körper ihres Partners oder einer anderen festen Oberfläche stimuliert, daß sie ihre Knie hochzieht und ihre Schenkel zusammenpreßt oder daß der Partner seine Hände oder seine Zunge zur direkten klitoralen Stimulierung benutzt.

Nehmt euch miteinander Zeit, diese Arten des Liebesspiels zu erproben, wobei es auch wichtig ist, sich gegenseitig zu massieren, am ganzen Körper zu streicheln und dabei jeden Versuch der Penetration zu vermeiden. Während du das tust, sprichst darüber, was du als angenehm empfindest.

Zeige dem Partner mit den Fingern die Art der Berührung, die dich am stärksten erregt. Fordere ihn auf genau zuzusehen, wenn du die Schamlippen und die Klitoris berührst oder Gesäß und Schenkel streichelst. Nimm dann seine Hand und führe seine Finger, damit sie die Bewegungen ausführen. Seine Hand sollte sich nur da hinbewegen, wo du ihn hinführst.

Wenn du das Gefühl hast, bereit dafür zu sein, dann fordere ihn auf, beide Hände auf irgendeine Stelle deines Körpers zu legen, wo sie sich gut fühlen. Das können beispielsweise die Hinterbacken sein, der Rücken, Hüften oder Brüste. Dann zeige ihm, wie du einen Finger in die Vagina einführst, und zwar abgebogen, so daß er leichter hineingeht. Wenn dein Finger drinnen ist, fordere ihn auf, jede Form der Reizung anzuwenden, die für dich sehr lustbetont ist. Das kann ein Saugen an den Brustwarzen sein, Zungenküsse auf den Bauch oder klitorale Stimulierung mit den Lippen oder mit der Zunge in der Art eines Schmetterlingsflügels. Sobald du in Erregung gerätst, wirst du mit dem Finger spüren, daß sich die ziehharmonikaartige Innenhaut der Vagina tief innen glättet und daß sich der innerste Teil ballonartig ausbuchtet, während die Partie nahe am Eingang anschwillt und heiß und fest wird.

Wenn du dich dieser spontanen vaginalen Reaktion vergewissert hast, bitte deinen Partner, seine Liebkosungen an anderen Stellen deines Körpers fortzusetzen. Wenn die Erregung zunimmt, lasse deinen Finger drinnen und spüre die rhythmische Kontraktion und Entspannung der Scheidenmuskulatur. *Du kannst deinen Partner jederzeit auffordern zu stoppen –* darüber sollte von vornherein Einigkeit bestehen. Oder ihr könnt beschließen, zu einer früheren Übung zurückzukehren.

Wenn dein Partner sehr erregt wird, nimm seinen Penis und führe ihn an eine Stelle, wo er fest eingeklemmt werden kann – aber außerhalb der Vagina. Halte ihn in Händen oder nimm ihn zwischen die Schenkel oder Füße, unter den Arm oder zwischen die Brüste. Vielleicht hast du den Wunsch, den eigenen Finger drinnenzulassen, während er selbst zum Orgasmus kommt. Tu aber stets, was dir im Augenblick richtig erscheint.

Wenn ihr imstande seid, das gemeinsam zu genießen, dann könnt ihr beschließen weiterzugehen. Zeige ihm, wie er seinen Finger in die Vagina einführen kann, und zwar genau so, wie du es mit deinem eigenen gemacht hast. Vielleicht wirst du feststellen, daß es gewisse Bewegungen gibt, die er mit seinem Finger machen kann, sobald er drinnen ist, die dir angenehm sind. Wenn dem so ist, sag es ihm. Du bist dann quasi die Dirigentin, und der Partner wartet geduldig und akzeptiert die Anweisungen, was er tun soll und genau wann er es tun soll. Alles hängt von seiner Behutsamkeit und seinem Einfühlungsvermögen in deine Wünsche ab. Es besteht kein Grund, sich zu beeilen oder ihm zu demonstrieren, wie gut alles funktioniert. Lasse dir für alles Zeit. Das Wichtigste in diesem Stadium ist, daß er nur das tut, wozu du ihn aufforderst, sonst gar nichts, und daß du das Gefühl hast, die Dinge in der Hand zu haben. Sobald du das genießen kannst, fordere ihn auf, sehr behutsam mit zwei Fingern in dich einzudringen. Vielleicht magst du es so, daß sein Handteller über deinem Schamhügel und der Klitoris liegt, oder so, daß er deine Klitoris sehr zart mit seinem Daumen liebkosen kann. Versuche nicht, den Koitus zu vollziehen, solange du nicht dieses Stadium erreicht hast und *Vergnügen daran findest*. Du mußt die Entscheidung fällen. Nicht jede Frau, die so verfährt, und sei es auch noch so systematisch und behutsam, wird das Gefühl mögen, ihren Partner in ihrer Vagina zu spüren, obwohl sie die *Idee* der Penetration vielleicht akzeptiert und sexuell erregt ist.

Vielleicht stellst du fest, daß du eine Form des Liebesspiels, das ohne Penetration auskommt, dem konventionellen Sexualakt immer vorziehen wirst. Das ist kein „Fehler". Die Erforschung verschiedener Arten der sinnlichen Wahrnehmung im Liebesspiel wird dir helfen, flexibler zu sein und wahrscheinlich neue Möglichkeiten eröffnen, Sex zu genießen. Aber das Wichtigste ist, daß keiner der beiden Partner sich gezwungen fühlen sollte, sich in einer Weise sexuell zu betätigen, die ihm nicht wirklich zusagt, und daß eine liebevolle Beziehung sie befähigt, einander in beiderseitig akzeptabler Weise Vergnügen zu bereiten. Für jedes Paar ist dies eine Entdeckungsreise.

Vorzeitiger Samenerguß

Jedes Paar, das die Dauer des Koitus verlängern will, kann lernen, den Teil des Liebesspiels, der der Ejakulation vorausgeht, von einigen Minuten auf eine Stunde oder länger auszudehnen. Manchmal wird ein Mann so erregt, daß er ejakuliert, bevor seine Partnerin dafür bereit ist. Ebenso wie Vaginismus bei Frauen wird dies oft als Krankheits-Symptom behandelt, als sei dies ein pathologischer Befund. Aber in den meisten sexuellen Beziehungen kommt das von Zeit zu Zeit vor, und es bedeutet gewöhnlich nur, daß beide nicht denselben Erregungsrhythmus finden. Das kann geschehen, wenn beide müde oder mit anderen Dingen beschäftigt sind.

Die konventionelle Auffassung besagt, daß jede Ejakulation, die vor der Penetration erfolgt, „vorzeitig" ist. Aber von einem anderen Standpunkt aus kann jede Ejakulation, die eintritt, bevor die Frau wirklich bereit dafür ist, selbst wenn sie in der Vagina erfolgt, als „vorzeitig" betrachtet werden. Vielleicht kann man es am leichtesten so definieren, daß vorzeitige Ejakulation immer dann vorliegt, wenn ein Paar dieser Auffassung ist.

Die Reaktionen beider Partner

Es gibt eine breite Skala von Reaktionen auf die Entdeckung, daß der Partner ejakuliert hat, bevor du bereit dafür warst. Vielleicht hast du das Gefühl, daß er sich ungeschickt verhalten hat, und verübelst ihm das; es mag dir so erscheinen, als habe er dich bloß als Sexobjekt benutzt und ohne Rücksicht auf deine Gefühle vollgespritzt. Wenn er über deinen Körper, dein Haar oder Gesicht ejakuliert, dann empfindest du vielleicht Ekel, fühlst dich unsauber und dein einziger Gedanke ist, dich zu duschen. Die Gefühle können aber auch ganz anderer Art sein: Der Samen ist eine Art Liebesgabe, der Geruch erotisch und erinnert dich, wenn er auf der Haut getrocknet ist, noch nach dem Erwachen an die vorangegangenen leidenschaftlichen Liebesszenen. Oder du hast das Gefühl, in irgendeiner Weise versagt zu haben, weil du nicht genügend erregt warst, um zur selben Zeit wie er zum Orgasmus zu kommen. Oder vielleicht freust du dich auch, daß du so erregend auf ihn gewirkt hast, daß er sich nicht zurückhalten konnte.

In ähnlicher Weise kann auch der Mann die unterschiedlichsten Reaktionen haben. Er kann sich niedergeschlagen entschuldigen oder andeuten, daß du daran Schuld hast, weil du „frigide" bist; er kann das Spiel fortsetzen, als ob nichts geschehen sei, oder plötzlich das Interesse verlieren.

Viele Paare genießen es, wenn der Mann ejakuliert, bevor die Frau zum Orgasmus kommt, weil es ihre Fähigkeit nicht beeinträchtigt, die Lust am Körper des anderen auf andere Weise auszudrücken, und er sie mit seinen Fingern oder seinem Mund stimulieren kann. Wenn die Sexualität nur aus einem erigierten Penis bestände, dem eine empfangsbereite Vagina gegenübersteht, dann wäre unser Sexualleben weitaus weniger interessant.

Manche Männer empfinden die weibliche Sexualität als einigermaßen beunruhigend, und sie können das Gefühl haben, von der Frau sexuell attackiert zu werden und ihre Männlichkeit beweisen zu müssen. Wir gehen oft davon aus, daß Männer sexuell unersättlich und fordernd seien; in der westlichen Kultur ist immer von Männern erwartet worden, daß sie auf Eroberungen aus, aktiv und dominant sind, während Frauen als passiv, rezeptiv und gefügige Empfängerinnen des Samens betrachtet wurden, der ihnen von den Männern aufgezwungen wird. Tatsache ist, daß viele Männer weitaus weniger Selbstvertrauen haben und an ihrer eigenen sexuellen Kraft zweifeln oder das Gefühl haben, eine Frau könne sie nicht wirklich begehren. Ein Mann kann befürchten, daß sein Penis zu klein sei oder seine Erektion nicht groß genug, oder er kann meinen, die Frau müsse von seinem Körper enttäuscht sein, wenn sie ihn nackt betrachte. In dem Gefühl, sich selbst beweisen zu müssen, kann er in solche Aufregung darüber geraten, eine Erektion zu haben und die Penetration zu vollziehen, daß eine geringfügige Reibung genügt, um die Ejakulation auszulösen.

Wenn dies häufig geschieht, und du darüber beunruhigt bist, dann gibt es einige Mittel, die man ausprobieren kann.

Start-Stop-Methode

Es ist nicht nötig, sich auf eine langwierige Psychotherapie einzulassen. Das Ejakulationsverhalten ist leichter durch eine sehr einfache Technik zu verändern, die man sich selbst beibringen kann. Es ist eine bewußt kontrollierte Start-Stop-Methode beim Geschlechtsverkehr. Etwa drei Wochen Zeit sind nötig, um ein anderes Verhalten zu erlernen. Redet über die verschiedenen Techniken, die ihr ausprobiert, in offener und entspannter Weise. Es kommt beiden Partnern zugute, wenn beide den Liebesakt länger genießen können.

Um die Kontrolle zu erlangen, muß man erkennen können, wann man sich dem Orgasmus nähert und ihn dann stoppen, bevor er ein Crescendo erreicht. Warte ein bißchen bis das Erregungsniveau etwas abgeklungen ist, dann mache weiter, aber beobachte genau, wann die nächste Woge der Erregung einsetzt, dann halte wieder inne und lege eine Pause ein, bevor du die Stimulierung fortsetzt. Das Ziel ist es, den gleichen Rhythmus im „sexuellen Tanz" zu finden.

Manche Paare haben mit dieser Methode Schwierigkeiten. Stillzuliegen und den anderen nicht anzufassen, mag zwar einen vorzeitigen Erguß verhindern, aber das Problem ist, daß das Bemühen, sich nicht zu bewegen oder erregt zu erscheinen, damit der Partner nicht übererregt wird, auf die Frau sexuell dämpfend wirkt. Es gibt eine andere Methode: das Drücken.

Das Drücken

Dies ist eine Methode, die einerseits den Erguß des Mannes verzögert, gleichzeitig aber für die Frau erregend sein kann, vielleicht, weil sie die Macht genießt, die Kontrolle über seine Sexualität auszuüben.

Wenn er zu stark erregt wird, halte seinen Penis sehr fest mit zwei Fingern und dem Daumen unterhalb der Eichel, wo sich ein harter Wulst befindet, und drücke mit deinem Daumen auf die Unterseite des Penis. Wenn du ihn nur leicht hältst, stimuliert ihn das noch mehr. Es muß ein fester Griff sein. Die Hand ist natürlich größer als diese gewölbte Partie, aber das macht nichts. Drücke einfach ziemlich fest zu und halte die Hand still. Drei oder vier Sekunden genügen.

Du wirst merken, daß seine Erregung kontrollierbar wird. Sein Penis kann etwas weniger steif und pulsierend sein, seine Atmung freier, und er wird im allgemeinen entspannter wirken. Er kann bis zu 30 Prozent seiner Erektion verlieren. Dann lasse ihn los. Dieses Verfahren kann man beliebig oft wiederholen. Masters und Johnson entwickelten diese Technik als eine Variante der Start-Stop-Methode, und sie behaupten, daß sie, wie ihre Experimente zeigten, fast hundertprozentig erfolgreich ist.

Mit dieser Methode kannst du deinem Partner zeigen, daß du nicht eine gierige, fordernde Frau bist, vor der er seine Virilität demonstrieren muß, und daß er nicht einem „Macho"-Ideal der Maskulinität entsprechen muß, das ihm in seiner Jugend eingepflanzt wurde; er kann zulassen, daß eine Erektion abklingt – sie wird wiederkommen. Er lernt, daß es dir gefällt, mit seinem Penis ein Spiel zu treiben. Er erfährt, daß sein Penis auch noch auf viel subtilere Weise angeregt wird, weil er den Druck deines Körpers spürt. Und zusammen entwickelt ihr eine exakte Kontrolle, die dem Liebesspiel neuen Auftrieb verleiht.

9. Sex und Gewalt

Sexuelle Belästigung

„Sexuelle Belästigung" ist ein Begriff, der für viele Frauen kaum Bedeutung hat. Tatsächlich behaupten viele, nie so etwas erlebt zu haben, aber fügen dann hinzu: „Nur das übliche Pokneifen und sexuelle Anspielungen im Büro" oder sie erwähnen, daß sich Männer in Menschenansammlungen an sie gedrückt hätten. Manche glauben, Belästigung bedeute Vergewaltigungsversuch, nichts anderes falle unter diesen Begriff.

Es ist unmöglich für eine Frau, in der westlichen Gesellschaft zu leben, ohne Belästigungen zu begegnen, selbst wenn es sich nur um die Blicke fremder Männer „aus der Fahrerkabine von Lkws und auf Baustellen" handelt, wie Margaret Atwood schreibt; „ein spekulierender Blick wie der eines Hundes auf einen Feuerhydranten" *(Lady Oracle)*.

Belästigung als Bedrohung

Wenn wir auf die U-Bahn warten, sind wir von Plakaten umgeben, auf denen weibliche Schamteile, Hinterbacken und Schenkel zu sehen sind, Teile unseres eigenen Körpers, abgetrennt, verpackt und dargeboten, um aufzureizen und ein Produkt zu verkaufen. Eine Frau, die ohne männliche Begleitung auf der Straße geht, wird von Männern von oben bis unten angegafft, als ob sie jederzeit zu haben sei. Sex am Arbeitsplatz kann eine Bedingung für das Vorwärtskommen einer Frau sein. Von Jugend an sind die meisten Frauen in ihrem Alltag sexuellen Belästigungen aller Art ausgesetzt. Die dafür benutzten Begriffe – „Nachpfeifen, Grapschen, Blitzen" – klingen oft recht harmlos, sie verbreiten die Atmosphäre alter Bühnenschwänke mit üppigen Brüsten, die aus dem Mieder quellen, geilen Dandys und Rendezvous im Rosengarten. Die Wirklichkeit hinter den Worten ist um einiges häßlicher. Nehmen wir „Blitzer". Der Begriff klingt ziemlich harmlos, wenn man darunter jemand versteht, der nackt durch die Gegend läuft, er bedeutet aber auch Exhibitionist. Exhibitionisten werden oft damit entschuldigt, daß es sich lediglich um gestörte Persönlichkeiten handle. Frauen merken oft erst hinterher, daß es sich bei einem Fall um Exhibitionismus gehandelt hat. Danach kann sie einen Seufzer der Erleichterung ausstoßen oder wütend werden – aber nicht im entsprechenden Augenblick. Im Augenblick *könnte* es Vergewaltigung bedeuten.

Belästigung als „Anerkennung"

Sexuelle Belästigungen aller Art implizieren, daß eine Frau – jede Frau – nur zum sexuellen Vergnügen der Männer existiert, daß sie ein weibliches Objekt, nicht eine Person ist – und daß sie letztendlich keine Rechte über ihren eigenen Körper hat. Dennoch *genießen* das manche Frauen ohne Zweifel. Sie haben das Gefühl, als Individuen nicht wirklich zu existieren, wenn sie nicht von den Gesichtern der Männer ablesen können, daß diese sie zu würdigen wissen. Sie finden es aufregend, wenn man ihnen nachpfeift und sie das Gefühl haben können, sexuelle Begierde auszulösen. Manche gewöhnen sich so daran, daß sie diese Art der Aufmerksamkeit vermissen, wenn sie ihnen entzogen wird. Im Stadium fortgeschrittener Schwangerschaft sagen Frauen manchmal, daß sie sich im Wert gemindert fühlen, wenn sich ihnen ein Mann mit diesem abschätzenden Blick in den Augen nähert und dann rasch wegschaut, sobald er die Schwellung ihres Leibes bemerkt hat: „Schwangerschaft hat keinen Platz in der Sexualität, die sonst alles durchdringt. Sobald ich schwanger bin, ‚gehöre ich offenkundig einem anderen Mann‘, und Schändung – ob physisch oder verbal – hat viel mit der Drohung zu tun, Unschuldige und Wehrlose zu schwängern oder für ihre Verfügbarkeit zu bestrafen – und ich bin nicht verfügbar. Seit langem bleiben mir sexuelle Anspielungen, Busengrapschen und sonstige Annäherungsversuche erspart. Männer, die auf mich zukommen, wenden sich mit einer Mischung aus Schuldgefühlen, Furcht und Ekel auf ihrem Gesicht von meinem Leib ab. Sobald ich nicht mehr mit sexuellen Annäherungsversuchen verfolgt wurde, begriff ich merkwürdigerweise, daß mir diese ein gewisses Bewußtsein der Macht, der Attraktivität, ja geradezu das Gefühl gegeben hatten, daß ich existiere" (Tessa Weare).

Machtausübung

Warum belästigen viele Männer Frauen? Es dient offensichtlich nicht zum Zweck, uns sexuell zu erregen. Die Männer ernten dafür einen Seitenblick, vielleicht ein Kichern, aber häufig ist die Reaktion auch Verlegenheit oder Angst. Darin besteht auch die Funktion – Angst oder Unterwerfung auszulösen. Es ist eine Machtfrage. Der Junge, der einem vorübergehenden Mädchen eine zweideutige Bemerkung zuruft, tut das, weil er seinen an der Straßenecke herumlungernden Altersgenossen zeigen will, daß er bei einer Frau eine Reaktion auslösen kann. Es ist ein Fall von Machtausübung, nicht nur über sie, sondern auch gegenüber den anderen Jugendlichen.

Das Verhalten bei sexueller Belästigung

1. Auf der Straße

Am schwierigsten muß nicht der Umgang mit dem Belästiger sein, sondern der mit unseren eigenen Gefühlen in bezug auf den Vorfall. Alice fuhr spätabends mit der U-Bahn, als sich der ihr gegenübersitzende Mann entblößte und zu masturbieren begann: „Ich hatte furchtbare Angst und bildete mir noch ziemlich lange danach ein, alle Männer hätten sich verschworen, an mich ranzukommen. Gleichzeitig schämte ich mich auch ziemlich – ich war damals im aktiven Polizeidienst (natürlich nicht in Uniform), und ich hatte das Gefühl, ich hätte irgend etwas Heroisches tun oder es zumindest schaffen sollen, darüber zu lachen. Ich fühlte mich jedoch irgendwie mißbraucht und besudelt bei dem Gedanken, daß ich ein Teil der Phantasien dieses Mannes geworden war. An dieses Gefühl, beleidigt und attackiert worden zu sein, erinnere ich mich am deutlichsten."

Manche Frau gibt sich selbst dafür die Schuld, die Aufmerksamkeit des Mannes auf sich gezogen zu haben, und fragt sich: „Was habe ich getan?" Sie kann befürchten, ein Aufhebens um nichts zu machen, oder vor Wut gelähmt sein. Ein großer Teil des Zornes, der da hochkocht, kann tatsächlich gegen die eigene Person gerichtet werden, und die Frau kann sich danach noch stundenlang krank und innerlich leer fühlen. Es ist wichtig, Techniken des Fertigwerdens mit solchen Situationen zu entwickeln.

Manche Frauen haben die Erfahrung gemacht, daß es genügt, die Aufmerksamkeit in deutlicher Weise auf den Vorfall zu lenken, um einen Verfolger abzuschrecken. Es fällt oft schwer, den Mut dazu aufzubringen, aber es ist wahrscheinlich das Wirksamste, was man tun kann. Wenn uns beispielsweise ein Mann folgt, können wir laut rufen: „Hören Sie auf, mir nachzulaufen! Lassen Sie mich in Frieden! Gehen Sie weg!" Aber so wütend wir auch sein mögen, es ist *keine* gute Idee, sich zu Beschimpfungen hinreißen zu lassen. Eine junge Frau, die das machte, wurde von dem Mann, der sie mit obszönen Bemerkungen belästigt hatte, gepackt und zur Rede gestellt, daß sie sich nicht wie eine Dame benehme!

2. In der Ausbildung

Mütter sind sich oft nicht bewußt, daß ihre Töchter von der Grundschule an Belästigungen ausgesetzt sind. Das wird als „Neckerei" bezeichnet. Diese derben Späße spielen sich oft bei den Toiletten ab: „Die Klos befanden sich in einem anderen Gang als die Klassenzimmer. Das Spiel bestand darin, daß kleine Jungen in die Mädchenklos eindrangen und die Mädchen in die Jungenklos zerrten, wo sie ihnen ihr ‚Ding' zeigen konnten."

Eltern gelingt es in der Regel nicht, solches Verhalten zu unterbinden. Aber sie können die Vorgänge und die verwirrten Gefühle, die sie in dem Kind auslösen, zur Kenntnis nehmen. Eine Mutter kann die angedeutete Verärgerung ihrer Tochter darüber bestätigen, indem sie sagt: „Ja, ich kann mir vorstellen, daß du sehr empört darüber bist." Wir haben oft die Tendenz, diese Dinge herunterzuspielen, indem wir sagen: „Die werden da herauswachsen" oder: „Das sind nur dumme kleine Jungen." Dadurch wird es schwierig für ein Mädchen, zu ihren Gefühlen der Angst, Furcht oder Wut zu stehen. Eine andere Möglichkeit ist, mit anderen Eltern einschließlich jener der betreffenden Jungen zusammenzukommen – vielleicht über den Elternbeirat – und zu schauen, ob man etwas dagegen tun kann. Eltern wissen oft nicht, daß ihre Söhne an solchen Dingen beteiligt sind.

In der Oberschule belästigen Jungen die Mädchen in einem Stadium ihres Lebens, in dem diese Befangenheit in bezug auf ihren sich verändernden Körper empfinden. Ein Mädchen entdeckte beispielsweise, daß Jungen ein Päckchen Tampons aus ihrem Pult gestohlen und ihr Klassenzimmer damit dekoriert hatten. Wenn Mädchen sich zum Turnen umziehen, klopfen Jungen an die Fenster oder versuchen, sie durch die Milchglasscheiben zu beobachten. Männliche Lehrer sind sich manchmal nicht bewußt, daß sie Mädchen belästigen, indem sie sexuelle Anspielungen und obszöne Witze machen, entweder um „in" zu sein und von den Jungen akzeptiert zu werden, oder in dem mißglückenden Versuch, die Schranken zwischen Lehrern und Schülern zu überwinden.

All das kann sich auch nachteilig auf die Fähigkeit eines Mädchens auswirken, sich auf das Lernen zu konzentrieren. Der drastische Rückgang der schulischen Leistungen zu diesem Zeitpunkt und die Häufigkeit von Magersucht können manchmal Symptome der Belästigungen sein, denen Mädchen in der Adoleszenz ausgesetzt sind.

Eine Mutter kann ihre Tochter in diesem Alter darauf hinweisen, daß es für das, was sie erlebt, eine Bezeichnung gibt: sexuelle Belästigung. Wenn man ihr den Begriff klarmacht und ihn mit Erfahrungen der Erwachsenen in Verbindung bringt, so kann ihr das helfen, mit der Situation fertigzuwerden. Halbwüchsige Mädchen wollen vielleicht auch mit ihren Altersgenossinnen darüber sprechen. Das erfordert Mut. Aber wenn sie es tun, können sie ihre Erfahrungen austauschen und den Jungen geschlossen gegenübertreten. Ein Mädchen, das eine höhere Schulbildung anstrebt, begibt sich damit auf ein immer noch von Männern beherrschtes Terrain. Obwohl es ebensoviel Studentinnen wie Studenten geben mag, an der Spitze sind nur wenige weibliche Lehrpersonen zu finden.

Oft wird von vornherein angenommen, daß Jungen und Mädchen sehr unterschiedliche Motivationen für den Besuch von Hochschulen und Universitäten haben. Während Jungen als Vorbereitung auf eine berufliche Laufbahn studieren, wird von Mädchen angenommen, daß sie sich nur auf einen Job vorbereiten wollen, den sie ausüben, bis sie einen guten Mann gefunden haben, und damit sie etwas haben, auf das sie zurückgreifen können. Während das Studium für Jungen als die erste Stufe auf einer Karriereleiter betrachtet wird, hat es bei Mädchen oft beinahe den Stellenwert einer Ferienperiode, bevor sie in die Ehe und Mutterschaft eintreten. Wenn wir auf die Universität gehen wollen, sollten wir uns vorher über die Prioritäten klar werden. Wie wichtig ist es uns eigentlich, eine gute Ausbildung zu erhalten, und wieviel bedeutet ein abwechslungsreiches gesellschaftliches Leben? Eine Frau schlug folgenden Weg ein, um an ihren Prioritäten festzuhalten:

Sie war entschlossen, sowohl ihre Arbeit zu tun als auch das Zusammensein mit ihrem Freund zu genießen: „Ich sagte zu John, daß es nicht fair sei, von mir zu erwarten, daß ich dann, wenn er Zeit frei hat, für ihn Zeit habe, und daß ich mich nach seinem beruflichen Terminkalender richten soll. Ich mußte mir darüber klarwerden, wieviel Zeit ich für meine Arbeit aufwenden und wieviel ich mit ihm zubringen wollte. Ich habe ihn dazu gebracht, sich mit mir hinzusetzen und darüber zu sprechen, obwohl er zunächst starken Widerstand dagegen leistete. Als er merkte, daß es mir ernst war, machte er mit. Ich glaube, ein Mädchen muß ihrem Freund zeigen, daß sie ihre Arbeit ebenso ernstnimmt, wie er die seine. John kam beispielsweise oft zum Essen zu mir, und es machte mir Spaß, für ihn zu kochen, aber es dauerte schrecklich lang, und es war immer ich, die das Einkaufen erledigte. Wir mußten uns deshalb einigen, daß wir an einem Abend bei mir essen würden, wobei ich kochte, und daß er an einem anderen Abend der Woche für die Mahlzeit aufkommen sollte. Die Folge war natürlich, daß er mich zum Essen ins Restaurant einlud, so daß er keine Arbeit damit hatte.''

Manche Tutoren machen den Studentinnen Avancen. Die Studentin fühlt sich oft durch die Aufmerksamkeiten eines Mannes geschmeichelt, der ein brillanter Wissenschaftler ist oder zu sein scheint. Der Tutor oder Assistent betrachtet seinerseits Sex mit den Studentinnen als berufliches Privileg. Vielleicht ist es auch ein Mittel, um länger an der Jugend festzuhalten. Denn während ein Wissenschaftler älter wird, sind die Studentinnen immer zwanzig. „Karl hatte jedes Jahr eine andere Freundin. Immer Erstsemester. Im zweiten Studienjahr interessierte er sich nicht mehr für sie. Jede bildete sich ein, etwas Besonderes und die Einzige für ihn zu sein. Natürlich war er verheiratet. Man konnte sich vorstellen, daß er das zwanzig oder dreißig Jahre lang, so lang er es eben schaffte, machen würde. Er hatte gar keine Absicht, seine Frau zu verlassen. Ich nehme an, er hatte eine gute Chance, Jungfrauen zu bekommen, falls er sich die Mädchen sorgfältig aussuchte. Ich glaube, darauf hatte er es abgesehen."

An den meisten Universitäten gibt es inzwischen Frauengruppen, denen sich Studentinnen anschließen können, und wenn es noch keine gibt, kann man eine gründen. Das ist ein guter Rückhalt, um gemeinsam Druck auf die Universitätsverwaltung auszuüben, die Uni zu einem sicheren Ort für Frauen zu machen, wo diese vor unerwünschten Annäherungsversuchen geschützt sind. Alle Fenster sollten abschließbar und alle Wege in der Umgebung gut beleuchtet sein. Behinderte Frauen sind besonders gefährdet, weil sie in Studentenheimen ihre Zimmer gewöhnlich im Erdgeschoß haben. Sie müssen auch oft Umwege machen, manchmal über schlecht beleuchtete Wege.

3. Am Arbeitsplatz   Sexuelle Belästigung kann man definieren als „wiederholte und unerwünschte sexuelle Annäherungsversuche, von Blicken, Anspielungen und verbalen Angeboten bis zu Drohungen, körperlichen Berührungen und vollzogenem Koitus ... es kann sich um Andeutungen, Bitten oder Forderungen handeln; um direkte Konfrontation oder um ständige Untertöne ..." (Helen Seager). Die Belästigung unterscheidet sich insofern deutlich von einem gegenseitigen Flirt, als es sich um einseitige und unerwünschte Avancen handelt und „das Opfer nicht die Macht hat, den Belästigungen ein Ende zu setzen".

Untersuchungen haben gezeigt, daß Frauen mit niedrigem Status und in Dienstleistungsberufen am stärksten solchem Verhalten ausgesetzt sind, Büroangestellte der unteren Ränge, Fabrikarbeiterinnen, Kellnerinnen – sowie Stewardessen. Gewöhnlich sind es die wirtschaftlich am schlechtesten gestellten Frauen, die am stärksten belästigt werden, insbesondere solche mit niedriger beruflicher Qualifikation und geringen Chancen, eine andere Stelle zu finden, frisch geschiedene Frauen und Mütter kleiner Kinder. Obwohl manche Frauen hoffen, sich der Belästigungen erwehren zu können, indem sie sie „lachend übergehen", sollten sie sich nicht darauf verlassen, daß das funktioniert. Manche Männer fühlen sich ermuntert, ihr Verhalten fortzusetzen, um weitere Reaktionen auszulösen.

Frauen müssen lernen, sich in solchen Situationen ihrer Haut zu wehren. Das wichtigste ist, sich bewußt zu sein, daß wir das *Recht* haben, uns zur Wehr zu setzen. Derartiges Verhalten zu ignorieren, genügt nicht. Es wird im Gegenteil oft als stillschweigende Erlaubnis interpretiert, damit fortzufahren. Wir müssen uns nicht für die Worte entschuldigen und brauchen auch nicht zu lächeln, während wir Einwände vorbringen. Wenn wir lächeln, können wir damit die Wirkung unserer Worte zunichte machen. Wir neigen alle dazu, in diesen Situationen in beschwichtigender Weise zu lächeln, und es bedarf beträchtlicher Entschlossenheit, das nicht zu tun. Wenn sich ein Peiniger nicht stoppen läßt, kann man vielleicht herausfinden, ob andere Frauen dieselben Erfahrungen mit ihm gemacht haben. Erwarte aber keine Unterstützung von ihnen. Sie sagen vielleicht: „Ja, aber es ist eher zum Lachen" oder „nimm es nicht so ernst. Er tut einem nichts." Andererseits werden die Opfer oft belästigt, die allein sind und nicht wissen, daß andere Frauen denselben Attacken ausgesetzt sind.

Falls wir unter ständigen Belästigungen zu leiden haben, kann es auch eine gute Idee sein, ein Tagebuch zu führen. Vermerke sorgfältig, wann die Belästigungen stattfinden und worin sie bestehen. Schreibe auf, wie du dich in dem Augenblick fühlst. Falls es für dich eine psychische Belastung darstellt und sich auf das Verhalten und die Fähigkeit auswirkt, dich auf die Arbeit zu konzentrieren, dann vermerke auch das. Später kann man dies als Beweismaterial brauchen, falls dem Fall nachgegangen wird. Es ist dann wichtig, genaue Angaben machen zu können, und es ist gut, sich auf diese Arbeit zu konzentrieren und sie gründlich zu machen.

4. Zu Hause

Das eigene Heim mag einem verglichen mit diesen anderen Orten als sicherer Hafen erscheinen. Aber sexuelle Belästigungen geschehen auch hier. Kinder können von Verwandten belästigt oder vergewaltigt werden, und erwachsene Frauen können von den Männern, mit denen sie zusammen leben, sexuell mißbraucht werden.

Die meisten Fälle sexueller Belästigung im eigenen Heim sind weit weniger schädlich, können aber dennoch eine Quelle der Irritation sein. Das Verhalten und die Bemerkungen von Handwerkern und Handelsvertretern sind manchmal beleidigend. Eine Frau berichtet: „Der Putz fiel von der Decke, und ein Mann kam, der das ausbessern sollte. Es war ein riesiges Loch, und ich bot ihm Tee an und sagte, er werde wohl ein ziemliches Problem damit haben. Er warf mir einen lüsternen Blick zu, zwinkerte und sagte: ‚Ich stopfe *gern* Löcher zu.'"

Falls das Verhalten eines Handwerkers zu beanstanden ist, sollte man an seine Firma schreiben und genau begründen weshalb. Behalte eine Durchschrift des Briefes, und wenn du keine Antwort bekommst, schreibe an den Geschäftsführer. In großen Städten kann es möglich sein, eine Firma ausdrücklich um die Entsendung einer weiblichen Angestellten zu ersuchen.

Obszöne Anrufe

Das Telefon bietet Männern, die Frauen erschrecken möchten, einen weiteren Zugang. Manchmal wird behauptet, daß wir mit Männern, die obszöne Anrufe machen, Mitleid haben sollten, weil sie unglücklich seien.

In England richtete ein telefonischer Beratungsdienst einmal einen Spezialdienst, den sogenannten „Brenda-Service", für solche Männer ein. Ein Mann, der einen obszönen Anruf machen wollte, konnte sich mit Brenda verbinden lassen, während er onanierte. Eine Frau, die für einen anderen Beratungsdienst arbeitete, sagt: „Die Männer, die anriefen, erwarteten manchmal von mir, ihnen dafür zur Verfügung zu stehen, und sie waren überrascht, wenn ich ihnen sagte, daß es meine Aufgabe sei, Menschen mit ernsten Problemen zu helfen. Ich sagte, während sie mit mir redeten, versuche vielleicht ein Mensch in Not, mich zu erreichen, und könne nicht durchkommen. Sie sahen es als ihr *Recht* an, daß ich mit ihnen redete, während sie wichsten. Wenn ich protestierte, behaupteten sie manchmal, daß sie Pflegefälle im Rollstuhl oder etwas ähnliches seien, und daß ihre Eier demnächst platzen würden. Ich hatte das Gefühl, wie eine Prostituierte behandelt zu werden." Dieser Beratungsdienst gestattete Männern, obszöne Anrufe als legitimes sexuelles Verhalten zu betrachten.

Es ist ein furchterregendes Erlebnis, einen obszönen Anruf zu erhalten, wenn man allein zu Hause ist. Zunächst sind wir uns vielleicht nicht im klaren darüber, daß es sich um einen obszönen Anruf handelt, und hören zu, weil wir nicht wirklich glauben können, was er sagt, und weil wir nicht unhöflich sein wollen. Wenn eine Frau sich klar darüber wird, was vor sich geht, und den Hörer hingeknallt hat, beschleicht sie die zusätzliche Angst, daß er an die Tür kommen könnte, da er sich die Adresse ja aus dem Telefonbuch beschaffen kann. Mütter befürchten oft, daß eines ihrer Kinder in einem solchen Fall ans Telefon gehen könnte.

Um sich vor obszönen Anrufen zu schützen, kann man darauf verzichten, den Vornamen oder einen Titel, der das Geschlecht verrät, in das Telefonbuch eintragen zu lassen. Wenn du es mit einem hartnäckigen Anrufer zu tun hast, kannst du dir eine Trillerpfeife ans Telefon legen und dem Anrufer damit die Ohren vollblasen. Liz Stanley und Sue Wise erklärten im April 1982 auf einem britischen Soziologenkongreß, die wirksamste Methode sei so zu tun, als sei die Verbindung schlecht und es sei nicht richtig zu verstehen, was der Anrufer sagt: „Sie haben einen zwanzig Zentimeter langen *was*? Tut mir leid, die Verbindung ist sehr schlecht." Sie berichteten, daß der Anrufer dadurch in der Regel entmutigt wird, und wenn er den Hörer niederlegt, hat die Frau das Gefühl, die Situation beherrscht und die Oberhand gewonnen zu haben.

Sexualverbrechen

Weit davon entfernt, auf unser Privatleben beschränkt zu sein, ist die Sexualität auch eine politische Angelegenheit. In heterosexuellen Beziehungen manifestiert sich häufig die ungleiche gesellschaftliche Verteilung der Macht.

Sexueller Mißbrauch von Kindern

Die meisten Frauen erinnern sich an einen Vorfall in ihrer Kindheit, bei dem sie sich der männlichen Sexualität plötzlich in negativer Weise bewußt wurden. Die häufigste dieser Manifestationen männlicher Sexualität ist ein sich entblößender Mann. Das kleine Mädchen sieht dann die männliche Geschlechtlichkeit als etwas, das nichts mit Küssen, Umarmungen und Zuneigung zu tun hat, sondern als den Besitz eines Organs, das ein Mann aus seiner Hose streckt und zur Schau stellt und mit dem er komische Dinge tut, als ob es ein Hündchen oder ein anderes Haustier wäre. Auch kleine Jungen entblößen sich natürlich. Ich erinnere mich an einen im Kindergarten, der unter dem Tisch sein „kleines Schwänzchen" zeigte. Während manche Mädchen mit Bewunderung und Neugier reagierten, hatten meine Freundin Sybil und ich Brüder zu Hause, und wir äußerten denn auch lautstark unsere Empörung über seinen Exhibitionismus.

Eine ganz andere Erfahrung ist es für ein kleines Mädchen, in einer dunklen Einfahrt oder auf einem Feldweg einem onanierenden Mann zu begegnen. Eine Frau erinnert sich: „Da war etwas Rosiges. Es war steif und er hielt es in der Hand. Ich dachte, er habe sich die Hand verletzt." Rückblickend mag einem dieser Mann nur bedauernswert und die ganze Sache etwas komisch erscheinen. Aber für manche Mädchen ist es eine traumatische Erfahrung, die eine emotionale Narbe hinterlassen kann. Eine Frau beschreibt beispielsweise, wie sich ein Mann vor ihr entblößte, als sie im Alter von sechs Jahren auf dem Heimweg von der Schule war. Erst als sie erwachsen war und die Genitalien ihres neugeborenen Sohnes sah, erinnerte sie sich plötzlich an den Vorfall, der sich nun in Form eines wiederkehrenden Alptraums in ihr Bewußtsein drängte. Siebzehn Monate später erklärte sie, obwohl die Träume aufgehört hätten, könne sie es nicht ertragen, ihren Mann im Pyjama zu sehen, weil sie fürchte, er könnte sie mit seinem Pimmel erschrecken „wie ein geiler alter Bock''. Viele Mädchen erzählen ihren Eltern niemals, was geschehen ist. Sie geben an, daß sie es ihren Müttern nicht sagten, weil sie wußten, daß es „etwas Schmutziges'' sei, und weil sie sich von dem Schmutz besudelt fühlten. *Sie* hatten Schuldgefühle. Dies ist auch Ausdruck eines verbreiteten Verhaltensmusters, wonach sich Frauen dafür verantwortlich fühlen, wenn sie die Sexualität des Mannes erregen.

Wenn ein Kind den Eltern über einen solchen Vorfall erzählt, dann färbt deren Reaktion die Erinnerung des Kindes in nachhaltiger Weise. In unserer Gesellschaft wird dem Mädchen oft unterschwellig die Verantwortung für das Ereignis zugeschoben. Insbesondere, wenn sich das Mädchen auf der Schwelle zur Pubertät befindet, wird sie von Erwachsenen oft als kleine Lolita betrachtet, die den Männern ihre Selbstbeherrschung raubt, so daß man ihnen im Grunde keinen Vorwurf für alles weitere machen könne. Einer der beklemmendsten Aspekte der Schilderungen, die Frauen von solchen Erfahrungen in der Kindheit geben, ist das Gefühl der Erniedrigung, das sie empfinden, bloß weil sie weiblichen Geschlechts sind. Dies geht klar aus dem Bericht von Franziska über einen Fall von sexuellem Mißbrauch hervor, der ihr zustieß, als sie im Alter von zehn Jahren mit ihrem Fahrrad einen Feldweg entlangfuhr. Sie hatte gerade ihre erste Periode und trug „eine gräßliche Binde'', wie sie sagt. Ein Mann trat hinter einem Gebüsch hervor und „fuhr mir nach einer freundlichen Plauderei mit seiner Hand unter den Rock und fummelte da herum, besonders an meinem After. Er sagte, es werde mir nichts nützen zu schreien. Niemand könne mich hören. Wie durch ein Wunder gelang es mir, mich loszureißen, und ich radelte heim, so schnell ich konnte.'' Sie sagt, sie habe „schreckliche Angst gehabt und sich *wegen ihrer Periode und der Binde* gedemütigt gefühlt''. Wird die Polizei hinzugezogen, so setzt dies leider oft eine Kette von Ereignissen in Gang, die ein weiteres Trauma für das Kind bedeuten. In Franziskas Fall merkten ihre Eltern, daß sie sehr beklommen war, und riefen nach ihrem Bericht die Polizei. „Ich mußte die neuerliche Demütigung über mich ergehen lassen, von einer Polizistin befragt zu werden und ihr alle Einzelheiten erzählen zu müssen.''

Viele Frauen sagen, sie hätten niemals über diese Vorfälle gesprochen, bis sie mit mir redeten. Manchmal sind seither zwanzig oder mehr Jahre vergangen. Oft scheinen sie vergessen zu haben, was geschehen war, aber im Laufe des Gesprächs wurden sie plötzlich wieder heftig von den damaligen Gefühlen überwältigt. Susan erinnert sich beispielsweise, daß ein Freund der Familie „ständig meine Hand auf sein Glied legte, und eines Abends trug er mich ins Bett'', wo ihm eine teilweise Penetration gelang und er ihren ganzen Körper vollspritzte. Sie ist verheiratet, aber die sexuelle Beziehung ist alles andere als glücklich. Sie ist nicht imstande, einen Orgasmus zu erleben, und weigert sich, zu onanieren, weil es „widerlich" sei. Sie fügt hinzu: „Ich habe kein Bedürfnis, mich anzufassen, außer wenn ich mich wasche." Und diese Einstellung hat auch auf ihr Verhalten als Mutter abgefärbt. Die Hebammen im Krankenhaus überredeten sie, ihr Kind selbst zu stillen, aber sie gab es nach sechs Wochen auf, weil sie die ganze Situation als peinlich empfand.

Frauen schämen sich oft so, daß sie über solche Vorfälle auch nicht mit anderen Frauen sprechen. Sie versuchen, sie zu verdrängen, und tun so, als seien sie nie passiert. Doch solche Erfahrungen können sich in einer Weise auf spätere sexuelle Beziehungen auswirken, die, weil sie sich nicht damit auseinandersetzen, Verwirrung und seelische Not auslöst.

Inzest

Inzest ist nicht bloß etwas, das unter Hinterwäldlern passiert, ein absonderlicher, aber anthropologisch faszinierender Brauch. Die Zahl der gemeldeten Fälle von Inzest deutet darauf hin, daß fünf Prozent aller Frauen als Kinder sexuell mißbraucht wurden. Inzest kommt auch in gebildeten Mittelschichtfamilien vor, nicht nur in Slums unter Armen und Analphabeten. Der Täter ist gewöhnlich der Vater oder Stiefvater des Mädchens. Etwa ein Viertel der Fälle von Inzest spielen sich wahrscheinlich mit kleinen Mädchen *unter fünf Jahren* ab (R. S. und C. H. Kempe); am häufigsten sind die Opfer etwa zehn oder elf Jahre alt (V. de Francis). Die Männer sind häufig Ende zwanzig (A. Jaffe, L. Dynneson et al.). Kinsey berichtete, daß fast ein Viertel der Frauen aus der weißen Mittelschicht in seiner Untersuchung Angaben über sexuelle Erfahrungen mit erwachsenen Männern in der Kindheit gemacht hatten. Sechs Prozent davon betrafen einen Verwandten.

Einstellungen zum Inzest

Es besteht eine Menge Unklarheit im Hinblick auf Inzest und Unsicherheit, was dagegen zu tun sei. Manche Leute finden, es sei am besten, sich nicht darum zu kümmern, da ein Eingreifen mehr schaden als nutzen könne. Sie behaupten, die Folgen des Aufbrechens einer Inzestbeziehung, die Bestrafung des Mannes und die Trennung des Kindes von ihm, seien beträchtlich schlimmer, als sie fortbestehen zu lassen. L. Schultz meint, es sei nicht der Mißbrauch als solcher, was das Trauma verursache, sondern das Verhalten der Eltern nach der Entdeckung: „In den meisten Fällen bewirkt das sexuelle Trauma, wenn es nicht durch eine Gerichtsverhandlung oder elterliche Überreaktion verstärkt wird, geringe Dauerschäden."

Es gibt eindeutige Anzeichen dafür, daß die Reaktion der Mutter auf das Geschehen und ihre Haltung gegenüber ihrer Tochter langfristige Folgen haben kann. Es ist schwierig, die verschiedenen Aspekte in einer heiklen emotionalen Situation wie dieser voneinander zu trennen, aber wenn eine Mutter ihre Tochter ablehnt, weil sie eine in ihren Augen falsche Beschuldigung gegen ihren Vater erhebt, ist es nicht verwunderlich, daß sich das Mädchen lange Zeit „schmutzig" fühlen und Scham empfinden kann. Als Karin mit dreizehn Jahren von ihrem Vater sexuell bedrängt worden war, schrieb sie an eine Frauenzeitschrift um Rat. Die Zeitschrift reichte den Brief an die Polizei weiter, die an der Wohnungstür klingelte. Karins Mutter beschuldigte sie, „die Familie zu ruinieren" und „verrückt" zu sein: „Ihre Haltung war: ‚Du Scheißtype, schau, was du dieser Familie angetan hast. Vater könnte deswegen ins Gefängnis kommen.'" Karin sagt, sie sei „in Panik und verwirrt" gewesen. Ihre Eltern hatten oft furchtbaren Streit miteinander: „Sooft es einen Krach gab, schien es meinetwegen zu sein oder sich gegen mich zu richten." Achtzehn Jahre später hat es Karin erstmals fertiggebracht, mit ihrem Mann über diese Ereignisse zu sprechen, und sie hat wegen ihrer psychosexuellen Probleme und ihrer Depressionen eine Therapie begonnen. Wegen ihrer Sorge, daß die Konsequenzen eines Vorgehens gegen Inzest schlimmer sein könnten als Inzest als solcher, zögern Sozialarbeiter und andere Fachleute oft, dagegen einzuschreiten. Sarah Nelson schreibt in ihrer präzisen und fundierten Analyse *Incest: Fact and Myth*: „Entweder ist Inzest schädlich und abzulehnen oder nicht. Wenn die Fachleute die erste Ansicht vertreten, dann sollten sie darauf hinarbeiten, die Hindernisse zu überwinden, daß diese Fälle gemeldet werden und daß dagegen eingeschritten wird, und nicht einfach vor dieser Aufgabe kapitulieren." Freud vertrat die Ansicht, daß Mädchen über Inzest mit ihren Vätern phantasieren. Diese Vorfälle seien nicht wirklich passiert oder jedenfalls nicht häufig. Da es ihm so unglaublich erschien, daß „perverse Handlungen gegen Kinder so verbreitet" seien („Briefe an Wilhelm Fließ") schloß er daraus, daß es sich um Phantasien handle. Die Folge war, daß man den Berichten vieler Mädchen, die Opfer von Inzest wurden, nicht glaubte. Ein Mädchen, das von der Polizei vernommen wurde, gab am Ende zu: „Vielleicht habe ich es geträumt." Viele Jahre später sagte sie rückblickend: „Natürlich war das nicht der Fall. Aber wenn es nicht geschehen sein *konnte* – und das sagten alle – was hätte es sonst sein können? Deshalb sagte ich, ich hätte es erfunden. Das war die einzige Möglichkeit, um da wieder rauszukommen."

Erklärungen der Ursachen

Inzest wird manchmal mit dem „verführerischen Verhalten" eines kleinen Mädchens erklärt und der Mann damit entschuldigt. Schultz behauptet, das Kind und der Täter bildeten eine „kooperative Dyade". Adele ist zu ihrem Vater zärtlich, und daraus entwickelt sich ein sexueller Akt, weil das Kind so triebstark ist. Es wird angedeutet, daß im Grunde sie schuld sei:

> Diese Kinder haben zweifellos das Mäntelchen der Unschuld, mit dem sie von Moralisten, Sozialreformern und Gesetzgebern ausgestattet wurden, nicht ganz verdient . . . [Sie waren] in ihren persönlichen Kontakten charmant und attraktiv . . . . Das Kind könnte der eigentliche Verführer und nicht die unschuldig Verführte gewesen sein. (L. Bender und A. Blau: *The reaction of children to sexual relations with adults*.)

Wie Sarah Nelson bemerkt, werden Kinder in Wirklichkeit oft mit Leckerbissen, Süßigkeiten, Geld, einer Landpartie oder der Chance, abends länger aufbleiben zu dürfen, geködert. Ein Mann, der das tut, muß sich voll bewußt sein, daß das Mädchen ein Kind ist. Wir sollten Erwachsene nicht von ihrer Verantwortung für Kinder entbinden.

In unserer Gesellschaft werden kleine Mädchen oft ermuntert, sich „weiblich" und kokett zu verhalten, und dafür belohnt. Die Leute lachen über ihr gewinnendes Wesen und sagen, ein Mädchen könne „ihren Vater um den kleinen Finger wickeln". Wir setzen Mädchen unter Druck, wenn wir sie konditionieren, fügsam, charmant und gefällig zu sein, aber gleichzeitig von ihnen erwarten, mit der erwachsenen Sexualität der Männer fertigzuwerden.

Sandra, die sich mit 31 Jahren daran erinnert, wie sie als Kind zu Hause sexuell mißbraucht wurde, sagt: „Seit meinem fünften Lebensjahr wurde ich als sexy bezeichnet. Mama sagte das immer über mich. Als ich zur Schule ging, schrieben sich die Kinder untereinander obszöne Briefchen, Bilder von urinierenden Männern mit großen Penissen zirkulierten und alles landete in meinem Pult, weil ich nicht vif genug war, um zu wissen, daß ich das wegwerfen sollte. Die Lehrerin machte mir Vorhaltungen und beschwerte sich bei meinen Eltern. Von da an war ich die Schuldige. Ich wurde als triebhaft bezeichnet. Was mir danach zustieß, war *meine Schuld*.“

Kinder sind verständlicherweise neugierig in bezug auf Sex. Viele lernen bald, daß das etwas ist, worüber man in dunklen Ecken spricht, Gegenstand zotiger Witze und ein so aufregendes Thema für alle, daß sie die bewundernde oder schockierende Aufmerksamkeit anderer Kinder auf sich ziehen können, wenn sie ein spezielles „Insider“-Wissen zum besten geben. Aber die Tatsache, daß ein Kind neugierig in bezug auf Sex und stark motiviert ist, mehr zu erfahren, oder daß sie anschmiegsam ist, ihren Vater vergöttert und bereit ist, alles zu tun, worum er sie bittet, all das sind unzureichende Entschuldigungen für ihre sexuelle Ausbeutung durch einen Erwachsenen. Oft wird auch versichert, daß letzten Endes die Mutter verantwortlich sei. Sie ist entweder zu abhängig oder zu unabhängig, eine Nymphomanin oder frigid. Sie ist unfähig, eine reife, liebevolle Beziehung zu ihrem Mann oder zu ihrer Tochter aufrechtzuerhalten, weil sie „ihre Familie emotional im Stich gelassen hat“, die nunmehr gezwungen ist, „emotionale Zuflucht bei einander zu suchen“ (S. Forward und C. Buck: *Betrayal of Innocence: Incest and its Devastation*). Sie geht am Abend und am Wochenende aus, nimmt eine Stelle an oder hat einen Stammtisch. „Sie sorgt dafür, daß sie immer müde und abgespannt ist. Das ist eine offene Einladung für ihre Tochter, ihre Stelle einzunehmen.“ (B. Justice und R. Justice: *The Broken Taboo: Sex in the Family*).

Viele Forscher behaupten, daß Mütter den Inzest in einer Art von Kollusion (geheimem Einverständnis) ermöglichen, entweder, indem sie die Verantwortung von sich wegschieben, oder, indem sie ihre Töchter in den Inzest drängen. Dies kann sein, weil sie feindlich zu ihnen eingestellt sind, oder weil sie sich mit ihnen identifizieren und von ihren Töchtern ihre eigenen Inzestphantasien gegenüber ihren Vätern ausleben lassen. Dies scheint Teil einer allgemeinen Tendenz zu sein, den Müttern die Schuld an sämtlichen Fehlentwicklungen ihrer Kinder zu geben. Manche der Argumente sind tatsächlich weit hergeholt. Aber es könnte wichtig sein sich klarzumachen, daß für manche Frauen die einzige Macht, über die sie verfügen, die Macht ist, einen Mann in den Knast zu bringen, von dem sie wissen, daß er eine Inzestbeziehung hat, oder den sie dessen verdächtigen. Etwa drei Viertel aller Mütter in Familien, in denen Inzest begangen wurde, werden selbst von ihrem Partner körperlich mißhandelt (C. Dietz und J. Craft: *Family dynamics of incest: a new perspective*). Das „Profil“ einer Inzestfamilie gleicht dem der Familie einer mißhandelten Frau. Sowohl

Mutter als auch Tochter sind Opfer männlicher Gewalttätigkeit. Vielleicht geben die Sozialarbeiter den Müttern deshalb die Schuld, weil sie so frustriert über die ganze fürchterliche Situation sind.

Der Schaden

Sarah Nelson übt scharfe Kritik an den Fachkräften in den sozialen Berufen, die es zulassen, daß Inzest geschehen kann, oder die ihn sogar entschuldigen, weil die Familie sakrosankt sei, und weil sie glauben, sie sollten sich nicht in deren Angelegenheiten einmischen. Sie behauptet, daß diese Fachkräfte de facto davon ausgehen, daß Männer für ihr Vergehen nichts können, weil sie von Natur aus sehr triebstark und aggressiv seien und dringende Bedürfnisse hätten. Frauen würden im Gegensatz dazu als von Natur aus masochistisch bezeichnet. Wir forderten dazu heraus, geschlagen zu werden. Wir genössen es, wenn man uns Gewalt antut. Es gefalle uns, wenn eine unserer Töchter von ihrem Vater sexuell mißbraucht werde (Erin Pizzey und Geff Shapiro, *Schrei leise: Mißhandlungen in der Familie*). Ros Coward schreibt in einer scharfsinnigen Kritik an Erin Pizzeys Auffassung, daß Frauen in gewalttätigen Beziehungen aufgrund ihrer eigenen, von Gewalt geprägten Kindheit süchtig nach Schmerz seien:

... wenn wir immer und immer wieder zu destruktiven Beziehungen zurückkehren, seien diese durch physische Gewalt gekennzeichnet oder bloß emotional aushöhlend, so ist dies nicht der Ausdruck einer besiegten und masochistischen Persönlichkeit, sondern vielleicht der Wunsch, zu widersprüchlichen, miteinander in Widerstreit liegenden Gefühlen zurückzukehren und diese zu verarbeiten. Vielleicht ist es ein Gefühl, diesmal irgendwie etwas ... verändern zu können.

Wir müssen die Beziehungen in der Familie und insbesondere die Rolle der Frauen neu durchdenken. Sarah Nelson glaubt, daß Inzest ebenso wie das Verprügeln der Ehefrau nicht dann am wahrscheinlichsten ist, wenn die familiäre Ordnung zusammengebrochen, unheilbar beschädigt oder krank ist, sondern wenn *traditionelle* Vorstellungen übertrieben werden – ,,wenn die Familienangehörigen als Eigentum des Mannes betrachtet werden und Sex zu den Dienstleistungen zählt, die man von ihnen erwartet''.

Dem Opfer helfen

Falls du ein Mädchen kennst, das Hilfe braucht, wird die Entscheidung wahrscheinlich sehr schwer sein, was du tun kannst. Wenn es sich um die eigene Tochter handelt, empfiehlt es sich, mit dem Hausarzt oder mit einem Sozialarbeiter darüber zu sprechen. Manche Hausärzte sind sehr verständnisvoll. Andere fühlen sich völlig unzuständig. Und viele Leute haben einen Arzt, der die Familie nicht gut kennt. Wenn du das Jugendamt anrufst, wird man dich mit einer Sozialarbeiterin in Verbindung setzen, die meist sehr mitfühlend ist. Worauf es ankommt, ist, daß du mit *irgend jemandem* Kontakt aufnimmst. Du brauchst die Chance, dich mit jemandem über die Gefühle auszusprechen, und einen Rat, was du tun sollst. Und das Kind braucht jemanden, der nicht unmittelbar emotional in die Situation verwickelt ist und mit dem es reden kann. Die Unterstützung für Inzestopfer ist oft vage und unkoordiniert. Die Fachkräfte sind sich nicht einig, ob der Mann ins Gefängnis oder ins Krankenhaus gehört, ob er aus der Familie entfernt oder psychoanalysiert werden sollte. Die zentrale Frage sollte sein, wie *das Kind* in der jeweiligen Situation am besten zu schützen und ihm zu helfen ist.

Dem Mädchen könntest du sagen: ,,Wenn dir etwas Böses geschieht, dann glaube nicht, daß du die einzige bist oder daß mit dir etwas nicht stimmt. Erzähle es jemandem, damit dir geholfen werden kann, damit du dich aussprechen kannst und dich nicht so verängstigt und allein fühlst.'' Wenn ein Mädchen etwas erzählt, das sexuellen Mißbrauch vermuten läßt, vermeide Überreaktionen – aber nimm Anteil am Schmerz und der Verwirrung, als erzählte es dir von irgendeiner anderen schlimmen Verletzung.

Vergewaltigung

... durch ein Familienmitglied

Frauen sind häufig das Opfer sexueller Handlungen, die mit Gewaltanwendung verbunden sind. Der Mann, der eine Frau attackiert, ist ihr selten unbekannt. Größer ist die Wahrscheinlichkeit, daß es sich um ein Mitglied der Familie, den Mann einer Freundin oder ihren eigenen Freund handelt. Von den Frauen, die mir über ihre Erfahrungen mit Vergewaltigungen erzählt haben, wurde jede dritte als Kind mißbraucht, oft von einem Verwandten oder einem engen Freund der Familie, dem Großvater, einem älteren Bruder, Onkel oder, besonders häufig, dem Stiefvater. In der Familie kann ein Mann Gelegenheit haben, ein junges Mädchen ohne große Schwierigkeiten zu verführen. Physische Gewaltanwendung braucht dabei keine Rolle zu spielen. Eine Frau sagt, sie sei im Alter von vierzehn Jahren von einem ,,Onkel'', einem guten Freund ihrer Mutter, ,,zu Sex überredet worden''. ,,Ich ließ mich gern von ihm küssen, in den Arm nehmen und streicheln. Ich mochte es nicht, wenn er meine Scheide berührte – das tat mir weh –, aber ich tat so, als gefiele es mir. Plötzlich wurde mir bewußt, daß er *alt* und *übelriechend* war und eine fette Wamme hatte, aber da hatte er seinen Pimmel auch schon schwupps in mir drin.''

Etwa die Hälfte der Frauen, die mir erzählten, daß sie als Erwachsene vergewaltigt worden seien, wurden von ihren eigenen Sexualpartnern gewaltsam genommen. Vergewaltigung durch den eigenen Ehemann gilt nicht als Straftat und wird deshalb selten der Polizei gemeldet. Kim erzählte mir beispielsweise: ,,Mein Mann wird manchmal aggressiv, wenn ich mich zu häufig weigere. Letztes Mal brachte er mir einen Bluterguß an der Schädelbasis bei.'' (Diese und die anderen Berichte in diesem Abschnitt ergaben sich zufällig in einer allgemeineren Diskussion über Sex in einer Gruppe von Frauen, die nicht speziell aufgrund ihrer Erfahrungen mit sexueller Gewaltanwendung ausgewählt worden waren.)

Manchen Frauen steht eine Vergewaltigung bevor, sooft ihre Männer betrunken nach Hause kommen. Sie werden dann regelmäßig geschlagen und herumgestoßen und schließlich vergewaltigt. Eheliche Vergewaltigungen könnten noch weitaus zahlreicher sein, als mir die Frauen berichteten, mit denen ich über ihre Erfahrungen sprach, weil sie oft nicht sicher sind, ob erzwungener Verkehr mit dem eigenen Mann etwas Außergewöhnliches ist bzw. ob sie das Recht haben, sich dagegen zur Wehr zu setzen.

Frauen, die von Familienmitgliedern vergewaltigt werden, erstatten selten Anzeige. Tatsächlich ist *keine* der Frauen, die mit mir sprachen und die von ihren Brüdern, Onkeln oder Väter vergewaltigt worden waren, je zur Polizei gegangen, und die meisten sagten, sie hätten nie jemandem davon erzählt, nicht einmal – oder insbesondere nicht – ihren Müttern.

Einstellungen zu Vergewaltigung

Vergewaltigung hat nur indirekt etwas mit einem unbeherrschbaren Geschlechtstrieb zu tun. Sie ist vor allem ein Akt der Gewalt und nicht einfach die Folge übermäßiger Triebhaftigkeit, wie oft gemeint wird. Es geht dabei um Machtausübung über ein wehrloses Opfer. Es wird manchmal behauptet, daß Vergewaltiger psychisch gestört sein müßten und daß kein normaler Mann sich so verhalten würde. Doch die meisten Vergewaltiger sind keine Psychopathen. In jeder Gefängnispopulation scheinen sie zu den „Gewöhnlichsten" zu zählen. In der öffentlichen Vorstellung wird der Vergewaltiger oft für nicht wirklich verantwortlich für sein Tun gehalten, weil er sexuell erregt gewesen sei. Die Männer „könnten nicht anders", wenn sie erregt seien, wird dabei angedeutet. Manche Männer glauben, daß es unmöglich sei, eine Frau zu vergewaltigen, wenn sie nicht bereit sei mitzumachen. Sie meinen, so schockiert und verletzt eine Frau auch sei, so finde sie es im Grunde doch aufregend, vergewaltigt zu werden.

Frauen wird oft teilweise die Verantwortung für das Geschehene zugeschoben, weil sie sich in einer Weise gekleidet hätten, die den Mann um seine Beherrschung gebracht hätte, weil sie sich indiskret verhalten, ihn geneckt oder mit ihm geflirtet hätten. In einem berühmten Prozeß wurde 1982 eine Frau, die sich in einem Auto hatte mitnehmen lassen, „fahrlässiger Mitwirkung" schuldig gesprochen. Manchmal wird auch angedeutet, daß sie die Vergewaltigung herausgefordert haben müsse, weil sie getrunken habe, allein auf der Straße gewesen sei oder weil sie in einem Gespräch mit dem Mann gesehen worden sei, der sie später vergewaltigte. Auf diese Weise wird dem Opfer der Tat ein Maß an Schuld daran aufgebürdet, daß sie zu dem Vergehen beigetragen oder es unbewußt sogar *gewollt* habe. Frau zu sein wird bereits als Provokation angesehen.

Tatsache und Phantasie

Frauen hegen manchmal selbst das Gefühl, daß es ihnen gefallen könnte, vergewaltigt zu werden. Das wäre vielleicht ein Beweis, daß sie auf Männer unwiderstehlich anziehend wirken. Wenn sie über ihre Phantasien sprechen, wie wir auf S. 90 ff. gesehen haben, schildern Frauen oft Vergewaltigungen, beeilen sich aber hinzuzufügen, daß es ihnen in Wirklichkeit nicht gefallen würde, oder sie bemerken, daß es eine „liebevolle Vergewaltigung" sein müßte, die niemals mit Schmerzen verbunden wäre. Faktisch sprechen sie überhaupt nicht von Vergewaltigung, sondern von einer erotischen Konfrontation, die moralisch einwandfrei ist, weil sie überwältigt werden, einer sexuellen Begegnung, bei der sie von der Verantwortung freigesprochen sind. Die Phantasie, zur Lust gezwungen zu werden, ist ein Mittel, um mit den Schuldgefühlen in bezug auf Sex fertigzuwerden.

Das Faktum der Vergewaltigung ist im Gegensatz zu den Phantasien, zu einem erotischen Erlebnis gezwungen zu werden, eine Gewalttat wie ein Messerstich, und sie ist auch häufig mit anderen Formen der Gewaltanwendung verbunden. Vergewaltiger verprügeln ihr Opfer häufig, fügen ihm Messerstiche zu oder beißen es. Eine Frau, die mir über ihre Vergewaltigung im Alter von vier Jahren erzählte, erwähnte, daß ihr der Mann die Brustwarzen abgebissen hatte, die dann zu tief unten angenäht worden seien, mit der Folge, daß sie sich jetzt, wo sie erwachsen ist, an der Unterseite ihrer Brüste befinden (ihr Freund nennt sie „Schlapptitte").

Mein Fehler?

Frauen, von denen bekannt ist, daß sie vergewaltigt wurden, werden oft von anderen Männern als „Freiwild" betrachtet. Eine Frau, die in ihrer Jugend von mehreren jungen Männern vergewaltigt wurde, berichtete, das sei geschehen, nachdem sie im Alter von zehn Jahren von einem Jungen in ein Seitengäßchen gezerrt und vergewaltigt worden war. Sie sei zu verängstigt gewesen, um jemandem davon zu erzählen, aber er habe gegenüber den anderen Jungen damit angegeben, und diese hätten sich ihrer „ebenfalls bedient". Das vorherrschende und anhaltende Gefühl einer Frau nach einer Vergewaltigung ist, „schmutzig" zu sein. Sie kann wie betäubt von dem Schock oder in einem Zustand der Panik sein und sich nicht nur vor ihrem Vergewaltiger fürchten, sondern vor *allen* Männern. Oft schämt sie sich, als hätte sie selbst die Tat mitverschuldet. Sie ist irgendwie anders geworden, sowohl in ihren eigenen Augen als auch in den Augen der anderen, die es wissen: das Opfer einer Vergewaltigung.

Ein solches Opfer kann nicht einmal von ihren Freundinnen immer Mitgefühl erwarten, besonders wenn der Mann mit ihnen verwandt oder befreundet war. In deren Augen ist ein Vergewaltiger eine Art Tollwütiger, und sie können nicht begreifen, daß ihr eigener Bruder, Sohn oder Mann zu so etwas fähig war. Weil es ihnen peinlich ist, können ihr die Freundinnen auch aus dem Weg gehen, als hätte sie irgendeine sehr ansteckende Krankheit. Aber sie braucht die Unterstützung und das Verständnis der anderen Frauen. Und oft auch eine Zufluchtsstätte, an der sie sich völlig von den Männern zurückziehen kann.

Es gibt mächtige Kräfte in der Gesellschaft, die uns suggerieren, wer wir als Frauen sind. So überzeugend ist der ständige und heimtückische Druck dieser Auffassung von der Frau, daß wir dazu neigen, uns auch selbst in diesen Begriffen zu sehen. Und wenn uns ein Mann in einer Menschenmenge auf den Leib rückt oder sich entblößt, wenn wir einen obszönen Anruf erhalten oder wenn uns ein Mann auflauert, mit einem Messer bedroht und vergewaltigt – die letzte Konsequenz all dieser anderen sexuellen Gewalttaten – dann neigen wir dazu, uns selbst Vorwürfe zu machen und uns zu fragen: „Was habe *ich* getan?"

Wer hilft?

Falls du eine Vergewaltigung durchgemacht hast und Hilfe und Rat brauchst oder eine andere Frau kennst, die das braucht, wende dich an das nächste Frauenzentrum (vgl. auch Notrufadressen im Anhang).

Pornographie

Pornographie verursacht nicht nur Gewalt. Sie *ist* Gewalt.

Filmtitel offenbaren den sadistischen Charakter eines großen Teils des Angebots: *Engel in Pein, Liebe im Gestapo-Stil* und *Sklavenmädchen* sind Beispiele. Photos zeigen eine Frau, die mit einem Messer ihre Brust aufschlitzt und dabei lächelt oder ein Schwert in ihre Scheide steckt – und immer noch lächelt. Pornographie ist nicht nur die „Verherrlichung männlicher Macht über Frauen" (Diana E. H. Russell), sie ist auch eine Art sexueller Terrorismus.

Die Argumente *für* Pornographie mögen gewichtig erscheinen. Sie hat

Argumente dafür

Anhänger nicht nur unter Männern verschiedenster sozialer Schichten und Bildungsgrade, sondern auch unter Frauen und unter männlichen wie weiblichen Angehörigen der Heilberufe. Es wird die Auffassung vertreten, daß nichts zu ihrer Eindämmung unternommen werden sollte, weil Erwachsene in einer freien Gesellschaft die Wahl haben sollten, was sie lesen oder sich anschauen. Wenn wir gegen Zensur und restriktive, puritanische Haltungen sind, könnten wir fragen: „Wenn sich die Leute bloß Bilder ansehen, was ist schon dabei?" Männer sind häufig der Ansicht, daß ein bißchen Pornographie noch niemandem geschadet hat, und erinnern sich mit schmunzelnder Nostalgie an ihre ersten eigenen Erfahrungen mit Pornos hinter dem Fahrradschuppen der Schule.

Manche Sexualtherapeuten und Psychiater behaupten, Porno-„Therapie" bewähre sich in der Behandlung sexueller Funktionsstörungen. Eine Therapeutin, Patricia Gillan, rät den Allgemeinmedizinern, in ihren Wartezimmern Softpornos ausliegen zu haben, damit männliche Patienten schon eine „Behandlung" erhalten, bevor sie noch zum Arzt hineingehen. Die Maudsley-Klinik in London führt eine Liste empfohlener pornographischer Filme und Videos zur „Anregungstherapie". Dr. Gillan zeigt im Rahmen ihrer Behandlung von Impotenz Standphotos aus *Die Geschichte der O.*, auf denen eine gefesselte Frau zu sehen ist, die geschlagen wird.

Jede Behandlung, die Männer potent macht um den Preis, Frauen als unpersönliche Sexualobjekte zu benutzen, ist fragwürdig. Potenz ist weniger wichtig als die Fähigkeit, eine menschliche Beziehung zu Frauen herzustellen.

Argumente dagegen

Manche Verteidiger der Pornographie weisen daraufhin, daß es Frauen freigestellt sei, als Modelle bei Sexszenen mitzuwirken, und daß wir ihre Freiheit, sich die Art der Berufstätigkeit auszusuchen, die ihnen zusagt, nicht einschränken sollten. Sie machen sich nicht klar, daß Frauen und Kinder oft gezwungen werden, bei Pornos mitzuwirken. Diese Industrie ist eng verbunden mit der harten Drogenszene, und ein Großteil davon wird vom organischen Verbrechen beherrscht. Mädchen werden manchmal von ihren Eltern zur Mitwirkung in pornographischen Filmen verkauft, und Pornoproduzenten beschäftigen häufig ihre eigenen Kinder in dieser Weise. Bei der Herstellung pornographischer Bilder und Filme geschehen fürchterliche Dinge. Frauen wird Hundefutter in die Scheide gedrückt, die dann von Hunden ausgeschleckt wird; sie werden mit dem Kopf nach unten aufgehängt und gepeitscht; ihr Körper wird mit Farbe besprüht und ihre Brüste mit heißem Wachs übergossen.

Es wird die Ansicht vertreten, daß Pornographie nützlich sei, weil sie die unkontrollierte sexuelle Erregung der Männer auf Bilder richte, so daß die Gefahr geringer sei, daß diese gegen „wirkliche" Frauen sexuell gewalttätig würden. Aber das *sind* wirkliche Frauen. Es kann nicht richtig sein, die Feindseligkeit von Männern auf die Darstellerinnen in Pornofilmen zu lenken, um andere davor zu bewahren.

Das Argument der „Ventilfunktion" ist sowieso unhaltbar. Neueste Untersuchungen haben gezeigt, daß Pornographie bisher eher nichtaggressive Männer dazu aufstachelt, Frauen zu attackieren. Selbst die Spielart von Sex und Gewalt, die im Fernsehen gezeigt wird, kann diese Wirkung haben. Edward Nelson von der Maudsley-Klinik hat nachgewiesen, daß bei normalen Männern Impulse zu gewalttätigem Sex gehemmt sind, aber durch Anschauen sexuell gewalttätiger Filme leicht freigesetzt werden können (E. Nelson und M. Yasse: *The Influence of Pornography on Behaviour*). Solche Filme lösten bei einer Stichprobe liberaler und toleranter Studenten eine Neigung zu sexueller Gewalttätigkeit aus. Pornographische Filme haben *keine* kathartische Wirkung.

Softpornos
Wenn Pornographie mit Grausamkeit verbunden ist, dann fühlen sich viele Menschen davon abgestoßen. Aber auch in „Soft"-Pornos und Pinups ist ein unterschwelliger Hang zur Gewalt vorhanden. Pornographie zielt darauf ab, Frauen stumm zu machen, sie zum Schweigen zu bringen, ihnen sowohl den Mund als auch die Vagina zu stopfen. In einer Anzeige für eine Plastikpuppe in Lebensgröße wird diese als „Bettgenossin, die nicht widerspricht, nur gehorcht" beschrieben. Susan Griffin (*Pornography and Silence*) zitiert die Unterschrift unter der Abbildung einer käfigähnlichen Apparatur, in die man Frauen zwängen kann:

[Die Vorrichtung] modelliert ihre Brüste und macht ihre Taille schmaler. Und sie läßt ihren herrlichen Hintern hervortreten. Und der Helm, der über ihren Kopf gestülpt wurde, macht sie taub, stumm und blind.

Eine ganze Nummer der Zeitschrift *Forum*, die sich „Internationale Zeitschrift für menschliche Beziehungen" nennt, besteht aus Photos von Frauen in Lederkleidung und Helmen; sie zeigt eine Frau, die ihre Beine nicht öffnen kann, weil sie mit Hilfe von Stiften in ihren Schenkeln zusammengeschnürt sind; Schamlippen, die durch ein Kettenglied miteinander verbunden sind; der Oberkörper der Frau mit Metallringen an den Brustwarzen, darunter das unübersetzbare Wortspiel „*How it feels to be nipped in the buds*"; und Werbung unter anderem für Seife, „die garantiert den schmutzigsten Mann in der Stadt zufriedenstellt".

Pornographie in den Massenmedien
Aber es geht nicht nur um pornographische Zeitschriften. Wir haben im Grunde keine Wahl, ob wir Pornographie sehen wollen oder nicht, weil sie überall um uns herum zu finden ist, in Zeitungen, im Fernsehen und in der Werbung. Aber wir können in unserem persönlichen Bereich etwas dagegen unternehmen. Wenn es an unserem Arbeitsplatz Kalender, Pinups und anderes anstößiges Material gibt, sollten wir mit anderen Frauen darüber sprechen. Es wird uns überraschen, wieviele davon angewidert sind. In einem Universitätsinstitut brachten Techniker im Gang Pinups an. Die Sekretärinnen ließen eine Petition zirkulieren, die von zahlreichen Angehörigen des Kollegiums und Studenten unterschrieben und dem Institutsleiter vorgelegt wurde. Die Poster wurden sofort entfernt.

Frauen fällt es oft schwer, etwas zu unternehmen, wenn pornographisches Material nach Hause mitgebracht wird. Männer könnten ihnen vorwerfen, verklemmt oder sexuell gehemmt zu sein, und der Sohn könnte zu seiner Mutter sagen, daß sie „jenseits von Gut und Böse" sei und daß sie sich deshalb darüber aufrege. Du kannst darauf hinweisen, daß du dich durch diese Bilder erniedrigt und degradiert fühlst. Viele Männer werden vielleicht echt überrascht sein, daß diese Reaktion eintritt. Falls du eine Tochter hast, denke daran, daß Bilder dieser Art einen schädlichen Einfluß auf ihr Identitätsgefühl als Frau haben können.

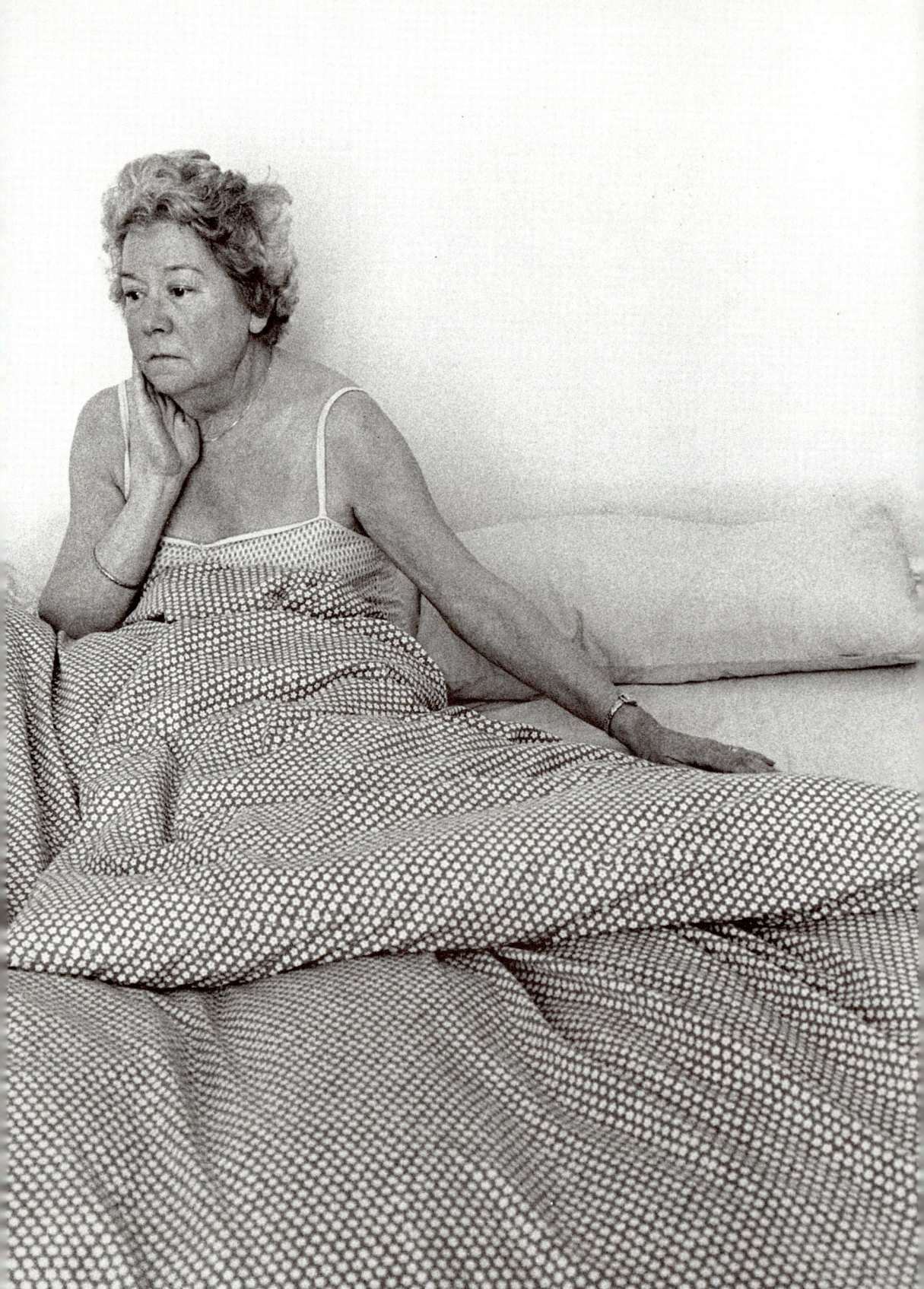

10. Verlust und Trauer

Trauer

Jeder ausgeprägte Gefühlszustand wirkt sich auf unsere Sexualität aus, sei es Freude, Niedergeschlagenheit, Angst, Wut oder Trauer. Manche dieser Gefühle wirken sexuell stimulierend auf uns. Andere lähmen unsere Sexualität. Oder sie verändern die Art und Weise, wie wir Sex erleben, und die Bedeutung, die er für uns hat.

In diesem Kapitel will ich auf die unterschiedlichen Weisen eingehen, wie Frauen auf Verluste reagieren, auf die Erfahrung, einen wertvollen Körperteil oder eine nahestehende geliebte Person zu verlieren – einen Sexualpartner, ein Kind oder einen Elternteil. Die meisten von uns wissen entweder schon oder werden es erfahren, was es heißt, wenn Vater oder Mutter stirbt. Der Tod ist ein weitgehend unakzeptierter Teil unserer Kultur und mit noch stärkeren Tabus belegt als die Sexualität. Dem kleinen Kind in jedem von uns erscheinen unsere Eltern ungeheuer mächtig und stark. Tief drinnen glauben wir vielleicht, daß sie nie sterben werden.

Der Schock des Todes

Einer Frau kann der Tod ihrer Mutter, die ihr das Leben schenkte und von der sie sich lange in einem schmerzlichen Prozeß differenzieren mußte um erwachsen zu werden, wie das Absterben eines Teiles ihrer selbst erscheinen. Sie mag einen Großteil ihres Lebens gleichsam in einem stummen Gespräch mit ihr zugebracht haben, bemüht, sie zufriedenzustellen, um ihre Anerkennung werbend. Wenn ihre Mutter stirbt, kann ihr eigenes Selbstwertgefühl als Frau in Gefahr sein, und bei einem Mann kann etwas ähnliches geschehen, wenn sein Vater stirbt. Es ist wie die Amputation eines Teils von einem selbst.

Selbst wenn wir uns der Intensität der Emotionen bewußt sind, die nach Tod und Verlust auftreten, sind wir selten auf die Auswirkung vorbereitet, die die Trauer auf unser Sexualleben hat. Das kann ein völliger Schock für uns sein. Wir sind verunsichert und verwirrt durch das, was da geschieht. Trauer ist kein statischer Zustand. Sie ist ein Prozeß, der verschiedene Phasen durchläuft und der sich in den verschiedenen Stadien des Weges physisch und emotional unterschiedlich auf uns auswirkt. Die Reaktionsmuster auf das Erlebnis eines Verlustes sind bis zu einem gewissen Grad vorhersehbar. Es kann einem helfen sich bewußtzumachen, daß man nicht der einzige Mensch ist, der so empfindet, und daß es keine völlig ausgefallene und bizarre Reaktion ist. Zu wissen, daß andere Frauen ähnliche Erfahrungen durchgemacht und sie überwunden haben, und zu hören, wie sie das geschafft haben, verringert das Leiden nicht, aber es gibt einem das Gefühl, Teil einer Leidensgemeinschaft zu sein. Es macht einem klar, daß es Menschen gibt, mit denen man sich über das Erlittene austauschen kann. Es hilft einem auch, Herausforderungen aktiv zu begegnen, statt davon hinweggefegt zu werden wie ein Blatt im Wind.

Trauer ist oft wie eine Krankheit, die zuerst akut ist, dann aber nie ganz verschwindet. Es gibt keinen Punkt, an dem wir sagen können: „Das war's! Jetzt ist es vorbei." Ihre Charakteristik, ihre Essenz gehen in unser Leben ein, werden zu einem Teil unseres Selbst.

Die Stadien der Trauer

Die erste Phase der Trauer besteht aus einem Schock, einer Betäubung und manchmal sogar der Leugnung, daß der Verlust eingetreten ist. Sobald das erste akute Stadium vorüber ist, trifft uns die volle und schmerzliche Erkenntnis des Verlusts, aber gleichzeitig haben wir oft ein Gefühl der Unwirklichkeit, quasi eines Verlusts unserer persönlichen Identität. In diesem Stadium erschrickt die Trauernde oft über die Stärke ihrer Emotionen und kann das Gefühl haben, verrückt zu werden. Sie kann schreckliche Alpträume oder Halluzinationen haben, in denen sie nach dem Tod eines geliebten Menschen plötzlich eine Vision von diesem hat, seine Stimme zu hören glaubt oder plötzlich seine Anwesenheit spürt. Häufig ist sie sehr erregt und ruhelos, sie pendelt zwischen Phasen des Weinens und der Verzweiflung und fühlt sich generell verwirrt und desorientiert. Nach dem Tod eines geliebten Menschen kann sie auch Schuldgefühle wegen Dingen haben, die sie zu dem Entschwundenen sagte oder zu sagen versäumte, die sie ihm antat oder zu tun unterließ. Sie kann sich sogar schuldig fühlen, noch am Leben zu sein. Manche Frauen schalten auf einen Zustand der „automatischen Steuerung", weil die Familie, was auch immer geschieht, ihr Essen braucht, die Wäsche gewaschen werden muß und die Kinder rechtzeitig zur Schule gehen müssen. Sie kann aufräumen, saubermachen und sogar die persönlichen Dinge des Verstorbenen wegwerfen, als ob sie ein Roboter sei. Weil sie in diesem Stadium außerstande ist sich zu konzentrieren, kommt es vor, daß sie eine Tätigkeit mittendrin unterbricht, weil sie sich nicht erinnern kann, warum sie das tut, und weil es sie Mühe kostet, ihre Gedanken zu entwirren, um die einfachsten Aufgaben zu erledigen. Es ist durchaus normal, daß jemand Wochen oder Monate lang in dieser Phase verharrt, in der die Trauer den Charakter einer Krankheit hat.

Allmählich weicht dieses Gefühl einem ruhigeren Zustand, anfangs bloß für kurze Zeiten, dann vielleicht für jeweils einen Tag. Man kann den geliebten Menschen als lebendig und gegenwärtig empfinden, fast als sei das Wesen des Geliebten in die eigenen Adern eingegangen und Teil von einem selbst geworden. Dies kann unterbrochen werden durch Anfälle von Ärger, ja Wut, in denen man jemandem oder etwas die Schuld für das Geschehene geben will – vielleicht einem Arzt oder dem Pflegepersonal. Man kann auch unerklärlichen Groll gegenüber dem Verstorbenen empfinden, weil dieser es wagte, einen zu verlassen. Darauf folgen heftige Schuldgefühle darüber, daß man sich solche Gedanken gestattet hat. Man kann Gewissensbisse wegen eines vorübergehenden Vergnügens oder wegen der Zeiten haben, in denen man seinen Verlust völlig vergißt, weil man das Gefühl hat, daß man es sich nicht gestatten sollte, das Leben zu genießen. Man will seinen Gram festhalten, weil er das letzte Bindeglied mit dem geliebten Menschen ist. In diesem Stadium der Trauer beginnen die schlimmen Träume oft tröstlichen über den geliebten Menschen zu weichen, und er oder sie scheint wieder ein Teil des eigenen Lebens zu werden. Man hat nicht mehr das Gefühl, verlassen worden zu sein. Und allmählich ist man wieder fähig, die Fäden des eigenen Lebens aufzunehmen, neue Herausforderungen anzupacken und an alltäglichen Dingen Vergnügen zu finden, deren Faszination oder Schönheit vorher durch die intensive Trauer völlig ausgelöscht war.

Aber auch in seinen verschiedenen Stadien ist das Trauern kein Gefühlszustand von jeweils gleichbleibender Intensität. Es kommt in *Wellen*. Jede Welle kann bis zu einer Stunde dauern, so daß man fast das Gefühl von Atempausen der Ruhe hat, in denen man sich erholen kann, bevor die nächste heranbrandet.

Der trauernde Körper

Wie alle Formen der Depression erfaßt die Trauer sowohl unseren Körper als auch Geist und Seele. Wir geben dem Ausdruck, wenn wir sagen, jemand sei durch Schock oder Kummer „bleich" geworden. Oft hat man das Gefühl, daß sich einem die Kehle zuschnürt, als hätte man da einen Kloß. Es fällt einem schwer zu essen, und wenn man es tut, dann schlingt man die Nahrung hinunter, ohne auch nur zu merken, was man ißt. Das ganze Verdauungssystem kann durcheinander geraten. Die Atmung ist oft unregelmäßig, von Seufzen und Schluchzen unterbrochen, aber man kann auch feststellen, daß man den Atem anhält oder sehr flach und schnell atmet. Man hat ein Gefühl ungeheurer Schwäche und Erschöpfung sowie der Leere, als sei man nur die Hülse eines Menschen ohne Inhalt. Es fällt einem schwer einzuschlafen oder es kann einen ein bleierner Schlaf überfallen, aus dem man plötzlich mit kaltem Schweiß bedeckt erwacht, die volle Realität des Verlusts vor Augen. Und weil wir „abgespannt" sind und unser ganzer Körper am Trauerprozeß beteiligt ist, sind wir für Virus- und andere Infektionen anfällig. Trauer kann sich physisch und auch als allergische Reaktion wie Ekzeme oder migräneartige Kopfschmerzen bzw. in einer Krankheit wie Gürtelrose äußern. Untersuchungen haben ergeben, daß der Überlebende noch Monate nach dem Tod des Partners viel stärker als sonst gefährdet ist, sich eine schwere Krankheit zuzuziehen. Bei einer trauernden Frau ist der Menstruationszyklus oft gestört. Sie kann plötzlich eine Periode haben, obwohl sie keine erwartete, und so stark bluten als ergieße sich alles Leid aus ihrem Körper. Shirleys Vater erlitt einen Herzinfarkt, nachdem er sie und ihre Kinder ins Theater eingeladen hatte. Sein Tod war ein totaler Schock für sie. Sie fühlte sich zunächst wie betäubt, aber in der Woche danach bekam sie eine Periode und blutete einen ganzen Monat lang: „Mein Körper trauerte, indem er buchstäblich für ihn blutete." Oder die Perioden können ganz aufhören, als ob sie erstarrt wäre, in ihrem Leid fixiert und außerstande, normal zu funktionieren. Bei Frauen in den Vierzigern oder Fünfzigern kann plötzlich die Menopause eintreten, begleitet von dem Gefühl, daß sich die Tür hinter diesem Stadium ihres Lebens endgültig geschlossen habe. Bei Männern hängt nächtlicher Samenerguß mit Streß und Trauer zusammen.

Wir sind oft völlig unvorbereitet auf diese körperlichen Äußerungen der Trauer. Was wir verstehen können, ist Weinen und der Wunsch zu schlafen, „all dem zu entfliehen" und äußere Zeichen des Trauerns wie Ruhelosigkeit und Reizbarkeit oder hängende Schultern, unglückliche Gesichter und körperlicher Schmerz. Aber es fällt uns schwer zu akzeptieren, daß uns unsere grundlegenden physiologischen Systeme im Stich lassen oder die

Macht über uns gewinnen können, so daß unser rationales Selbst einen ohnmächtigen Kampf gegen sie führt.

Trauer und Eros

Eine verminderte Libido ist oft Teil dieses physiologischen Prozesses der Trauer und Depression. Was auch immer man bewußt zu wollen scheint, der Körper folgt einem nicht. Die Folge kann sein, daß der Mann unfähig ist, eine Erektion zu bekommen oder aufrechtzuerhalten, und obwohl eine Frau vielleicht sexuelle Empfindungen haben möchte – sie gerät womöglich sogar in Erregung – schein ihr Körper „nein" zu sagen, ihre Vagina wird nicht weich und feucht und entfaltet sich nicht und sie kommt nicht zum Orgasmus. Andererseits kann sich eine Frau durch Trauer und Verlust manchmal fast zwanghaft zu Sex getrieben fühlen. Das kann sie belasten, weil es ihr Gefühl verstärkt, „die Kontrolle verloren" zu haben. Sie versteht diese Reaktion nicht und schämt sich häufig deswegen. Sex kann in Zeiten der Trauer dem Bedürfnis nach Bestätigung entspringen, eine entschlossene Bejahung des Lebens angesichts von Tod und Verlust.

Manchmal berichten Frauen, daß Worte des Trostes bedeutungslos gewesen seien und daß Sex an ihre Stelle getreten sei. Als Sarahs Vater starb, wünschte sie sich Sex mit einer Verzweiflung, die sie weder vorher noch nachher kannte, aber hatte geringeren Genuß dabei als zu jeder anderen Zeit. Ihre Geliebte sprach über ihre Gefühle der Hilflosigkeit, denn obwohl sie Sarah Trost spenden wollte, fühlte sie sich angesichts von Sarahs unersättlichem Verlangen nach Sex und ihrer eigenen Unfähigkeit, Lust zu spenden, sehr unwohl.

Nach dem Tod eines Elternteils oder eines Kindes können die beiden Partner einer sexuellen Beziehung in unterschiedlicher Weise reagieren und außerstande sein, die Reaktion des jeweils anderen zu verstehen. Eine Frau erzählte mir beispielsweise, daß ihr Mann nach dem Tod eines Menschen, der ihr sehr viel bedeutet hatte, sie zu Sex drängte, während sie das Gefühl hatte, jedes lustvolle Erlebnis sei eine Beleidigung des Verstorbenen. Die Erkenntnis, daß diese diametral entgegengesetzten Reaktionen natürliche Bestandteile des Trauerns sind, kann es einem Paar erleichtern, über das zu sprechen, was sie durchmachen.

Eine Erfahrung, die jeder allein macht

Keine zwei Menschen durchlaufen den Prozeß des Trauerns im gleichen Tempo. In einer Partnerschaft kann der eine im Anfangsstadium des Schocks und der emotionalen Lähmung steckengeblieben sein, während der andere nicht aufhören kann zu weinen, oder der eine durchlebt die Erfahrung immer wieder aufs neue, während der andere den Heilungsprozeß durch energische Aktivität zu fördern sucht, um die Phase des intensivsten Schmerzes hinter sich zu bringen. Es ist unwahrscheinlich, daß beide dasselbe empfinden. Das ist der Grund, warum selbst in einer liebevollen Beziehung die Trauerarbeit etwas ist, was wir allein leisten müssen.

Selbst wenn wir uns der Intensität der Gefühle bewußt sind, mit denen wir auf einen Verlust reagieren, sind wir selten darauf vorbereitet, wie sich Kummer auf die Sexualität auswirkt …

Einer der Aspekte, der für Außenstehende am schwersten zu verstehen ist, ist der, daß uns der Schmerz vor der grenzenlosen Leere bewahrt, die an seine Stelle treten müßte, wenn wir dem Schmerz erlaubten, nachzulassen. Er ist wie ein Cape, mit dem wir uns vor schlimmeren Schrecken bewahren, ein Cape, in das wir uns zum Trost hüllen. „Ich *will nicht*, daß der Schmerz aufhört!", sagte eine Frau.

Langanhaltendes oder übertrieben erscheinendes Trauern macht andere

Von anderen auferlegte Beschränkungen

Menschen ungeduldig. Das geschieht oft bei denjenigen, die im täglichen Kontakt mit der Trauernden sind, andere Familienmitglieder etwa und die nächsten Bezugspersonen. Sie möchten einem nur zu gern sagen, man solle endlich damit Schluß machen, „sich zusammennehmen". Sie setzen dem Trauern zeitliche Grenzen. Ihre Vorstellungen davon, was angemessen ist, drängen sich dem eigenen Kummer auf. Doch es kann keine moralischen Imperative in bezug auf das Trauern geben. Die Trauer „ist" einfach, so wie eine Krankheit „ist". Ich kann nur akzeptieren, was ich fühle, und sie müssen trotz ihrer Ungeduld mich akzeptieren.

Die heilende Wirkung der Zeit

Es gibt kein Rezept für das Erleben von Trauer. Etwas kann an einem Tag helfen, aber am nächsten nutzlos sein. Es fällt einem schwer zu glauben, daß man je aufhören wird, den Schmerz zu fühlen. Aber der Schmerz besänftigt sich mit der Zeit, und dabei entdeckt man, daß sich die geistigen und körperlichen Funktionen wieder erholen und daß man seine Identität behalten hat, obwohl man sich zur Zeit der größten Qual wie in Stücke gerissen gefühlt haben mag.

Weil die Gedanken über die verlorene Person oder eine Bewußtheit des Geschehenen und damit der stärkste Schmerz in Wellen kommt, rät eine Frau: „Behandle sie wie die Wehen bei einer Entbindung. Gehe *mit*." Sie hatte gemerkt, daß sie jedesmal, wenn sie sich von Schmerz überwältigt fühlte, den Atem anhielt, sich *verkrampfte* und zur Immobilität erstarrte, so wie sie es bei den stärksten Kontraktionen im Kindbett getan hatte. Sie erinnerte sich, daß die Wehenschmerzen dadurch gräßlich und unerträglich wurden, und zwang sich, auszuatmen und weiterzuatmen, wenn das geschah. Erst als sie das tat, war es ihr möglich, ungehemmt zu weinen. Das Atmen ging in Schluchzen über, ihr Kummer verflüssigte sich, und diese *Äußerung* des Schmerzes wirkte als solche heilend. Es kann eine Erleichterung sein, von anderen Leuten wegzukommen, so daß man den Kummer aus sich herausweinen kann und nicht mehr ein gefaßtes Gesicht aufsetzen oder um der Kinder willen heiter erscheinen muß. Eine trauernde Frau braucht Zeit, in der sie ganz sie selbst sein kann.

Eine einzigartige Erfahrung

Susan Le Poidevin, eine Psychologin, die in einer Sterbeklinik arbeitet und auch erforscht, wie Menschen Trauer erleben, glaubt, daß es für jeden Trauernden wichtig ist, jemanden zu haben, mit dem man über die intimsten und beunruhigendsten Gefühle sprechen kann, der zuhört und einen versteht, dem man vertraut, der unsere Identität respektiert und einem kein Urteil aufnötigt und keine Ratschläge zu geben versucht. Dieser Mensch sollte die Gefühle des anderen respektieren und nicht seine Erfahrung durch billige Beschwichtigung oder sinnlose Worte des Trostes zu dämpfen suchen, er sollte der Versuchung widerstehen zu sagen: „Ich weiß genau, was du empfindest. So habe ich mich gefühlt, als mein Mann starb . . ." oder „als ich *meine* Operation hatte . . .". Jede Trauererfahrung ist einmalig. Kein anderer kann auch nur hoffen wirklich zu verstehen, wie man sich fühlt, so sehr er sich das auch wünschen mag.

Die Trauer verdrängen

Wenn Trauer blockiert oder geleugnet wird, kann sie jahrelang aufgeschoben werden, bis sie durch einen neuen Verlust aus einem hervorbricht wie die Lava aus einem Vulkan. Dies geschah mit einigen Frauen, die mit mir über ihre sexuellen Probleme nach einem Todesfall sprachen.

Anne war sechs Jahre alt, als ihre Mutter starb. Niemand sagte ihr etwas darüber bis nach der Einäscherung, und ihre Tante, die sie aufzog, erwähnte ihre Mutter niemals. Als vierzig Jahre später Annes Mann starb, brach eine Flut des Schmerzes auch über den Tod ihrer Mutter aus ihr heraus, und sie trauerte sowohl um ihren Mann als auch um ihre Mutter.

Eine andere Frau hatte eine Fehlgeburt und warf den Fötus ins Klo. Ihr Partner fischte ihn heraus und legte ihn in einen Eimer. Sie erlitt danach eine schwere Trauerkrankheit, in deren Verlauf sie ihn verließ. Sie konnte ihre eigenen Reaktionen nicht verstehen und war offenkundig innerlich voll Wut. Ich bat sie, mir zu erzählen, welche Erfahrungen sie als Kind mit dem Tod gemacht hatte, und ihr Leid brach plötzlich in voller Stärke aus ihr heraus. Sie erzählte mir, daß sie ein Meerschweinchen gehabt habe, das sie oft vergessen hatte zu füttern. „Ich sollte jeden Tag Löwenzahn oder Gras für das Meerschweinchen holen. Meine Mutter meinte, es fehle ihm etwas. Ich holte es ins Haus und es wurde immer kälter und starb in meinen Händen. Ich denke oft daran. Ich fühlte mich, als hätte ich es umgebracht. Mama und Papa nahmen es und warfen es in den Abfalleimer – o mein Gott! – wie ich das Baby in die Toilette!" Sie hatte bis dahin keine Verbindung zwischen diesen beiden Ereignissen hergestellt.

Wenn wir trauern, dann kann das um etwas sein, was hinter dem vordergründigen Objekt unserer Trauer steht oder unter diesem liegt. Es kann sein, daß wir eine unabgeschlossene Trauerarbeit aus der Vergangenheit nachholen. Wenn die Trauerarbeit völlig aufhört, weil sie gemieden oder abgekürzt wird, dann müssen wir dafür einen Preis bezahlen, obwohl der Schmerz aufhören mag. Eine Frau, deren Mutter starb, als sie vier Jahre alt war, und deren Vater und dessen neue Frau nie von ihrer Mutter sprachen, so daß sie nicht voll akzeptieren konnte, daß die Mutter gestorben war, und nicht um sie trauern konnte, sagt: „Der Preis, den wir für die Vermeidung von Schmerz bezahlen, ist eine Verminderung der Fähigkeit, *überhaupt etwas* zu fühlen." Sie glaubt, daß die sexuellen Probleme in ihrer Ehe damit zu tun haben.

Enorme Konflikte können sich zwischen einem Paar aufstauen, wenn der eine Partner eine Trauer zu bewältigen sucht, von der der andere nichts weiß oder deren Intensität er nicht verstehen kann – und das wirkt sich zwangsläufig auf ihre sexuelle Beziehung aus. Ob eine Frau einen Sexualpartner hat oder allein ist, die Art wie sie sexuell auf Trauer reagiert, schockiert und verwirrt sie oft. Aber Tod und Sex sind miteinander verflochten. Tod und die Aufgabe des Selbst im Orgasmus sind unlösbar miteinander verbunden.

Tod einer geliebten Person

Wenn ein Partner stirbt, kann eine Frau emotional so zufrieren, daß es ihr für lange Zeit danach, vielleicht für immer, unmöglich wird sich vorzustellen, je wieder sexuelle Gefühle zu haben. Der Verlust ihrer sexuellen Identität erscheint ihr unbedeutend neben dem Verlust des Menschen: „Man fährt fort, Tee für zwei zu machen, Essen zu kaufen, das er mag, und sich Dinge zu merken, die man ihm erzählen will"; „Ich vermißte einen

Arm um meine Schulter und jemand, dem ich mich anvertrauen konnte, jemand, mit dem ich lachen kann.''

Frauen beschrieben ihre körperlichen Empfindungen in diesem Zustand der Erstarrung, beispielsweise Zeiten, da es ihnen schwerfiel, zu schlucken oder zu atmen: ,,Ich machte mir Sorgen, daß ich nicht fähig sein würde zu schlucken. Meine Kehle schien sich zusammenzuschnüren''; ,,Ich war in einem Zustand der Panik, hatte das Gefühl, nicht richtig atmen zu können''; ,,Ich war furchtbar verkrampft, hatte die Schultern bis zu den Ohren hochgezogen''; ,,Ich hatte einen ständigen dumpfen Schmerz im Magen. Ich erinnere mich, daß ich mir dachte, die Dichter und Ärzte hätten alle unrecht gehabt. Wenn Dichter über den Schmerz eines brechenden Herzens schreiben, meinen sie in Wirklichkeit Schmerz in den Eingeweiden.'' (Zitiert nach Valerie Austin und Charles Clarke-Smith.)

Die Perioden einer Frau können plötzlich aufhören oder sehr schmerzhaft werden. Eine Frau, deren Partner bei einem Bergwerksunglück gestorben war, sagte, ihre nächste Periode sei die schmerzhafteste ihres ganzen Lebens gewesen. Bei einer Frau von 47, die bis dahin noch keine Anzeichen der Menopause aufgewiesen hatte, blieben plötzlich die Perioden aus. Eine jüngere Frau berichtet, daß sie nach dem Tod ihres Mannes sieben Monate lang nicht menstruiert habe. Trauer kann wie eine Hülle sein, die eine Frau von anderen trennt. Norma sagt, sie fühle sich irgendwo außerhalb der Menschheit, jenseits normaler glücklicher oder trauriger Erlebnisse.

Gefühl der Isolierung

Man kann das Gefühl haben, daß man von menschlichem Kontakt völlig abgeschnitten ist und daß sich andere von meiner Trauer bedroht fühlen wie von einer sehr ansteckenden Krankheit. Eine Frau sagt, sie habe sich wie ein ,,Paria'' gefühlt, außerstande, mit Menschen zusammenzutreffen, und dies habe sich zu einer Agoraphobie (Platzangst) entwickelt: ,,Es kostet mich furchtbare Mühe, allen Leuten zu begegnen, die ich kenne (in einer kleinen Stadt sind das die meisten Einwohner).'' Es half ihr anfangs, mit jemand anderem einkaufen zu gehen – auf diese Weise brachte sie sich dazu, das Haus zu verlassen. Frauen können sich von engem menschlichem Kontakt zurückziehen, weil sie sich vor dem Schmerz fürchten, mit dem er verbunden ist. Maggie erzählte beispielsweise, daß sie sich sogar von ihren Kindern zurückzog und jetzt das Gefühl habe, daß sie unnötig darunter zu leiden gehabt hätten: ,,Es fiel mir anfangs sehr schwer, sie in meine Arme zu nehmen. Ich hatte Angst vor den Gefühlen, die da in mir hochsteigen würden. Sobald ich mich gehenließ, würde ich zusammenbrechen. Deshalb war ich distanzierter, als ich es je gewesen war.'' Weil sie solche Angst vor menschlichen Kontakten hatte, suchte sie Trost, indem sie ein heißes Bad nahm und sich dann mit einer Wärmflasche in eine Decke gewickelt ins Bett legte. Manche Frauen können sich nicht auf diese Weise verwöhnen und sind nur bestrebt, den Schmerz zu unterdrücken. ,,Wenn man anfängt, überhaupt etwas zu empfinden'', sagt eine Frau, ,,dann bringt das alle anderen Gefühle zurück, wenn ich dagegen nichts fühle . . . . Es ist, als ob man ständig unter Narkose wäre. Darum glaube ich, es ist am besten, den Deckel auf allem draufzuhalten.''

Das Paradoxe ist, daß eine Frau, die das Gefühl hat, intimem menschlichen Kontakt in einer anderen zugewandten Beziehung nicht gewachsen zu sein, sich sexuell erregt fühlen kann und dann Partner sucht, ohne die Möglichkeit, einander nahezukommen oder sich wirklich auf den anderen einzulassen. Sei es, weil das einen Abbau von Spannungen verspricht oder weil sie in einem anästhesierten Zustand ist – es ist zumindest ein Zeichen, daß sie noch am Leben ist. „Ich wollte mit anonymen Männern ins Bett gehen, die nachher verschwinden sollten. Ich konnte mir nicht vorstellen, je wieder emotionale Bindungen an einen Mann zu haben. Ich hatte Angst, daß ich mich aus den falschen Gründen an jemand binden würde."

„Ich begann, mich scharf zu fühlen . . . . Was ich wollte, war bloß Sex."

Viele Frauen empfinden einen Konflikt zwischen Sex und einer engeren Beziehung und haben das Gefühl, mit einer Mischung aus beidem nicht umgehen zu können. Die einen suchen Sex ohne Liebe, andere suchen Liebe und Zärtlichkeit ohne Sex: „Ich hatte einfach dieses ungeheure Bedürfnis, von jemand in den Arm genommen zu werden." Eine Frau kann enttäuscht sein, weil der andere glaubt, die Beziehung schließe Sex ein. Freundschaften können durch Sex in die Brüche gehen, und eine trauernde Frau ohne Mann wird von anderen Frauen manchmal als bedrohlich angesehen, weil sie vermuten, sie könnte das männliche Mitgefühl ausbeuten. Wenn sie attraktiv und im „passenden" Alter ist, kann sie auch von Männern als „verfügbar" angesehen werden, und die angebotene Freundschaft ist dann mit Hintergedanken verbunden.

Die Macht des Zorns

Frauen schildern oft eine mächtige Emotion, die auch durchbrechen kann, wenn sie sich am erstarrtesten fühlen. Es ist Wut – auf andere Menschen, auf sich selbst und auf den Verstorbenen: „Er hätte nicht sterben sollen. Wie kann man nur jemandem so etwas antun!" „Ich war wütend als er starb. Warum mußte das mich treffen? Es war nicht fair. Ich war wütend auf seine erste Frau. Es war total unfair, daß ich ihn nur eine so kurze Zeit hatte. Ich fühlte mich betrogen." „Als ich sah, daß er starb, sagte ich zu ihm: ‚Verlaß mich nicht! Verlaß mich nicht!' Nachher war ich wütend auf ihn. Ich dachte mir: ‚Wie konntest du mich mit all diesen Kindern allein lassen? Du warst sowieso immer derjenige, der wegging!'" Eine Frau, die mit drei halbwüchsigen Kindern zurückblieb, sagt: „Mein Mann hatte die ‚guten' Jahre, und das dicke Ende hat er mir überlassen." Alison hatte seit neun Jahren mit Virginia zusammengelebt, als sie erfuhr, daß ihre Freundin nur noch ein Jahr zu leben hatte: „Es war das, was man sich unter einer guten Ehe vorstellt. Man weiß einfach, daß es richtig ist, und es wird immer besser." Alison sagt: „Ich hatte das nicht erwartet, daß ich mich sehr häufig ohne Grund so furchtbar aggressiv fühlen würde. Ich war etwa zwei Jahre lang äußerst labil. Es fiel den Leuten schwer, mit mir zu reden, da sie ständig befürchten mußten, von mir angeschrien zu werden."

Schuldgefühle

Gleich nachdem Bettys Sohn seinen Führerschein gemacht hatte, fuhr er mit seinem Auto weg und verunglückte tödlich. Sie war überwältigt sowohl von Zorn als auch von Schuldgefühlen, „daß keine Zeit mehr war, lebwohl zu sagen, die *wichtigen* Dinge zu sagen" und daß ihre letzten Worte „um Gottes Willen, wasch dir die Hände!" gewesen waren. Sie hatte das Gefühl, in gewisser Weise an dem Unfall schuld gewesen zu sein. Aber da waren auch tiefergehende Schuldgefühle wegen all der Augenblicke, in denen sie ihm gegenüber „versagt" hatte.

Schuldgefühle und Depressionen sind Formen der nach innen gerichteten

Wut. Viele Frauen berichten, daß sie sich immer wieder fragen, ob es nicht etwas gegeben habe, was sie hätten tun können, um den Tod zu verhindern, und daß sie immer wieder an die Dinge denken, von denen sie wünschen, daß sie sie gesagt oder getan bzw. unterlassen hätte. Eine Frau, deren Partner während ihrer Schwangerschaft starb und deren Ehemann vor vier Jahren an Leberkrebs gestorben war, sagt: ,,Mich quält immer noch die furchtbare Angst, daß meine Liebe und meine sexuellen Bedürfnisse eine tödliche Wirkung haben.''

,,Meinen Körper in irgendeiner Weise zu genießen, erscheint mir als eine Form der Untreue.''

Die Liebesbereitschaft kann plötzlich wieder erwachen, die Gefühle können in einer völlig unkontrollierten Weise ausbrechen und von schweren Schuldgefühlen begleitet sein. Die Frau kann meinen, jetzt, da ihr Partner tot ist, kein Recht zu haben, Vergnügen an Sex zu finden oder auch nur am Leben zu sein.

Das Auftauen

Wenn das emotionale Tauwetter einsetzt, kann es von heftigen Menstruationsblutungen begleitet sein. Manche Frauen haben das Gefühl, als weinte ihr Körper Blut. Das kann mit der ersten Periode nach dem Todesfall geschehen, in anderen Fällen erst Monate später nach einer Phase menstrueller Unregelmäßigkeit. Bei anderen Frauen funktioniert der Körper pünktlich wie ein Uhrwerk, und sie verübeln ihm manchmal dieses automatenhaft glatte Funktionieren, weil es ihre seelische Not nicht widerspiegelt.

Das Auftauen ist von neuem Schmerz begleitet, aber jetzt bin ich imstande, auf andere Menschen zuzugehen, sie anzufassen und mit ihnen physisch und in Worten in Kontakt zu treten. Eine Frau, die sich anfangs von ihren Kindern zurückgezogen hatte, nahm ihre kleine Tochter zu sich ins Bett, und sie umarmten und trösteten einander. Eine andere sagt: ,,Was ich am meisten vermißte, war nicht der sexuelle Akt, sondern das Kuscheln, und ich merkte, daß ich ständig Leute anfaßte. In meiner Familie umarmten wir uns damals viel und hielten uns an den Händen.'' Eine Frau, die das nicht hat und nicht finden kann, sucht diesen körperlichen Kontakt oft in unverbindlichen sexuellen Begegnungen, wenn sie aus dem Zustand der Erstarrung erwacht. Eine alleinlebende Frau sagt: ,,Die Leute tun oft so, als sollte es einem nichts ausmachen, ohne Mann zu sein. Die Freude, mit jemandem ins Bett zu gehen, nicht bloß, um zu bumsen, sondern um jemanden in die Arme zu nehmen, sich auszusprechen, das ist wichtig – und es fehlt mir. Es ist niemand da, den ich anfassen, küssen und umarmen kann, mit dem ich zärtlich sein kann.''

,,Sex steigert alle meine Gefühle der Trauer und des Verlusts. Ich mag niemandem mehr allzu nahe kommen.''

Die Suche nach körperlicher Nähe

Wenn eine Frau aus der anfänglichen Lähmung erwacht, kann sie überschäumen vor intensiven Gefühlen. Peggy, deren Mann im Alter von 42 Jahren plötzlich starb, sagt: ,,Sobald ich alle ‚ersten Jahrestage' hinter mich gebracht hatte – meinen ersten Geburtstag allein; das erste Weihnachten; den ersten Hochzeitstag, usw. – begann ich wieder zu leben. Mein Körper reagierte mit brennendem sexuellem Verlangen – ich pendelte zwischen den zwei Extremen der Betäubung und der Sehnsucht. Ich verliebte mich Hals über Kopf in den ersten Mann, der mich in den Arm nahm.'' Zum Glück war das ein guter Freund, der bereits verheiratet war, so daß sich die Beziehung nicht weiterentwickeln konnte. Heute meint sie, es wäre eine Katastrophe gewesen.

Anna sagt, sie habe mit jedem geschlafen, den sie sympathisch fand, da sie Wärme und Freundschaft brauchte: „Mit jedem begann ich der Beziehung nachzujagen, die ich mit Jim hatte. Ich fand sie nie." Sie war von dem Wunsch besessen, von jemand in die Arme genommen zu werden, ihre eigene Identität als Überlebende bestätigt zu bekommen und sich selbst zu beweisen, daß sie noch lebte. Sie entdeckte, daß sie Sex viel mehr genießen konnte, wenn sie mit dem Mann nichts gemein hatte. Wenn es jemand war, den sie bewunderte und respektierte, dann erwiesen sich die Emotionen in diesem Stadium ihrer Trauer als zu gefährlich für sie.

Neue Beziehungen
Wenn eine Beziehung in die Brüche gegangen ist, kommt eine Frau oft an den Punkt, an dem sie sich sagt, daß sie von jetzt an ausgehen, Beziehungen aufnehmen und sie pflegen müsse. Wenn sie nunmehr allein lebt und nicht außerhalb des Hauses berufstätig ist, kann es ihr schwerfallen, auch nur mit anderen Menschen zu sprechen. Der Austausch einfacher Floskeln über das Wetter oder Ladenpreise, ein Geplauder mit jemand, der ihr im Zug oder Bus gegenübersitzt, kann sie schon große Mühe kosten. Ein Zusammenschluß von Witwen rät, das Auto so oft wie möglich auf der Straße zu waschen oder das Gartentor zu streichen, damit jemand bei ihr stehenbleibt und mit ihr plaudert. Alles, was die Isolierung durchbricht und ihr eine Kommunikation ermöglicht, und sei es auf der oberflächlichsten Ebene, kann dazu beitragen, die Barrieren abzutragen.

Eine Frau, die sehr glücklich verheiratet gewesen war und sich danach sehr bemühte, Leute kennenzulernen, sagt: „Als er starb, war es wie das Ende eines Kapitels. Ich ließ mir Strähnchen färben. Ich nahm ab. Ich hatte Liebschaften. Die gaben mir ein ungeheures Gefühl des Selbstvertrauens. Inzwischen brauche ich nichts mehr zu beweisen. Aber in diesem Stadium wollte ich mir beweisen, daß ich noch attraktiv sei. Ich sagte mir ‚Du hast ein wundervolles Leben mit ihm gehabt, jetzt ist es Zeit, den nächsten Schritt zu tun. Also, los!'" Eine Frau muß hartgesotten sein, um so mit kurzfristigen, unverbindlichen Affären umgehen zu können, und für viele Frauen mag das nicht das Richtige sein.

Wenn eine Frau neue Beziehungen sucht, können ihre Kinder ein Faktor in einer oft sehr schwierigen Gleichung sein. Manche Kinder bleiben gegenüber ihrem Vater loyal und können nicht akzeptieren, daß sie sich jemand anderen wünschen kann. Einem Kind kann das wie Verrat erscheinen. Frauen mit Kindern, die neue sexuelle Beziehungen eingehen wollen, müssen daher oft strategisch und klug verfahren.

Trauer nach einer
Trennung
Wenn eine Beziehung endet und eine Frau von ihrem Partner verlassen wird, macht sie oft ähnliche Stadien des Trauerns durch wie nach einem Todesfall. Mary war von ihrem dreizehnten bis zu ihrem fünfundzwanzigsten Lebensjahr in einem Kloster. Sie verliebte sich in einen Geistlichen, der sein Priesteramt aufgab. Sie begannen eine Liebesbeziehung, aber der sexuelle Kontakt war schwierig wegen der schrecklichen Schuldgefühle, die sie hatte. Sie kam zu der Überzeugung, daß sie noch nicht reif für die Ehe sei. Er lernte eine andere Frau kennen und heiratete diese. Er war für sie „der Mittelpunkt meines Lebens" geworden, wie sie sagt. Sie ist emotional gelähmt. Sie kann weder weinen noch ihren Zorn äußern. Sie fühlt sich, wie sie sagt, „erfroren".

Die Frau, die Katja über alles liebte, gestand ihr, eine andere Geliebte zu haben: „Ich erstarrte. Es war ein furchtbarer Schlag." Dann begann sie zu weinen und zu toben: „Ich warf mich auf dem Bett herum und brüllte und schrie und strampelte. Ich hatte Angst, den Verstand zu verlieren."

Jane ist 59. Sie ist seit 30 Jahren verheiratet, aber ihr Mann erlitt einen seelischen Zusammenbruch und ist „wie ein schwieriges Kind". Zuerst empfand sie überhaupt nichts. „Da war nur diese Leere. Es gab Zeiten", berichtet sie, „da ich mir ausmalte, wie gut es wäre, einen Autounfall zu haben. Ich wollte erbrechen, um das Elend in mir loszuwerden." Sie ist inzwischen aus dem Zustand der Erstarrung aufgewacht, hat die darauffolgende Phase der Wut durchlebt, hat zu studieren begonnen und sich einen Liebhaber genommen.

Sich mit dem Verlust abfinden

Die Phase der Erstarrung, das Gefühl körperlicher Beklemmung, der Wunsch zu erbrechen und das Unglück auszukotzen, das allmähliche Auftauen und Wieder-lebendig-Werden, das mit heftigen Schmerzen und Wut über das Geschehene verbunden ist, die Durcharbeitung der Trauer, all dies ist ein Teil des Trauerprozesses nach dem Tod einer geliebten Person oder der Trennung von ihr.

Das Trauern kann eine Erfahrung sein, die einer Frau das Gefühl gibt, gewachsen zu sein und sich weiterentwickelt zu haben. Für manche bedeutet es bloß, daß ihnen das Schlimmste, was geschehen konnte, zugestoßen ist, und daß sie jetzt mit allem fertigwerden können. Sie haben ein neues Selbstvertrauen gewonnen, das sie oft selbst erstaunt. Eine Frau mit einem sehr starken christlichen Glauben hat das Gefühl, ihre Religiosität sei noch stärker geworden: „Ich war in einem Tunnel, aber am Ende war immer ein Licht zu sehen."

Sich völlig seinem Schmerz zu überlassen, ist in einer seltsamen Weise eine höchst sinnliche Erfahrung. „Der Natur ihren Lauf zu lassen", sagt eine Frau, „ist ein sinnliches Erlebnis". Eine Frau, die das durchgemacht hat, entwickelt ein neues Selbstbewußtsein: „Ein Meilenstein auf dem Weg zur Genesung war der Tag, an dem ich das Doppelbett verkaufte und mir ein einzelnes anschaffte. Ich hörte auf, die Hälfte eines Paares zu sein und wurde ich selbst . . .''

Tod eines Kindes

Der Tod eines Säuglings ist ein Schmerz besonderer Art, weil er eine zutiefst *physische* Erfahrung ist. Eine Mutter zu sein, involviert nicht nur Herz und Hirn, sondern bedingt körperliche Reaktionen, die nötig sind, um ein Kind am Leben zu erhalten und zu ernähren, zuerst im Uterus und später in den Armen der Mutter. Wenn ein Säugling stirbt, kann eine Frau das Gefühl haben, das Zentrum ihres Schmerzes befinde sich in ihren Eingeweiden, in der Gebärmutter und in ihren inneren Organen, als seien ihr diese bei lebendigem Leib herausgerissen worden.

Dies ist kein Kummer aus Lavendel und Spitzen, sondern ein Schmerz, der so schneidend sein kann, daß eine Frau das Gefühl hat, ein Tier zerfresse ihr den Leib.

Vor der Entbindung ist das Kind Teil des mütterlichen Körpers. In gewisser Weise kann sie das Kind nicht von sich selbst unterscheiden. Eine Totgeburt oder eine späte Fehlgeburt bedeutet sowohl den Tod eines Kindes als auch eine physische Verstümmelung der Mutter. Nach der Geburt ist es, als sei da eine unsichtbare Nabelschnur, durch die das Leben der Mutter mit dem des Kindes verbunden ist. Wenn diese durch den Tod durchtrennt wird, bleibt im Zentrum ihres Körpers eine offene Wunde zurück.

Die Auswirkung auf die Identität einer Frau

Der Tod eines Kindes kann ihr eigenes Selbstgefühl als Mensch an der Wurzel treffen und bei ihr eine verzweifelte Sehnsucht nach einem Kind in ihren Armen auslösen. Denn das Verlangen, ein Kind zu haben, ist genauso mächtig wie das Verlangen nach sexueller Befriedigung.

Um einen Säugling zu trauern ist gleichermaßen wichtig, auch wenn dieser nie gelebt hat, ja selbst, wenn er sich in ihrem Körper nie bewegt hat und nur ein winziger Embryo oder ein Bündel von Zellen war. Sie trauert um ihre Vorstellung von dem Kind, um all die Veränderungen, die das Kind mit sich gebracht hätte und, insbesondere wenn es ihr erstes Kind gewesen wäre, um den Verlust ihrer selbst als Mutter.

Wenn sie Menschen kennenlernt – bei einer Party, beim Friseur, über den Gartenzaun – dann fragen diese manchmal: „Wieviele Kinder haben Sie?'' Sie ist verwirrt und unsicher, was sie sagen soll, denn sie weiß es nicht recht. Ist ein totes Kind immer noch mein Kind? War ein totgeborener Säugling je eine Realität? Und wenn sie ihre Tragödie offenbart, wird das nicht eine Schranke zwischen ihr und anderen Menschen aufrichten? Denn jede Frau, die ein Kind verloren hat, erlebt es, daß andere Frauen vor ihr zurückschrecken, als litte sie an einer ansteckenden Krankheit.

Das trauernde Paar

Jede Frau, die den Tod eines Säuglings betrauert, tut dies auf ihre eigene Weise und braucht dazu unterschiedlich lange. Es ist unmöglich, Schmerz auf einer Waage abzuwiegen oder auch nur zu behaupten, daß eine frühe Fehlgeburt immer weniger traumatisch sei als eine späte oder daß eine Fehlgeburt geringeres Leid verursache als eine Totgeburt oder daß der Tod eines Säuglings im Kinderbettchen schlimmer sei als kurz nach der Geburt, obwohl all diese Dinge für manche Frauen zutreffen mögen. Für einen Mann kann es sehr schwierig sein das zu verstehen, vielleicht weil der Vater, so sehr er auch trauern mag, nicht dieselbe intime physiologische Bindung an das Kind hat. Deshalb kann die Trauer einer Frau völlig unverhältnismäßig zu dem Geschehen erscheinen.

Es kann aber auch sein, daß sie von ihrem eigenen Schmerz so in Anspruch genommen ist, daß sie sich die Schwere *seines* Verlusts nicht klarmacht. Es wird oft gesagt, daß die Trauer ein Paar einander näherbringt. Sie kann auch die entgegengesetzte Wirkung haben, nämlich wenn jeder in seiner eigenen Welt des Unglücks lebt. „Ein Verlust muß nicht für jeden Außenstehenden offensichtlich sein'', sagt eine Frau über ihre Fehlgeburt im fünften Monat, die fünf Jahre zurückliegt. Da war im Grunde „keine Person'' zu betrauern, dennoch war die seelische Belastung so groß, daß sie ihren Mann verließ.

Der Tod eines Kindes am Ende der Schwangerschaft, bei der Geburt oder danach ist zwangsläufig eine niederschmetternde Erfahrung für jede Frau, die das erlebt. Ihr ganzer Körper hat daran mitgewirkt, das keimende Leben

Der Tod eines Kindes kann ein Paar trennen oder zu einem unzerstörbaren Teil ihrer Liebe werden

zu ernähren. Sie ist auf die Realität des Kindes gerichtet wie ein Magnet nach Norden, aber jetzt sind ihre Arme leer. Und während sie um ihr Baby trauert, muß sie mit den körperlichen Folgen einer möglicherweise schwierigen Entbindung fertigwerden, mit einem frisch vernähten Scheidendammschnitt, wobei ihr Uterus Blut und Wochenfluß und ihre Brüste Milch absondern. Ihr ganzer Körper kann sich angeschlagen, wund und schmerzhaft fühlen. Möglicherweise glaubt sie sich auch durch Eingriffe, die bei ihr vorgenommen wurden, physisch verstümmelt. Eine Frau, deren Kind tot zur Welt kam, sagt: ,,Ich fühlte mich wie ein Tier, nicht wie ein Mensch. Man liegt ausgestreckt da drinnen und kann absolut nichts tun.'' Die Hebamme forderte sie auf zu pressen, aber sie konnte es nicht: ,,Ich glaubte, es sei meine Schuld, daß das Kind starb.'' Sie fühlte sich, als sei sie vergewaltigt worden, und machte sich Vorwürfe, daß sie den Tod des Kindes verursacht haben könnte, weil sie sich nicht gefügt und die Anweisungen genau befolgt hatte. Obwohl sie vom Verstand her einsieht, daß sie nicht die Verantwortung trägt, ist ein Rest von Zweifeln zurückgeblieben, und sie ist gepeinigt von Schuldgefühlen.

Die meisten Frauen, die nach dem Tod eines Kindes mit mir gesprochen haben, sagten, daß sie getröstet und umarmt werden wollten, daß sie den engen körperlichen Kontakt mit einem geliebten Menschen brauchten. Kittys Baby starb, als sein tragbares Bettchen nachts umstürzte und das Kind unter sich begrub. Sie beschreibt ihre widersprüchlichen Gefühle in bezug auf Sex:

Jede Faser meines Körpers schmerzt, dumpfer Schmerz tief innen, schärfer außen –
wund.
Ich will nicht angefaßt werden.
Gleichzeitig ein rasendes Verlangen, von starken Armen festgehalten zu werden,
weil ich auf unerforschter See bin,
Spielball von Empfindungen und diesen völlig ausgeliefert.
Vielleicht werde ich von diesen Wogen verschlungen.
Ich kann es nicht ertragen, in den Arm genommen, gestreichelt, geliebt zu werden
denn das löst bei mir Gefühle aus, und die sind voller Pein.
Ich fühle nur stark oder gar nichts.
Sex = Gewalt = Tod

Nach dem Tod des Kindes verstärkten sich zunächst die sexuellen Bedürfnisse ihres Mannes. Er streckte die Hände nach ihr aus, wollte sie anfassen,
aber ihre Brüste waren voll Milch, pochend und schmerzhaft, und sie
schreckte zurück. Sie spricht auch von dem Gefühl der Isolierung, das die
Trauer mit sich bringt:

Lösch die Welt aus.
Ich bin kein Teil der Welt mehr;
bin von jeder normalen Aktivität abgeschnitten
und beobachte sie durch Glas. Ich schaue mir selbst zu und sehe mich agieren.
Alles geht weiter ohne mich.
Doch die Welt sollte stehenbleiben ob einer solchen Ungeheuerlichkeit.

Eine andere Frau beschreibt das Gefühl der Unwirklichkeit von allem –
außer dem Tod ihres Kindes: „Ich konnte nicht verstehen, warum der
Alltag außerhalb unseres Hauses weiterging wie zuvor. Ich konnte die
gefühllose Normalität nicht begreifen, mit der der Milchmann kam und die
Sonne aufging. Wie war es möglich, daß diese atomare Explosion nicht
alles um mich herum verwüstete?" (Wendy Valerie Harman).
Anfangs klammern sich die Partner oft aneinander. Sie sind zu betäubt, um
etwas anderes zu tun als einander zu umarmen oder fassungslos zu weinen.
Alle Einzelheiten dieser Zeit prägen sich mit furchtbarer Klarheit ein, so
daß man sich noch Jahre später an sie erinnert.
Doch gleichzeitig ist da ein Gefühl der Unwirklichkeit in bezug auf alles,
was geschieht, und sie sind oft so geschockt, daß sie den Tod des Kindes
noch nicht wirklich akzeptieren können. Eine Mutter schilderte, was nach
dem Tod ihres kleinen Sohnes geschah: „Ich hielt ihn einfach in den
Armen und glaubte, ihn irgendwie mit meinem Körper aufwärmen zu
können . . . als wir den Leichenbestatter auf das Haus zukommen sahen.
Wir wußten, daß er in die Leichenhalle kam. Wir wußten, daß er seziert
werden würde. Adam nahm ihn mir aus dem Arm und gab ihn dem
Bestatter. Er sagte: ,Halten Sie ihn warm, bitte.' "
Der Trost, den sich die Partner durch ihre Nähe und ihren geteilten
Schmerz spenden, kann kurzlebig sein oder mag auch ganz ausbleiben,
denn in der westlichen Kultur besteht für Männer immer noch ein Tabu in
Hinblick auf Zärtlichkeit und die offene Äußerung von Schmerz. Ein Mann
wird so erzogen, daß er das Gefühl hat, stark sein zu müssen, damit sich die
Frau an ihn anlehnen kann. Er schämt sich zu weinen, außer wenn ihn
niemand sieht. Er darf nicht „zusammenbrechen". Er fürchtet, daß er,

wenn er über das Geschehene oder seine Gefühle spricht, zusammenbrechen wird, deshalb tätschelt er bloß kurz ihre Hand und wendet sich ab.

Es kann ihr so vorkommen, als stecke er mit all den anderen Leuten unter einer Decke, die die Realität des Kindes leugnen, das gestorben ist. Dennoch hat sie das Gefühl, daß sie für seine Stärke dankbar sein sollte. Eine Frau, deren Baby bei der Entbindung starb und deren Gebärmutter dann entfernt wurde, weil sie einen Blutsturz hatte und sonst gestorben wäre, sagt: ,,David ist so ruhig und positiv geblieben . . . Er hat sich fabelhaft verhalten. Ich hätte mich eigentlich nicht wundern sollen, aber natürlich wollte niemand über das Baby sprechen. Selbst David wollte bloß die Bestattung arrangieren und mir nachher Bescheid sagen, wenn alles vorüber war. Ich möchte zum Begräbnis gehen, weil ich das Kind nicht sehen konnte und wenigstens bei der Bestattung dabei sein möchte.''

In seinem Bestreben, seine eigenen Gefühle unter Kontrolle zu halten, kann ein Mann durch den hemmungslosen Schmerz einer Frau stark irritiert werden und dann den Anschein erwecken, nicht nur ihren Schmerz zu leugnen, sondern *sie* abzulehnen. Cathy schildert, was nach dem Tod ihres vier Monate alten Kindes zwischen ihr und Mark ablief: ,,Er war ein Felsen. Er war wunderbar. Aber er kann nicht darüber sprechen. Er ist dazu erzogen worden, die Ohren steif zu halten. Wenn es mir wirklich schlecht geht, will er nichts mit mir zu tun haben. Ich sehne mich danach, in den Arm genommen zu werden, ihm körperlich nahe zu sein, aber er ist einfach . . . nicht da.''

Eine andere Frau sagt über ihren Partner: ,,Er ist wie ein Roboter. Ich sage zu ihm: ,Komm, nimm mich in die Arme. Ich brauche es!' Aber wenn ich ihn umarme, weicht er zurück oder läßt seine Schultern hängen und schaut auf seine Füße.'' Sie fügt hinzu: ,,Wir haben es nie zusammen bewältigt. Wir haben es nie durchgearbeitet. Jeder von uns beiden zog sich in seine eigene kleine Welt zurück, und es wurde weggeschoben. Ich weiß, er hat große Angst, daß ich wieder schwanger werden könnte und daß wir das alles noch einmal durchmachen würden. Ich war sehr aufgebracht, als ich draufgekommen bin, daß er beim Arzt gewesen war, um sich zu erkundigen, ob er eine Vasektomie (Samenleiterresektion) machen lassen könnte.''

Nach dem Tod ihrer kleinen Tochter sagte Helena: ,,Mein Mann wollte bloß für sich sein. Er hat sich von allen abgeschnitten.'' Ein Jahr später war es ihm immer noch nicht möglich, seinen Arbeitskollegen mitzuteilen, daß das Kind gestorben ist.

Mit dem Verlust fertig werden

Ein oder beide Partner können den heftigen Wunsch haben, das verlorene Kind zu ersetzen. Wenige Tage nachdem ihr Kind im Alter von sechs Monaten gestorben war, wurden Joan und Matt von ,,einem heftigen Drang erfaßt, wieder ein Kind zu bekommen''. Sie schliefen miteinander und Joan kam zum Orgasmus: ,,Aber danach hatte ich Schuldgefühle. Es war fast, als hätte ich hinter meinem toten Kind die Tür zugeworfen. Einige Minuten lang war es mir gelungen, den Schmerz zu vergessen. Ich fühle mich auch sehr hin- und hergerissen, denn ich glaube, ich könnte mit einem zweiten Verlust nicht fertigwerden.''

Obwohl der Wunsch nach einem neuen Kind oft die erste Reaktion ist, wird es beiden beim Nachdenken klar werden, daß dieses spezielle Kind niemals ersetzt werden kann und daß sie Zeit brauchen, zu trauern und sich von diesem Kind zu verabschieden, bevor sie bereit sind, ein anderes willkommen zu heißen. „Erst wenn das tote Kind seinen Platz gefunden hat, ist Raum für ein neues." (Valerie Harrington) Dieses Platzmachen für das tote Kind ist ein Prozeß, nicht ein Akt, und es kann sechs Monate, ein Jahr oder länger dauern, bis das geschieht. Es ist sehr schwierig, die Trauerarbeit für ein verstorbenes Kind zu leisten, während man sich auf ein neues Kind vorbereitet. Oft ist da eine schreckliche Angst, ein anderes Kind nicht so sehr lieben zu können wie das verlorene, und der Versuch es zu ersetzen wird als ein Akt des Verrats empfunden.

Eine Frau kann ein Bedürfnis nach Sex haben, weil die Empfindungen ein Vakuum füllen können. Eine Frau beschreibt ihre Gefühle, nachdem ihr Kind tot zur Welt kam: „Ich habe ein rasendes Verlangen nach Sex. Ich muß mir beweisen, daß ich am Leben bin und muß es spüren. Ich möchte den Beweis haben, nicht wertlos zu sein. Ich möchte wieder Leben hervorbringen. Ich habe das Gefühl: Das Kind ist tot und ich muß tot sein."

> „Wir waren einander so nahe. Ich wollte Sex, ich wollte Trost, aber ich hatte schreckliche Schuldgefühle."

Manchmal motiviert einen dieser Drang, sich zu bestätigen, daß man am Leben ist und die Kraft hat, gegen den Tod zu kämpfen, zu Handlungen und zum Protest. Rosas Baby war drei Wochen vor unserem Gespräch gestorben. Diese Wochen waren mit Aktivität gefüllt gewesen: „Mir kam der Gedanke, daß ich etwas Konstruktives tun mußte. Ich ging auf den Friedhof und und zog alle bunten Schleifen von den Blumen auf ihrem Grab. Ich trocknete sie und fuhr damit zu der Raketenbasis von Greenham Common und band sie dort an den Zaun. Sie waren für all die Kinder, die in einem Atomkrieg sterben werden; für all die Babies, für die es keine Schleifen, nur Bomben geben wird."

Nach dem Tod eines Kindes kann der Liebesakt sehr mechanisch werden: entweder weil er dazu benutzt wird, die Leere zu füllen, oder weil die Partner verzweifelt versuchen, ein neues Kind zu zeugen: „Wir wollten ein neues Kind. Wir stellten das vor jeden Gedanken, Sex zu genießen. Drei Monate danach war ich immer noch nicht imstande, Sex zu genießen, und ich wußte, daß *er* fand, ich hätte darüber hinweg sein sollen." Eine Frau sagte, der Kummer bewirke, daß sie sich sehr alt und müde fühle. Sex sei zwar einerseits eine Bestätigung, aber andererseits sei es ihr zuviel, sie könne es nicht ertragen.

Bei einer Frau, die ein totes Kind geboren hat, können durch die Penetration eine überwältigende Woge des Schmerzes und furchtbare körperliche Empfindungen ausgelöst werden. Wenn das Kind starb, bevor die Wehen einsetzten, hat es vielleicht eine Zeit gegeben, in der sie wußte, daß sie ein totes Kind gebären würde, und dennoch auf den Beginn der Wehen warten mußte. Möglicherweise hat sie sich dabei wie „ein wandelnder Sarg" gefühlt. Die Penetration ist für sie, als werde der Deckel dieses Sarges geöffnet. Die physischen Empfindungen, die sie hatte, als der tote Körper ihres Kindes aus ihr herausglitt, können ebenfalls durch die Penetration wiedererweckt werden: „Wenn sein Glied in mich eindringt, ist das für mich wie das Herausrutschen des toten Körpers."

Wenn der Säugling bei der Entbindung oder kurz danach gestorben ist, dann ist das letzte, was sich im mütterlichen Körper befunden hat, ihr

Baby. Wenn etwas anderes in den Körper eindringt, scheint sie das ihres Kindes zu berauben und insbesondere, wenn sie Milch in der Brust hat und ihre Gebärmutter noch blutet, hat sie in einem sehr starken *physischen* Sinn das Gefühl, daß ihr Körper immer noch dem Kind gehöre. In ähnlicher Weise kann sich eine Frau nach einem Abort verweigern. Eine Frau, deren Schwangerschaft abgebrochen wurde, weil die Amniozentese starke Anomalien des Fötus ergeben hat, kann das Gefühl haben, daß sie nur etwas Schadhaftes und Unvollkommenes hervorbringen könne und daß ihr Körper eine Brutstätte des Todes sei. Es ist sehr schwierig, spontane sexuelle Erregung zu verspüren und mit einem Mann zu schlafen, wenn auf diese Weise die Kette der Ereignisse begann, die tödlich endete. Es ist sehr schwierig, sich von Gefühlen durchfluten zu lassen, wenn man weiß, daß sie am Ende von solchen Schmerzen gefolgt sein können.

„Zusammen zu weinen bringt uns jetzt einander näher als Sex."

Wenn du ein Kind verloren hast, ist es wichtig, sich *Zeit* für die Trauer zu nehmen. Bei der Arbeit oder der Familie gegenüber mußt du vielleicht so normal wie möglich weiterfunktionieren, aber es ist wichtig, dir Raum zu verschaffen, in dem du dich ganz deinem Schmerz hingeben kannst. Das bedeutet, die Zeugung eines neuen Kindes zu verschieben, bis du bereit bist, ein Kind willkommen zu heißen, das nicht bloß ein Ersatz für das verlorene ist, sondern um seiner selbst willen gewünscht wird. Es bedeutet, dir Zeit zu verschaffen, in der du deine Selbstbeherrschung aufgeben und den Tränen freien Lauf lassen kannst. Beide Partner können so leiden, daß sie es nicht wagen, dies in Gegenwart des anderen zu tun. Es kann Zeiten geben, in denen sie mit ihrem Schmerz allein sein müssen.

Das Bedürfnis, sich jemandem anzuvertrauen

Eine Freundin zu finden, der du dich anvertrauen kannst, die dir zuhört, ohne zu urteilen oder deinen Schmerz zu bagatellisieren, kann dir die Kraft zum Weitermachen geben, und es kann für die Partnerschaft entlastend sein. Eine Frau, die allein ist oder deren Partner sich in die Arbeit vergräbt, um seinen Schmerz zu betäuben, braucht diese andere Person am dringendsten. Wir alle brauchen einander. Es ist kein Zeichen von Schwäche, Hilfe zu brauchen. Es wird auch Zeiten geben, in denen du auf andere zugehen und ihnen helfen kannst.

Die Gefahren der Verdrängung von Schmerz

Wenn die Trauerarbeit verzögert oder blockiert wird, kann die Trauer später auftauchen und eine Beziehung gewissermaßen vergiften, weil dann soviel Zeit nach dem Tod des Kindes vergangen ist, daß es einem Paar schwerfallen kann, sie als solche zu erkennen und zu verstehen. Manche Paare haben zu ihrem Erstaunen mehrere Jahre nach einer Totgeburt unter sexuellen Problemen zu leiden. Das Gefühl, daß das Stadium der Fortpflanzung zu Ende ist und die Konfrontation mit diesem Gefühl der Endgültigkeit rührt aufs neue an die Wunde der fehlgeschlagenen Schwangerschaft und den Verlust des Kindes.

Kummer mitteilen

Es kann einem helfen, sich täglich eine bestimmte Zeit, und sei sie noch so kurz, zu gönnen, in der die Partner miteinander über ihre Gefühle sprechen. Manche Leute halten das für Wehleidigkeit, aber wenn jemand an einer schweren körperlichen Krankheit leidet, würde man das auch ernstnehmen und die Zeit dafür aufbringen, die kranke Person zu fragen, wie sie sich fühlt. Trauer bedarf derselben Anteilnahme. Eltern, die ihr Kind verloren haben, brauchen auch regelmäßig Zeit, um zusammen auszugehen und mit der Welt außerhalb ihres eigenen Kummers Kontakt aufzunehmen. Das kann ein Spaziergang auf dem Land sein, der Besuch eines Kinos oder Theaters, einer Kunstgalerie oder eines Museums oder ein gemeinsames Jogging. Allmählich werden die Pausen zwischen den Wellen des Schmerzes länger werden, und der Tod eines Kindes wird zu einer leuchtenden Strähne im Gewirk des Lebens.

Verstümmelnde Operationen

Der Verlust eines Körperteils durch eine radikale Operation, so notwendig und lebensrettend diese auch sein mag, erfordert Trauerarbeit. Dies ist für manche Menschen ein langer und schmerzhafter Prozeß. Er kann eine tiefreichende Wirkung auf unsere Einstellung zu uns selbst und zu unserer Sexualität haben.

Hysterektomie

Gebärmutterresektionen werden nicht nur bei Krebs, sondern unter den verschiedensten Umständen vorgenommen: beispielsweise bei allgemeinen gynäkologischen Problemen in Zusammenhang mit der Gebärmutter, den Eierstöcken, den Eileitern und dem Gebärmutterhals. Manchmal wird eine Hysterektomie durchgeführt, wenn der Gynäkologe nicht feststellen kann, was der Frau eigentlich fehlt. Eine Analyse der Hysterektomien in den USA ergab, daß wahrscheinlich jede siebte der zwischen 1970 und 1979 durchgeführten Hysterektomien unnötig war. Nach den Zahlen für 1975 zu schließen – ein Jahr, in dem in den USA 57 000 Hysterektomien ausgeführt wurden – wird die Hälfte aller amerikanischen Frauen früher oder später ihre Gebärmutter verlieren. Die Bereitwilligkeit, mit der in den USA Hysterektomien durchgeführt werden, ist die Folge eines nach kommerziellen Gesichtspunkten organisierten Gesundheitswesens. Es lohnt sich für einen Chirurgen, die Gebärmutter einer Frau herauszunehmen. Über die Hälfte aller entfernten Uteri erweist sich nachher als organisch gesund.

Die Hysterektomie ist eine schwere Operation, nicht bloß die Beseitigung eines „nutzlosen, blutenden, krebsauslösenden Organs", wie es ein Gynäkologe ausdrückte, das entfernt werden sollte, sobald es seine Fortpflanzungsaufgabe erfüllt hat. Wie alle derartigen Operationen erfordert sie nachher eine große emotionale Anpassung, die schwieriger ist, wenn die Frau nicht überzeugt ist, daß die Operation wirklich nötig war.

Post-Hysterektomie-Patientinnen unterscheiden sich von anderen postoperativen Kontrollgruppen insofern, als ihnen mehr antidepressive Medikamente verordnet werden, sie häufiger unter Kopfschmerzen und Schlaflosigkeit leiden und häufiger an unbehandelten Depressionen erkranken. D. H. Richards stellte bei 33 Prozent der Hysterektomiepatientinnen postoperative Depressionen fest, verglichen mit 7 Prozent nach anderen Bauchoperationen.

Wenn aufgrund eines krebsfreien Befundes eine Hysterektomie empfohlen wird, kann es sich daher lohnen, der Frage nachzugehen, ob auch eine weniger drastische Behandlung möglich wäre. Du wirst deine Fragen mit großer Entschiedenheit vorbringen müssen, insbesondere wenn man dich mit Beschwichtigungen abzuspeisen versucht, und es kann empfehlenswert sein, noch einen zweiten Facharzt (besser: Ärztin) zu konsultieren.

Viele Frauen wissen nicht, was bei einer Hysterektomie geschieht bzw. was und wieviel bei der Operation eigentlich entfernt wird. Sie erhalten nur ein Minimum an Informationen über die Nachwirkungen und gewöhnlich keine in bezug auf Sex, außer den Rat, es sechs Wochen lang „sachte" anzugehen. Sie wissen oft gar nicht, welche Fragen sie stellen sollen. Wenn der Gynäkologe einer Frau mitteilt, daß er einen Krebsverdacht habe, ist sie oft zu stark geschockt, um detaillierte Informationen aufzunehmen. Viele Frauen hätten gern Gelegenheit, sich mit einer anderen Frau darüber auszusprechen, wie sich die Hysterektomie in emotionaler und sexueller Hinsicht auf sie auswirken wird, aber psychosexuelle Berater, ob Mann oder Frau, sind in den wenigsten Krankenhäusern anzutreffen, und die Stationsschwestern verfügen selten über die nötigen Informationen. Manche sind jung und unerfahren oder sehen ihre Funktion hauptsächlich darin, die Patientin „aufzuheitern" und verstehen entweder nicht, was eine Frau wissen will, oder vermeiden es, über mögliche Probleme zu sprechen.

Reaktionen auf Hysterektomie

Das erste, was eine Frau in den Dreißigern oder Vierzigern verkraften muß, ist die Tatsache, daß sie durch die Entfernung ihrer Gebärmutter die Möglichkeit einbüßt, je wieder ein Kind zu bekommen. Manche Frauen begrüßen das als die wirksamste Methode der Geburtenkontrolle. „Ich bin froh, die Gebärmutter los zu sein, die mir zuletzt nur noch lästig war. Der Chirurg hat mir zwar das ‚Kinderzimmer' (meine Gebärmutter) genommen, aber er hat mir das ‚Spielzimmer' gelassen!", sagt Monika. Sie fügt hinzu, daß sie in ihren Zwanzigern drei Kinder bekam, „weil ich, ehrlich gesagt, gar nicht auf die Idee kam, keine zu kriegen! Ich wurde dazu erzogen, mich als ‚eine Frau und Mutter' zu betrachten. Ich war nach der Operation unerhört erleichtert, nicht mehr fruchtbar zu sein, und entzückt bei dem Gedanken, daß ich nie wieder mit der Menstruation Scherereien haben würde. Meine Gefühle in bezug auf meinen Körper sind noch nie besser gewesen, und ich fühle mich ohne Gebärmutter ‚weiblicher' als je zuvor – eine Person und nicht bloß eine potentielle Säuglingsausträgerin."

Anderen Frauen ist es nicht möglich, so positiv zu reagieren. Selbst wenn sie nicht vorhatten, ein Kind zu bekommen, kann der Verlust der Gebärmutter von einem schockierenden Gefühl der Endgültigkeit begleitet sein. Selbst wenn ihre Familie schon vollständig ist, kann der Gedanke, daß sie kein weiteres Kind haben können, sei es ungeplant oder weil sie sich noch einmal eines wünschen, für manche Frauen bedeuten, daß sie das Gefühl haben, eine spezielle Daseinsqualität, die etwas mit dem Wesen des Frauseins zu tun hat, verloren zu haben. (Interessanterweise gibt es für diesen Verlust der geschlechtlichen Identität einen Begriff, der diesen Verlust für den Mann ausdrückt – entmannt – aber keinen Begriff für die Frau.)

Im Rückblick auf die Zeit vor der Operation beschreiben Frauen ihre Gespräche mit Gynäkologen als sehr unbefriedigend. Die Gebärmutter wird oft als „nutzloser kleiner Sack", „unnötiges und krankheitsanfälliges Organ" oder „ein überflüssiges Stück der Inneneinrichtung" bezeichnet. Die

Hysterektomie-Operationen

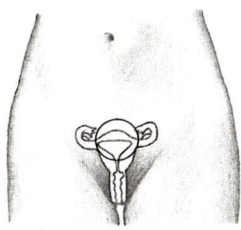

Teilresektion

Die Gebärmutter wird entfernt, Eierstöcke, Eileiter und Zervix (der Gebärmutterhals) bleiben zurück. Präklimakterielle Frauen menstruieren weiterhin.

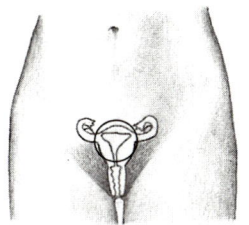

Totalresektion

Uterus und Zervix werden entfernt. Die Menstruationen hören auf.

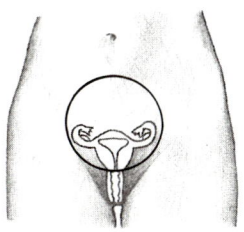

Totalresektion des Uterus einschließlich Eierstöcken und Eileitern

Bei einer Totalresektion werden Eierstöcke, Eileiter, Uterus und Zervix entfernt.

Frau eines praktischen Arztes, deren Gynäkologe ein enger Freund der Familie ist, sagt, sie habe es sehr verübelt und „aggressiv feministisch reagiert, als die beiden Männer über die Entfernung meiner Gebärmutter sprachen und bemerkten, sie habe ‚ihren Zweck erfüllt'. Ich erklärte unter Tränen, daß mir die Menstruation nie etwas ausgemacht habe. Der Gynäkologe ließ durchblicken, daß es sonderbar sei, die Gebärmutter behalten zu wollen, da die meisten Frauen nur zu froh wären, ihre loszuwerden." Er deutete auch an, daß es „kein Entrinnen" vor ihrem Mann geben werde, falls der sexuelle Pausen gewährende Vorgang der Menstruation wegfalle und daß das der Grund sein müsse, weshalb sie ihre Gebärmutter behalten wolle. Es fällt schwer sich vorzustellen, daß Chirurgen so sprechen würden, wenn es darum ginge, einem Mann die Hoden abzuschneiden. Die Art, wie über die Gebärmutter einer Frau gesprochen wird, häufig in Worten, die für ein kleines Kind geeigneter erscheinen (wenn beispielsweise von „Bäuchlein" die Rede ist) ist eine Form der Trivialisierung des weiblichen Körpers und der Lebenserfahrung der Frau im allgemeinen.

Janet hatte drei Kinder, und da sie keine weiteren bekommen wollte, ließ ihr Mann eine Vasektomie vornehmen. Später bekam sie ein Myom und ihre Blutungen dauerten jeweils drei Wochen. Deshalb hatte sie eine Hysterektomie. Plötzlich überfiel es sie, daß es ihr nicht mehr möglich war, noch ein Kind zu bekommen: „Ich hatte Alpträume, in denen ich glaubte, ein Baby zu haben, und dann wachte ich auf und es war nicht da. Alle meine Freundinnen schienen gleichzeitig schwanger zu sein und fanden das unheimlich aufregend. Sooft ich vor einem Laden ein Baby in einem Kinderwagen sah, wollte ich es in die Arme nehmen und herzen." Sie sagt, dieses Stadium der akuten Trauer um ihre Fruchtbarkeit dauerte etwa drei Wochen. Sie konnte leichter damit fertigwerden, weil ihre Schwester einen Monat vor ihrer Hysterektomie ein Kind bekommen hatte. Janet half ihr bei der Betreuung ihrer kleinen Nichte, das linderte den Schmerz. Sie brauchte drei Monate, um ihre diesbezüglichen Gefühle durchzuarbeiten und um zu erkennen, daß ein Kind zu haben „nicht nur aus hübschen Dingen besteht, einem goldigen Schatz in einem Kinderwagen, mit dem man im Park spazierenfährt. Wenn man Tag für Tag einen Säugling zu betreuen hat, dann erinnert man sich auch an die unangenehmen Seiten, die Windeln und das Geschrei in der Nacht".

Frauen, die die Operation als uneingeschränkten Erfolg empfinden, wie das bei vielen der Fall ist, fällt es oft schwer zu verstehen, wie unglücklich andere nach einer Hysterektomie sein können, und sie verurteilen sie als wehleidig oder moralisch verwerflich. Als sie hörte, wie eine andere Frau um ihre Gebärmutter trauerte, sagte Margaret: „Was für ein Quatsch! Ich konnte es nicht erwarten, meine loszuwerden!" Seit vielen Jahren hatte sie jeden Monat zwei Wochen lang geblutet und jetzt fühlte sie sich wie neugeboren. Auch Barbara sagt, sie sei wütend auf Frauen, die nach der Operation unglücklich seien: „Meine Hysterektomie war das Beste, was mir je passierte. Ich bin im ganzen Leben nie gesünder gewesen. Meine ‚Weiblichkeit' ist nicht zwischen meinen Beinen konzentriert. Ich fühle mich weiblicher, wenn ich mir keine Sorgen zu machen brauche, ob auf meinem weißen Rock ein Blutfleck erscheint."

Hysterektomie und Sexualität

Doch viele andere Frauen, mit denen ich über ihre Gefühle nach der Hysterektomie gesprochen habe, heben hervor, daß sie ihr Vertrauen zu ihrer Sexualität und zu ihrem Wert als Frauen erst wieder neu aufbauen mußten. Wenn Frauen nicht wissen, ob die Penetration schmerzhaft sein wird, ob die Vagina feucht genug sein wird und ob sie überhaupt sexuelle Empfindungen haben werden, ist es für viele nicht bloß eine Frage der Fähigkeit, sexuell erregbar bzw. orgasmusfähig zu sein, sondern von etwas viel Fundamentalerem, das ihre Fähigkeit betrifft, Liebe mit ihrem ganzen Körper zu geben und zu empfangen.

Bei einer Hysterektomie bleiben die äußeren Genitalien und die Teile, die leicht mit den Fingern zu erreichen sind, alle genau so, wie sie vor der Operation waren. Aber wenn du den Mittelfinger tief in die Scheide einführst, um den Gebärmutterhals zu berühren, der sich am äußersten Ende wie ein festes rundes Kissen anfühlt, dann triffst du dabei auf einen Teil, der durch die Operation verändert wird. Dieses Kissen wird in den meisten Fällen zusammen mit der Gebärmutter entfernt, und die Vagina wird an der Stelle, wo es sich befand, zusammengenäht. Das hat oft die Folge, daß sich der innerste Teil des Scheidenganges verengt. Manche Frauen begrüßen das. Aber für andere kann es Probleme mit sich bringen. Das Zunähen der Scheidenwand kann auch zu einer Verkürzung des Scheidenkanals führen. Beides kann bedeuten, daß eine Frau bei tiefer Penetration Schmerzen empfindet und der Penis gegen eine empfindliche Stelle stößt oder sie das Gefühl hat, er werde gegen das Scheidenende „gequetscht".

Sex nach der Operation

Eleonore, 52, sagt, sie sei nie „scharf" auf Sex gewesen, aber nach der Hysterektomie habe sie tief drinnen Schmerzen gehabt: „Als ich es dem Arzt sagte, meinte er, ‚es kann nicht wehtun', und ich sollte eine Gleitcreme verwenden." Da der Gynäkologe leugnet, daß sie Schmerzen empfindet, bringt sie es nicht mehr fertig, wieder zu ihm hinzugehen und ihn um Hilfe zu bitten.

Die Verkürzung des Scheidenkanals kann andererseits in manchen Fällen bei der Penetration einen zusätzlichen Reiz bedeuten. Barbara sagt, sie genieße Sex jetzt mehr als vor der Operation. Ihre Hysterektomie wurde wegen riesiger Fasergeschwulste gemacht, die den Uterus auf die Größe einer 28-Wochen-Schwangerschaft ausdehnten. Dadurch wurde wahrscheinlich Druck auf die Bänder jenseits des Gebärmutterhalses ausgeübt, da eine tiefe Penetration vor der Operation unangenehm für sie war. Jetzt hat sie entdeckt, daß sie die Penetration genießen kann. Andere Frauen haben nach dem Abheilen der Wunde festgestellt, daß ihnen das Zustoßen des Penis angenehmer ist als zuvor. Lisa, eine Lesbierin, hat eine ähnliche Veränderung bei sich bemerkt. Sie sagt, das Bewußtsein, daß die am Orgasmus beteiligte Region jetzt kleiner sei, wecke in ihr den Wunsch nach intensiven Empfindungen. Sie hat festgestellt, daß sie jetzt das Bedürfnis nach einer „starken Dehnung der Scheide hat": „Die Reizung der Klitoris allein genügt mir nicht mehr für einen guten Orgasmus. Ich brauche jetzt etwas, das tief in mich eindringt und gegen das Ende stößt."

„Jetzt ist Sex für mich schöner als früher. Die Gefühle sind intensiver."

Wenn die Eierstöcke drinnen bleiben

Frauen, deren Gebärmutter entfernt wurde, aber die noch zumindest einen intakten Eierstock besitzen, haben nach wie vor einen monatlichen Rhythmus, der zwar keine Menstruationsblutung auslöst, aber ihnen die zyklischen Veränderungen in ihrem Körper im Laufe des Monats bewußt macht. Helen sagt, sie habe diese „komischen Gefühle" anfangs nicht verstanden. Ihre Brüste werden empfindlich, sie fühlt sich um die Körpermitte angeschwollen, neigt zur Reizbarkeit und nach ihrer Meinung jeweils in der Woche, die der Periode vorausgeht, die sie aber nicht mehr hat, zu Schwächeanfällen. Vicky berichtet: „Drei oder vier Monate lang schaute ich immer wieder nach, ob ich nicht menstruierte, da das ‚Phantomgefühl' einer Menstruation so stark war. Es war ähnlich wie der Phantomschmerz, den Menschen beschreiben, die eine Amputation hinter sich haben." Sie wurde sich der prämenstruellen Spannungen stärker bewußt als je zuvor und fühlte sich dadurch sehr verwirrt.

Eine Frau kann auch Empfindungen erleben, die in der Mitte des Zyklus auftreten und mit der Reifung des Eis zusammenhängen. Manche haben zu diesem Zeitpunkt Schmerzen. Kathleen hat „ziehende Schmerzen im Bauch". Diese Empfindungen in der Mitte des Monats deuten darauf hin, daß eine Ovulation stattfindet. Auch nach der Operation ist es der Körper einer Frau, dessen Rhythmen durch Hormone bestimmt werden, die sich in mondähnlichen Zyklen in die Blutbahn ergießen.

Schlaffe Muskeln   Nach der Hysterektomie haben manche Frauen das Gefühl, die Vagina sei „lose". Physiologisch ist das sehr unwahrscheinlich, und was sie zu beschreiben scheinen, ist eine mangelnde Spannung der inneren Bauchmuskeln. Wenn im Uterus ein großer Tumor vorhanden war, hat er auf die Muskeln gedrückt, die die Vagina umgeben, und sie einer starken Belastung ausgesetzt. Es ist der betreffenden Frau wahrscheinlich nicht leichtgefallen, sie fest zusammenzuziehen, und die Muskeln wurden überdehnt und schlaff. Ein wichtiger Teil der postoperativen Rehabilitation ist daher das Training dieser Muskeln, damit sie wieder beweglich und geschmeidig werden und eine gute innere „Haltung" bekommen. Es sind dies Übungen, die von Dritten kaum wahrgenommen werden und die du überall ausführen kannst. Einige davon sind im zweiten Kapitel beschrieben.

Vielleicht wirst du entdecken, daß du straffe Beckenbodenmuskeln brauchst, um dich sexuell richtig erregt zu fühlen. Obwohl die Klitoris das Organ ist, in dem sich die Erregung gewöhnlich konzentriert, sind doch die Muskeln um die Vagina herum an der gesamten Aktivität der wellenartigen Bewegungen beteiligt, die eine Frau zum Orgasmus bringen. Nicht alle Frauen sind sich dieser Kontraktionen tief innen bewußt, aber den anderen scheint etwas zu fehlen, wenn die Muskeln schlaff und nicht reaktionsbereit sind. Vicky sagt, sie habe nach der Operation in ihrer Vagina keinerlei Empfindungen mehr gehabt. Was übrigblieb, waren nur noch die Empfindungen in der Klitoris, aber die schienen gering und oberflächlich verglichen mit dem konzertierten Zusammenspiel der verschiedenen Organe, das sie vorher erlebt hatte: „Ich mußte einige Monate lang Beckenbodenübungen machen, bis sich diese Empfindungen wieder einstellten, da der gesamte Beckenboden ziemlich gelitten hatte."

Wenn die Beckenmuskulatur neue Spannkraft erhält, so wird dadurch nicht nur die Vagina reaktiviert, sondern das Wohlbefinden der Frau nimmt generell zu. Das kann sich sogar in ihrem Gesicht zeigen. Eine Frau, deren Beckenmuskulatur schlaff ist, weist oft dieselbe Schlaffheit in den

Muskeln der Mundpartie auf. Ein deutlicher Unterschied kann sich auch in ihrem Gang zeigen. Frauen mit sehr schlaffer Beckenmuskulatur gehen, als ob sie eine schwere Last zwischen ihren Beinen tragen würden (und dieses Gefühl können sie tatsächlich haben). Frauen mit straffer Muskulatur haben dagegen einen federnden Gang.

Penetration, Masturbation, starke sexuelle Erregung und Orgasmus, all das kann in den ersten drei oder vier Wochen nach einer Operation leichte Blutungen auslösen, da sich das Gewebe um die Vagina im Erregungszustand mit Blut füllt. Wenn wir erregt sind, ziehen sich die Beckenbodenmuskeln auch spontan rhythmisch zusammen. Die erhöhte Durchblutung und die Muskeltätigkeit können zusammen die Narbe zum Bluten bringen. Diese Art von Blutung ist harmlos, wiewohl sie die vollständige Heilung verzögert. Aber sie kann einem große Angst machen. Bei Vaginalblutungen ist es immer schwer zu sagen, wieviel „normal" ist, und ob eine Menge, die einem gering erscheint, schon zuviel ist oder umgekehrt. Es dauert etwa sechs Wochen, bis die Naht am inneren Ende der Vagina verheilt ist.

Vielleicht wirst du auch bemerken, daß mit dem Blut einige schwarze Fäden abgehen. Diese sollen sich von selbst auflösen oder herausfallen, und sobald das Gewebe geheilt ist, wirst du dich ohne diese Fäden besser fühlen. Ein gelblicher Scheidenfluß ist Zeichen einer Infektion. Diese tritt manchmal auf, weil die Fäden das sie umgebende Gewebe gereizt haben. Das kann schnell und schmerzlos durch Kauterisation (Verätzen) und anschließende Behandlung mit antibiotischen Zäpfchen geheilt werden. Wenn du dir Sorgen machst, weil du blutest, Schmerzen oder einen solchen Ausfluß hast oder aus anderen Gründen, dann wende dich an deinen Arzt.

Die sexuelle Beziehung

Die Tatsache, daß eine Frau eine Hysterektomie hatte, wirkt sich zweifellos auch auf das Verhalten ihres Sexualpartners aus.

Es geschieht oft, daß ein Mann danach anfängt, den Liebesakt mehr vom Standpunkt der Frau aus zu betrachten, und daß er ein sensibleres Verständnis ihrer Bedürfnisse entwickelt. Von der Vorstellung geschockt, daß sie operiert wurde, bewegt er sich langsamer, bemüht sich mehr, ihren ganzen Körper zu stimulieren und geht behutsamer mit ihr um. Manche Männer entwickeln sich in dieser Zeit zu viel kundigeren Liebhabern. Es kann ein Durchbruch für ein Paar sein, das vor der Operation jahrelang ein langweiliges Sexualleben hatte.

Manche Paare, denen Sex ohnehin nie viel bedeutete, heißen die Gelegenheit willkommen, damit ganz aufzuhören. „Er ist sehr verständnisvoll", sagt eine solche Frau vielleicht oder „er läßt mich in Ruhe". Eine Frau, die Sex nie gemocht hatte, erzählte mir, daß sie es vorziehe, ihren Mann durch manuelle Stimulierung zum Orgasmus zu bringen. Sie begrüßte die Operation offensichtlich als Mittel, den Koitus zu vermeiden. Es gibt wahrscheinlich viele Frauen, die die Chance willkommen heißen, „mit all dem Schluß zu machen".

„Ich bin leer."

Für manche Menschen in den Fünfzigern ist die Fortsetzung ihres Sexuallebens ein Symbol der Jugend. Und es kann wichtig für sie sein, in ihren sexuellen Kontakten zum Orgasmus zu kommen, um sich und ihren Partnern zu beweisen, daß es für sie nicht „damit vorbei ist". Sexuelle Schwierigkeiten nach der Hysterektomie können sehr bedrohlich sein, wenn der

„Ich fühle mich ge-schlechtslos."

Wert einer Beziehung in dieser Weise durch Beischlaf und Orgasmus be-wiesen werden muß.

Viele dieser Probleme sind die unmittelbare Folge von Depressionen und hängen nur indirekt mit den veränderten physiologischen Bedingungen zusammen. Wenn die Gebärmutter für eine Frau wichtig ist, dann braucht sie Zeit, um ihren Verlust zu betrauern. Sie muß Trauerarbeit leisten, ähnlich wie nach dem Tod eines geliebten Menschen. Worum sie trauert, das ist sie selbst, so, wie sie einmal war. Verlust der Libido ist ein bekann-tes Symptom der Depression und eines der ersten Anzeichen. Vicky sagt, sie sei mehrere Monate lang in diesem Zustand gewesen, weil sie sich als Frau unvollständig gefühlt habe. Sie war 33, als sie die Hysterektomie hatte, und ohne es zu wollen, verübelte sie es danach ihren Freundinnen, wenn diese vor ihr über ihre Periode sprachen.

Etwa jede zehnte Frau leidet nach der Hysterektomie an Depressionen, die mit der vorübergehenden Depression nach einer Entbindung vergleichbar sind, die häufig als „Baby-Blues" bezeichnet wird. Das kann ein Schock sein, wenn man auf diese Möglichkeit nicht vorbereitet ist. „Ich war um so beunruhigter, weil es mir so ungerechtfertigt erschien", sagt eine Frau. Als sie es dem Gynäkologieprofessor erzählte, sagte dieser: „O ja, zehn Pro-zent aller Patientinnen machen das nach der Operation durch, aber wir erwähnen es nicht im voraus, weil wir den übrigen 90 Prozent keine Sor-gen machen wollen." Die beste Behandlung für diese Depression ist die Liebe und Zuwendung eines Menschen, der einem teuer ist, sei es der eigene Partner oder eine gute Freundin, und, da Depression immer mit extremer Müdigkeit verbunden ist, viel Ruhe. Am hilfreichsten empfand eine Frau jemand, der den ganzen Haushalt für sie führte, und jeden Nachmittag drei Stunden Bettruhe.

Der Trost einer engen Beziehung kann die De-pression lindern.

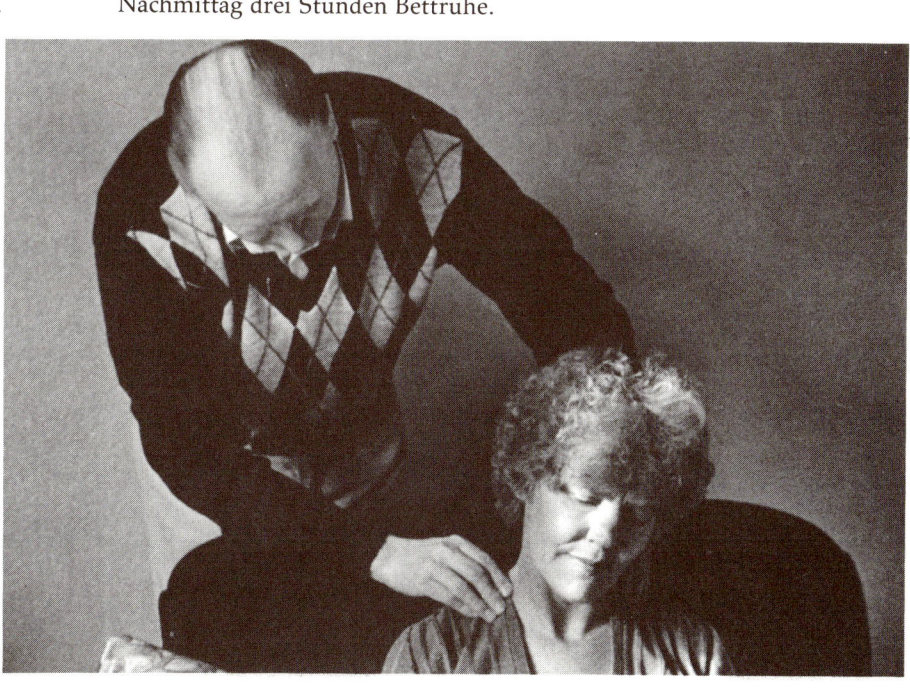

Wenn eine Frau eine Hysterektomie wegen Krebs hatte, dann empfindet sie nach der Operation gewöhnlich zunächst Erleichterung, daß es vorbei ist, und Dankbarkeit, daß sie noch lebt. Das Gefühl, daß jeder Tag ein Geschenk sei, ist oft die vorherrschende Empfindung. Aber weil alles oft sehr rasch gekommen ist – der Schock über die Mitteilung der Krankheit und die Vorbereitungen für die Operation erfolgen oft rasch hintereinander – hat sich die Zeit der Trauer verzögert. Manche der Frauen, mit denen ich gesprochen habe und die der Diagnose Krebs ins Auge sehen mußten, sagten, sie hätten diese Zeit des Trauerns gebraucht, aber sie hätten erst mehrere Monate nach der Operation damit beginnen können.

Eine Frau, die wegen anhaltender und starker Blutungen eine Hysterektomie machen lassen mußte, kann sich verjüngt fühlen, sobald sie diese Trauerphase hinter sich hat. Oftmals hat sie eine lange Periode der geschwächten Gesundheit und der Anämie hinter sich. Elisabeth litt beispielsweise an so starken Blutungen, daß sie mehrere Binden übereinander tragen mußte, um auf ihrer einstündigen Bahnfahrt zur Arbeit keine Blutflecken auf ihren Kleidern zu bekommen. Sie sagt, ihr Sexualleben sei wenig aufregend gewesen, weil sie sich so abgespannt gefühlt habe: „Ich wollte bloß meine Ruhe." Nach der Operation fühlte sie sich eine Zeitlang sehr niedergeschlagen und müde, aber eines Tages schaute sie in den Spiegel und wurde sich bewußt, daß sie anders aussah: „Nicht mehr fahl. Ich hatte plötzlich den Wunsch, mir neue Kleider zu kaufen und mich schön anzuziehen." Ihr Sexualleben ist jetzt besser als je zuvor, und sie fühlt sich „einfach phantastisch! Es war das Beste was ich je gemacht habe!"

Manche Frauen werden vier bis sechs Wochen nach der Operation sexuell sehr aktiv. Das geschieht besonders dann, wenn sie vor der Hysterektomie aufgrund starker Blutungen sehr geschwächt waren und sich jetzt revitalisiert fühlen. Selbst Frauen, die die normale Hausarbeit in diesem Stadium noch ermüdend finden, können sich danach sehnen, mit ihrem Partner zu schlafen. Bei manchen Frauen mag das so sein, weil sich ihr Partner freigenommen hat, um für sie zu sorgen, und ihnen seine Liebe auf sehr konkrete Art zeigt, so daß ein neues Gefühl der Nähe entsteht. Obwohl sie sich noch schwach fühlt, kann es für eine Frau wie zweite Flitterwochen sein. Wenn ein Mann, der sich vorher auf den genitalen Kontakt konzentrierte, darüber hinaus entdeckt, wie er seiner Partnerin Lust spenden kann, indem er ihren ganzen Körper liebkost, und wenn er sich an ihren Rhythmus anzupassen lernt und einen Gleichklang mit ihr findet, dann wird die sexuelle Beziehung des Paares gewinnen.

„Vor der Operation war mir alles zu anstrengend. Ich schleppte mich so dahin. Jetzt genieße ich das Leben in vollen Zügen."

Mastektomie

Mastektomie, die operative Entfernung der weiblichen Brust, ist der Inbegriff einer verstümmelnden Operation, weil es sich um die äußerlich sichtbare Amputation eines Körperteils handelt, der symbolische Bedeutung für die Weiblichkeit hat. Es ist unmöglich für einen Liebespartner, nicht zu bemerken, daß eine Brust entfernt wurde.

Von der Pubertät an beschäftigen wir uns oft mit unseren Brüsten, zwängen sie in die richtige Form, machen uns Sorgen, ob sie zu klein oder zu groß sind, ungleich groß oder hängend, wir versuchen, sie zu festigen, zu entwickeln oder zu verkleinern und kaschieren sie entsprechend. Das erste, was ein Mann tut, wenn er sich als Frau verkleidet, ist, sich einen Busen auszustopfen. Doch der Busen ist nicht nur ein wichtiges Sexsymbol für Männer und dafür, wie wir unseren Körper in den Augen der Männer gespiegelt sehen. Die weibliche Brust ist ein essentieller Teil des Frauseins. Als Daphne Ayallah und Isaac Weinstock Material für ihr Buch *Breasts* sammelten, waren sie erstaunt, ,,wie grundlegend und profund das Bewußtsein, Brüste zu haben, für die Persönlichkeit und den Lebensstil einer Frau ist. Wir wurden uns klar darüber, daß sich unser Buch nicht nur den Brüsten der Frauen widmen müsse, sondern dem heutigen Leben der Frauen und der Erfahrung, eine Frau zu sein. Wie es eine der interviewten Frauen so treffend ausdrückte: ,Ich kann nicht über meine Brüste sprechen, ohne darüber zu reden, was es für mich heißt, eine Frau zu sein.' "

Seit fast siebzig Jahren besteht die Behandlung für Frauen mit Brustkrebs hauptsächlich in einer umfangreichen und verstümmelnden Operation. Die Brust wird zusammen mit den Lymphdrüsen unter dem Arm und manchmal auch mit den Brust-Muskeln entfernt, so daß alle Bewegungen, an denen die Schulter beteiligt ist, beeinträchtigt sind. Es gibt wenig wissenschaftliche Belege dafür, daß eine radikale Mastektomie dieser Art bessere Heilungschancen bei Krebs bietet als eine einfache Mastektomie, die nur das Brustgewebe betrifft. Versuche, die in den fünfziger Jahren gestartet wurden, haben ergeben, daß die wirksamste Behandlung durch weniger Operationen und mehr Bestrahlungstherapie erreicht werden könnte. Manche Frauen experimentieren mit ganzheitlicher Therapie einschließlich pflanzlicher Arzneien und Änderungen in der Ernährungsweise.

In den meisten Krankenhäusern gibt es kaum psycho-sexuelle Beratung für Frauen, die eine Mastektomie hinter sich haben. Doch 25 Prozent der operierten Frauen brauchen früher oder später irgendeine Form der Psychotherapie, und bei manchen kommt das Sexualleben völlig zum Erliegen. Es gibt Broschüren, die ein sehr sonniges Bild vom Leben nach einer Mastektomie entwerfen, mit Photos von strahlenden Frauen und von händchenhaltenden Paaren. Es ist erfreulich, daß manche Frauen diese Erfahrung machen. Aber dieses Wunschbild einer Frau überzustülpen, die depressiv ist und sich mit dem Verlust ihrer Brust nicht abfinden kann, macht die Sache nur noch schlimmer. Sie hat dann das Gefühl, jede andere könne damit fertigwerden, nur sie selbst nicht. Viele Frauen machen die Erfahrung, daß niemand da ist, mit dem sie über ihre Gefühle sprechen können. Allgemeinmediziner verfolgen in der Regel die Fälle nicht weiter, da sie davon ausgehen, daß sich eine Patientin, die emotionale Probleme hat, um einen Termin bemühen werde. Krankenschwestern zögern oft, sexuelle Fragen anzuschneiden: ,,Wir fragen die Leute nicht nach ihrem Privatleben. Das wäre zudringlich. Und wir sind keine Psychiater." Die hinzugezogenen Chirurgen sind gewöhnlich Männer, sie filtern die Informationen, die sie Frauen geben, und vermeiden es manchmal, den Begriff ,,Krebs" zu verwenden. Häufig erwecken sie den Eindruck, wenn eine Brust entfernt werde, sei damit jedes Krebsrisiko ausgeschlossen. Doch die Sterblichkeit an Brustkrebs ist seit mehr als 40 Jahren nicht mehr verringert worden.

Behandlung von Brustkrebs

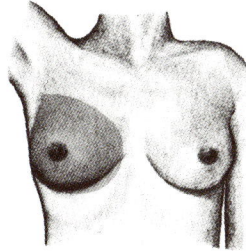

Einfache Mastektomie

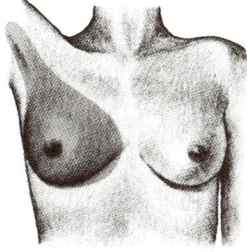

Radikale Mastektomie

Das Bedürfnis nach emotionaler Unterstützung

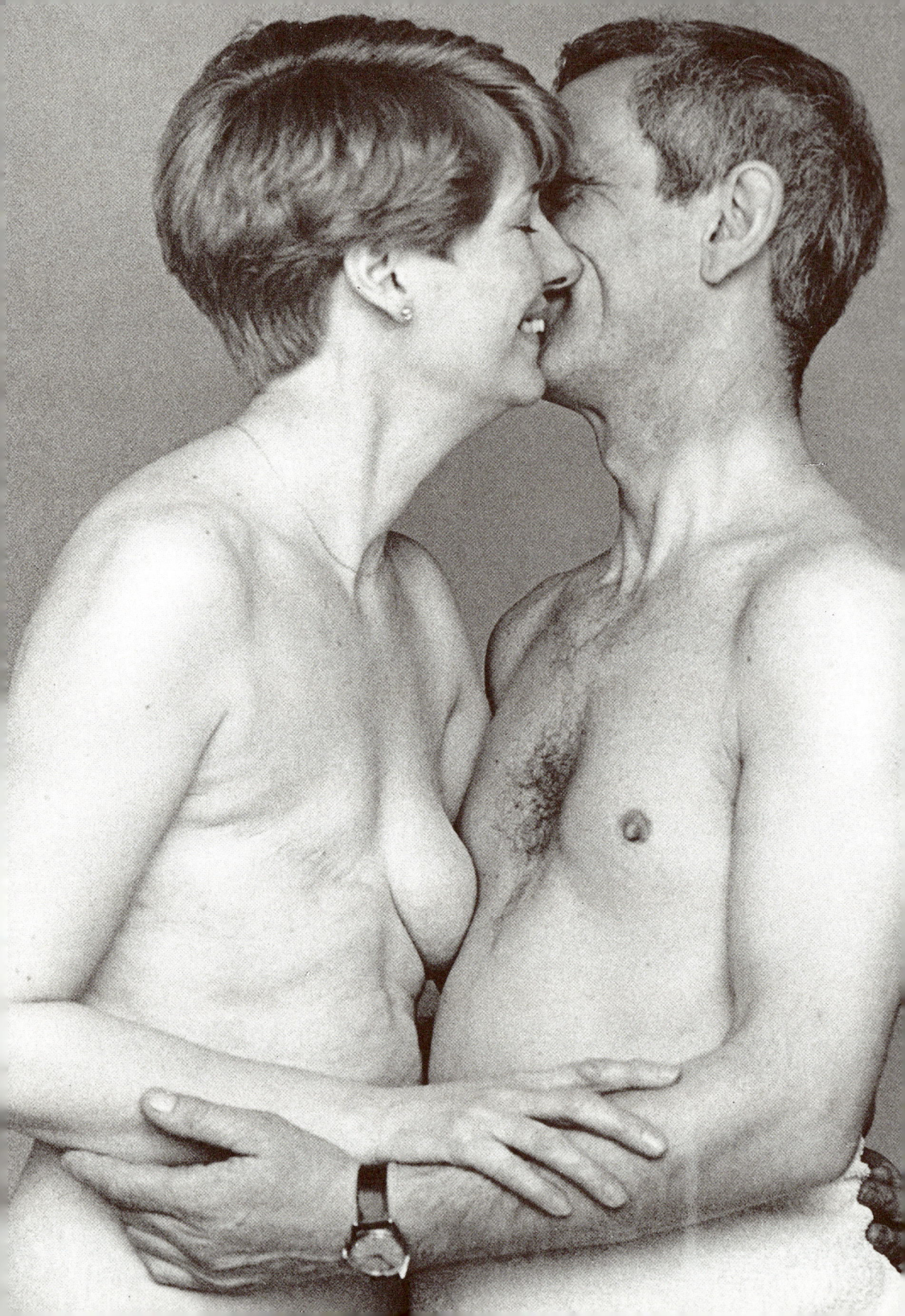

Frauen sind manchmal schockiert, wenn sie erfahren, daß sie nach der Amputation einer Brust eine weitere Behandlung brauchen: „Ich dachte, als mir die Brust abgenommen wurde, daß ich nun Ruhe hätte. Ich stimmte der Operation nur zu, um den Krebs loszuwerden."

Jede Frau, die mit mir über ihre Mastektomie gesprochen hat, hob die Notwendigkeit hervor, jemanden zu haben, mit dem man sprechen kann, dem man sich anvertrauen kann. Das muß nicht unbedingt eine Frau sein, die eine solche Erfahrung selbst durchgemacht hat, aber sie sollte einem nahestehen, sehr liebevoll sein, und sie sollte sich von der Situation nicht emotional überwältigen lassen. Manchmal kann das auch ein Mann sein, aber viele Frauen schätzen die emotionale Unterstützung, die ihnen eine verständnisvolle Freundin geben kann. Falls dir eine Mastektomie bevorsteht, ist es empfehlenswert, sich vor der Operation eine geeignete Vertraute zu suchen und in ständigem Kontakt mit ihr zu bleiben.

Die Nachwir-
kungen

Die Mastektomienarbe ist je nach Art der durchgeführten Operation von unterschiedlicher Größe. Bei einer radikalen Operation kann sie unten und oben über die Stelle hinausreichen, an der sich die Brust befand. Bei einer einfachen Mastektomie kann bloß eine geschwungene Linie an der Stelle, an der die Unterseite der Brust am Brustkorb befestigt war, und eine vertikale Einbuchtung in der Mitte der Brust zurückbleiben. Wenn der Verband erstmals abgenommen wird, ist diese ganze Partie noch empfindlich und geschwollen. Audré Lorde berichtet, die Narbe habe, als sie unter den Verband guckte, „friedlich und harmlos ausgesehen wie der dressierte Rumpf einer gefüllten Gans, und sobald die Fäden draußen waren, ist auch die Schwellung vergangen". Anfangs kann es die verschiedensten Schmerzen geben: „Fixierte Schmerzen, wandernde Schmerzen, Tiefen- und Oberflächenschmerzen, heftige Schmerzen und leichte Schmerzen. Es gibt Stiche, Pochen und Brennen, Krämpfe, Jucken und Kitzeln." Manche Frauen empfinden eine taube Rigidität: „. . . das Gefühl, daß man in Stahl eingezwängt ist, als trage man ein stählernes Korsett, wo man operiert wurde" (Laura, zitiert in Daphna Ayallah und Isaac J. Weinstock, *Breasts*).

Die Notwendigkeit
zu trauern

Frauen, die eine Mastektomie hinter sich haben, empfinden es oft so, daß die sie umgebenden Personen – Krankenschwestern, Freunde und Verwandte – ihnen einen Grad an Heiterkeit aufzwingen, dem sie sich beflissen anpassen, um zu beweisen, daß sie „in Ordnung" sind, daß sie wie früher sind. Es ist, als ob die Frau, die ihre Brust verloren hat, alle um sie herum trösten und beruhigen müsse. Es werden auch viele billige, wenn auch gutgemeinte Versuche gemacht, ihr Trost zu spenden. Eine Frau mit kleinen Brüsten bekommt zu hören: „Ach, du hast ja nicht viel zu verlieren." Und eine tüchtige und extravertierte Frau wird mit den Worten ermutigt: „Du rappelst dich schon wieder auf!" „Also rappelte ich mich wieder auf", sagte eine Frau. „Alle waren schrecklich positiv und sagten, was ich für ein Glück hätte. Im Krankenhaus bin ich zweimal zusammengebrochen und habe hemmungslos geweint. Das Ganze war furchtbar für mich, weil sich alle so schlecht dabei fühlten. *Ich mußte meine eigenen Gefühle verleugnen.*"

„Meine Freunde brachten es nicht über sich, darüber zu sprechen oder sie redeten zuviel darüber. So oder so hatte ich das Gefühl, eine Schau abziehen zu müssen."

Manche Frauen stellen fest, daß Ärzte, Krankenschwestern und Freunde bereit sind, über praktische Dinge zu sprechen, etwa das Unbehagen, ein

Drainagerohr in der Wunde zu haben, damit diese trocknet, aber es vermeiden, über die Folgen einer Brustamputation zu sprechen – was das für eine Frau wirklich bedeutet. „Ich trottete durch jeden Tag mit dem Gedanken, hm, ja, ich kann wirklich froh sein!" Drei Monate lang machte sie so weiter, bemüht, allen zu zeigen „daß sie sich wieder fing", und sie gestattete sich nicht zu trauern. Dann verfiel sie in eine tiefe Depression.

Sexuelle Beziehungen

Viele Frauen berichten, daß ihre sexuelle Beziehung in den ersten Wochen nach der Operation noch wertvoller für sie wurde und eine neue Tiefe und größeres Verständnis gewann. Ihr Partner kann der Frau mehr Zuwendung und Schutz entgegenbringen als sie für möglich gehalten hätte. „Als ich aus dem Krankenhaus kam, war der Sex zwischen uns sehr tröstlich und gut für mich. Er gab sich ungeheure Mühe und fuhr übers Wochenende mit mir weg. Er war besonders zärtlich, wenn wir uns liebten, viel mehr als früher. Ich machte mir schreckliche Sorgen, wie ein Freak auszusehen und nicht mehr dieselbe zu sein, die ich gewesen war. Und daß er so liebevoll war und sagte, es mache ihm nichts aus, half mir zu akzeptieren, daß für uns sexuell alles in Ordnung war." Dennoch kann es einer Frau schwerfallen, sich ganz zu entkleiden, und sie zieht es vielleicht vor, nur noch im Dunkeln mit ihrem Partner zu schlafen. Manche Frauen tragen sogar in der Badewanne eine Prothese.

Beim Liebesspiel können subtile Veränderungen eintreten. Eine Frau, die die Stimulierung ihrer Brust besonders genossen hatte, stellt vielleicht fest, daß sich der Brennpunkt ihrer Sinnlichkeit in andere Teile des Körpers verlagert. Eine andere kann über das Geschehene so schockiert, verletzt oder wütend sein, daß sie es ablehnt, von ihrem Partner an der ihr verbliebenen Brust berührt zu werden.

Wenn du die Hand deines Partners in deine nimmst, kannst du sie dahinführen, wo die Berührung angenehm für dich ist. Du mußt ihm vielleicht zeigen, daß er deine andere Brust streicheln und küssen soll. Vielleicht solltest du auch andere als die früher bevorzugten Stellungen ausprobieren. Lange Zeit kann es schmerzhaft sein, auf der operierten Seite zu liegen, insbesondere, wenn die Muskeln durchtrennt wurden, weil die Schulter dabei zusammengedrückt wird. Du wirst wahrscheinlich nicht imstande sein, dich fest auf den Arm zu stützen und damit eine Stoßbewegung nach hinten oder unten auszuführen. Falls du früher gern über deinem Partner gekniet hast, wirst du jetzt feststellen, daß du dich nicht mehr vorlehnen und das Gewicht auf diesen Arm stützen kannst. Sex wird daher weniger spontan und vorsichtiger, aber manchen Paaren, deren Sexualleben im Laufe der Jahre eher langweilig geworden war, hat das Ausprobieren neuer Methoden und das Herumexperimentieren nicht nur eine neue Intimität gebracht, sondern der eintönig gewordenen sexuellen Beziehung auch eine neue Würze verliehen.

Aber im Lauf der Zeit braucht eine Frau vielleicht mehr als das. „Das ist alles recht und schön, wenn einem der Mann, mit dem man seit zehn Jahren verheiratet ist, sagt, es mache nichts aus, sich eine Brust abnehmen zu lassen, es ändere nichts an seiner Liebe für einen . . . ." Eine Frau, die eine Mastektomie hinter sich hat, braucht vielleicht die Bestätigung, daß sie nach wie vor sexuell attraktiv ist, durch eine neue sexuelle Beziehung, und sei sie noch so flüchtiger Art. Frauen sagen manchmal, ein wichtiger Teil des Heilungsprozesses sei ein oder zwei Jahre nach der Operation erfolgt, als sie eine Liebesaffäre hatten.

Prüfungen des Alltags

Bei Luise waren auch Muskeln unter ihrem Arm entfernt worden. Das Autofahren machte ihr zunächst große Mühe. Sie kann seit der Operation nicht mehr Tennis spielen, aber sie war entschlossen, wieder zu schwimmen, und zwang sich, das wieder zu erlernen: ,,Ich war ein sehr braves Mädchen und sagte mir, ,halte ich mich nicht gut?' Die anderen waren erleichtert zu sehen, daß ich zurechtkam.'' Mit ihrer Trauer und einem Gefühl furchtbarer innerer Kälte und Isolierung wurde sie sechs Monate nach der Brustoperation konfrontiert, als sie mit ihrem Mann am Mittelmeer Urlaub machte. ,,Am Strand, als ich sehr wenig anhatte, wurde mir bewußt, daß ich anders war und immer anders sein würde. Man kann nur bis zu einem gewissen Punkt Witze machen.'' Ihre Prothese rutschte aus ihrem Bikinioberteil ins Wasser. ,,Um der anderen willen versuchte ich einen Witz daraus zu machen, für den Fall, daß es ihnen peinlich war. Ich mußte die Gefühle der Leute schonen.'' Sie hatte zunehmend den Eindruck, daß sie von ihrem Mann eine elterliche Art von Unterstützung brauchte. Sie entwickelte eine Furcht vor Menschenmengen und sagt, sie sei in Gefahr gewesen, ,,zu zerbrechen''. Ein Mann kann verstehen, warum eine Frau in der Zeit unmittelbar nach der Operation Schutz und Fürsorge wie ein Kind braucht. Es ist weniger leicht für ihn, das Bedürfnis danach etwa sechs Monate später einzusehen. Er meint dann, es sei an der Zeit, daß sich ihr Zustand bessere. Luises Mann hatte einen sehr anstrengenden Job und war im Beruf starken Belastungen ausgesetzt. Er verbrachte immer mehr Zeit im Büro. Ihre Ehe drohte unter der Wucht ,,furchtbarer Kräche'', wie sie es nennt, zu zerbrechen. ,,Ich stieß ständig auf Dinge, die mich verletzten; ein Photo von mir, so wie ich vorher war, das Problem, Sommerkleider zu finden. Man muß Sachen mit Ärmeln tragen. Ich weinte über meine alten Sommerkleider, als ich sie zusammenfaltete und wegpackte. Mir war, als legte ich eine Phase meines Lebens ad acta.'' Manche Frauen leiden Qualen in gemeinsamen Umkleideräumen angesichts der verlegenen Reaktionen anderer Frauen auf ihr Stigma.

Nach einer Mastektomie hat manche Frau in den Dreißigern oder Vierzigern auch das Empfinden, plötzlich viel älter geworden zu sein: ,,Ich hatte das Gefühl, daß meine Jugend vorbei sei, daß ich jetzt gezwungen war, von dem Teil meines Lebens Abschied zu nehmen, in dem ich Freude an meinem Körper mit all seinen Verheißungen von sexueller Freiheit gehabt hatte. Ich konnte keine Dankbarkeit für das Leben empfinden. Es war mir bewußt, daß ich dem Tod entrissen worden war, aber trotzdem empfand ich keine Dankbarkeit.''

Benutzung einer Prothese

Zwei Dinge geschahen, die Luise wieder ins Leben zurückholten. Das erste war die Erkenntnis, daß sich ihr Mann zu einer ihrer Freundinnen hingezogen fühlte und ihre Freundin das als erregend empfand und entsprechend reagierte. Das rüttelte sie auf und machte ihr bewußt, wie attraktiv er war. Sie sagt, sie habe damals erkannt, daß sie von *ihm* abhängig geworden war wie ein Kind von seinem liebevollen Vater, und daß diese Art der Abhängigkeitsbeziehung unmöglich alle seine und ihre sexuellen Bedürfnisse erfüllen konnte. Sie mußte aufhören, sich so stark an ihn zu klammern, und selbst aktiv werden. Bald danach lernte sie einen Mann kennen, mit dem sie eine Affäre hatte. Sie erzählte ihm nichts von ihrer Brustoperation bis zum „entscheidenden Moment". Er versicherte ihr, daß das nichts an der Sehnsucht ändere, die er nach ihr empfinde. Dies war das letzte Stadium des langen Heilungsprozesses. Von da an hatte sie eine positive Einstellung zu ihrem Körper.

Für viele Frauen ist die kosmetische Behandlung in Form einer guten Prothese ein wichtiger Teil der Genesung nach der Mastektomie. Manche betrachten die Prothese fast als einen Teil ihrer selbst, sie wollen sich die Narbe nie ansehen und verbergen sie vor ihrem Sexualpartner. Andere empfinden die Prothese als eine Form der Selbsttäuschung. Sie weisen darauf hin, daß künstliche Arme und Beine und falsche Zähne und Brillen einem helfen zu funktionieren, aber daß eine Brustprothese den Besitz von etwas vortäuscht, was einem fehlt. André Lorde berichtet, daß sie von einem Mitglied der amerikanischen Selbsthilfegruppe *Reach for Recovery*, die Frauen nach einer Mastektomie beisteht, besucht wurde und von ihr ein mit Lammwolle gefülltes rosa BH-Körbchen erhielt. „Niemand wird den Unterschied merken", sagte die Amerikanerin zu ihr. André Lorde bemerkte dazu, wie auch immer sie anderen Menschen erscheinen möge, *sie* würde sich des Unterschieds immer bewußt sein. „Entweder ich bringe es fertig, meinen Körper jetzt mit einer Brust zu lieben, oder ich werde mir für immer selbst entfremdet bleiben . . . . Für mich sind meine Narben eine ehrenhafte Erinnerung daran, daß ich möglicherweise eine Verwundete im weltweiten Kampf gegen Strahlenverseuchung, tierische Fette, Luftverschmutzung, McDonalds Hamburgers und den roten Farbstoff Nr. 2 bin, aber der Kampf geht weiter, und ich nehme immer noch teil daran. Ich weigere mich, meine Narben hinter Schafwolle oder Silikon-Gel zu verstecken oder zu trivialisieren. Ich lehne es ab, mich in meinen eigenen Augen oder in denen anderer von einer Kämpferin zu einem bloßen Opfer zu reduzieren."

Das Wichtige ist, daß eine Frau ihre eigene Entscheidung darüber trifft, ob sie eine Prothese tragen will oder nicht, und daß sie nicht bloß die Erwartungen anderer erfüllt. Wir sind konditioniert, unseren Körper hauptsächlich in Hinblick darauf zu sehen, wie er Männern erscheint. Unser Bild von uns selbst sollte darauf basieren, wie wir uns in unserem Körper *wohlfühlen* und nicht zu einer passiven Spiegelung des von den Medien vermittelten Bildes werden, wie ein weiblicher Körper beschaffen sein sollte.

Das Erlebnis der Trauer

Trauer über einen Verlust – sei es durch eine verstümmelnde Operation oder durch den Tod eines geliebten Menschen – kann eine niederdrückende Erfahrung sein. Es können Schmerzen zurückbleiben, die nie ganz vergehen, aber gleichzeitig können wir uns dadurch selbst besser kennenlernen. Es kann sein, daß wir uns dadurch der Dinge bewußt werden, die wirklich zählen, und daß wir eine neue Einstellung zum Leben gewinnen. Merkwürdigerweise wird uns durch den Verlust auch etwas gegeben, nicht nur genommen.

Nachwort

Das Schreiben dieses Buches ist für mich eine Entdeckungsreise gewesen. Ich fühle mich fast, als hätte ich wie Alice im Wunderland geradewegs durch den Spiegel gehen müssen, in dem ich mein eigenes Bild als Frau sah, um in ein seltsames, unerforschtes Land zu gelangen, das ich mit Hilfe unzähliger Frauen erkundet habe.

Ich bin erstaunt, wie wenig Ahnung ich davon hatte, was im Kopf und im Körper von Frauen vor sich geht, so daß ich bereit war, eine überwiegend männliche Sicht der Sexualität zu akzeptieren. Ich hielt es mehr oder weniger für selbstverständlich, daß Sexualtherapeuten recht haben müssen, wenn sie über „sexuelle Funktionsstörungen der Frau" sprechen und wenn sie Therapien anwenden, um Frauen die Anpassung zu erleichtern, ohne die sozialen Werte und Normen in Frage zu stellen, die uns bestimmte Formen des sexuellen Verhaltens und Annahmen über diese Sexualität aufzwingen. Der Mann war bisher das Leitbild für menschliche Gesundheit. Der Körper des Mannes lieferte die Maßstäbe für Anatomie, Physiologie und das sexuelle Verhalten, und der Körper und das Verhalten der Frau bildeten die Abweichung von diesen Normen.

Wie ich zu Beginn dieser Entdeckungsreise vermutete, mußte ich erkennen, daß das Sexualleben der Frauen unendlich komplexer ist als Bücher über Sex uns weismachen wollen. Ich hoffe, daß es mir gelungen ist, auf diesen Buchseiten eine Ahnung von diesem Reichtum zu geben.

Die Arbeit an diesem Buch hat mir deutlicher als je zuvor bewußt gemacht, wie wichtig es ist, daß wir uns als Frauen selbst erkennen und verstehen und nichts als gegeben hinnehmen, was man uns über die weibliche Sexualität einredet. Alles Wissen muß sich am Prüfstein der persönlichen Erfahrung und all dessen, was wir von anderen Frauen lernen können, messen lassen. Wir müssen uns untereinander austauschen und einen Fundus an Erkenntnissen aufbauen, aus dem alle Frauen schöpfen können. Der Berufsstand der Gynäkologie wird von Männern kontrolliert und beherrscht, die all das verfemt und verpönt haben, was Frauen über ihren eigenen Körper und ihre Sexualität in Erfahrung bringen können. Was wir wissen, darf nicht als Anekdote oder als weibliche „Intuition" bagatellisiert werden. Es mag sich stark von den Informationen unterscheiden, die Männer über den Körper und Geist von Frauen und über unsere Sexualität haben, aber gerade weil es sich von ihren Erkenntnissen unterscheidet und weil wir es aus erster Hand, nämlich aus unseren Erfahrungen beziehen, ist es von so großem Wert.

Jeder Leserin dieses Buches möchte ich sagen: Stelle alles von außen kommende Wissen in Frage, so autoritativ es auch auftreten mag. Vertraue deinen Gefühlen. Sie sind unwiderlegbar. Und tausche dich mit anderen Frauen darüber aus, was du über dich entdeckst. Wie wir Fragmente zu einem Mosaik zusammenfügen, so wird es uns allmählich gelingen, immer mehr über unsere Identität als Frauen in Erfahrung zu bringen.

Nützliche Adressen und Literaturhinweise

Alleinerziehende
Adressen: Dornröschen Selbsthilfe e. V., Oberntraustr. 35, 1000 Berlin 61, T. 030/2513507; Verband Alleinstehender Mütter und Väter e. V. (VAMV), Bundesverband und Geschäftsstelle, Kasernenstr. 7b, 5300 Bonn 1; Selbsthilfeladen der „Autonomen Mütter", Kornstr. 28–30, 3000 Hannover, T. 0511/716019; Deutsches Müttergenesungswerk, 8504 Stein b. Nürnberg, T. 0911/67021.
Literatur: Hoffmann, Freia: Ledige Mütter, Frankfurt 1976; Hoffmann, Riele: Chance im Alltag, Düsseldorf 1977; VAMV (Hg.): So schaffe ich es allein, (erhältlich bei der VAMV, Martin-Luther-Str. 20, 6000 Frankfurt/Main).

Alter
Adressen: Gruppen offensives Altern, Frauenzentrum, Stresemannstr. 40, 1000 Berlin 61; Graue Panther, Oelkerallee 39, 2000 Hamburg 50.
Literatur: Beauvoir, Simone de: Das Alter, Reinbek 1977; Klippel, Susanne/Meier, Emilie: Lieber sich gesundschimpfen als krankheulen, München 1977; Meinhold, Marianne/Kunsemüller, Andrea: Von der Lust am Älterwerden, Frankfurt/M. 1978; Montet, Elisabeth: Risse – Über das Älterwerden von Frauen, Verlag Frauenpolitik o. J.; Sheehy, Gail: In der Mitte des Lebens, Frankfurt/M. 1978.

Behinderte
Adressen: Behinderte Frauengruppe, c/o Marlies Blersch, Holsteinische Str. 37, 1000 Berlin 31; Bundesarbeitsgemeinschaft „Hilfe für Behinderte" e. V., Kirchfeldstr. 149, 4000 Düsseldorf; Informationen über Krüppelbewegung, c/o Theresia Pegener, Wilhelm-Leuschner-Str. 13, 6000 Frankfurt/M. 1; Stiftung für Bildung und Behindertenförderung, Heussstr. 1, 7000 Stuttgart 1; Lebenshilfe für Behinderte, Rueppgasse 7/1, A-1020 Wien, T. 222/247167.

Gesundheit/Therapie/Selbsthilfe
Adressen: Emotions Anonymous, Selbsthilfegruppen für Menschen mit emotionalen Problemen oder in Krisen, Pf. 202, CH-4016 Basel; Feministisches Gesundheitszentrum e. V. (FFGZ), Liegnitzer Str. 5, 1000 Berlin 36; Interessengemeinschaft brustamputierter Frauen, Brigitte Burmeister, Kaiserdamm 88, 1000 Berlin 19, T. 030/3026488 n. 16 Uhr; Deutsche Arbeitsgemeinschaft Selbsthilfegruppen, Friedrichstr. 28, 6300 Gießen, T. 0641/7022478; Frauen Selbsthilfe Laden, Markstr. 27, 2000 Hamburg 6, T. 040/4395389; Anonyme Alkoholiker-Frauengruppe im Kulturzentrum für Frauen, Moltkestr. 66, 5000 Köln 1, T. 0221/491813 (Gisela); Frauenselbsthilfe nach Krebs e. V., Frau Ursula Schmidt, Von-Denis-Str. 17, 6703 Limburgerhof; Frauenselbsthilfe nach Krebs e. V., R3 13, 6800 Mannheim 1, T. 0621/24434; Die Arche, Zentrale für Selbstmordverhütung und Lebenshilfe e. V., Viktoriastr. 9, 8000 München 40, T. 089/334041; Frauentherapiezentrum, Auenstr. 31, 8000 München 5, T. 089/7252550; Emotions Anonymous (s. Basel), Hohenheimer Str. 75, 7000 Stuttgart 1, T. 0711/233336; Frauenselbsthilfegruppen bei Krebs, Gesamtgruppe Stuttgart, Muggensturmer Str. 15, Böblinger Str. 322, 7000 Stuttgart 1, T. 0711/883473; Arbeitsgruppe Kritische Medizin, Stiftgasse 8, A-1070 Wien, T. 222/936475; Krebsberatung Dr. Hannelore Weidacher, Schegargasse 13–15/1/3, A-1190 Wien, T. 222/363117; Selbsthilfe Krebs, Brustkrebs Kontakt: Th. Bergmann, Rollgasse 17/32, A-1190 Wien, T. 222/3429252; Anonyme Alkoholikerinnen, 6200 Wiesbaden, T. 0621/39032.
Literatur: Bäumler, Ernst: Amors vergifteter Pfeil, Kulturgeschichte einer verschwiegenen Krankheit, Hamburg 1976; Bohm, Christine/Korflür, Gisela: Was erwartet uns beim Frauenarzt, München 1976; Clio 6, eine periodische Zeitschrift zur Selbsthilfe, 2 (Heft 6, 1977), S. 4–13; Leyh, F.: Geschlechtskrankheiten, München 1972.

Gewalt gegen Frauen/Notrufgruppen und Beratung für mißhandelte Frauen
Quelle: Emma Frauenkalender 1985 (erscheint jährlich neu). *Adressen:* 5100 Aachen – Frauen helfen Frauen e. V., Boxgraben 49, Notruf T. 0214/34411; 8600 Bamberg – Notruf, Untere Sandstr. 9, 09502/55440; 1000 Berlin – Notruf, Pf. 110471, T. 030/2512828; 4900 Bielefeld – Notruf, Bökenkampstr. 9, T. 0521/124248; 3300 Braunschweig – Notruf u. Beratungsstelle, Magnikirchstr. 4, T. 0531/43302; 2800 Bremen – Notruf, Im Krummen Arm 1, T. 0421/701717; 6100 Darmstadt – Notruf c/o FZ, Pallaswiesenstr. 57a, T. 06151/293206; 4600 Dortmund – Notruf c/o FAD, Adlerstr. 30, T. 0231/160999; 4000 Düsseldorf – Treffpunkt u. Beratung f. Frauen in Not e. V., Kölner Str. 214, T. 0211/773269; 4300 Essen – Notruf c/o FZ, Dreiringstr. 11, T. 0201/512261; 7300 Esslingen – Notruf, Frauen helfen Frauen e. V. c/o FZ, Geiselbachstr. 3, T. 0711/

357271; 6000 Frankfurt – Beratungsstelle in der Gerüchteküche, Neuhofstr. 39, T. 069/553559; 6300 Gießen – Notruf u. Beratungsstelle, Reichenbergerstr. 7a, 0641/31348; 2000 Hamburg – Notruf c/o Frauenbuchladen, Bismarckstr. 98, T. 040/453511; 4700 Hamm – Verein zur Förderung des Schutzes mißhandelter Frauen, c/o FZ, Grünstr. 40, T. 02381/26556; 3000 Hannover – Notruf c/o FZ, Nieschlagstr. 28, T. 0511/452252; 6900 Heidelberg – Notruf c/o FZ, Friedrich-Ebert-Anlage 9, T. 06221/13643; 7100 Heilbronn – Notruf, Frauen gegen Vergewaltigung, Heinrich-Heine-Str. 27, T. 07121/571535; 3200 Hildesheim – Notruf c/o Frauencafé, Peiner Str. 16, T. 05121/515546; 7500 Karlsruhe – Treffpunkt u. Beratungsstelle, Körnerstr. 10; 3500 Kassel – Notruf, Pf. 102762 od. c/o FZ, Goethestr. 44, T. 0651/772244; 2300 Kiel – Notruf c/o FZ, Gneisenaustr. 18, T. 0431/802361; 5000 Köln – Notruf, Moltkestr. 66, T. 0221/562035; 6500 Mainz – c/o FZ, Goethestr, 38, T. 06131/63676; 6800 Mannheim – Mannheimer Notruf f. vergewaltigte und sexuell belästigte Frauen e. V., c/o Gesundheitstreff, Schimperstr. 41, T. 0621/332462; 4400 Münster – c/o Soz.-Päd. Bildungswerk, Friedrich-Ebert-Str. 125, T. 0251/797766; 8000 München – c/o FZ, Humboldtstr. 3, 089/6519494; 2900 Oldenburg – c/o FZ, Ziegelhofstr. 16, T. 0441/882837; 4500 Osnabrück – c/o FZ, Kommenderiestr. 41, T. 0541/29300; 6600 Saarbrücken – c/o Frauenladen, Cecilienstr. 29, T. 0681/398593; 5900 Siegen – Beratungsstelle im Frauencafé, Porschestr. 23, T. 0271/46176; 7000 Stuttgart – c/o FZ, Kerner Str. 31, T. 0711/296432; 5500 Trier – Eberhardstr. 26, T. 0651/76168; 7400 Tübingen – c/o FZ, Haaggasse 34, T. 07071/5777; 7900 Ulm – c/o FZ, Küfergasse 1, T. 0731/67775; 5600 Wuppertal – c/o Frauenberatung u. Selbsthilfe e. V., Hünefeldstr. 83, T. 0202/88155. (*Hinweis:* diese Telefonnummern sind oft nicht ständig besetzt.)

Literatur: Benard, Cheryl/Schlaffer, Edith: Die ganz gewöhnliche Gewalt in der Ehe. Texte einer Soziologie von Macht und Liebe, Reinbek 1978; Brownmiller, Susan: Gegen unseren Willen. Vergewaltigung und Männerherrschaft, Frankfurt/M. 1978; Fischer, Erica/Lehmann, Brigitte/Stoffl, Kathleen: Gewalt gegen Frauen, Köln 1977; Frauen gegen Vergewaltigung, Berliner Vergewaltigungsgruppe, Eigenverlag 1979; Gewalt gegen Frauen, Extrajournal, Frauenoffensive, München; Gewalt gegen Frauen und was Frauen dagegen tun, Frauen gegen Vergewaltigung e. V. Berlin, Selbstverlag; Haffner, Sarah: Gewalt in der Ehe, Berlin 1978; Lau, Susanne u. a.: Aggressionsopfer Frau, Körperliche und seelische Mißhandlungen in der Ehe, Reinbek 1979; Pizzey, Erin: Schrei leise, Mißhandlungen in der Familie, Frankfurt 1978.

Kindesmißhandlung/Inzest

Adressen: Deutscher Kinderschutzbund, BV$_3$, Drostestr. 14–16, 3000 Hannover 1, T. 0511/662056.

Literatur: Arbeitsgruppe Kinderschutz: Gewalt gegen Kinder, Reinbek 1975; Baurmann, Michael C.: Sexualität, Gewalt und psychische Folgen, Wiesbaden 1983; Helfer, Ray/Kempe, Henry: Das geschlagene Kind, Frankfurt/M. 1978; Kavemann, Barbara/Lohstöter, Ingrid: Väter als Täter, Reinbek 1984; Kinderschutzzentrum Berlin: Mißhandlung von Säuglingen und Kleinkindern, Berlin 1979; Mende Ursula/Kirsch, Heidi: Beobachtungen zum Problem der Kindesmißhandlung, Deutsches Jugendinstitut, München; Petri, Horst/Lauterbach, Mathias: Gewalt in der Erziehung, Frankfurt/M. 1975; Rush, Florence: Das bestgehütete Geheimnis: Sexueller Mißbrauch, Berlin 1982.

Lesben

Adressen: Lesbenpresse, c/o Lesbisches Aktionszentrum, Pf. 304149, 1000 Berlin 30; Lesben Treff und Auskunft, c/o FZ, Stresemannstr. 40, 1000 Berlin 61, T. 030/2510912; Lesbentelefon 0234/67295, 4630 Bochum; Lesbenzentrum, Goldhammerstr. 36, 4630 Bochum; Komm-Raus-Gruppe lesbischer Jugendlicher, c/o Anja Wasserziehr, Sternstr. 81, 5300 Bonn 1; Lesbengruppe im Frauenkulturhaus, Am Krummen Arm 1, 2800 Bremen; Lesbengruppe im FZ, Mallinckrodtstr. 31, 4600 Dortmund; Café Rosa Mund, Kölner Landstr. 216, 4000 Düsseldorf; „Rosa Telefon" für Lesben und Schwule, 4000 Düsseldorf, T. 0211/750160; Lesbengruppe im FZ, Dreiringstr. 11, 4300 Essen, T. 0201/512261; Lesbengruppe im FZ Bockenheim, Landgrafenstr. 13, 6000 Frankfurt/M., T. 069/778288; Lesbengruppe im FZ, Luisenstr. 5, 7800 Freiburg; Lesbengruppe im FZ, Rappstr. 4, 2000 Hamburg 13; Lesbengruppe, Treffen in der Frauenkneipe, Stresemannstr. 60, 2000 Hamburg, T. 040/436377; LAZ (Lesbisches Aktionszentrum) im FZ, Friedrich-Ebert-Anlage 9, 6900 Heidelberg, T. 06221/13643; Lesbengruppe im FZ, Schützenstr. 47, 7500 Karlsruhe; Lesbenstammtisch im FZ, Goethestr. 44, 3500 Kassel; Lesbengruppe im FZ, Gneisenaustr. 18, 2300 Kiel; Deutscher Lesbenring e. V., Pf. 501231, 5000 Köln 50; Lesbenschwof im FZ, Eifelstraße, 5000 Köln, T. 0221/3217992; Lesbengruppe u. -beratung im FZ, Goethestr. 38, 6500 Mainz, T. 06131/63676; Lesbengruppe im FZ, Humboldtstr. 3, 8000 München, T. 089/651494; Lesbenkneipenabend im FZ, Regensburger Str. 41, 8500 Nürnberg; Lesbentreff im FZ, Kernerstr. 31, 7000 Stuttgart, T. 0711/296432; Lesbentreff im FZ, Haaggasse 34, 7400 Tübingen; Autonome Lesbengruppe im WUK, Währingerstr. 59, A-1090 Wien, T. 222/482606.

Literatur: Bleibtreu-Ehrenberg, Gisela: Tabu

Homosexualität, Frankfurt/M. 1978; Brown, Rita Mae: Rubinroter Dschungel, Reinbek 1978; Come out, Gespräche mit lesbischen Frauen, München 1978; Frauenliebe – Frauenbeziehungen, Extrajournal der Lesbenveranstaltung in München, München 1978; Redclyffe, Margaret: Quell der Einsamkeit, Berlin 1976.

Schwangerschaft/Geburt

Adressen: Geburtshaus e. V., Horstweg 8, 1000 Berlin 19, T. 030/3223071; Schwangerenberatungsstelle, Frau Bauer, Leopoldstr. 61, 8030 Coburg, T. 09561/26633; Arbeitskreis Kunstfehler in der Geburtshilfe e. V., Hamburger Str. 50, 4600 Dortmund 1, T. 0231/525872; Beratungsstelle für Schwangerschaftsfragen, Martinswinklstr. 13, 8100 Garmisch-Partenkirchen; „Alles in einer Hand", Schwangerschafts- u. Geburtsbetreuung, A. Rahn, Esteburgring 1B, 2155 Jork; Gesundheitsladen Karlsruhe (Geburtsvorbereitung), Goethestr. 33, 7500 Karlsruhe, T. 0721/841757; Beratungsstelle für Natürliche Geburt, Richard-Wagner-Str. 9, 8000 München 2, T. 089/529393; Katholische Mütterschule, Haus der Familie, Schraudolphstr. 1 Rgb., 8000 München 40; Sozialdienst Kath. Frauen (Schwangerschaftsberat., Beratung nach § 218, Schwangerschafts- u. Müttergruppen), Herzogspitalstr. 9, 8000 München 2, T. 089/2603047; Schwangerschaftsberatung im Kulturladen Nord, Wurzelbauerstr. 29, 8500 Nürnberg, T. 0911/553387; Kath. Bildungswerk, Carla Hujber, (Schwangerschaftsbetreuung, Geburtsvorbereitung), Kapitelpl. 6, A-5020 Salzburg, T. 06222/42591/90; Gesellschaft für Geburtsvorbereitung, Pf. 421217, 6104 Seeheim; Arbeitskreis Sanfte Geburt, Sekretariat: Eva Benedikt, Kutschberg 42, A-1180 Wien; Verein zur Förderung nat. Geburten, Magnusstr. 28, CH-8004 Zürich.
Literatur: Beck, Juliane/Weigert, Vivian: Erlebnis Geburt, München 1982; Dick-Read, Grantly: Mutterwerden ohne Schmerz, Hamburg 1971; Flanagan, Geraldine Lux: Die ersten neun Monate des Lebens, Reinbek 1969; Kitzinger, Sheila: Hausgeburt, München 1982; dies.: Natürliche Geburt, München 1980; dies.: Schwangerschaft und Geburt, München 1982; Leboyer, Frederick, Geburt ohne Gewalt, München 1981; Wilberg, G. H., Zeit für uns, Frankfurt 1981.

Stillgruppen/Tagesmütter (s. a. Alleinerziehende)

Adressen: Stillgruppe Petra Cordis, Arnswalder Str. 34 c, 2000 Hamburg 73, T. 040/6476482; Arbeitsgemeinschaft Bundesverband für Eltern, Pflegeeltern und Tagesmütter e. V., Bödecker Str. 62, 3000 Hannover, T. 0511/621621; Berliner Tagesmütter und -väter e. V., Sudekumzeile 31, 1000 Berlin 20; Arbeiterwohlfahrt, Bundesverband e. V., Ollenhauerstr. 3, 5300 Bonn, T. 02221/5341; Bundeszentrale Notmütterdienst, Hamburger Allee 54, 6000 Frankfurt, T. 069/776611; Relaktationsberatung Beatrice Görgen, Esmarchstr. 63, 3500 Kassel (frankierten Umschlag beifügen); Aktion „Kind im Krankenhaus" im Dt. Kinderschutzbund, Jutta Ratzewitz, 8000 München, T. 089/4315656, Erika Altmann, T. 089/173607; Still-Café in der Beratungsstelle für Natürl. Geburt, Richard-Wagner-Str. 9, 8000 München 2, T. 089/529393; Stillgruppe Johanna Frühauf im Philips-Haus, Unistr. 30, 3550 Marburg, T. 06421/43439; Aktion „Kind im Krankenhaus" im Dt. Kinderschutzbund, Vogelsberger Str. 4, 6370 Oberursel, T. 06171/3606 (J. Falkers); Caritas der Erzdiözese Wien, Tagesmütter, Wiedner Hauptstr. 105, A-1050 Wien, T. 222/554479; Österreichische Kinderfreunde, Tagesmütter, Albertgasse 23, A-1080 Wien, T. 222/427591/905.
Literatur: The Complete Book of Breastfeeding „Ich stille", Feldafing o. J.; Lothrop, Hanny, Das Stillbuch, München 1982.

Verhütung/Abtreibung

Adressen: Pro-Familia, Gronstettenstr. 30, 6000 Frankfurt (Beratungsstellen von Pro-Familia befinden sich in fast allen Großstädten, s. Tel.-Buch); Schwangerschaftsabbruch- und Verhütungsberatung, Kampstr. 11, 2000 Hamburg 6.
Literatur: 1. Verhütung: Bräutigam, Walter: Psychologie der Empfängnisverhütung, in: Psychologie und Sozialmedizin in der Frauenheilkunde, J. Zander u. R. Goebel (Hg.), Berlin, Heidelberg, New York, 1977; Broschüre von der Beratungsgruppe im FZ Paderborn: Vergißmeinnicht – Verhütung und Selbstuntersuchung, Paderborn 1978 (zu beziehen) über Barbara Elberg, Im Lichtenfelde 2, 4790 Paderborn; Clio 9, eine periodische Zeitschrift zur Selbsthilfe, Schwerpunkt Verhütung; Döring, Gerd K.: Empfängnisverhütung. Ein Leitfaden für Ärzte und Studenten (auch für Laien verständlich), Stuttgart 1978; Frick, Viola: Störfaktor Sicherheit, Orgasmusstörungen unter Kontrazeption, Sexualmedizin 7, 1978. *2. Abtreibung:* Broschüre „Jede werdende Mutter hat ein Recht auf Hilfe", Bundeszentrale für gesundheitl. Aufklärung, Pf. 930103, 5000 Köln 91; Clio 8, eine periodische Zeitschrift zur Selbsthilfe, Schwerpunkt Abtreibung, 3, 1978; Doutiné, Antje (Hg.): Ich habe abgetrieben. Der § 218 und seine Folgen, Darmstadt/Neuwied 1976; Pro-Familia Bremen (Hg.): Wir wollen nicht mehr nach Holland fahren, Reinbek 1978; Tarnesby, Hermann Peter: Ungewollte Schwangerschaft, München 1976.

Bibliographie

Adams, C., *Ordinary Lives: A hundred years ago* (London: Virago 1982)

Alther, L., *Original Sins* (Harmondsworth: Penguin 1981)

Atwood, M., *Lady Oracle* (London: Virago 1982)

Austin, V. and C. Clarke-Smith, *Widowed – What Now?* (New Zealand: Mallison Rendel; available in England from Cruse House, 126 Sheen Road, Richmond, Surrey TW 9 1 UR)

Ayallah, D. and I. J. Weinstock, *Breasts: Women speak about their breasts and their lives* (London: Hutchinson 1980)

Beauvoir, S. de, *Das andere Geschlecht: Sitte und Sexus der Frau* (Hamburg: Rowohlt 1951)

Belliveau, F. and L. Richter, *Understanding Human Sexual Inadequacy* (London: Hodder & Stoughton 1971)

Bender, L. and A. Blau, ,,The reaction of children to sexual relations with adults'', *American Journal of Ortho-psychiatry*, vol. 7 no. 4, 1937

Billings, E. und A. Westmore, *Schluß mit der Pille Empfängnisverhütung mit der Billings-Methode* (Berlin: Ullstein 1982)

Bracey, D., ,,Breakthrough in male contraception'', *Spare Rib*, vol. 93 (April), 1980

Brothers, J., *Ich liebe ihn, aber ich versteh ihn nicht. Ein Ratgeber für Frauen, die sich um eine harmonische Partnerschaft bemühen* (München: Scherz 1983)

Burgess, S., *Sexual Problems Following Stillbirth* (Stillbirth and Perinatal Death Association, 37 Christchurch Hill, London NW 3)

Butler, P., *Self-Assertion for Women* (London: Harper & Row 1981)

Caldeyro-Barcia, R., et al., ,,Bearing-down efforts and their effects on fetal heart rate, oxygenation and acid base balance'', *Proceedings of First International Meeting of Perinatal Medicine* (Berlin 1979)

Cole, M., ,,The use of surrogate sex partners in the treatment of sex dysfunctions ans allied conditions'', *British Journal of Sexual Medicine* (March) 1982

Comfort, A., *Joy of Sex, Freude am Sex* (Berlin: Ullstein 1976)

Denfield, D. and M. Gordon, ,,The sociology of mate swapping or the family that swings together clings together'', in J. S. and J. R. Delora (eds), *Intimate Life-Styles: Marriage and its alternatives* (California: Goodyear 1972)

Dickson, A., *A Woman in Your Own Right* (London: Quartet 1982)

Dietz, C. and J. Craft, ,,Family dynamics of incest: a new perspective'', *Social Casework*, 1980

Douglas, M., *Ritual, Tabu und Körpersymbolik. Sozialanthropologische Studien in Industriegesellschaft und Stammeskultur* (Frankfurt: Suhrkamp 1981)

Ellis, A., *The Journal of Sex Research*, vol. 5 no. 1 (February) 1969, pp. 41–9

Ellis, H., *The Psychology of Sex* (London: Heinemann 1933)

Ellis, S., *The Women of England* (London: Fisher, Son & Co. c. 1850)

Embree, J. F., *A Japanese Village: Suye Maru* (London: Routledge & Kegan Paul 1946)

Faderman, L., *Surpassing the Love of Men: Romantic friendships between women from the Renaissance to the present* (London: Junction Books 1981)

Fairchild, B. and N. Hayward, *Now That You Know: What every parent should know about homosexuality* (New York and London: Harcourt, Brace & Jovanovich 1979)

Forward, S. and C. Buck, *Betrayal of Innocence: Incest and its devastation* (Harmondsworth: Penguin 1981)

Foucault, M., *Sexualität und Wahrheit, 1. Bd. Der Wille zum Wissen* (Frankfurt: Suhrkamp 1977) zit. nach ,,A review of Michel Foucault's *La Volonté de Savoir*'', in Mike Brake (ed.), *Human Sexual Relations: A Reader in Human Sexuality* (Harmondsworth: Penguin 1982)

Francis, V. de, *Protecting the Child Victim of Sex Crimes Committed by Adults* (Denver: American Humane Association, Children's Division 1968–9)

Freud, Sigmund: *Gesammelte Werke* (Frankfurt: Fischer 1966 ff.) – *Briefe* 1873–1939 (Frankfurt: Fischer 1980)

Friday, N., *Die sexuellen Phantasien der Frauen* (Hamburg: Rowohlt 1980)

Giese, H., Paul H. Gebhard und Jan Raboch, *Die Sexualität der Frau* (Hamburg: Rowohlt 1968)

Graffenburg, E., ,,The role of urethra in female orgasm'', in *International Journal of Sexology* vol. 3, pp. 145–8 Bombay 1950

Greengross, W., *Entitled to love: The sexual and emotional needs of the handicapped* (London: Malaby Press for National Marriage Guidance Council with National Fund for Research into Crippling Diseases 1976)

Griffin, S., *Pornography and Silence: Culture's revenge against nature* (London: The Women's Press 1981). – *Made from this Earth* (London: The Women's Press 1982)

Hailes, J., "Sexuality and aging", *Social Biology Resources Centre Bulletin*, vol. 4 no. 3, Melbourne 1980

Harman, W. V., "Death of my baby", *British Medical Journal*, vol. 282, 1981, pp. 35–7

Harrington, V., "Look, listen and support", *Nursing Mirror* (13 January), 1982

Heiman, J., L. Lo Piccolo und J. Lo Piccolo, *Gelöst im Orgasmus. Entwicklung des sexuellen Selbst-Bewußtseins für Frauen* (Frankfurt: Verlag für humanistische Psychologie 1978)

Hemmings, S., "Horrific practices: how lesbians were presented in the newspapers of 1978", in Gay Left Collective (eds), *Homosexuality: Power and Politics* (London: Allison & Busby 1980)

Hite, S., *Das sexuelle Erleben des Mannes* (Gütersloh: Bertelsmann 1982). – *Das sexuelle Erleben der Frau* (München: Goldmann 1980)

Hoeffding, V., "Dear Mom", in Jay Karla and Allen Young (eds), *Out of the Closets: Voices of gay liberation* (New York: Jove Publications 1977). – "The flight from womanhood: The masculinity complex in women as viewed by men and by women", *International Journal of Psychoanalysis*, vol. 7, 1926, pp. 324–9

Holt, I. J. and A. H. MacLennan, "Lumbar epidural analgesia in labour", *British Medical Journal* vol. 1, 1977, pp. 14–15

Horney, K., "The problem of feminine masochism", *Psychoanalytic Review*, vol. 12 no. 3, 1935

Hurcombe, L. and S. Dowell, *Dispossessed Daughters of Eve: Faith and feminism* (London: SCM Press 1981)

Jaffe, A., L. Dynneson et al., "Sexual abuse of children: an epidemiological study", *American Journal of Diseases in Children* 1–9: 6 1975

Johnston, J., *Lesben Nation. Die feministische Lösung* (Berlin: Amazonen Frauenverlag 1976)

Jong, E., *Angst vorm Fliegen* (Frankfurt: Fischer 1983)

Justice, B. and R. Justice, *The Broken Taboo: Sex in the family* (London: Owen 1980)

Kaplan, H. S., *Sexualtherapie. Ein neuer Weg für die Praxis* (Stuttgart: Enke 1979)

Karla, J. and A. Young, *Out of the Closets: Voices of gay liberation* (New York: Jove Publications 1977)

Kempe, R. S. und C. H. Kempe, *Kindesmißhandlung* (Stuttgart: Klett-Cotta 1980)

Kerr, C., quoted in Eleanor Stephens, "The moon within your reach", *Spare Rib*, vol. 42 (December), 1975

Kinsey, A. C. u. a., *Das sexuelle Verhalten des Mannes* (Frankfurt: G. B. Fischer 1955). – *Das sexuelle Verhalten der Frau* (Frankfurt: G. B. Fischer 1955)

Koadlow, E., "Sexuality and the elderly", *Social Biology Resources Centre Bulletin*, vol. 4 (3 December) Melbourne 1980

Kushner, R., *Breast Cancer: A personal history and an investigative report* (New York: Harcourt, Brace & Jovanovich 1976)

Ladas, A. K., B. Whipple und J. D. Perry, *Der G-Punkt* (München: Heyne 1983)

Lecky, W. E. H., *A History of European Morals from Augustus to Charlemagne* (2 vols), (London: Longmans & Co. 1911, first printed 1869)

Lewis, S. G., *Sunday's Women: A report on lesbian life today* (Boston: Beacon Press 1979)

Lorde, A., *The Cancer Journals* (New York: Spinsters' Ink 1982)

McGilvray, D. B., "Sexual power and fertility in Sri Lanka", in Carol P. McCormack (ed.), *Ethnography, Fertility and Birth*, (London: Academic Press 1982)

Marcus, S., *Doppelmoral. Sexualität und geheime Kultur im viktorianischen England* (Frankfurt: Suhrkamp 1977)

Masters, W. H. and V. E. Johnson, *Human Sexual Inadequacy* (London: J. and A. Churchill 1966). *Die sexuelle Reaktion* (Hamburg: Rowohlt 1970)

Mead, M., *Jugend und Sexualität in primitiven Gesellschaften* (München: dtv 1970)

Midelfort, H. C. E., "Witch hunting in South Western Germany", zit. nach M. Daly, Gyn/Ökologie (München: Verlag Frauenoffensive 1981) S. 205

Nelson, E. and M. Yasse (eds), *The Influence of Pornography on Behaviour* (London: Academic Press 1982)

Nelson, S., *Incest, Fact and Myth* (Edinburgh: Stramullion 1982)

Oakley, A., *Soziologie der Hausarbeit* (Frankfurt: Verlag Roter Stern 1978)

Pizzey, E. and G. Shapiro, *Prone to Violence* (London: Hamlyn 1982)

Pomeroy W. B., *Dr Kinsey and the Institute for Sex Research* (London: Nelson 1972)

Reitz, R., *Wechseljahre, Ermutigung zu einem neuen Verständnis* (Hamburg: Rowohlt 1980)

Reuben, D., *Alles, was Sie schon immer über Sex wissen wollten . . . . Aber bisher nicht zu fragen wagten* (München: Droemer Knaur 1973)

Rich, A., *Compulsory Heterosexuality and Lesbian Existence* (London: Onlywomen Press 1981)

Richards, D. H., "Depression after hysterectomy", *Lancet*, vol. 430, 1973

Ris, H. W., "The essential emancipation: The control of reproduction", in Joan Roberts (ed.), *Be-*

yond Intellectual Sexism: A new woman, a new reality (New York: David McKay Co. Inc. 1976)

Russell, D. E. H., *Lorna Lederer Take Back the Night,* Women on Pornography (New York: Bantam 1980)

Schultz, L., „The child sex victim, social, psychological and legal perspectives", *Child Welfare,* vol. 52 no. 3, 1973

Seager, H., *Not for Fun, Not for Profit: Strategies for ending sexual harrassment on the job* (Pennsylvania: Pennsylvania Commission for Women 1981)

Seaman, B., US Congress House Select Committee on Population: Hearings on Fertility and Contraception in America, 95th Congress, III, 150, 1978

Shuttle, P. und P. Redgrove, *Die weise Wunde Menstruation* (Frankfurt: Fischer 1980)

Silber, Sherman J., *How to get Pregnant* (New York: Scribner 1980)

Stephens, E., „The moon within your reach", *Spare Rib,* vol. 42 (December), 1975

Struthers, J., „Growing Older", in Walter de la Mare (ed.), *Love* (London: Faber 1953)

Sweet, P. E., *Something Happened to Me* (Wisconsin: Mother Courage Press 1981, 224 State Street, Racine, WI 53403, USA)

Szasz, T., *Sex: Facts, Frauds and Follies* (Oxford: Blackwell 1981)

Thompson, C., „Cultural pressures in the psychology of women", in Jean Baker Miller (ed.), *Toward a New Psychology of Women* (London: Allen Lane 1978)

Thompson, C., „,Penis envy' in women", *Psychiatry* vol. 6, 1943, pp. 123–5

Weare, T., „Round in a flat world", *Spare Rib* (January), 1979

Weideger, P., *Female Cycles* (London: The Women's Press 1978)

Wertz, R. W. and W. C. Wertz, *Lying-in* (London: Collier Macmillan 1977)

Whitehorn, K., „No country for old women", *Observer* (16 January), 1983

Wilson, R. A., *Feminine Forever* (London: W. H. Allen 1966)

Wolfe, L., *The Cosmo Report* (New York: Arbor House 1981)

Wood, C. and B. Suitters, *The Fight for Acceptance: A history of contraception* (Aylesbury: Medical and Technical Publishing Co. 1970)

Woodward, J., „The diagnosis and treatment of psychosomatic vulvovaginitis", *Practitioner,* vol. 225, 1981, pp. 1673–7

Yates, A., *Sex without Shame: Encouraging the child's healthy development* (London: Temple Smith 1979)

Register

Literatur zum Thema Frauen, Männer und Kinder in den Verlagen C. H. Beck und Biederstein

Erlebnis Geburt
Erfahrungsberichte von Müttern, Vätern und Freunden
Herausgegeben von Juliane Beck und Vivian Weigert.
1982. 278 Seiten mit 17 Abbildungen. Broschiert
(Biederstein)

Sheila Kitzinger
Hausgeburt
Die natürliche Alternative
1982. 215 Seiten mit 11 Abbildungen. Broschiert
(Biederstein)

Was ist los mit den Männern?
Stichworte zu einem neuen Selbstverständnis
Herausgegeben von Heinz Bonorden, mit neun Zeichnungen
von Franziska Becker.
1985. 265 Seiten. Broschiert (Biederstein)

Frauenhandlexikon
Stichworte zur Selbstbestimmung
In Zusammenarbeit mit 66 Autorinnen herausgegeben von
Johanna Beyer, Franziska Lamott und Birgit Meyer.
1983. 359 Seiten mit 27 Abbildungen. Broschiert
(C. H. Beck)

Jean Liedloff
Auf der Suche nach dem verlorenen Glück
Über die Zerstörung der Glücksfähigkeit in der frühen Kindheit
118. Tausend. 1985. 221 Seiten. Paperback
(Beck'sche Schwarze Reihe, Band 224)

Hans Paul Bahrdt
Leben mit Kindern
Zehn Briefe über Erziehung
1985. 204 Seiten. Broschiert
(Biederstein)